U0515587

中华
经典
名著

全本全注全译丛书

尤学工　翟士航　王　澎◎译注

读通鉴论 三

中華書局

目　录

第三册

卷十三

东晋元帝

【题解】

晋元帝司马睿(276—322)字景文,是琅邪恭王司马觐之子,晋武帝司马炎之侄。太熙元年(290),袭封琅邪王。后听从王导建议,南渡建邺,礼贤下士,经营江东。愍帝被俘后,司马睿承制改元,即晋王位。愍帝死讯传至江东之后,司马睿在众人的劝进下于建武二年(318)正式即位,史称东晋。元帝即位后,为巩固政权,重用王导为代表的世家大族,以致有"王与马,共天下"的说法。为抑制权势日盛的琅邪王氏,元帝试图任用刘隗、刁协等人加以制衡,结果招致琅邪王氏的不满,王敦以诛刘隗为名起兵攻入建康,最终把持朝政。司马睿无力改变王氏专政的局面,于永昌元年(322)抑郁而终。

对于东晋政权的合法性问题,王夫之认为,东晋的建立合乎人情天理,司马睿的即位也是顺时应势之举:西晋灭亡后,司马睿并未急于称帝,即便众人劝进,也是先称晋王,直至晋愍帝的死讯传至江东。正是司马睿的谦让,造就了自己的帝位和东晋政权的合理化。

晋元帝在位期间,王导和王敦可以说是政治舞台上的主角。王导身为宰相,执掌机要,而王敦手握重兵控制着长江中游,元帝朝的政治权力基本为琅邪王氏所把持。王夫之直斥王敦"凶悍",并指出王导亦有奸邪的用心,并非"纯臣"。不过他也反对将王敦与王导一同加以批评，认为王导更加关注和照顾的是整个琅邪王氏的政治利益，"以庇其宗族为重"，以致名声受累，不能忠心为主。这一点通过王导对于王敦两次起兵的态度变化来看，可以得到验证。王夫之对于王导爱护宗族的行为并未过度批评，并认为"人之亲爱其宗族"实则无可厚非，真正的问题在于借爱护亲族的名义任人唯亲，破坏人才选拔规范。可见，王夫之并不反对含有人伦亲情的"私"，他反对的是因私害公，利用人伦亲情妨碍政治秩序。

自此至陈，凡僭伪诸国事俱附六代编年下论之。

【译文】

自东晋至南朝陈，凡关于僭伪诸国的史事，都附在六朝编年史之下来加以评论。

一　元帝不急于践阼改元

扶危定倾，以得人心为本务。国破君亡，天下喁喁然愿得主而事之①，人心为易得矣，而未易也；非但其慰安之者非其道也，天下方喁喁然而愿得主，抑必天下之固喁喁矣；如其遽自信曰天下固喁喁然愿得我而为主，则天下之情解矣。非其情之所迫求而后应者，则贤者且不能伸其忠孝之愿；下此者，拥戴之勋名不归焉。于是乎解散踌躇曰②：彼且自立乎其位，而责我之效功以相保。则虽名分正、威望立，而天下之奔走也不迫。乃始下奖劝联络之诏以縻天下之归己，而天下不应。我以奖劝联络之情辞縻天下，而天下恶得不骄？故当国破君亡之余，不待天下之迫而迫自立者，非外逼以亡，则内争以叛。此岂挟机伪让之足以动天下哉？无宗国之痛而乘乱以兴，则欲为谦让也不能；其情疑，其气嚣，则其事躁而不以礼，必矣。

【注释】

①喁喁（yóng）：指仰望期待的样子。

②解散：离散，这里指离心离德。踌躇：犹豫不决的样子。

【译文】

挽救危急的局面、匡扶即将倾倒的国家，需要以得民心为根本。在国家残破、君主身亡之时，天下的民众急切地仰望期待一个君主来效忠于他，这个时候人心是容易得到的，但也没那么容易做到。此时只采用安抚的办法是不行的，因为百姓迫切需要新君主，这是形势所迫的结果。如果这时有人自信天下的百姓都急切地想拥戴自己为君主，则天下之人的拥戴之情就会消解。如果君主并非是首先受到天下人迫切的期盼与拥戴，然后再回应他们的请求而称帝，则贤者尚且难以通过拥戴他而伸张自己忠孝的志向，等而下之之人，也无法借此得到拥戴君主的功勋和名誉。于是他们会离心离德，犹豫踌躇地说：那些人自己即位称帝，却要求我们誓死效忠并保护其君主之位。即便自立者名正言顺，威望渐渐确立，天下之人也不会急于为其奔走效命。于是君主此时开始下诏对天下人加以褒奖鼓励、给予笼络，从而使天下之人可以归附或羁縻于自己，但天下之人却并没有多少反应。用褒奖鼓励的诏书来笼络天下人，那么天下的百姓怎能不骄纵呢？所以当国破君亡之时，若不是受天下形势所迫而被迫成为君主的人，则最终不是被人逼亡，就是因内部势力争斗而遭受叛变。这难道意味着利用时机、假装辞让足以感动天下人吗？如果不是因为自己身为宗室血脉而对国破家亡的惨剧悲痛不已，却只是想乘着国家混乱兴起、另建新朝，那么即便想谦让也做不到。对天下人满是怀疑警惕，同时又气焰嚣张，则其做事急躁而不遵循礼法,这是必然的。

愍帝之立,贾疋等扳之以立而遂自立,则琅邪之在江东,南阳之在秦、陇①,虽不与争,而坐视其亡而不救。匪直二王也②,刘琨、慕容廆之在北③,张寔之在西④,陶侃之在南,皆坐视其亡而不恤。长安破,愍帝俘,司马子孙几于尽矣,琅邪拥众而居江左,削平内寇,安靖东土,未有舍琅邪而可别为君者。然而闻长安之变,官属上尊号而不许,固请而不从,流涕而权即晋王之位。已而刘琨屡表陈痛哭之辞,慕容廆、段匹䃅且合辞以劝进⑤,豫州荀组、冀州邵续、青州曹嶷、宁州王逊⑥,合南北以协请,江东人望纪瞻之流皆敦迫焉,然后践阼而改元,于是而元帝之位定矣。无求于天下,而天下求之,则人不容有异志而允安。东晋之基,成乎一年之需待⑦,此人情天理之极致。其让也,即国之所以立也。

【注释】

①秦、陇:指以甘陕为代表的关中地区。

②匪直:不只。

③慕容廆(wěi,269—333):昌黎棘城(今辽宁义县)人,鲜卑族。鲜卑慕容部首领慕容涉归之子。身材魁伟,容貌俊美,颇有器度。西晋永嘉元年(307),迁都大棘城,自称鲜卑大单于。他对内修明政事,发展农耕,选拔任用人才,使得士大夫和民众纷纷归附;对外镇抚扶余、宇文鲜卑、段部鲜卑和高句丽,并效忠于东晋朝廷,劝司马睿自立为帝。太兴三年(320),被东晋拜为散骑常侍、车骑将军、都督幽平二州东夷诸军事、平州牧,封辽东郡公。传见《晋书·慕容廆载记》。

④张寔(? —320)：字安逊，安定乌氏(今宁夏固原东南)人。十六
国时期前凉政权开国君主，前凉武王张轨之子。西晋末年举秀
才，除尚书郎。永嘉初年还凉州。因为其父张轨年老多疾，拜副
凉州刺史。张轨死后，州人推举其摄其父位，仍用晋建兴年号。
晋愍帝授凉州刺史、领护羌校尉、西平公。西晋亡后，遣使劝司
马睿称帝，然而不奉东晋年号。后被其部下阎涉刺死。传见《晋
书·张寔列传》。

⑤段匹磾(dī,? —322)：辽西鲜卑人，鲜卑段部的部族大人。晋朝
官员，段务勿尘之子。曾率部助东海王司马越争权，封左贤王。
后与刘琨结盟，抗御石勒，并于建兴五年(317)同刘琨给晋王司
马睿上劝进书。王浚死后，为幽州刺史。时中原人民避乱幽州
者甚众，但他专尚武勇，不知抚恤，又不笼络汉族士大夫，加之袭
杀刘琨，颇失汉族流民之心，使得其势力难以伸展。太兴四年
(321)为石虎所俘。后欲单骑投奔东晋，为石勒所杀。传见《晋
书·段匹磾列传》。

⑥荀组(258—322)：字大(泰)章，颍川颍阴(今河南许昌)人。西晋
大臣，东汉司徒荀勖之子。雅有才识，深得太尉王衍称赞，荐为
司徒左西属、补太子舍人。历任右长史、侍中、中书监等职。豫
州刺史阎鼎奉司马邺入长安后，荀组以太子舅身份领司隶校尉，
行豫州刺史事。司马邺即位后，出任司空。长安失陷后，荀组受
石勒钳制，无法自主行事，遂于太兴初年(318)南迁，受任录尚书
事。传见《晋书·荀组列传》。曹嶷(? —323)：东莱掖县(今山
东莱州)人，西晋末年将领。早年参加王弥暴动，后归附汉赵，拜
为青州刺史。建武元年(317)归晋，上表琅邪王司马睿劝进。不
久又以离朝廷过远，复结好石勒，石勒以其为东州大将军、青州
牧，封琅邪公。太宁元年(323)，受到后赵石勒的进攻，兵败被
杀。其事散见于《晋书·石勒载记》等。王逊(? —323)：字邵

伯,西晋魏兴(今湖北十堰)人。初任本郡太守。永嘉四年
(310),晋怀帝以其为南夷校尉、宁州刺史。他在宁州任用贤才,
招集离散,州境始安。后派其子王澄奉表进言,劝晋元帝司马睿
称帝。太宁元年(323),李雄攻宁州,王逊派遣姚岳、爨深拒战,
李雄败走,因姚岳未能乘胜穷追,使李雄得以喘息恢复,王逊愤
恚而死。传见《晋书·王逊列传》。

⑦东晋之基,成乎一年之需待:指自建武元年(317)三月司马睿称
晋王,至太兴元年三月(318)称帝之间有一年的过渡时间。

【译文】

　　司马邺能当上皇帝,是贾疋等人支持、拥立他的结果,而司马邺最
终也自立为帝。如此则琅邪王司马睿占据江东,南阳王司马保驻守秦、
陇关中之地,虽然他们不和司马邺争夺帝位,但却眼睁睁地看着愍帝身
处危亡而不施以援手。不只他们两个如此,驻守在北部的刘琨、慕容
廆,西边的张寔,南边的陶侃,都看着愍帝身处危亡而不救援。此后长
安被攻破,愍帝被俘虏,司马氏的子孙几乎被赶尽杀绝。琅邪王司马睿
率领众军民驻守江东,平定了内部贼寇,安定了江南地区的百姓,可以
说此时除了司马睿,已经没有别的人可以成为国君了。然而长安沦陷、
愍帝被俘的噩耗传来,官员们多次上书希望司马睿可以即位称帝,而司
马睿却坚决不从,涕泪横流地权且即晋王位。继而刘琨多次上表陈述
哀哭悲痛之辞,希望司马睿可以即位称帝;慕容廆、段匹磾也一同上表
坚决劝进,希望司马睿可以即皇帝位。豫州的荀组、冀州的邵续、青州
的曹嶷、宁州的王逊,联合南北各势力一同请求,而在江东颇有名望的
纪瞻等人也一起敦促,司马睿在这种情况下才即位改元,于是元帝的地
位得以确定。司马睿对天下无所希求,而天下人却都希求他登上帝位,
如此则他人都不容许有别的想法,因此其地位能稳固。东晋的基业,经
过一年的等待而最终得以建立,这是人情天理的极致。司马睿的谦让,
正是东晋王朝得以建立的原因。

　　然且有未及待者，张寔也。寔之戴晋也坚，而择主也审，南阳王保无待而立，寔舍之而属望乎江东，寔表至，帝已先立，而寔之志反为之贰，称建兴年号①，而不举太兴之正朔②，寔岂不愿得君而事之哉？亦恶其不待己求而迫自君也。即此而人心向背之几可知矣。为人臣子，抑奉君亲之痛而有浮慕弋获之心，天下测其隐而鄙之，是天理之在秉彝者，不容纤芥之差乎！彼且不自知，而合离之情理自迥别也。因是而推戴无功者生其忮忌，翼赞有力者挟以骄陵，皆末流之必然矣。远人擅命以自尊，权奸怀逆而思逞，国欲存也，其可得乎！

【注释】

①建兴：西晋愍帝司马邺的第一个年号，使用时间为 313—317 年。

②太兴：又作"大兴"。东晋元帝司马睿的第二个年号，使用时间为 318—321 年。

【译文】

　　然而司马睿并没有等到所有人的拥戴，张寔就是此种情况。张寔坚定拥戴晋王朝，选择他所要拥戴的君主时也十分审慎。南阳王司马保不愿等待而自立为晋王，张寔放弃对他的支持，转而寄希望于江东的司马睿。张寔的劝进表到达时，司马睿已经称帝即位。于是张寔反而对其有了二心，改奉建兴年号，而不将元帝的太兴年号奉为正统。张寔难道是不愿意找到可以事奉的君主吗？他只是厌恶司马睿没有耐心等待他的劝进请求而急切地自立为帝。由此就可以看到并知晓人心向背的道理了。身为臣子，如果面对国君之死不是极其悲痛，却有仰慕名利、猎取权位的心思，则天下人都会看出他的隐秘心思而对其加以鄙夷，因为天理伦常是站在秉持常道之人那边的，不容有丝毫的差误。当事者自身并不知道,那么或离或合的结果自然也迥然相异。因此,推戴无功的人产生妒忌,而推戴有功的人则凭恃功劳骄纵放肆、盛气凌人,这些都是没有远见的人的举动。远离朝廷中枢、据守一方的人专权擅命以使自己尊贵,拥有权力的奸佞之臣怀着叛逆之心图谋一逞,国家想在这种情况下得以保存,难道可以实现吗?

二 宠任刁协刘隗王氏之党益坚

元帝之立也,王氏逼王室而与亢尊①,非但王敦之凶悍也,王导之志亦僭矣。帝乃树刁协、刘隗于左右②,以分其权而自固。然而卒以取祸者,非帝之不宜树人以自辅,隗、协之不宜离党以翼主也;其所以尊主而抑强宗者,非其道也。

【注释】

①王氏逼王室而与亢尊:指东晋建立后,王导先拜骠骑大将军、仪同三司,封武冈侯,又进位侍中、司空、假节、录尚书事,领中书监。与其从兄王敦一内一外,内控朝政,外掌兵权,使得元帝的政治权力有限,故而对其颇为敬重、忌惮,遂形成"王与马,共天下"的格局。事见《晋书·王导列传》等。

②刁协(?—322):字玄亮,渤海饶安(今河北盐山西南)人。东晋大臣。少好经籍,博闻强记。初为濮阳王文学,渡江为晋元帝司马睿长史。东晋初年,拜尚书左仆射,后迁尚书令,参与制定朝廷的典章制度。后又与刘隗推行"刻碎之政",抑制门阀势力,维护皇权,引起士家大族的不满。永昌元年(322),王敦以讨伐刘隗的名义发动叛乱,攻打建康,同时亦列举刁协罪状,于当年三月攻占石头城。刁协组织反攻,却被叛军击败,被迫逃离建康,结果在途中被随从杀害。传见《晋书·刁协列传》。刘隗(273—

333）：字大连，徐州彭城（今江苏徐州）人。东晋大臣。初仕西
晋，授秘书郎。永嘉之乱后避难于江东，投靠琅邪王司马睿。历
任从事中郎、丞相司直，执掌刑宪重任。因以法御下，不避权贵
而深得元帝信任。东晋建立后，他以侍中身份联合尚书令刁协
推行"刻碎之政"，加强巩固皇权，抗衡门阀士族势力。后出为镇
北将军，镇泗口，防范王敦势力。永昌元年（322），王敦起兵叛
乱，攻破建康，刘隗防御失败，向北投靠后赵，获封太子太傅。咸
和八年（333），随从石虎征讨石生，战死。传见《晋书·刘隗
列传》。

【译文】

司马睿称帝即位后，琅邪王氏权势直逼东晋王室，与之分庭抗礼，
不但王敦凶悍异常，而且王导也有僭越皇权的异志。司马睿于是在身
边安插了刁协和刘隗，以分割王氏一族的权力，巩固自己的地位。然而
最终却为自身招来了祸患，并非是司马睿不应安插其所亲信的人来辅
佐自己、刘隗和刁协不应离散王氏的党羽以辅佐皇帝，而是因为他们为
尊崇皇帝、限制豪门大族势力而采取的手段不合理。

承倾危以立国，倚众志以图存，则为势已孤。或外有挟
尊亲之宗藩，或内有挟功名之将相，日陵日夷，而伏篡弑之
机，此正君子独立以靖宗社之时，而糜躯非其所恤[①]。然君
之所急与吾之所以事君者在是，则专心致志以弥缝之而恐
不逮[②]。即有刑赏之失，政教之弛，风俗之敝，且置之以待主
权既尊、国纪既立之后，而必不可迫为张弛，改易前政，以解
臣民之心，使权奸得挟以为辞，而诱天下以归己。协与隗未
足以知此，气矜而已矣。恃其刚决之才，标名义以为名，而
钳束天下，一言之非，一事之失，张皇而摘之，于是乎盈廷之

怨起，而王氏之党益坚。非臣民之叛上而即彼也，乍拂其情者激之也。

【注释】

①糜躯：指粉身碎骨，献出自己的生命。

②弥缝：弥补缝合缺陷，此指维护国家的安定。

【译文】

在危难的境地中建国称帝，又倚靠众人的力量谋求生存，在这种情势下，皇权实际上是孤弱的。在外有人凭借本身的宗亲血缘关系、在内有人凭借自己拥戴皇帝即位的功勋而每天侵凌、逼迫皇帝，潜伏等待着篡权夺位的机会，而这正是君子独自谋求安定宗庙社稷之时，即使粉身碎骨也在所不惜。既然君王所急于解决的问题与大臣事奉君主所面临的课题是一致的，那么君臣就应该专心致志地尽力维护国家的安定、皇帝的权威，唯恐力不能及。即使存在刑赏有所失允、政教有所松弛、风俗有些不好的问题，也应该暂且将其放在一旁，等到皇帝的权威得以巩固、国家纲纪得以确立后再来解决，而必然不可急于变革、改易此前的政策，从而离散臣民之心，使权奸拿这来作为说辞，诱使天下人都归心于自己。刁协、刘隗不足以懂得这个道理，只是徒然倚仗自身的气势而已。他们自恃其刚毅果断的才干，标榜元帝的名义作为名号，钳制管束天下人。如此，则说错一句话、办错一件事，就容易受到人们的指责，结果整个朝廷怨声载道，而琅邪王氏的势力则日益巩固。这并不是因为臣民愿意背叛君王、投靠王氏，而是他们骤然违背了臣民愿望的举措刺激臣民投向了王氏一党。

孟子曰："不得罪于巨室①。"非谓唯巨室之是听也，不得罪于臣民，巨室弗能加之罪也。沉静以收人心，而起衰救敝之人作，且从容以俟人心之定，则权臣自戢，而外侮以消。况名法综核为物情所骇者，其可迫求之以拂众怒也乎！方正学未之逮也②，隗与协又何足以及此！

【注释】

①不得罪于巨室：参见卷十二"惠帝一三"条注。

②方正学未之逮也：方正学，即方孝孺。指建文帝即位后，雷厉风行地进行削藩，最终导致燕王朱棣起兵，造成"靖难之役"。即使建文帝有方孝孺这样甘愿赴汤蹈火的忠臣辅佐也无能为力，最终落得失败的下场。参见卷二"惠帝一"条注。

【译文】

孟子曾经说："不要得罪那些世家望族。"这不是说应该对于世家大族唯命是从。如果不得罪臣民，世家大族就不能趁机施加罪名。以休养生息的政策来收取人心，能振衰起敝的人就会出来有所作为；暂且安然等待天下人心安定，则权臣奸佞自会有所收敛，外部的侵略也会消弭。何况名法之术、综核名实的手段向来是百姓所惊骇恐惧的对象，又怎么能够迫切苛求于民众而触犯他们的怒火呢？连方孝孺都没有做到这一点，刘隗与刁协又怎能做到呢！

三 刘琨托于段匹磾为所夷灭

宗国沦亡，孤臣远处，而求自靖之道，岂有他哉？直致之而已矣①。可为者为之，为之而成，天成之也；为之而败，吾之志初不避败也。如行鸟道者②，前无所畏，后无所却，傍无可迤③，唯遵路以往而已尔。旁睨焉而欲假一径以行吾志，甚则祸及天下，不甚则丧其身，为无名之死而已。刘琨之托于段匹磾是也。

【注释】

①直致：直而没有曲折，此处指径直奉行正道以期实现。

②鸟道：只有飞鸟能经过的小路。比喻险绝的狭隘山道。

③傍无可迤(yǐ)：指旁边没有别的路可以走。迤，地势斜着延长，延伸。此指延伸的别的道路。

【译文】

宗庙社稷沦亡，臣子孤立于远处，想要求得安定自身之道，难道有其他的道路吗？只有径直奉行正道以期实现而已。能做到的事就要尽力去做，做成功了这就是天意使然；如果没有做成，则说明我践行了最初的志向且并不躲避失败的结局。这就如同行走在险绝的狭隘山道，只能无畏前进，无法后退，因为旁边没有别的路可以走，唯有沿着这一条路前进而已。走在这样的险道上，眼睛却向旁边看，从而希望另外寻找到一条捷径来实现自己的志愿，这样做，严重的话就会给天下带来祸患，不严重的也会给自己带来杀身之祸，最终成为一个没有正当名义的死者罢了。刘琨托身于段匹磾就是一个例证。

　　非我类者，心不可得而知，迹不可得而寻，顷刻之变不可得而测，与处一日，而万端之诡诈伏于谈笑，而孰其知之？琨乃以孤立之身，游于豺狼之窟①，欲志之伸也，必不可得；即欲以颈血溅刘聪、石勒，报晋之宗社也，抑必不能；是以君子深惜其愚也。以琨之忠，身死族夷，抱志长埋于荒远，且如此矣；下此者，陷于逆而为天下僇，亦终以不保其血胤②。功则无功也，死则必死也，何乐乎其为此也！故曰直致之而已矣。

【注释】

①琨乃以孤立之身，游于豺狼之窟：指刘琨先倚靠拓跋鲜卑首领拓

跋猗卢,后倚靠辽西鲜卑左贤王段匹磾,与他们分别结为兄弟,以与刘聪、石勒对抗。事见《晋书·刘琨列传》。

②血胤:同一血统的子孙后代。

【译文】

非我族类之人,其心思难以知晓,也无从找出他们的形迹进行判断,其顷刻间的变化无法预测,我们与他们相处一天,他们就有万般的狡黠与诡诈暗藏在谈笑之中,而这又有谁能知道呢? 刘琨孤身一人游走在豺狼虎豹的巢穴洞窟中,想实现自己的志向,必然是不可能的;即便想不惜一死来对抗刘聪、石勒,以报答晋朝,也必然做不到,因此君子对刘琨的愚行深感可惜。以刘琨的忠诚,尚且身死而夷灭亲族,身怀壮志而最终被长久地埋藏在荒郊野地;那些不如他的人,身陷叛逆阵营之中而被天下人所攻击,也终究不能保全他们的后裔。不仅没有功劳,也必然为此献出生命,为何要乐于做这样的事呢? 所以说,唯有奉行正道以期实现而已。

四　祖逖厚遇陈川将李头川杀头以降石勒

忌裨将之有功①,恶人之奖之,恐为人用,背己以去,且将轧己而上之,此武人之恒态也。陈川之将李头②,力战有功,祖逖厚遇之,头感逖,愿为之属,川疑忌而杀头以降石勒,于是而汴、晋之间大乱而不能定③。呜呼! 此将将者之所以难也。

【注释】

①裨(pí)将:副将,偏将。

②陈川之将李头:指晋元帝任命祖逖为奋威将军、豫州刺史后,祖逖决定北上收复豫州,打算以谯城为据点。他与占据谯城的豪

强展开争夺，但因为粮草和兵力不足，导致行军艰难而落败。当时陈川占据蓬陂坞，自号宁朔将军、陈留太守，祖逖遣使向陈川求救，陈川便遣其属下将领李头带军队救援祖逖，帮助祖逖占领了谯城。事见《晋书·祖逖列传》。

③汴、晋之间：指开封周边至山西一带。汴，今河南开封。晋，今山西一带。

【译文】

　　主将忌惮其副将立下战功，厌恶别人奖赏其副将，怕副将被别人所用从而背离自己，反过来排挤倾轧自己并居于自己之上，这一般是武将常有的心态。陈川的属下将领李头征战有功，祖逖待他非常好，所以李头很感激祖逖，愿意成为他的部属。陈川出于猜疑、嫉妒而杀掉了李头，投靠了石勒，因此开封周边至山西一带便发生大乱而不能安定。唉！这就是统率诸将领之所以困难的原因啊！

　　知武人之情，而不逆其所忌者，则知权矣。非但畏彼之怨怒而曲徇之也①，道固存焉，权即正也。三军之士，智者、勇者、勤敏而效死者多矣。智勇以效死而逾于主帅者有矣；而既已隶于人而受命，则纲纪存焉。纲纪者，人君之以统天下，元戎之以统群帅，群帅之以统偏裨者也。夫既已使之统，而又以不测之恩威、唯一时之功罪以行赏罚，则虽得其宜，而纲纪先乱。纲纪乱，则将帅无以统偏裨，元戎无以统将帅；失其因仍络贯之条理②，而天子且无以统元戎。故韩信下燕、赵，平三齐，岂一手一足之烈哉！其智勇效死以成信之功者多矣。然而汉高知信而止，以李左车之贤智，信方北面受教③，而高帝未尝拔之以受一邑之封。信曰："陛下不能将兵，而善将将。"此之谓与！

【注释】

①曲徇：指曲意顺从。

②络贯：交错连贯。

③以李左车之贤智，信方北面受教：指韩信灭赵以后，向李左车请教攻灭齐、燕的方略。李左车认为，汉军士卒疲惫，战斗力大减，如果和齐、燕军队硬拼，胜负很难预料。不如暂且休兵，安抚赵地民众，同时派人以兵威说降燕国，齐国见燕国投降，自然也会投降了。韩信采用李左车的计策，燕果然不伐而降。事见《史记·淮阴侯列传》。

【译文】

　　知晓武将的心态，而不触犯他们的忌讳，这就可以说是懂得驾驭武将的权术了。这样做并非只是因担忧招致对方的怨恨愤怒而曲意顺从他们，而是因为道理本来就是如此，对权力的运用必须合乎道理。在三军之中有智谋、有勇气、勤劳机敏而不怕死的人很多，其智慧、勇敢以及誓死效忠国家的程度甚至远超他们的主帅，但既然他们隶属于他人而接受其命令，则自有纲常纪律存在。纲纪规范，是皇帝用以统辖天下民众、元帅用以统率诸部将、部将用以统领诸将士的重要事物。已经给予了将领统率部属的职任，却又以难以揣测的恩典和威势、只根据一时的功过来进行赏罚，则即使当时处置恰当，也会使得纲纪先产生混乱。纲纪混乱之后，将帅就无法统驭其副将，而元帅也不能统领诸将，这样就失去了以往的条理规范，因此皇帝也就不能指挥元帅了。所以韩信攻下燕、赵，平定三齐内乱，难道是靠他一人的力量吗？他有众多有勇有谋的部下来成就他的功业。然而汉高祖刘邦知道对这些功劳的奖赏只能限于韩信，虽然李左车贤能有谋，韩信曾经虚心向他请教攻燕伐齐的策略，汉高祖并不曾以一城一邑对其进行封赏。韩信说："陛下您不能多带兵，但却很会统率将领。"说的就是这个道理啊！

　　既已为其偏裨，则名义存焉；其智勇效死而或为主将之所抑，因之以徐惩其主将可也，非能率吾意而亟行之也。好恶虽当，而有所不可任；刑赏虽公，而不敢轻；鸠合数十万人而为之长①，一一察其能否以用其恩威，力穷而争以起。逖之使头愿为之用以背陈川者，任情以行好恶，自谓至公，而不知纲纪为维系人心之枢纽也。夫逖慷慨英多，而未达大体，即不陨折，吾不敢信其匡复之功可成。称周公者，曰"䜣䜣休休，见善不喜，见恶不怒"②。英君哲相，规模弘远，岂易及哉！

【注释】

①鸠合：纠合。

②"称周公"几句：指武王伐纣成功后，进入商都，商容跟殷地民众观看周人部队入城。民众以为周公是新的君主，商容评价周公说："这不是新君。此人䜣䜣（xīn）休休（欢天喜地、悠然自得），其志在除贼。他不是周代天子，而应该是相国。因此，这样的人领导民众，能够做到不憎恶而自然威严，我由此知道。"而见到真正的武王时，商容说："这人是我们的新国君。圣人替天下民众征讨暴虐，见善不喜，见恶不怒，面容与神色相符合，我由此知道。"事见《绎史·武王克殷》。

【译文】

　　既然已经做了别人的副将，与主将之间就存在需要维系的主副名义；副将的智勇和忠诚效死的决心或许会被主将抑制，元帅这时只需根据情势慢慢给予主将惩罚即可，不能一味地按照自己的想法去付诸实施。作为主帅，即使其好恶是正当的，也不应该放任自己的好恶；即使其赏罚是公正的，也不应轻视赏罚的制度而肆意赏罚。纠合几十万人而作为其统帅,要想一一地辨别每个人的好坏并施以恩德和威势,即便用尽全力也很难做到,纷争由此被引发。祖逖能使李头愿意听从他的指挥并背离陈川,靠的是顺着性情与个人好恶恣意而为,自以为是至为公正,其实并不懂得纲纪是维系人心的关键所在。祖逖慷慨大度、才智过人,但不识大体。即使他没有早早地死去,我也不相信他能收复中原。有人称颂周公道:"欢喜且悠然,看见善的不惊喜,看见坏的不发怒。"英明的君主与贤能的宰相,所规划创设的制度广大深远,难道是后人容易企及的吗?

五　高瞻知慕容廆不终戴晋不为所用

　　忠臣志士善保其忠贞者,尤不可以无识;苟无其识,则易动而不谋其终。谓荀彧之党曹操以篡汉者,已甚之辞也[1]。不揣其终,而相沿以往,变故日深,而弗能自拔,或以是死,而不能避不韪之名[2],急于行志而识不远也。当汉帝困于群凶之日,唯曹操能迎而安之,悠悠天下,舍操其何适焉?操之不可终任,人具知之,而转念之图,惟昏于初念;其为智也,不能决两端于俄顷,迎刃以解,而姑为尝试,且自谓他日之可有变计,乃不知其终不能也。是以能早决以洁其身者之谓大智,高瞻其当之矣[3]。

【注释】

①已甚之辞:指言过其词的说法。已甚,过分。

②不韪(wěi):不是,过错。

③高瞻:字子前,渤海蓨(今河北景县)人。西晋名士。永嘉之乱时,与叔父高隐北逃幽州,后随崔毖至辽东。崔毖败亡后,随众降于慕容廆。慕容廆想任命他为将军,高瞻称疾不起。慕容廆

又数次亲临问候,并推心置腹地和他袒露自己想拥戴晋室、匡扶天下的志向,希望高瞻为其效力,高瞻仍旧以自己患病推辞,使得慕容廆心中不快。后宋该加以挑拨,劝慕容廆除掉高瞻,高瞻遂因内心忧惧而死。传见《晋书·慕容廆载记》。

【译文】

忠诚的臣子和有抱负的贤士要想很好地保持他们的忠贞,则尤其不能没有见识。如果没有见识,则容易动摇而没法实现其所谋求的目标。人们说荀彧党同曹操篡夺汉朝社稷,这是过分的贬低之语。荀彧不能揣测曹操的长远目的,沿袭过去的方式与其来往,两人间的矛盾日益加深,荀彧身陷其中难以自拔,最终因此而被迫自杀,而不能逃避不善的名声。这是因为他急于实现政治抱负而见识不够深远的缘故。当汉献帝身处群雄纷争的境地时,只有曹操能把汉献帝迎到许都并给其以安稳的处境,放眼当时整个天下,荀彧除了曹操还能去辅佐谁呢?曹操不能完成振兴东汉的任务,人人都知道,而荀彧后来转念反对曹操加九锡,只是他在最初决定支持曹操时就犯了错,自然无以补救。荀彧的智慧不足以在顷刻之间从保卫汉室与支持曹操两者间做出选择,使问题迎刃而解,而只是姑且尝试,而且自认为未来的情形可能会有所改变,却不知道这种局面自始至终都难以改变。所以能及早决断且洁身自好的人被称为有大智慧的人,高瞻就是这样的一个人。

慕容廆之始戴晋也,既定辽东,欲以瞻为将军,抚心而告之曰:"孤欲与君共清世难,翼戴王室。"廆慷慨而言之,瞻漠然而应之,郁郁以死,终不为屈,疑为已甚矣。夫瞻秉戴主之忠,而廆有可因以效忠之牖,姑听而观其后也未晚,然而瞻固知其不可恃也。廆之不可恃以终戴晋也,岂难知哉?抱忠而欲亟试之,则一念迟回①,忘廆之能用己而己不能用麂也，则且如荀彧之不决以败其名节矣。处空谷而闻足音^②，则跃然而喜，恶知夫是音之非熊罴猱魅之相扰也^③！怀忠而愤宗国之倾没，闻有义声者欣然而就之，其不为乱贼所陷者鲜矣。高瞻之智，决于俄顷，粲然若黑白之不相淆^④，迎刃而解，捷于桴鼓^⑤；死于不屈之前，而不死于自拔末繇、力穷志沮之日。呜呼！可不谓贤哉！刘琨所不逮也，况荀彧乎！

【注释】

①迟回：犹豫不定。

②处空谷而闻足音：语本《庄子·徐无鬼》："夫逃虚空者，闻人足音跫然而喜矣。"意思是那些逃到空旷荒芜之地的人，突然听到脚步声就会内心欣喜不已。比喻难得的人物或言论。

③熊罴（pí）猱（xiāo）魅（mèi）：指凶猛的野兽、精怪。罴，熊的一种，即棕熊。猱，同"魈"，山中精怪。魅，同"魅"，鬼魅精物。

④粲然：清楚明白。

⑤桴（fú）鼓：鼓槌与鼓。

【译文】

慕容廆起初拥戴晋室，在安定了辽东以后，想派高瞻为将军，就推心置腹告诉高瞻说："我想和你一起共克时艰，肃清奸臣，拥戴晋室。"慕容廆慷慨陈词，而高瞻却冷淡回应，最后他郁郁而终，始终不愿屈身于慕容廆，不禁令人怀疑他是不是太过分了。然而高瞻是坚决拥戴晋朝的忠臣，而慕容廆又是其可以效忠的倚靠对象，高瞻若暂且听从慕容廆的计谋，而看他以后的所作所为再作打算也不迟，但高瞻原本就知慕容廆不足以依靠。慕容廆不能依靠并最终拥戴晋室，并非难以知道。如果高瞻怀抱着满腔的忠心急欲跟从慕容廆来有所尝试，那么在犹豫抉

择的一念间便可能铸成大错，忘记慕容廆能任用自己而自己却不能信
用他，就会如同荀彧那样缺乏决断，从而败坏了自己的名声。在空旷的
山谷听到脚步声就欣喜不已，又怎能知道这不是凶猛的野兽、精怪发出
的干扰声音呢？如果有一腔的热血与满怀的忠诚想恢复倾覆的王室，
听到有人喊着伸张正义的声音就不辨忠奸地欣然前往投奔，其中能不
被乱臣奸贼所陷害的人是很少见的。高瞻凭借一己之智在转瞬间做出
决策，其判断清楚明白，如同黑白不能相互混淆一般，使问题迎刃而解，
比鼓槌敲击鼓面发出声音还要迅捷。他死于屈身于逆贼之前，而不是
死在难以自拔、己力穷尽、志向受阻之时。唉！怎能说他不是贤人呢！
刘琨是赶不上他的，更何况荀彧呢！

六　祖逖听石勒互市

祖逖立威河南，石勒求与通好，逖不报书，而听其互市，
可谓善谋矣。

【译文】

祖逖在黄河以南树立起威名，石勒写信要求与他相通好，祖逖不给
他回信，却听任辖境内的军民与其相互贸易，可以说是善于谋算了。

两军相距而绝其市，非能果绝之也；岂徒兵民之没于利
而趋者、虽杀之而不止哉？吾且有时而需彼境之物用而阴
购之矣。绝市者，能绝吾之不往，而不能绝彼之不来也。吾
之往市者，非一日而即能致于彼，畜之牧之，舟车数百里而
输之，未至于疆场而早已泄，故虽不能必绝，而多所绝。若
彼之来也，授受于疆场，一夕而竟千金之易，而自我以逮吏
士编氓，无不仰给焉，恶可绝也！于是而吾之金钱与其轻赍

之货贿、尽辇以归敌，而但得其日就消亡之物，则敌日富而我日贫，金钱暗耗而不知，欲三军之无匮也不能，而民贫怨起矣。

【译文】

敌我两军对垒而禁止双方相互贸易，其实并不能够真正阻绝。岂止是那些即使杀了他们也无法禁止其私下买卖趋利的兵民呢？我方有时也会需要对方的物资而必须私下秘密地购买。禁止买卖只能禁止我方不去对方那边，而不能禁止对方来我们这边做买卖。我们这边去对方那里进行贸易，不是一日之间就可以到达对方辖境的，需要牛拉马驮、用舟车输送数百里，这样没等到运达边境就早已泄露了秘密，所以即使不能绝对地禁止我方人员去对方那里进行贸易，贸易也自然多有断绝。相反，若对方来我们这边贸易，在边境附近交易，一晚上就能达到一千金的交易额，而我方的军士吏民都会仰仗贸易所提供的物资支援，因此哪能断绝得了呢？于是，我方的金钱与敌方人员能携带的轻便货物，都被敌方装上车子悉数运回，我们只是得到一些每天都要消耗的物资而已。这样敌方愈发富有而我方愈发贫困，财物暗自消耗而我们并未察觉知晓，想让军队物资不匮乏也做不到，民众就会愈加贫困，就会产生埋怨的情绪。

　　且绝市者曰：忧间谍也。间谍之往来，恒于歧径，乃名为绝市，而必不能禁下之私通，则歧径四辟，而间谍之往来无忌。互市通，而关津有吏焉，以讥其出入①；交易有期焉，以限其往复；军民之志欲得而私径芜，则间谍之出入阻矣。且间谍者，非必畜不轨之志以走险者也。私市通，歧径四出，人知官禁之疏，而渐与敌狎，则因而玩死以䎀奸者多矣^②。一之于互市，市之外，无相狎之门，自非深奸巨慝忘死以侥幸者^③，孰敢尝试焉？以通之者绝之，逖之虑此密矣。此两军相距，赡财用、杜奸人之善术^④，用兵者不可不知也。

【注释】

①讯：查问。

②雠奸：指通敌。雠，应答，应对。

③巨慝(tè)：大奸大恶之人。

④赡：富足。

【译文】

　　况且主张禁止贸易的人会说："这是出于担忧通市贸易招致间谍潜入。"间谍的往来出入，总是通过小道，所谓的禁止贸易，必然不可能禁止百姓私下的交易，因而往来的小道会被四处开辟，这就使得间谍会更加肆无忌惮地往来。如果双方互通贸易，关卡与渡口都有官吏来查问出入之人；而且双方的贸易有一定的时间规定，从而限制了人们的随意往来。这样，军民的欲念就会得到满足而私下买卖相通的小道也就无人去走，间谍的出入就会受到阻碍。况且间谍也并不都是身怀不轨之志非要铤而走险的人。如果人们都私下贸易，使得供给间谍往来的小道四处都是，人们就会知道官吏禁止不严的疏忽，有些人甚至还会和敌方亲近，于是冒着身死的风险而通敌的情况也会愈来愈多。如果与对方互市，除了在交易场地之外，没有别的途径可与敌方亲近，除却身藏不轨之心且忘死以求侥幸的大奸大恶之人，谁敢冒险去尝试呢？以双方互通贸易来禁绝间谍的出入，祖逖对此考虑得很细致了。这也是两军对垒时，使我方富足且杜绝奸人的绝佳办法，带兵打仗的人不能不懂得这个道理。

七　王导私庇宗族

王导之不得为纯臣也①，杀周𫖮而不可掩，论者摘之，允矣。然谓王敦篡而导北面为佐命之臣，以导生平揆之，抑必其所不忍。且王敦之凶忍，贼杀其兄而不忌，藉其篡立，导德望素出其上，必不能终保其死，导即愚，岂曾此之不察哉？

【注释】

①纯臣：指忠心耿耿、纯一不贰的臣子。

【译文】

王导不能算是忠心耿耿、纯一不贰的臣子，从周𫖮被杀这一不可遮掩的事实就可看出。议论者因此而指摘王导，是公允的。但如果说王敦成功篡权后，王导会向其北面称臣、做他的辅佐之臣，从王导平生的所作所为来推测，也必定是王导所不忍心做出的事。况且王敦残暴凶恶，能无所顾忌地杀害他的兄长王澄，假如他篡位自立，则王导的威望与名声素来比他高，难保最终不被王敦害死，王导即使愚蠢，难道会不明白这一点吗？

乃导之澌涊两端①，不足以为晋之纯臣也，则有繇矣。盖导者，以庇其宗族为重，而累其名节者也。王氏之族，自导而外，未有贤者，而骄横不轨之徒则多有之。乃其合族以随帝渡江，患难相依而不离，于此而无协比之心焉②，固非人之情矣。然而忠臣之卫主，君子之保家，则有道焉。爱之以其情也，亲之以其道也，因其贤不肖而用舍之以其才也，尽己所可为，而国家之刑赏，非己所得而私也。当其时，纪瞻、卞壸、陶侃、郗鉴之俦,林立于江左,而以上流兵柄授之于王敦,导岂有不逞之谋哉?恤其宗族,而不欲抑之焉耳。

【注释】

①淟涊(tiǎn niǎn):软弱,怯懦。

②协比:勾结,依附。

【译文】

至于王导软弱怯懦、首鼠两端,不足以被称为东晋的忠纯之臣,则是有原因的。因为王导一直以保护王氏家族为重,这就拖累、损害了他的名节。王氏家族除了王导之外,没有什么真正有才华的人,而骄横放纵、行为不法的人则很多。可是整个王氏家族随着晋元帝司马睿一同渡过长江,他们患难相依而不相离弃,如果这种情势下不能齐心协力、彼此依存,恐怕也不是人之常情。但忠臣保卫主君、君子爱护自己的家族,是有其正道的。要根据实际情况来爱护自己的家族,根据道义来帮助维系自己的家族;要按照家人的贤能与否或者才能优劣来决定是否任用,不可任人唯亲;对于家族要尽自己的力量予以爱护,但国家的赏罚,并不是按照自己的私心好恶来决定的。当时,纪瞻、卞壸、陶侃、郗鉴等忠诚又有才干的人,纷纷聚集在江东,而王导却将长江中上游战略要地的兵权授给了王敦,王导难道是图谋不轨吗?他只是关心体恤自己的家族,而不想抑制其族人罢了。

将谓管叔之逆,周公且不忍防之于早乎?乃管叔者,非但周公之兄也,周公非但以己兄之故而使之监殷也。管叔者,固文王之子,武王之弟,成王之叔父也。俱为天子之懿亲,而以己之贤,疑彼之不肖而早制之,于是乎不可。而导岂其然哉?天下者,司马氏之天下,非王氏之天下也。惜其阀阅之素盛，念其辛苦之共尝，以人之天下而慰己之情，未有不陷于恶者。而其究也，乃至亲统六师，名为贼而推之刃，又何足以救名义而全天性哉？

【译文】

可能会有人说，管叔叛逆作乱，周公不是都不忍心过早地加以提防阻止吗？可是管叔不仅是周公的兄长，周公也并不只是因为他是自己的兄长才派他监视商地的。管叔本来就是周文王的儿子，周武王姬发的弟弟，也是周成王姬诵的叔父。他是几位天子的至亲，而周公若以自身的贤德，怀疑管叔不肖而早早予以防范，在此情况下显然是不可以的。王导难道是这样吗？天下是司马氏的天下，并非王氏的天下。因为怜惜王氏家族素来的强盛繁荣，念及曾经同甘共苦的经历，王导便以别人的天下来抚慰自己对宗族的感情，则不可能不陷于罪恶。而这种情形演化到极致，就是王导被迫亲自统帅六军，将王敦称为奸贼并对其加以诛戮，王导又如何足以挽救君臣名义而保全亲近宗族的天性呢？

呜呼！岂徒如导者，系国家安危之大故，人臣贞邪之大辨哉！凡人之亲爱其宗族也，亦各有道矣。己所得为，无不可推也；上而君，降而友，又降而凡今之人与凡天下之物，非吾所得私者，不得以自私，则抑不得以私其诸父昆弟。妄欲者何厌之有哉？教以正，迪以自立之方，士习为士，农习为农，黠者戢之，弱者振之，非徒无伤于天下，而抑可以保跃冶之子弟而予之安①，则可以上告祖考而无憾矣。徇族党好恶之私，己虽正而必陷于邪，辱身不孝之罪，又奚逭哉②！

【注释】

①跃冶：典出《庄子·大宗师》："今之大冶铸金，金踊跃曰：'我且必为镆铘。'"意思是大冶铸造金属器具时，熔炉里的钢水沸腾着说："我一定要成为那样的镆铘宝剑。"后以"跃冶"比喻自以为能，急于求用。

②逭（huàn）：逃避。

【译文】

唉！何止是像王导这样身系国家生死安危的命运、面临人臣忠贞还是奸邪之大辨的人是如此呢！但凡人亲近爱护自己的家族，一定都会有自己的方式。凡是自己能够做到的，没有不能推及整个家族的。上至君主，次而至友人，再降至天下的普通人和普通的事物，不是自己所应该以私情对待的，就不能以私情对待，也不能对自己的叔伯弟兄有所偏私。妄生贪欲的人又哪里会有满足的时候呢？只有正面地教导他们，启迪他们走向自立自强的正确道路，使士人真正成为士人，农民真正成为农民，使狡猾的人有所收敛，使软弱的人得以振奋精神，这样才不仅不会对天下造成伤害，而且还可以保护族中那些自以为能、急于求用的子弟，使其可以安稳自持。这样也就可以告慰祖先的在天之灵而不会有所遗憾了。如果只是从自己的好恶、宗族的私利出发，偏袒和放任族人，则即便自己很正直，也必定会陷于奸邪之中，使自身被侮辱，乃至累及祖先和宗族的声名，哪里能逃脱不孝的罪名呢？

明　帝

【题解】

　　晋明帝司马绍(299—325)字道畿,是晋元帝司马睿的长子,母为宫人荀氏,于太兴元年(318)被册立为皇太子。永昌元年(322),晋元帝去世,司马绍正式即位。明帝在位期间,整合朝廷所能掌控的政治与军事资源,平定王敦之乱,同时继续重用王导,保持与江东士族的合作关系,做好"王敦之乱"善后工作,稳定了东晋王朝的局势。其后又调整荆、湘等四州将领,以分散长江中上游地方势力,力图制衡权臣世家,维护皇室权威。太宁三年(325)病死,在位仅三年。

　　明帝在平定王敦之乱后有心励精图治,却英年早逝,终究未能如愿。王夫之对于明帝的勇气和智谋都进行了充分肯定,认为当时北方的五胡气数已尽,而明帝面对王敦的威胁"举动伟然",毫不畏惧,并最终平定叛乱。他指出,若明帝没有早亡,则很有可能收拢北方失地的人心,中原便可收复。此外,王夫之也认为明帝对于王导的宽释实是明智之举,从而引出了有关君子与小人面对自身错误的差别应对问题:君子有过而改,便"不害其为君子";小人对于错误的态度则是文过饰非,和君子有着本质性的差别。

一　明帝手诏征王敦可谓神武

明帝不夭,中原其复矣乎!天假五胡以乱中夏,气数之穷也,帝乃早世①！王敦之横,元帝惴惴而崩,帝以幼冲当多难,举动伟然,出人意表,可不谓神武哉？

【注释】

①早世:指过早地去世。

【译文】

如果晋明帝司马绍不过早地去世,中原可能已经被收复了！上天假借匈奴、鲜卑、羯、氐、羌这五个少数民族之手来扰乱华夏,在他们的气数已然穷尽,本可有所作为的晋明帝竟英年早逝！王敦骄横悖逆,致使元帝抑郁而终,明帝以小小年纪面对多灾多难的时局,其施政举措卓异超群,可谓出人意料,怎能不称其为英明神武之君呢？

王敦谋篡,而讽朝廷征己,使帝疑畏忧戚不欲征、而待其党之相迫,则敦之横逞矣。帝坦然手诏征之,若人主征大臣之故事,无所疑畏,而敦固心折不敢入也。敦欲以王导为司徒,听之也,导本可为司徒,无所疑也;抑以此奖导为君子,使浣濯其同逆之耻以乃心王室①,而解散群臣阿比王氏之戾气②。于是而导之志移,敦之党孤,奄奄且死而以篡为下计③;区区为难者,钱凤辈亡赖之徒而已④,殄灭之如摧枯矣。导贻王含之书曰⑤:"昔年佞臣乱朝,人怀不宁,如导之徒,心思外济。今则不然,圣主聪明,德洽朝野,凡在人臣,谁不愤叹。"导之情可见,从王氏者之情可见,天下之大势,明帝之大略,从可知矣。

【注释】

①浣濯:浣洗,洗涤。

②阿(ē)比：迎合攀附。

③奄奄且死而以篡为下计：太宁元年(323)四月，王敦由武昌移镇姑孰并自领扬州牧，直接控制了京畿地区。但他不久患病，病势愈来愈重。他在与钱凤等人谋划后事时提出了三套方案：上策为放弃兵权，复归朝廷；中策为退回武昌，拥兵自守；下策为举兵东下，颠覆朝廷。事见《晋书·元帝纪》。

④钱凤(? —324)：字世仪，东晋武康(今浙江德清)人。沈充的同乡，沈充引荐其为王敦铠曹参军。钱凤知王敦存不诚之心，于是为王敦出谋划策，劝王敦举兵东下，颠覆朝廷。太宁二年(324)，明帝征讨王敦，王敦败死，钱凤逃至阖庐洲后为周光所杀。其事见于《晋书·沈充列传》。

⑤王含(? —324)：字处弘，琅邪临沂(今山东临沂)人。王敦之兄。晋元帝在位时累迁征东将军，都督扬州江西诸军事。王敦举兵叛乱时，王含作为王敦军元帅，与钱凤等率众攻打建康。兵败后奔往荆州，被荆州刺史王舒沉杀于长江。其事见于《晋书·沈充列传》。

【译文】

王敦图谋篡夺东晋的政权，而暗示朝廷征召自己入朝，假如明帝对此感到畏惧、忧虑而不想征召他入朝，等到王敦的党羽加以逼迫才不得不征召，则王敦的计谋得逞，会变得更加骄横。然而明帝坦然下手诏征召王敦，如同过去皇帝征召别的大臣一样，并未有所畏惧和疑虑，而王敦固然因内心被折服而不敢应诏入朝。王敦想让王导做司徒，明帝听从了这一安排，王导本来就是可以做司徒的人，所以明帝对他无所怀疑；而且明帝也想以此来鼓励王导做君子，使他可以洗脱身为叛逆同党的耻辱而忠于朝廷，从而消弭群臣迎合攀附王敦的不正之风。于是王导的立场移向朝廷，使得王敦的势力被孤立，他奄奄一息时与钱凤等人谋划后事，将举兵东下、颠覆朝廷当作下策。最终发难者为数很少，只有像钱凤那样的无赖之徒而已，而消灭这些人如同摧枯拉朽一般。王导给王含的信中说："过去奸臣在朝作乱，人人心怀不安，像我这样的人，也心存外念。现在情况则不同，当今圣主耳聪目明，恩德遍于朝野，凡是作为臣子的，谁不痛恨谋逆之臣呢！"王导的衷肠由此可见，而跟随王氏一族者的心理也由此可见。当时的天下大势，以及明帝的深谋大略，从中也都可以知道了。

折大疑者，处之以信；奠大危者，予之以安。天假明帝以年，以之收北方离合不定之人心，而乘冉闵之乱①，吹枯折槁，以复衣冠礼乐之中夏，知其无难也。帝早没而不可为矣，悲夫！

【注释】

①冉闵之乱：指后赵将领冉闵夺取后赵政权，大肆屠戮石氏宗族和羯、胡人。冉闵（？—352），字永曾，小字棘奴，魏郡内黄（今河南内黄）人。冉魏政权开国皇帝。为人果断敏锐，以勇猛著称。早年为后赵将领，跟随石勒、石虎四处征伐，屡立战功，封修成侯。石虎死后，拥立石鉴，而后夺取后赵政权。永兴元年（350），即位称帝，建立冉魏。永兴三年（352），因兵败而被前燕君主慕容儁擒获斩杀。事见《晋书·石季龙载记》。

【译文】

要去除人们的严重怀疑，就要和他们以诚信相处；要妥善处置人们面临的重大危机，就要给他们以帮助，使其心安。如果上天让明帝再多活几年，让他聚合因为战乱分离而不安定的北方民心，并乘着冉闵叛乱的机会，摧枯拉朽一般一举收复中原，恢复华夏的礼仪文化、典章制度，想来也并不是困难的事。明帝早逝而没能做到这一点，真是悲哀啊！

二　王导议赠周札以文己过

君子之过,不害其为君子,唯异于小人之文过而已。王敦称兵犯阙,王导荏苒而无所匡正①,周颛、戴渊之死②,导实与闻,其获疢于名教也,无可饰也。故自言曰:"如导之徒,心思外济。"盖刘隗、刁协不择逆顺,逞其私志,欲族诛王氏,而导势迫于家门之陨获③,不容已于诡随,此亦情之可原而弗容隐饰以欺天下者也。及敦死而其党伏诛,谯王丞、戴渊、周颛以死事褒赠④,岂非导悔过自反以谢周、戴于地下之日乎?而导犹且狎开门延寇之周札⑤,违卞壶、郗鉴之谠议⑥,而曰:"札与谯王、周、戴见有异同,皆人臣之节。"导若曰札可尽人臣之节,则吾之于节亦未失也。假札以文己之过,而导乃终绝于君子之涂矣。

【注释】

①荏苒:时间渐渐过去,此指无所作为。

②周颛、戴渊之死:指王敦掌权后,因戴渊、周颛素有人望,将二人收捕杀害之事。事见《晋书·周颛列传》。

③陨获:指困迫失志、忧闷不安。

④谯王丞:指东晋谯王司马丞(263—322)。一作"司马承"。字敬才,河内温县(今河南温县)人。晋朝宗室。永嘉年间南渡江南,投奔琅邪王司马睿,担任军谘祭酒,袭封谯王,任湘州刺史。永昌元年,王敦之乱爆发后,奉命起兵平叛,被困于湘州长沙县,城陷后被擒遇害。晋明帝平定王敦之乱之后,追赠为车骑将军,谥愍。传见《晋书·宗室列传》。

⑤而导犹且狎开门延寇之周札:指王敦第一次叛乱时,率军进攻石

头城,将领周札不战而降,打开城门迎王敦入城。王敦听信钱凤的建议,诛杀周札及周氏族人。后来,王敦败亡,周氏故吏都向朝廷诉冤,请求对周札、周筵予以赠谥。即便朝廷中有所异议,但在司徒王导的支持下,朝廷最终追赠周札为卫尉,以少牢之礼祭祀。事见《晋书·周札列传》。周札(?—324),字宣季,义兴阳羡(今江苏宜兴)人,东晋将领。王敦叛乱时任都督石头水陆军事。传见《晋书·周札列传》。

⑥谠(dǎng)议:正直的议论。

【译文】

君子犯了过错,并不妨害其作为君子的身份,这正与小人犯错后巧妙掩饰其错误迥然不同。王敦举兵犯上,王导放任其行为而不立即加以纠正、制止。周颛、戴渊被杀,王导实际上听说了,从名声与教化上讲他负有罪责,这是无可掩饰的。所以他自己说:"像我这样的人,也心存外念。"刘隗、刁协不能将忠臣与逆臣分别对待,急于实践自己的愿望,想把王氏家族全部诛杀,而王导考虑到王氏家族可能会因此而没落灭亡,不容得不屈从于叛逆之徒,这也是情有可原的,容不得对此加以掩饰从而欺骗天下人。等到王敦病死而他的党羽被诛杀后,谯王司马丞、戴渊、周颛因为国效死而受到追谥、褒奖,这难道不应是王导出于自己内心的悔疚而向周颛、戴渊的地下亡灵有所悔悟的时候吗?而王导却仍偏袒曾经弃守石头城、开门延揽王敦军队进入都城的周札,违背卞壶、郗鉴正直的议论,并说:"周札和谯王丞、周颛、戴渊意见各有异同,但他们都有着为人臣子的气节。"王导如果说周札可以尽到人臣的气节,则等于说自己的气节未曾失去。王导假借周札来掩盖自己的过错,而他最终也与君子之途无缘了。

郗公爱子死而不哭①,卞令力疾战而丧元②,二君子者,无诸己非诸人③,危言以定褒贬④,非导之所能也。而引咎知非，以无异说于论定之后，夫岂不可？怙愚而欲盖弥章，不学于君子之道，虽智弗庸也。

【注释】

①郗公爱子死而不哭：指郗愔与其长子郗超之事。郗愔的儿子郗超死后，郗愔极度伤心，更因而患病。然而当郗超门生呈上郗超临终前交托的一堆书信后，郗愔才发现郗超原来一直背着自己与桓温图谋篡位。郗愔大怒，便不复为郗超流一滴眼泪。事见《晋书·郗超列传》。郗愔，郗鉴的长子。

②卞令力疾战而丧元：指苏峻叛乱时，卞壶临危受命，怀报国之志，率领二子及兵勇奋力抵抗，最终以身殉国。事见《晋书·卞壶列传》。丧元，指丧失性命。

③无诸己非诸人：语本《大学》："是故君子有诸己而后求诸人，无诸己而后非诸人。"意思是品德高尚的君子，总是自己先做到，然后才要求别人也做到；自己先不这样做，然后才要求别人不这样做。

④危言：正直直言。

【译文】

郗愔最喜爱的儿子死了，因其子参与谋反之事，郗愔便不为他伤心流泪；卞壶因竭力战斗而牺牲。这两位君子都是自己先不犯错，然后才要求别人不犯错，他们都能以正直的言辞确定褒贬，这不是王导所能做到的。在事后引咎自责、认识到自己的错误，在人们盖棺定论以后不再发表不同意见，难道不可以吗？坚持自己的错误并且加以掩盖，以致欲盖弥彰，若不去学习君子之道，即便拥有智慧也无济于事。

成　帝

【题解】

晋成帝司马衍(321—342)字世根,是晋明帝司马绍的长子,母为明穆皇后庾文君。他于太宁三年(325)被册立为皇太子,同年即位,时年仅五岁。因成帝年幼,其母皇太后庾文君临朝听政,司徒王导录尚书事,与中书令庾亮共同辅政。成帝在位期间,诏举贤良,劝课农桑,平定苏峻、祖约之乱,并推行土断,编户南迁世族,巩固了东晋王朝的统治。咸康八年(342),晋成帝因病逝世,在位十七年。

成帝在位时,外戚庾亮执政,欲图排斥王导势力,振作东晋王室,结果反因引发了苏峻、祖约的叛乱。王夫之认为,苏峻、祖约之叛实因庾亮任法擅杀而造成,与当初晋元帝任用刘隗、刁协,为政操切,以致激起王敦之乱如出一辙。他们共同的错误在于,面对已然崩坏的世风与人心急于用法,破坏了原有的政治平衡。所以在王夫之看来,维护政权稳定的基础还是儒家教化,而并非以教化之名行厉法之实。这一反对"任法"的观点一直贯穿《读通鉴论》全书,值得读者关注和思考。

东晋的门阀政治历来受到学者们的关注和讨论。自司马睿南渡以来,东晋皇室倚靠以琅邪王氏为代表的世家大族势力来稳固自身统治,逐步形成门阀士族与皇权共治的政治生态。成帝一朝,王导和庾亮的势力此消彼长,郗鉴、陶侃各自经营一方,显著影响着东晋政局,门阀政治的格局与形态已然清晰呈现出来。王夫之批评成帝对王导及其妻曹氏行礼一事，指出这不仅于礼不合，更是对君权的践踏，是魏晋以来君臣纲常渐被夷陵、皇权衰弱的具体表现。从中也可以看到王夫之对于维护君王权威的高度重视。

由于同为偏安江南之地的政权，东晋和南宋常被人们拿来加以比较。王夫之认为，东晋的境遇比南宋要好得多。首先，永嘉之乱后，有诸如刘弘、陶侃这样的名将在地方上为国家保持和积聚军事力量，又有祖逖、温峤等人以勇敢的行动来鼓舞士气，使东晋具备了保国御敌的基础；其次，东晋所面临的敌人——五胡互不统属且相互争斗，相当程度上减缓了外敌入侵的压力；最为重要的是，东晋不像南宋有秦桧这样的奸臣阻挠，即便蔡谟、王羲之等人反对北伐，也是出于内部政治稳定性的考量，非有怀奸误国之心。不过，他也感叹桓温的北伐受阻，认为即使政权落在桓温手中，也好过授国于夷狄，这体现了王夫之强烈的民族主义情绪。

一　庾亮引西阳王羕王导卞壸温峤 郗鉴并受明帝遗诏辅政

少主立，而大臣尸辅政之名，虽周公之圣，不能已二叔之乱①，况其下焉者乎？庾亮不专于己，而引西阳王羕、王导、卞壸、郗鉴、温峤与俱受托孤之遗诏②，避汉季窦、梁之显责③，亮其愈矣。虽然，恶有俱为人臣，徒崇此数人者持百尹之进退而可以服天下哉④？陶侃之贰，祖约、苏峻之逆，所必然矣。

【注释】
①二叔之乱：指管叔、蔡叔之乱。

②西阳王羕:指西阳王司马羕(yàng,284—329)。字延年,河内温
县(今河南温县)人。晋朝宗室、大臣,晋宣帝司马懿之孙。元康
元年(291)受封西阳王,永嘉初年(307)随东海王司马越南渡江
南,支持琅邪王司马睿称帝。晋明帝司马绍病重时,成为顾命大
臣。晋成帝司马衍即位后,受到四弟南顿王司马宗谋反案牵连,
被免官降爵。咸和二年(327)苏峻之乱爆发,司马羕支持苏峻对
抗庾亮,被赐死。传见《晋书·司马羕列传》。

③窦、梁:分别指汉和帝时期的窦宪、窦笃等窦氏外戚和汉冲帝、质
帝时期以梁冀为代表的梁氏外戚。

④百尹:百官。

【译文】

　　君主年幼即位,而大臣以辅政的名义执掌大权,即使是以周公旦的
圣明,尚且不能制止管叔、蔡叔的叛乱,更何况那些不如他的人呢? 庾
亮不独揽辅政之权,而是招引西阳王司马羕、王导、卞壸、郗鉴、温峤这
些人与他一起接受明帝托孤的遗诏,以求避免被指责为像汉代窦氏、梁
氏那样专权,庾亮的做法确实比窦氏、梁氏高明些。尽管如此,哪里有
同为大臣,却只推崇这几个人,使其掌握百官任免升降的大权,而果真
能使天下人信服的道理呢? 陶侃心怀异志,祖约、苏峻发动叛乱,都是
势所必然的结果。

　　夫主少则国政亦必有所裁,大臣不居辅政之任而恶乎
可? 而有道于此,则固无事立辅政之名,授之以独驭之权,
而疑天下。无他,唯官常数定,官联相属①,法纪豫立,而行
其所无事焉耳。三公论道,而使莅庶事②,则下侵六卿;百执
不相越,而不守其官,则交争。故六卿百执之可否,三公酌
之;而三公唯参可否,不制六卿百执以行其意。则盈廷多

士,若出一人;州牧军帅,适如其恒。天子虽幼,中外自辑以协于治,而恶用辅政者代天子而制命邪?

【注释】

①官联:官职。

②莅:治理,管理。

【译文】

君主年幼,则国家的政事必然要有人加以裁断,大臣怎么能不承担辅佐的任务呢?但辅政是有其正道的,本来就没有必要树立辅政的名义,授予大臣独断之权,从而招致天下人的猜疑。没别的办法,只有确定官职的数量和官员遵守的规则,使百官各司其职,提前确立纲常法纪,照章办事,无为而治。三公本应是坐而论道、决定大政方针的人,如果让他们管理一般性的事务,则会侵扰到其下属六卿的权力。百官的职能不应相互僭越,若他们不能各尽职守,就会引发相互的纷争。所以六卿百官的对错,应由三公进行仔细斟酌;而三公也只是斟酌参议他们的对错,并不应强迫他们执行自己的意见。这样,整个朝廷的众多官员就可以团结协作,如同一人;对于地方和军队的管理也一如其常规。皇帝虽然年幼,但朝廷内外各自尽责,齐心协力共同处理好政务,哪里还需要辅政大臣来代替天子发号施令呢?

夫古之天子,未尝任独断也,虚静以慎守前王之法①,虽聪明神武,若无有焉,此之谓无为而治。守典章以使百工各钦其职②,非不为而固无为也。诚无为矣,则有天子而若无;有天子而若无,则无天子而若有;主虽幼,百尹皆赞治之人,而恶用标辅政之名以疑天下哉?

【注释】

①虚静:致虚守静。语本《老子》第十六章:"致虚极,守静笃,万物并作,吾以观复。"意思是尽力使心灵的虚寂达到极点,保持清静的笃定状态。万物都一齐蓬勃生长,我以此而考察其往复的道理。

②百工:百官。

【译文】

古时候的天子不曾独断专权,他们尽力使心灵的虚寂达到极点,保持清静的笃定状态,谨慎地遵守先王的法令,即使聪明神武,也仿佛没有才干,这就是所谓的无为而治。遵守典章制度从而使百官各司其职,这并非不去作为,却的确达到了无为而治的境界。真正的无为而治,就好像是有天子就跟没有一样;有天子而仿佛没有,那么没有天子就像有天子一样。皇帝虽然年幼,百官都是协助其治理天下的人,哪里还需要标榜辅政大臣的名义来招致天下人的怀疑呢?

是以三代之圣王,定家法朝章于天下初定之日,而行之百世,主少国疑之变,皆已豫持之矣。故三代千八百年,非无冲人践阼,而大臣无独揽之威福。若夫周公之辅政,则在六官未建、宗礼未定之日,武王末受命而不遑,不得已而使公独任之也。虽然,读《鸱鸮》之诗①,而周之危、公之难,亦可见矣。有圣主兴,虑后世不能必长君令嗣之承统也②,豫定奕世之规,置天子于有无之外,以虚静而统天下,则不恃有贵戚旧臣以夹辅。既无窦、梁擅国之祸,而亦不如庾亮之避其名而启群争。不然,主幼而国无所受裁,虽欲无辅政者,不可得也。

【注释】

①《鸱鸮(chī xiāo)》之诗：指《诗经·豳风·鸱鸮》篇。《鸱鸮》篇描写了母鸟在鸱鸮抓去它的小鸟之后，为了防御外来的再次侵害，保护雏鸟，不怕辛劳，经灾变仍不折不挠重建巢穴。学者多认为这隐喻周虽灭商，但周王室仍旧面临管蔡之叛、商人余叛未清的危局，而周公于此时力挽狂澜，平乱安国，犹如诗篇中保护并重建家园的母鸟形象。鸱鸮，鸟类的一科，属夜行猛禽。头骨宽大，腿较短，面盘圆形似猫，常被称为"猫头鹰"。

②令嗣：指才德美好的儿子作为继承人。

【译文】

因此，夏、商、周三代的圣王在王朝初定之时就制定各种法律规章，令后世百代得以遵照执行，他们早已对因皇帝年少而导致人心惶恐的情况有所预料。因此，夏、商、周三代，共一千八百年，并非没有年幼的帝王即位，而大臣中却没有能够独揽大权、作威作福的。至于西周初年周公辅政，则是因为武王还没来得及确立六官的制度规范、订立宗法礼制就骤然去世，不得已才让周公独掌辅佐大权。尽管如此，我们读诗歌《鸱鸮》时，从中也可以看到周初的危难以及周公的难处。圣明君主出现后，考虑到后代不一定都会是年长的君主或才德美好之子来继承皇位，因此预定了累世遵循的规章制度、礼仪规范，将皇帝放在可有可无的地方，以致虚守静的原则来统治天下，这样就可以不依靠皇亲国戚、功勋老臣的顾命辅佐。这样既不会有汉代窦氏、梁氏专权擅国的祸患，也不会有像庾亮这样的人为了躲避专权之名而导致群臣争权的情况。否则，皇帝年幼，国家政务的处理裁决没有可依循的常规制度，即使不想用顾命大臣来辅政，也是不行的。

二　石勒与刘曜相攻不暇应祖约于寿春

溃于内者，必决于外。苏峻反历阳而入建业①，祖约据寿春以通石勒^②，然而勒不乘之以入犯者，非勒无狡焉之志也；刘曜破石虎于蒲坂^③，进围金墉^④，勒方急曜而不暇及也。咸和三年九月^⑤，斩苏峻，十二月，勒执曜于雒阳。使迟之一年，峻、约始破，则约迫而导勒以东，晋其糜矣。故夷狄之相攻，或为中国之利，利以一时耳；而据之以为利，相攻久而相灭，灭而并于一，害乃不救，何利之有乎？

【注释】

①历阳：今安徽和县。

②寿春：今安徽寿县。

③蒲坂：今山西永济。

④金墉：魏晋城名。魏明帝时修筑，为当时洛阳城（今河南洛阳东）西北角一个小城。

⑤咸和三年：328年。咸和，晋成帝司马衍的第一个年号，使用时间为326—334年。

【译文】

事物从内部崩溃，必然最终会表现在外部。苏峻在历阳造反并攻入建业，祖约占据寿春而与石勒相勾结，然而石勒并没有乘机兴兵入犯，这并不是因为石勒没有狡诈的图谋，而是因为刘曜在蒲坂击破了石虎，进而围攻金墉城，石勒被刘曜牵制因而无暇顾及南方。咸和三年九月，苏峻被斩杀，同年十二月，石勒在洛阳打败了刘曜。假如苏峻、祖约的叛乱晚平定一年，则祖约面对朝廷逼迫，会引导石勒向东进军，东晋就危险了。所以夷狄之间的互相攻杀，有时会对中原王朝有利，但也只是暂时的。如果凭恃这一点而自以为得利，则夷狄长期相互攻杀后会有一方被吞灭，于是夷狄合而为一，就会对华夏造成大害，难以挽救，这又有什么好处可言呢？

"池之竭矣，不云自濒"，外迫而内难起也。"泉之竭矣，不云自中"，内乱而外患乘也①。昧者乃曰："外宁必有内忧。"谓以外患警内，而内忧可弭；则抑有内忧而可弭外之侵陵邪？向令曜、勒不逼，江东不孤，若峻、约之流，又何敢辄生其心？勒、曜之相攻而未相并，幸也，谋国者不敢恃也。

【注释】

①"池之竭矣"几句：语出《诗经·大雅·召旻》："池之竭矣，不云自频。泉之竭矣，不云自中。"意思是池水枯竭非一天，岂不开始在边沿？泉水枯竭源头断，岂不开始在中间？

【译文】

"池之竭矣，不云自濒"，外部遭遇压迫，内部就会产生混乱。"泉之竭矣，不云自中"，内部发生叛乱，外敌就会趁机入侵。愚昧的人却说："外面安定，内部一定会有忧患。"说通过外患来使得内部有所警醒，这样内部的忧患就可以消弭。然而哪里有内部已然混乱却可以抵御、消弭外敌侵扰的道理呢？假如让石勒、刘曜不逼侵东晋，江东政权不孤立，苏峻、祖约之流又怎敢生出叛乱之心呢？石勒、刘曜互相攻杀而并没有吞并彼此，这是值得东晋王朝庆幸的，因为这使得那些谋求篡夺政权的人不能以此为凭借而兴风作浪。

三　卞壸可维名教未可安社稷

东晋之臣，可胜大臣之任者，其唯郗公乎！卞令忠贞之士，朝廷之望也，以收人心、易风俗、而安社稷，则未之敢许。晋之败，败于上下纵弛，名黄、老而实惟贪冒淫逸之是崇。王衍、谢鲲固无辞其责矣。乃江左初立，胡寇外逼，叛臣内讧，人士之心，习于放佚而惮于拘维①，未易一旦革也。卞令执法纪以纠之,使人心震慑而知有名教,诚不可无此中流之砥柱。然充其所为,以惩创而无已②,则乍强以所不习,而人思解散,便给之小人日饰以进,抑不保人心之永固而国势之能安也。

【注释】

①放佚:指放纵不受约束。拘维:束缚。

②惩创:惩罚,惩治。

【译文】

东晋的诸多大臣中,能胜任大臣要职的,大概只有郗鉴一人了!卞壸是忠贞不贰之臣,是朝廷所寄望的人,但让他收拢人心、改易风俗、安定社稷,则未必敢保证他能做到。西晋的败亡,败在朝廷上下都松弛放纵,人人都口称黄、老之道,而实际上却都一心贪财图利,骄奢淫逸。王衍、谢鲲固然对此具有无可推卸的责任。江东政权刚建立之时,胡族敌寇在外进逼,东晋政权内部也因叛臣谋逆而发生内讧,人们的内心都习惯于松弛放纵而忌惮受到束缚管制,这不是一朝一夕就能改变的。卞壸用法纪来纠正这种偏差,使人们内心受到震慑而知道有礼教法纪的存在,朝中确实不能没有这样的中流砥柱。然而他的所作所为,充其量只能惩治犯错的人而不能制止这种风潮,骤然使用这种人们所不习惯的强制手段,导致人心涣散,反而使灵巧机敏的小人靠粉饰自己而屡屡受到提拔任用,这并不能使人心永远牢固,国家得以安定。

王敦之反,刁协、刘隗之操切激之;苏峻之反,庾亮之任法激之;障狂澜而堙之,鲦绩之所以弗成也。故先王忧人心之易弛而流也,劳来之以德教①,而不切核之以事功;移易之以礼乐,而不督责之以刑名。《临》之象曰:"咸临,吉,无不利②。"非其感也,不可以临也。殷末之俗淫,而二南之化③,

游之于《芣苢》④，安之于《摽梅》⑤。大弛者反之以大张，大张必穷，而终之以大弛。名为王道，而实为申、商，不覆人之家国者，无几也。故下令厉色立朝以警群臣之荡佚，不可无也，而任之以统驭六宇，厝社稷之安⑥，定百官之志，则固未可也。"夬，扬于王廷⑦。"暮夜之戒⑧，可勿恤乎！

【注释】

①劳来：劝勉，慰问。

②咸临，吉，无不利：语出《周易·临卦》爻辞："九二：咸临，吉，无不利。"意为怀感化之心而下临万民，可获吉祥，没有什么不利的。

③二南之化：指《诗经·周南·芣苢》和《诗经·召南·摽有梅》。此二诗均表现了文王对人民的教化，且二诗分别出自《周南》和《召南》，故称"二南之化"。

④《芣苢(fú yǐ)》：《诗经·国风·周南》中的一首诗。此诗描述了人们进行采集劳动的过程，充满了劳动的热情以及满载而归的欢欣。

⑤《摽(biào)梅》：《诗经·国风·召南》中的一首诗。此诗表现了召南地区男女幽会求爱的场景。《毛诗序》曰："《摽有梅》，男女及时也。召南之国，被文王之化，男女得以及时也。"

⑥厝(cuò)：安置，维持。

⑦夬，扬于王廷：语出《周易·夬卦》卦辞："夬，扬于王庭，孚号有厉。"意思为在朝堂之上发表言论，当面宣扬小人的罪过，使君子之道显行于朝廷；竭诚地大声疾呼，告诫人们危险依然存在。

⑧暮夜之戒：指暗夜里敌人的埋伏。

【译文】

　　王敦的反叛，是被习协、刘隗的急躁行为所激发的；苏峻的反叛，则是由于庾亮过于注重法治、事功而激起的。试图用堆土筑坝的方法阻挡横流的滔滔洪水,这就是鲧治水没有成功的原因。所以过去的圣王担忧人心容易松弛而流于轻鄙,就用恩德教化来抚慰、劝勉他们,而不是用事功来考核要求他们;用礼乐来逐渐变革、改易他们过去的风俗,而不是用刑罚来严惩他们。《周易》中《临》卦的爻辞说:"怀感化之心而下临万民,可获吉祥,没有什么不利的。"民众不受到感化,就不会来归附。殷商末年风俗淫乱,而《周南》和《召南》中表现文王的教化,就是使其游于《茉莒》,而安于《摽有梅》中。大的松弛后会反过来有大的紧张,过分紧张力量必然会穷尽,最终的结果便是更大程度的松弛。名义上说是行王道,实际上行的却是申、商之法,这样却最终不颠覆别人的宗族与国家的,是很罕见的。所以下壶严格执法来警示群臣,使其不要骄奢淫逸,这是必不可少的;但让他统摄国家的大权,维持社稷安稳,安定百官的志向,则固然是做不到的。"《夬》卦,在朝堂之上发表言论,当面宣扬小人的罪过。"如此则对于暗中埋伏的敌人,能不当心吗?

四　刘曜撤金墉之围

刘曜围雒阳,撤金墉之围,陈于雒西,一战而被禽以亡。其败也,饮博而不恤士卒[①],轻撤围以西,狂醉以自陷也,非不听谏者以厄勒于成皋之失计也[②]。使曜深沟高垒,断勒入雒之路,内外不相应,勒一往之锐气且折,而弗能解金墉之围,旷日持久,上下有惰归之气[③],求归不得,亦窦建德之见禽于东京而已[④]。假令曜分兵以扼成皋,御人于百里之外,所遣拒勒之将,固非勒敌,必先挫而溃,则围雒之军心尽解,其败决矣。勒曰:"盛兵成皋,上策也;阻雒水,次也;坐守雒阳,成禽耳。"此勒畏曜坚壁以老己,姑为此言以安众耳,非果然也。曜撤围而陈于雒西,望蒲坂以为退步[⑤],勒曰:"可贺我矣。"此则勒之果所欣幸耳。

【注释】

①饮博：饮酒博戏。

②成皋：北魏北豫州治所，在今河南荥阳汜水镇。

③惰归之气：指士气衰落、疲惫。语本《孙子兵法·军争篇》："善用
兵者，避其锐气，击其惰归。"意思是善于指挥作战的将领，要避
开敌人的锐气，等到敌人士气衰落、疲惫时再去攻击它。

④窦建德之见禽于东京：武德四年（621），王世充被李世民所率唐
军围困于洛阳，形势日益危急，于是向河北的夏王窦建德求援。
窦建德亲率大军来援救洛阳，李世民率精兵奔赴虎牢关，阻遏窦
建德进军洛阳的脚步。双方僵持一个多月，窦建德军士气衰落，
探听到唐军草料用完，准备袭击虎牢关。李世民设计引诱窦建
德，随即率骑兵直扑窦建德中军，一战而生擒窦建德。事见《新
书·窦建德列传》。禽，同"擒"。

⑤蒲坂：今山西永济。此地位于山西、陕西、河南三省交界之处，北
有黄河从龙门山奔腾而至，南边则是黄河中游最大的渡口"风陵
渡"，地势险要，历来为兵家必争之地。

【译文】

刘曜围困洛阳，撤掉对金墉城的包围，而把军队部署在洛阳以西，
结果经过一次战斗就被擒身死。他之所以失败，是因为他饮酒博戏而
不关心体恤士卒，轻率地撤围而向西发起进攻，以致饮酒大醉而不能自
拔，并不是他不听从部下劝谏、没有用重兵将石勒阻遏于成皋所导致
的。假使刘曜深挖壕沟、高筑城墙，断绝石勒进攻洛阳的道路，使其内
外不能呼应，那么石勒一往无前的锐气就会受挫，因此也就不能解除刘
曜军对金墉城的包围。这样持续的时间久了，石勒军上下就会因疲惫
而士气衰落，想要返回也无法撤军，就只能如同窦建德在洛阳被生擒一

样遭遇失败了。假如刘曜分兵扼守成皋,在百里之外防御敌人,所派遣去抵挡石勒的将领并非石勒的对手,则一定会挫伤其锐气,从而导致溃败,那么包围洛阳的刘曜军就会全部丧失斗志,其失败就是必然的了。石勒说:"刘曜若在成皋布置重兵阻过我军,是上策;依托洛水阻击我军,是次一等的计策;如果坐守洛阳,就会被我军活捉了。"这是石勒害怕刘曜坚壁清野,使自己劳困不已,因此姑且用这样的话来安慰众人而已,并不是真的如此。刘曜撤掉金墉之围而陈兵于洛西,把蒲坂作为退兵之处,石勒就说:"可以祝贺我的胜利了。"这才是石勒真正希望看到的结果。

　　千里县军①,攻人于围城之下,兵之大忌也。撤围分军以拒人于险,险非我有,而军心不固。陈友谅解南昌之围,而死于鄱湖②。军一分而不可合,一动而不可止,勒之智足以测此,姑为反语以安众心,或遂信其实然,勒且笑人于地下矣。

【注释】

①县军:即"悬军"。指深入敌方的孤军。

②陈友谅解南昌之围,而死于鄱湖:至正二十三年(1363),陈友谅率大军进攻南昌,朱元璋亲自率军前去援救。陈友谅听闻朱元璋将到,便撤除对南昌的包围,与朱元璋战于鄱阳湖,兵败中箭而死。事见《明史·陈友谅列传》。陈友谅(1320—1363),原名陈九四,湖北沔阳(今湖北仙桃)人。元朝末年群雄之一,陈汉开国皇帝。早年参加天完红巾军,因功升元帅,掌兵权。与元兵交战,连克今江西、安徽、福建等地。随后杀徐寿辉左右部属,挟持徐寿辉,终自立为帝,国号大汉。传见《明史·陈友谅列传》。

【译文】

以深入敌方千里而缺乏后援的孤军,去包围敌方的城池,这是兵家最为忌讳的。敌人援军一到,便撤掉包围而分派军队去险要之处阻击敌人,然而这些险要之地并非素来为我所占有之地,故而军心不稳。陈友谅撤去南昌之围而与朱元璋决战,结果在鄱阳湖战败死去。军队一旦分散就不容易再统一,一经开拔而不能停止,以石勒的智谋足以思量考虑到此点,因此他姑且用反话安慰人心,有人便把他的反话当成了事实,这足以令石勒在九泉之下感到可笑了。

五　建业残敝王导独不听廷议迁都

苏峻之乱,建业残敝,廷议迁都,王导独持不可,江左百年之基,导一言以定之,审乎难易之数也。梁元帝惮建业之凋残,据江陵之富庶,而速以亡。然则曹操弃雒阳,迁献帝于许,其一时之奸谋,以许为兖州之域,而挟天子为己私,非果厌雒阳之敝也。乃缘此而不能终一天下,亦有繇矣。

【译文】

苏峻的叛乱,使得建业城残破不堪,朝廷大臣都建议迁都,只有王导一个人坚持认为不可如此。江东百年的基业,王导用一句话就定下来,这是他审时度势、正确认识"难易之数"的结果。梁元帝萧绎因为顾忌建业的残破,以富庶的江陵为根据地,结果迅速归于灭亡。如此则曹操放弃洛阳,把汉献帝迁到许都,这是他一时的奸计,因为许都属于兖州地域,他想在自己地盘上挟持天子以便实现自己的私欲,并非果真厌恶洛阳的残破。他因此而不能最终统一天下,也是有原因的。

所谓难易之数者,宫阙毁败,邑里萧条,人民离散,粟货罄乏，乍然见之以为至难而未可收摄者也。乃夫人惊惧之情，移时而定矣，定则复思安其居而赡其生，不待上之赡之也。故《鸿雁》之诗曰："虽则劬劳，其究安宅①。"莫之扰也。莫之扰，则民各有心，岂必劳来安集之殷勤？而加以劳来安集，则益劝矣。此似难而实易者也。

【注释】

① 虽则劬（qú）劳，其究安宅：语出《诗经·小雅·鸿雁》："鸿雁于飞，集于中泽。之子于垣，百堵皆作。虽则劬劳，其究安宅？"意思是虽然辛苦又劳累，却不知将安身于何方。劬，辛苦。

【译文】

所谓的"难易之数"，是指都城宫殿被毁、破败不堪，乡里萧条，人民流离分散，粮食、财货匮乏，当猛然地看到此种情景时，会认为这是极为困难的情况，难以收聚民众、收拾残局。然而人们惊慌、恐惧的心情，会随着时间的变化而逐渐安定下来，情绪安定后，人们便又想着安居乐业，照常生活下去，并不等待朝廷的救济。所以《诗经·鸿雁》中说："虽则劬劳，其究安宅。"所以不要去打扰民众。不去打扰民众，则人们可以各怀安心，哪里必然需要朝廷殷勤地劝慰安聚呢？如果朝廷在此基础上再来给予慰劳，安定聚合百姓，那就更好了。这表面看着很难，而实际上却很容易。

若夫固然其难者，则已动而不可复静之人心是已。人莫不歆于一时之利用而竞趋之，丝粟盐酪、酒浆鸡豚、庐舍帷帟之便利，妇人稚子之所歆，而人情之莫能夺者也。此凋敝而移之彼，虽徙如归焉，彼凋敝而又移之他。君民朝野，日唯延颈四望，睨乐土而苟安，穷年累岁，志在游移而无定情,其不愈穷愈蹙以之于绝地也无几矣。

【译文】

　　至于确实比较困难的事情,则是应对遭受动荡与迁徙之后无法再复归安定宁静的人心。人都会为了一时的利益好处而竞相去争取追逐,诸如丝帛、粮食、盐、酒、鸡、猪、房子、帷幕等使生活便利的物资,都是妇女儿童所喜爱的,这是人之常情,谁也不能改变。此处破败就迁移到别处,即使迁徙也像回家一样;如果迁移的地方破败,就会再迁到别的地方。如果上至皇帝臣子,下至普通百姓,每天只会伸长脖子四处张望,寻找乐土以图苟且偷安,如此经年累月,精力都被放在游移迁徙之事上而难以安下心来,这样不变得越来越穷困贫乏以致陷于绝境中的情况是极少的。

　　楚迁陈而困,迁寿而危,迁吴而亡[1],非徒地形之不利也,趋利偷安之情,如回河而西之,必不可得也。导之言曰:"镇之以静,群情自安。"知人情物理消长往复之几,而防众心之流以止之于早,规之已大,持之已定,岂有难知之数哉?庸人未之察耳。

【注释】

①"楚迁陈"几句:指楚顷襄王在位期间,因秦军攻破楚国都城郢,楚国被迫迁都于陈,局势日益困窘。前241年,楚国参与合纵,被秦军击败,楚考烈王怕秦国报复,再次迁都至更东面的寿春,国力更加一蹶不振。前223年,秦军攻占寿春,楚王负刍被俘,昌平君被楚将项燕拥为楚王,在淮南一带继续反抗秦国,王翦、蒙武率秦军来攻,昌平君兵败身亡,项燕自杀,楚国灭亡。事见

《史记·楚世家》。

【译文】

楚国迁都于陈后国家变得更加困顿,迁都于寿春则国势更加危亡,最终迁到吴之后,楚国就灭亡了。这并不只是因为地理环境的不利,而是人们的趋利偷安之情不能阻止,若想加以阻绝,则如同让黄河倒流一般不可能做到。王导说:"用守静之法来镇抚民众,人们的内心自然能安定下来。"了解人情事理消长变化的征兆,从而防范众人之心因迁徙而日益流散,及早来加以阻止。既然已从正确的方向劝阻规正了百姓,维持了人心的安定,哪里有什么难以知晓的天数呢?只是愚蠢的人察觉不到罢了。

六　温公论庾亮首发祸机

庾亮征苏峻而激之反[1],天下怨之,固不能辞其咎矣。虽然,其志有可原者也。亮受辅政之命而不自擅也,尊王导于己上,而引郗鉴、卞壶、温峤以共济艰难,窦武之所不逮,非直异于梁冀、杨骏已也。晋之东迁,王氏执国而敦倡为逆,执兵柄者,皆有侵上之志而不可信。陶侃登天之梦,天下疑焉。祖约之悖,苏峻之奸,尤其不可揖盗以入室者也。以是为侃所怨,以激约、峻之速逆。特其识量不充,未足以乘高墉而解群悖耳[2]。如必委曲以延不轨之奸宄于冲人之侧,则祸迟而大。亮免于激成之责,而孔光延王莽、褚渊推道成之罪[3],其可逃乎?

【注释】

①庾亮征苏峻而激之反:苏峻在平定王敦之乱后,逐渐控制了江北地区,拥兵自重,招纳藏匿亡命之徒,引起东晋朝廷的惊觉。庾

亮执政后下令将苏峻征为大司农,意图解除其兵权。苏峻心中不安,遂生反叛之心,于咸和三年(328),以讨伐庾亮为名,联合祖约起兵反叛,攻入建康,专擅朝政。事见《晋书·苏峻列传》。

②乘高墉:登上高墙,比喻占据有利态势。语本《周易·解卦》爻辞:"公用射隼于高墉之上,获之,无不利。"

③褚渊(435—482):字彦回,河南阳翟(今河南禹州)人,南朝宋、齐大臣。他早年便有时誉,娶宋文帝之女南郡献公主为妻,历官著作佐郎、秘书丞、吏部郎,为宋明帝所信任,迁吏部尚书、尚书右仆射,并受遗诏与尚书令袁粲共辅太子刘昱。后因刘昱酷暴,群臣议论废立之事,褚渊认为只有萧道成可以安定局面,极力推举他。萧道成为帝后,褚渊官至侍中、录尚书事、司空,领骠骑将军。死时家无余财。传见《南齐书·褚渊列传》。

【译文】

庾亮因为征召苏峻而刺激了他,致使其反叛,天下人纷纷埋怨庾亮,庾亮固然推卸不了自己的责任。尽管如此,庾亮的初衷还是情有可原的。庾亮接受明帝的辅政之命却不自己擅权,他尊崇王导,使其位居自己之上,还推荐郗鉴、卞壶、温峤等人一同辅政,共渡难关,这是汉代窦武所不及的,而不仅仅是与梁冀、杨骏有所不同。晋朝迁都江东,琅邪王氏家族手握朝廷大权,而王敦首先发动叛乱。手握兵权的人都有犯上的可能,对于他们并不能过分相信。陶侃的登天之梦受到天下的普遍怀疑,而以祖约的悖逆、苏峻的奸诈,则掌权者尤其应注意不能开门迎盗,引狼入室。庾亮的怀疑引起了陶侃的埋怨,加速了祖约、苏峻的叛乱。但这只是因为庾亮的见识气量并不足以如登上高墙以射恶隼般震慑群逆。如果庾亮委曲求全,将这些奸邪作乱之人延揽到年幼皇帝的身边,则灾祸会来得迟一些,但却会更加严重。即使庾亮可以免去造成激变的责任,而如同孔光推荐王莽、褚渊推举萧道成一般姑息养奸以致改朝换代的罪责,他难道能逃脱吗?

亮以卫国无术而任罪，司马温公乃欲明正典刑以穷其罪①，则何以处夫延王敦杀周、戴以逼天子之王导乎？温峤，人杰也，亮败窜，而峤敬之不衰，必有以矣。峻虽反，主虽危，而终平大难者，郗鉴、温峤也，以死殉国者，卞壶也，皆亮所引与同卫社稷者也。抑权臣，扶幼主，亮与诸君子有同心，特谋大而智小，志正而术疏耳。原其情，酌其罚，何遽以典刑加之？温公曰："晋室无政，任是责者，非王导乎？"导岂能劾功罪以伸求全之法者？卞敦观望逆党②，拥兵不赴，导且不能加诛，有诸己，不能非诸人，况庾亮哉！

【注释】

①司马温公乃欲明正典刑以穷其罪：指司马光在《资治通鉴》中评论道："庾亮以外戚辅政，首发祸机，国破君危，窜身苟免；卞敦位列方镇，兵粮俱足，朝廷颠覆，坐观胜负；人臣之罪，孰大于此！既不能明正典刑，又以宠禄报之，晋室无政，亦可知矣。任是责者，岂非王导乎！"事见《资治通鉴·晋纪十六·显宗成皇帝上之下·咸和四年》。

②卞敦（？—约329）：字仲仁，济阴冤句（今山东菏泽）人。东晋大臣，卞壶的族兄。晋惠帝时，辟为司空府掾、汝南内史。因镇压王如、杜弢有功，封安陵亭侯。晋元帝时，为征虏将军、徐州刺史，镇泗口，与石勒交战，兵败被贬职。晋明帝时，参与平定王敦之乱。后出为湘州刺史。晋成帝时，因据兵不讨苏峻、祖约之乱，受到陶侃等人的弹劾。传见《晋书·卞敦列传》。

【译文】

庾亮因没办法保卫国家而获罪，司马光想依照法律公开处置他，以穷究他的罪过。这样的话，则该如何处置迎接王敦而导致周颛、戴渊被杀且威逼皇帝的王导呢？温峤是才智出众的豪杰，庾亮战败逃窜，而温峤对他的尊敬并未减少，一定是有原因的。苏峻虽然造反，晋成帝虽一度身处危难，但最后平定大乱的是郗鉴、温峤，而以死报效国家的是卞壶，这些都是庾亮所引荐来共同护卫国家社稷的人才。抑制权臣，扶持幼主，庾亮和诸位贤臣都有此心，只不过他所谋的事情过大而自身智谋不足、志向虽端正而方法有限罢了。考虑到他的错误，斟酌对于他的惩罚，怎么能忍心立即以律法对其加以制裁呢？司马光说："东晋王室没有权力，应当承担这种责任的人，难道不是王导吗？"王导岂是能裁断功罪、伸张求全责备之法的人？卞敦在苏峻、祖约谋逆叛乱之时观望犹疑，虽手握重兵而不前往讨伐，王导尚且不能诛杀他。自己先做到然后才能要求别人去做，不能自己先不做而后再要求别人不做，何况对于庾亮而言呢！

七　石勒起明堂辟雍灵台

天下所极重而不可窃者二：天子之位也，是谓治统；圣人之教也，是谓道统。治统之乱，小人窃之，盗贼窃之，夷狄窃之，不可以永世而全身；其幸而数传者，则必有日月失轨、五星逆行、冬雷夏雪、山崩地坼、雹飞水溢、草木为妖、禽虫为之蠥异①，天地不能保其清宁，人民不能全其寿命，以应之不爽。道统之窃，沐猴而冠，教猱而升木，尸名以徼利，为夷狄盗贼之羽翼，以文致之为圣贤，而恣为妖妄，方且施施然谓守先王之道以化成天下；而受罚于天，不旋踵而亡。

【注释】

①五星：指中国古代的太白、岁星、辰星、荧惑、镇星五星，对应于现在的金、木、水、火、土五星。坼(chè)：裂开。蠥(niè)：妖孽。

【译文】

对于天下而言极为重要而不能被窃取的事物有两个：一个是皇帝之位，这是治统；另一个是圣人的教导，这是道统。治统发生变乱，小人、盗贼、夷狄等会群起而窃夺皇位，所以皇帝的统治不可能永远长久并保全自身。即使有些朝代可以幸运地传至数代，但也一定会有日月偏离轨道、五星逆行运转、冬天打雷夏天下雪、山崩地裂、冰雹横飞、洪水泛滥、草木成妖、禽兽成精的怪异现象，天地不能保持清静安宁，人民不得尽享天寿，此种情况与治统的混乱相对应，几无差错。如果道统被窃，人们就会如同猴子穿衣戴帽般徒具人形，相互教唆作恶，沽名逐利，从而成为夷狄盗贼的帮凶；将其粉饰为圣贤，他们就会恣意妄为，反而得意地认为这是恪守先王之道来教化天下。这样就会被上天惩罚，很快就会灭亡。

呜呼！至于窃圣人之教以宠匪类，而祸乱极矣！论者不察，犹侈言之，谓盗贼为君子之事，君子不得不予之。此浮屠之徒，但崇敬土木、念诵梵语者，即许以佛种[1]，而无所择于淫坊酒肆以护门墙贪利养者；猥贱之术，而为君子者效之，不亦慎乎[2]？石勒起明堂、辟雍、灵台，拓拔宏修礼乐、立明堂[3]，皆是也。败类之儒，鬻道统以教之窃，而君臣皆自绝于天。故勒之子姓，骈戮于冉闵；元氏之苗裔，至高齐而无噍类[4]；天之不可欺也，如是其赫赫哉！

【注释】

①佛种：指成佛之因。
②慎：同"颠"，颠倒，错乱。
③拓拔宏（467—499）：即北魏孝文帝。汉名元宏，鲜卑族。皇兴五

年(471)即位,改元延兴。因其年幼,由祖母冯太后临朝。冯太后死后,拓拔宏亲政。在位期间,大力推行北魏的汉化改制。迁都洛阳,禁鲜卑语而倡导说汉话,着汉服,改汉姓,倡导鲜卑与汉人通婚等措施,并参照汉、晋、南朝典章旧制,审订新律令、官制及朝仪。他的举措推动了北魏经济、文化、社会、政治、军事等方面的大力发展,缓解了民族隔阂。他还屡次兴兵攻齐,欲完成统一之业,未果。传见《魏书·高祖纪》。

④噍(jiào)类:能吃东西的物类,指活着的人。

【译文】

唉!至于窃取圣人的教化来献媚于盗贼夷狄,这种行为所造成的祸乱更是到了极致!议论者不能察觉这一点,还夸口妄谈,说盗贼做君子之事,君子不能不给予其教化之权。这就好像佛门之徒,只要有人崇拜佛像寺庙,念诵梵经,便称其拥有了成佛之因,不论他们是否出自妓院、酒场,只是指望他们为自己看护门墙,提供施舍好处。这些卑微低贱的方法,反而被君子效法,不也是颠倒失序、荒谬至极吗?石勒修建明堂、辟雍、灵台;拓跋宏整修礼乐,修建明堂,都是这样的啊。有些儒士之中的败类,贩卖道统而教夷狄盗贼窃夺圣人的教化,结果使君臣都自绝于上天,所以石勒的子孙全都为冉闵所杀,北魏元氏的后代到北齐时已没有幸存者。上天是不可以欺骗的,这些难道不都是赫然可见的例证吗?

虽然,败类之儒,鬻道统于夷狄盗贼而使窃者,岂其能窃先王之至教乎?昧其精意,遗其大纲,但于宫室器物登降进止之容,造作纤曲之法,以为先王治定功成之大美在是,私心穿凿①,矜异而不成章,财可用,民可劳,则拟之一旦而为已成。故夷狄盗贼易于窃而乐窃之以自大,则明堂、辟雍、灵台是已。明堂之说,见于《孟子》[②];辟雍灵台,咏于《周诗》[③]。以实考之,则明堂者,天子肆觐诸侯于太庙,即庙前当宁之堂也[④];辟雍者,雍水之侧,水所环绕之别宫,为习乐之所也;灵台,则游观之台,与囿、沼相间者也[⑤]:皆无当于王者之治教明矣。汉儒师公玉带之邪说而张皇之[⑥],以为王者法天范地,布月令、造俊髦、必于此而明王道,乃为歆零四出、曲径崇台、怪异不经之制以神之[⑦]。此固与夷狄盗贼妖妄之情合,而升猱冠猴者鬻之以希荣利,固其宜矣。

【注释】

①穿凿:牵强附会。

②明堂之说,见于《孟子》:指《孟子·梁惠王下》记载:"齐宣王问曰:'人皆谓我毁明堂。毁诸,已乎?'孟子对曰:'夫明堂者,王者之堂也。王欲行王政,则勿毁之矣。'"意思是齐宣王问道:"人家都建议我毁掉明堂,毁掉它呢,还是不毁呢?"孟子答道:"明堂是施行仁政的王者的殿堂。大王如果打算施行仁政,就不要毁掉它了。"

③辟雍灵台,咏于《周诗》:指《诗经·大雅·灵台》:"经始灵台,经之营之。庶民攻之,不日成之。经始勿亟,庶民子来。王在灵囿,麀鹿攸伏。麀鹿濯濯,白鸟翯翯。王在灵沼,于牣鱼跃。虡(jù)业维枞(cōng),贲(fén)鼓维镛(yōng)。于论鼓钟,于乐辟雍。"大意是"开始计划造灵台,先是测量后建造。庶民百姓齐努力,不多几天就建成。开始计划本不急,百姓如子齐出力。文王来到灵囿中,母鹿安静躺伏着。母鹿毛色多润泽,白鸟洁净羽毛白。文王来到灵池旁,鱼儿满池欢蹦跳。钟鼓支架崇牙耸,挂着大鼓和大钟。依次轮流击钟鼓,君民同乐在辟雍。"此诗咏诵周

文王之德,故曰《周诗》。

④当宁:指当成屏风的样子,后比喻天子临朝听政。

⑤囿(yòu)、沼:即灵囿、灵沼。灵囿,古时帝王蓄养禽兽的园林。灵沼,池沼的美称。

⑥公玉带:西汉济南(今山东济南)人。武帝时曾进献据称是黄帝时的明堂图,明堂中有一殿堂,四面没有墙壁,用茅草盖房,殿与水流相通,水流环绕宫墙,建有上下两层通道,上面有楼,从西南方向进入,名叫昆仑,天子从这里进去,以拜祀上帝。于是武帝命人在汶水上建造明堂,跟公玉带所献的图一模一样。后来他又曾上奏建议武帝封禅东泰山,武帝见东泰山海拔较低,只令祠官去行礼,而没有进行封禅。事见《汉书·郊祀志下》。

⑦敧零四出:指不符合正道的说法四处流布。敧,倾斜不正。

【译文】

尽管如此,那些儒士中的败类,向夷狄盗贼出卖道统而唆使他们窃夺圣教,但先王的圣教岂是他们所能窃取的?他们不理解教化的精髓,遗漏了礼乐教化的大纲,只对于一些如同宫室、器物、举止的外在修饰进行增减,建立细密曲折的规制,他们自认为过去先王治理和安定社会、成就伟大功业的原因就在于此,因而用自己的私心牵强附会地学习模仿,夸耀自己的与众不同却不成章法,而这些只要运用财物民力,在旦夕之间就可以建成。所以夷狄盗贼易于窃取,而且乐于窃取以自鸣得意,建造明堂、辟雍、灵台就是典型的例子。关于明堂的说法,在《孟子》一书中有所记载;辟雍、灵台在《周诗》中被吟诵。从实际考察来看,明堂指的是天子在太庙接见诸侯依礼朝觐时设于庙堂户牖之间的堂屋;辟雍则是在雍水旁边,被水环绕的别宫,是练习乐舞的地方;灵台是游观之台,与灵囿、灵沼相间,这些建筑对天子治理国家都无多大用处。汉代儒士公玉带对此有不合理的描述并加以扩展延伸,将这些作为皇帝治理国家、效法天地的礼仪规则,以此来发布月令历法,招揽杰出的人才，认为一定要用这些来彰显王道。于是人们开始建造各种奇形怪状的建筑物、弯曲的小路及高台，把这些怪异荒诞的形制来当作神迹。这本来就和夷狄盗贼的狡诈妖妄的心思相符合，而那些沐猴而冠的小人们则希望以此来获利，本来就是顺理成章的事。

　　夫使先王之果于此三宫而兴教化也，然亦偶有便于此也，一学宫，而庠、序、校异矣①；一大乐，而《夏》《濩》《武》异矣②；一大礼，而忠、质、文异矣③。若夫百王不易、千圣同原者，其大纲，则明伦也，察物也；其实政，则敷教也，施仁也；其精意，则祇台也④，跻敬也⑤，不显之临、无射之保也⑥；此则圣人之道统，非可窃者也。败类之儒，恶能以此媚夷狄盗贼而使自拟先王哉？劳民力，殚国帑，以黩圣而嚣然自大，则获罪于天；天灾之，人夺之，圣人之教，明明赫赫，岂有爽乎？论者犹曰君子予之，不亦违天而毁人极也哉！

【注释】

①庠、序、校：均指古代地方学校，夏称"校"，商称"序"，周称"庠"。

②《夏》《濩》《武》：指夏商周三代君主所做的不同的乐。依《礼记正义·乐记》郑玄注："尧作《大章》，舜作《大韶》，禹作《大夏》，汤作《大濩》，武王作《大武》。"

③忠、质、文：指夏、商、周三代所遵循敬奉的教化准则与礼节标准。依《白虎通义》，夏人之王教以忠，殷人之王教以敬，而周人之王教以文，三代各有不同。

④祇台：语出《尚书·禹贡》："祇台德先，不距朕行。"意思是首先要敬重天子之德，不违背天子的政教所行。祇，敬。台，我，天子的自称。

⑤跻敬：语出《诗经·商颂·长发》："汤降不迟，圣敬日跻。"意思是
　商汤的诞生正应天时，他的圣明庄敬与日提升。跻，登，上升。
⑥不显之临、无射之保：语出《诗经·大雅·思齐》："雍雍在宫，肃
　肃在庙。不显亦临，无射亦保。"意思是在家庭中和乐融融，在宗
　庙里肃然恭敬。幽隐之处也如有神明临视，修身不倦从而保持
　安宁。

【译文】

　　假使过去的圣王确实在明堂、辟雍、灵台兴礼乐教化，也不过是根
据时宜与地利采取比较合适的方式而已。同样是学宫，夏、商、周三代
都还有庠、序、校的差别。同样是与天地同和的大乐，三代也有所不同，
如夏禹作《大夏》、商汤作《大濩》、周武王作《大武》。同样是与天地同节
的大礼，三代所敬奉的教化准则也各有所异：夏立教以忠，殷立教以敬，
周立教以文。至于百代圣王都不曾加以改变、千位圣人都予以奉行的
准则，其大纲，是明晰人伦，是体察万物；其实政，则是广施教化，广布仁
义；其精意，则是敬重天子，是提升圣明庄敬的程度，是在幽隐之处也如
有神明临视，是修身不倦从而保持安宁。这就是圣人的道统，是不能被
窃夺走的。儒士之中的败类，哪里能以此来谄媚夷狄、盗贼，而将自己
的东施效颦之举比拟于先王呢？他们最终只会耗劳民力，花光国库中
的钱财，亵渎圣人而嚣张自大，从而获罪于上天。所以上天给予其灾
害，别人夺去他们的权力。圣人的教化光明昭著，想窃夺他们的人必然
遭受惩罚，怎么可能幸免呢？议论者却还说是君子给予盗贼夷狄教化，
这不是违背上天的意志而毁坏纲常吗？

八　慕容翰止段兰追慕容皝

　　公山弗扰导吴枉道，使鲁有备①，慕容翰止段兰之追慕容
皝②，而恐亡其国，皆良心发见于牿亡之余不容泯者③；然其
视纠兄之臂而姑徐徐也何别哉④？

【注释】

①公山洩导吴枉道,使鲁有备:公山洩,即公山不狃。字子洩,又名弗扰。为春秋末鲁国当政者季桓子的家臣。季桓子非常器重公山不狃,派他担任季孙氏的私邑的邑宰,曾阻挠孔子隳三都的举措。他后经齐国逃至吴国。吴国为了邾国的缘故,发兵伐鲁,以公山不狃为向导。公山不狃认为自己虽然离开了故国,但也不该做不利于故国的事。所以他故意引导吴军走最艰险的路,以便鲁国布置防御。事见《左传·哀公八年》。

②慕容翰止段兰之追慕容皝:慕容翰(?—344),字元邕,昌黎棘城(今辽宁义县西北)人,鲜卑族。十六国时期前燕将领,前燕武宣帝慕容廆庶长子。他勇武善射,足智多谋,深受慕容廆的器重和宠爱。咸和八年(333),慕容廆去世,其弟慕容皝继位,统治辽东。慕容翰因遭慕容皝猜忌而投奔鲜卑段部。咸和九年(334),段部首领段辽派军队袭击慕容部属地,将领段兰大败慕容汗军,准备乘胜追击。慕容翰怕其因此而灭亡自己的母国,故而劝阻段兰继续进军,使前燕军队免于全军覆没。后来段部被慕容皝击败,慕容翰北奔宇文氏,但宇文部首领宇文逸豆归妒忌慕容翰的才能、名望,于是慕容翰最终又回到前燕。咸康八年(342),向慕容皝献计击败高句丽。最终因受慕容皝忌惮,被下令赐死。事见《晋书·慕容皝载记》。段兰,又作段郁兰。十六国时鲜卑段部首领。晋咸和九年(334),受段辽之命,与慕容翰攻柳城,败慕容汗援军于中尾谷。段辽为慕容皝所杀后,他逃奔宇文部。建元元年(343),被宇文逸豆归执送于后赵石虎,获石虎宽恕,遂为其效命。慕容皝(297—348),字元真,小字万年,昌黎棘城(今辽宁义县西北)人,鲜卑族。慕容廆第三子,十六国时期前燕的开国皇帝。勇武刚毅,足智多谋,崇尚经学。其父慕容廆死后,东晋拜其为平州刺史、大单于、辽东公。晋咸康三年(337),即燕

王位。曾大败后赵石虎数十万军队,并东破高句丽,大败宇文逸豆归。传见《晋书·慕容皝载记》。

③牿(gù)亡:受遏制而消亡。

④紾(zhěn)兄之臂而姑徐徐:语出《孟子·尽心上》:"孟子曰:'是犹或紾其兄之臂,子谓之姑徐徐云尔。亦教之孝弟而已矣。'"意思是孟子说:"这就犹如有人扭断了其兄长的手臂,你却对他说姑且慢慢地去扭,与其如此,还不如用友爱、尊敬兄长的道理去教导他,让他一开始就别去扭兄长的手臂。"紾,扭,拧。

【译文】

公山洩故意引导吴国人走冤枉路,使鲁国有所防备;慕容翰阻止段兰追击慕容皝,是害怕自己的故国灭亡,这都是不容泯灭的良心在受到遏制而消亡的关头被及时发现,但这与看到有人扭断兄长的手臂而对他说姑且慢些来的不义之行又有什么区别呢?

夫人欲自免于不忠不孝也,唯初心之足恃而已矣。狄仁杰之事逆后而可善其终,未尝与于篡唐之谋,抑未与李勣诸人同受宗社之托也①。宋齐愈手书张邦昌之名②,而无痛哭不宁之色,则斩于市而非李纲之过。君父之大,顺逆之分,如黑白之昭著于前。道二,仁与不仁而已矣③。已移足于不仁之泥淖,畏其陷染而姑自蹰踟④,终不可得而洒然。故极仁道之精微,有所未逮,虽有过焉,而君子谅之,未尝不可改也。设仁不仁之显途而去顺即逆,虽有乍见之恻隐,君子弗听;所从者不仁,终不可与于仁也。

【注释】

①李勣(jì,594—669):原名徐世勣,因功被赐姓李,字懋功,曹州离

狐(今山东东明)人。唐朝初年名将。他早年投身瓦岗军,后随李密降唐。此后随唐太宗李世民平定四方,两击薛延陀,平定碛北,后又参与大破东突厥、高句丽,成为唐朝开疆拓土的主要将领之一,被太宗列入凌烟阁二十四功臣,累封英国公。总章二年(669)去世。传见新、旧《唐书·李勣列传》。

②宋齐愈手书张邦昌之名:宋齐愈,字文渊,一字退翁。南宋初官员。靖康初年官居右谏议大夫。建炎元年(1127),为左司员外郎,试起居郎。汴京沦陷后,金人决定另立皇帝,令吏部尚书王时雍推举人选,有人窥探到金人看好张邦昌,但王时雍不以为然。宋齐愈从金人那里出来,王时雍向他咨询人选,宋齐愈手书"张邦昌"三字,王时雍遂决定推举张邦昌。后来李纲为相,严惩附逆者,宋齐愈因此事而被腰斩于市。事见《宋史·张邦昌列传》。张邦昌(1081—1127),字子能,永静军东光(今河北东光)人。北宋末年宰相。宋徽宗、宋钦宗朝时,历任尚书右丞、左丞、中书侍郎、少宰、太宰兼门下侍郎等职务。金兵围汴京之时,他力主议和,与康王赵构作为人质前往金国,请求割地赔款以议和。靖康之难后,被金国立为大楚皇帝,建立伪楚。金撤兵后,逊位还政赵构。宋高宗即位后,李纲以其为金朝所立为伪皇帝之事弹劾张邦昌,虽然高宗为其开脱,但终被赐死。传见《宋史·张邦昌列传》。

③道二,仁与不仁而已矣:语出《孟子·离娄上》:"孔子曰:'道二,仁与不仁而已矣。'"意思是道路无非两条,一是仁道,二是不仁之道。

④踸踔(chěn chuō):指因行走不定而跳着脚走。

【译文】

　　人要想让自己免于不忠不孝的罪名,值得凭恃的就只有自己最初的良心而已。狄仁杰事奉逆后武氏而能得善终,是因为他不曾参与篡夺唐朝的图谋,在此之前也未曾和李勣等人同受社稷的重托。宋齐愈手写张邦昌的名字,而没有痛哭不安的神色,则他被斩于市,并非是李纲的过错。对于君父尊奉与否,臣子忠贞与奸佞的区别,就如同黑白一样清晰分明地展现出来。道路无非有两条,一是仁道,二是不仁之道。已经开始走到不仁的泥淖中,却畏惧被污染而要跳着脚走,最终也不能摆脱满身污秽的结局从而求得洒脱。所以若能追求仁道的极精微要义,即使没有达到,即使犯有过错,君子都能予以宽恕,未尝不能加以改正。仁与不仁的道路都明白地展现在那里,若有人离开仁道而走上不仁之道,则其即便有突然出现的恻隐之心,君子也不会加以理会;自己所遵循的道路是不仁之道,则最终无论如何也达不到仁的境界。

　　若翰者,身为叛人,已自立于不仁之中矣,虽欲自拔,徒不信于段氏而危其身,抑必终为皝所忌而死,百悔丛心①,又何补哉!

【注释】

①丛:聚集。

【译文】

　　像慕容翰这样的人,身为叛臣,自己已经立于不仁之中了,即使想自拔脱身,也只是徒然被段辽所怀疑而危害自身,而且必然会受慕容皝猜忌而死。即使他心中满是后悔之情,又怎么可以补救呢?

九　帝幸王导府拜导及其妻曹氏

　　成帝以幼冲嗣立,委政王导,拜导及其妻曹氏,魏、晋君臣之际,陵夷至此,石勒曰:"曹孟德、司马仲达狐媚以取天下。"诚有谓也。

【译文】

晋成帝在年幼之时就即皇帝位,将国政都委托给王导,并向王导和他的妻子曹氏下拜。魏、晋时的君臣尊卑之别,竟被破坏至此,所以石勒说:"曹操、司马懿靠着谄媚欺骗的手段夺取了天下。"这话说得确实有理。

古礼之见于今者,燕射之礼①,君皆答拜,为诸侯于大夫言也。诸侯于大夫,不得视天子于诸侯;犹大夫于陪臣,不得视诸侯于大夫;等杀之差②,天秩之矣。天子于诸侯,礼不概见,仅存者《觐礼》一篇,侯氏肉袒稽首③,天子不答,分至严矣。天子之不骄倨以临臣下者,唯当宁立而不坐④,天揖同姓,时揖异姓,土揖庶姓⑤,而不听其趋跄⑥,此三代之以礼待臣,而异于暴秦之已亢者也。恶有屈一人之至尊拜其下而及其妇人哉!

【注释】

①燕射之礼:指宴饮时的射礼。为古代射礼之一。依《礼记正义·射义》所载:"古者诸侯之射也,必先行燕礼。卿、大夫、士之射也,必先行乡饮酒之礼。"行礼过程中,臣子在堂下再拜稽首,升成拜,国君需要答拜。

②等杀:等差,降低等级。

③侯氏肉袒稽首:出自《仪礼·觐礼》:"乃右肉袒于庙门之东。乃入门右,北面立,告听事。摈者谒诸天子。天子辞于侯氏,曰:'伯父无事,归宁乃邦。'侯氏再拜稽首,出,自屏南适门西,遂入门左,北面立,王劳之。再拜稽首。摈者延之曰:'升。'升成拜,降出。"侯氏,指诸侯个人。肉袒,脱去上衣,裸露肢体。

④当宁立：指在门、屏之间站立。《礼记·曲礼下》云："天子当依而
　立，诸侯北面而见天子，曰'觐'。天子当宁而立，诸公东面，诸侯
　西面，曰'朝'。"

⑤"天揖同姓"几句：天揖、时揖、土揖，指《周礼》中所规定的天子对
　不同等级身份的人所采用的作揖方式。天揖，以推手小举的方
　式作揖。时揖，以平推手的方式作揖。土揖，以推手小下的方式
　作揖。

⑥趋跄：古时朝拜晋谒须依一定的节奏和规则行步。指朝拜、
　进谒。

【译文】

　　古礼中如今可见的，像燕射之礼，君主都给予答礼，这是指诸侯对
卿大夫所施的礼节。诸侯与卿大夫的关系，不得视同天子与诸侯的关
系；这就如同卿大夫与陪臣的关系，不能视同诸侯与卿大夫的关系一
样。高低等级间礼仪的差别，是由上天所规定的。天子对待诸侯的礼
节，《周礼》《仪礼》《礼记》等书中连概略的记载都无法见到。如今仅《仪
礼·觐礼》一篇中，存在诸侯袒露肩膀向天子叩头而天子并不答礼的记
载，其等级森严分明如此。天子不傲慢地对待臣下的表现，唯有立于门
屏之间而不坐，以推手小举的方式向同姓族人作揖行礼，以平推手的方
式向异姓婚姻之族人作揖，以推手小下的方式向庶族之人作揖，而不是
任凭其朝拜，随意地进行施礼或不还礼，这就是夏、商、周三代以规范的
礼节待下，而和残暴至极的秦朝并不相同的地方。成帝怎能以天子的
至尊之躯屈身向大臣及其夫人下拜呢？

　　礼者，过不及之准也；抑之极，则矫而为扬之甚，势之必
反也。垂及于女直、蒙古之世，鞭笞之，桎梏之，奴虏斥诟
之；于是而有"者㢢可恶"之恶声施于诏令①，廷杖锁拿之酷
政行于殿廷②；三纲裂，人道毁，相反相激，害亦孔烈哉！三

代之后,必欲取法焉,舍赵宋待臣之礼③,其谁与归?

【注释】

①者厮可恶:即"这厮可恶"。这是一种口语化的表达方式,出现在诏书中显得粗鄙无礼,但明神宗所下诏书中就数次出现此语。

②廷杖:古代的一种酷刑,指在殿廷之下当众以大杖责打臣下,尤以明代最为盛行。锁挐:即"锁拿"。用枷锁捉拿。

③赵宋待臣之礼:指宋朝建立之初所立下的不杀士大夫以及上书言事之人的规定。

【译文】

所谓礼,是衡量过度还是不及的标准。如果礼对人的压抑过多,就会有人矫揉造作而过分张扬所谓守礼,这样必然会走向礼的反面。到了女真、蒙古统治的时代,就出现了对臣下施行鞭笞之刑、施以枷锁,并斥骂其为奴、为虏的情况;于是"这厮真可恶"之类的脏话在诏书中出现,廷杖、锁拿的酷刑在朝廷大殿上公然施行。纲常崩坏,人道毁灭,过与不及的倾向相互对立和激化,害处太大了!夏、商、周三代以后,若说一定要有所效法的,除了赵宋王朝对待大臣的礼节规制外,还有什么呢?

一〇　张骏疏请北伐

张骏能抚其众,威服西域,有兼秦、雍之志,疏请北伐,莫必其无自利之心也。而其言曰:"先老消落,后生不识,慕恋之心,日远日忘。"则悲哉其言之矣!

【译文】

张骏能安抚统帅他的士兵,并在西域扬威服众,他有兼并秦、雍之地的大志,故而上疏请求北伐,不能肯定他必然没有自私自利之心。但他说:"老一辈的人已经衰老凋零,后生小辈不知晓先前的事情,对于中原故土的思慕留恋之心,也将一天天疏远、一天天淡忘。"这话听起来真是悲凉啊!

　　婴儿之失其母也,使婢妾饲之,受其狃侮,未尝不泣也;已而听之矣,已而安之矣,已而语之以母而不信矣,过墓而若有若无,且归而亟依婢妾矣。夫人至忘其母而不知悲,则仅留之家老①,垂死而有余哀,亦将谁与言之而谁听之乎?于是而人心之迷终不可复,复者,其唯天地之心乎②!

【注释】

①家老:家族中的长者。

②复者,其唯天地之心:语本《周易·复卦》之《象辞》:"复,其见天地之心乎!"意思是从《复卦》中,可以看出天地之心吧。此处王夫之化用了这一象辞。

【译文】

　　幼小的婴孩失去了他的母亲,让婢女、小妾喂养他,受到她们的轻慢戏弄,未尝不曾哭泣;但后来便渐渐听从她们的话,并且安于如此了;以后再给他提起生身母亲的事,他也不相信了,路过母亲的坟墓时也觉得母亲的存在若有若无,而且会迅速回到家里去依靠喂养他的婢妾。如果人忘掉自己的母亲而不知悲伤,那么家族中仅存的长者,在将死之时内心仍有悲哀,又有谁能和他说话,又有谁能听他的呢? 因此人心迷失糊涂而终究不能恢复,能使其有所恢复的,大概只有天地之心了吧!

　　宇文氏、鲜卑之运已穷,天乃默移之而授之杨氏,以进李氏而主中国。故杨氏之篡,君子不得谓之贼,于宇文氏则

逆,于中国则顺;非杨氏之能以中国为心,而天下之戴杨氏
以一天下也,天地之心默移之也。消落之故老,弗及见焉,
而如之何弗悲?

【译文】

　　北周宇文氏乃至所有鲜卑人的气运已尽,于是上天就默默转移了
天命,将其将交付给隋朝杨氏,从而延进唐朝李氏来统治华夏。所以杨
坚的篡位,君子不能称其为奸贼。对宇文氏来说,杨坚的行径是叛逆
的,但对于整个华夏而言,这却顺应了天时民心。并不是杨坚能以拯救
华夏生民为志向,而是天下人拥戴杨坚以统一天下。这是天地之心潜
移默化的结果。逐渐衰老死去的老一辈人,最终没有见到这一局面,又
怎会不感到悲哀呢?

一一　龚壮宛曲明心其志即父叔之志

　　《困》之象曰:"君子以致命遂志①。"致命矣,而志不得
遂,吊古者所为深悲不已也。然有致命者,志亦奚不可遂
哉!文王安天下之志困矣,而武王周公遂之,犹文王也;"上
帝临汝,勿贰尔心"②,致命之谓也。巴西龚氏兄弟③,不屈于
李特,为特所杀,其子龚壮④,积年不除丧,思以报特。特死,
因李寿杀李期与其腹心⑤,灭李雄之裔,而雠以复,劝寿称藩
于晋,事虽不成,而父叔之志以白于天下。寿既僭位,征壮
为太师,壮终不就,赠遗一无所受,寿亦弗能忌焉。壹其心,
执其义,守其恒,虽困而亨⑥,金绂岂能乱⑦,葛藟岂能
萦哉⑧?

【注释】

①君子以致命遂志:语出《周易·困卦》之《象辞》:"泽无水,困。君子以致命遂志。"意思是湖泽没有了水,乃是受困之象。君子面对困境,宁可献出生命也要实现自己的伟大抱负与志向,绝不改易其志。

②上帝临汝,勿贰尔心:参见卷六"光武一"条注。

③巴西:郡名,治今四川阆中。

④龚壮:字子玮,巴西人。十六国时巴蜀名士。其父与叔为李特所杀,他时常想着为他们报仇。后李寿与李期火并之时,他欲借此机会报家仇国恨,于是为李寿谋划,诛灭李特之孙李期及其心腹,并称藩于晋。事后李寿自立为帝,又遣使结交后赵石虎。他屡次谏阻无效,遂拒绝李寿所委的太师之任,诈疾称病,终身不复至成都。传见《晋书·龚壮列传》。

⑤李寿(300—343):字武考,巴西宕渠(今四川渠县)人,巴氐族。十六国时期成汉皇帝。李骧子、李特侄。李雄在位时,累拜前将军、征东将军、镇巴西,威惠甚著。其父死后,迁大将军、大都督、侍中,封扶风公。他攻克宁州,尽有南中之地,遂迁封建宁王。李雄临死前他受遗诏辅政。李期即位,改封他为汉王,但深为李期及宠臣李越、景骞等所忌惮。畏惧之下,李寿兵袭成都,废李期自立,改国号汉,改元汉兴,李雄时期的旧臣及六郡人皆被其斥废。他曾欲与石虎联兵攻晋,被群臣劝止。他效法石虎的奢豪威刑,人有小过,就杀之以立威;又广修宫室,使百姓疲于使役。传见《晋书·李寿载记》。

⑥虽困而亨:语本《周易·困卦》卦辞:"困:亨;贞,大人吉,无咎。"意思是身处困境而能亨通顺利,必是履正体大之人,能济于困,然后得吉而无咎。

⑦金绂:指金银珠宝和高官厚禄。绂,朱绂,古代礼服上的红色蔽

膝,后多借指官服。《周易·困卦》爻辞:"九二,困于酒食,朱绂方来,利用享祀;征凶,无咎。"意思是因酒与食物贫乏而困穷,爵禄即将降临,利于主持宗庙祭祀的大礼;此时进取虽有凶险,但无所咎害。

⑧葛藟:一种藤蔓植物。《周易·困卦》爻辞:"上六,困于葛藟,于臲卼,曰动悔、有悔,征吉。"意思是受困于藤蔓之中,感受到不安,危险凸出;这时开始认识是否有应当悔恨的地方,这样向前进发必然吉祥。

【译文】

《周易·困卦》的象辞说:"君子面对困境,宁可舍弃生命也要实现自己的伟大抱负与志向,绝不改易其志。"已经舍弃性命地奋斗了,却实现不了自己的志向,这是后世凭吊古人时最感到伤心不已的事。然而舍身奋斗从而杀身成仁的人,其志向又有什么不可达到的呢!周文王安定天下的志向不能实现,而周武王、周公实现了,这就如同文王自己实现了一般。"上帝临汝,勿贰尔心",这就是拼命奋斗的意思。巴西人龚氏兄弟,不向李特屈服,被李特所杀。其子龚壮,好多年不脱下丧服,想向李特报仇雪恨。李特死后,龚壮借李寿之手杀死李特之孙李期及其心腹,从而消灭了李雄的后代,大仇得报。他劝说李寿向晋称臣,虽然没有成功,但其父亲与叔叔的志向得以大白于天下。李寿篡位之后,征召龚壮为太师,龚壮始终不接受,李期所赠送的东西龚壮也全部不予接受,李寿也不能猜忌怀疑他。志向始终坚定如一,并坚守大义、持之以恒,即使面临困顿也能最终亨通顺利,金银财宝、高官厚禄又怎能像藤蔓一样缠绕住他、乱了他的志向呢?

夫志者,执持而不迁之心也,生于此,死于此,身没而子孙之精气相承以不间。壮之志,即父叔之志也,死而无不可遂也。所可悲者,嵇康之有嵇绍耳。然而天之以亨困而不

亨其不困者，未尝假也。壮怀报雠之心以说寿，而寿不疑借
己以快其私；说寿以归晋，寿虽不从，而寿不以为侮；却寿之
爵禄金帛，而寿不以为亢；抗章责寿之负约而不称藩①，而寿
不以为恨；志无往不伸，而龚氏两世之忠孝与蜀山而并峙。
若绍也，溅血汤阴，徒为仇雠之篡主死，则朱绂酒食，为其葛
藟，而恶望其亨哉？有志而不遂，有先人之志而不遂之，非
所据而据焉，身之不保，而人贱之矣。此则可为抱志以先亡
者悲也！

【注释】

①抗章：指上书直言。

【译文】

所谓志向，就是坚持不变的心。人们生为了它，死也为了它，即便
自己死亡，子孙后世也会一直通过精气将其传承下去而不停歇。龚壮
的志向，就是其父亲与叔叔的志向，即使自己身死，其遗留下的志向也
是有可能实现的。让人觉得可悲的，是嵇康的儿子嵇绍。然而上天之
所以让身处困境的龚壮可以完成父叔之志，却并没有使未曾身处困境
中的嵇绍继承父亲的遗志，实在是因为上天对于嵇绍的行为不予宽容
的缘故。龚壮身怀报仇之心劝说李寿，而李寿不怀疑他借自己的力量
来解决私仇；龚壮劝李寿归顺晋朝，李寿虽不答应，却也不以为这是在
侮辱自己；龚壮辞却李寿所赠的官爵财物，而李寿不把这视为忤逆；龚
壮上书直言李寿违背约定而不向晋称臣，李寿并不因此而记恨。龚壮
的志向随时都可以伸张，而龚氏两代的忠孝堪与蜀地的高山一样并立。
而如嵇绍那样，在汤阴洒下热血，白白地为篡权夺位的仇敌子孙而牺
牲，高官厚禄、口腹之欲让嵇绍深困其中，他又怎么可能继承父亲遗志
呢？有志向而没有实现，有先人的志向而不去实现，不是自己应该据有

的而要去占有,则保全不了自己的身躯,人们也会看不起他。这就是身怀志向未能实现就先死去之人的可悲之处啊!

一二　颜含辞筮

颜含可谓知道之士矣[①]。郭璞欲为之筮[②],含曰:"修己而天不与者,命也。"此犹人之所易知也。又曰:"守道而人不知者,性也。"渊乎哉其言之! 非知性而能存者,不足以与于斯矣。

【注释】

① 颜含:字弘都,琅邪临沂(今山东临沂)人。东晋名臣。少以孝友闻,为人正直。曾为东海王司马越的太傅参军,后出补阎阳令,晋成帝时,因讨苏峻之乱有功,封西平县侯,拜侍中。传见《晋书·颜含列传》。

② 郭璞(276—324):字景纯,河东闻喜(今山西闻喜)人。两晋时期文学家、风水学家。自幼博学多识,后随河东郭公学习卜筮之术,以善卜而闻名。永嘉之乱时,避乱南下,被宣城太守殷祐及王导征辟为参军。晋元帝时拜为著作佐郎,与王隐共撰《晋史》。后为大将军王敦记室参军,以卜筮不吉劝阻王敦勿行谋反之事而被害。传见《晋书·郭璞列传》。

【译文】

颜含可以说是懂得大道的人了。郭璞想为他卜筮,颜含说:"自我修养而上天不加帮助,这是天命啊。"这还是人们所容易知道的。他又说:"坚守道义而他人不知晓,这是本性。"这话意义深刻啊! 若非懂得本性而能保全本性的人,是不足以领悟这一点的。

夫人能知其所知,而不知其所不知,必矣。欲人之知吾之性也实难,非吾之性异于人,彼不能知也;彼不自知其性,抑将知何者为性,而知吾性之然哉!不知仁,以为从井救人而已①;不知义,以为长彼之长而已②;性固人所不知,而急于求人之知,性则非性也。

【注释】

①从井救人:语本《论语·雍也》:"宰我问曰:'仁者,虽告之曰:井有仁焉。其从之也?'子曰:'何为其然也?君子可逝也,不可陷也;可欺也,不可罔也。'"意思是宰我问道:"一个有仁德的人,如果别人告诉他井里掉下一位仁人,他是不是会跟着跳下去呢?"孔子说:"为什么要这样做呢?君子可以到井边设法救人,不让自己陷入井中;可以被人用正当的理由欺骗,但不可以被愚弄。"

②长彼之长:语出《孟子·告子上》:"彼长而我长之,非有长于我也;犹彼白而我白之,从其白于外也。故谓之外也。"意思是对待年长的人因其年长而有所尊敬,尊敬长者之心不是我所固有;就譬如有一个事物是白的,而我认为它是白的,这是因为外物的白被我认识的缘故,所以说是外在的东西。

【译文】

人们可以知道其所知道的,而不知道其所不知道的,这是必然的。想让人去了解我的本性实在是困难的,并不是我的本性和别人的不同,所以他人不能了解;而是因为他们自身也不知道自己的本性,又怎么会知道什么是本性,从而知道我的本性呢?不懂得仁,以为做到仁就是从井里救出人来那么简单;不知晓义,以为义就是因年长的人年长而对其有所尊敬。本性固然是人们所不知道的,若是急于想让别人知道,则本性就不是本性了。

　　夫郭璞有所测知于理数之化迹①,而迫于求人知之,是以死于其术。苟其知性为人所不可知,则怀道以居贞②,何至浮沉凶人之侧,弗能止其狂悖,而祇以自戕? 无他,有所测知而亟欲白之,揣摩天命而忘其性之中含者也。

【注释】

①理数:天理,天数。

②居贞:指遵循正道。

【译文】

　　郭璞可以测算并知晓天理天数的变化轨迹,却急迫地想让别人知道,结果最终死在了自己的占卜之术上。假使他懂得本性是人所不可知晓的这一道理,则会身怀道义而遵循正道,那么何至于在凶恶之人身旁出没,不能制止他的狂悖行为,而只是自己戕害了自己呢? 这没有其他的原因,就是因为他能够测知天理天数却急于告诉别人,一心揣测天命从而忘记了本性就在其中的道理。

　　庸人之所欲知而亟问之鬼神象数者,贫富、穷通、寿夭已耳,皆化迹也。仁之恻隐痛痒喻于心,义之羞恶喜怒藏于志,动以俄顷,辨于针芥,而其发也,横天塞地不能自已,君子以信己者信之,尚弗能尽知也,而况凡今之人乎? 子曰:"知我者,其天乎①!"谓以心尽性,皎然于虚灵之无迹,非夫人耳目闻见之逮也。含庶乎其与闻此矣,出处以时,守礼以不屈,宜乎其为君子矣。

【注释】

①知我者,其天乎:语出《论语·宪问》:"子曰:'不怨天,不尤人,

下学而上达。知我者其天乎!'"意思是孔子说:"我不埋怨上天,不责备他人,我学习知识而通达天理,了解我的大概只有上天了。"

【译文】

普通人急着求问鬼神和命理象数,他们想要知道的,无外乎是贫是富、是困穷还是发达、寿命是长是短而已,这些都是外在的变化轨迹。因仁的恻隐而产生的痛痒之情都蕴含在内心中,因义的羞愧、好恶而产生的喜怒深藏在志向里,痛痒、喜怒在瞬间就可以被激发出来,在极其细微的区别中恻隐、羞恶之情就能展现出来,而当这些内心的情感发作之时,就会横亘于天地间,使人不能抑制自己。君子像相信自己一样相信它们,尚且不能完全知道自己的本性,更何况当今的一般人呢? 孔子说:"了解我的,大概只有上天了啊!"说的是以心来穷尽本性,比虚灵还要更加皎然明白而了无踪迹,这不是人们所能够耳闻目睹到的。颜含大概是懂得了这个道理,依照时势而决定自己是出仕还是隐居,遵守礼节而不屈从权势,他能够成为君子是理所当然的。

一三　什翼犍即位繁峙北有众数十万人

鲸鲵不脱于渊①,豺虎不脱于林,失其所据,力殚而无所归。石虎据邺,慕容皝据卢龙②,于是而东自濊貊③,西及破落④,南距阴山,北尽沙漠,皆为什翼犍之所有⑤;拓拔氏之兴,延及百年,此基之矣。何也? 虎与皝以其深渊丛林授之什翼犍,而自处于非据之地也。

【注释】

①鲸鲵:即鲸鱼,雄曰鲸,雌曰鲵。也泛指凶猛的大鱼。

②卢龙:今属河北。

③濊貊(huì mò)：我国古代东北地区少数民族名。

④破落：即破落那。汉代大宛别部之称，活动于中亚费尔干纳盆地。

⑤什翼犍：即拓跋什翼犍(320—376)。鲜卑拓跋部首领，代国的创
　始人。曾在后赵为人质十年，接受汉文化。后回国继首领之位，
　建立代国，设立官职，制定法律，任用汉人。其势力强大之时，东
　自濊貊，西至破落那，南距阴山，北达沙漠，拥众数十万。后为前
　秦苻坚所败，率众迁徙到阴山以北。后被其子拓跋寔君弑杀。
　传见《魏书·序纪》。

【译文】

　鲸鲵是不会脱离深水的，豺狼、老虎是不能脱离山林的，它们一旦失去曾经盘踞和凭借的地方，就会力竭而无处可归。石虎占据了邺城，慕容皝占据了卢龙，于是东起濊貊，西到破落那，南到阴山，北至沙漠，都被什翼犍所占有。拓跋氏的兴起，延续百年，这就是它的根基。为什么会如此呢？因为石虎和慕容皝把他们所盘踞和与依凭的地方给予了什翼犍，而他们自己却占据了不该占据的地方。

　天以洪钧一气生长万族①，而地限之以其域，天气亦随之而变，天命亦随之而殊。中国之形如箕，坤维其膺也②，山两分而两迤，北自贺兰③，东垂于碣石，南自岷山④，东垂于五岭，而中为奥区、为神皋焉⑤。故裔夷者，如衣之裔垂于边幅⑥，而因山阻漠以自立，地形之异，即天气之分；为其性情之所便，即其生理之所存。滥而进宅乎神皋焉，非不歆其美利也，地之所不宜，天之所不佑，性之所不顺，命之所不安。是故拓拔氏迁雒而败，完颜氏迁蔡而亡，游鳞于沙渚⑦，啸狐于平原，将安归哉？待尽而已矣。

【注释】

①洪钧：造化，自然。

②坤维：指西南方。膺：指簸箕敞口对侧的高边沿。

③贺兰：山名，在宁夏银川平原西侧。

④岷山：山名，在甘肃南部、四川北部。

⑤神皋：原指神明聚集的土地，这里指华夏国土。

⑥裔：衣服的边缘。边幅：边缘。

⑦鳞：指鱼。沙渚：沙滩，沙丘。

【译文】

上天以自然造化之气来生产、抚育万物，而大地用地形将其限制在一定的区域内，区域不同，气候也随之变化，天命也随之而有所不同。中国的地形好像簸箕，西南方是簸箕敞口对侧的高边沿，两边各有一组山脉绵延，北自贺兰山，东至碣石，南自岷山，东至五岭，而中间为腹地，是神圣的华夏国土。所以边远的夷人，就如同衣服的边缘一样垂在华夏的边沿，因为大山、沙漠的阻碍而独立生活。因为地形的差异，就导致了气候不同。他们自己的性情适应了这种气候，这一区域也就成为了他们赖以生存的地方。等到他们的族群泛滥而进入华夏国土后，并非他们不喜爱中原腹地，而是因为地域不适宜，气候不合适，不合乎他们的性情，所以他们难以在中原安身立命。所以北魏的拓跋氏迁都洛阳后，就遭到了六镇之乱的致命打击而败亡；金朝的完颜氏迁都蔡州，不久后就走向了覆灭。让鱼离开水而在沙洲上游，让狐狸在平坦的空旷之地长啸，它们还能归于何处呢？只有等待灭亡罢了。

延之入者，中夏之人也，不足以保彼之命而徒自溃乱也。聪明神武者，知其得据而祇以失据也，无足惧也。筌之蹄之①，不能有余种矣。

【注释】

①筌:捕鱼的竹器,此处指捕捉。蹄:阻拦猎物的器具,此处指诱捕。

【译文】

延请夷狄进来的,恰恰正是华夏之人,而夷狄并不足以保障他们的性命,最终只会让他们自己溃散崩乱。聪明英武的人,知道夷狄得到了中原这一新据点,却失去了自己本该占据的地方,所以不足以畏惧。所以最终他们被捕获消灭,以致连后代都无法留下。

一四　蔡谟议驳止庾亮经略中原当受名教之诛

取东晋之势与南宋絜论,东晋愈矣。江东立国,以荆、湘为根本,西晋之乱,刘弘、陶侃勤敏慎密,生聚之者数十年,民安、食足、兵精,刍粮、舟车、器仗,且求之而夕给,而南宋无此也。东晋所用以保国而御敌者,纪瞻、祖逖、温峤所鼓舞之士勇,王敦、苏峻虽逆,而其部曲犹是晋之爪牙也,以视韩、岳收乌合之降贼①,见利而动、见害而沮者,不相若也。王导历相四君,国事如其家事,而深沉静定,规恢远大,非若李伯纪、赵惟重、张德远之乍进乍退②,志乱谋疏,而汪、黄、秦、吕结群小以间之也③。则东晋之内备,裕于南宋远矣。刘、石之凶悍,虽不减于阿骨打,而互相忌以相禁且相吞也,固无全力以与晋争;慕容、苻、姚、段氏皆依晋为名,以与刘、石竞;李特虽窃,李寿折于龚壮,不敢以一矢加于晋之边陲;张氏虽无固志,而称藩不改;仇池杨氏亦视势以为从违④,为刘、石之内患;非若金源氏之专力以吞宋无所掣也⑤。则东晋之外逼,轻于南宋远矣。

【注释】

① 韩、岳：即韩世忠、岳飞。韩世忠（1089—1151），字良臣，延安（今陕西延安）人，一说绥德（今陕西绥德）人。宋代名将。出身贫苦，年少从军，曾抵御西夏，镇压方腊起义。靖康之难后，金兵南侵，他以水师八千阻拦金兵十万渡江，与金兀术在黄天荡大战。后又大破金军于大仪镇。他希望北伐，积极联络山东义军，扼守淮河并屡败伪齐与金军。后入朝任枢密使，被解除兵权。反对议和，曾在岳飞遭冤狱时，当面诘问秦桧。传见《宋史·韩世忠列传》。

② 李伯纪：即李纲。赵惟重：疑即赵鼎（1085—1147），字元镇（与"惟重"字形相淆），号得全居士，解州闻喜（今山西闻喜）人。南宋名臣。为人忠简，宋高宗时两度为相，前期主张坚决抗金，后由于宋金南北对峙格局已成，主张巩固政权，为日后北伐做好准备。后为秦桧所构陷，被迫辞去相位；又被贬谪监禁，最终绝食而死。传见《宋史·赵鼎列传》。张德远：即张浚（1097—1164），字德远，汉州绵竹（今四川绵竹）人。南宋名臣。进士出身。苗刘之变时，勤王复辟有功，除知枢密院事。建炎四年（1130），提出经营川陕建议，出任川陕宣抚处置使，积极训练新兵，任用刘子羽、赵开、吴玠等人，但在富平之战中遭遇大败。后担任同中书门下平章事兼知枢密院，都督诸路军马，谋求北伐，结果遭遇淮西军变，引咎辞职。秦桧及其党羽当权时，遭贬谪而隐居十余年。金帝完颜亮南侵时再获起用，奉命督师北伐。虽初战告捷，但因部下将领不和，于符离之战大败，遭到主和派汤思退等人排挤，被罢相。传见《宋史·张浚列传》。

③ 汪、黄、秦、吕：即汪伯彦、黄善潜、秦桧、吕颐浩。四人在南宋初均曾担任宰相，结党营私，排斥异己，阻挠李纲、赵鼎、张浚等人的北伐计划。

④仇池杨氏：指魏晋南北朝时期建立仇池国的氐族杨氏。杨茂搜
　建立的前仇池国，杨定重建的后仇池国，皆因其立国之时政治中
　心在甘肃陇南仇池山而得名。
⑤金源氏：即指金朝。据《金史·地理志上》记载，女真语中的"金"
　读作"按出虎"，按出虎水源于上京路，故上京名金源，后来的
　"金"国号正源于此。

【译文】

　　将东晋的形势与南宋的形势进行衡量比较，东晋的形势其实更好。
东晋在江东立国，以荆、湘之地为根据地，经过西晋末的混乱后，刘弘和
陶侃勤劳机敏、虑事谨慎周密，将百姓聚集起来，使其休养生息、积蓄财
物数十年。百姓安居乐业，粮食充足，兵士精壮，粮草、舟车、兵器仪仗，
早上需要晚上就可供给，而南宋则没有这样的条件。东晋所能凭借以
保家卫国、抵御外患的，是纪瞻、祖逖、温峤鼓舞起来的勇士，王敦、苏峻
虽为叛逆，但其士兵仍是东晋所拥有的精兵猛将。以此对比韩世忠、岳
飞所招揽的原为投降盗贼的乌合之众，他们望利而动，碰见危害就沮丧
害怕，根本无法与东晋的军队相比。王导以宰相身份先后辅佐东晋四
位皇帝，国家大事如同他的家事，而且他深沉、宁静、稳重，深谋远虑且
气象宏大，不像李伯纪、赵惟重、张德远这类人，忽进忽退，志向混乱，智
谋不深，况且还有汪伯彦、黄善潜、秦桧、吕颐浩等结党营私，从中离间。
则东晋内部的防备，比南宋充裕多了。刘曜、石勒虽然凶悍的程度不比
完颜阿骨打弱，但他们互相猜忌，相互阻止对方势力壮大，并且都想吞
并对方，本就没有全力和东晋抗争；慕容氏、苻氏、姚氏、段匹䃅都依凭
东晋才得以取得正当名分，从而和刘曜、石勒相竞争；李特虽然窃据蜀
地称帝，但李寿却折服于龚壮，不敢以一兵一箭施加于东晋的边境；占
据凉州的张氏虽然没有固定的志向，却也自称晋的藩王而不改；建立仇
池国的氐族杨氏也是视形势而有所行动，成为刘曜、石勒的内患，不像
金人那样专心吞并宋朝而没人能掣肘。东晋受到的外族逼迫，比南宋

时轻多了。

　　然而宋之南渡，自汪、黄、秦、汤诸奸而外^①，无不以报雠为言；而进畏懦之说者，皆为公论之所不容。若晋则蔡谟、孙绰、王羲之皆当代名流^②，非有怀奸误国之心也；乃其侈敌之威，量己之弱，刱胁缩退阻之说以坐困江东^③，而当时服为定论，史氏侈为讦谟，是非之舛错亦至此哉！读蔡谟驳止庾亮经略中原之议^④，苟有生人之气者，未有不愤者也，谟等何以免汪、黄、秦、汤之诛于天下后世邪？

【注释】

①汪、黄、秦、汤：指南宋初年主和派宰相汪伯彦、黄善潜、秦桧、汤思退。

②蔡谟（281—356）：字道明，陈留考城（今河南民权）人。东晋名臣。早年屡次推辞辟命，渡江避难。晋元帝为丞相时，辟蔡谟为掾属，又转任参军。苏峻之乱时，蔡谟参与平叛有功。咸康五年（339），庾亮想要移镇石城，以期收复中原失地。蔡谟进言谏止，成帝听从其谏言。康帝即位后，他一度与会稽王司马昱共同辅政。后闭门不出，无心政事。传见《晋书·蔡谟列传》。孙绰（314—371）：字兴公，太原中都（今山西平遥）人。东晋大臣。其人博学善文，放旷山水，喜好玄学，乐于清谈，为一时名流。曾上疏阻止桓温迁都洛阳。传见《晋书·孙绰列传》。王羲之（321—379或303—361）：字逸少，琅邪临沂（今山东临沂）人。东晋书法家，被称为“书圣”。为人豁达文雅，好谈老庄，为东晋名流。传见《晋书·王羲之列传》。

③刱：同“创”。

④蔡谟驳止庾亮经略中原之议：指咸康五年(339)，庾亮上疏请求
　北伐，蔡谟上书反对，称："时机有利与不利，道有伸有屈，如果不
　考虑强弱的形势轻举妄动，就会迅速败亡，能成什么功业？ 当今
　之计，不如自蓄威势，等待时机。时机的可否在于胡虏的强弱，
　而胡虏的强弱又在于石虎的能力。自从石勒起兵，石虎便经常
　充当武将，百战百胜，于是平定中原，所占据的地域，与当年的魏
　国相当。石勒死后，石虎挟持继位的君主，诛戮将相。平定内乱
　之后，又翦灭和削弱外寇，一举攻取金墉，再战便擒获石生，诛杀
　石聪如同路拾遗物，战胜郭权如同振毁槁木，四周国境之内，不
　失尺寸之土。由此看来，石虎是有才能呢，还是没有才能呢？ 论
　议者因为过去胡虏进攻襄阳不能取胜，便认为他无能为力。然
　而百战百胜的强敌却因没有攻取一城就被以为低劣，好比射箭
　的人百发百中，只有一次失误，能够说他拙劣吗？"事见《晋书·
　蔡谟列传》。

【译文】

　　然而宋朝南渡，除了汪伯彦、黄善潜、秦桧、汤思退几位奸臣以外，
其余的人无不谈论报仇雪恨、收复失地。而进言的内容中但凡畏惧怯
懦的倾向，都会为公议所不容。而像东晋的蔡谟、孙绰、王羲之，这些人
都是当时名流，并非有奸邪误国之心，但他们夸大敌人的力量，衡量自
己的弱点，提出退缩自保的主张从而坐困于江东，而当时的人们却都服
膺于这种论说且认为是善谋定论，史家夸这是远大宏伟的谋划。是非
曲直的错谬居然混淆到了这种地步，不禁让人感叹！ 读到蔡谟驳斥并
阻止庾亮谋划中原的议论，但凡有些许正义志气的人，没有不气愤的，
蔡谟之流又怎能免于像汪伯彦、黄善潜、秦桧、汤思退那样被后世之人
口诛笔伐呢？

　　　夫彼亦有所为而言矣！ 庾亮之北略，形王导之不振也，

而左袒导者，诎亮以伸导；桓温之北伐，志存乎篡也，而恶温之逆者，忌其成而抑之；于是而中挠之情深于外御，为宰相保其勋名，为天子防其篡夺，情系于此，则天下胥以为当然，而后世因之以无异议。呜呼！天下之大防，人禽之大辨，五帝、三王之大统，即令桓温功成而篡，犹贤于戴异类以为中国主，况仅王导之与庾亮争权势而分水火哉！则晋之所谓贤，宋之所谓奸，不必深察其情，而绳以古今之大义，则一也。蔡谟、孙绰、王羲之恶得不与汪、黄、秦、汤同受名教之诛乎？

【译文】

　　他们这样说也是有其理由的。庾亮北伐，正显示出王导的萎靡不振，而偏袒、支持王导的人，想通过抑制庾亮来帮助王导；桓温的北伐，其志向是篡夺皇位，而厌恶桓温篡权的人，忌惮他成功而对其加以抑制。于是这些人阻挠庾亮、桓温成功的决心胜过防御外敌的决心，其目的在于为宰相保护功勋名望，为天子防范别人篡权，因而当时天下人都视此为理所当然，而后世也承袭这种观点，对此没有异议。唉！天下有夷夏之大防，人与禽兽存在根本区别，有从五帝、三王时代传下的大统，即便桓温北伐成功而果真篡权夺位，也比拥戴异族入主中国为好，何况仅是因为王导和庾亮争夺权势、形同水火就不顾及这些呢？东晋所谓的贤臣，南宋所谓的奸臣，不必深入地去体察其具体的情况，只需用古往今来一贯的大义作为标准进行考量，这样就可以同等视之而泾渭分明了。蔡谟、孙绰、王羲之等人怎能不同汪伯彦、黄善潜、秦桧、汤思退等人一样受到名教的口诛笔伐呢？

一五　诸葛恢抗疏拒慕容皝求封燕王

　　慕容皝求封燕王，晋廷迟回不予，诸葛恢抗疏拒之[①]，义正而于计亦得矣。

【注释】

①"慕容皝"几句：指成康六年（340），慕容皝因自称燕王未受东晋朝命，派长史刘翔向建康献捷，兼求假燕王玺绶。诸葛恢上疏力谏，认为名器不应轻易给予别人，所以不能允许慕容氏受封王爵。事见《晋书·诸葛恢列传》。诸葛恢（284—345），字道明，琅邪阳都（今山东沂南）人。东晋大臣，东吴右将军诸葛靓之子。年少时便有为政之善名，八王之乱时，南渡江东。后因讨周馥有功，封博陵亭侯，后又官尚书令。他为政谦和，强调选拔人才，崇尚德政风化，为时人所夸奖。晋成帝司马衍病重之时，诸葛恢受遗诏辅政，其后也颇受晋康帝重用。传见《晋书·诸葛恢列传》。

【译文】

慕容皝请求东晋朝廷封自己为燕王，东晋朝廷感到迟疑犹豫，没有立即答应，诸葛恢上疏力谏，请求拒绝此事，他的意见不仅合乎正义，而且就谋划而言也是得当的。

慕容氏父子之戴晋，其名顺矣，则以韩信王齐之例，权王之而奚不可？曰：廆与皝非信之比，而其时亦非刘、项之时也。六国初亡，封建之废未久，分土各王，其习未泯，而汉高固未正位为天下君，且信者汉所拜之将，为汉讨项，虽王，固其臣也。慕容氏则与刘、石等为异类，蓄自帝之心久矣。晋业已一统，而特承其乱，非与刘、石交争而竞得者也。若慕容氏之奉晋也，则与石虎角立而势不敌，因其国士民与赵、魏之遗黎眷怀故主，故欲假晋以收之，使去虎而归己。晋割燕以封之矣，乃建鼓以号于众曰：吾晋之王也。则虎之

党孤,而己得助矣。归己已定,则业入其笼中而不能去,又
奚复须晋之王而不自帝哉! 诸葛恢曰:"借使能除石虎,是
复得一石虎。"灼见其心矣。刘翔虽辩①,亦恶能折此乎? 当
是时,石虎恶极而向于衰,皝谋深而日以盛,除虎得皝,且不
如存虎以制皝。观其后冉闵之乱,慕容遂有河北而为晋劲
敌,恢之说,验于未事之前矣。

【注释】

①刘翔:慕容皝的长史。咸康三年(337),慕容皝自称燕王后,未受
　晋册命,便于咸康五年(339)冬派长史刘翔、参军鞠运至东晋献
　捷论功,并言权假之意。刘翔等至建康,受晋成帝召见,为燕皝
　王求大将军、燕王章玺,并言及慕容皝欲平定中原之事。其事见
　于《资治通鉴·晋纪十八·显宗成皇帝中之下·咸康五年》。
　《晋书》中为"刘祥",且未言及鞠运。

【译文】

　　慕容廆和慕容皝父子拥戴东晋,则其名正言顺,效仿汉高祖封韩信
为齐王的例子,权且加封慕容皝为王,又有何不可呢? 回答是:慕容廆
和慕容皝本就不能和韩信相比拟,况且当时也不是刘邦、项羽所处的时
代。刘邦、项羽相争时,六国刚灭亡,分封制刚被废除不久,裂土封王的
习惯并未完全泯灭,而汉高祖刘邦本来也还未即位称帝,而且韩信是被
刘邦拔擢、拜为大将的,他为刘邦讨伐项羽,即使封他为王,他也仍是刘
邦的臣子。慕容氏和刘曜、石勒这些人都是异族,其蓄谋称帝的野心已
存在许久。而且晋朝本来已经统一中国,如今只是承接先前的动乱,不
是与刘、石二人相互竞争以求夺取天下。至于慕容氏尊奉东晋正朔,则
是因为其与石虎相敌对角力而其势力不能匹敌,由于他国内的军士百
姓和赵、燕的遗民都眷怀故主,所以他想借东晋的名分来收揽民心,使

他们离开石虎而归降自己。如果东晋割让燕地来封他为王，则慕容氏就会大张旗鼓地告诉百姓说自己是东晋封的王。这样，石虎就陷于孤立，而他自己则从中得利。等到人们归顺慕容氏的情势已定，就像进入了他的笼中而不能离开，此时他还哪里稀罕东晋封的王爵而不自己称帝呢？诸葛恢说："即使能除去石虎，这样做也无非是又得到了另一个石虎。"这话真是真知灼见啊。刘翔虽然善辩，但又怎能驳倒诸葛恢呢？当时，石虎穷凶极恶已走向衰败，慕容皝深谋远虑且日益强盛。与其除掉石虎让慕容皝强大起来，还不如暂留下石虎来牵制慕容皝。看之后冉闵发动叛乱，慕容皝趁机占据河北从而成了东晋劲敌之事，诸葛恢在事前的说法正好得到了验证。

　　或曰：晋不王皝，皝且自王自帝而奚不可？曰：我不授以名而资之饵，众发其奸以折之于早，国尚有人焉，知晋之所以御虎者不恃皝也，则皝之气夺矣，奚必禁其自王自帝哉！呜呼！王导、郗鉴、庾亮相继而亡，何充、庾冰、蔡谟皆庸材也①，皝乃敢以此言试中国之从违；诸具臣者，畏其暴己罪状而徇之，诸葛恢不能固持其说，而晋事去矣。皝不死，慕容氏不乱，苻坚不起，吾未见晋之不折入于鲜卑也。

【注释】

①何充(292—346)：字次道，庐江灊(今安徽霍山东北)人。晋朝大臣。以文义见称。晋成帝临死前被指定为辅政大臣，在晋康帝和晋穆帝时辅政。曾与庾冰在晋穆帝即位问题上存在分歧，坚持父死子继。辅政期间，虽无修正改革之能，但刚毅果敢，才识度量过人，能以国家为重，不过所任用亲近之人却多为庸才，致使用人不善。传见《晋书·何充列传》。庾冰(296—344)：字季坚，颍川鄢陵

（今河南鄢陵）人。东晋外戚大臣,庾亮之弟。为人清廉谨慎,以俭约自居。早年曾为王导所用,后参与平定苏峻之乱。王导死后,逐渐在朝廷中掌权,促成晋成帝传位于晋康帝,进一步巩固了庾氏势力。传见《晋书·庾冰列传》。

【译文】

有人说:“东晋不封慕容皝为王,慕容皝因此就自己称王称帝有何不可呢?”回答是:“东晋不给他封王,不让他以此作为蛊惑人心的诱饵,众人就会发现慕容皝的奸计并较早地反对他。国内的人将会知道东晋可以抵御石虎,而不是倚靠慕容皝,那么慕容皝的气焰就被消夺了,又何必非要禁止他自己称王称帝呢!”唉!王导、郗鉴、庾亮相继死去,何充、庾冰、蔡谟都是庸才,慕容皝因此才敢如此进言请求,从而看看东晋答应不答应;那些备位充数之臣都害怕其暴露自己的罪过,因而曲从于他。连诸葛恢都不能坚持其说,所以说东晋的大势已去。如果慕容皝不死,慕容氏不陷入内乱,苻坚不趁机兴起,在我看来东晋未必不会被鲜卑人所消灭。

一六　刘翔说晋图巴蜀

刘翔北归①,谓晋公卿曰:“石虎、李寿志相吞噬,王师当从事巴、蜀,一旦石虎并寿,据形便以临东南,智者所不能善其后。”非为晋计深远也,恐虎并寿而益强,慕容氏不能敌也。虽然,又岂非晋人保固江东之要策哉?

【注释】

①刘翔北归:指刘翔完成向东晋求封的使命后,成帝下诏派兼大鸿胪郭悕持节到棘城去册封燕王,和刘翔等人偕同北上。东晋的公卿大夫们在江边为他们钱别,下文中的话就是刘翔在江边对

东晋公卿大夫们说的。事见《资治通鉴·晋纪十八·显宗成皇帝中之下·咸康七年》。

【译文】

刘翔从东晋回归北方，他对东晋的公卿说："石虎、李寿志在吞并对方，朝廷的军队应致力于收复巴、蜀地区，一旦石虎吞并李寿，依据上游地形的便利而兵临东南，则即使是再有智慧的人也不能改变这种不利的形势。"其实刘翔并不是在为东晋进行深远的谋划，而是害怕石虎吞并李寿后力量日益强大，以致慕容皝不能匹敌。尽管如此，这难道不是东晋保卫江东的重要计策吗？

陈轸说秦以灭蜀而临夷陵①，楚乃失鄢、郢②，东徙以亡。司马昭灭汉而临西陵③，吴乃受王濬顺流之兵④，而中绝以亡。梁失成都于宇文氏，而江陵困、湘东死，陈氏终以灭⑤。盖江东据江、淮以北拒，而巴、蜀既失，横江而中溃，方卫首而中折其腰膂，未有不殒者也。李昇之得割据，王建为之蔽也；南宋之得仅延，吴玠、吴璘捍之也⑥；孟昶灭而李煜坐毙⑦，合州失而阳逻之渡不可防⑧，皆明验也。故据全蜀以出秦、巩，而欲定关中则不得；扼秦、巩以保全蜀，而遥卫江南则有余；何充、庾冰闻言不警，待桓温而后兴伐蜀之师；翔言之，温为之，虽非忠于晋者，而大造于江东，不可诬也。听其言，纪其功，亦奚必深求其心哉！

【注释】

①陈轸说秦以灭蜀而临夷陵：据《史记》《战国策》记载，说服秦王灭蜀的是司马错而非陈轸，夷陵之战陈轸也未参与，疑王夫之记忆有误。陈轸，又作田轸。战国纵横家、游说之士。曾与张仪共同

侍奉秦惠文王并争宠。秦王以张仪为相后,陈轸奔楚,曾劝谏楚
怀王不要中张仪的与齐绝交之计。后又回到秦国,正值韩、魏连
年相攻之时,秦惠文王图谋救韩,他以两虎相争为喻,建议待两
败俱伤后再兴兵,秦王听从其建议。夷陵,今湖北宜昌夷陵区。
事见《史记·张仪列传》。

②鄢:楚国别都,在今湖北宜城东南。郢:楚国都城,在今湖北江陵
西北。

③司马昭灭汉而临西陵:司马昭灭亡蜀汉后,晋泰始八年(272),吴国
西陵守将步阐降晋,吴派陆抗讨伐步阐。西晋朝廷派杨肇、羊祜
等率军援救步阐,最终陆抗攻陷西陵城,将步阐等人夷灭三族,西
陵之战以吴胜晋败而告终。此战胜利使得吴国皇帝孙皓被冲昏
头脑,于是屡次对晋朝发动攻势,徒耗国力,加速了孙吴的灭亡。

④吴乃受王濬顺流之兵:指太康元年(280),王濬自成都出兵,顺长江
而下,攻克武昌,进入建业,最终灭吴。事见《晋书·王濬列传》。
王濬(206—286),字士治,弘农湖县(今河南灵宝西北)人。西晋大
臣。博涉典籍,但不修名行,因此不为乡里所称。王濬素来胸襟
恢宏而有大志,在巴郡太守任上时,他严格执法,减免赋税,使民
众得以安居。后迁为益州刺史,任内大造舟舰,勤练水师,力主伐
吴。传见《晋书·王濬列传》。

⑤"梁失成都"几句:侯景之乱爆发后,西魏趁乱派兵夺取了萧梁的
巴蜀及荆襄等地,其后湘东王萧绎即位于江陵,攻入建康,并致
信西魏,要求重新划定疆界,引发西魏丞相宇文泰不满。承圣三
年(554),宇文泰扶持河东王萧詧为傀儡,建立西梁,并派于谨、
杨忠猛烈进攻萧绎,萧绎战败投降,终为萧詧所弑。最终陈霸先
凭借军事实力扫平江南各势力,建立了陈朝。但陈朝没能收复
川蜀,为其最终灭亡埋下了隐患。

⑥吴玠(1093—1139):字晋卿,德顺军陇干(今甘肃静宁)人。南宋

名将。早年从军,在边境抗击西夏。建炎二年(1128)起领兵抗
金,与其弟吴璘都以勇略知名,先后效力于曲端、张浚麾下。富
平之战宋军失败后,吴玠扼守和尚原、饶凤关、仙人关等地,屡败
金军;同时裁汰冗员,节简浮费,并广设屯田,修复废堰,使得金
兵无法攻入蜀地,保证了南宋的安全。传见《宋史·吴玠列传》。
吴璘(1102—1167):字唐卿,德顺军陇干(今甘肃静宁)人。南宋
初年名将,吴玠之弟。早年随兄长吴玠抵御西夏,此后一直和兄
长在蜀地抗金。绍兴三十一年(1161),金帝完颜亮派兵入侵,吴
璘被授为四川宣抚使,带病抗敌,与金军互有胜负。乾道元年
(1165),入朝受封新安郡王,兼判兴元府。乾道三年(1167)病逝
于蜀地。传见《宋史·吴璘列传》。

⑦孟昶(chǎng,919—965):初名仁赞,字保元,邢州龙岗(今河北邢
台)人。后蜀高祖孟知祥第三子,五代十国时期后蜀末帝。在位
三十二年,先诛杀恃功骄横的李仁罕,使得满朝慑服,又攻取秦、
凤、阶、成四州,尽有前蜀之地。此后逐渐变得奢侈淫靡,不再思
进取,最终被赵匡胤灭国俘虏。传见《旧五代史·僭伪列传》《新
五代史·后蜀世家》。

⑧合州失而阳逻之渡不可防:合州,今重庆合川。蒙古征南宋时曾
重兵攻打合州,但长期未能攻克,蒙哥汗就战死于合州钓鱼城
下。直到1279年,合州守将才开城投降。阳逻,在今湖北武汉
汉阳东。阳逻渡口是长江上的重要渡口。开庆元年(1259)忽必
烈任主帅攻阳逻,不克而返。咸淳十年(1274),伯颜先率舟师攻
阳逻堡,不克。元军转战至鄂东门,然后江南江北夹击,水陆并
进,阳逻堡最终宣告失守。此后,元军便一路长驱而入灭亡了南
宋。事见《元史·伯颜列传》。

【译文】

陈轸劝说秦国灭掉蜀国而东临夷陵,楚国于是失去了鄢、郢之地,

被迫东迁,最终灭亡。司马昭灭掉蜀汉而兵临西陵,吴国于是受到王濬顺流而下的军队的进逼,长江天险中断而吴国灭亡。南朝梁的成都沦陷于西魏宇文泰之手,结果江陵的萧詧陷入傀儡般的困境,湘东王被弑杀,南朝陈也最终因不能收复川蜀灭亡。江东政权凭据长江、淮河可以抵御北方来的敌人,然而若巴、蜀之地尽失,长江防线中断,就犹如人正顾着保护头部而中间的腰部已断,则没有不死的。南唐的李昪之所以能够割据,是因前蜀的王建在上游为他作掩护;南宋能够苟延残喘,是因吴玠、吴璘的捍卫;后蜀孟昶被灭后,李煜只能坐以待毙;南宋的合州丢失后,阳逻就无法守住了,这些都是明证。所以占据整个蜀地而出击秦州、巩州,想要夺取关中是做不到的;扼守秦州、巩州以保卫蜀地全境,从而远远地拱卫江南则绰绰有余。何充、庾冰听到了刘翔的这番话而不感到警惕,等待桓温时东晋才终于用兵讨伐蜀地。刘翔这样说了,桓温这样做了,虽然他们并非忠于东晋王朝,但占据蜀地对江东确实大为有利,这是不可否认的。听他们所说的计策,记录他们的功绩,又何必深究他们内心真实的想法呢?

康　帝

【题解】

　　晋康帝司马岳(322—344)字世同,是晋明帝司马绍的次子,成帝司马衍的同母弟。咸康八年(342),成帝病重,在庾冰等人建议下,舍弃立亲生子的念头,以司马岳为皇位继承人。同年,晋成帝去世,司马岳继位,是为东晋第四位皇帝。晋康帝在位仅三年,并无太多政绩,政务多由庾冰、何充代为处理。建元二年(344)驾崩。

　　魏晋时期的"清议"即人物品评之风颇盛,人物品评既显著影响着士人的立身行事风格,也直接影响到朝廷的人才选拔。王夫之明确反对将君子的贤能与否同他人的评价挂钩,认为清谈品评之风"浮诞而不适于用",国家对于人才的选拔与任用,更不能依赖于此。当然,王夫之也清楚地认识到,清谈品评并非全无正面意义,享有清誉不应反过来成为人才的污点,所以他也不赞成把清议之风当作东晋"乱阶"的"皮相"之见。归根结底,"知人"别有标准,本就无关风气与时尚。

一　殷浩风流不得与谢安并论

　　风会之所趋,贤者不能越也,君子酌其贞淫以立身,而不可执以论人。孟子之游,后车数十乘,从者数百人,多所辨以折异端,曲为说以动人主,使前乎此而为西周,后乎此而为两汉，必不然矣。然而有以异于田骈、慎到、苏秦、张仪者①，即时所尚，而邪正之分自存也。

【注释】

①田骈：即陈骈。战国时齐国人。曾为孟尝君门客。游于稷下学宫，与慎到一同就学于彭蒙。主张"齐生死，等古今"，要求放弃一切是非考虑。慎到(约前390—前315)：尊称为慎子，战国时期赵国邯郸(今河北邯郸)人。专攻"黄老之术"。齐宣王时，他长期在稷下讲学，是稷下学宫中最具有影响的学者之一。

【译文】

风气与时尚一旦盛行，即使是贤能的人也不能超脱于此，君子应当仔细斟酌风气与时尚是贞正还是荒淫，以此来安身立命，不应拿这种风气、时尚来议论他人。孟子周游别国，跟从他的马车有几十辆之多，追随者也有数百人，他通过许多场辩论来驳斥他人的异端邪说，婉转地进行规劝以图感动人主。假如他处在之前的西周或是之后的两汉，都不能做到这一点。但是孟子也有和田骈、慎到、苏秦、张仪不同的地方，尽管他们都依循当时的风尚行事，但其中正邪的区分仍然存在。

刘向、贡禹，经术同也；诸葛、司马，方略同也；二程、三苏，议论同也①；不可以与贤者同而奖匪人，不可以与庸人同而疑君子。殷深源、谢安石风流相似②，名望相匹，而殷虚枵以致败，谢宁静以立功，或以江左风流为乱阶，而谓此中之无人，亦皮相而已矣③。

【注释】

①二程：指程颢、程颐兄弟。三苏：指苏洵、苏轼、苏辙。

②殷深源:即殷浩(? —356),本字渊源,因《晋书》避唐高祖李渊之
讳,故改为深源。陈郡长平(今河南西华东北)人。东晋大臣。
早年因富有见识度量享美名,酷爱《老子》,隐居不仕。后来司马
昱为了抗衡桓温,有意栽培殷浩,令其参预朝政,担任尚书仆射。
永和八年(352),殷浩奉命率军北伐,结果兵败许昌。桓温趁机
上表弹劾,被废为庶人。传见《晋书·殷浩列传》。

③皮相:指肤浅的见解,皮毛之谈。

【译文】

　　刘向、贡禹所尊行的经术是相同的;诸葛亮、司马懿的方略是相同
的;程颢、程颐和苏洵、苏轼、苏辙对于王安石变法的议论也是相同的。
不能因为行为不端的人与贤良之人有一致之处就去赞扬他们,不能
因为君子与庸人有相同之处就去怀疑君子。殷浩、谢安的风流雅致
很相似,名望也是一样的响亮,但前者有虚名而无实才,以致声名败
裂,后者却因安宁守静而功成名就。有人认为江东的名士风流是助
长混乱的原因,而说风流名士中没有贤能之人,这只不过是肤浅的
见解而已。

　　自西晋以来,风会之趋固然矣,其失也,浮诞而不适于
用;其得也,则孔子之所谓狂简也①。狂者不屑为乡原之暖
姝②,简固可以南面者也。当时之士,得焉失焉,贞焉邪焉,
皆托迹而弗容自异,故陶侃、卞壸、郗鉴、庾翼力欲矫之而不
可挽③。夫三四君子者,自卓立于风会之外,以不诡于正则
愈矣;若必以此而定人之品骘,则殷浩之短暴,而谢傅不足
以庸矣。知人者,别有独鉴存焉,而不问风会之同异。故
曰:"知人则哲,唯帝其难之④。"

【注释】

①狂简：参见卷十二"惠帝一〇"条注。指人志向高远而处事疏阔。

②乡原：指道貌岸然的伪君子。暖姝：指自得、自满的样子。

③庾翼（305—345）：字稚恭，颍川鄢陵（今河南鄢陵）人。东晋将领，庾亮之弟。其人风仪秀伟，年少便有经世大略。苏峻之乱时曾负责守备石头城。庾亮准备北伐时，庾翼被任命为南蛮校尉、南郡太守，镇守江陵，协助保卫石城。庾亮逝世后，他接替庾亮镇守武昌。后部署诸将，意图北伐，但朝廷不许，永和元年（345）背疽发作而死。传见《晋书·庾翼列传》。

④知人则哲，唯帝其难之：语出《尚书·皋陶谟》："禹曰：'吁！咸若时，惟帝其难之。知人则哲，能官人。安民则惠，黎民怀之。能哲而惠，何忧乎驩兜？何迁乎有苗？何畏乎巧言令色孔壬？'"意思是禹说："唉！要是完全做到这些，连尧帝也会感到困难啊！能鉴察人的品行才能，就可以称为明智，这样就能够用人得当。能安定民心便是给他们的恩惠，臣民都会记在心里。能做到明智和给臣民恩惠，哪里会担忧驩兜？哪里还会放逐三苗？哪里会惧怕花言巧语、察言观色的奸佞之人呢？"

【译文】

自西晋以来，虚浮放纵的风气与时尚流行于世。其过失之处在于轻浮放荡而不实用；其有所得，则体现在孔子所说的志向高远而处事疏阔。看起来狂放实则志向高远的人，是不屑于像伪君子那样自得自满的；崇尚简约的人则固然可以南面而坐，居于尊位而治理百姓。当时的士人，所谓的得与失、忠贞与奸邪，都寄托于形迹而容不得每个人自己搞特殊，所以陶侃、卞壶、郗鉴、庾翼努力想矫正当时虚浮放纵的风气而终究无法实现。这三四个人是君子，他们自己卓然独立于当时的风气之外，让自己的行为更加可以不违背正的方向。可如果一定要据此而评定人的高下，那么殷浩的缺点暴露无遗，而谢安也不足以被任用了。

要鉴察人的品行才能,另有独特的鉴别方法存在,而不应以其是否依循当时的风气与时尚来加以判断。所以说:"能鉴察人的品行才能,就可以称为明智,就连尧帝都很难做到这一点。"

二　燕慕容翰见杀于皝

慕容翰不安于国而出奔,则固以所寓者为所托矣。始依段氏,沮段氏之追慕容皝,而贻其害,犹曰惧宗国之亡也。段氏灭,宇文氏逸豆归恤而安之①,乃既归于燕,即说皝以灭宇文,输其上下之情形、地形之险阻,以决于必得;然则翰在宇文之日,鹰目侧注,蚤尾潜钩,窥伺其举动而指画其山川,用心久矣。逸豆归走死,宇文氏散亡,翰得全功以归,而皝急杀之,非徒皝之忍也,翰之挟诈阴密而示人以叵测,天下未有能容之者也。

【注释】

①宇文逸豆归:又作宇文侯豆归、宇文归,鲜卑人。十六国时期鲜卑宇文部末代首领,北周太祖宇文泰五世祖。初为宇文部东部大人,后驱逐了部落首领宇文乞得龟,自立为主。慕容翰自鲜卑段部来投时,宇文逸豆归接纳了他,但忌妒其才能、威望,慕容翰被迫装疯卖傻,却暗中把宇文部的山川形势都默记在心,最终叛离宇文部,回归前燕。建元二年(344),宇文逸豆归遭到前燕慕容皝讨伐,兵败后逃亡漠北,宇文部散灭。其事见于《北史·匈奴宇文莫槐列传》等。

【译文】

慕容翰因为在前燕国内感到不安而选择出逃,则固然应当将其所寓居的部族作为依托的对象。他一开始依托段氏,阻止段氏追击慕容觑，结果给段部留下祸害，这尚且可以说是他害怕自己的祖宗之国灭亡。段部被灭后，宇文逸豆归体恤慕容翰并将其安置在自己部族中，可慕容翰回到燕国之后，就立即劝说慕容觑灭宇文氏，将宇文部上下的情况、山川险阻的情报都告诉了慕容觑，以期一击必胜。如此看来，慕容翰在宇文部的时候，就像老鹰侧目注视猎物、毒蝎暗中弯起毒针准备螫刺一般地仔细窥伺宇文氏的举动，并勾画宇文部的山川地形图，他有灭亡宇文部的用心已经很久了。宇文逸豆归最终败于前燕，出逃并身死，宇文部的成员四散逃亡。慕容翰获得全胜之功而返后，慕容觑立即杀了他，不仅是因为慕容觑残忍，也是因为慕容翰暗藏狡诈诡秘的阴谋、向人展示出居心叵测的形象，天底下没有可以容忍他的人。

身之所托，心之所依，不与谋倾覆宗国之事可矣；身依之，心早去之，且伏不测之机以窥之，非人之不能容也，心自不容其身也。翰之将死，曰："欲为国家荡一区夏①。"岂果然哉？觑有可图，祸先及之矣，而恶得以免于死？关羽之解白马围也②，身依焉而不能不为之效，是以先主委诚焉。虽然，胡不若徐庶之置身事外而不与共功名也③？

【注释】

① 区夏：即华夏。

② 关羽之解白马围：建安五年（200），曹操东征刘备，擒获其部将关羽，拜关羽为偏将军，颇为礼遇他。官渡之战中，袁绍派遣大将颜良在白马进攻东郡太守刘延，曹操以张辽、关羽为先锋，率军去解围，关羽在万军丛中策马刺杀颜良，斩其首级而还，解了白马之围。曹公于是上表献帝，请封关羽为汉寿亭侯。后来关羽听说故主刘备在袁绍军中，于是前往投奔，曹操也未加以阻拦。

事见《三国志·蜀书·关羽传》。

③徐庶之置身事外而不与共功名：刘备屯驻新野时，徐庶前往投奔，为其出谋划策，并向刘备推荐诸葛亮。后因其母亲被曹操所掳获，徐庶为保全母亲不得已辞别刘备，前往曹营，但他此后长期官阶不高。直到魏文帝时，徐庶才官至右中郎将、御史中丞。按：所谓"徐庶进曹营一言不发"的说法来自《三国演义》，正史无载。事见《三国志·蜀书·诸葛亮传》。

【译文】

自己若身体和内心都依托于别人，那么不和别人共谋颠覆自己的祖宗之国就可以了；若自己托身于别人，心却早已叛离了人家，而且暗藏着不可告人的目的来窥探别人，不是别人不能容纳这样的人，而是这种人的内心都不能容纳自身。慕容翰在将死之时说："想为国家荡平华夏。"难道真是这样的吗？慕容翰窥伺着除掉慕容皝的可乘之机，祸患却先降临到自己身上了，他又怎么可能免于死亡呢？关羽解白马之围，是因为他托身于曹操而不能不为其效力，因此刘备认为他诚实正直而加以信用。尽管如此，关羽为什么不像徐庶那样置身事外、不与曹操共享功名呢？

穆　帝

【题解】

晋穆帝司马聃(343—361)字彭子,是晋康帝司马岳的长子,母为康献皇后褚蒜子。于建元二年(344)被册立为太子。同年,晋康帝驾崩,年仅两岁的司马聃即位,名义上由皇太后褚蒜子临朝摄政,朝廷实权则先后由何充、蔡谟和会稽王司马昱把持。穆帝在位期间,东晋屡屡对北方少数民族和周边割据政权发动战争,其中桓温消灭成汉政权,并率军北伐,一度收复洛阳,但未能实现收复中原失地的目标。升平五年(361),司马聃因病于显阳殿驾崩。

在穆帝时期的对外军事行动中,桓温通过一次次的军事胜利,逐渐走向政治舞台的中央。此后他不仅逐渐掌握了朝廷实权,还操纵废立,甚至有意夺取帝位。对于桓温的评价,历代史家多有分歧。王夫之反对直接将桓温评价为欲图谋逆的权奸,指出桓温并非从一开始就有弄权谋逆的野心,是殷浩等人的忌惮与猜忌,迫使桓温自有所图。他以桓温北伐为例,认为如果东晋朝廷放弃对于桓温的猜忌,转而支持桓温北伐,满足桓温建功立业的心理需求,那么桓温自然会有所收敛。值得注意的是,王夫之在《读通鉴论》一书中多次强调统驭将领的必要性,但也感慨"将将之难"。本篇中他提出桓温可以利用殷浩,而殷浩不能善用桓温的问题,也正验证了要实现所谓"制之有道,用之有方"是何等困难。

　　东晋王朝建立以来,屡屡出现地方将领专权叛乱的情况,这其中的原因何在?王夫之通过剖析当时东晋的政治格局和战略地理因素,给出了自己的解释:东晋偏安江左,皇室和朝廷的力量有限,势必要倚靠地方将领来维持在江东的统治,因而不得不给予其相应权限。但将领一旦坐拥战略要地,挟军权自重,又必然对东晋朝廷构成威胁,朝廷不得不加以应对和反制,这就造成中央与地方的相互猜忌,从而引发东晋内部的矛盾与分裂。这种矛盾一旦激化,就会表现为军事叛乱。在这一难解的困局中,驻守战略要地的将领是否被东晋朝廷所信任,对于维系彼此间的关系就显得至关重要,这是影响东晋政治格局的重要因素。

一　何充疑庾氏而任桓温

　　王导且卒而荐何充,所以制庾氏也;庾翼卒,充授桓温以荆、梁军事①,所以夺庾氏也;亮之疏也,翼、冰之隘也,皆不足以托社稷,而抑为后族,非可世委以国柄,固矣。然亮之责导②,词正而理得。导荐充而亮不疑,充面折冰之废子立弟,而冰不怨。则庾氏之不为晋患,明矣。导修私怨而充怗之,以贻桓温之逆,而终成桓玄之篡。谋国而恩怨惟心,未有不贻国以忧者也。刘惔恶温而沮之③,深识也;充持之,会稽王昱持之④,以为唯温之英略,可以钳束庾氏不能与争耳。斯心也,温已见之。曰:区区一白面少年之庾爱之⑤,且如猛虎之在侧,而惴惴以需我之控制。君相若此,何惮而不逞哉?

【注释】

①梁:即梁州,今陕西汉中、四川东北部部分地区。

②亮之责导:晋成帝即位时年幼,王导辅政,局势艰难,只维持着大体的局面,顾不上细节。王导所委派的赵胤、贾宁等诸将,都不

守法,众人为此感觉担忧不满。咸和九年(334),庾亮想废黜王导,给郗鉴写信说:"皇上从八九岁以至长大成人,入内则由宫女守护,外出则只有武官、小人们侍从,读书无从学音句,顾视询问则未曾遇见君子。秦始皇想使百姓愚昧,天下人尚且知道不对,更何况有人想使君主愚昧呢!君主既然正当茂盛的年华,应当还政于贤明的主上。王导不恭敬地归还政权,却开始自居太师太傅的尊位,豢养许多没有才能的士人,您和我都身负先帝托付佐政的重任,这样的大奸之人不清除,又有什么脸面到地下去见先帝呢!"事见《晋书·庾亮列传》。

③刘惔(tán)恶温而沮之:刘惔素有知人之明,深知桓温才干,但认为其有不臣之心,曾向会稽王司马昱建议,反对桓温出任荆州刺史,但司马昱不以为然。刘惔(314—349),字真长,沛国相(今安徽濉溪)人。东晋大臣。出身世族家庭,少为王导所识,后迎娶晋明帝庐陵公主。颇善清谈,为当时清谈的主力干将。事见《晋书·刘惔列传》。

④会稽王昱:即东晋简文帝司马昱。会稽王为其即位前的封号。

⑤庾爰之:庾翼之子。晋康帝在位时,随父北伐,后为辅国将军、荆州刺史。桓温擅权专政后,将其废官流放。传见《晋书·庾爰之列传》。

【译文】

王导在将死之时向朝廷推荐了何充,想以其来制约庾氏的势力;庾翼死后,何充把荆州、梁州军事大权授予桓温,想以此来夺外戚庾氏之权。庾亮才学不深,庾翼、庾冰也是见识短浅,他们都不足以被托付江山社稷,而且他们身为外戚,本来就不应被世代委以大权。然而庾亮责备王导,言辞端正而合乎道理。王导推荐何充而庾亮并不加以怀疑,何充曾当面上奏,试图阻止庾冰建议成帝改立其弟司马岳的行为,而庾冰也并不怨恨。则庾氏势力并不是东晋灾祸的制造者,这是很明显的。

王导自己与庾氏结下私怨,而何充却坚持这一错误不改,结果导致桓温叛逆,最终酿成桓玄篡权的结局。为国谋划的人,如果只凭自己内心的好恶来做事,就没有不给国家留下祸患的。刘惔厌恶桓温而试图阻止桓温出任荆州刺史,这是有远见的表现;何充却坚持推荐桓温出任此职,会稽王司马昱也坚持这种看法,认为只有桓温富有雄才大略,能牵制庾氏,使之不能与他们争权。而桓温早已洞察了他们的心思,所以他才说:"区区一个白面少年郎庾爰之,他们尚且将其视为猛虎卧在身旁而因此惶恐不安,需要我来对庾爰之加以制衡。君主和宰相都是如此平庸无能,我还怕有什么事情干不成呢?"

　　疑其所不必疑,则可疑者进矣;疑其所不必疑,则奸雄知我之徒疑而无能制矣。故畜疑者,召祸之门也,而况乎其加之以忌也! 王氏既衰,庾氏又替①,王彪之、谢安方在下位而不足以持权②,何充不谋固其国,唯庾氏之是竞,晋之亡肇于此矣。故唯无疑者可以当大任而不倾。

【注释】

①替:衰微,衰废。

②王彪之(305—377):字叔虎,琅邪临沂(今山东临沂)人。东晋名臣,王导的堂侄。为人刚正不阿,曾官至尚书令,任内素有善政。桓温擅权专政之时,他与谢安等人与其对抗周旋,阻止桓温追加九锡之谋。桓温死后,其与谢安共掌朝政。传见《晋书·王彪之列传》。

【译文】

　　猜疑那些本不必猜疑的人,于是那些可疑的人就得以上位了;猜疑那些不必猜疑的人,则那些奸雄会知道我只会白白地猜疑而不能控制猜疑的对象。所以轻易积蓄对他人的猜疑,实为招致大祸的门径,何况还加上了嫉妒呢? 王氏家族势力衰落,庾氏家族也呈衰微之势,王彪之、谢安那时地位较低而不足以掌权。何充不谋划稳固国家的计策,而只和庾氏相争,东晋的灭亡就是发端于此。故而只有不轻易猜疑别人的人才可以担当大任,不使国家倾覆。

二　刘惔恐桓温克蜀之后专制朝廷以为忧

蜀之宜伐久矣,刘翔为晋言之,谢广亦知之夙矣①。至李寿死,李势立②,骄淫虐杀,此天亡李氏之日,不待再计而宜兴师者也。桓温西讨,晋廷惴惴然忧其不克,温目笑而心鄙之,拜表即行③,知晋之无人也。刘惔曰:"但恐克蜀之后,专制朝廷。"其言验矣。

【注释】

①"蜀之宜伐"几句:谢广,陈郡阳夏(今河南太康)人。东晋大臣,谢安的叔父。曾任中护军、尚书等职。刘翔北归时向送行的东晋公卿提及伐蜀大计,其他人都保持沉默,唯独谢广说:"您说的正合我的心意!"事见《资治通鉴·晋纪十八·显宗成皇帝中之下·咸康七年》。

②李势(? —361):字子仁,巴西宕渠(今四川渠县)人,巴氏族。李寿的长子,十六国时期成汉末帝。在位期间荒淫不恤国事,刑狱滥加,人怀危惧,国事日坏。嘉宁二年(347),桓温大举攻汉,李势兵败而降。传见《晋书·李势载记》。

③拜表:上奏章,奉上表章。

【译文】

对于蜀地的征伐,从很早之前就该开始了。刘翔为东晋提出了伐蜀策略,谢广也早已清楚地知道其必要性。等到李寿死去,李势即位,他骄奢淫逸,暴虐嗜杀,这是老天都要灭亡李氏的时候,不需要再加以谋划讨论就该举兵讨伐。桓温向西讨伐蜀地,而东晋朝廷人心惶惶,担忧他的征伐不胜,桓温深觉他们可笑并从心底鄙夷他们,上表以后就立即行动,他已经知道东晋朝中无人了。刘惔说:"只怕他攻克蜀地之后,就会在朝廷专权了。"他说的话后来得到了验证。

乃其遂无以处此哉?温表至,朝廷信之而不疑,下诏奖之以行,而命重臣率大师以继其后,则温军之孤可无虑,而专制之邪心抑不敢萌。惴惴忧之,漠然听之,败则国受之,克则温专其功,惔诚虑及,而胡不为此谋也?盖惔者,会稽王昱之客,非能主持国计者也。昱与殷浩皆虚诞亡实而荼然不振者,惔即为此谋而固不听,徒为太息而无可如何。晋非无人,有人而志不能行也。

【译文】

　　难道朝廷就没办法应对这种局面了吗?桓温的奏表上达朝廷后,若朝廷信任他而不加以怀疑,颁布诏书鼓励他进军,而命令重臣率领大军紧跟在他的后面,则不必担心桓温的军队会孤立无援,而桓温也就不敢萌生专权的奸邪之心了。惴惴不安地忧虑桓温西征失败,却漠然视之而不给予支持,如果桓温失败了,则国家要承受他的失败;如果他胜利了,桓温就会独占大功,借机专权,刘惔确实考虑到了这一点,但为什么不筹划应对这一局面的办法呢?大概刘惔是会稽王司马昱的门客,而不是能够参与谋划国家大计的人。司马昱和殷浩都崇尚清谈,他们都虚浮不实且萎靡不振,刘惔就是为他们做出了谋划,他们固然也不会听从,所以只好空自叹息而无可奈何。东晋不是没有人才,而是拥有人才但其志向终究不能实现。

三　胡睦为晋遗民而阻冉闵之戴晋

冉闵尽灭羯胡①，而曰："吾属故晋人，请各称牧守，奉迎天子。"虽非果有效顺之诚，然虑赵人之不忘中国而不戴己，未敢遽僭也。有胡睦者②，称闵功德，谓晋人远窜江左而不足戴，然后闵无所复忌而僭以成。呜呼！睦固晋之遗民也，而其逆如此，肉虫自生而自食，岂自外至哉？

【注释】

①羯胡：即羯族人。本为匈奴别部，在魏晋时期进入中原地区，曾建立后赵政权。

②胡睦：冉闵的部下，曾任尚书、车骑将军等职。

【译文】

冉闵将羯胡尽数消灭，说："我们原是晋朝的臣民，希望各地的力量自称州牧、郡守，上表奉迎天子返回故都洛阳。"虽然他不是真有投效、归顺晋朝的诚意，但他考虑到赵地民众不忘自己是华夏的子民而不拥戴自己，因此不敢立即称帝僭位。有一个叫胡睦的人，称赞冉闵的功德，说东晋朝廷远逃江东，不值得拥戴，冉闵因此便不再顾忌而最终僭位，建立冉魏政权。唉！胡睦本是晋朝的遗民，竟然叛逆至此。肉虫自所寄居对象的内部长出，然后再吃掉它的寄居之所，这样的威胁难道是自外部而来吗？

睦之丧心失志至此极也，夫亦有其故矣。自刘渊起，中国人士诎于势而事之，始亦有不得已之心焉。已而食其余以有富贵，假其威福以陵孤寡而啮龁之，改易礼法以狃其俗,口甘其味、身便其服者数十年矣,故心尽亡而习之也安。
藉使归故版而奉正朔①,则江东人士羞与为伍,而无以自容。
于是闻中国衣冠之名而恧然沮矣。自绝归正之路,而偷安
于萑苻以自雄②,盖遥想王、谢、何、庾之风流而汗流浃背,则
何如侈拥戴之功以矜于其穴哉!

【注释】

①故版:故土。

②萑苻(huán fú):原指位于河南中牟西北的沼泽。因苇
密容易藏身,故盗匪常藏匿其中以杀人越货。后比喻盗匪藏聚的地方。

【译文】

胡睦丧失良心、失去志向至此可谓到了极点,然而这也是有原因
的。从刘渊时起,中原人士屈从于时势而侍奉夷狄,最开始也是不得已
而为之。随后吃着外族剩下的粮食苟活并能富贵,借着他们的威福欺
凌孤儿寡妇并吞食他们,他们改变礼法从而接近、适应胡人的风俗,他
们吃着胡人的食物、习惯穿胡人的衣服已经数十年了,所以他们的良心
早已丧失殆尽,而且习以为常。即使他们回归故土,尊奉晋朝正朔,江
东之人也会以与他们为伍为耻辱,他们自己也无地自容。于是他们听
见华夏衣冠礼教的名号就感到惭愧、沮丧,自己断绝了回归正统的道
路,而在夷狄盗贼聚集之处苟且偷安,自以为了不起。大概他们想到王
导、谢安、何充、庾亮的风流英姿就会汗流浃背、自愧不如,既然如此,还
不如夸耀自己拥戴胡族之功以使自己在夷狄巢穴中自尊自大呢!

斯心也,亦耻心之不容泯者也,而怙无耻以为耻,且贪
权藉以自荣焉,于是而迷复之凶终不可反矣①。《诗》云:"无
纵诡随,以谨无良②。"无纵者,非必以法绳之也,制于其早,

而全其仅存之初心也。宕佚之^②，使习而安之，将奚及乎？

【注释】

①迷复之凶：语出《周易·复卦》之《象辞》："迷复之凶，反君道也。"意思是迷入歧途不知回复致使身处凶险之中，这是违背为君之道的。

②无纵诡随，以谨无良：语出《诗经·大雅·民劳》："无纵诡随，以谨无良。"意思是如果不坚持初心，放纵且听任其发展，那么将会沦落到何种地步。

③宕(dàng)佚：放荡。宕，拖延。

【译文】

胡睦这种人心里有这种想法，表明其羞耻之心并未完全泯灭。但他自恃厚颜无耻，以有羞耻之心为耻辱，且贪恋权位并以此使自己获得荣耀，于是迷入歧途不知回复，致使身处凶险之中，最终无法抽身回返。《诗经》中说："无纵诡随，以谨无良。"不放纵，不是指一定要用律法来进行衡量判断，而是要及早制约，保全其仅存的初心。如果迁延时日，听任其放荡，并对此习以为常、安然处之，那么以后还哪里来得及挽回呢？

四　辛谧劝冉闵归身晋朝

辛谧可谓得死所矣^①。历刘、石之世，征辟不就，然而害不及焉，则可以不死，而死为激。冉闵，中国之人也，其尽诛羯胡而有归正之言，虽非果可与言者，而言亦不辱矣。其说闵曰："因兹大捷，归身晋朝，必有繇、夷之廉^②，享松、乔之寿^③。"非徒效忠于晋，其为闵计，亦忠之至、识之远者也。似可与言而与言，怀数十年之积悃，表见于一时，而非以辱吾言于犬羊之耳，可言也，斯可死也。龚壮宛曲以明心，辛谧直言以旌志，各以其所遇而自靖，君子之酌时宜以屈伸，道固然也。

【注释】

①辛谧：字叔重，陇西狄道（今甘肃临洮）人。西晋大臣。出身世族，少有志向，博学善文，而个性恬静，不妄交游，累受征辟而不起。永嘉末年入仕，恰逢永嘉之乱，长安陷落，刘聪拜其为太中大夫，他固辞不受。石勒、石虎之时也辞不受命。冉闵即位后，又打算征其为太常，他不应辟命，上书给冉闵，劝其归顺晋朝，并绝食而死。传见《晋书·辛谧列传》。

②蹊、夷：即许由、伯夷。皆为先秦时期品行正直高洁、不屑于名利的隐士。

③松、乔：即赤松子、王子乔，皆为道教传说中的长寿仙人。

【译文】

辛谧可谓是死得其所了。他经历了刘渊、石勒统治的时代，屡屡被征辟而不接受，因此刘渊、石勒无法损害到他，他也因此免于死亡，即便最终不食而死也可以激发人心。冉闵是中国之人，他杀尽羯胡之人，而且说过要归顺晋朝的话，虽然并非真能与之谈话的对象，但辛谧通过写信与其交谈，也并不辱没自己的名声。辛谧劝冉闵说："应该趁此大捷，立即归顺东晋，必定会有许由、伯夷那样的正直名声，安享赤松子、王子乔那样的高寿。"这话并非只是效忠东晋朝廷，从为冉闵谋划的角度而言，这也是至为忠诚、见识深远的言语。辛谧觉得冉闵像是能交谈的对象才对他说这番话，他胸怀数十年的诚恳心意，在一时间尽数表现出来，且并不以侮辱我们的言语来说给犬羊般的夷狄外族听。说了，便死而无憾了。龚壮婉转进言以表明心志，辛谧直言不讳以表明志向，他们各自根据所遇到的情况而尽己所能、实现己志。君子根据时势来斟酌屈伸之道，道本来就是这样要求的。

　　或曰：谧言之矣，闵未必杀之，而何以死？曰：谧固知其不听也，不听而生，是为闵所容也。言出而志伸，志伸而生事毕,生事毕,不死奚俟乎? 士怀孤志,不遇可死之时,而奄奄以存,可哀也夫!

【译文】

有人说:"辛谧虽写信劝说了冉闵,但冉闵未必会因此而杀他,他何必绝食而死呢?"回答是:"辛谧本来就知道冉闵不会听,冉闵不听他的话却还让他活着,就等于是被冉闵所宽容对待。辛谧的这番话说出之时就伸张了自己的志向,志向已经伸张了,生命因此就可以结束了,不死还等什么呢? 壮士空怀孤傲之志,却没有遇到能死得其所之时,因此还要苟且偷生,那真的是太悲哀了!

五　王羲之谓区区江左天下寒心已久

蔡谟之谏北伐①,为庾亮言也;王羲之之谏北伐②,为殷浩言也。亮与王导不协,而欲立功以抑导于内;浩与桓温不协,而欲立功以折温于外;内不协而欲制胜千里也,必不可得。故二子之言,当其时而中于事会。虽然,君子之为言,计及当时,计及后世,时有不可明言者,则微言以动之,密谋以正之,而不因一时之急,伤久长之计。亮之正不足以服导,浩之才不足以制温,迫于立功,反致溃败,徒以沮挠人心而贻奸雄之笑,一时之事会也。王业之不可偏安,羯胡之不可纵佚,忘自强之术,而益召其侮,偷寡弱之安,而日蹙其亡,百世之大防也。羲之言曰:"区区江左,天下寒心,固已久矣。"业已成乎区区之势,为天下寒心,而更以陵庙丘墟臣民左衽为分外之求③,昌言于廷,曾无疚愧,何弗自投南海速死,以延羯胡而进之乎? 宋人削地称臣④,面缚乞活⑤,皆师此意,以为不竞之上术;闭户塞牖,幸盗贼之不我窥,未有得免者也。谯周仇国之论成⑥,而刘禅之降旗旋竖,邪说之诬人亦酷矣哉!

【注释】

①蔡谟之谏北伐:指咸康五年(339),征西将军庾亮想要移镇石城,收复中原失地,蔡谟认为盘踞在中原的后赵实力强盛,东晋朝廷实力不足,只可凭借长江天险防守,因此建议等待时机。众人的意见大多与蔡谟相同,成帝于是下诏不让庾亮转移守地。事见《晋书·蔡谟列传》。

②王羲之之谏北伐:指永和三年(347),殷浩冒进北伐,王羲之审时度势,断定他不会成功,只能给国家带来损失,便致书极力劝阻。殷浩不听,果然失败。其后殷氏图谋再度北进,王羲之又一次殷切谏阻,并希望他与桓温团结和好,不要从内部制造矛盾,但殷浩一意孤行,北伐以惨败告终。事见《晋书·王羲之列传》。

③左衽:衣襟向左掩,是古代少数民族的服饰特点。借指中原地区沦陷,人民被异族统治。

④宋人削地称臣:指南宋以割让淮河—大散关一线以北土地、向金朝称臣、缴纳岁贡为条件,与金人达成"绍兴和议"。

⑤面缚乞活:指德祐二年(1276),元军兵临临安城下,谢太后带五岁的小皇帝宋恭帝出城向元军投降。面缚,双手反绑以示投降。

⑥谯周仇国之论:指蜀汉末年谯周所著《仇国论》。文章主旨在于指出北伐给蜀汉造成的损失,强烈反对继续北伐。

【译文】

蔡谟谏阻北伐,是为规劝庾亮而说话;王羲之谏阻北伐,是为规劝殷浩而说话。庾亮与王导不和,他想通过北伐立功来抑制朝廷内王导的权势;殷浩和桓温不和,想要北伐立功以使在朝廷外的桓温折服于他。内部不团结，而想在千里之外克敌取胜，一定是做不到的。因此这两人的言论，合乎当时的形势并说中了问题的关键。尽管如此，君子发表言论，应考虑到当时和以后，若当时有些话不能明说，就应用含蓄而精微的言论来打动对方，用私密的计谋来进行纠正，并不能因一时的情势之急来损害长远的计划。庾亮的正当性不足以使王导折服，殷浩的才干不能制约桓温，他们急于立功，反而招致溃败，其行为只会让充满信心的人们因而受挫沮丧，并让那些奸雄贻笑大方，这是一时的形势。帝王想要建立宏图霸业就不能长久偏安，不能任由夷狄羯胡恣意放荡，如果忘记了自强的办法，就会更加招致他们的欺侮，因为寡弱而苟且偷安，自身的形势也会日趋严峻并导致最终灭亡，这是百代都要重视的夷夏大防的要求。王羲之说："我们只占据着区区江东之地，让天下人寒心不已，这已经很久了。"既然东晋已经形成了偏安江东的态势，使得天下人寒心，蔡谟、王羲之却还将改变自己祖先陵庙荒废破败、臣民沦陷于异族之手的局面视作过分的要求，在朝廷上直言不讳，而没有丝毫的惭愧之心。如此，自己为何不投入南海以求速死，从而放任羯胡进军江东呢？宋朝人向金朝割地称臣，面对蒙古军兵临城下的局面时将自己捆绑双手投降以乞求生存，都是效法蔡谟、王羲之，认为这是不用经过斗争就能得以生存的最佳办法。关上房门，塞住窗户，侥幸地期望盗贼不会窥探、觊觎自己，是绝不可能幸免于难的。谯周的《仇国论》刚一写成，刘禅便立即竖起投降的旗帜，可见邪说误国误民实在太严重了！

　　若夫浩之欲折温也，亦非谋之不忠也；而折温之术，莫善于收温而用之。北伐之举，温先请之，而浩沮之；既乃自行而置温于局外，不资其一旅之援，温亦安坐上流而若罔闻；固温之乐祸以乘权，抑浩摈之而使成乎坐视。向令东西并进，而吾拥中枢之制，温固吾之爪牙，抑又恶足以逞？浩

非其人,而羲之等不能以此说之,疑温忌温,而温之逆乃有
所资以自雄。此所谓微言之,密谋之,制勍敌强臣于尊俎
者①,浅人不足以及此也。

【注释】

①勍(qíng)敌:强敌。尊俎:古代盛酒肉的器皿,代指宴席。

【译文】

至于殷浩想使桓温折服,也并非没有出于忠诚而尽心谋划,但折服
桓温的最佳方法,其实是将他收为己用。北伐之事是桓温率先请求的,
而殷浩对其加以阻挠;随后又自行北伐,把桓温置于事外,不给他任何
一支军队作为援助,桓温自己也安坐于长江上游,对他的北伐置若罔
闻。这固然是桓温幸灾乐祸、图谋乘机专权,但也是殷浩排斥桓温所造
成的结果。假使让桓温配合朝廷军队北伐,东西并进,而殷浩在朝廷中
枢指挥战斗,桓温就成了殷浩麾下的爪牙,他又怎么能够玩弄计谋并得
逞呢?殷浩不是那种有远见的人,而王羲之等人又不能以此来加以劝
说,只是猜疑并忌惮桓温,结果桓温也就有了叛逆的借口,借机称雄自
大。这就是所谓用含蓄而精微的言辞来进行劝说,用私密的谋划来进
行纠正,在宴席谈笑间举重若轻地制伏强敌、强臣,智谋、见识浅薄的人
是不足以做到这一点的。

六　殷浩袭击姚襄谋未为失

苻健请命①,而殷浩不能控,姚襄来归②,而殷浩激之以
叛,浩之咎也。然使浩开关纳之,而倚以收复中原,则亦梁
之进侯景也。夫健与襄而可收以为用也哉?健之请命,杀
麻秋而惧③;弋仲之使襄归晋④,胜冉闵而惧也。健孤而畏冉
闵之勇,弋仲死,襄孤而畏慕容之强,中立而无宁居,睨晋之

弱而可诱以为后图，受其饵则为侯景，觉其机则引去而无伤，若此者，亦恶能抚之使为吾效用乎？何怪乎浩之不抚健而欲袭襄也。

【注释】

①符健请命：指符健曾一度接受晋朝封号，在平定关中、进入长安城并定都于此后，考虑到民心都思念晋朝，又派参军杜山伯到东晋朝廷报捷，进献俘虏和战利品，有观望归顺之意。但殷浩没能及时加以笼络控制，符健很快接受部下劝进，自称皇帝。事见《晋书·符健载记》。符健（317—355），初名羆，字世建，以避后赵石氏讳改名健，字建业。略阳临渭（甘肃秦安）人，氐族。符洪第三子，十六国时期前秦皇帝。符洪去世后，符健继父之位统领部众，派人前往东晋报丧，称晋所授封号。后击败杜洪，定都长安，建立前秦，年号皇始。此后又屡次作战征服其他反抗前秦的关内势力，亦曾击败北伐的晋军。传见《晋书·符健载记》。

②姚襄来归：指羌族首领姚襄在其父姚弋仲死后归顺东晋，结果受到殷浩排挤，于是他率部北归。事见《晋书·姚襄载记》。姚襄（331—357），字景国，南安赤亭（今甘肃陇西）人。秦武昭帝姚苌之兄。其人雄健威武，富有谋略，且善于明察是非，笼络人心。他自晋朝率部北归后，终为桓温所破。后在追杀前秦部将邓羌之时，于三原身中埋伏，最终兵败被杀。传见《晋书·姚襄载记》。

③麻秋（？—350）：太原（今山西太原）胡人。十六国时期后赵将领。初为将军，征战四方，打败氐族符洪，追袭鲜卑段辽，拜征东将军。后统兵攻打凉州，败于谢艾之手。永和六年（350），率军袭击王朗，班师回朝途中为符洪之子符雄所获，被符洪拜为军师将军。后设宴毒杀符洪，终为符洪之子符健所杀。其事见于《晋

书·石季龙载记》。

④弋仲:即姚弋仲(280—352)。南安赤亭(今甘肃陇西)羌人。为
后秦开国君主姚苌之父。明勇英果,雄武刚毅。永嘉之乱后,率
部东迁,自领雍州刺史、扶风郡公,投靠前赵刘曜,屡次建言立
功。后率军讨伐冉闵叛乱,并遣使向东晋投降,受封六夷大都
督、大单于、车骑大将军。传见《晋书·姚弋仲载记》。

【译文】

符健请求归顺,但殷浩不能对其加以节制;姚襄前来归顺,而殷浩
却排挤、刺激他以致其叛乱,这些都是殷浩的过错。但如果殷浩广开其
门来接纳他们,依靠他们收复中原,那么就和南梁接纳侯景以致叛乱的
结局一样了。符健和姚襄难道是能收为己用的对象吗?符健请求晋朝
册命,是因他杀了麻秋而心怀畏惧;姚弋仲使姚襄归顺东晋,是因为他
战胜了冉闵而有所惧怕。符健势单力孤而害怕冉闵的英勇;姚弋仲死
后,姚襄变得势力孤微而害怕慕容氏的强大。符健、姚襄在中原独立则
无法安居,所以他们窥伺到东晋的软弱,就认为可以用归顺来引诱东
晋,为自己后面的发展赢得空间。如果东晋接受他们的归顺,他们就会
像侯景那样借机发难;如果他们的阴谋被发现了,他们也能立即逃开而
使自己不受到伤害。像他们这样,又怎能对其加以安抚而使其为我所
用呢? 也就难怪殷浩不安抚符健而想着袭击姚襄了。

浩力不足、智不逮耳,其谋未甚失也。拒之袭之,祸速
而轻;纳之任之,祸迟而大。弋仲将终,忠顺之言孰闻之,襄
述之耳;其辞愈逊,其情愈诡。议者乃以拒健激襄为浩罪,
何古今乐进豺虎以自卫者之多也! 夫不见健一入关而即自
王,浩北伐而襄伏甲于山桑以邀之乎①? 使当健、襄纳款之
日,闭关而却之,曰吾无所用尔为也,则二夷之气折矣。虽

然,徒为大言无裨也,必自立之有本也。非若光武,亦安能骄语盆子曰"待汝以不死"哉!

【注释】

①山桑:县名,在今安徽蒙城北。

【译文】

殷浩的计谋并没有太大的失误,只是力量不足、智谋有所不及罢了。若立即拒阻苻健、袭击姚襄,则祸患发生得快,造成的危害也较轻;如果接纳并任用他们,则祸害来得迟,危害也深重。姚弋仲将死之时的忠顺之言无人听到,只有姚襄替他进行了转达陈述;他的言词越谦逊,其内心所隐藏的诡秘之情则愈深。议论者把拒绝苻健和刺激姚襄作乱当成殷浩的罪过,自古以来乐于延进凶悍之人来进行自卫的人何其多啊!他们难道看不见苻健一进入关内就立即称王、殷浩北伐而姚襄在山桑埋伏军队想要伏击晋军?假定当苻健、姚襄向东晋朝廷投降归顺的时候,就闭关而拒绝他们,并说你们对我们没什么用处,那么这两个夷狄的气势就会大受挫折。尽管如此,空言大话也没有什么用处,必须要有自立的根基才行。如果不是像汉光武帝那样根基牢固、成竹在胸,又哪里能骄傲地对刘盆子说出"唯有以不死来对待你"那样的话呢?

七　殷浩不能用桓温

桓温能用殷浩,殷浩不能用桓温。温曰:"浩有德有言,为令仆①,足以仪刑百辟②,朝廷用违其才耳。"此温之能用浩也。温请北伐,而浩沮之,浩之不能用温也。能用之而后能制之,能制之,则予之、夺之、生之、杀之而唯吾意。不能用矣,而欲制之,必败之道也。

【注释】

①令仆：指尚书令与仆射,代指朝廷股肱重臣。

②仪刑：作楷模。百辟：即百官。

【译文】

桓温能善用殷浩,而殷浩却不能善用桓温。桓温说："殷浩有德行、有善言,如果让他做尚书令或仆射,足以作为百官的楷模,而朝廷现在所任用他担当的职务并不符合他的才华。"这就是桓温能善用殷浩的表现。桓温请求北伐,而殷浩却阻止他,这是殷浩不能善用桓温的表现。能善用对方,然后才能控制对方,能控制对方,则可以完全根据自己的意向对其进行生杀予夺。不能善用对方,却想着对其加以控制,这注定是要失败的。

温之逆也,刘惔料之矣,非必温之逆为不可制也,惔知何充、殷浩之不足以制温也。夫温之始,岂有必不可制之情形哉？嫌隙已成,王彪之说会稽王,驰一纸书而即敛迹以退；其终于逆也,浩贻之也。惴惴然相恐于廷,若猛虎之且咥,温乃见人之疑我之篡,退必无以相容,乃疑我而不能制我,将与我竞功；而一败于许昌,再败于山桑,能事见矣,于是而技痒情兴,篡逆之志始奰发而不戢①；微谢安、王彪之之夷犹淡漠②,视猛虎如麋鹿,温必篡矣。

【注释】

①奰(bì)发：勃发。不戢：不检束,放纵。

②夷犹：从容不迫。

【译文】

桓温的叛逆,刘惔早已预料到了。桓温的叛逆不一定是不可控制约束的，但刘惔知道何充、殷浩不足以制约桓温。桓温在最初的时候，难道就已经形成朝廷没办法对其加以控制的态势了吗？在他和朝廷之间的嫌隙与隔阂已经形成时，王彪之劝说会稽王司马昱，给桓温送了一封抚慰劝谕的信，桓温就立即收敛行迹而退兵；桓温最终叛逆，是殷浩造成的后果。殷浩等人在朝廷中惴惴不安，对桓温感到惶恐，好像猛虎时刻准备要来咬人一样。桓温看到别人怀疑自己篡权，认为即便自己后退一步也必然不能被容纳，然而他们怀疑我却不能制服我，就通过北伐想和我争功。结果殷浩北伐初败于许昌，再败于山桑，他的真正本事暴露无遗。于是桓温感到技痒难耐，篡权叛逆的志向便开始勃发而不加检束。若没有谢安、王彪之等人从容不迫、冷淡漠然地对付他，把猛虎视作麋鹿，桓温就必定篡权了。

虎不撄则不攫，不走则不追；蜂不扑则不螫，不避则不触。岂徒温哉！董承不奉衣带之诏，曹操不敢犯及宫闱；曹爽不争顾命之权，司马氏不敢擅为废立。制之有道，用之有方，则温峤以新附之臣，而义旗回指之言，折久任方州、上流倚重之陶侃而有余①。浩任将相之重，物望所归，夫岂难于用温者，而徒尔惴惴也！谋愈深，祸愈成矣。

【注释】

①"温峤"几句：指咸和三年（328）苏峻叛变后，温峤派遣督护王愆期前往荆州游说陶侃共赴国难，说："今日的时势，再也没有撤军的道理，如同骑虎，怎么可能中途下来。明公若违背大众意愿，人心必定受到严重打击，若沮丧大众向往正义的心愿，败坏事业，义旗就将指向明公了啊。"陶侃仍非常犹豫。在参军毛宝劝说下，温峤再次修书，痛陈利弊，终于说服陶侃起兵。事见《晋

书·温峤列传》。

【译文】

如果你不触犯老虎,老虎就不会亮出爪子侵犯你;如果你不跑,它就不会追你。如果你不扑扰蜜蜂,它就不会螫你;你不刻意躲避它,它也不触碰你。岂止桓温是这样的吗?董承如果不奉衣带诏谋划诛杀曹操,曹操就不敢在宫廷中公然犯上、制造流血事件;曹爽如果不与司马氏争顾命之权,司马氏也不敢擅自废立皇帝。若能依循大道控制桓温这样的人,按照正确的方式任用他们,则像温峤作为新归附的大臣,用"义旗将回指向明公"这样的话,就能绰绰有余地使得长期担任一州长官、为上流人士所倚重的陶侃感到折服。殷浩担任将相的要职,为众望所归,怎么就不能善用桓温,却徒然感到恐惧呢?计谋越深远,越是会招致大祸。

八　桓温入关复雒以孤军无继亟还

晋之失久矣!殷浩废,桓温受征讨之命,败苻苌于蓝田[①],进军灞上[②],败姚襄于伊水,收复雒阳,亦壮矣哉!当是时,石、冉初亡,苻、姚乍兴,健虽鸷而立国未固,襄甫扬去,乍集平旷之壤,势益飘摇,故挫之也易。善攻者攻其瑕,乘瑕以收功,而积衰之气以振。温可谓知所攻矣。其入关也,粮匮而还,其复雒也,置戍而返。说者曰:温有逆心,舍外而图内。此以刘裕例之,而逆其诈也[③]。温之归镇,未尝内逼朝廷,如裕之为也。浩既废,会稽才弱而不足相难,王、谢得政新而望浅,非温内顾之忧也。温何汲汲焉?乃其所以不能进图全功而亟撤以还者,孤军乘锐气,快于一击,而无以继其后也。

【注释】

①苻苌(？—354)：略阳临渭（甘肃秦安）人，氐族。苻健的太子。

蓝田：今陕西蓝田。

②灞上：即白鹿原，在今陕西西安东，因在霸水西面的高原上而得名。

③逆：揣度，揣测。

【译文】

晋朝的政策失误已经持续很久了！殷浩被废为庶人后，桓温接受北伐的任务，大败苻苌于蓝田，率军直攻灞上，在伊水打败了姚襄，并收复了洛阳，也称得上是很雄壮的胜利了！在当时，后赵石氏、冉闵刚被消灭，前秦苻氏、羌族姚氏刚刚兴起，苻健虽然凶猛，但立国尚不牢固；姚襄刚刚逃走，骤然聚集在空旷的土地上，其势力更加不稳固，所以挫败他也容易。因此，善于进攻者应先进攻敌方的虚弱之处，乘虚而入以取得战功，长期衰弱的军兵士气就得以重振。桓温称得上是懂得应进攻何处的人了。他攻入关中，因粮尽而返，而收复洛阳后，则是安排军队守卫并返回。有人认为桓温有反心，放弃对外的进攻是为了图谋东晋的政权。这是根据刘裕的例子来反过来揣测桓温的用心。桓温回到他所镇守的地方后，并不曾像刘裕那般内逼朝廷。当时殷浩已被废为庶人，会稽王软弱而不足以向桓温发难，王彪之、谢安刚刚掌权且声望较浅，并不是桓温有内顾之忧。那么桓温何必急于对付朝廷内的敌人呢？他之所以不能图谋全功而急忙撤兵而还，是因为孤军作战全凭锐气，利于速战速决，而他的身后并没有后继的部队来援助，所以只能急忙班师。

晋偏安于江左，而又分焉，建业拥天子以为尊而力弱，荆、襄挟重兵以为强而权轻，且相离以相猜，而分为二。温以荆、襄之全力为孤注，其进其退，一委之温，而朝廷置之若忘,温即有忠诚,亦莫能自遂,而况乎其怀二心哉?臣与主相离也,相与将相离也,东与西相离也,以此而欲县军深入,争胜于蜂起之寇,万不可得之数矣。

【译文】

东晋偏安于江东,而内部又分裂,都城建业的朝廷中有天子坐镇,地位尊贵但军事力量弱小;荆、襄两地的守将凭恃重兵而军事实力强劲,但权位却比较轻。荆、襄守将与朝廷离心离德,双方相互猜忌,故而晋朝的力量被一分为二。桓温把荆、襄之地的全部力量拿来作为孤注一掷的筹码,其军队的进退,都得听命于桓温,而朝廷对此置若罔闻。桓温即使身怀忠诚,也无法实现他恢复中原的愿望,更何况他还身怀二心呢?大臣和天子彼此离心离德,丞相和将帅彼此离心离德,东面的建业与西面的荆、襄彼此离心离德,不能遥相呼应,在这种情势下想孤军深入敌方,与蜂起的贼寇夷狄争胜负,是万万不可能成功的。

尤可嗟异者,温方有事于关、雒,而荀羡东出山茌以伐燕①,欲与温竞功,而忘其力之不逮。且燕非苻、姚新造之比也,慕容儁三世雄桀,而植根深固,撄势重难摇之虏以自取败衄,曾不知以一旅翼温,乘胜以复故都,岂不慎乎?秦寇平,燕之气夺;两都复,晋之势成;合天下之力以向燕,则燕不能孤立以相抗;协于温以成将就之功,则温之心折而不足以骋。乃彼方西向,我且东指,徒为立异而生其猜怨,谢万之愚,荀羡之妄,会稽之暗,怀忮以居中,欲温之成功于外,其可得乎?谋国若此,不亡为幸耳。其不亡也,犹温两捷之威有以起茸茶之气②,詟凶狡之心也③。

【注释】

①荀羡东出山茌以伐燕：指荀羡北伐时与前燕秦山太守贾坚在此交战，虽一度攻下此地，但旋即被前燕军夺回。事见《晋书·荀羡列传》。荀羡（322—359），字令则，颍川颍阴（今河南许昌）人。东晋大臣。出身世族，少有声名。前燕慕容儁攻打段龛之时，荀羡奉诏领兵北上救援，曾擒杀王腾，又阵斩慕容兰。他在担任徐州刺史时，大力招纳并安抚投降的北方人，深得民心。传见《晋书·荀羡列传》。山茌，魏晋县名，在今山东长清东北。

②苶荼(nié)：软弱，消沉。

③慴(zhé)：使惧怕。

【译文】

尤其值得感叹诧异的是，桓温正在关中和洛阳作战，而荀羡却向东出击山茌以讨伐前燕，想和桓温争功，却忘记了自己的力量不够这一问题。而且前燕也不是苻健、姚襄这些新建立的政权所能比的。慕容儁与其父、祖三代都是英杰，经过长期经营，前燕立国稳固扎实。朝廷宁愿触犯实力雄厚且难以动摇的敌人自取失败，也不知道派一支军队去支援桓温，乘胜追击以收复旧都，这不是战略上的颠倒错乱吗？关中的贼寇被荡平之后，前燕气焰就会受挫，长安、洛阳两都城都被收复，东晋的强盛之势就能得以形成。再集合天下的力量共同攻向燕地，前燕势必孤立，难以对抗。这样就帮助桓温成就了功业，而桓温的内心也会被折服而不会再有叛逆的想法。可朝廷却在桓温向西进攻时，派荀羡向东进攻，白白地标示分歧而激发桓温的怨气。谢万愚蠢，荀羡狂妄，会稽王昏庸糊涂，他们居于朝廷中枢，内藏妒忌之心，桓温想在外面立功，怎么可能呢？为国家做出这样的谋划，没有亡国实属侥幸。东晋没有立即灭亡，还是因为桓温两次大捷的威势振作了其软弱消沉之气，也让心思凶恶狡诈的夷狄有所畏惧。

九 慕容恪缓攻广固

五胡旋起旋灭,而中原之死于兵刃者不可殚计。殚中原之民于兵刃,而其旋起者亦必旋灭。其能有人之心而因以自全者,唯慕容恪乎! 故中国之君,一姓不再兴①,而慕容氏既灭而复起。恪围段龛于广固②,诸将请亟攻之,恪曰:"龛兵尚众,未有离心,尽锐攻之,杀吾士卒必多矣,自有事中原,兵不暂息,吾每念之,夜而忘寐,要在取之,不必求功之速。"呜呼! 恻悱之言,自其中发,功成而人免于死,恪可不谓夷中之铮铮者乎!

【注释】

①一姓不再兴:语出《国语·周语下》:"异哉! 吾闻之曰:'一姓不再兴。'"意思是一个姓氏所建立的政权灭亡后,同一姓氏不可能第二次兴起,再建立新的政权。

②恪围段龛于广固:指永和十一年(355),段龛写信谴责前燕皇帝慕容儁的称帝行为,慕容儁大怒之下,派太原王慕容恪攻打段龛。段龛兵败投降,被慕容儁所杀。事见《晋书·段龛列传》。段龛(?—357),鲜卑族,十六国时期段部鲜卑首领。其父段兰死后,段龛接管其鲜卑部众,并于永和六年(350)趁乱占据广固,自称齐王。后归附东晋,被拜为镇北将军,封齐公。传见《晋书·段龛列传》。

【译文】

五胡迅速兴起又迅速灭亡,而在混战中死亡的中原民众数不胜数。五胡将中原之地的民众尽数置于屠戮的刀刃之下,所以迅速崛起的夷狄势力必然会迅即灭亡。五胡之中有能顾念生民之心,并因此而保全自身的,大概只有慕容恪了吧! 所以古时华夏一个姓氏的君王所建立的政权灭亡后,同一姓氏不可能第二次兴起,再建立新的政权,而慕容氏亡国后却能复起。慕容恪在广固包围段龛,他的几位部将请求急速进攻,慕容恪却说:"段龛士兵还有很多,他们还没有产生离心倾向。如果现在倾尽我方的精锐部队进攻他们,我们士兵伤亡必然很大。自从中原燃起战火以来,士卒们连短暂的休整也没有,每念及此,我便夜不能寐,怎么能轻易地使用让士卒们献身的战术呢? 重要的在于把城池攻下来,不必要求迅速成功。"唉! 他恻隐哀痛的话语,实在是从内心生发出来的,所以他能功成名就而使士兵、百姓免于死亡,慕容恪真可谓夷狄中响当当的人物啊!

古之用兵者,于敌无欲多杀也,两军相击,追奔俘馘者无几也①,于敌且有靳焉②,而况其人乎! 战国交争,驱步卒以并命,杀敌以万计,而兵乃为天下毒,然犹自爱其民,而不以其死尝试也。尉缭之徒至不仁③,而始为自杀其人之说,于是杨素之流④,力行其说以驱民于死而取胜。突围陷阵者有赏,肉薄攻城者前殒而后进⑤,则嗜杀者,非嗜杀敌,而实嗜杀其人矣。晨与行,夕与息,环拱听命于牙旌之下⑥,方且响响然相聚以相保⑦,而威之诱之,激之迫之,唯恐其不自投于死。呜呼! 均是人也,而忍至此哉! 用兵之杀人也,其途非一,而驱人为无益之死者,莫甚于攻城;投鸿毛于烈焰,而亟称其勇以奖之,有人之心,尚于此焉变哉!

【注释】

①俘馘:亦作"俘聝",指俘获斩杀敌人。俘,生俘的敌人。馘,被杀的敌人的左耳,用以统计杀敌数量。

②靳：吝惜，怜悯。

③尉缭：魏国（一说齐国）人。战国时期军事家。曾对魏惠王讲论
　用兵之道，主张分本末、别宾主、明赏罚。有《尉缭子》一书传世，
　在书中他强调战争胜负唯"人事而已"，如果"杀一人而三军震"
　则杀之，主张用大量杀戮己方士兵、施行连坐重罚的方式迫使士
　卒听命于主帅，与敌人殊死搏斗。

④杨素（544—606）：字处道，弘农华阴（今陕西华阴）人。隋朝名
　臣。初仕北周，参加平定北齐之役，与族兄杨坚深相结纳。隋朝
　建立后，以行军元帅身份，率水军东下攻灭陈朝。杨广即位后，
　领兵讨平汉王杨谅叛乱。为人颇具智谋，屡立军功，但无论是在
　军事攻略还是在役使民夫方面都不惜军力民力。传见《隋书·
　杨素列传》。

⑤肉薄：即"肉搏"，指徒手或用短兵器近身搏斗。

⑥牙旌：主将的牙帐和旌旗。

⑦呴呴（xǔ）：温和的样子。

【译文】

　　古时候善于用兵的人，对于敌军并不想大加杀戮；两军互相攻击，
追击败北的敌人以求将其俘获斩杀的情形很少出现。对于敌人尚且有
怜悯之意，更何况是对待己方的士卒呢！战国时诸国相争，驱赶着步兵
拼命，杀死的敌人数以万计，于是战争成为毒害天下的事物；但各国统
治者尚且各自吝惜自己的百姓，不以百姓性命为代价去尝试取胜之道。
尉缭之流至为不仁，提出通过大量杀戮己方士兵来刺激士卒拼命以获
得胜利的理论，于是像杨素这种人，就拼命践行着尉缭的理论，驱使百
姓以死来取胜。能够攻破敌人阵地的人有重赏，而和敌人近战的人刚
在前面倒下，后面便又有人紧接着进攻。那些喜欢杀人的人，不是喜欢
击杀敌人，实际上是喜欢残杀自己人。将帅和士兵们早晨一同出发，傍
晚一同休息，士兵们在长官的牙帐旌旗之下听取命令，大家温和地聚集

在一起相互护卫,而将帅却对士兵们威逼利诱、刺激胁迫,只怕他们不自投死路。唉! 同样都是人,为什么残忍至此呢? 用兵杀人的办法并非只有一个,若论驱赶士兵徒劳无益地献出生命,则没有比攻城战更严重的了。把鸿毛投入烈火中,而又急忙称赞其英勇并给予奖励,但凡还有人心,就应该改变这种情况啊!

卷十四

哀 帝

【题解】

　　晋哀帝司马丕(341—365)字千龄,是晋成帝司马衍长子,晋康帝司马岳之侄,晋穆帝司马聃的堂兄弟,母为周贵人。升平五年(361),晋穆帝去世,皇太后褚蒜子认为司马丕是皇室正统,早该即位称帝,于是令司马丕登基,改元隆和。哀帝即位后意欲有所作为,减轻田租,详议法令,施行土断,并派庾希、邓遐抗击前燕侵犯洛阳的军队。但哀帝喜好道教长生不老之术,兴宁二年(364)因服食丹药而中毒,从此难以听政。兴宁三年(365),司马丕在西堂驾崩。

　　哀帝在位期间,来自北方少数民族政权的压力有增无减。前燕与东晋围绕洛阳展开了一系列的战事,均以东晋败退而终;而前秦苻坚此时也任用王猛进行改革,实力日增,渐成东晋之患。在此背景下,收复中原的希望日益变得渺茫。桓温曾建议迁都洛阳,王夫之承认这实为"收复之大计",但他也敏锐地洞察到,桓温根本没有真正经略中原的志向,真正意图在于巩固个人权位。尽管如此,桓温以"虚声"震动朝廷,东晋朝廷同样以"虚声"作为回应,实属不智,这直接导致了东晋坐失洛阳这一战略要地,也失去了恢复中原的良好时机。王夫之认为,外无忧而内可宁,在纷乱之日,与其一味内忧,不如专心对外,这样反而能收到强干弱枝的效果。

王夫之在本篇中还径直提出，"天下之大防"只有华夏夷狄之防和君子小人之别两种，而两者又都可以归结为义利之别。王夫之将小人的祸害与夷狄的祸患等同看待，并再次强调商贾的恶劣，认为商人作为小人的典型，善于取巧、损人利己，与夷狄有着天然的相似与联系，他们为追逐利益而亲近、招徕夷狄，利用夷狄入主中原的机会牟取暴利，双方相辅相成，共同祸害华夏政权与民众。从中可见儒家伦理价值和传统"抑商"思想对于王夫之历史认识的影响。

一　桓温非真欲迁都雒阳

桓温请迁都雒阳，诚收复之大计也。然温岂果有迁都之情哉？慕容恪方遣吕护攻雒①，温所遣援者，舟师三千人而止。温果有经略中原之志，固当自帅大师以镇雒，然后请迁未晚。惴惴然自保荆、楚，而欲天子渡江以进图天下，夫谁信之？为此言也，特以试朝廷所以答之者。而举国惊忧，孙绰陈百姓震骇之说②，贻温以笑。温固曰：吾一言而人皆震恐，吾何求而不得哉！王述曰③："但从之，自无所至。"温说折矣。而周章议论之情形，已早入温之目中。其云"致意兴公，何不寻《遂初赋》，而知人家国事"④，非惮绰也，笑晋人之不足与人家国也。

【注释】

①吕护：五胡十六国时期北方割据将领。永兴二年(351)以冉魏征房将军身份投降东晋，旋即背叛东晋，投奔后赵幽州刺史王午，在王午死后自称安国王。永和十年(354)，吕护投降前燕，升平五年(361)再次投降东晋，当年十月再度投降前燕，被封为广州刺史。隆和元年(362)二月，吕护奉慕容恪之命攻打洛阳。七

月，吕护退守小平津，身中流箭而死。其事见于《晋书·哀帝纪》。

②孙绰陈百姓震骇之说：指桓温上表请求迁都洛阳后，朝臣内心里大都感到怀疑恐惧，虽然全都知道桓温的请求不可行，但没有人敢于率先进谏。散骑常侍兼著作郎孙绰于是上疏说："如今桓温的这一举动，确实是想纵览天下，为国家的长远打算，然而百姓却感到震动恐骇，全都心怀畏惧，这难道不是因为返回故土的欢乐遥远，而走向死亡的忧虑紧迫吗？依臣下的办法，以为暂且应该派遣有威望名声、资历和实际才能的将帅，先到洛阳镇守，扫平梁国、许昌，统一黄河以南。运送粮食的水路开通后，垦荒种植的收获已经丰盈，豺狼野兽逃窜，中原实现小康，然后才可以慢慢地讨论迁徙的问题。为什么要舍弃稳操胜券的长远之理，拿整个天下孤注一掷呢？"事见《晋书·孙绰列传》。

③王述（303—368）：字怀祖，太原晋阳（今山西太原）人。东晋大臣。年少丧父，安贫守约，事母以孝，不求显达。后历任临海太守、扬州刺史、尚书令，为政清正严明。隆和元年（362），桓温上书请迁都洛阳，当时朝廷畏惧桓温势力不可控制，然而王述却说："温欲以虚声威朝廷，非事实也。但从之，自无所至。"事情果然如他所说。废帝太和三年（368）卒。谥曰穆，以避穆帝，改曰简。传见《晋书·王述列传》。

④"其云"几句：兴公，孙绰的字。《遂初赋》：孙绰所作赋文。孙绰早年隐居于会稽，纵情山水十余年，作此赋表明自己倾慕老庄之道、愿隐居不仕的心志。

【译文】

桓温请求迁都洛阳，这确实是收复中原的大计。然而桓温难道果真有迁都洛阳的恳切之情吗？当时，前燕慕容恪派遣大将吕护率军进攻洛阳，而桓温派去救援的军队，仅有水军三千人而已。如果桓温果真有经略中原的大志，本就应当亲自统帅大军坐镇洛阳，然后再请求迁都也为时不晚。但他整天忧惧不安，仅仅能自保于荆、楚一带，却打算让天子北渡长江，进而去图谋天下，这又让谁能相信他的话呢？他说出这种话，只是特地来试探一下朝廷如何应答。然而举国上下却都为此感到惊异和担忧，孙绰上疏陈说所谓"百姓对此感到震动恐骇"的言论，给桓温留下了笑柄。桓温固然可以说："我的一句话就能让人们感到震惊害怕，那还有什么是我希望获得而不能得到的呢？"王述说："只要顺从桓温的建议，他自己也不知道该如何去实施了。"桓温的言论就不攻自破了。但各种针对迁都之事的评论及其所造成的影响，早已被桓温看在眼里了。他说"告诉孙绰，何不去实践他的《遂初赋》，却偏要了解别人的国家大事呢？"他并非是畏惧孙绰，而是取笑东晋朝廷上下的人都不足以去谈论国家大事。

　　夫温以虚声动朝廷，朝廷亦岂可以虚声应之？王述之议，亦虚声也。使果能率三吴、两淮之众渡江而向寿、谯①，诏温移屯于雒，缮城郭、修坞戍②，为战守计，而车驾以次迁焉，温且不能中止；外可以捍燕、秦，而内亦可以折温之逆志，乘其机而用吾制胜之策，诚百年一日之会，而晋不能也。燕、秦测之，温谅之③，晋不亡者幸耳！

【注释】

①寿：即寿州，今安徽寿县。谯：即谯县，今安徽亳州。

②坞戍：坞堡和营垒。坞，一种防守用的小型堡垒。戍，军队驻守的营房。

③谅：推想，料想。

【译文】

桓温用虚张声势的办法来震动朝廷，朝廷怎么能同样用虚假的声势来回应呢？王述的议论也是虚张声势的空话。假使朝廷果真能够统率江浙、两淮一带的军队，北渡长江向寿州、谯县一带进攻，同时诏令桓温移兵驻守洛阳，修缮内外城墙，修建坞堡和营垒，为未来的战斗和守备预作打算，然后皇上和百官的车驾再依次迁回洛阳，那么桓温也不能从中阻止。这样，对外可以抵御前燕、前秦，对内也可以打消桓温图谋不轨的异志，乘此机会再使用我们克敌制胜的策略，确实是百年不遇的大好时机，而东晋朝廷却没能抓住机会。前燕、前秦揣测到了东晋朝廷的无能怯懦，桓温也早料想到了这种局面，东晋没有立即覆灭不过是幸运罢了。

内宁而外可无忧，一道也；处治安之世以建威销萌之道也。外无忧而内可宁，一道也；处纷乱之日以强干弱枝之道也。夫桓温者，何足虑哉？慕容恪之沉鸷，苻坚之恢豁，东西交逼以相吞，而唯与温相禁制于虚声，曾不念强夷之心驰于江介也，是足悲也！晋不成乎其为君臣，而温亦不固为操、懿者也。

【译文】

内部安宁则外部就没有忧患，这是一贯的道理。处于承平治安之世，要以建立威势、消弭图谋不轨的念头为准则。外部无忧患而内部就可以安宁，这也是一贯的道理。处于纷乱之时，要以加强中央而削弱地方为准则。桓温这个人，有什么值得忧虑的呢？前燕慕容恪深沉勇猛，前秦苻坚恢宏大度，而这两方势力东西夹攻、交互紧逼并有吞并之势。然而东晋朝廷却只顾用虚张声势与桓温相互牵制，难道没有想到这些强大的夷狄有驰骋进逼于长江边界的野心吗？这实在是太可悲了！晋朝廷的所作所为使得其与桓温难以维系正常的君臣关系，而桓温也并非从一开始就像曹操、司马懿那样想篡权夺位。

二　哀帝欲为所生服期

为人后者,为所生父母服期^①,亦天下之通丧也,仅见于
《士丧礼》^②,而以情理推之,固可通于天子。天子丧礼无传
文,后世执期丧达乎大夫之说,以屈厌而议短丧^③,非也。哀
帝欲为所生周太妃服三年,则过;既而欲服期,是已。江霦
执服缌之说^④,抑帝而从之,邪说也;天子绝期,而又何缌乎?
为人后而继大宗,承正统,上严祖考,而不得厚其私亲,此以
君臣之义裁之也。故欧阳修、张孚敬称考、称皇、称帝之
说^⑤,紊大纲而违公义,固不若汉光武称府君之为允矣^⑥。

【注释】

①服期(jī):服丧一年。期,"期服"的省称。

②《士丧礼》:《仪礼》中的一篇,主要内容是讲述士人父母去世后治
丧的具体过程和仪式。

③后世执期丧达乎大夫之说,以屈厌而议短丧:《礼记·中庸》云:
"期之丧达乎大夫;三年之丧达乎天子。父母之丧,无贵贱一
也。"意思是一周年的守丧期,从老百姓通行到大夫;三年的守丧
期,从老百姓通行到天子。至于给父母守丧,本身就没有贵贱的
区别,天子和老百姓都是一样的。有人以此为依据,主张皇帝不
必服一年之丧,而应压抑悲痛之情,减少服丧时间。屈厌,暂时
抑制、委屈。

④江霦(bīn):字思玄,陈留圉(今河南开封东南)人,一说济阳(今山
东济南)人。江统之子,东晋官员。少年博学,擅长围棋,累官至
护军将军、国子祭酒。服缌:古丧服名。是五种丧服中最轻的,
以细麻布为孝服,服丧期三个月。

⑤欧阳修、张孚敬称考、称皇、称帝之说:分别指欧阳修在北宋濮议之争中主张宋英宗称亲生父亲濮王为"皇考"、张璁在明朝大礼议事件中支持世宗尊其生父兴献王为皇考并加帝号之事。参见卷六"光武三一"条注。张孚敬,指张璁。

⑥汉光武称府君:指光武帝刘秀登上皇位后,为表明自己继承西汉正统,尊汉宣帝为祖父,汉元帝为父亲,其父亲南顿令刘钦被尊称为南顿君,其亲生曾祖父刘外则被尊称为郁林府君。

【译文】

作为别人的后代,为自己的亲生父母服丧一年,也是天下间通行的丧礼,虽然仅仅见于《仪礼·士丧礼》一篇之中,但按照情理推断,这固然也适用于天子。关于天子的丧礼,书中并没有专门的记载来描述,后世之人以"服丧一年的礼仪仅仅适用于百姓到大夫"为由,主张暂且抑制天子的悲痛之情而缩短服丧期限,这是极为错误的。哀帝想为生母周太妃服丧三年,则过长了;继而他打算服丧一年,这是比较合适的。江霦坚持服缌之说,认为服丧三个月就够了。压抑皇帝的丧母之痛而令其服从此种丧礼,这是一种邪说。天子连服期丧都算不合规制,更何况是服缌丧呢? 作为别人的后代而继承嫡系大宗,传承正统,就必须严格尊奉名义上的祖父和父亲,而不得对自己的生身父母有所过分地亲昵优待,这是根据君臣之义而加以裁定的。故而欧阳修在北宋濮议之争中主张宋英宗称亲生父亲濮王为"皇考"、张璁在明朝大礼议事件中支持世宗尊其生父兴献王为皇考并加帝号的做法,都扰乱了纲常大义,违背了公义,当然不如汉光武帝称亲生曾祖为府君那样允当。

位号者,天下之公尊,非人子所得以己之尊加于其亲,义也。若夫死而哀从中发,哭踊服饰之节①,达其中心之不忍忘,则仁也。降而为期,止矣;过此而又降焉,是以位为重而轻恩,戕性之仁矣。哀死者,情也;情之所自生者,性也。

称尊者,名也;名之所依者,分也。秩然不可干者,分以定名;怆然不容已者,情以尽性。舜视天下犹草芥,而不得于亲,不可以为人②,霍独非人之子与? 必欲等之于疏属而薄之,则何如辞天子之位而可尽一日之哀也! 王子母死,请数月之丧,而孟子曰:"虽加一日,愈于已③。"生而为庶子,莫如之何也。哀帝不立乎天子之位,而可致其哀,非生而诎者也。然则天子之位,其为帝之桎梏乎!《周礼》残缺,而往圣之精义不传,保残之儒,徒纷纭以贼道,奚足取乎!

【注释】

①哭踊:一边哭一边顿足,是一种丧礼仪节。

②"舜视天下"几句:语本《孟子·离娄上》:"孟子曰:'天下大悦而将归己,视天下悦而归己犹草芥也,惟舜为然。不得乎亲,不可以为人;不顺乎亲,不可以为子。舜尽事亲之道而瞽瞍厎豫,瞽瞍厎豫而天下化,瞽瞍厎豫而天下之为父子者定,此之谓大孝。'"意思是孟子说:"天底下的人都感到喜悦而将归附自己,却把这种好事看成草芥一般,只有舜是这样的。不能得到父母的欢心,不可以做人;不能顺从父母的旨意,不能做儿子。舜尽心竭力侍奉父母,结果瞽瞍变得高兴了;瞽瞍高兴了,天下的风俗也就随之变好;瞽瞍高兴了,天下父子间的伦常也由此确定,这便叫作大孝。"

③"王子母死"几句:语本《孟子·尽心上》:"王子有其母死者,其傅为之请数月之丧。公孙丑曰:'若此者何如也?'曰:'是欲终之而不可得也。虽加一日愈于已,谓夫莫之禁而不为者也。'"意思是王子的生身母亲死了,但因迫于嫡母的压力而不能守三年之孝,他的师傅为他请求守孝几个月。公孙丑问道:"像这样的事,怎

么样呢?"孟子答道:"这是想要把三年的丧期守满事实上却做不到。即便多守孝一天也比不守孝好,这是对那些没人禁止他守孝却不去守的人说的。"

【译文】

皇位和尊号是天下所共同尊崇的,身为人子,并不能因为自己地位的尊崇而将这些追加在自己亲生父母的身上,这是义的要求。至于父母死了,身为人子之人发自内心地感到异常哀痛,他们顿足痛哭并穿上丧服来亲自尽孝,从而表达内心中不忍忘记父母养育之恩的情感,则是仁的表现。考虑到天子的特殊情况,降一等服丧规格,则天子为亲生父母服丧一年也就可以了;如果超过这个标准而再降低规格就是过于重视皇位而轻视父母的恩情了,这样便摧残了仁的本性。哀悼死者是人之常情,感情自然而然地产生,这是出于天性。称尊号所依靠的是名位,而名位所依从的则是身份。这些井然有序而不可混乱,所以必须按照身份来确定名位;怆然伤感而不能自我控制的,则是用感情来表达本性。舜将天下人大悦而归附自己的情况视若草芥,认为身为子女不能得到父母的欢心,就不可以做人,难道唯独江霜不是人生人养的吗?如果一定要哀帝将生身父母等同于旁系亲属而行简薄之礼,那么他还不如辞掉天子之位而去尽身为人子的一日哀悼呢!王子的母亲死了,他的师傅为他请求守孝几个月,而孟子说:"即使多增加一日的丧期,也比什么都不做强。"生而为庶子,不这样又能如何呢?如果哀帝没有被立为天子,反而可以表达自己的哀悼,而不是生下来就注定要受此限制,将为生身父母服丧从三年斩衰降为一年期丧。既然如此,那么天子之位便是皇帝的枷锁了。《周礼》的记载残缺不全,而以往圣人精深微妙的义理没能留传下来,抱残守缺的儒生们,徒然地用纷纭混乱的说法来歪曲正道,哪里值得听取呢?

三　苻坚禁富商

苻坚之世,富商赵掇等车服僭侈,诸公竞引以为卿,坚恶而禁之。天下之大防二：中国、夷狄也，君子、小人也。非本未有别①，而先王强为之防也。夷狄之与华夏，所生异地。其地异，其气异矣；气异而习异，习异而所知所行蔑不异焉。乃于其中亦自有其贵贱焉，特地界分、天气殊，而不可乱；乱则人极毁，华夏之生民亦受其吞噬而憔悴。防之于早，所以定人极而保人之生，因乎天也。君子之与小人，所生异种。异种者，其质异也；质异而习异，习异而所知所行蔑不异焉。乃于其中亦自有其巧拙焉，特所产殊类、所尚殊方，而不可乱；乱则人理悖，贫弱之民亦受其吞噬而憔悴。防之于滥，所以存人理而裕人之生，因乎天也。呜呼！小人之乱君子，无殊于夷狄之乱华夏，或且玩焉，而孰知其害之烈也！

【注释】

①本未：即本末。

【译文】

前秦苻坚在位的时候，富商赵掇等人乘车着服过分奢侈且僭越礼制，诸位公卿竞相推举他做卿，苻坚对此感到厌恶而明令禁止。天下间原则性的界限有两个，一个是华夏与夷狄之别，一个是君子与小人之别。并非华夏与夷狄、君子与小人间本不存在本质区别，而先代圣王为防备夷狄、小人而强行对他们做出区分。夷狄和华夏之人，生活在不同的地域，由于地域不同，气候自然也存在差别；气候不同，则自然习性有所不同，习性不同则思想和行为也不可能没有差别。其中也自然有贵有贱，只是地界有分隔、天气有殊异，故而不可相互混淆；如果相互混淆就会毁灭人伦纲常，华夏的百姓也将遭受夷狄的吞噬而憔悴不已，无法安生。及早进行区隔防备是为了确定纲常而保护天下的生灵，这是顺乎天意的。君子和小人，生下来便有差异，这种差异是本质的差别；本质存在差别,则习性自然不同,习性不同而思想、行为也不可能不存在差别。至于其中,也自然会有巧有拙,只是其群类不同、方法旨趣不同,而不可相互混淆;如果相互混淆就会出现违背伦理纲常的情况,贫穷柔弱的百姓也必将遭受小人的吞噬荼毒而生活困顿。防范此种情况泛滥,才能保存人的纲常理性而使百姓生活富足,这是顺乎天意的。唉!小人祸乱君子,无异于夷狄祸乱华夏,有的人忽视这种现象,而又哪里知道这种祸害竟然如此严重呢?

　　小人之巧拙自以类分,拙者安拙而以自困,巧者炫巧而以贼人。拙者,农圃也,自困而害未及人者也。然夫子未尝轻以小人斥人,而特斥樊迟①,恶之甚、辨之严矣。汉等力田于孝弟以取士②,而礼教凌迟③,故曰三代以下无盛治。夫以农圃乱君子,而弊且如此,况商贾乎? 商贾者,于小人之类为巧,而蔑人之性、贼人之生为已亟者也。乃其气恒与夷狄而相取,其质恒与夷狄而相得,故夷狄兴而商贾贵。许衡者,窃附于君子者也,且曰:"士大夫居官而为商,可以养廉④。"呜呼! 日狎于金帛货贿盈虚子母之筹量,则耳为之聪,目为之荧,心为之奔,气为之荡。衡之于小人也,尤其巧而贼者也,而能溷厕君子之林乎⑤?

【注释】

①樊迟:即樊须。名须,字子迟。春秋末鲁国人(一说齐国人)。孔子的弟子。据《论语·子路》记载,樊迟向孔子请教怎样种庄稼。孔子回答说:"我不如老农。"又请教种菜蔬。孔子回答说:"我不如老菜农。""樊迟真是小人! 统治者讲究礼节,百姓就没有人敢不尊敬;统治者行为正当,百姓就没有人敢不服从;统治者讲求

诚信,百姓就没有人敢不说真话。做到这样,四方的百姓都会背负着小儿女来投奔,为什么要自己种庄稼呢?"

②汉等力田于孝弟以取士:指汉代设置孝弟力田科,选拔有孝弟德行和能努力耕作者为官吏。

③凌迟:衰败,崩坏。

④士大夫居官而为商,可以养廉:此处所谓许衡之语,不知出处何在,许衡仅曾向元朝建议颁布俸禄给官员以养廉,史料中并不曾见其谈及居官经商的问题。

⑤溷(hùn)厕:指混杂其间。溷,肮脏污浊。

【译文】

小人依照其机巧与笨拙的不同而自行分类,笨拙的人安于笨拙而让自己陷于困顿,机巧的人依仗机巧而戕害他人。笨拙的人,像是农夫,虽然自己陷于困顿但并未祸害他人。然而孔子不曾轻易斥责他人为小人,却特地斥责樊迟,是因为孔子非常厌恶樊迟不事礼义而问农事,他对于君子和小人的分辨是非常严格的。汉朝设置孝弟力田科,将有孝弟德行和能努力耕作者等同看待,使其都可以被选拔为官吏,这导致礼教日益崩坏,所以说夏、商、周三代以下就没有国家得到充分治理的盛世了。用农夫来祸乱君子,弊病尚且如此,更何况商贾呢?从事经商的人,和小人相似,都是靠投机取巧来从中获利,乃至泯灭人的本性、依靠损害他人的生计来极端利己。他们常常和夷狄气息相通,相互汲取、借鉴害人的经验,他们的本质常常和夷狄颇为相符,彼此相得益彰,所以夷狄昌盛而商贾自然尊贵。许衡是偷偷攀附于君子之流的人,他说:"士大夫居官而为商,可以养成廉洁奉公的风气。"唉!整日沉湎于盘算金银、财帛、货物的多少、盈亏之间,耳朵为之聩聋,眼睛为之迷惑,身心为之荡漾松弛,神气为之飘荡。许衡和小人相比,显得更加奸巧而邪恶,怎能令其混杂于君子之间呢?

以要言之，天下之大防二，而其归一也。一者，何也？义、利之分也。生于利之乡，长于利之涂，父兄之所熏，肌肤筋骸之所便，心旌所指，志动气随，魂交神往，沉没于利之中，终不可移而之于华夏君子之津涘①。故均是人也，而夷、夏分以其疆，君子、小人殊以其类，防之不可不严也。夫夷之乱华久矣，狎而召之、利而安之者，嗜利之小人也，而商贾为其最，夷狄资商贾而利，商贾恃夷狄而骄，而人道几于永灭。无磁则铁不动，无珀则芥不黏也②。

【注释】

①津涘（sì）：即涯岸，比喻途径。

②珀：琥珀。芥：细小的东西。

【译文】

就其关键而言，天下间原则性的两大界限，实际上可以归于一点。这一点是什么呢？即义和利的区别。如果生在利之乡，长在利之途，深受父兄的感染熏陶，肌肤筋骨身体都适应了逐利的氛围，那么心中方向就会指向逐利，心志一动，气质随之改变，魂魄、心神都随之趋向于利益，于是沉没利的海洋之中而终究不可变移，又怎能达到华夏君子的理想之岸呢？因此，虽同样作为人，但夷狄和华夏应按照疆域加以区分，君子和小人应按照种类区分，这个防范不可不严啊。夷狄祸乱华夏已经很久了，亲近他们并招来他们、因夷狄到来有利可图而安之若素的，是嗜利的小人，而其中尤以商贾最为卖力。夷狄依靠商贾而获利，商贾仗着夷狄而骄横，而人道就几乎要毁灭殆尽了。若无磁铁吸引，则铁本身不会移动；若无琥珀摩擦，则细小的碎物也不会被吸引而黏附上来，商人和夷狄的关系也是如此。

帝 奕

【题解】

晋废帝司马奕(342—386)字延龄,晋成帝司马衍次子,晋哀帝司马丕同母弟,母周贵人。兴宁三年(365),晋哀帝去世,因其无子嗣,皇太后褚蒜子遂决定立司马奕为帝。晋废帝在位期间,谨小慎微,无所作为,而桓温则权势日盛,步步紧逼,最终以司马奕无子嗣且私德有亏为由,迫使皇太后废黜司马奕为东海王,后又降为海西公。司马奕于太元十一年(386)去世。

太和四年(369),桓温率军从姑孰出发,开始第三次北伐,进攻前燕,结果于枋头大败,狼狈班师。对于桓温之败,东晋朝臣多表现出一副幸灾乐祸的态度,王夫之指出,东晋的执政者们猥琐而苟且偷安,东晋早已经失去了华夏王朝的气象和收复中原的心志。同时,他也严厉指责《晋阳秋》等史书没有如实记载东晋君臣对北伐乖违阻挠的实情,直斥孙盛有关桓温北伐失败的记载实为依循流俗而自夸秉笔直书之举。他认为史家秉笔直书并非绝对,《春秋》突出齐桓公、晋文公的功业,而讳言晋文公僭越天子,是抓住了夷夏之防这一主要矛盾,值得史家借鉴。从中不难看出,王夫之的历史书写观念,是深受民族主义影响而带有一定局限性的。

一　慕容暐罢荫户

慕容暐罢荫户至二十万^①。以东北一隅而二十万户为权贵所荫，不受公家之役，民户减少，则赋役偏重，而民之疲瘁甚矣。盖夷狄之初起也，上下无章，资部族之强力以割据而瓜分之，狎为己有旧矣。故暐从悦绾之请^②，纠擿还郡县^③，而举国怨怒。然暐之亡，自以疑慕容垂使外叛而致败，既非罢荫户之所致，国无纪而民困，积弊虽去而害已深，故苻坚假仁义以动众而席卷之。则悦绾之言，亦憾其不夙尔。

【注释】

①慕容暐（wěi）罢荫户至二十万：指慕容暐在位后期，仆射悦绾曾上奏尽罢军封荫户，释放人口以充实国家地方，防止人口隐匿。慕容暐同意并释放了二十多万荫户，令朝野震惊，并招致不满。慕容暐（350—384），字景茂，昌黎棘城（今辽宁锦州）人。十六国时期前燕末帝，慕容儁第三子。为政平庸无能，前期依仗太宰慕容恪摄政，国家稳定发展。随后在太傅慕容评主政之下，国势衰落，最终为前秦所灭。事见《晋书·慕容暐载记》。荫户，魏晋南北朝时期政府承认的士族贵族所占私客。他们受主人荫庇，只向主人纳租服役，不向国家纳赋服役。

②悦绾：本姓悦力氏，鲜卑人。十六国时期前燕大臣。出身昌黎悦氏，初为前军将军，曾参与攻灭冉魏。官拜尚书右仆射，积极倡导改革，上书建议尽罢军封荫户，为太傅慕容评所不满，最终被害。事见《晋书·慕容暐载记》。

③纠擿（tī）：纠举揭发。

【译文】

慕容暐废除官员贵族的荫户多达二十万户。区区东北一隅之地，就有二十万户百姓被权贵所荫庇，不受国家驱使，那么国家所控制的承担赋役的民户自然会减少，这些民户的赋税和徭役就会偏于沉重，百姓就会非常疲惫贫困。大概夷狄刚刚兴起之时，从上至下杂乱无章，任凭部落族人中的强有力者割据土地、瓜分百姓，这种情况持续的时间一长，这些百姓就被贵族、官员们据为己有了。因此慕容暐听从了悦绾的请求，纠察揭发贵族、官员私藏荫户的行为，并将荫户归还于郡县，这就招致举国权贵的怨恨与恼怒。然而慕容暐的灭亡，是他猜忌慕容垂、致使慕容垂叛投他国而导致的，并非是因为废除恩荫户而造成的。国家没有法纪而百姓生活困顿，积弊虽然别除而祸根已经深埋，所以苻坚得以假借仁义之名鼓动前燕百姓，从而席卷了前燕之地。如此也只能为悦绾的言论没有早点说出来而感到遗憾了。

　　呜呼！岂独夷狄之不纲者为然哉？四海之民力，自足以给天下之用而卫宗社。乃上不在国，下不在民，居间而为蠹贼者，中涓也、戚畹也、债帅也、勋旧也，皆顽民窳卒之所依以耗国而堕重于民者也[1]。刘忠宣一搜隐占之禁旅而怨谤已腾[2]，卒致挠败，君明臣忠，卒不能施厘正者，亲疏远迩之势殊而轻重已移也。其如此之浮言胥动者何哉！夫此琐琐者之恩怨，何足以系国家之安危，人主不审，曾不如慕容暐之能断矣。制之有法而慎于始，且不能持于其后，祖宗之法，未可恃也。中叶之主能不惑者，未见其人也，天下所以鲜有道之长也。

【注释】

①中涓：原指宫中主清洁洒扫的太监，后泛指宦官。戚畹：指外戚。

②刘忠宣一搜隐占之禁旅而怨谤已腾：指明孝宗在位时，京营禁军多为权贵所私自占有、役使，导致禁军缺额多达七万五千多人。刘大夏上书孝宗，请求清查隐匿、役使禁军的行为，停止大量使用禁军作为劳力的工程，但遭到权贵武臣和宦官的反对和阻挠，未获成功。刘忠宣，刘大夏（1437—1516），字时雍，号东山居士，湖广华容（今湖南华容）人。明代名臣。历任兵部职方司主事、户部左侍郎、右都御史、兵部尚书等职。他富有才气，为政清廉，深受明孝宗宠遇，辅佐孝宗实现“弘治中兴”。明武宗即位后，刘大夏奉遗诏请求撤去非定额内的四方镇守宦官和传奉武臣，招致武臣强烈不满，被迫辞官归乡。刘瑾专权时，被罚戍肃州。正德五年（1511），遇赦返乡，旋即复官致仕。谥忠宣，故称“刘忠宣”。事见《明史·刘大夏列传》。

【译文】

唉！难道只有夷狄中不守纲纪法度的人是这样吗？四海之内的民力，本来是足以供给天下的用度而保卫宗庙社稷的。可是有些人却上不属于国家，下不在百姓之列，居于中间而为祸害国家的蠡贼，他们就是宦官、外戚、借贷买官的军官和勋旧贵族，而他们都是愚钝的民众和懒惰的士卒乐于依附的，是消耗国家并加重百姓负担的人。刘大夏刚一准备清查被权贵所私自占有、役使的京营禁军，怨言和诽谤之词就已经沸腾不已，并最终导致其失败。孝宗是明君，刘大夏是忠臣，最终却还是不能对权贵私自占有、役使京营禁军的行为加以规正，是因为亲疏远近的形势有所不同而力量的轻重对比已发生变化。像这样浮言四起，到底是为什么呢？这种平庸卑微之人的恩怨利害，哪里足以关系到国家的安危呢？君主不能仔细审慎地辨别处置，还不如慕容暐敢于判断取舍。依照法度来控制私占民力的行为，从一开始就慎重对待，如此尚且不足以在日后将良好局面保持下去，则可见祖宗之法是不足以凭恃的。身处一个朝代中期的君主能够对此不感到迷惑的，我还没有见到,这就是天下少有长时间的政治清明之世的原因。

二　孙盛书桓温枋头之败

桓温伐燕,大败于枋头①,申胤料之验矣②。胤曰:"晋之廷臣,必将乖阻,以败其事。"史不著乖阻之实,而以孙盛《阳秋》直书其败观之③,则温之败,晋臣所深喜而乐道之者也。会稽王昱不能自强,而徒畏人之轧己,王彪之弗能正焉。呜呼! 人之琐尾而偷也,亦至是哉!

【注释】

①桓温伐燕,大败于枋(fāng)头:桓温第三次北伐时,最初进军顺利,但在此地遭遇到了前燕军队的殊死抵抗。后因粮道断绝,不得已而撤军南归。南归途中先是被前燕慕容垂和慕容德设伏打败,又被赶来支援前燕的前秦将领苟池、邓羌劫了归路,回到姑孰时五万步卒仅剩万余人。枋头,今河南浚县。事见《晋书·慕容暐载记》。

②申胤料之验矣:申胤,前燕大臣,曾任给事黄门侍郎、司徒左长史。在枋头之战前,申胤曾对太子太傅封孚说:"从桓温现在的势头看,似乎大有可为。但以我的观点,他必定不会成功。因为晋朝皇室衰弱,桓温专制其国,晋廷朝臣未必和他同心。所以,桓温得胜,是晋臣不愿见到的结果,一定会千方百计阻挠其事。同时,桓温为人骄傲,自恃军队众多,怯于应变,以大军深入,放着好机会不加以利用,反而持重观望,欲图不战而取全胜。如果日后晋军乏粮,军心摧沮,肯定会不战自败。"后其言果然应验。事见《资治通鉴·晋纪二十四·海西公下·太和四年》。

③孙盛:字安国,太原中都(今山西平遥)人。东晋名士、史学家。

年少时便以博学、善清谈而闻名,曾任桓温的僚佐,亦随桓温灭成汉、北伐收复洛阳,后官至秘书监、给事中。其著作以史学居多,曾作《晋阳秋》一书,书中记载了桓温北伐时在枋头的败绩。传见《晋书·孙盛列传》。

【译文】

桓温讨伐前燕,在枋头遭遇大败,前燕大臣申胤先前所做的预料应验了。申胤曾说:"东晋朝廷的臣子一定会千方百计地对桓温加以乖违阻挠,致使其失败。"史书上没有记载东晋君臣乖违阻挠桓温的实情,而按照孙盛所写的《晋阳秋》中直接写明桓温大败的内容来看,桓温的大败是令东晋大臣们感到非常欢喜并津津乐道的事。会稽王司马昱不能够增强自己的力量,而徒然畏惧别人可能倾轧自己,连王彪之也不能纠正这种情况。唉!人们猥琐不振、苟且偷安,竟然达到了这种程度!

　　秦桧之称臣纳赂而忘雠也,畏岳飞之胜而夺宋也。飞亦未决其能灭金耳。飞而灭金,因以伐宋,其视囚父俘兄之怨奚若?而视皋亭潮落、碙门飓发、块肉无依者①,又奚若也?温亦未能举燕之为忧耳。温而举燕,其篡不篡亦未可知也。为君相者,居重以不失人望之归,尽道以得民,推诚以得士,以礼待温,以道驭温,静正而不惊,建威以自固,温抑恶能逞志以逆而不恤天下之公讨?不然,则王莽、萧道成固无毫发之勋庸,而窃大宝如拾芥矣。庸主陋臣,如婴儿之护饵,而徒忌其姊娣②,尚能安于位以有为乎?处堂以嬉,授兵柄于温,而又幸其败,温之怨且深,其轻朝廷也益甚。故会稽立而愤盈以逞,非其死之速也,晋必移社于桓氏矣。舍夷、夏之大防,置君父之大怨,徒为疑忌以沮丧成功,庸主具臣之为天下僇,晋、宋如合一辙,亦古今之通憾已!《春秋》

予桓、文之功③，讳召王请隧之逆④，圣人之情见矣。若孙盛之流，徇流俗而矜直笔，幸灾乐祸，亦恶足道哉！

【注释】

①皋亭潮落：指南宋德祐二年（1276），元朝征伐南宋的大军到达皋亭山（在今浙江杭州），宋恭宗派遣监察御史杨应奎向元军奉上传国玉玺，表示投降。事见《宋史·瀛国公本纪》。硇（náo）门飓发：指景炎二年（1277）12月，宋端宗逃至秀山，听说广州失守，慌乱之中退到井澳（在今广东中山南海中）。海上忽起飓风，宋端宗落水，因此染病。景炎三年（1278）4月，九岁的宋端宗在硇洲岛（在今广东湛江东南）上病死。事见《宋史·瀛国公本纪》。块肉无依：指祥兴二年（1279）二月，元军在崖山（在今广东新会）攻击南宋最后的军队，宋军失利，大臣陆秀夫背起八岁的帝昺跃入大海，以身殉国。杨太后闻讯痛哭说："我忍死历尽艰险到这里，是为着赵氏的一块骨肉，他现在也去了，我还有什么好牵挂的呢？"说毕，跳海而亡。张世杰将其葬在海滨，不久自己也溺死。南宋灭亡。事见《宋史·瀛国公本纪》。

②姊娣（dì）：姐妹。

③予：赞许。

④讳召王请隧之逆：召王，指僖公二十八年（前632），晋文公以召集诸侯在践土会盟，也召周天子前来，孔子认为"以臣召君，不可以训"，所以春秋讳言此事，只记载："天王狩于河阳。"请隧，指鲁僖公二十五年（前635），晋文公请求天子允许自己死后可以按照天子独享的"隧葬"礼节进行礼葬，这一要求遭到周王室拒绝，而《春秋》没有记载此事。

【译文】

秦桧对金称臣、交纳岁币银两而忘掉了金灭北宋的国仇大恨，是害怕岳飞战胜金军后会夺取南宋的江山。岳飞也未必一定能灭掉金国。即使岳飞灭掉金国，并趁机征伐南宋，那么这和宋徽宗、宋钦宗被金人掳走的国仇家恨相比又如何呢？与南宋末年恭宗被迫在皋亭山投降元军、端宗被元军追击而在海上落水染病并最终病死在硇洲岛、帝昺受元军逼迫而在崖山跳海而死相比又如何呢？何况桓温也未必能攻克前燕而成为大患。即使桓温攻灭了前燕，他是否篡位也未可知。作为国君和宰相，应该身居高位而不失民心，极尽治国之道而获取百姓的拥护，推诚相待而得到人才。如果他们对桓温以礼相待，用合理的手段和方法来驾驭他，自己恬淡平和、趋于纯正而不惊惧，树立威望以巩固自身，桓温又怎么能不顾忌天下会公开地揭露、声讨他而一心实现自己的野心、做出叛逆朝廷的事情呢？如果不能这样做，则王莽、萧道成之流，固然没有丝毫的功勋，却能如同拾起地上的草芥一般简单地窃取皇帝宝座。昏庸的君主与鄙陋的臣子，他们的行为就像婴儿拼命去护住自己嘴边的食物一样可笑，只是徒然地忌恨自己的姊妹，还怎么能够安守自己的位置而有所作为呢？处于庙堂之上却只会嬉戏胡闹，将自己的兵权授予桓温，而却又庆幸桓温的失败。这样就使得桓温的怨恨更深，他也就更加轻视朝廷。所以，会稽王即位后，桓温就愤恨至极准备篡权。如果不是桓温很快死去，东晋的天下必然就被桓氏所篡夺了。舍弃夷狄和华夏的原则界限，置君父的深仇大恨于不顾，徒然猜忌大臣来阻碍他的成功，昏庸的君主与备位充数的大臣只会被天下人侮辱取笑，这一点东晋和南宋如出一辙，这也是自古至今都为之感到遗憾的事啊！《春秋》中称赞齐桓公、晋文公尊王攘夷的功业，却避讳晋文公以公召王与请用隧葬之礼的叛逆行为，圣人的想法由此可见。至于孙盛之流，顺从流俗而自夸秉笔直书，其幸灾乐祸之举，根本就不值一提！

三　王猛非豪杰

王猛请慕容垂之佩刀①，绐其子使叛逃，期以杀垂，司马温公讥其非雅德君子所为,何望猛之厚而责之薄也!猛者,乱人之雄者耳,恶知德哉!

【注释】

①王猛请慕容垂之佩刀:前燕内讧时,慕容垂投降前秦,王猛认为其深有雄略,怕养虎遗患,建议将其早日除掉,但苻坚不听。王猛于是趁出征的机会,请慕容垂之子慕容令作为向导参与军事行动。王猛出发前到慕容垂那里喝酒,向其请求纪念物,慕容垂解下佩刀赠送给他。王猛抵达洛阳以后,贿赂慕容垂的亲信金熙,让他装作慕容垂的使者,到慕容令的帐中出示慕容垂的佩刀,煽动慕容令叛逃,慕容令犹豫不决,最终逃出前秦,投奔乐安王慕容臧。王猛上表陈述慕容令叛逃的罪行,慕容垂因为害怕也出逃了。逃至蓝田,被追赶的骑兵擒获。苻坚没有处分慕容垂,对待慕容垂同过去一样。前燕人因为慕容令是背叛后而又返回,他的父亲又被前秦所厚待,便怀疑他是派来的奸细,把他迁徙到极为边远的地区,慕容令最终因图谋反叛而为前燕人所杀。司马光在《资治通鉴》中评论认为王猛此举不是具有高尚道德的君子应该干的事情。事见《资治通鉴·晋纪二十四·海西公下·太和五年》。王猛(325—375),字景略,北海剧(今山东寿光东南)人。十六国时期前秦名臣。他以博学著名,善于谋略和用兵,为苻坚的主要谋臣,官至丞相。王猛在前秦主政期间,政治上整肃吏治,强化中央集权,执法不避权贵;经济上劝课农桑,兴修水利;军事上亲自统兵消灭前燕,辅佐苻坚统一北方。在其治下,关中乃至北方地区呈现小康景象。建元十一年(375),王猛病逝前仍劝苻坚勿进攻东晋,但未被采纳。传见《晋书·王猛列传》。

【译文】

王猛请求慕容垂赠予其佩刀,用它来欺骗慕容垂之子慕容令,使其叛逃，期望以此置慕容垂于死地。司马光讥讽王猛此举不是具有高尚道德的君子应该干的事情，他对于王猛寄托的期望是何其高，对他的责备是何其轻啊！王猛不过是违背正道、制造混乱的人中较为厉害的一个罢了，他哪里知道什么是德行呢？

　　猛以桓温为不足有为而不归晋①，将谓苻坚之可与定天下乎？乃坚亡而晋固存，果孰短而孰长邪？使猛随温而东也，归晋也，非归温也。猛而果有定天下之略，则因温以归晋，而因可用晋以制温。然则其不随温而东，乃智量出乎温之下，而欲择易与者以获富贵耳。慕容垂奔秦，慕容评以鬻薪卖水之猥贱而握重兵②，猛灭之，非智勇之绝人，摧枯折朽之易也。苻坚之不欲杀垂，猛岂能间之，而徒为挠乱，忌其宠而已矣。其誓三军曰："王景略受国厚恩，任兼内外，受爵明君之廷，称觞父母之室，不亦美乎？"猛之涯量尽于此矣③。绐无知之稚子而陷其死，商鞅、张仪之术也。朱子曰："三秦豪杰之士，非猛而谁④？"伏戈矛于谈笑，激叛乱以杀人，妾妇耳，奚豪杰之云！

【注释】

①猛以桓温为不足有为而不归晋：指永和十年（354）桓温北伐时，当时正在隐居的王猛去见他，两人谈论天下大事，桓温颇为欣赏王猛，赐给王猛华车良马，授予高官，请王猛一起南下。王猛认为在士族盘踞的东晋朝廷里，自己很难有所作为，且追随桓温则等于助其篡晋，势必玷污清名，加上其老师也表示反对南下，于是他便继续隐居读书。事见《晋书·王猛列传》。

②慕容评以鬻薪卖水之猥贱而握重兵：慕容评，昌黎棘城（今辽宁

义县)人,鲜卑族。十六国时期前燕宗室重臣,前燕文明帝慕容
皝之弟。曾在灭亡冉魏的战争中立下大功,打败冯鸯、张平和诸
葛攸,获封上庸王。慕容儁病重后,他成为辅政大臣,在慕容恪
死后,担任摄政之职,和可足浑皇太后共同掌权。但他贪婪鄙
俗,命令封山禁泉,自己则贩柴卖水,从中渔利,积攒的钱帛堆积
如山。士卒们都怨恨愤慨,没有人心怀斗志。他还嫉贤妒能,阻
碍悦绾改革,排挤吴王慕容垂,导致前燕国势逐渐衰落。建熙十
一年(370),前秦符坚灭亡前燕,任命他为给事中、范阳太守,后
卒于任上。其事散见于《晋书·慕容晖载记》《晋书·慕容儁载
记》等。

③涯量:限度,限量。

④"朱子"几句:语本《朱子语类·历代三》:"桓温入三秦,王猛来
见。眼中不识人,却谓三秦豪杰未有至,何也?三秦豪杰,非猛
而谁?可笑!"朱子,即朱熹。

【译文】

　　王猛以桓温不足以有所作为为由而不归附东晋,难道他认为前秦
的符坚可以与他共同平定天下吗?最后符坚败亡而东晋依然存在,两
相比较则东晋与符坚究竟谁长谁短呢?假使王猛跟随桓温东归,也是
归附于东晋朝廷,而不是归附于桓温个人。王猛如果真有平定天下的
谋略,就可以依靠桓温来归附东晋,从而凭此在东晋施展自己的才能来
制约桓温。然而,王猛并没有跟随桓温同向东行,那是因为他的智谋和
雅量都在桓温之下,因而想挑选那些能够轻易给他官位的人加以辅佐,
从而获得荣华富贵而已。慕容垂因受排挤而投奔前秦,太傅慕容评以
贩柴卖水的猥琐卑贱之才而手握重兵,王猛统帅军队灭掉前燕,不是智
勇超人,而是面对这样的对手,其进军如同摧枯拉朽般容易。符坚要是
真的不想杀掉慕容垂,王猛又怎能离间他们呢?这样做只能徒然扰乱
国计,只不过是他忌恨慕容垂受宠而已。他曾对三军宣誓说:"我王猛

受国厚恩，兼任内外各种政务，在明君的朝廷中接受封爵，在父母面前举杯庆祝，不也是很美妙的事情吗？"王猛的限度也就仅此而已了。欺骗无知的孩童而想把慕容垂陷于死地，是效仿商鞅和张仪的奸计。朱熹曾说："关中一带的豪杰之士，除了王猛还有谁？"王猛在谈笑之间就埋下了害人的戈矛凶器，通过激发叛乱来杀人，这是奴婢、妇人之流的做法，怎能称得上是豪杰呢？

简文帝

【题解】

　　晋简文帝司马昱(320—372)字道万,是晋元帝司马睿的幼子,晋明帝司马绍的异母弟,母为简文宣太后郑阿春。作为东晋宗室势力的代表人物,司马昱历经元、明、成、康、穆、哀、废帝七朝,先后封琅邪王、会稽王,累官至抚军将军。自穆帝时起,开始总揽朝政。他企图任用殷浩制衡桓温,却未能如愿。太和六年(371),桓温废司马奕,改立司马昱为帝。简文帝即位后,多受桓温牵制,因担心被废而小心谨慎,难以有所作为,在位仅八个月便忧愤而死。

　　王夫之对于简文帝的评价相当负面,从三个方面对他进行了批评:首先,简文帝在废帝朝进位丞相,操持权柄,然而对于桓温的北伐"漠然不相为援",且不能选贤举能,空自忌惮,可谓失职。其次,司马奕并无失德,桓温逼迫他退位时,简文帝不能据理力争,拱卫君主,反而接受桓温的拥立,毫无君臣之义。最后,简文帝既已即位,却在临死前打算让桓温依周公先例居摄,将司马氏的政权拱手让与外人,不珍惜国家名器。基于此,王夫之指出,桓温有篡权之心实为逆贼,而简文帝与其同流合污、私相授受,同样是东晋的逆贼。

一　简文听桓温拥立

　　简文为琅邪王,相晋五年,桓温外拒燕、秦,内攻袁瑾[①],

而漠然不相为援,盖其恶温而忌之夙也。既恶温矣,抑不能树贤能、修备御以制温,温视之如视肉,徒有目而无手足,故綦之而犹拥立之,以为是可谈笑而坐攘之者也②。盖至于听温之扳己以立而遂立焉,则生人之心,生人之气,无有存焉者矣。

【注释】

①袁瑾(?—371):陈郡阳夏(今河南太康)人。东晋大臣,豫州刺史袁真之子。其父袁真死后,陈郡太守朱辅擅自拥立袁瑾嗣其父之位,为建威将军、豫州刺史,拥兵反叛东晋。面对桓温的讨伐军,他坚守寿阳,并求救于前燕慕容㬂和前秦符坚。符坚任命袁瑾为扬州刺史,并派兵前往寿阳支援。后桓温攻克寿阳,袁瑾被斩杀。其事见于《晋书·海西公纪》。

②攘:抢夺,侵犯,窃取。

【译文】

简文帝司马昱为琅邪王时,以宰相身份辅政达五年之久,桓温对外抵御前燕、前秦,对内则讨伐叛臣袁瑾,他却对此漠然坐视而不给予援手,大概是因为他厌恶桓温而早就开始忌恨他了。司马昱厌恶桓温,却不能树立贤能之臣、整修防备以制约桓温;桓温看待司马昱如同行尸走肉,认为他徒然有眼睛而无手足,所以尽管内心忌恨他却仍然拥戴他为帝,认为自己可以在谈笑间将其取而代之。大概等到司马昱听任桓温帮助、拥立自己并因此即位时,活人才有的心和气在他的身上就已经不存在了。

帝奕未有失德,温诬其过而废之,于斯时也,简文既不能折之以卫奕,则以死拒温而必不立,奉名义之正,涕泣以矢之,温亦岂能遽杀己者? 如其不择而推刃于己,则温之逆,受众恶而不足以容,即令己杀而温篡,亦可无咎于天下。乃虽靦然南面^①,而旋陨天年,位与寿皆朝露耳。等死也,为晋恭、齐顺之饮酖^②,何如誓死不立,以颈血报宗社哉!

【注释】

①靦(tiǎn)然:羞愧脸红的样子。

②晋恭、齐顺之饮酖:晋恭,指晋恭帝司马德文,他于元熙二年(420)六月禅位于刘裕,同年九月,被刘裕派人以棉被闷死。事见《晋书·恭帝纪》。齐顺,当为"宋顺",即宋顺帝刘准。他于昇明三年(479)被迫禅位于萧道成,不久被杀于丹阳宫。饮酖,喝下毒酒。事见《宋书·顺帝本纪》。

【译文】

晋废帝司马奕并没有失德的行为,桓温却诬蔑司马奕犯有过失而将他废掉。在此时,简文帝既然不能挫败桓温的阴谋来拱卫司马奕,那么他以死来抵抗桓温,坚决不即位,尊奉正义的名义,并痛哭流涕地发誓明志,桓温又怎么能很快地杀害他呢? 如果桓温丝毫不考虑后果而诛杀司马昱,那么桓温的叛逆之心,必定遭到众人的厌恶而无法被容忍,即使桓温杀掉司马昱而篡位,那么司马昱也可以让自己无咎于天下。但司马昱没有这么做,虽然厚颜无耻地登上了皇位,但也旋即殒命,自己的皇位和寿命就如同早上的露水一样瞬间消失。同样是死,与其像晋恭帝、齐顺帝那样被迫喝下毒酒而死,还不如誓死不即位,以死来报效宗庙社稷!

温,贼也;简文相其君而篡之,亦贼也;贼与贼以智力为胜负,而不敌者受吞,必然之势也。病而一日一夜四发诏召温入辅，遗诏且云"君自取之"，乃语王坦之曰①："天下傥来之运②，卿何所嫌。"非但暗弱如谢安所云似惠帝者耳，得一日焉服衮冕正南面而心已惬，易其忌温之心而戴温不忘，乐以祖宗之天下奉之而酬其惠也。洵哉！简文之为贼也。

【注释】

①王坦之(330—375)：字文度，太原晋阳(今山西太原)人。东晋名臣，尚书令王述之子。出身太原王氏，少有才名，曾为大司马桓温的参军，后与谢安等人在朝中抗衡桓温。简文帝司马昱病重时，临终前下诏让桓温效仿周公辅政，王坦之怒撕诏书，坚决抵制。桓温死后，与谢安一同辅政。传见《晋书·王坦之列传》。

②傥来：因偶然、意外而得来。

【译文】

桓温是窃国的盗贼，简文帝辅佐君主却篡夺皇位，也是窃国的盗贼。盗贼和盗贼之间凭借着智谋和力量来决胜负，而不能匹敌的人就会被吞并，这是必然的态势。简文帝身患重病之时，一天一夜间四次下诏书，宣召桓温入朝辅政，他的遗诏也说"如果我的儿子不堪辅佐，你可以自己取而代之"；他还对王坦之说："这天下本来就是意外得到的，你有什么不满意的？"司马昱不仅如谢安所说的那样昏聩软弱得像西晋惠帝，而且只要能够穿上龙袍、戴上皇冠、南面而坐临朝称帝，哪怕只有一天，心中就已是无限的惬喜。他忌恨桓温的心轻易就被改变了，对桓温的拥戴之情不忘于心，故而乐于把祖宗的天下奉献给桓温来报答桓温的恩德。简文帝确实是窃国的盗贼啊！

孝武帝

【题解】

晋孝武帝司马曜(362—396)字昌明,是简文帝司马昱第三子,母为李陵容。他于咸安二年(372)简文帝驾崩前夕被册立为皇太子,同年即位,次年改元宁康。孝武帝在位初期,由桓温辅政,宁康元年(373)桓温去世后,又改由褚太后临朝听政。太元元年(376)孝武帝亲政后,对内任用谢安主政,对外在淝水之战中击败前秦南侵大军,一度使东晋有所振兴。其后他又利用主要士族门阀人才断层的时机,以其弟司马道子代替谢安执政,试图冲破门阀政治的格局,恢复司马氏皇权,也取得了一定的成效。但他此后沉湎酒色,与司马道子争权,致使朝政混乱。太元二十一年(396),司马曜因与自己的宠妃张贵人开玩笑而招怨,被张贵人用被子活活捂死。

谢安作为孝武帝时代最重要的人物之一,历来为人们所关注,王夫之在本篇中花费了不少篇幅对其进行了评论。整体来看,他肯定谢安对于稳定东晋统治所做出的努力:谢安促成褚太后临朝听政,其实是遏制桓冲的权宜之计,王夫之认为这虽然不合常理但合乎时宜与道义,是因时制宜的善策;谢安废除度田收租之制,王夫之将其视为符合天道民心的善政;对谢安培养扶持北府兵,取得淝水之战的胜利,王夫之也给予了充分的肯定。但王夫之也认为,谢安作为宰辅缺乏对于东晋王朝日后政治走向的考虑与筹谋，且自矜名士，有归隐虚浮之气，执政期间盲目避嫌且不培养人才，为此后司马道子、王国宝乱政提供了契机；而放弃荆、豫、江三州要地，则为日后桓玄的叛乱埋下了祸根。

东晋政权最终被篡夺，在王夫之看来，其实是东晋朝廷身陷无人可用困局的结果。他指出人才是大臣用来"固国之根本"，谢安缺乏养士之策，仅凭借一己之力来维持政局，这就导致谢安死后，原有的政治格局被打破，面对新的混乱局势，再无人能予以调解和维持。所以，在谢安执政之时，造成东晋覆灭的因素便已出现。王夫之的这一认识相当新颖和深刻，值得读者加以重视。

一　王坦之封还居摄诏

简文以懿亲任辅相而与贼同逆，尸天子之位，名器在其手而唯其所与，虽有王彪之、谢安、王坦之忠贤，而无可如何也。天不祚逆，使之速殒，而诸贤之志伸矣。坦之裂居摄之诏，惟简文笃疾不能与之争也。太子之立，廷臣欲待温处分，太子既立，太后犹有居摄之命，彪之抗议不从，温入朝，谢安谈笑而视之若无，惟简文之已死也。孝武方十岁，抑非英武之姿，诸贤之志可伸，而于简文也则不能。但责简文以暗弱，岂其出于十岁婴儿之下乎？故谓简文与人同逆而私相授受，非苛论也。

【译文】

简文帝司马昱以宗室至亲的身份来担任东晋的宰辅，却和窃国的盗贼共同叛逆，他空占着皇帝之位，坐拥名器却唯桓温的马首是瞻，即使有王彪之、谢安、王坦之这样忠诚贤良的大臣，也不能有所作为。上天从来不眷顾叛逆的人，故而使简文帝很快地死去，而各位忠臣贤士的大志就可以伸张了。王坦之撕碎了简文帝打算让桓温担任摄政大臣的遗诏，只是因为简文帝病重而不能和他抗争。立太子之时，朝廷中的大臣们打算等待桓温来处理决定。太子即位后，太后发出让桓温担任摄政大臣的懿命，王彪之抗议此举，拒绝听从。桓温上朝的时候，谢安谈笑风生而对他视而不见，这都是因为简文帝已死。那时孝武帝年方十岁，也没有英明神武的雄姿与气魄，几位贤臣的志向在此时就可以伸张，而在简文帝在位时却不能。如果仅仅责备简文帝昏庸软弱，难道他的能力比十岁的孩童还不如吗？所以说，简文帝和桓温共同叛逆朝廷，并且私下间相互授受亲近，这不是过分严苛的批评。

简文篡而彪之不能止者，温与之协谋，内外之权交失也。简文死，温虽有淫威，而内无为之主者，于是彪之乃得忼慨以正之，谢安乃得从容以潜消之，不足为深忧矣。简文居中以掣曳，诸贤之困，不在虒褫，而在葛藟[①]。晋祚未终，天夺匪人之速，亦快矣！若桓温者，无简文，则虽十岁婴儿而不能夺，固在诸贤局量之中，而弗能跃冶[②]；虽决裂而成乎篡，亦必有以处之矣。

【注释】

①不在虒褫，而在葛藟：参见卷十二“惠帝一〇”条注。

②跃冶：本指熔炉中的金属自己跳起来，请求被锻炼成良器，比喻自以为能，急于求用。

【译文】

简文帝篡夺皇位而王彪之不能制止，是因为桓温和简文帝协同谋划，使得朝廷内外的权柄都落入他们手中。简文帝死后，桓温虽有淫威，而在朝内没有了替他做主的人，于是王彪之才得以激昂愤慨地对时局进行纠正,谢安才得以从容不迫地暗中消除桓温篡权的力量,使桓温不足以成为深远的忧患。简文帝在朝廷中对诸位贤臣横加掣肘,诸位贤臣的困境,并不在于桓温图谋篡权所引发的动荡,而在于简文帝以天子身份与其合谋,束缚诸位贤臣的手脚。晋朝的国祚与运数还未终结,所以上天令那些觊觎晋朝社稷的奸邪之辈败亡,速度也是很快了!像桓温这样,如果没有简文帝在朝中帮忙,那么即便是十岁的孩童在位也不能成功夺取皇位,他根本就无法突破诸位贤臣的约束限制,所以没办法跃跃欲试以求一逞;即使桓温最终与朝廷决裂而成功篡位,诸位贤臣也一定会有相应的应对之道。

二　王敦桓温垂死谋篡

　　呜呼!人苟移情于富贵而沉溺以流焉,何所不至哉!天子之尊,四海之富,亦富贵也;簿尉之秩[1],百金之获,亦富贵也;垂至于死而苟一日得焉,犹埋心引吭以几幸之[2]。不知其何所为也,不知其何所利也,垂至于死而不已;人而不仁,将如之何哉!《易》曰:"不鼓缶而歌,则大耋之嗟,凶[3]。"大耋矣,何嗟乎?名之未得、利之未遂焉,俄而嗟矣;俄而并忘其嗟,而埋未冷之心,引将绝之吭,以思弋获矣。有涯之日月,废鼓缶之欢,营营汲汲,笑骂集于厥躬而不恤[4]。簿尉一天子[5],百金一四海也,人尽如驰,涂穷焉而后止。呜呼!亦何所不至哉!

【注释】

①簿尉:主簿和县尉,泛指地方官府中的辅佐僚属。

②引吭:扯开嗓子,多指大声欢呼、歌唱、吼叫等。几幸:非分企求、期望。

③"不鼓缶"几句：语本《周易·离卦》爻辞："日昃之离，不鼓缶而歌，则大耋之嗟，凶。"意思是夕阳西下，好比人生已入老年，这时如果不能敲着瓦器高歌，就难免会有春蚕将死、蜡炬成灰的哀叹，这样必然遭遇凶险。耋(dié)，老年人的通称。古人称老年人为"耋年"。

④厥：其。躬：自身。

⑤一：一如，等同。

【译文】

　　唉！人如果移情于追求富贵而沉溺其中、不能自拔，那么他什么事情做不出来呢？天子的九五之尊，拥有四海的富足，这是富贵；主簿、县尉之流的低微职位，一百金的所获，也是富贵。一直等到快死的时候，只要有能苟且得到一天富贵的机会，就会埋下不甘的心，扯开嗓子吼叫，企求能得到它。不知道他们为了什么，不知道他们能从中得到什么好处，以至于即便垂死挣扎也从不停止。身为人而没有仁义，将会如何呢？《周易》中说："人生已入老年，这时如果不能敲着瓦器高歌，就难免会有春蚕将死、蜡炬成灰的哀叹，这样必然遭遇凶险。"既然年纪已经很大了，为何还要哀叹呢？因为没有得到名和利，所以他们不停地叹息；然而他们很快就忘记了自己的叹息，而就此埋下不甘的心肠，故而在临死之时放声吼叫，以期有所收获。在其生命有限的年月中，放弃敲着瓦器高歌以安享晚年的欢乐，急切而不知疲倦地追逐名利，任凭天下人的笑骂集于自己身上而不顾。将主簿、县尉这样的低级官职看得如同天子之位一般尊贵，将百金的收获看作四海之内的财富一样丰厚，人人都为此奔波驰骋，直至走到道路尽头才知道停止。哎！如此，还有什么事情做不出来呢？

　　王敦、桓温皆于老病奄奄、旦暮且死之日而谋篡不已，以为将贻其子孙，则王含、王应奴隶之才①，敦已知之；桓熙弱劣^②,玄方五岁,温亦知之矣。王导知敦之将死,起而讨敦;王、谢诸贤知温之将死,而坐待其毙;敦与温亦何尝不自知也。其心曰:吾一日而居天子之位,虽死犹生。呜呼! 天下之不以敦、温之心为心者,吾见亦罕矣哉!

【注释】

①王应(?—324):琅邪临沂(今山东临沂)人。王敦之兄王含的儿子。因王敦无子,被过继给王敦作为子嗣。王敦起兵造反失利,在临死前假传圣旨任命王应为武卫将军,为其继位制造合法的理由。王敦死后,王应不公布王敦死讯,日夜纵酒淫乐。遭到朝廷讨伐后,王应和父亲王含投靠荆州刺史王舒,被王舒沉入长江。其事见于《晋书·王敦列传》。

②桓熙:字伯道,谯国龙亢(今安徽怀远)人。桓温之子、桓玄之兄。最初被桓温立为世子,但因他暗弱而无才能,桓温派自己的弟弟桓冲代领其军队。桓温病重时,桓熙秘谋诛杀叔父桓冲,事情泄露,被迁徙到长沙。其事见于《晋书·桓温列传》。

【译文】

王敦和桓温都是在年老病重、气息奄奄、旦夕之间就可能死去的情况下仍不放弃篡位的图谋,认为这样做可以给他们的子孙留下皇位。王敦的哥哥王含、养子王应都是奴仆般的庸才,王敦已经知道了这一点;桓温的儿子桓熙暗弱庸劣,另一个儿子桓玄才五岁,桓温自己也知道。王导知道王敦将死,而率军讨伐王敦;王彪之、谢安诸位贤臣知道桓温将死,而坐等其毙命。王敦和桓温何尝不知道自己的情况呢? 他们所想的不过是自己登上皇帝的宝座一天,就会觉得死而无憾、虽死犹生了。唉! 天下人中不心怀王敦、桓温那样心思的人,我也很少见到啊!

孟子曰:"万钟于我何加焉,宫室之美,妻妾之奉,穷乏之得我,失其本心①。"虽然,犹人生之有事也。至于奄奄垂死而三者皆不任受,然且鼓余息以蹶起而图之②,是何心哉?一念移于不仁,内忘其心,外忘其名,沉湎淫溺自不能已,而不复问欲此之何为也。谋天下者曰:簿尉之秩,百金之获,何足以死求之也? 谋簿尉百金者曰:天子之尊,四海之奉,何易求焉? 吾所求者,且暮未死而可得也。而不知其情同矣,易地则皆然也。幼而忘身以贪果饵,长而忘身以贪温饱,相习相流,愈引愈伸而不可中止;自非立志于早,以名义养其心而生恻悱,未有老死而能忘者也。苟不志于仁,勿怪乱臣贼子之怙恶以没身也。

【注释】

①"万钟"几句:语本《孟子·告子上》:"万钟于我何加焉? 为宫室之美,妻妾之奉,所识穷乏者得我与? ……此之谓失其本心。"意思为高官厚禄对我有什么好处呢? 是为了住宅的华丽,妻妾的侍奉和熟识的穷困之人感激我吗? ……这就是所谓失去了自己的本心啊。

②蹶起:迅速起来。

【译文】

孟子曾说:"高官厚禄对我有什么好处呢? 是为了住宅的华丽,妻妾的侍奉和熟识的穷困之人感激我吗? 这就是失去了自己的本心啊。"尽管如此,住宅的华丽、妻妾的侍奉、熟识的穷困之人感激自己,好歹也是在自己活着的时候能得到的事物。至于那些气息奄奄、即将死去、上述三者皆无法享受的人,却仍鼓起剩余的气息,迅速起来图谋得到这些事物,他们到底是何用心呢? 一念之间,内心移于不仁不义的念头,在内忘掉本心,在外忘记名义,沉溺于其间而不能自拔,却不再问想要得到这些到底是为了什么。图谋天下的人说:"主簿和县尉的官秩,百金的所获,哪里足以不惜生命地去追求呢?"图谋主簿、县尉职位和百金的人说:"天子的九五之尊之位,四海之内的进奉,多么不容易求得,我所图谋的,只是死亡之前就很快可以得到的东西而已。"他们不知道他们的想法实际是相同的,只要彼此交换一下位置就会发现,他们所追求的事物和追求的方式其实都是一样的。年幼时不顾惜自己而贪求果脯食物,长大后便不顾惜自己而去贪图温饱,如此日益习惯于此、日益被熏陶,则越陷越深而最终不能自拔。除非是早早立志,用名和义来修养自己的身心从而产生恻隐之心的人,否则没有到变老快死的时候能忘怀追逐富贵的。只要不立志求仁,就不要对乱臣贼子坚持作恶最终身死感到奇怪了。

三　谢安反经合道

汉儒反经合道,程子非之[1],谓权者审经之所在,而经必不可反也。于道固然,而以应无道之世,则又有不尽然者。母后之不宜临朝,岂非万世不易之大经乎? 谢安以天子幼冲,请崇德皇后临朝摄政[2],灼然其为反经矣。王彪之欲已之,而安不从。彪之之所执者经也,安之所行者权也,是又反经之得为权也。

【注释】

①汉儒反经合道,程子非之:"权"(权变)和"经"(基本原则)的关系是古代经学中的一个经典命题。汉代经学家多主张"权"虽反"经",但仍可以合乎道,如董仲舒《春秋繁露·玉英第四》曰:"夫权虽反经,亦必在可以然之域,不在可以然之域。"《孟子注疏·

离娄章句上》赵岐疏曰：“夫权之为道，所以济变事也，有时乎然，有时乎不然，反经而善，是谓权道也。故权云为量，或轻或重，随物而变者也。”但宋代程颐不认同汉儒的观点，其《程氏遗书》曰：“古今多错用权字，才说权，便是变诈或权术。不知权只是经所不及者，权量轻重，使之合义，才合义，便是经也。今人说权不是经，便是经也。”程子，指程颐（1033—1107）。字正叔，世居中山，后徙为河南府洛阳（今河南洛阳）人，世称伊川先生。北宋理学家程颢的胞弟。其自幼好学，与其兄同学于周敦颐，共创“洛学”，为理学奠定了基础，世称“二程”。主张“穷理”和气节之说。传见《宋史·程颐列传》。

②崇德皇后：即褚太后，东晋康帝的皇后，简文帝时被尊为崇德太后。

【译文】

　　汉儒认为权变虽违背常道却仍合乎道义，程颐对此并不认同，他认为权变是仔细考虑常道后的产物，常道是必然不能违反的。他的观点对于道而言固然正确，但如果将其应用于无道之世，又并不完全正确。母后不应该临朝听政，难道这不是万世不变的常道吗？谢安以天子年幼为由，请求褚太后临朝摄政，这显然是违背常道之举。王彪之打算阻止这件事，而谢安却不听从。王彪之所依据的是常道，而谢安所实行的权变，这是行权变而违背常道的做法。

　　桓温虽死，扬、豫、江三州之军事，桓冲督之①。冲不终逆而克保臣节，世遂以忠顺归之。夫冲特不为王含耳。含之逆，于未败之前已有显迹。温死，人心乍变，郗超之流折伏沮丧②，恶知冲非姑顺巽以縻系人心而徐图之邪③？且冲果有怀忠效顺之情，当温存日，冲固与相得而为所付托者，何不可以规温而使守臣节？则冲之无以大异于温审矣。若温既亡而或说以诛逐时望④，冲不听者，不能也，非不为也。王、谢诸贤，非刘隗、刁协之伦匹，温且不敢决于诛逐，冲亦量力而止耳。外人遽信其无他，谢安固察见之，而不早有以制之哉？奉太后为名，以引大权归己，而冲受裁焉，安盖沉思熟虑，执之坚固，而彪之不能夺也。

【注释】

①桓冲（328—384）：字幼子，谯国龙亢（今安徽怀远）人。东晋名将，桓温之弟。早年随桓温北伐，桓温死后，历任中军将军、都督江扬豫州军事、扬豫二州刺史。他忠于晋室，以国家为重，将原本桓温时取得的扬州刺史职位让给谢安，自愿出镇外地。后与谢氏协力防御前秦进攻，最终取得淝水之战的胜利。传见《晋书·桓冲列传》。

②郗超（336—378）：字景兴，一字嘉宾，高平金乡（今山东金乡）人。东晋官员，郗鉴之孙。年少时卓越超群，放荡不羁，颇善清谈。后历任参军、中书侍郎、司徒左长史等职。曾为桓温谋划，劝说桓温废帝立威，但桓温最终并未采纳他的建议。桓温死后以母丧辞官。传见《晋书·郗超列传》。折伏：屈服，被制服。

③顺巽：顺风，此指见风使舵。

④时望：当时有威望的人。

【译文】

桓温虽然死了，然而扬、豫、江三州的军事仍由桓冲督管指挥。桓冲始终没有叛逆而恪守臣子之节，所以世人就以忠顺之名称赞他。桓冲只是没有成为像王敦的养子王含那样的人罢了。王含的叛逆，在没有败露之前就已显露出明显的迹象。桓温死后，人心突变，郗超之流被

制服而感到沮丧失望,怎么能知道桓冲不是姑且顺从朝廷、见风使舵从
而收揽、笼络人心,进而缓慢地图谋篡权呢? 况且,如果桓冲真有心怀
忠诚、愿意顺从朝廷、为朝廷效劳的想法,那么当桓温还在世的时候,桓
冲固然和桓温相互依存、相互依托,为什么不能规劝桓温恪守臣节呢?
如此看来,则桓冲和桓温没有什么大的差别,这一点是清楚明白的。至
于桓温死后,有人游说桓冲诛杀、驱逐当时朝中有威望的人,桓冲没有
采纳,是因为他办不到,而非不想去做。王彪之、谢安诸位贤臣,不是刘
隗、刁协之辈所能相比的,桓温尚且不敢轻易下决心诛杀、驱逐他们,桓
冲也不过是衡量自己的力量后停止罢了。外人很快都相信桓冲没有其
他的野心,但谢安却固然对桓冲有所察觉,他为什么不早些采取手段来
制约他呢? 谢安以尊奉褚太后为名,把大权掌握在自己手中,从而使桓
冲受到制约,令他的权力受到抑制,大概谢安对此已经过深思熟虑,牢
固地坚持这一策略,所以王彪之不能改变谢安的主意。

　　或曰:安为大臣,任国之安危则任之耳,何假于太后?
曰:晋之任世臣而轻新进也,成乎习矣。王导之能秉政也,
始建江东者也;庾亮,后族也;何充则王导所引重而授以政
者也。至穆帝之世,权归桓氏,非一日矣。谢安社稷之功未
著,而不受托孤之顾命,其兄万又以虚名取败①;安之始进,
抑受桓温之辟,虽为望族,无异于孤寒;时望虽隆,而蔡谟、
殷浩皆以虚声贻笑,固群情之所不信;而乍秉大权,桓冲之
党且加以专国自用之名而无以相折,则奉母后以示有所承,
亦一时不获已之大计也。

【注释】
①其兄万又以虚名取败:指谢万与郗昙兵分两路讨伐前燕,遭遇兵

败,被废为庶人。事见《晋书·谢万列传》。谢万(320—361),字
万石,陈郡阳夏(今河南太康)人。东晋名士,谢安之弟。其人少
有才名,兄长谢奕去世后接任西中郎将、豫州刺史。王羲之曾认
为他徒有虚名,非将帅之才,建议桓温不要令其出掌外镇。后来
他受命与郗昙一同北伐前燕,果然大败,使得豫州大部沦陷,最
终被废为庶人。传见《晋书·谢万列传》。

【译文】

　　有人说:谢安作为朝廷大臣,肩负国家安危的重任,那么他自己承
担这一责任就好,为什么还要借助于褚太后呢? 回答是:东晋重用世家
大族作为大臣而轻视新进的大臣,已养成了习惯。王导能够执掌国政,
因为他是起初建立江东基业的功臣;庾亮是明帝皇后庾文君的哥哥,属
于外戚;何充则是王导引荐重用而授以国政的人。到了穆帝的时候,大
权归于桓氏,这已经不是一天两天的事了。谢安对于江山社稷所做出
的贡献还未显著,而且未受先皇托孤的顾命遗诏,他的兄长谢万又因虚
有声名、攻前燕失败而贻笑天下。谢安刚开始进入朝廷,也是受桓温的
举荐,虽然谢氏也是江东望族,但和普通的孤寒庶族相差无几。当时他
虽然声望很高,但蔡谟、殷浩都因为空有虚名而无实绩给众人留下了笑
柄,所以谢安起初也不被大家所信任。突然让谢安掌握大权,桓冲的党
羽还会强加给他专权擅国、持权自用的罪名而使其无法反驳。如此看
来,则尊奉皇帝的母后摄政,向天下表明自己的权力有其合法来源,也
是他一时之间出于不得已而定下的大计啊。

　　或曰:安胡不引宗室之贤者与己共事,而授大政于妇人
邪? 曰:前而简文之辅政,其削国权以柔靡,已如此矣。后
而道子之为相①,其僭帝制以浊乱,又如彼矣。司马氏无可
托之人,所任者适足以相挠,固不如妇人之易制也。此之谓

反经而合道，又何伤哉？

【注释】

①道子：即司马道子（364—402）。河内温县（今河南温县）人。东晋权臣，晋简文帝司马昱第七子。初封琅邪王，后徙封会稽王，历任司徒、扬州刺史、录尚书六条事等职，深受孝武帝器重。孝武帝死后，他以皇叔身份辅政，擅权专政，任用宠臣王国宝，招致王恭叛变。后任由其子司马元显掌控朝政，最终其子被桓玄击败，他自己遭流放，旋即被毒杀。传见《晋书·会稽文孝王道子列传》。

【译文】

有人说：谢安为什么不引荐司马氏宗室中的贤人和他共同执掌国政，却将大权授予妇人呢？回答是：以前简文帝辅政，因为他柔弱萎靡，从而致使国家的政权被侵削，已严重到如此地步。之后司马道子为相，他擅权专政并僭越帝制，造成祸乱，结果就像简文帝一样。司马氏之中已没有可以托付之人，任用他们恰恰会阻挠谢安的计划，所以固然不如妇人容易控制。这就是所谓的权变虽违背常道却合乎道义，又有什么损害呢？

虽然，王彪之之议，不可废也。安虽不从，而每叹曰："朝廷大事，王公无不立决。"服其正也。审经以为权，权之常；反经以行权，权之变；当无道之天下，积习深而事势违，不获已而用之，一用而不可再者也。故君子慎言权也。

【译文】

尽管如此，王彪之反对褚太后临朝的建议也不能轻易被废弃。谢安虽然没有听从其意见,但也每每叹息道:"朝廷大事,王彪之没有不立马决断的。"他这是佩服王彪之的正派。认真审视常道而行"权",这就是"权"的常道;违背常道以行权变,则是"权"的变通。面对无道的天下,由于不良的积习已深、事情的态势与常道相左,不得已而行权变,施行一次即可,不能再次施行。所以,君子应慎言权变。

四　除度田收租制

太元元年①,谢安录尚书事②,除度田收租之制③。度田收租者,晋之秕政,鲁宣公税亩之遗弊也④,安罢之,可谓体天经以定民制矣。

【注释】

①太元元年:公元 376 年。太元,东晋孝武帝司马曜的第二个年号,使用时间为 376—396 年。

②录尚书事:起源于东汉的一种加官,无品级。魏晋时期凡加此头衔者,可代表皇帝对尚书台(省)的一切事物进行总领,位比宰相,担任录尚书事的官员地位往往极其显赫。

③度田收租:指东晋按田亩实数征收赋税的制度。永嘉南渡后,来自中原地区的王公贵族、官僚地主和东南原有的贵族、地主都享有种种特权,他们按官品分等占田,并把大量农户变为他们的荫户,不纳赋税。咸和五年(330),为解决财政困难,东晋朝廷实行度田收租制度,按照各地垦种田亩实数,每亩征米三升。但权贵地主拒绝缴纳,积欠至五十余万斛。隆和元年(362),减为每亩征收二升,至太和元年(366)被迫废除。

④鲁宣公税亩:指春秋时期鲁国在宣公十五年(前 594)实行的按田亩数量征税的田赋制度,史称"初税亩"。

【译文】

太元元年,谢安出任录尚书事,废除了度田收租制度。度田收租之制是东晋的弊政,也是春秋时鲁宣公所行"初税亩"遗留下来的弊端,谢安废除它,可以称得上是体察上天的常道以订立民制了。

王者能臣天下之人,不能擅天下之土。人者,以时生者也。生当王者之世,而生之厚、用之利、德之正,待王者之治而生乃遂;则率其力以事王者,而王者受之以不疑。若夫土,则天地之固有矣。王者代兴代废,而山川原隰不改其旧①;其生百谷卉木金石以养人,王者亦待养焉,无所待于王者也,而王者固不得而擅之。故井田之法,私家八而公一②,君与卿大夫士共食之,而君不敢私。唯役民以助耕,而民所治之地,君弗得而侵焉。民之力,上所得而用,民之田,非上所得而有也。

【注释】

①原隰(xí):平原和地势低下且湿润的地方,泛指原野。隰,低湿的地方。

②井田之法,私家八而公一:根据《孟子》《周礼》等文献的记载,井田制是以方九百亩为一里,划为九区,形如"井"字。其中间一区为公田,外八区为私田,八家均私百亩,同养公田。农夫在耕作时,需要先完成公田的工作,再去打理私田。

【译文】

帝王能使天下人作为自己的臣子,却不能占尽天下的土地。人是生活在一定的时空中的。生活在王者之世,他们的生活条件优渥、物用便利、道德品质端正,需要等待帝王安定天下而生活才会有所保障;那么他们就会竭尽全力来侍奉自己的国君,而帝王也毫不怀疑地接受。至于土地,则是天地之间所固有的东西。历代帝王兴废无常,而山川原野却依旧没有改变;土地滋生百谷、花草、树木、金石等物来养育人们,帝王也需要土地供养,土地却不需要等待帝王的供养,帝王固然也不能独自占有土地。过去的井田制度中,九块土地里私家占八成而公家占一块,君主和卿大夫共同分享收获,而君主不敢将所有收获据为私有。只是役使民众来助耕,而百姓所耕种管理的土地,君主不得随意侵夺。民力是君主能够役使而用的,民田却不是君主能够得到和占有的。

　　助、彻者①,殷、周之法也,夏则贡矣。贡者,非贡其地之产,贡其人力之所获也。一夫而所贡五亩之粟,为之制耳。曰五十而贡者,五十为一夫而贡其五也。若夫一夫之耕,或溢于五十亩之外,或俭于五十亩之中,为之一易、再易、莱田之名以宽其征②。田则自有五谷以来民,所服之先畴,王者恶得有之,而抑恶得税之? 地之不可擅为一人有,犹天也。天无可分,地无可割,王者虽为天之子,天地岂得而私之,而敢贪天地固然之博厚以割裂为己土乎? 知此,则度而征之者,人之妄也;不可度而征之者,天之体也:此之谓体天经矣。

【注释】

　①助、彻:和下文中的"贡"皆出自《孟子·滕文公上》:"夏后氏五十而贡,殷人七十而助,周人百亩而彻,其实皆什一也。彻者,彻也;助者,藉也。"大意是说,夏朝平民每户从国家受田五十亩,然后将收获物的一部分贡纳给国家。商朝、周朝都实行井田制,商朝井田每块土地是七十亩,公田的收获物归国家所有,私田的产

品则归百姓自己所有，田赋只取公田产品，不取私田产品，这就是所谓"助"法，又称藉法，藉就是借，指借民力以耕公田。周代的井田中，每块土地为一百亩，一井共九百亩，授予八家共同耕种，最后以八百亩的收获物分给八家，一百亩的收获物作为田赋缴给国家，这就是"彻"法，彻就是通的意思，指通盘核算。

②一易：指需要休耕一年的土地。再易：指需要休耕两年的土地。莱田：荒地，因肥力差，无法长期耕种，需休耕数年。

【译文】

"助"与"彻"是殷商、周朝时期的赋税制度，夏朝则是施行"贡"法。其所贡献的，不是进贡其所占土地的产品，而是进贡其人力所收获的东西。说一个农夫要贡纳五亩地产的粟，这不过是为了统计便利而设的制度罢了，并非单纯以亩数为准。又有说"五十而贡"的，是一个农夫耕种五十亩土地而进贡其五亩之粟。如果一个农夫所耕种的土地超过了五十亩，或少于五十亩，就有隔年耕种土地、三年休耕两年，以及通过开垦荒地的方法来放宽征收。田地之中自然有五谷来让百姓耕种，农夫致力耕种先人传下的田亩，帝王怎么能占有其土地上的收获，又怎么能向其土地征收赋税呢？土地不可占为一人所有，就像人不能占有天一样。天不能被分割占有，地也不能被分割占有，帝王虽然是上天之子，难道能得到天地并据为私有吗？而又怎么敢贪求天地所固有的博大深厚，试图将其割裂占有并作为自己的私土吗？懂得了这个道理，则度田而收租就是人们的狂妄想法了；不能度田收租是上天意志的体现，这就是所谓的"体察上天的常道"了。

以治民之制言之，民之生也，莫重于粟；故劝相其民以务本而遂其生者，莫重于农。商贾者，王者之所必抑；游惰者、王者之所必禁也。然而抑之而且张，禁之而且偷，王者亦无如民何。而惟度民以收租，而不度其田。一户之租若

干,一口之租若干,有余力而耕地广、有余勤而获粟多者,无
所取盈;窳废而弃地者,无所蠲减;民乃益珍其土而竞于农。
其在强豪兼并之世尤便也,田已去而租不除,谁敢以其先畴
为有力者之兼并乎? 人各保其口分之业,人各劝于稼穑之
事,强豪者又恶从而夺之? 则度人而不度田,劝农以均贫富
之善术,利在久长而民皆自得,此之谓定民制也。

【译文】

从治理百姓的制度而言,在百姓的生计中,再没有比粮食更重要的
了;故而在劝勉民众以致力于本业而得以生存下来的事务中,没有比农
业更为重要的。商贾是帝王必须抑制的;游民与懒惰之民,则是帝王必
须禁止的。然而,即便抑制了商贾,他们还是会再度变得嚣张;禁止了
游民与惰民,他们还是会再度苟且偷生,国君因此也对百姓无可奈何。
故而唯有计算人数来收租,而不能丈量他们的田亩数量来收税。一户
人的租税若干,一口的租税若干,百姓若有多余的劳力而耕地多的,有
勤于耕作而收获谷物多的,也不再对其多收租税;废弃土地而不种田
的,也不蠲免减少其租税。这样,百姓将更加珍视土地而争相务农。这
在豪强兼并的世道下尤为有用,因为如果田地没了而租税却不能免除,
那么谁还敢拿自己祖先传下来的耕地供那些力量强大的人兼并呢? 大
家都各自保护他们按口分到的田地,大家都各自勤于稼穑农事,豪强大
户又怎能夺取他们的土地呢? 那么计算人口而不丈量土地以征税,就
是勉励人们务农从而使贫富得以平均的好办法,这一制度利在长久,使
农民都可以安然自得,这就是所谓的"定民制"了。

太元之制,口收税米三斛,不问其田也。不禁兼并,而
兼并自息,举末世之制而除之。安之宰天下,思深而道尽,

复古以型今,岂一切苟简之术所可与议短长哉!

【译文】

　　太元年间的土地赋税制度,是每个人征收三斛米的租税,而不问其所占的田地数量。不禁止兼并,而兼并却能自然消失,这就消除了按亩征税这种末世的制度。谢安治理天下,思虑深远而穷尽道义,复兴古法以规范当今,其订立的制度难道是那些一刀切的苟且简单制度所能相比的吗?

五　晋设北府兵

　　荆、湘、江、广据江东之上流①,地富兵强,东晋之立国倚此也。而权奸内逼,边防外匮,交受制焉,亦在于此。居轻而御重,枝强而干弱,是以权臣窥天而思窃,庸人席富以忘危,其不殆也鲜矣。上流之势,以趋建业也则易,王敦、桓温之所以莫能御也;以度楚塞争淮表也则难②,舟楫之利困于平陆,守险之长诎于广野,庾亮、桓温之所以出而即溃也。谢安任桓冲于荆、江,而别使谢玄监江北军事,晋于是而有北府之兵,以重朝权,以图中原,一举而两得矣。安咏诗而取"讦谟远猷"之句③,是役也,可不谓谟猷之讦远者与?

【注释】

①荆:荆州,东晋荆州辖今河南南部、湖北西部、湖南北部一带。
　湘:湘州,辖今湖南大部、广东北部部分地区。江:江州,辖今湖北东部、江西、福建大部分地区。广:广州,辖今广东大部、广西东部及湖南南部。

②淮表:指淮河以北。

③安咏诗而取"讦谟远猷"之句:据《世说新语》记载,谢安与家族子弟聚会时,问《毛诗》中以何句为佳,谢安自己表示最喜欢《诗经·大雅·抑》中"讦谟定命,远猷辰告"一句,认为这句诗"偏有雅人深致"。讦谟定命,远猷辰告,意思是将远大宏伟的谋划与方略,及时地布告天下与民众。

【译文】

荆州、湘州、江州、广州分布在江东地区的上游,地方富足而兵强将广,是东晋赖以立国的保障。然而在内有权奸不断逼迫朝廷,在外则边防溃散,朝廷受到内部权奸和外敌的共同钳制,这也是由于荆州、湘州、江州、广州力量强大。皇帝居轻而御重,地方权势强大而中央权势弱小,所以权臣时刻窥伺着皇位而图谋窃取,庸碌的君主倚仗富裕的生活而忘记了危机,这样国家很少有不灭亡的。利用占据长江上流的优势,顺江而下,要直奔都城建业轻而易举,这就是东晋朝廷不能抵抗王敦、桓温的原因。但要从荆州、湘州一带越过荆楚险要之地,争胜于淮河以北就很困难,晋军擅长舟船的优势在平地上无法施展,守卫险要地势的长处在平原旷野就显得相形见绌,这是庾亮、桓温之所以一出军北伐就一触即溃的原因。谢安任命桓冲镇守荆州与江州,而又派他的侄子谢玄监领江北的军事,东晋朝廷因此而有了北府兵,可以增强朝廷的军权,并以此图谋收复中原,可谓一举两得了。谢安咏诵《诗经》而认为"讦谟远猷"之句为最佳,以此看来,设立北府兵的举动,怎能不被称为深谋远虑呢?

江北、河南之众,纪瞻尝用之以拒石勒,而石勒奔;祖逖尝用之以向汝、雒,而汝、雒复;所以不永其功者,王导之弗能任也。导之弗能任者,专任王敦于上流,而不欲权之分也。纪瞻一出而不继,祖逖始成而终乱,王敦、桓温乃挟荆、湘以与晋争。内乱而外荒,积之数十年矣,安起而收之。虽使桓冲牧江、荆,而自督扬、豫。北府兵强,而扬、豫强于江、荆,势之所趋,威之所建,权归重于朝廷,本根固矣。况乎中原南徙之众,尤多磊落英多之士①,重用之,以较楚人之僄而可荡者相什百也②。《书》曰:"迪惟有夏,乃有室大竞③。"竞以室,非竞以户庭也。安于是而知立国之弘规矣。故淝水之役,桓冲遣兵入援而安却之,示以荆、江之不足为轻重,而可无藉于彼,冲其能不终乎臣节哉?

【注释】

①磊落英多:指光明磊落、才智过人。

②僄:敏捷。什:十。

③迪惟有夏,乃有室大竞:语出《尚书·立政》:"古之人迪惟有夏,乃有室大竞。"意思是到了夏禹统治的时代,卿大夫的势力才开始强大起来,竞相招揽贤人或竞相修德以自强。有室,指卿大夫。

【译文】

长江以北、黄河以南的兵士与民众,纪瞻曾依靠他们来阻拒石勒,迫使石勒奔逃;祖逖曾依靠他们来进军汝州、洛阳,收复了汝州、洛阳。纪瞻、祖逖不能完成收复中原的功业,是因为王导不能对其委以重任。王导不能对其委以重任,是因为王导只重用坐镇上游的王敦,而不想分割王敦的军权。纪瞻率军出击一次后就不能继续进攻,祖逖北伐最初成功而最终却失败,王敦、桓温因此得以继续凭恃荆州、湘州的军队和东晋王朝相抗衡。内部混乱,对抗外敌也不能取得成功,这种情况已经持续几十年了,谢安出山执政后改变了此种情况。尽管他仍让桓冲管理江州、荆州二州,但他自己已掌握了扬州、豫州。北府兵的兵力强劲,而扬州、豫州的军事力量强于江州、荆州二州,朝廷在态势上压过荆州、湘州势力,树立了威势,朝廷的权力逐渐回归并得以加强,其根基就变得坚固了。况且,自中原南迁而来的人中,有很多光明磊落、才智过人之士,重用他们,将其和楚地的轻狂放纵之人相比较,他们实则强出十倍百倍。《尚书》中说:"到了夏禹统治的时代,卿大夫的势力才开始强大起来,竞相招揽贤人或竞相修德以自强。"谢安这么做的目的是壮大东晋朝廷,而非是强化桓冲所督率的荆、江之地。因此,谢安也算是懂得立国的深谋大略了。所以在淝水之战中,桓冲派军来增援北府军,却被谢安拒绝,以此来展现荆州、江州军队无足轻重,故而不用借助他们。由此来看,桓冲怎能不始终保持身为臣子的节操呢?

宋高、秦桧之愚也,忧诸帅之强而不知自强,杀之削之而国以终敝。桧死,张浚任恢复,而败溃于符离①,无可用之兵也。此殷浩之覆轨也。谢玄监军江北,择将简兵,六年而后用之,以破苻坚于淝水,非一旦一夕之效矣。

【注释】

①张浚任恢复,而败溃于符离:南宋隆兴元年(1163),宋孝宗以张浚为主帅,主持北伐。张浚部署李显忠与邵宏渊两军北伐,军队进据宿州州治符离,金将纥石烈志宁率军反攻,宋军大败。南宋丧失再战之力,被迫议和。事见《宋史·孝宗本纪》。

【译文】

宋高宗、秦桧愚蠢无知,担忧、畏惧将帅的强大却不知道加强自身的力量,他们杀害将帅、削弱其力量,而国家因此最终变得疲敝。秦桧死后,张浚担当恢复中原的大任,却最终在符离遭遇溃败,从此南宋朝廷就再也没有可用之兵了。这是重蹈了东晋殷浩北伐失败的覆辙。谢玄在长江以北负责监军,他挑选将领和士兵,训练六年以后才开始动用这支军队,在淝水之战中靠这支军队击破了符坚的军队,这不是一朝一夕的成果。

六　符坚作教武堂教阴阳兵法

先王之教、觌文匦武①,非徒以静民气而崇文治也。文可觌,武不可觌。不可觌者,不可以教,教之而武黩,黩则衰。符坚作教武堂,命太学生明阴阳兵法者教诸将,狄道也,而适足以亡。其为狄道者,奖武以荡人心而深其害气,言治者或知其不可矣,而妄人犹以迂疏诮之;其适足以亡也,则人未有能信其必然者。善哉岳武穆之言曰②:"运用之妙,存乎一心。"武而可以教教者哉? 教之习之,其志玩,其气枵,其取败亡必矣。

【注释】

①觌(dí)文匦武:指振兴文教、消弭武事。觌,显。

②岳武穆:即岳飞。谥武穆。

【译文】

先王的教化旨在振兴文教、消弭武事,不仅仅是为了安定百姓而崇尚文治。文教可以崇尚,武事却不可推崇。不可以推崇武事,表现在不可以把武事当作教育的内容,若教导人们武事,就会有穷兵黩武的风险,穷兵黩武就会导致国家衰亡。符坚设立教武堂,任命太学生中懂得阴阳、兵法的人教导各位将领,这是夷狄的教化方法,足以灭亡国家。夷狄的办法是通过奖励武功来鼓荡人心,从而加深他们的害人之气,谈论国家治理的人有的知道这样行不通,而无知妄为之人还认为这是迂远疏阔之论,因而讥笑他们。教导武事本就足以导致国家灭亡,然而还有人不能相信这种必然规律。岳飞有句话说得好:"兵法运用的奥妙,全在于运用者自己的内心。"武事难道可以被当作教育的内容吗？教导人们学习、演练武事，人们的志向就会变得轻慢，人们的心气就会空虚，他们最终必然会招致败亡。

兵之所尚者勇，勇非可教而能者也；所重者谋，谋非可豫设而为教者也。若其束伍之严，训练之勤，甘苦与共之以得士心，则取之六经而已足^①。其他诡诞不经而适以偾军杀将者^②，则阴阳时日壬遁星气之啧啧多言^③，非可进而进，可乘而不乘，以鬼道败人之谋者也。至于骑射技击之法^④，虽可习焉，而精于态者不给于用；口授而目营之，规行矩止，观天画地，疑鬼疑神，以沮其气而荡其心，不败何待焉？自非狂狡虚妄之士，孰敢任为之师？自非市井亡赖窜身干进之徒，孰乐为之弟子？官为之制，妄人尝试焉，祗以乱天下，而武备日以玩而衰。苻坚之好虚名而无实用，若此类者众矣，国破身死，而后人犹效之，愚不可瘳，一至此乎！

【注释】

①六经：指《诗》《书》《礼》《易》《乐》《春秋》。

②偾（fèn）军：使军队覆败。偾，覆败，灭亡。

③壬遁：六壬和遁甲的合称。六壬，古代宫廷占术的一种。遁甲，古代方士术数，主要用以预测祸福。

④技击：用于搏斗的武术。

【译文】

军事行动所崇尚的是勇敢，勇敢并非可以被教导而能具备的；军事行动注重的是谋略，谋略也不是可以预先设定并加以教导的。至于严格约束军队、勤于训练、与士兵同甘共苦从而得到其衷心拥护，这些从

"六经"中吸取智慧、加以学习就足够了。至于其他诡谲怪诞而足以使军队覆败、将领被杀的,就是诸多关于阴阳时辰、六壬遁甲和星气变化的无稽之谈,作战时本不能前进而前进,应该乘机制胜时而没能乘机制胜,这都是因为用鬼道来扰乱了人谋。至于说骑射、技击的方法技巧,虽然可以学习,但若只精于模仿姿态,则无济于实用;通过口头传授、亲眼观摩的办法学习武事,就只会循规蹈矩,观察天象、指画地理,疑鬼疑神,都会沮丧士气而动摇军心,这怎么可能不失败呢? 只要不是狂妄、狡辩、虚妄的人,谁敢让这些教导武事的人当老师呢? 只要不是市井无赖、逃犯或一心钻营、谋求仕进的人,谁又乐意做他们的弟子呢? 官府将教导武事作为制度,无知妄为之人想在此尝试一下自己的本领,结果只会祸乱天下,使武备日益轻慢荒废乃至衰落不振。符坚喜好虚名而不切实际,他像这样的举措还有很多,最终导致其国破身死。然而后人还要效法符坚,这真是愚蠢得不可救药,竟然到了这个地步!

七　桓玄之祸始于谢安分荆豫江三州以授诸桓

　　桓冲死,谢安分荆、豫、江三州以授诸桓[①],桓玄之祸始于此矣。安之虑桓氏已熟矣,折桓冲而令其无功愧死,其势可以尽削桓氏之权,以奖晋室;然而为此者,自以父子名位太重,贻桓氏以口实,不得已而平其怨忌也。夫桓氏亦岂以私怨怨安而危安者乎? 忧不在桓氏,而在司马道子、王国宝也[②]。二奸伏于萧墙,蛊孝武以忌安,而不足以相胜,则必假手桓氏以启衅。主昏相妒,以周公之圣,且不能塞不利孺子之口[③],而况安乎? 故以知安之于此,有大不获已者在也。所任者,石虔也、石民也、伊也[④],以为差愈于玄而可免于乱;然而终不能免,则安穷矣。

【注释】

①豫：豫州。东晋豫州辖今河南西部、南部地区。诸桓：指桓石民、桓石虔、桓伊等桓氏家族成员。太元九年（384），东晋朝廷任命桓石民为荆州刺史，桓石虔为豫州刺史，桓伊为江州刺史。

②王国宝（？—397）：太原晋阳（今山西太原）人。东晋奸臣，王坦之之子。因品行不端，不为谢安所重用。后投靠司马道子，进言诋毁谢安，又因与外戚王恭有隙，劝说司马道子解除王恭的兵权，招致王恭起兵。司马道子遂诬罪国宝，赐死。传见《晋书·王国宝列传》。

③以周公之圣，且不能塞不利孺子之口：语本《尚书·金縢》："武王既丧，管叔及其群弟乃流言于国，曰：'公将不利于孺子'。"意思是武王死后，管叔及蔡叔等人在其属国散布流言说周公将对年幼的成王不利。孺子，幼儿、儿童，这里指年幼的周成王。

④石虔也、石民也、伊也：石虔，桓石虔（？—388），小字镇恶，谯国龙亢（今安徽怀远）人。东晋将领，桓豁庶子。勇猛矫捷，颇有才干。曾平定袁真叛乱，击败符坚进犯，累官至豫州刺史。传见《晋书·桓石虔列传》。石民，桓石民（？—389），谯国龙亢（今安徽怀远）人。晋朝将领，桓石虔之弟。年少知名，历任梁郡太守、荆州刺史等显职，甚具名望，多次击败北方来犯之敌。传见《晋书·桓石民列传》。伊，桓伊，字叔夏，谯国铚县（今安徽濉溪）人。东晋将领，桓景之子。富有军事才略，抚军御敌有方。曾联合谢玄打败前秦将领王鉴和张蚝，后又参加淝水之战，大败符坚。传见《晋书·桓伊列传》。

【译文】

桓冲死后，谢安将荆州、豫州和江州分别授予桓氏子弟，桓玄叛乱的祸患就自此埋下。谢安对于防范桓氏叛乱篡位的思虑非常缜密，他挫败了桓冲的野心，使桓冲因无功可立而羞愧地死去。利用当时的态势,他可以完全彻底削夺桓氏的权力,以强化东晋王室;然而谢安之所以授予桓氏权力,是由于他认为自己和儿子谢琰、侄子谢玄名誉和权位过重,害怕给桓氏留下攻击的口实,不得已而采取这种办法来平息桓氏的怨恨与猜忌。但桓氏难道会因个人的私怨而怨恨谢安并最终危害到谢安吗?值得担忧的不是桓氏,而是司马道子和王国宝二人。这两个奸臣潜伏在萧墙之中,蛊惑孝武帝来猜忌谢安,然而他们的力量不足以战胜谢安,那么他们必然借桓氏之手来挑起争端。君主昏庸、宰相妒忌贤能,即使以周公的圣明,也不能杜绝"周公将不利于年幼的成王"那样的谣言,何况是谢安呢?所以我们能知道身处此种情形的谢安,实在是有万不得已的苦衷。谢安所任用的人是桓石虔、桓石民与桓伊,以为任用他们总比桓玄要强,因而可以避免祸乱。然而终究没能避免祸乱,那么谢安也就黔驴技穷了。

虽然,安岂遂无道处此以保身而靖国乎?安秉国政于此十年矣,太后归政而己录尚书八年矣。夫岂晋廷之士举无可大受之人材,使及早而造就之以储为国之柱石者?冲死之后,内不私之于子弟,外不复假于诸桓,君无可疑,相无可谤,而桓氏亦无所倚以争权。安之识早弗及此也,则临事周章,亦其必然之势矣。量不弘而虑不周,有靖国之忠,而惛于大臣之道,安不能免于责矣。

【译文】
　　尽管如此,谢安难道没有什么办法来处理此种情况,并以期保身且安定国家吗?谢安在朝廷执掌国政已经十年了,褚太后还政于孝武帝时,谢安担任录尚书事也已达八年之久。难道东晋朝廷的大臣中完全没有能承担重任的人才,可以让谢安及早着手加以培养、使其成为国家柱石吗？桓冲死后，假使谢安对内不心怀私心地照顾自家子弟，对外也不再借助于桓氏诸人的力量，则君主对其无可怀疑，宰相对其无可诽谤，而桓氏也没有什么借口来与其争夺权势。谢安的见识远没有达到这种程度，所以只好事到临头再匆忙应对、张皇失措，这也是事情发展的必然趋势。气量不够恢宏且思虑不够周详，虽然有安定国家的忠心，却在如何恪尽大臣之道上犯了糊涂，谢安是不能免于被指责的。

《鸱鸮》之诗曰："既取我子，勿毁我室①。"周公长育人才之心，至于疑谤居东而哀鸣益切②。人才者，大臣之以固国之根本者也，时未有贤，则教育之不夙也。不此之务，惴惴然求以弭谤，而贻国家之患，可深惜也夫！

【注释】

①既取我子，勿毁我室：语出《诗经·豳风·鸱鸮》。意思是既然已经夺走了我的孩子，就不要再毁坏我的家了。《鸱鸮》篇描写了母鸟在鸱鸮抓去它的小鸟之后，为了防御外来的再次侵害，保护雏鸟，不怕辛劳，不折不挠地重建巢穴。学者多认为这隐喻周虽灭商，但周王室仍旧面临管蔡之叛、商人余叛未清的危局，而周公于此时力挽狂澜，平乱安国，犹如诗篇中保护并重建家园的母鸟形象。

②居东：出居东都。《毛诗正义》孔颖达疏："《鸱鸮》，周公救乱也。成王未知周公之志，公乃为诗以遗王，名之曰《鸱鸮》焉……郑以为，武王崩后三年，周公将欲摄政，管、蔡流言，周公乃避之，出居于东都。"

【译文】

《诗经·鸱鸮》中说："既取我子，勿毁我室。"周公常常想着培育人才，以至于他受到来自猜疑诽谤而出居东都时，反而更加急切地哀鸣，迫切地渴求人才。人才是大臣用来巩固自己国家的根本，若当时没有贤才，就需要孜孜不倦地教导培养人才。不去为国家培养人才，整日内心惴惴不安，以求得消弭诽谤与谣言，却给国家留下长久的隐患，这真是太令人深感痛惜了！

八　徐邈责范宁采求风政

问，次于学者也；问之道，尤重于学也。三代以下，于学也博，于问也寡；三代以上，于学也略，于问也详；故称舜之大知①，好问其至矣。虽然，学者，自为学也；问待人，而其涂有二：有自问者，有问人者。自问者，恐其心之所信，非其身之所宜；身之所行，非其心之所得；处事外者，公理之衡也，不问而不我告，问而犹恐其不我告焉，孜孜以求之，舜之所以为大知也，圣之津梁也②。问人者，舍其是非而求人之是非，舍天下之好恶，而求一人之好恶，察焉而愈昏，详焉而愈诐，君子之喜怒有偏者矣，小人之爱憎，未有不私者也，急于求短以疑其长，乱国暗主猜忌之臣所以惑焉而自夺其鉴也，愚者之狂药也。

【注释】

①舜之大知：语本《礼记·中庸》："子曰：舜其大知也与！舜好问而好察迩言，隐恶而扬善，执其两端，用其中于民，其斯以为舜乎！"意思是孔子说："舜可真是具有大智慧的人啊！他喜欢向人问问题，又善于分析别人话语里的含义。隐藏人家的坏处，宣扬人家的好处。过与不及两端的意见他都掌握，采纳适中的用于百姓。这就是舜之所以为舜的地方吧！"

②津梁：即桥梁。此指能起桥梁作用可以给人以指引的人。

【译文】

问是次于学的，而问的方法甚至比学更重要。夏、商、周三代以来，在学的方面愈发广博，而在问的方面却变得寡薄；三代以前，在学的方面简略，而在问的方面详尽。所以人们称舜为具有大智慧的人，是因为其好问到了极点。尽管如此，学是自己学，而问则要倚仗他人，这其中有两种途径：有自我提问的，有问别人的。自我提问的，是担忧自己内心所相信的和自己应该做的不一致；自身的行为和自己本心的感受不一致；处理身外之事自有公理来衡量，不问而没人告诉我，问还担心别人不告诉我，故而孜孜以求地自我询问，这就是舜之所以成为富有大智慧的人的原因，自我提问是成为圣人的桥梁、途径。问别人的人，舍弃自己的是非标准而寻求他人的是非标准，舍弃天下人的好恶而寻求一个人的好恶，别人回答得越明晰，自己反而变得越糊涂，别人回答得越详尽，自己反而会变得越偏颇邪僻。君子的喜怒尚且有所偏颇，小人的爱憎更是全和自己的私心私利息息相关。急于寻求别人的短处而怀疑别人的长处，混乱国家中昏聩的君主和猜疑忌妒的大臣都在这一点上迷惑不解，自己夺去了能作为自己镜鉴的谏诤贤臣，这真是愚蠢者的致狂之药。

夫人之心行，有小略而大详者，有名污而实洁者，有迹诡而心贞者。君子于此，鉴之真，信之笃，不忍求人于隐曲①，抑不屑也；而流俗之口，好拣举以矜其慧辨②；奸邪之丑正者勿论焉。不择人而问之，则善恶互乱；有所偏任，则谗间行。问之君子，则且对以不知；问之小人，则尽言而若可倚。于是而贤才之心，疑畏而不为用；奸伪之士，涂饰以掩其恶；则有谗不见，有贼不知，皆好问者之所必致矣。居官而败其官,有天下而败天下,必也。故曰愚者之狂药也。舍其躬之得失,不考镜于公非,日取人之贞邪,待左右以为耳目,其亡速于桀、纣,不亦伤乎!

【注释】

①隐曲:隐私,难言之隐。

②挢举:诈称,谎说。挢,同"矫"。

【译文】

人的思想与行为,有在小处简略而在大处周详的,有名声不好而实际廉洁正直的,有行迹诡秘而内心忠贞不渝的。君子对于这些情况,应明鉴其中的真相,并充分信任别人的长处,不忍于苛求他人的难言之隐,也不屑于刨根问底。然而流俗之人都喜欢以谎言夸示自己的聪明善辨,至于奸邪之徒丑化、污蔑君子的行径就更不待言了。不选择对象而问,那么善恶就会颠倒混乱;如果有所偏信,那么就使谗言与离间之语盛行。若是询问君子,君子会回答不知道;若询问小人,则其会口若悬河,仿佛其是可以依凭的。于是贤才的心因为怀疑畏惧而不为朝廷所用;奸邪与虚伪之人,会粉饰、伪装自己来掩盖其罪恶。如此下去,即使有人进献谗言君王也无从辨别,即使有人窃国谋反君王也不得而知,这都是好问的人必然招致的苦果。长此以往,身居官职的人会败坏其官职,拥有天下的人会而败坏其天下,这是必然的。所以说,这是愚蠢者的致狂之药啊!舍弃自身的得失,不参证借鉴公众的议论来考辨是非曲直,每天以别人的言论作为判断善恶的依据,只将左右亲近之人作为耳目,则其灭亡的速度会比夏桀与商纣还快,这不也让人很悲伤吗!

范宁为豫章太守①,遣十五议曹下属城采求风政②,吏假还,讯问官长得失。是道也,不自问己过而问人,以聋为聪之道也。徐邈责之曰③:"欲为左右耳目,无非小人,善恶倒置,谗谄并进,可不戒哉!"治道学术,斯言尽之矣。

【注释】

①范宁(约339—约401):字武子,南阳顺阳(今河南浙川)人。东晋大臣、经学家。年少即专心勤学,博览群书,颇好儒学。后曾任余杭县令、临淮太守、豫章太守。为政清明,倡行教化,施政多有创举。传见《晋书·范宁列传》。

②风政:风俗习惯及治理情况。

③徐邈(343—397):字仙民,东莞姑幕(山东莒县)人。徐广之兄。东晋孝武帝"招延儒学之士",徐邈经太傅谢安的举荐,被补为中书舍人。谢安去世后,他帮助王献之稳定政局。后得知豫章太守范宁派议曹到下属县了解情况,并给予讯问官长得失的权力,便致书范宁,对范的做法提出不同意见。传见《晋书·儒林列传》。

【译文】

范宁任豫章太守之职时,派遣十五名官吏分别下到十五个属城去,探采访求当地的风俗习惯及治理情况,遇到官吏回来休假时,他就仔细问询民间对官长的评价与反应。这种办法,不自问自己的过失而询问他人,是以聋为聪的办法。徐邈责备他说:"愿意当别人左右耳目的人,没有不是小人的,他们颠倒善恶,君子相信他们,就等于让谗言与奉承之言一同进来,怎么能不加以警惕呢?"治理国家之道与从事学术的道理,这句话都已经说尽了。

九　谢安不能树人以贻后

有才皆可用也,用之皆可正也,存乎树人者而已矣。操树人之权者,君也。君能树人,大臣赞之;君弗能树人,责在大臣矣;君弗能树人,而掣大臣以弗能有为,大臣有辞也。君不令,而社稷之安危身任之,康济之功已著见①,而为天下所倚重,乃及身而止,不能树人以持数世之危,俾免于亡,大臣无可辞矣。

【注释】

①康济:安民济世。

【译文】

　　只要是有才能的人都可以任用,只要任用他们都可以使其忠诚正直,关键在于培养人才的人。操持培养人才之权的是君主。如果君主能培养人才,则大臣将同心辅佐他;如果君主不能培养人才,那么这一责任就转移到大臣身上了。君主不能培养人才,而且反过来掣肘大臣,使其不能有所作为,则大臣有理由推脱其责任。若君主并非贤明之君,而大臣身上肩负着社稷的安危,且其安民济世之功已然显现而为天下之人所倚重,这个时候大臣却仅以做好自己的事情为限度,不能培养人才来挽救持续数代的危局,来使国家免于灭亡,那么大臣就难以推脱罪责了。

　　王导、谢安,皆晋社稷之臣也。导庇其族而不能公之天下,故庾亮得而间之;然其没也,犹有郗鉴、王彪之、谢安以持晋室之危,虽非导之所托,而树之者犹导也。安以族盛而远嫌,不私其子弟可矣,当其身而道子以乱,迨其后而桓玄以篡,廷无端方严正之士,居端揆以镇奸邪①,不于安责,将谁责而可哉?

【注释】

①端揆：即居百官之首、总揽国政的宰相。此指执掌大权之人。

【译文】

王导与谢安都是东晋的社稷之臣。王导庇护其宗族而不能以公心来治理国家，所以庾亮能从中离间他与皇帝的关系；然而等到王导死后，还有郗鉴、王彪之、谢安来扶持身处危亡的东晋，虽然他们不是王导所托付的对象，但培养这三个人的还是王导。谢安因为家族势力强大而远远地避开嫌疑，不以私心偏袒其子弟固然可以，但在他执政时司马道子就祸乱朝廷，等到他死后又有桓玄篡位，朝廷之中没有端方严正的人来总揽国政、镇压奸邪之人，如此，不责备谢安，又可以责备谁呢？

　　老氏曰："功成身退，天之道①。"安，学于老氏者也，故能以力建大勋之子弟，使远引以全名。而宗族虽有贤者，皆无列于朝右，以是为顺天兴废之理与？夫君子之进也，有先之者；其退也，有后之者。退而无以后之，则已成之绪，与身俱没，而宗社生民不被其泽。既已为公辅，建不世之勋，则宗社生民，即厥躬之休戚矣。全身而避名，知衰而听命，抑岂所谓善退者哉？退之难于进也久矣。未退之日而早为退之地，非树人其何以退乎？

【注释】

①功成身退，天之道：语出《老子》第九章："富贵而骄，自遗其咎。功成、名遂、身退，天之道。"意思是人一旦富贵起来，往往会骄傲自大，这样会给自己栽下祸根。功成名就之后就抽身引退，这是上天昭示的道理。

【译文】

老子说:"功成身退,这是上天昭示的道理。"谢安喜好研读老子的著作,所以能够让自己家族中建立重大功勋的子弟远离权力中心以保全好名声。其氏族中即使有贤能的人,也无法列居朝堂、担任大官,谢安难道认为这样就是顺从上天所昭示的兴废有度的道理了吗?君子在进身效命前,有人已先于他在朝堂立足,从而提携、引导他;等到君子引身而退,其身后也应该有后继者出来效命朝廷。如果君子引退后没有后继之人,那么他已经建立的功业,也都会和自身一样湮没不存,而社稷与百姓就不能享受到他的恩泽。既然已经担任了三公、宰相的要职,建立了盖世的功业,那么社稷百姓也就和他自身休戚与共了。为了保全自己而逃避名声,知道国运衰落而听天由命,这难道就是所谓的善于引退吗?引退比进身难得多,这种状况已经持续很久了。在未退之时就应该为引退做好准备,若不培养后继之人,他如何能引退呢?

或曰:时未有人也。夫王雅、王恭、殷仲堪、王珣之徒①,躁而败者,望不重也,养不纯也。养其刚烈之气,檠括以正之②,崇其位望,以止其浮夸,此诸人者固皆可用,用而皆可正者也。安弗能养以戢其骄,授之昏湎之主以导于波,于是乎轻儇以从主之私,而激成上下相争之势。安存而政已乱,安没而国已倾,则举生平之志操勋名与庙社河山而消陨,安之退,一退而无余矣。天之道,功成而退,春授之夏,冬授之春,元气相嬗于无垠,豫养其稚而后息其老,故四序循环而相与终古。老氏不足以见此,而安是之学也。史鱼不能进蘧伯玉③,死以为惭,此则老氏所谓死而不亡者也④。

【注释】

①王雅（334—400）：字茂达，东海郯县（今山东郯城）人。东晋大臣。少负盛名，州中召其为主簿。后出任永兴令、尚书左右丞、侍中、左卫将军、丹阳尹等职，以干练能理事著称。晋孝武帝司马曜即位后，王雅因礼贤下士、敬慎奉公，深得器重与宠幸，官至左仆射。传见《晋书·王雅列传》。王恭（？—398）：字孝伯，太原晋阳（今山西太原）人。东晋大臣、外戚。少有美誉，志向远大。为人刚正，因直言开罪于权臣司马道子。后曾先后两度起兵讨伐朝臣，但在第二次起兵时因刘牢之叛变而兵败，被捕并被处死，死前仍表示忠于朝廷。传见《晋书·王恭列传》。殷仲堪（？—399）：陈郡长平（今河南西华）人，东晋将领。官至荆州刺史，曾两度响应王恭讨伐朝臣的起事，在王恭死后与桓玄及杨佺期结盟对抗朝廷，逼令朝廷屈服。他笃信天师道，桓玄攻打之时还祈神祷祝，后被桓玄逼令自杀。传见《晋书·殷仲堪列传》。王珣（349—400）：字元琳，琅邪临沂（今山东临沂）人。东晋大臣。出身琅邪王氏，初任桓温掾属，与谢玄俱为桓温所敬重，后被晋孝武帝倚为心腹，官至尚书左仆射。王恭征讨王国宝之时，王国宝问计于王珣与车胤，他劝诱王国宝自动解除军政的权力。传见《晋书·王珣列传》。

②檠（qíng）括：约束矫正。

③史鱼不能进蘧伯玉：指春秋时卫国大夫史鱼见卫灵公不用贤人蘧伯玉而近小人弥子瑕，谏国君而不从，其死而有憾，以尸谏君。卫灵公知道缘由后，愧而亲近蘧伯玉，疏远弥子瑕。事见《孔子家语·困誓》。

④死而不亡：语出《老子》第三十三章："不失其所者久，死而不亡者寿。"意思是不离失本分的人就能长久不衰，身虽死而道仍存，才算真正的长寿。

【译文】

有人说：当时没有合适的后继之人。王雅、王恭、殷仲堪、王珣之流，他们急躁而失败，是因为名望不重，修养不纯。如果涵养他们的刚烈之气，通过约束矫正将其引导入正途，尊崇他们的官位，禁绝他们的浮夸虚荡之风，那么这几个人当然都可以被加以任用，任用他们后他们都能成为忠诚正直的大臣。谢安不能培养他们以使他们的骄横得以收敛，而把昏庸的皇帝交给他们，使皇帝被他们引向邪僻。他们于是轻狂随意地顺从皇上的个人利益，从而酿成上下相争的态势。谢安在的时候国政已经混乱，谢安死去后国家便走向倾覆，那么谢安平生的志向节操、功勋绩业和宗庙社稷、家国河山也都随之烟消云散。谢安的引退，一退便什么也不剩了。而依照天道，功成而退，犹如季节更替，春授给夏，冬授给春，元气不断相互更替，预先培养下一季节的元气，而后便可以安度这一季节，所以四季循环更替，长久不息。老子并不足以认识到这一点，而谢安却遵从老子之说。春秋时卫国的大夫史鱼不能引荐蘧伯玉使其被重用，到死的时候，他还以此为憾，这就是老子所说的身虽死而道仍存，才算是真正的长寿。

一〇　慕容宝以夷狄窃先王之法而亡

慕容宝定士族旧籍，分清浊，阅户口，罢军营封荫之户，而士民嗟怨①。夷狄而效先王之法，未有不亡者也。以德仁兴者，以德仁继其业；以威力兴者，以威力延其命。沐猴冠而为时大妖，先王之道不可窃，亦严矣哉！以威力起者，始终尚乎威力，犹一致也。绌其威力，则威力既替矣，窃其德仁，固未足以为德仁也。父驴母马，其生为骡，骡则生绝矣，相杂而类不延，天之道、物之理也。自符坚之败，北方瓜分而云扰，各恃其部曲以弹压士民而用之，无非浊也。纯乎浊而清之，清者非清，浊者失据，人民不靖，部曲离心，不亡何待焉？

【注释】

①"慕容宝"几句：指慕容宝曾下令重新核定士族的旧有户籍，辨别其门第的高低，校阅住户与人口，罢除那些受到军营庇荫保护的户族，使他们全部归属郡县管辖。这导致百姓对朝廷的嗟叹怨恨之声越来越多，离心离德的倾向日益显著。慕容宝（355—398），字道祐，昌黎棘城（今辽宁义县）人，鲜卑族。十六国时期后燕政权第二位皇帝，慕容垂第四子。少无大志，柔而不断。初仕前秦，慕容垂建立后燕后，立其为太子。慕容宝遂磨炼品行，崇尚儒学。即位之后，为政乏善可陈，且内忧外患严重。传见《晋书·慕容宝载记》。

【译文】

慕容宝下令重新核定士族的旧有户籍，辨别其门第的高低，校阅住户与人口，罢除那些受到军营庇荫保护的户族，这导致了百姓的嗟叹和怨恨。身为夷狄而想要效法华夏先王的治国之道，没有不灭亡的。依靠仁德所兴起的政权，也依靠仁德来继承发扬其基业；依靠威势和力量所兴起的政权，也依靠威势和力量来延续其国运。猴子戴上人的帽子就会成为当时的大妖孽，先王的治国之道不容窃据，这也是很严格的啊！依靠威势和力量兴起的政权，自始至终都崇尚威势和力量，这尚且算是一致的。如果它的威势和力量稍有不足，那么在其威势和力量衰弱以后，用窃取来的先王仁德之道来治理天下，当然也不能够认为这就是真正的仁德之道。父亲是驴而母亲是马，二者交配生下来的是骡子，骡子随后便无法再生出下一代，故而绝种。不同生物杂交，则其种类必然不能延续，这是符合天道和事物发展规律的。苻坚败亡后，北方各少数民族竞相瓜分天下，致使祸乱纷扰不息，各势力各自依仗其私人军队来弹压百姓,对其加以盘剥奴役,它们全都属于浊流。作为纯粹的浊流而想要变清,则会使清者不再清,浊者也失去了凭依。结果民心不稳,军队离心离德,不灭亡还等什么呢?

虽然,天下之浊极矣,威力横行而贫弱无告,固不可以永也。慕容氏以亡,而拓拔氏承之以稍息,唵喁污薉之气①,相延相俟以待隋、唐,则宝取亡之道,又未必非天下之生机也。士民怨之,彼士民者,又恶足与计恩怨哉?

【注释】

①唵喁(yǎn yóng):鱼口开合的样子,喻指苟延残喘。污薉:即“污秽”。

【译文】

尽管如此,天下的混乱污浊已然到了极点,威势与武力横行而贫弱百姓痛苦无告,这种局面固然是不可能永久持续的。慕容氏因此而灭亡,而拓跋氏承继慕容氏后稍微有所休养生息,百姓呼吸着污秽之气苟延残喘,相互依托着等待隋、唐时代的到来。如此看来,慕容宝的自取灭亡之道,又未必不是使天下得以延续的生机。后燕的百姓怨恨他,但他统治下的那些百姓,又哪里值得和他们计较恩怨呢?

一一　薛彊降姚兴斩其先泽

君子之泽五世而斩①,小人之泽五世而斩,或且不及五世而无余,君子深悲其后也。

【注释】

①君子之泽五世而斩:语出《孟子·离娄章句下》:“孟子曰:君子之

泽,五世而斩。小人之泽,五世而斩。"意思是君子留给后代的恩惠福禄,经过五代人就消耗殆尽了;小人以卑鄙手段得到的荣华富贵,经过五代人也会消耗殆尽了。

【译文】

君子留给后代的恩惠福禄,经过五代人就消耗殆尽了;小人以卑鄙手段得到的荣华富贵,经过五代人也会消耗殆尽。其中有些恩惠福禄,还不到五代之久就荡然无遗,君子对此深感痛惜和悲哀。

永嘉之乱,中原沦陷,刘琨不能保其躯命,张骏不能世其忠贞,而汾阴薛氏,聚族阻河自保,不仕刘、石、苻氏者数十年;姚兴称帝于关中①,礼征薛彊②,授以将军之号,遂降兴而导之以取蒲坂。悲夫!志士以九族殉中夏,经营于锋刃之下,贻子孙以磐石之安、衣冠之泽,而子孙陨落之也。虚名小利动不肖之心魂,而忘其祖父,彼先世英拔峻毅之气,怨恫于幽,而子孙或且以为荣焉,有如是夫!

【注释】

①姚兴(366—416):字子略,南安赤亭(今甘肃陇西)人,羌族。十六国时期后秦政权第二位皇帝,姚苌长子。其初仕前秦,后秦建国后,被立为皇太子,在击败前秦太宗苻登后即位。在位期间勤于政事,礼贤下士,但因穷兵黩武导致国力不足。传见《晋书·姚兴载记》。

②薛彊:字威明,河东汾阴(今山西万荣)人。后秦大臣。幼有大志,富有谋略,与王猛交好。桓温进入关中时,曾署其为军谋祭酒。后苻坚伐晋兵败,薛彊率领宗室强兵大破慕容永,威震河辅。姚兴对他有所忌惮,遣使重加礼命,征拜其为右光禄大夫、

七兵尚书。薛疆于是引导后秦部队从龙门渡过黄河,进入蒲阪地区。其事见于《北史·薛辩列传》。

【译文】

西晋永嘉之乱时,中原地区沦陷于夷狄,连刘琨也不能保全自己的身躯性命,张骏也不能保住其世代的忠贞。而汾阴的薛氏聚集族人凭借黄河之险以求自保,不事奉刘曜建立的前赵、石勒建立的后赵和符健所建立的前秦政权,几十年都不出来做官。后秦的姚兴在关中称帝,用重礼征辟薛强,授给他将军的名号,于是薛强投降姚兴而引导后秦军队攻取了蒲坂。这真是可悲啊!仁人志士以其九族为华夏殉难,在夷狄的刀锋之下苦心经营,将面对灾祸稳如磐石的精神和华夏的衣冠礼乐留给子孙,而子孙却将这种精神丢弃了。虚名小利打动了他们不肖的心魂,使其忘记了祖父、父亲的遗训,他们的先人具备英姿卓异、坚毅不屈的气节,在九泉之下也对他们的行为充满怨愤。而其子孙有的却不以投降夷狄为耻,反以为荣,其不肖竟到了这种地步!

姚兴之盛也不如符氏,其暴也不如刘、石,迟之数年而兴死矣、泓灭矣①,拓拔氏尤能容我而无殄灭之忧者,俟之俟之,隋兴而以清白子孙为禹甸之士民②,岂遽不可?然而终不及待也。一失其身,而历世之流风以坠。前之人亦自靖而已矣,遑恤我后哉?溧阳史氏以建文旧臣③,三世不入庠序,而史鉴之名凌王鏊而上之④,何史氏之多幸也!

【注释】

①泓:指姚泓。后秦最后一位皇帝。

②禹甸:本指大禹所垦辟的土地。后比喻中国之地。

③溧阳史氏:当指史彬家族。史彬于建文帝时任翰林院侍读学士。

靖难之役后,跟随建文帝出亡,故曰"建文旧臣"。事见《明史纪
事本末·建文逊国》《致身录》。然据许元溥《吴乘窃笔》记载,史
彬随建文帝出亡之事颇多疑误,未必可信。溧阳,今江苏溧阳。

④史鉴(1434—1496):字明古,号西村,南直隶吴县(今江苏苏州)
人。明代学者,史彬曾孙。他博览群书,熟稔经史,一生淡泊名
利。友人曾引荐其入朝,他却多次婉言推辞,一直隐居不仕。正
德年间吴中高士首推沈周,史鉴次之。王鏊(ào):字济之,号守
溪,晚号拙叟,学者称其为震泽先生,吴县(今江苏苏州)人。明
代名臣、文学家。官至户部尚书、文渊阁大学士、武英殿大学士。
博学有识鉴,通晓经学,擅长书法,倡导文体变革,影响了一代文
风。传见《明史·王鏊列传》。

【译文】

　　姚兴势力强盛的程度比不上符氏的前秦,其残暴程度也比不上刘
渊、石勒,薛强等人只需要再坚持几年,姚兴就死了,到姚泓这一代后秦
就灭亡了;拓跋氏建立的北魏尤其能包容华夏百姓,所以他们不必有被
消灭殆尽的忧虑。经过漫长的等待,到隋朝兴起后,薛强等人的子孙就
终于能以清白的华夏子孙的身份生活了,这难道不可以吗?然而薛强
等人却终究等不及。一旦失身侍奉夷狄,则前代流传下来的美好风尚
便堕落了。前人也只能自我保全罢了,哪里顾得上其后人呢?溧阳史
氏因史彬是建文帝的旧臣,所以三代不进入官学,而史鉴的名声甚至凌
驾于王鏊之上,史氏是多么幸运啊!

安　帝

【题解】

　　晋安帝司马德宗(383—418)字安德,是晋孝武帝司马曜的长子,母为淑媛陈归女,于太元十二年(387)被册立为皇太子。太元二十一年(396),晋孝武帝驾崩,司马德宗正式即位。司马德宗幼而不慧,口不能言,寒暑饥饱亦不能辨,即位后朝政大权皆归于会稽王司马道子及其子司马元显。司马道子父子在政治上同样能力不足,且相互争权,又急于削弱地方势力,导致王恭、殷仲堪、桓玄等地方将领发动公开叛乱,孙恩、卢循等人也趁机利用五斗米道组织群众发动起义。元兴元年(402),桓玄攻入建康,杀司马道子父子,总揽朝政。元兴二年(403),桓玄篡位建"楚",司马德宗被废为平固王。桓玄败亡后,安帝复位,但朝政皆归北府军出身的将领刘裕掌控。义熙十四年(418)晋安帝被刘裕弑杀。

　　晋安帝时代,叛乱与政变交织,东晋的局势空前动荡和混乱,在这种严峻的政治情势下,大臣如何做出自身的政治抉择,就显得极为重要。王夫之强烈批判部分大臣为避祸而投向夷狄的行为,认为不事奉谋朝篡位的权臣固然彰显了人臣之义,但投向夷狄则是廉耻丧尽的表现。当然,他也不认同殷仲文、王谧的两面三刀之举。在王夫之看来,唯有坚持君臣之义,"事是君而为是君死",才符合大义,但为君主尽节的前提,则是君主必须"为天下所共奉之君",且君臣之义必须服从于"古今夷夏之通义"。

选择皇位继承人,究竟应该立贤还是立长,是一个历久弥新的话题。西晋的惠帝和东晋的安帝都是严格遵循嫡长子继承制所立的君主,然而他们的愚钝却又都造成了朝政的混乱。在本篇中,王夫之对于此问题给出了自己的一些思考:按照嫡长子继承制,惠帝和安帝都应继承大统,这无可厚非,且更易储君有着巨大的政治风险,对于伦理教化也构成挑战。但站在国家社稷的角度上,如果储君确实不具备基本的素质,担当社稷重任的大臣便应该挺身而出,废昏立明,决不能为了逃避废立天子的恶名而不敢有所作为。质言之,嗣君制度和朝廷重臣作用的发挥应该相辅相成。纵观全书,王夫之多次强调遵守制度规范的重要意义,但又反对固守教条而忽略制度本身的弹性、忽视人的能动性,充分反映了王夫之历史认识的思辨性。

这种制度的思辨性也体现在王夫之对于分封制的讨论中。本篇中王夫之再次强调分封制的产生是西周特定历史环境下的产物,然而自秦统一天下,实行郡县制,"天下皆天子之土",不应再抛弃这一行之有效的制度,违背天道大势,否则必然带来祸患。王夫之认为,满族之所以兴盛强大乃至入主中原,很大程度上就是因为明朝对于建州之地的管理失控。因此,必须加强对于国土的管理,切不可随意地割让土地实行分封,尤其不能忽略对于荒远边地的掌控,过分依赖所谓羁縻政策。这一认识,既是基于对历史长程的考察和分析,也折射出王夫之对于明清易代的深刻反思。

一　安帝之亡国同于惠帝

国之亡,类亡于淫昏暴虐之主,而晋独不然;前有惠帝,后有安帝,皆行尸视肉,口不知味、耳不知声者也。与子之法,定于立适[①],二君者,皆适长而豫建为太子,宜有天下者也。藉废之而更立支庶之贤者，则抑凌越而为彝伦之斁②。虽然，为君父者，苟非宠嬖孽以丧元良②，念宗社之安危，亦奚恤哉？抑非徒前君之责也，大臣有社稷之任，固知不可，而选贤以更立焉，自靖而忧国如家者所宜然也。

【注释】

①適：同"嫡"。正妻称"嫡妻"，正妻所生之子称"嫡子"。

②嬖孽：指受君主宠爱的庶妾、宦官等佞幸、小人。元良：指太子。

【译文】

一般而言，国家大多都灭亡在荒淫、昏庸、暴虐的君主手中，而唯独晋朝并非如此。晋朝前有晋惠帝，后有晋安帝，都是口不知味、耳不闻声的行尸走肉。按照立太子的规矩，一定要立嫡长子，这两位国君都是嫡长子而且都被预先立为太子，本就应该君临天下。如果废掉他们而改立旁支庶子之中的贤能之人，就会僭越礼制而败坏法度伦常。尽管如此，身为国君和父亲的皇帝，只要不是因宠爱佞幸而想废黜原本贤德的太子，那么念及国家社稷的安危，又有什么顾虑而不去改立更为贤德的储君呢？这也不仅仅是先前皇帝的责任，朝廷重臣肩负江山社稷的重任，如果知道立惠帝和安帝这样的人为太子，他们必然无法胜任，那么另行挑选贤能之人，改立为太子，就是他们为恪尽自身责任、忧虑国事如同家事而必然应当去做的事情。

乃惠帝之嗣也，卫瓘争之矣①，和峤争之矣，贾氏饰伪以欺武帝②，而武帝姑息以不决。若安帝则上下无异辞，而坐听此不知寒暑饥饱者之为神人主。夫孝武之淫昏，诚无百年之虑矣，而何大臣之漠然不念也！

【注释】

①卫瓘(220—291)：字伯玉，河东安邑(今山西夏县北)人。出身官宦世家，年轻时仕于曹魏。曾参与伐蜀战争，平息蜀地叛乱。西晋建立后，他平定北部边患，官至司空，深受武帝信任。他曾认为惠帝愚钝，不适合立为太子，与和峤上书谏阻晋武帝立其为太子。后与贾皇后对立，在政变中满门遇害。传见《晋书·卫瓘列传》。

②贾氏饰伪以欺武帝：指司马炎对司马衷智商低下感到担忧，有一次，司马炎为了测验司马衷的思维能力，特意出了几道问题考他，司马衷拿到题目以后不会回答，太子妃贾南风便请人代替司马衷解答，司马炎看了答卷后，认为太子的思维还算是清楚的，也就放心了。事见《晋书·后妃列传》。

【译文】

可是晋惠帝被立为太子时，卫瓘与和峤都曾认为司马衷不适合被立为太子而上书谏争，贾南风靠粉饰伪装帮助司马衷蒙混过关，从而欺蒙晋武帝，而晋武帝对此姑息纵容，犹豫不决。至于晋安帝的继位，则是举朝上下并没有什么不同的意见，都听任这位不知寒暑饥饱的太子登上皇位。晋孝武帝荒淫昏庸，诚然没有为王朝的百年大计进行考虑与筹谋，但为何大臣们也对此漠然不顾呢？

司马道子利其无知而擅之，固已。王恭犹皎皎者，而抑缄默以处此也，何哉？恭方与道子为难，恐道子执废適以为名而行其诛逐，天下不知安帝之果不胜任，而被恭以逆名，恭所不敢任也。道子争权，而人皆怀贰，岂徒恭哉？谢安且不敢任而抱东山之志①。举国昏昏，授天下于聋瞽，而晋以亡；天也，抑人任其咎矣。

【注释】

①东山之志：指谢安曾隐居在东山而不仕，后用以指代隐居不仕的志向。典出《晋书·谢安列传》。

【译文】

司马道子固然是想利用晋安帝的愚昧无知而擅权专政，可王恭身为品行高洁清白的大臣，也对立安帝为太子之事缄默不语，这是为什么呢？因为当时王恭和司马道子存在矛盾，他担心司马道子把他建议废除嫡长子当作罪名从而驱逐甚至诛杀他。天下之人不知道晋安帝确实无法胜任皇位，而王恭却会因此背上叛逆的罪名，所以王恭不敢承担如此重任。司马道子一心争夺权力，其实人人都对他怀有二心，难道仅有王恭是如此吗？谢安尚且不敢担此重任而怀有隐居避祸的念头。举国上下都昏暗糊涂，将天下交给昏聩无知之人，故而东晋灭亡。这既是天意，也是人为之祸。

夫安功在社稷，言即不庸，而必无覆宗之祸，何恤而不为君父任知罪之权①？若恭也，与其称兵而死于刘牢之之手也，则何如危言国本以身殉宗社乎？见义不为，而周章失措，则不勇者不可与托国，信夫！

【注释】

①知罪：即知我、罪我，代指毁誉。典出《孟子·滕文公下》："是故孔子曰：'知我者其惟春秋乎！罪我者其惟春秋乎！'"

【译文】

谢安有保卫社稷之功，即便他进言废立之事而不被采纳，也必定没有杀身灭族之祸，那他还顾忌什么而不替君王承担罪名和骂名、果断建议废昏立明呢？像王恭那样，与其后来起兵而终死于刘牢之之手，还不如慷慨陈词、力争国本而以身殉社稷啊！见到符合道义的事情不去做，反而迟疑不决、张皇失措，如此看来，不可以把国家托付给不勇敢的人，这句话确实可信啊！

二 举朝不斥道子王国宝之奸王殷因而构难

公论者，朝廷之柄也。小人在位，天下未闻其恶，外臣未受其伤，而台谏争之，大臣主之，斥其奸而屏逐之，则臣民安于下而忘言；即其击之不胜，而四方犹静处以听，知朝廷之终有人而弗难澄汰也。如是，则不保国之无奸邪，而四海无争衡之祸。公论之废于上也，台谏缄唇，大臣塞耳，恶已闻于天下，而倒授公论之柄于外臣，于是而清君侧之师起，而祸及宗社。

【译文】

公论是朝廷所应掌握的权柄。小人身居高位，天下之人还未听说其罪恶，在外的臣子也还没有受其威胁损害，而台谏之臣极力与之抗争，朝中大臣主持公道，斥责他们的奸邪行径并最终将其驱逐，则臣民得以安定于下，没有抱怨和议论。即便贤能的大臣猛烈地攻击和排斥小人但最终并未胜利，天下的臣民仍会静观等待，听任事态发展。因为他们知道朝廷始终是有人才在的，故而不难澄清庙堂、裁汰小人。如此，则即便不能保证国家没有奸臣，四海之内也不会有因争权夺利引发的灾祸。若公论废弃于朝堂之上，台谏之臣缄默不语，朝廷里的大臣对此充耳不闻，小人的罪恶行径已然被天下人听闻，把操持公论的大权反过来授予了外臣，于是号称要"清君侧"的军队就会兴起，将会祸及宗庙社稷。

　　刘隗、刁协以苛刻失人心,而王敦反;庾亮以轻躁损物望,而苏峻反。晋廷之臣,未有持片辞以与隗、协、亮争者;贻强臣以犯顺,宗社几亡,固有以召之也。然犹曰隗、协之持论非不正也,庾亮之秉心非不忠也。若夫司马道子、王国宝,荒淫贪薉①,灼然为晋之蟊贼,孝武虽与同昏,既而疑忌之、疏远之矣,乃在廷之士,持禄取容,无或以片言摘发而正名其为奸邪者。于是而外臣测国之无人,以激其不平之气,王恭、殷仲堪建鼓以鸣②,而不轨之桓玄藉之以逞。公论操于下,而朝廷为养奸之渊薮,天下靡然效顺于逆臣,谁使之然邪?

【注释】

①薉(huì):污秽,肮脏。

②建鼓:指起兵讨伐。古时军队作战,立金鼓以指挥进退,称为"建鼓"。

【译文】

　　刘隗、刁协二人因为行苛刻之政而尽失人心,王敦趁机起兵造反;庾亮因为轻率急躁的行动而失去众望,苏峻于是起兵造反。东晋朝廷中的臣子,没有一个人曾说出一句与刘隗、刁协、庾亮抗争的话,这就给了地方强臣兴兵犯上的口实,而晋朝的江山社稷几近灭亡,这本来就是有其缘由的。然而却还有人说,刘隗、刁协所秉持的论调并非不正确,庾亮的用心也不是不忠贞。至于司马道子和王国宝,他们荒淫贪婪、污秽不堪,显然是东晋王朝的窃国贼盗。孝武帝虽和他们一样的昏庸,但不久还是猜疑忌恨并疏远他们。然而朝廷中的大臣,为保住职位而去取悦他们,没有一个人曾用只言片语来指摘揭发他们,并斥责他们为奸邪之臣。于是在外的大臣便揣猜朝中已无贤能之士,从而激发起自己心中的不平之气，因此王恭和殷仲堪举兵号召天下讨贼，而图谋不轨的桓玄则希望借助他们来实现自己篡权的野心。公论被外臣所掌握，朝廷便成为姑息养奸的地方；天下之人望风披靡，纷纷效忠归顺于叛逆之臣，又是谁造成了这种局面呢？

　　或曰：道子帝之母弟，国宝居奥窔以交荧①，未易除也。夫苟怀忠自靖，则以颈血溅奸邪，而何惮于强御？道子者，尤昏庸而弗难控制者也。孝武崩，国宝扣宫门求入，王爽拒之则止矣②；王恭反，车胤以危言动之③，国宝即解职待罪，而道子弗难杀之矣，是可鞭箠使而衔勒驭者也。孝武疑道子之专，而徐邈进汉文、淮南之邪说④；国宝就王珣与谋，而珣犹有卿非曹爽之游词⑤；在廷之臣胥若此矣。远迩愤盈之气，决发以逞，非特恭与仲堪，即桓玄之蓄逆不可掩，而天下从之以风靡，势之所必至也。谢安没而晋无大臣；谢安为门户计以退处，而晋早无亲臣矣。谏诤之职久废，士相习于迂缓，相尚以苟容，晋更不得谓有群臣矣。

【注释】

①奥窔：室隅深处，也泛指堂室之内。

②"孝武崩"几句：指孝武帝驾崩时，王国宝夜欲开门入为遗诏，王爽说："皇上去世，皇太子还没有赶到，胆敢闯入的人，格杀勿论！"强力拒阻王国宝。后王国宝掌权，免其官。王爽（？—398），字季明，太原晋阳（今山西太原）人。东晋大臣。孝武帝时，历任给事黄门侍郎、侍中。为人正直，志虑忠纯。事见《晋书·外戚列传》。

③王恭反，车胤以危言动之：指王恭起兵征讨王国宝，王国宝问计

于车胤,车胤说:"过去,桓温围困寿阳,经过很长时间才攻克。现在朝廷如果派兵去攻,王恭便一定会坚守。倘若京口还没有攻下,长江上游的殷仲堪又带兵突然乘虚而来,您准备怎样对付他呢?"王国宝深感惶恐,于是自解职务,等待降罪。事见《晋书·王国宝列传》。车胤(?—400),字武子,南平(今湖北公安)人。以博学知名于世。初仕桓温,后以才识显于朝廷,官至吏部尚书。孝武帝时,有臣子上奏希望以司马道子为丞相,车胤称病不从。传见《晋书·王国宝列传》。

④徐邈进汉文、淮南之邪说:指晋孝武帝曾猜忌司马道子,徐邈见此情况欲进行调和。他对孝武帝进言,谈到汉文帝因逼死淮南王而后悔、司马炎因排挤齐王司马冏而愧疚之事,认为司马道子奉上纯一,劝其打消顾虑。事见《晋书·儒林列传》。

⑤珣犹有卿非曹爽之游词:王恭、殷仲堪叛乱发生后,王国宝召王珣、车胤问计,王珣说:"王恭、殷仲堪与您素来没有什么深仇大恨,他们所要争的不过是一些权势利益罢了。"王国宝说:"莫非您是要把我当成曹爽吗?"王珣说:"你这是什么话呀!您哪里有曹爽那么重的罪过,王恭又哪里是宣帝司马懿那样的人呢?"事见《资治通鉴·晋纪三十一·安皇帝甲·隆安元年》。

【译文】

　　有人说:司马道子是晋孝武帝一母同胞的弟弟,而王国宝则深居宫中与其共同迷惑君主,他们并不容易除掉。如果臣子满怀忠心起事报君,甘愿抛洒自己的热血同奸臣拼命,又哪里需要畏惧强臣呢? 更何况司马道子尤其昏庸,不难控制。晋孝武帝刚死之时,王国宝扣打宫门请求进入宫内,王爽拒绝让他入宫,王国宝也只能就此打住。王恭造反之时,车胤用筌人听闻的话说动了王国宝,王国宝便自行解除职务以等待治罪。如此则司马道子也不难除去了,这就如同手拿鞭棰与缰绳一样容易控制。孝武帝怀疑司马道子专权,而徐邈献上了以汉文帝和淮南王为案例的邪说。王国宝和王珣图谋大事,而王珣还说出了"您不是曹爽"这样的轻薄言辞,可见朝中的大臣都是这般的荒悖。远近都弥漫着愤恨之极的气氛,这种气氛绝对会爆发出来,不仅仅表现在王恭和殷仲堪身上。即便桓玄的叛逆图谋毫不掩饰,而天下之人也会风靡响应,这是势态发展的必然结果。谢安死后,东晋便没有了可以倚靠的大臣。谢安为自己的氏族门户考虑而引退,东晋朝廷早就没有可以亲信任用的大臣了。承担谏诤之责的职位已经荒废许久了,士人们也都早已习惯于迟滞缓慢的风气,竞相崇尚苟且偷安的生活。以此看来,东晋朝廷就更不能说有堪当大任的群臣了。

　　方州重于朝廷,是非操于牧督,相寻而乱,终六代之世,假赵鞅晋阳之名以行篡弑①,至唐而后定。故言路者,国之命也,言路芜绝而能不乱者,未之有也。

【注释】

①赵鞅晋阳之名:指春秋时晋国国卿赵鞅以晋阳为根据地,其政敌范氏、中行氏以晋君名义伐晋阳时,赵鞅没有公开反叛晋侯,而是设法尽快恢复同晋公室的关系,打出诛除君王身边奸贼的旗号,从而得到国人的拥护,扭转了战争的不利局势,最终反过来剿灭了范氏、中行氏,取得执政地位,从此开始长期专权于晋国。事见《左传·定公十三年》。

【译文】

　　地方州县的势力重于朝廷,议论、决定是非的权柄掌握在州牧、都督的手中,他们乘机相继作乱,在整个两晋南北朝时期绵延不绝。都假借春秋时赵鞅凭借于晋阳诛除君王身边奸贼的名义,来施行篡位弑君的逆谋,局势直到唐朝才最终安定下来。所以说,保持言路的畅通关系国家的命运,言路荒废断绝而国家却能够不混乱的情况,有史以来还从未出现过。

三　魏王珪割地封尔朱氏

割地以封功臣，三代之制也。施之后世，则危亡之始祸矣。而割边徼之区以与有功之酋，害尤烈焉。古诸侯之有国，自其先世而已然，安于侯服旧矣①。易姓革命而有所灭，以有所建，授之于功臣而大小相错，同姓异姓庶姓相间，互相制而不相下，抑制其贡享觐问之礼，纳之于轨物②，而厚用其材，则封殖自大、以窥伺神器之心无从而作。然而荆、吴、徐、越抗颜以乱中夏③，高宗惫于三年④，宣王劳于南伐⑤，迄春秋之季，愈无宁日矣。

【注释】

①侯服：周代王城周围方千里以外的方五百里的地区，为诸侯所居之土，故称侯服。《周礼·夏官》记载："乃辨九服之邦国，方千里曰王畿，其外方五百里曰侯服，又其外方五百里曰甸服。"

②轨物：轨范，准则。

③抗颜：态度严正不屈。

④高宗惫于三年：高宗，即殷高宗武丁。他在位期间，荆楚之地曾发生叛乱，高宗亲自率军征伐，据说用了三年时间才最终平定了叛乱。事见《诗经·商颂·殷武》。

⑤宣王劳于南伐：宣王，即周宣王(？—前782)。姬姓，名静，周厉王之子。他在位期间大量任用贤臣辅佐政治，并不断对外进行武力征伐，曾接连讨伐猃狁、西戎，南伐淮夷、徐国和楚国，使西周短暂强盛，史称"宣王中兴"。但因用兵太甚，也使得军民疲散。事见《史记·周本纪》。

【译文】

割地以分封功臣是夏、商、周三代所实行的制度,如果后世施行这种制度,就埋下了危亡的祸根。而把边界地区割给有功的蛮夷首领,则祸害将尤其剧烈。古代诸侯拥有封国,自其先世起就已是这样,他们已习惯于作为诸侯拱卫天子了。朝代更替、王朝易姓革命之时既会有诸侯国毁灭,也会有新建的诸侯国。天子将土地分授给有功之臣,其封地大小不一,错落相交,同姓宗族、异姓姻亲以及没有亲缘关系的异姓之人所建的诸侯国混杂分布,彼此互相牵制而不相上下,同时天子也制定了诸侯朝贡、觐见、聘问之礼,将其纳入规范的制度轨道,大量使用他们贡纳的财物,如此则诸侯们聚敛财物、谋求扩大封地以窥伺天子之位的心思也就无从动起了。然而荆、吴、徐、越等出身蛮夷的诸侯还是起兵背叛天子、祸乱华夏,高宗武丁用三年平定荆楚地区的叛乱而疲惫不堪,周宣王率军南伐楚国也是劳师动众、造成军民疲敝,到春秋末年,国家就更是没有安宁之日了。

自秦罢侯置守,而天下皆天子之土矣。天子受土于天而宰制之于己,亦非私也;割以与人,则是私有而私授之也。边徼之有闲地,提封不得而亩之[1],疑为委余而不足惜[2];然而在我为委余者,在彼为奥区[3],经理其物产,生聚其人民,未有不为我有者也。拓拔氏以秀容川酋长尔朱羽健攻燕有功[4],割地三百里以封之,其后尔朱氏卒为拓拔氏之忧,而国因以亡,非千秋之明鉴也乎?建州之弃二百余年[5],而祸发不救,胡未之考也?

【注释】

①提封:版图,疆域。亩:指统计田亩数量。

②委余：赘余。

③奥区：腹地。

④尔朱羽健：季容川酋长。其曾率领部落一千七百多人，跟随北魏
　　道武皇帝拓跋珪四处征讨，攻克晋阳和后燕都城中山，官拜散骑
　　常侍。拓跋珪为赏赐其功勋，将北秀容川一带三百里地封给尔
　　朱羽健，尔朱氏从此开始发迹。其事见于《资治通鉴·晋纪三十
　　二·安皇帝乙·隆安二年》。

⑤建州之弃：指明朝在永乐年间（1403—1424）于东北建州女真聚
　　居地设置建州三卫，此后二百年间一直委任女真族世袭首领为
　　指挥使，而不直接派遣官吏加以统治。这使得女真从努尔哈赤
　　的六世祖爱新觉罗·孟特穆开始逐步发展壮大，并最终灭亡明
　　朝。事见《清史稿·太祖本纪》。

【译文】

自秦朝废除诸侯而设置郡县官吏以来，普天之下的土地都成为天子所拥有的国土。天子接受上天授予的土地而自己加以主宰支配，土地实际上也并非他的私产；如果分割土地赠予他人，实则是把国土作为私有财产而私自授予他人了。对于边界上的闲置土地，因为难以直接划入版图、统计其田亩数量，便认为这些是多余之地而不值得可惜。然而对于我们而言是多余的土地，对于边境外的夷狄而言却是腹地。他们在这些土地上精心经营物产，聚集繁衍民众，土地上的物产和民众全都属于他们。北魏拓跋氏因为秀容川部的酋长尔朱羽健进攻燕国有功，以割地三百里的方式来封赏他，此后尔朱氏得以发展，并最终成为拓跋氏的心腹大患，北魏也因此灭亡。这难道不是历史的明鉴吗？明朝放弃建州卫二百余年，女真之祸一旦发作，明朝的灭亡就不可挽救了，为什么不探究其中的原因呢？

或曰："荒远之土，委诸其人，若蜀、滇、黔、粤之土官，虽

有叛者而旋灭,其何伤?"非也。蜀、滇、黔、粤土夷之地,本非吾有也,羁縻之而已。世其土,服其官,彼亦有保宗全世之情而不敢妄以逞;一逞而固有反顾之心,恋其栈豆①,则迫而攻之也易。若土已入我职贡②,而以骁悍为我立功矣,取非其所世有者裨益之而长其雄心,其始也,徼幸而无所恤,其继也,屡进而无所止,一有怨隙,乘事会以狂起,其尚有所顾忌乎?拓拔氏虚六镇不为郡县③,自秀容川始也④,祸之所必生也。弃地者弃其国,宁有爽与?

【注释】

①栈豆:马房的豆料。比喻才智短浅的人所顾惜的小利。

②职贡:古代称藩属或外国对于朝廷按时的贡纳。在郡县制下,郡县向朝廷缴纳的贡赋有时也称为职贡。

③六镇:参见卷四"宣帝一二"条注。

④秀容川:指今山西云中山、句注山以西,桑干河、汾河上游流域和黄河东岸一带。

【译文】

有人说:"对于荒远之地,可以将其委托给当地人自行治理,如同蜀、滇、黔、粤之地的土司制度,即使有叛变之事发生,但叛乱者会旋即灭亡,又有什么危害呢?"这种观点实际上是错误的。蜀、滇、黔、粤地区的土著所占有的土地,本就不是我们华夏政权所拥有的,因此只能采取羁縻的政策。让当地人世代占有他们自己的土地,自行做官管理,他们也会有保全宗族的愿望而不敢狂妄地背叛谋逆以求一逞。一旦他们真的反叛,他们也固然会有反悔之心,顾惜眷念乡土及蝇头小利,那么压迫并攻灭他们也很容易。如果一个地方已经被纳入向华夏缴纳贡赋的范畴,而那些骁勇善战之人为我所用并得以立功,拿那些不是他们世代所拥有的东西来增益他们,助长他们的雄心壮志,起初,他们会心存侥幸而无所顾惜,接下来,他们将屡屡得寸进尺而无所休止,一旦与朝廷产生怨恨和隔阂,他们便会乘机猖狂起事,哪里还会有什么顾忌呢?北魏拓跋氏南迁使北方六镇空虚,并且不在那里设置郡县,其实从尔朱氏占据秀容川地区开始,祸端就已埋下,那么之后祸乱就必定会发生了。放弃疆土就等于放弃国家,最终必然导致国家灭亡,难道有不是这样的结果吗?

四　王凝之鬼兵御贼

天下多故,言兵者竞起,兵不可以言言者也。孙、吴之言[1],切于情势,近于事理矣,而当时用之,偶一胜而不足以兴。读其书者,未有能制胜者也,况其滥而下者乎? 道不足则倚谋,谋不足则倚勇,勇不足则倚地,地不足则倚天,天不足则倚鬼。倚鬼,则敌知其举无可倚矣。倚鬼,则将吏士卒交释其忧勤,智者知其无成而心先乱,愚者幸其有成而妄自骄,兵败身死,以殉术士巫觋之妖[2],未有免者。然而术士巫觋之说,终淫于言兵者之口,其说炙毂[3],其书汗牛[4],天下多故,乘之以兴,无乱人非乱世也。

【注释】

①孙、吴之言:指孙武、吴起的兵法。

②巫觋(xí):古时称女巫为巫,男巫为觋,故合称"巫觋"。后泛指巫师。

③炙毂:指车上盛贮油膏的器具烘热后流油,润滑车轴。此指其说大热、蛊惑人心。毂,车轴。

④汗牛:指书籍运输时可使牛马累得出汗,形容著述或藏书极多。

【译文】

天下处在变故繁多之时，谈论治军用兵的人就会竞相起来，然而治军用兵之事是不可以随意谈论的。孙武、吴起所言的治军用兵之法，若切中于情势而近于事理，当时将此应用于战事，偶然战胜一次，也并不足以依赖其兴起。研读孙武、吴起兵书的人中，没有能够克敌制胜的，更何况读那些泛滥于世、还比不上孙武、吴起兵法的人呢？如果道义不足就倚仗谋略，如果谋略不足就倚仗勇猛，如果勇猛不足就倚仗地利，如果地利不足就倚仗天时，如果天时不足就倚仗鬼神。如果行军之人倚仗鬼神，对手便知道他的军队已没有任何的依靠了。倚仗鬼神，则军官、士兵都不再为了作战之事而忧虑、辛劳，聪明的人知道依靠鬼神必将一无所成而内心先混乱起来，愚蠢的人则庆幸依靠鬼神将取得胜利而妄自骄傲，最终兵败身死，为术士、巫师的妖言殉葬，从未有人能幸免。然而术士、巫师的邪说，终日挂在谈论治军用兵之人的口中，他们的说法大行其道，蛊惑人心，而相关的书籍汗牛充栋，天下处在变故多事之时，谈论治军用兵的人乘机兴起，若没有制造混乱的人，就称不上乱世了。

王凝之奉天师道①，请鬼兵御贼，而死于孙恩；殷仲堪奉天师道，不吝财贿以请祷，而死于桓玄；段业信卜筮巫觋②，而死于沮渠蒙逊③。鬼者，死之徒也，与鬼为徒，而早近于死。况以封疆人民倚于恍惚无实之妖邪，而贻国以亡，陷民于死？若是者，见绝于天，未有不丧其身首者也。段业，窃也；仲堪，叛也；天夺其魄，以迷于鬼，而死也固宜。王凝之清族雅士，分符治郡④，以此戕身而误国，不亦愚乎？凝之之奉妖也，曰其世奉也，则王羲之不能辞其咎矣。

【注释】

①王凝之(334—399)：字叔平，琅邪临沂(今山东临沂)人。王羲之次子。历任江州刺史、左将军、会稽内史等职。深信五斗米道，在孙恩攻打会稽时，他不听手下进言，不设防备，祷告后相信已请得"鬼兵"助阵，因而与诸子一同遇害。传见《晋书·王凝之列传》。

②段业(？—401)：京兆(今陕西西安)人，十六国时期北凉建立者。段业初为后凉建康太守，后被沮渠男成等人推举为主，改元"神玺"，建立北凉。在位期间不善听谏，且笃信巫卜之术，后来其部下沮渠蒙逊发动兵变，将段业杀害。其事散见于《晋书·刘元海载记》《晋书·沮渠蒙逊载记》等。

③沮渠蒙逊(368—433)：临松(今甘肃张掖)人，匈奴族。十六国时期北凉国君。才智出众，富有雄才大略。他先是反叛后凉，辅佐段业，后又发动政变，将段业杀害。旋即与后秦结盟，灭后凉，并遣使入贡南朝宋，同时也遣使朝贡北魏，受封凉王。传见《晋书·沮渠蒙逊载记》。

④分符：即剖符，指帝王封官授爵时分给臣下符节的一半作为信物。

【译文】

王凝之尊奉天师道，祷告请求鬼兵来抵御贼寇，而最终死于孙恩之手。殷仲堪尊奉天师道，不吝惜金银钱财而请愿祈祷，希望可以得到鬼神护佑，最终也死于桓玄之手。段业信奉巫师占卜之术，最终也死于沮渠蒙逊之手。鬼是死亡的徒众，与鬼为伍，便会更早地接近死亡。更何况将国家和人民的命运托付给恍惚不实的妖邪之说，而将国家付之毁灭，将百姓置于死地呢？如此这般，终将自绝于上天，没有不丧命殒身的。段业是窃据一方的窃贼，殷仲堪是叛贼，上天夺取他们的魂魄性命，使之沉迷于鬼神之说，他们的死也是必然的下场。王凝之出身清白世族,为儒雅之士,受天子委任而治理地方,却因迷信鬼神而丧身误国,这难道不也太愚蠢了吗? 王凝之尊奉妖道,并说这是其家族世代尊奉的,如此则王羲之也不能推卸造成此种局面的责任啊。

妖邪繁兴,附于兵家之言,世所号为贤者且惑焉。郭京以陷城①,申甫以丧师②,金御史声秉大节以不贰于生死③,而亦惑焉,白圭之玷也。丁甲也④,壬遁奇禽也⑤,火珠林也⑥,乞灵于关壮缪及玄武之神也⑦,皆言兵者之所倚也。其书不焚,其祀不毁,惑世诬民,乱人不可戢矣。

【注释】

①郭京以陷城:郭京,北宋末年士兵。金兵围攻汴梁之时,他声称身怀佛、道二教法术,能施道门"六甲法",可生擒金将,宋钦宗对其深信不疑而授予其官职。郭京招募市井无赖之徒,并宣传说:"择日出兵三百,直袭至阴山。"及开汴京宣化门出战,他坐城楼作"六甲"之法,树旗绘"天王像"。金兵击败其"六甲神兵",他趁乱逃走,下落不明。事见《宋史·钦宗本纪》。

②申甫以丧师:申甫,明代僧人。相传他早年山中遇道人并授之以古战法,甚至有役鬼之术。好谈兵,而且能制战车火器。明末大臣刘之纶、金声曾对其大加推举,申甫因此得到崇祯帝信任,出任京营副总兵。崇祯二年,皇太极入寇北京,申甫招募市井之人出战,亲自上阵搏杀,为满洲军所败,战死。事见《明史·金声列传》。

③金御史声秉大节以不贰于生死:金御史声,即金声(1589—1645)。字正希,号赤壁,休宁(今安徽休宁)人。明末抗清将领。崇祯年间官至御史,曾大力推举和协助申甫。清军攻陷南京后,

金声率众在徽州起兵抗清,应者甚众。后因叛徒出卖,为清军所败,他拒绝降清而死。事见《明史·金声列传》。

④丁甲:即六丁六甲。本为道教神名,后亦泛指天兵天将。

⑤壬遁:六壬和遁甲。奇禽:即演禽,一种占卜之术。

⑥火珠林:又名钱筮法,是一种占卜术数。

⑦关壮缪:即关羽。关羽被追谥壮缪侯,故称。玄武之神:即玄武大帝,又称玄武真君、真武大帝、玄天上帝,是道教中镇守北方天界的神祇,主掌兵戎之事,被视为军人、武士的保护神。

【译文】

妖邪之说繁杂兴盛,并依附于兵家之言,就连世人所公认的贤人能士也深受其迷惑。郭京因此失陷城池,申甫也因此丧师辱命,御史金声秉持大节忠贞不贰,能置生死于不顾,却也受妖邪之说迷惑,实在是白玉之瑕。所谓以六丁六甲召唤天兵神将,以及六壬遁甲、奇门演禽、火珠林之术,还有向关羽和玄武大帝的神位乞求祷告,以求他们显灵护佑,这些荒诞不羁的行为都是谈论治军用兵者所倚仗的。尊奉这些邪魔外道的书籍不被焚烧殆尽,祭祀的他们神位不被彻底捣毁,这些邪说就还将蛊惑世道并迷乱百姓,那些制造混乱的人就不会有所收敛。

五　刘牢之一人三反

论史者之奖权谋、堕信义,自苏洵氏而淫辞逞。近有李贽者①,益鼓其狂澜而惑民倍烈。谏则滑稽也,治则朝四暮三也,谋则阳与阴取也。幸而成,遂以诮君子之诚悫②,曰未可与权。其反覆变诈之不雠,以祸于国、凶于家、戮及其身,则讳之而不言。故温峤之阳亲王敦而阴背之,非无功于晋矣,然非其早卒,君子不能保其终为晋社稷之臣也,何也?向背无恒,而忠孝必薄也。前有吕布,后有刘牢之③,勇足以戡乱,而还为乱人。呜呼! 岂有数月之间,俄而为元显用④,而即叛元显,俄而为桓玄用,而即图桓玄,能不祸于国、凶于家、戮及其身也乎? 刘袭曰⑤:"一人三反,何以自立。"使牢之幸儳其诈,而桓玄受戮,论者将许之以能权;乃牢之杀元⑥,而牢之之祸晋益深,君子岂受其欺哉?

【注释】

①李贽(1527—1602):本姓林,名载贽,后改姓李,名贽,字宏甫,号卓吾,泉州(今福建泉州)人。思想家、文学家,泰州学派的代表人物。他以孔孟传统儒学的"异端"而自居,批判男尊女卑、重农抑商、假道学等,反对思想禁锢,主张"革故鼎新",强调个性解放与思想自由,倡导功利价值。著有《焚书》《藏书》《续焚书》《续藏书》等。其事见于《明史·耿定向列传》。

②诚悫(què):诚朴,真诚。

③刘牢之(? —402):字道坚,彭城(今江苏徐州)人。初应谢玄之募入北府兵,淝水之战时,大败前秦军队,因功晋升龙骧将军。王恭二次起兵时,刘牢之响应司马元显而背叛王恭,又率兵大败孙恩。后奉命讨伐桓玄之时,再次倒戈,致使司马元显被杀。桓玄掌权时,刘牢之被削夺兵权,自缢而死。传见《晋书·刘牢之列传》。

④元显:即司马元显(382—402),河内温县(今河南温县)人。东晋宗室,司马道子之子。曾任中书令、尚书令、骠骑大将军。他曾建议其父讨灭王恭,后夺其父之权专政于朝廷,败坏朝政。他下令征调江南各地已经被免奴为客者进京服兵役而激起孙恩起义,后又轻率讨伐桓玄。由于刘牢之临阵倒戈桓玄,司马元显最终兵败被杀。其事见于《晋书·会稽文孝王道子列传》。

⑤刘袭:刘牢之的参军。

⑥元:当为"玄"。

【译文】

评论历史者褒奖权谋而贬低信义,从北宋的苏洵作《权书》开始,这种浮夸不实的言辞便甚嚣尘上。近来有李贽这样的人,更是激烈地鼓动这种狂澜来迷惑百姓。历史上有人谏言时滑稽可笑,治国时朝三暮四、反复无常,谋划时则明给暗夺,这样的人侥幸成功,李贽等人就以此来讥讽、嘲笑君子的诚朴,还说不可以给予君子权力。至于历史上那些反复无常、狡诈多变的人难以实现奸邪的愿望,最终祸乱国家、贻害家族、自取灭亡,李贽等人却避讳不言。所以温峤表面上亲近王敦而暗中却背叛王敦,对东晋王朝不能说没有功绩,但如果不是他过早地死去,君子也不能担保他最终能成为东晋的社稷之臣。这是为什么呢?因为他在效忠与背叛间反复无常,所以他的忠孝之心必然薄弱。前有吕布,后有刘牢之,他们的勇猛都足以戡定混乱,最终却成了祸乱天下之人。唉!哪里有人像刘牢之那样在数月之间,一会儿为司马元显所用,而立即又背叛司马元显;一会儿为桓玄所用,旋即又对桓玄有所图谋。这样的人怎么能够不祸乱国家、逞凶于家并自取灭亡呢?就如刘牢之的参军刘袭所说:"将军您一个人三反其主,将何以自立呢?"假使刘牢之侥幸地实现阴谋,而桓玄被杀,那么评论历史之人将会称赞他擅长权谋;可如果刘牢之杀了桓玄,那么刘牢之将给东晋王朝带来更严重的祸患,君子怎么能受他的欺骗呢?

夫君子之道,成则利及天下,不成而不自失。其谏也,用则居其位,不用则去之。又不然,则延颈以受暴君之刃而已,无可诮也。其定乱也,可为则为,直词正色以卫社稷,不济,则以身殉而已。死者,义也;死不死,命也;有命自天①,

而俟之以义，人之所助，天之所祐。故曰："履信思乎顺，自天祐之，吉无不利②。"大《易》岂不可与权者哉？秉信非以全身，而身或以保；非以图功，而功或以成。托身失所，而为郗超；欲自免焉，则为温峤；加之以反覆之无恒，则为牢之。峤成而牢之败，牢之死而超生。天之所以祸福者，尤在信与不信哉！论人者以是为准而已矣。奖谲诈以徼功，所谓刑戮之民也。

【注释】

①有命自天：语出《诗经·大雅·大明》："有命自天，命此文王。"意思是上帝有命从天而降。

②"履信"几句：语本《周易·系辞上》："易曰：'自天祐之，吉无不利。'子曰：'祐者助也，天之所助者顺也，人之所助者信也。履信思乎顺，又以尚贤也，是以"自天祐之，吉无不利"也。'"意思是，《周易》中说：从上天降下的祐助，吉祥而无往不利。孔子说：所谓佑就是帮助。上天所扶助的，是顺乎正道的事；人们所帮助的，是笃实守信的人。能履行诚信，想着顺应天道人心，又能崇尚贤人，天自然会保佑，吉祥而无往不利。

【译文】

君子之道，是如有所成则其利遍及天下之人，即便没有成功也不会失去自我。君子身为臣子而进谏君王，若是被采纳就依旧居于官位；若是不被采纳则应抽身而去。再不然，只不过是身死于暴君屠戮的刀下罢了，怎么能玩弄手段呢？君子平定战乱，若可以有所作为就去做，用正色与严词来捍卫江山社稷；如果无效，也不过是以身殉国罢了。以身殉国是符合道义之事，然而死还是不死则由命运决定。上帝有命从天而降，君子通过施行仁义等待天命，人们自然会来帮助，而上天自然也会护佑。所以说："能履行诚信，想着顺应天道人心，又能崇尚贤人，天自然会保佑，吉祥而无往不利。"博大精深的《周易》难道不能为善于权谋之人所用吗？秉持信义的最初目的不是为了保全自身，而自身却或可因此得以保全；秉持信义的最初目的不是为了谋求建立功业，而功业却或可因此自然成就。找错了托付自身的对象，就会像郗超那样背上附逆的骂名；自己想得以幸免，就会像温峤那样遭到诟病；如果再加上自身的反复无常、没有定数，则会落得与刘牢之一样的结局。温峤最终得以成功而刘牢之却最终失败，刘牢之难逃一死而郗超却可以生存下来。上天之所以会降下不同的祸福，尤其取决于一个人是否有信义啊！评判和衡量一个人应该将此点作为标准。褒奖诡谲欺诈之人以期获取功名，这就是所谓的"刑戮之民"。

六　刘裕未篡之先有大功

萧道成、萧衍、杨坚、朱温、石敬瑭、郭威之篡也，皆石勒所谓狐媚以取天下者也①，刘裕其愈矣。裕之为功于天下也不一，而自力战以讨孙恩始，破之于海盐②，破之于丹徒③，破之于郁洲④，蹙之穷而赴海以死。当其时，桓玄操逆志于上流，道子、元显乱国政于中朝，王凝之、谢琰以庸劣当巨寇⑤，若鸿毛之试于烈焰。微刘裕，晋不亡于桓玄而亡于妖寇；即不亡，而三吴全盛之势，士民所集，死亡且无遗也。裕全力以破贼，而不恤其他，可不谓大功乎？

【注释】

①石勒所谓狐媚以取天下：指石勒大宴群臣，与徐光进行问答时说："大丈夫行事应光明磊落，而不能像曹操、司马懿欺负别人孤儿寡妇，依靠阴柔欺诈的手段以取天下。"事见《晋书·石勒

载记》。

②海澨(shì)：海滨。

③丹徒：魏晋县名，治所在今江苏镇江东南。

④郁洲：岛名，在今江苏连云港东云台山一带。

⑤谢琰(？—400)：字瑗度，陈郡阳夏(今河南太康)人。谢安子。淝水之战时，与桓伊和谢玄抵抗前秦大军并获得胜利，获封望蔡公。后与刘牢之率军镇压孙恩起义，击退孙恩叛军，官至会稽内史，都督浙东五郡军事。他由于屡战屡胜，遂有轻敌之心，最终因骄傲而放松了戒备，在与孙恩军作战时被杀。传见《晋书·谢琰列传》。

【译文】

萧道成、萧衍、杨坚、朱温、石敬瑭、郭威的谋篡，都是石勒所说的靠狐媚之术来夺取天下，刘裕比他们是要强一些的。刘裕为天下所立的功绩不止一件，他自竭力讨伐孙恩开始，在海滨大败孙恩的叛军，后又在丹徒大破孙恩，继之又在郁洲击败孙恩，对孙恩穷追不舍，最终迫使孙恩势穷力孤、赴海而死。在此之时，桓玄手握重兵且心怀异志占据长江上游的战略重地，司马道子、司马元显在朝中擅权专政、祸乱国政，王凝之、谢琰则以其平庸无能之才来抵挡势力强大的贼寇，如同将鸿毛放于烈火之上一般毫无作用。如果没有刘裕，东晋王朝即使不亡于桓玄之手，也会亡于妖寇孙恩、卢循之手。即使东晋没有灭亡，以当时三吴地区全盛的境况来看，这里作为众多百姓生活聚集的地方，遭遇战火，百姓也会死亡殆尽。刘裕竭尽全力大破孙恩，而不考虑其他的事情，能不称他立下了大功吗？

天子者，天所命也，非一有功而可祗承者也。虽然，人相沉溺而无与为功，则天地生物之心，亦困于气数而不遂，则立大功于天下者，为天之所不弃，必矣。故道成、衍、坚、温、敬瑭、威皆不永其世,而刘宋之祚,长至于今,彭城之族尤盛。若夫谢安却苻坚而怀沧海之心[①],郭子仪平安、史而终汾阳之节[②],岂可慨望之斯人乎? 裕,不学者也;裕之时,僭窃相乘之时也;裕之所事者,无信之刘牢之,事裕者,怀逆徼功之刘穆之、傅亮、谢晦也[③];是以终于篡而几与道成等伍。当其奋不顾身以与逆贼争生死之日,岂尝早畜觊觎之情,谓晋祚之终归己哉? 于争乱之世而有取焉,舍裕其谁也?

【注释】

①谢安却苻坚而怀沧海之心:指谢安在淝水之战击败苻坚后,虽受朝廷重用,但隐居东山的志趣始终未消失,每每露于形色。后来出镇广陵新城之时,他携带全家前往,并制造泛海的船只和装备,打算等到天下大体安定后,从水道回东山。事见《晋书·谢安列传》。

②终汾阳之节:指郭子仪平定安、史叛乱,立下不世之功,被封汾阳王,但他事后自愿解除兵权,安守臣节。事见新、旧《唐书·郭子仪列传》。

③刘穆之(360—417):字道和,小字道民,东莞莒(今山东莒县)人。自元兴三年(404)起担任刘裕的主簿,辅佐刘裕取得一系列军事和政治斗争的胜利,深受刘裕信任和倚仗,屡次在刘裕领兵在外时留守建康,总掌朝廷内外事务,官至尚书左仆射。传见《宋书·刘穆之列传》《南史·刘穆之列传》。傅亮(374—426):字季友,北地灵州(今宁夏灵武)人。初为东晋建威参军,后追随刘裕,屡立功勋。刘裕称帝后,以辅佐之功,官至尚书令。后受武帝遗命辅少帝。终因受文帝猜忌,以废弑之罪被杀。传见《宋

书·傅亮列传》《南史·傅亮列传》。谢晦(390—426):字宣明,
陈郡阳夏(今河南太康)人。南朝宋开国功臣。早年即投靠刘
裕,屡立功勋。刘裕建立南朝宋后,他历任右卫将军、侍中、中领
军,并被选为顾命大臣,辅佐宋少帝。后举兵反叛,失败后被杀。
传见《宋书·谢晦列传》《南史·谢晦列传》。

【译文】

　　天子的身份是上天所任命授予的,并非一立下大功就可以被尊奉
为天子。尽管如此,人们若沉湎于现状而不思立功进取,那么天地育成
万物之心,也将因气数困尽而难以实现。所以那些对天下生民立有大
功的人,不会被上天所抛弃,这是必然的。所以萧道成、萧衍、杨坚、朱
温、石敬瑭、郭威所建立政权的国祚都不长,而刘裕所建立的宋则国祚
较长。直到今天,彭城刘氏的子孙后代依旧人丁兴旺。至于谢安击退
苻坚后而仍怀有泛海隐居之心,郭子仪平定安史之乱后主动交出兵权、
恪尽臣节,难道可以奢望所有人都做到这样的事吗?刘裕是个不学无
术的人。刘裕所处的时代,正是权臣、叛贼竞相僭越礼制、窃夺权位的
时候,刘裕所事奉的是无信无义的刘牢之,而事奉刘裕的则是心怀异
志、想侥幸建功立业的刘穆之、傅亮、谢晦等人。因此刘裕最终篡夺皇
位,几乎是与萧道成之流为伍。但当初他奋不顾身地同叛逆孙恩作战、
置生死于度外时,难道早就积蓄了觊觎帝位之心,认为东晋的国祚最终
会落在自己的身上吗?在那样的纷争混乱之世中,说到身上还有可取
之处的人,除了刘裕还有谁呢?

七　刘裕能料桓玄刘牢之

　　成败之数,亦晓然易见矣,而苟非间世之英杰,无能见
者,气焰之相取相轧有以荡人之心神,使之回惑也。天下不
可易者,理也;因乎时而为一动一静之势者,几也。桓玄竖

子而干天步，讨之必克，理无可疑矣。然君非君，相非相，则理抑不能为之伸；以力相敌，而力尤不可恃；恶容不察其几哉？

【译文】

成败的定数，也是非常清楚明白、容易看到的，但只要不是不世出的英雄豪杰，就不能看到，这是因为各种气焰相互侵夺、相互倾轧以迷惑荡漾人们的心神，使人感到惶惑。天下间不可变更的，是理；根据时势而形成一动一静的态势的，是机遇。桓玄以区区竖子的身份妄图干犯天运，则讨伐他必定会取得胜利，这从道理上讲是无可怀疑的。然而如果君主不像君主，宰相不像宰相，那么理也必然不能使这种君臣得到伸张。靠力量与桓玄相匹敌，则东晋朝廷的力量尤其不可凭恃，又怎能容许东晋君臣不及时察觉其迹象呢？

玄犯历阳①，司马休之走矣，尚之溃矣②，玄所畏者，刘牢之拥北府之兵尔。牢之固曰："吾取玄如反手。"牢之即有不轨之心，何必不诛玄而挟功以轧元显，忽怀异志以附玄，甚矣牢之之诈而愚也。唯刘裕见之也审，故与何无忌、刘敬宣极谏牢之③，以决于讨玄。斯时也，刚决而无容待也，几也。玄已入建业，总百揆，督中外，布置腹心于荆、江、徐、兖、丹阳以为巩固，而玄抑矫饰以改道子昏乱之政，人情冀得少安。牢之乃于斯时欲起而夺之，不克而为玄所削，众心瓦解，尚思渡江以就高雅之于广陵④，其败必也。敬宣且昏焉，又唯刘裕见之也审，直告牢之以不能，而自还京口，结何无忌以思徐图。斯时也，持重而无患其晚也，几也。

【注释】

①历阳：今安徽和县。

②尚之：司马尚之(？—402)，字伯道，河内温县(今河南温县)人。东晋宗室。曾辅佐会稽王司马道子，在王国宝被杀后出任豫州刺史，镇守历阳。后率军击退孙恩起义军，并帮助司马道子父子解除京城军事危机。桓玄起兵后，他率军前往讨伐，兵败逃亡，为桓玄所杀。传见《晋书·宗室列传》。

③何无忌(？—410)：东海郯(今山东郯城)人。刘牢之的外甥，少有大志，司马元显任其为东海国中尉。后随同刘裕带领北府军平定桓玄之乱，光复晋室，荡平诸桓势力。卢循之乱时，他率军讨伐，败于徐道覆，战死。传见《晋书·何无忌列传》。刘敬宣(371—415)：字万寿，彭城(今江苏徐州)人。刘牢之之子。他曾从伐慕容超，进围广固城，击败卢循，俱有功劳。刘牢之覆亡后，刘敬宣北奔高雅之。后因与高雅之策划谋杀南燕国君慕容德，事泄被迫南逃，投奔刘裕，官至左卫将军。后被参军司马道赐所害。传见《宋书·刘敬宣列传》《南史·刘敬宣列传》。

④高雅之(？—404)：乐安(今山东博兴)人。东晋将领，刘牢之的女婿。曾与刘敬宣共击王恭。隆安四年(400)他与桓不才、孙无终等击孙恩战于余姚，兵败逃至山阴，死伤惨重。元兴元年(402)其父高素为桓玄所杀后，高雅之与刘敬宣等据山阳起兵，反击桓玄，失败后与刘敬宣北逃，投靠南燕慕容德。元兴三年(404)，高雅之勾结鲜卑大将，欲谋杀南燕主慕容德，并推司马休之为王，结果事泄，高雅之被迫南逃，最终被南燕追兵杀害。事见《宋书·刘敬宣列传》。

【译文】

桓玄率军进犯历阳，司马休之逃跑，司马尚之则遭遇溃败，桓玄所畏惧的只有刘牢之所拥有的北府兵而已。刘牢之固然会说："我打败桓玄简直易如反掌。"刘牢之即便有图谋不轨之心,为何不诛杀桓玄而以战功要挟朝廷,从而压过专权的司马元显,却突然胸怀异志、归附桓玄呢?刘牢之实在是太诡诈而又愚蠢了。唯有刘裕审时度势,看清了这一点,所以他与何无忌、刘敬宣极力劝谏刘牢之,使他决心讨伐桓玄。在当时,急需坚决果断地下定平叛决心而不容等待,因为这是稍纵即逝的时机。桓玄攻入建业以后,总揽朝纲,掌握朝廷内外的大权,在荆州、江州、徐州、兖州、丹阳安插自己的心腹来巩固自己的地位。同时,桓玄也稍加粉饰,假装纠正司马道子混乱至极的朝政,所以人们都希望能借此得到稍微的安定。刘牢之却在此时起兵,想夺取桓玄的势力,结果未能战胜桓玄,反而被削弱了实力,军心瓦解。他此时还想北渡长江投靠在广陵的高雅之,如此则刘牢之的败亡已是必然的结果。刘敬宣也是昏庸无能之辈,此时又只有刘裕审时度势看清形势,直言劝告刘牢之不能渡江,而自己则回到京口,与何无忌联合而慢慢谋划下一步的行动。在此时,需要沉稳持重而不必担心为时已晚,这就是时机啊。

　　夫几亦易审矣,事后而反观之,粲然无可疑者。而迂疏之士,执一理以忘众理,则失之;狂狡之徒,见其几而别挟一机,则尤失之;无他,气焰之相取相轧,信乱而不信有已乱之几也。裕告无忌曰:"玄若守臣节,则与卿事之。"非伪说也,乱有可已之几,不可逆也。又曰:"不然,当与卿图之。"则玄已在裕目中矣。所谓间世之英杰能见几者,如此而已矣,岂有不可测之神智乎?

【译文】
　　时机也是容易明察的,事情过后回头来看,便明白无疑了。然而迂远疏阔之人,却偏执于一个道理而忘记了其他众多道理,所以就会失去

时机;狂妄狡诈之徒,看到了其中的时机而又挟持另一时机,则更加容
易失掉机会。这没有什么其他的原因,只是由于其气焰相互侵夺、倾
轧,只相信此时正处混乱之时而不相信在混乱之中暗藏平息混乱的机
遇而已。刘裕告诉何无忌说:"桓玄如果谨守臣节,那么我就和您共同
侍奉他。"这不是假话。因为当混乱之中存在可以停止混乱的机会时,
是不可以拂逆这一时机的。刘裕又说:"如果桓玄不谨守臣节,那么我
和您将共同图谋干掉他。"如此看来,桓玄实际已在刘裕的掌控之中了。
所谓不世出的英雄豪杰能够看到时机,就是如此而已。这世间难道真
有深不可测的卓越智慧吗?

八　桓玄遏籴馁三吴以弱朝廷

三吴之苦饥[1],自昔已然。晋元兴中[2],承桓玄闭籴、孙
恩阻乱之余[3],遂至填沟委壑,几空城邑,富室衣罗纨、怀金
玉而坐毙。或曰"俗奢亡度以使然",固也,而不尽然也。三
吴之命,县于荆、江,上流有变,遏抑而无与哺之,则立槁
耳[4]。自晋之南迁也,建业拥大江而制其外,三吴其腹里也。
人怀其安,而土著者不移,侨寓者争托[5],于是而士民之殷
庶,甲乎天下。地有限而人余于地,地不足于养人,历千余
年而一轨。乃三吴者,岂徒东晋之腹里,建业所恃以立国
哉? 财赋之盈,历六代、唐、宋而于今未替,则休养之以固天
下之根本,保全千余年之生齿[6],而使无凋耗,为元后父母
者[7],恶容不汲汲焉。

【注释】

①三吴:指长江下游的江南地区,一般包括吴郡、吴兴郡和会稽郡。

②元兴:晋安帝司马德宗的第二个年号,使用时间为 402 至 404 年。

③桓玄闭籴:指桓玄禁止荆湘地区的人与三吴地区进行粮食的买卖活动,试图以此令东晋朝廷陷于匮乏饥饿。孙恩阻乱:指孙恩所率的起义军一度攻占江东八郡,控制了三吴地区。

④槁:枯干。

⑤侨寓:侨居,寄居。

⑥生齿:人口,人民。这里指人口聚集之地。

⑦元后:天子。

【译文】

　　三吴地区的百姓深受饥饿之苦,自古代以来就已然如此。东晋元兴年间,由于桓玄禁止荆湘地区的人与三吴地区进行粮食买卖活动以及孙恩之乱所造成的危害,致使这里饿殍遍野,尸体被委弃在沟壑中,城邑荡然一空,富贵之人身穿绸缎、怀揣金银珠玉而活活饿死。有人说"这是奢侈无度所造成的结果",虽说固然如此,但也不尽然。三吴之地的命运与荆州、江州紧密相连,一旦位于上流的荆州、江州发生变故,阻断三吴地区的粮食来源,三吴地区的百姓无以为食,就会立即衰亡。自晋朝南迁以来,建业坐拥长江天险而控制外围,三吴地区是其腹地。人们眷恋这里的安逸,土著居民不愿迁徙,从中原来的侨居者也争相寄身于此。于是此地的百姓殷实富足,富甲天下。该地土地有限而人口富余,致使土地不足以养活全部的百姓,千百年来始终如此。可是三吴地区难道仅仅是东晋王朝的腹地,是建业的朝廷所赖以立国的根本吗?这里财赋充盈,从两晋、南朝、唐朝、宋朝至今都未曾改变,如此则休养三吴之地来巩固天下的根本,保全这一千多年来百姓聚集的地方,使其不凋损虚耗,天子身为天下百姓的父母,怎能不努力这样做呢?

　　夫人聚则营作之务繁兴,财恒有余而粟恒不足;犹荆、湘土广人稀,力尽于耕,而它务不遑,粟恒余而财恒不足。

以此筹之,则王者因土作贡①,求粟于荆、湘,而薄责以财;需财于吴、会,而俭取其粟;是之谓损益盈虚之大经②,因地因人而不违其理。而念此者鲜矣。

【注释】

①因土作贡:指依据土地的具体情况,制定贡赋的品种和数量。

②损益盈虚:语出《周易·损卦》:"损益盈虚,与时偕行。"意思是补损平益、采盈充虚,变通趋时以做出正确的判断和选择。

【译文】

一旦人口聚集,则劳作、经营的活动自然兴盛,钱财常常有余而粮食常常不足。这就如同荆州、湘州之地地广人稀,百姓将全部的力量投入在土地耕作之上,便顾不上其他的工作与事务,致使粮食常常有余而钱财常常不足一样。根据这种情况来统筹全局,帝王就需要因地制宜地规定各地的进贡之物,要荆州、湘州多贡纳粮食,而减少向其征收的财税;向吴兴、会稽等地加大征收财税,而减少粮食的征收。这便是所谓补损平益、采盈充虚的大道常规,要因地、因人制宜而不违背此理。但真正考虑到此点的人却很少。

夫既厚责粟于三吴矣,无已,则严遏籴之禁以互相灌注①,有粟者得货贿焉,有货贿者得粟焉,一王之土,合以成一家之盈缩,亦两利之术也。是故恶莫大于遏籴,桓玄之恶烈于孙恩矣。夫玄据上流,馁三吴以弱朝廷,自以为得计矣,又恶知己既窃晋而有之,则三吴者又己他日之根本也。使玄能抚之以乘京口之后,何至一败而无余哉?故殄人者,未有不自殄者也。

【注释】

①灌注:指流通、贸易。

【译文】

朝廷既然向三吴之地的百姓征收大量粮食,出于不得已,那么就应该取消粮食买卖的禁令,以便各地百姓相互进行贸易,有粮者通过贸易可以得到钱财,有钱财者通过贸易可以得到粮食。在天子所统辖的国土上相互贸易流通,使其成为一家之内的盈缩损益,这也是互利之策。因此没有比阻止百姓买进粮食更罪大恶极的事情了,桓玄的罪过实际比孙恩更严重。桓玄占据长江上流,断绝三吴之地的粮食来源以削弱朝廷的实力,他自认为计谋得逞,却又不知自己既然窃取了东晋的政权而占有三吴之地,那么三吴之地又将会是他未来的根本所在。假使桓玄能及时在京口战役之后安抚百姓,何至于一败涂地呢? 所以害人者没有不最终损害到自己的。

九　司马休之刘敬宣高雅之为弃人由自取

桓玄将篡,杀北府旧将之异己者,司马休之、刘敬宣、高雅之相率奔燕,弃故国而远即于异类,为刘昶、萧宝寅之先驱。夫诸子亦各有其志行,岂其豫谋此污下之计为藏身之固哉①? 迫于死而不暇择尔。虽然,其为弃人于两间,固自取之也。桓玄之逆,非徒祸在所必避也,祸即不及,而岂忍为之屈。诸子据山阳以讨玄②,虽不必其忠于晋,而固丈夫之节也,何至周章失措而逃死于鲜卑邪?

【注释】

①污下:卑下,卑劣。

②山阳:今江苏淮安。高雅之、刘敬宣曾打算以此地为据点反击

桓玄。

【译文】

桓玄将要篡夺皇位时,杀死北府军旧将中的异己,使得司马休之、刘敬宣、高雅之相继逃奔南燕,他们抛弃故国而远投于夷狄,成了后来刘昶、萧宝寅的先驱。这几个人也都有自己所遵循的志向和操行,难道他们预先就谋划此种污鄙低下的计策来作为藏身的倚靠吗? 只不过是被死亡逼迫而无暇选择罢了。尽管如此,他们最终成为在天地间被抛弃的人,固然是自食其果。桓玄的叛逆,不仅仅是必然会波及他们的灾祸,即使灾祸不波及他们自身,他们难道就忍心屈服于桓玄这个逆贼吗? 这几个人若占据山阳讨伐桓玄,尽管不能保证他们必定会忠于东晋王室,却固然守住了大丈夫的气节,他们又何必惊慌失措而逃亡到鲜卑、自寻死路呢?

夫刘裕亦北府之杰,刘牢之之部曲也,坦然自立于京口而无所惧①,玄岂与裕无猜乎? 裕自有以为裕,而玄不足以为裕忧也。裕之还京口也,以徐图玄也;乃置玄不较,急击卢循于东阳而破走之②,旋击徐道覆而大挫之③,追卢循至晋安而又败之④,未尝一日弛其军旅之事也。为晋用而若为玄用,为玄用而实为晋用;威伸于贼,兵习于战,若不知玄之将篡者,而玄亦无以测其从违;非徒莫测也,虽测之而亦无如之何也。故玄妻刘氏劝玄除裕,而玄曰:"吾方平荡中原,非裕莫可用者。"既思用裕,亦固知裕威已建,非己所得而除也。玄知裕之不可除,故隐忍而厚待之以俟其隙;裕亦知玄之不能除己,故公然入朝而不疑。唯浃岁之间⑤,三破妖贼,所行者正,所守者坚,人不得而疑,虽疑亦无名以制之也。裕居不可胜之地,而制玄有余矣。

【注释】

① 京口：今江苏镇江。

② 东阳：郡名，辖今浙江金华、衢州一带，治所在长山（今浙江金华）。

③ 徐道覆（?—411）：东晋起义军卢循的姊夫。追随孙恩、卢循举兵起义。孙恩死后，随卢循进犯广州，占据始兴。义熙五年（409），进犯建康，为刘裕军所败，逃回始兴，最终被晋军所杀。其事见于《晋书·卢循列传》。

④ 晋安：郡名，辖今福建东部与南部，治所在侯官（今福建福州）。

⑤ 浃（jiā）岁：经年，经过一年。

【译文】

刘裕也是北府兵中的豪杰、刘牢之的部属，他在京口坦然拥兵自立而无所畏惧，桓玄难道与刘裕不相互猜忌吗？刘裕自有刘裕的打算，而桓玄不足以成为令刘裕忧虑的对象。刘裕之所以回到京口，是为了从容地设法除掉桓玄；可是他却能暂且对桓玄置之不理，而急速进攻卢循，在东阳将其击溃；随即又进攻徐道覆，给予其重创；又追击卢循到晋安，再次将其击败，不曾一日放下军旅之事。刘裕虽说是为东晋王朝所用却好似为桓玄所用，虽看似为桓玄所用，实际上却是被东晋王朝所用。刘裕的威名通过讨平寇贼而得以伸张，他所率的士兵熟悉了战争，而他仿佛不知道桓玄将要篡位谋逆，因此桓玄也无从揣测刘裕到底是顺从还是违逆他。不仅仅是难以揣测刘裕的态度，即使揣测到了，桓玄也对他无可奈何。所以桓玄的妻子刘氏劝桓玄除掉刘裕，而桓玄却说："我正准备扫平中原，除了刘裕无人可用。"他既然已经考虑任用刘裕，也固然知道刘裕的威望早已建立，而自己是无法将刘裕除掉的。桓玄知道刘裕无法除掉，故而隐忍不发、厚待于他，以等待可以除去他的时机。刘裕也知道桓玄无法除掉自己，所以他公然进入朝廷而毫不疑惧。只是一年之间，刘裕三次击破妖贼，他所行之事符合正义，所坚守的信念坚定不移,别人不会对他有所怀疑,即便怀疑也没有制服他的名义。刘裕已居于不可战胜的境地,所以他要制服桓玄便绰绰有余了。

　　呜呼!士当逆乱垂亡、忧危沓至之日,诡随则陷于恶,躁竞则迷于所向,亦唯为其所可为,为其所得为;而定大谋、成大事者在此,全身保节以不颠沛而逆行者亦在此。休之、敬宣、雅之舍己所必为,则虽怀讨逆之心,而终入于幽谷矣[1]。英雄之略,君子有取焉,安其身而后动,定其交而后求[2],正用之,可以独立于天纲裂、地维坼之日而无疚愧矣。

【注释】

①幽谷:幽深的山谷。此处引申为绝境。

②安其身而后动,定其交而后求:语本《周易·系辞下》:"君子安其身而后动,易其心而后语,定其交而后求;君子修此三者,故全也。"意思是君子必先使自己身心安稳,然后才可以行动;必先换个角度为人着想,使自己心平气和,然后再开口说话;必先以诚信待人,建立信誉,与人定下交情,然后才可以提出要求。君子能修养这三点,所以与人和睦相处,无所偏失。

【译文】

　　唉!士人在国家遭遇叛乱而即将灭亡、忧患危机纷至沓来的时候,若是不顾是非而妄随人意就会身陷大恶,轻躁而急于进取则会迷失方向,他们能做的也只有做他们可做之事,做他们该做之事。能定下大谋、成就大事的人就在于遵守了这一点,能保全自身与名节从而避免困顿挫折、背道逆行的人也在于遵守了这一点。司马休之、刘敬宣、高雅之舍弃了自己所必然可以做、应该做的事,即使他们满怀讨伐叛逆之心,也最终难免误入歧途、陷于绝境。对于英雄的谋略,君子是有所学习的。君子必先使自己身心安稳，然后才可以行动；必先以诚信待人，建立信誉，与人定下交情，然后才可以提出要求。正确地运用这一道理，便可以独立于天崩地裂之时而心无愧疚了。

一〇　王谧以晋公辅为桓玄佐命

廉耻之丧也，与人比肩事主，而歆于佐命之荣赏，手取人之社稷以奉奸贼而北面之，始于西汉刘歆、公孙禄之徒，其后华歆、郗虑相踵焉。然天下犹知指数之也[①]；幸而不遇光复之主，及身为戮，而犹无奖之者。上有奖之者，天下乃不知有廉耻，而后廉耻永亡。

【注释】

①指数：指责数落。

【译文】

与他人并肩事奉君主，而艳美佐命之臣所能享受的荣华富贵，于是亲自夺取别人的江山社稷以奉献给奸贼，对奸贼北面称臣，这即是丧失廉耻之心的表现。这种丧失廉耻的行为开始于西汉时的刘歆、公孙禄之流，其后华歆、郗虑相继做出了同样丑恶的事。然而天下之人还知道指责数落他们的丑恶行径，即便他们足够幸运，没有遇见能光复社稷的君主而遭到其杀戮，反而保全了性命和爵禄，也仍然不会有人称赞他们。如果君主褒奖他们的行为，天下之人就不知道何为廉耻之心，此后廉耻之心就会永远消亡了。

王谧世为晋臣[①]，居公辅之位，手解安帝玺绶以授桓玄，为玄佐命元臣，位司徒，此亦华歆、郗虑之流耳。义兵起，桓玄走，晋社以复，谧以玄司徒复率百官而奉迎安帝，此诚豺

虎不食、有北不受之匪类矣②。刘毅诘之,逃奔曲阿③,正王
法以诛之,当无俟安帝之复辟。而刘裕念畴昔之私好④,追
还复位,公然鹄立于百僚之上,则其崇奖奸顽以堕天下之廉
耻也,唯恐不夙。苟非志士,其孰不相率以即于禽兽哉?俄
而事此以为主,而吾之富贵也无损;俄而事彼以为主,而吾
之富贵也无损;夺人之大位以与人,见夺者即复得焉,而其
富贵也抑无损。奖之以败闲丧检⑤,而席荣宠为故物,则何
怪谢晦、褚渊、沈约之无惮无惭⑥,唯其所欲易之君而易
之邪?

【注释】

①王谧(360—407):字稚远,琅邪临沂(今山东临沂)人。东晋大
　臣,王导之孙。少有美誉,官拜秘书丞、黄门郎、侍中。后亲近桓
　玄,在桓玄篡位之时,手奉玺册表示拥立,获封开国公。桓玄败
　亡后,他以桓玄司徒的身份率百官奉迎安帝,刘毅奚落他,故意
　询问他玉玺、印绶在哪里,王谧深感不安,于是出奔,因其曾交好
　刘裕而被刘裕召回,仍官任扬州刺史、录尚书事。传见《晋书·
　王谧列传》。

②豺虎不食、有北不受:语出《诗经·小雅·巷伯》:“豺虎不食,投
　畀有北。有北不受,投畀有昊。”意思是将那些奸佞小人扔给豺
　虎,豺虎也不吃,将他们流放到北部极寒之地,北境之地也不接
　受,只有将他们交由上天处置。比喻品质极坏,不齿于人的人。

③曲阿:今江苏丹阳。

④畴昔:往昔。

⑤败闲丧检:指败坏伦理道德,丧失节操。闲,伦理道德的规范、界
　限。检,品行,节操。

⑥沈约(441—513)：字休文，吴兴武康(今浙江德清)人。南朝梁开国功臣。少时孤贫，笃志好学。南朝宋时，曾为奉朝请。后自宋入齐，又积极协助梁武帝萧衍篡位，并力劝萧衍弑杀已然禅位的齐和帝，以绝后患。萧梁建立后荣宠一时，官至尚书令。曾编纂《宋书》，也是"永明体(新体诗)"的倡导者之一。传见《梁书·沈约列传》《南史·沈约列传》。

【译文】

王谧的家族世代为晋朝之臣，身居公辅之位，然而他亲自解下晋安帝的玉玺印绶并将其交给桓玄，成为桓玄的佐命重臣，位居司徒，所以他也是与华歆、郗虑之流一样的逆贼。讨伐桓玄的义兵兴起，桓玄逃跑，东晋王朝的社稷得以光复，王谧以桓玄司徒的身份又率领百官奉迎安帝重登皇位，这实在是豺狼都不吃、北境之地都不接受的恶劣贼匪。刘毅曾诘问王谧玉玺印绶，王谧便逃奔到曲阿，他这种人本就应当依据王法被诛杀，根本不必等到安帝复辟之时。然而刘裕念及与他昔日的私人交情，将王谧追回并恢复他的官位，使他公然立位于百官之上，则刘裕是唯恐不能早些尊崇褒奖奸顽之人而毁堕天下人的廉耻之心。除非是有志之士，否则谁会不因此争先恐后地丢掉廉耻之心、变成禽兽呢？一会儿事奉这个君主，而我的富贵毫无损少；一会儿事奉那个君主，而我的富贵毫无损少；夺去他人的皇位而给予别人，而被夺去皇位的人即使很快得以复辟，而我的富贵也丝毫无损。褒奖此种行为则会败坏伦理道德、使人丧失节操，使人把君王的宠幸、尊崇当成自己固有的东西，如此则何必为谢晦、褚渊、沈约之流毫无忌惮和愧疚之心、仅仅因为他们想改易君主便废黜改易君主而感到奇怪呢？

　　呜呼！忠与孝，非可劝而可惩者也。其为忠臣孝子矣，则诱之以不忠不孝，如石之不受水而不待惩也。其为逆臣悖子矣，则奖之以忠孝，如虎之不可驯而不可惩也。然则劝惩之道,唯在廉耻而已。不能忠,而不敢为逆臣;不能孝,而不敢为悖子;刑齐之也①,而礼之精存焉。刑非死之足惧也,夺其生之荣,而小人之惧之也甚于死。天子正法以诛之,公卿守法以诘之,天下之士,衣裾不襒其门②,比闾之氓③,望尘而笑其失据,则惧以生耻。始耻于名利之得丧,而渐以触其羞恶之真,天子大臣所以濯磨一世之人心而保固天下者在此也④。手解其玺绶,而复延之坐论之列,两相觌而不惭,则耻先丧于上,而何望其下乎? 裕之不戮谧也,人心风俗之祸延及百年。唐黜苏威⑤,而后老奸贩国之恶习以破。惜老成,徇物望,以为悖逆师,祸将自及矣。

【注释】

①刑齐之:即齐之以刑,指用刑法来整顿、管制。

②襒(bié):拂拭,擦拭。

③比闾之氓:指邻里百姓。

④濯磨:濯洗,磨炼。

⑤唐黜苏威:指唐朝平定王世充后,苏威求见秦王李世民和唐高祖李渊,试图获取官位,但均遭拒绝。事见《隋书·苏威列传》。苏威(540—621),字无畏,京兆武功(今陕西武功西北)人。北周至隋朝大臣。北周时担任车骑大将军、仪同三司等职,隋建立后为太子少保,兼任大理卿、京兆尹、御史大夫等。主持修订了隋朝法典,与高颎参掌朝政,后被任命为尚书右仆射,为当时"四贵"之一。传见《隋书·苏威列传》。

【译文】

唉! 忠与孝是不可以靠劝勉和惩戒的方式获取的。如果一个人是忠臣孝子,那么用不忠不孝的事情引诱他,就如同水滴不进石头一样无效,根本不需要惩戒。身为逆臣悖子,用忠孝之事来鼓励劝勉他,就如同老虎不可驯服一样白费力气,惩戒他也没用。既然如此,则劝勉和惩戒之道,只在于廉耻而已。即使不能为国尽忠,也不敢做叛逆之臣;即使不能为家尽孝,也不敢做悖逆之子。虽然这是靠刑罚整治而得到的结果,但礼义的精义仍存在于其中。刑罚虽不如死亡那样足以令人畏惧,但如果夺去小人平生的尊荣,则小人会对此畏惧之极,甚于死亡。天子将此种小人诛杀以正法,而公卿大臣也遵守法律而诘难此种小人,天下的士人都不与他们进行交往,而邻里百姓则嘲笑他们失去立身的依凭,那么他们会因为恐惧而产生羞耻之心。他们最初是对名利得失感到羞耻,而逐渐地触及内心深处的羞恶本性,这是天子大臣用来洗涤磨炼天下人心,从而保有天下的根本。王谧曾亲自解下安帝的玉玺印绶,而安帝却又再度延请他居于大臣之列,两人再度见面却都不觉得惭愧,如此则廉耻之心先在朝堂丧失,又如何能对臣民有过高期望呢?刘裕不杀王谧,使得人心和风俗的祸患绵延百年。唐朝建立后罢黜苏威,此后老奸巨猾之臣卖国求荣的恶习才有所变更。怜惜所谓的老成之臣,曲从于所谓的众望而任用他,使其成为悖逆之人的老师,祸害必将危及自身。

一一 李曧从政之训能自求以求福

李曧之后兴于唐[①],于是而知天道之在人心,非君子徒为之说以诱人于善也。《易》曰:"履信思乎顺,是以自天祐之,吉无不利[②]。"夫人亦岂好为疑诈而与人相逆哉?爱憎乱之也。亦既见为可为而为之,见为可言而言之,则孰遽背其初心而自相刺戾[③]?见可爱而移,见可憎而止,而后心不能以自保,宁弃信也,且以快一时之情也。爱憎者,非以顺物,而求物之顺己也,求物顺己而不顺于物,勿恤也。顺己者,

爱之而赏醲④;逆己者,憎之而罚滥;罚滥既已大伤乎人心,
赏醲则得者自诧其邀取之工而不以为恩,不得者抱怏邑以
不平者积矣⑤。是故履信思顺者,不求之物理,而但求之吾
情;知吾情之非物理,而物理在矣。

【注释】

①李暠(hào,351—417):字玄盛,陇西狄道(今甘肃临洮)人。十六
　　国时期西凉政权建立者,唐朝李氏认定其为先祖。初为效谷令,
　　后升为敦煌太守。隆安四年(400),李暠改元庚子,建立西凉政
　　权,势力广及西域。后改元建初,遣使奉表东晋。他重视农业生
　　产,安抚当地百姓,时人有所赞誉。传见《晋书·梁武昭王李玄
　　盛传》。

②"履信"几句:语出《周易·系辞下》:"履信思乎顺,又以尚贤也。
　　是以自天祐之,吉无不利也。"

③剌(là)戾:违背,违逆。

④醲:浓厚。

⑤怏邑:即怏悒。指怏怏不乐的样子。

【译文】

　　李暠的后代最终立唐而兴,由此可以知道天道昭然在于人心,并非
君子为了诱人向善而空口说出来的白话。《周易》中说:"履行信义且顺
乎天意则自然顺遂,上天也会给予护佑,此为吉兆,无往不利。"难道人
们都喜爱猜疑奸诈而相互背叛吗? 不过是受爱与憎的迷惑和扰乱罢
了。既然已经看到可以有所作为之事而去做,看到可以进言献策的机
会而去进言献策,那么谁又会立即违背自己的本心而自相矛盾呢? 有
些人见到令自己喜爱的事物就立即转移兴趣,见到令自己厌恶的事情
就马上停止,然后自己的本心就无法保全,所以宁愿抛弃信义,而且也
是为了满足自身情感上的一时之快。他们的喜爱与憎恶,并非是自己

顺从于外界，而是要求外界顺从于自己。要求外界顺从自己而自己并不顺从于外界，则不会体恤他人。对于顺从自己的人，宠爱他并对他赏赐丰厚；对于违背自己的人，憎恨他而随意过分惩罚。惩罚太滥既然已经大伤人心，那么得到丰厚赏赐之人会自夸于他得到这些赏赐的手段而不把这当作恩德，而那些没有得到赏赐的人则心怀不平、怏怏不乐，逐渐积累起怨气。因此，讲究信义而顺乎天意的人，其爱憎赏罚不会刻意地去迎合事物的规律，而只寻求于本心，因为他们知道自己的本心虽然不等同于事物的规律，但是事物的规律和道理就存在于自己的内心中。

　　嚣之戒诸子曰："从政者审慎赏罚，勿任爱憎，折狱必和颜任理①，用人无间于新旧，计近不足，经远有余。"是说也，岂徒其规模之弘远哉？内求之好恶之萌以治其心，与天相顺，循物以信；三代以下不多得之于君子者，而嚣以偏方割据之雄，能自求以求福，推此心也，可以创业垂统、贻百世之休矣②。求治理而本诸心，昧者以为迂也，《诗》《书》所言，岂欺我哉？

【注释】

①折狱：断案，判案。

②休：吉庆，福禄。

【译文】

　　李嚣告诫自己的儿子们说："为政之人应该对于赏罚之事审慎考虑，不要任由自己的好恶来做出判断；断案时务必要和颜悦色地按规章情理仔细处置，用人时则不管新旧远近。这样做，从眼前的利益来考虑，好像是要受到些损失，但从长远来看，却是大有好处的。"这种说法，难道仅仅是因为李暠气量宏大且考虑深远吗？对内抑制自己的好恶而克制自己的感情，顺应天意，以信义安抚他人，这是三代以下在君子身上都不可多得的品质。而李暠作为偏据一方而称雄的君王，却能够首先对自身提出这样的要求，从而求得上天赐予的福泽。如果推广他的这种用心，则可以用它来创立基业、垂之后世，福禄必将延绵惠及百世。寻求治理之法的根本在于依凭自己的内心，愚昧之人认为这是迂腐之论，然而《诗经》《尚书》中所说的话，难道是欺骗我们的吗？

　　言综核者任憎也，世之言法者尽此耳；言宽大者任爱也，世之言恩者尽此耳。法近义而非义，以妨仁；恩近仁而非仁，以害义。秦政以刚而亡，汉元以柔召乱，非仁义也，且非法也，抑非恩也。任爱而淫，任憎而戾也。三代之王者，不立治天下之术，而急于学，克此心之爱憎而已矣。一不学而以爱憎为师，苻坚之厚慕容垂①，恩不足以为恩，况诸暴虐者之淫刑以逞乎？暠未尝学者也，而冥合于道，学岂以文哉？梁、陈之主②，且《坟》夕《典》③，而身为僇、国为灭亡④，求之物而不求之己也。暠虽未学，吾必谓之学矣。一心得御，而太和之气归之⑤，贻尔后昆于无穷⑥，勿谓三代以下无其人也。

【注释】

①苻坚之厚慕容垂：出身于前燕皇室的慕容垂因受慕容暐、慕容评的猜忌而投奔苻坚，苻坚对慕容垂的能力非常欣赏，封慕容垂为冠军将军、宾徒侯，在王猛设计令慕容垂之子叛逃、慕容垂本人也逃出长安并被追回后，仍对慕容垂好言抚慰，维持其官职不变。淝水之战后，慕容垂趁机回到燕国故地称王。事见《晋书·

　　慕容垂载记》。

②梁、陈之主:指南梁简文帝萧纲和南陈后主陈叔宝。

③旦《坟》夕《典》:指早晚埋首于经典之中。《坟》《典》,即三坟五

　　典,分别指伏羲、神农、黄帝的书和少昊、颛顼、高辛、唐、虞的书,

　　亦泛指经典古籍。

④傮:通"戮"。

⑤太和之气:指天地间的冲和之气。

⑥后昆:后嗣,子孙。

【译文】

　　提倡综聚考核的人总是根据内心的憎恨处事,世上谈论法治之人都是如此;提倡宽大包容的人则总是凭借内心的喜爱处事,世上谈论恩赏之人也都是如此。法治似义而非义,会妨害仁爱;恩赏似仁而非仁,会妨害正义。秦始皇因刚愎自用而亡国,汉元帝因为过于柔和而招致祸乱,他们的做法既不合乎仁义,也并不是真正的法治和宽容恩惠。只是放任自己的喜爱之情以至于泛滥、放任自己的憎恶之情以至于暴戾罢了。夏、商、周三代的圣君,不确立治理天下的手段,而是急于学习,其用意就在于克制自己内心的爱憎情感而已。不致力于学习而以内心的爱憎为师,就如同苻坚优待慕容垂,即便对他大加恩赏也不足以为恩赏,更何况暴虐之人乐于滥施刑罚而以此为快呢?李嵩不曾致力于学习,却暗暗合乎了天道的规律,学习难道仅局限于文字吗?南梁简文帝萧纲和南陈后主陈叔宝,他们从早到晚攻读经典,却使得自身被戮,国家灭亡,这是就只寻求于外物而不寻求于自己内心的结果啊。李嵩虽然没有学习经典,而我却必定要说他实际上是致力于学习了。人的内心一旦得以控御,而天地间的淡泊平和之气自然会归于自身,并留给子孙后代而无所穷尽,所以不要说三代之下再没有这样的人了。

一二　史氏以刘裕诛仲文为憾

　　殷仲文推戴桓玄①,谄以求容,哀章之徒也。义兵起,随

玄西走,复与俱东下以抗顺。及峥嵘洲之败②,玄且诛殛,乃叛玄而降,挟二妇人以求免,此宜膺党贼之诛而勿赦者也。幸逃于死,复守东阳,曾不赧而更以出守不执权为怨望。仲文之敢尔者,何也?王谧为三公,而人丧其耻心,故干荣之情不息也③。刘裕、何无忌按法而诛之,而时论不协,史氏尤憾裕之擅权以枉法,何也?谧登庸而仲文受戮,裕任爱憎之情,仲文死而无以服其心也。

【注释】

①殷仲文(? — 407):陈郡长平(今河南西华)人。殷仲堪的堂弟。他早年被殷仲堪推荐,担任会稽王司马道子的骠骑参军。桓玄占据京师时,殷仲文弃郡投靠,深受桓玄宠信。桓玄篡位后,命令他总领诏命。后桓玄即将失败,他先是护送此前在桓玄营中做人质的晋穆帝皇后何法倪、晋安帝皇后王神爱投奔朝廷义军,又在桓玄失败后上表请罪,假意辞职,得到晋安帝的谅解。义熙三年(407),殷仲文出任东阳太守,因再度谋反而被刘裕处死。传见《晋书·殷仲文列传》。

②峥嵘洲之败:指东晋元兴三年(404),刘毅等人与桓玄在峥嵘洲交战。此战役后,桓玄元气大伤,仓皇逃回江陵,随后即被冯迁杀死。事见《晋书·桓玄列传》。

③干:求取。

【译文】

殷仲文推举、拥戴桓玄,靠谄媚来取悦于他,是像西汉末年的哀章那样的无耻之辈。刘裕率领义兵讨伐桓玄,殷仲文跟随桓玄率军西逃,又再度和桓玄东下抗击朝廷的正义之师。等到桓玄军在峥嵘洲战败,桓玄即将被诛杀时,殷仲文又背叛桓玄而投降,并挟持两位皇后投奔朝廷的义军,以求免于死亡。他作为叛贼的同党,本应受到朝廷诛杀而不能加以赦免。他侥幸逃脱了死亡,又做了东阳太守,完全不觉得羞愧,反而因为离开朝廷、出镇地方而心怀怨恨。殷仲文为什么敢这样呢?王谧那样的人仍能位列三公,所以人们丧失了廉耻之心,因此求取荣华富贵的希望从不停息。刘裕、何无忌按照国法诛杀了殷仲文,然而当时的舆论却哗然不止,人们评论不一,著史之人尤其对刘裕擅权枉法的行为感到遗憾,这是为什么呢?王谧能再度得到重用而殷仲文却遭受杀戮,刘裕放任自己的爱憎之情,殷仲文即使死了,内心也会感到不服气啊。

　　虽然,谧之辱人贱行,疲懦无能为者也,借令重用仲文,而假之以权,祸岂有极哉?始与玄共逆者仲堪也,继为玄佐命者仲文也,挟其门族与其虚誉,摇动人心以恣狂逞,不能有刘裕之功,而篡谋更亟,天下之爝乱如沸羹①,愈不知其所止矣。仲文之诛也,并诛桓胤②,前此桓氏灭而胤以冲之子独免③,谓冲忠耳。桓温死,谢安、王彪之正纲纪以匡晋室,北府兵强④,荆、江气折,冲自保其躯命,不敢尝试,而遂许之以忠,蛇蝎冬蛰而无毒于人,其许之为祥麟威凤乎⑤?谢玄破苻坚,而冲郁抑以死,推此心也,灭其族焉非滥也。

【注释】

①爝(yuè)乱:炫惑扰乱。

②桓胤(? —407):字茂远,谯国龙亢(今安徽怀远)人。东晋将领,桓冲之孙。少有清操,恬静谦退,深得桓玄喜爱。曾官至吏部尚书,后随桓玄逃奔江陵。桓玄死后,归降晋廷。因祖父桓冲忠诚

于晋室,得以保全性命。后来殷仲文图谋反叛,桓胤被其拥立为
桓玄嗣子,事情败露后被杀。传见《晋书·桓胤列传》。

③胤以冲之子独免:桓胤实为桓嗣之子,桓冲之孙,王夫之此处表
述有误。

④北府兵:东晋地方军队。东晋太元二年(377),谢安为对抗北方
前秦,派其侄谢玄为南兖州刺史,监江北诸军事,并招募劲勇组
织新军,而南徐、南兖等州侨民纷纷应募。谢玄以刘牢之为参
军,领精锐为前锋,号为“北府兵”。该军于淝水之战中大胜前秦
军队。后刘裕倚靠此军队平定孙恩、卢循起义,进而北伐,并代
晋而建立刘宋王朝。

⑤祥麟威凤:指麒麟与凤凰。比喻难得的人才。

【译文】

尽管如此,王谧毕竟人格可耻、行为卑贱,他懦弱无能,不可能有所
成就。假使重用殷仲文,而授予他权力,那么他造成的祸患会有极限
吗?起初和桓玄共同叛逆的是殷仲堪,随后作为桓玄佐命之臣的是殷
仲文,他们挟持其宗族和虚假的名声,动摇人心,恣意妄为以求一逞,不
能立下刘裕那样的复兴之功,而篡权谋逆却更加急迫,天下被其炫惑扰
乱得犹如羹汤沸腾,更不知道此种境况究竟何时才能停止。殷仲文被
诛杀时,刘裕也一并诛杀了桓胤。此前桓氏被消灭殆尽而唯独桓胤因
为是桓冲的儿子而得以幸免,这是因为大家都认为桓冲坚守忠节。桓
温死后,谢安、王彪之整肃纲纪以图匡救晋室,北府兵强盛而荆州、江州
的气势受挫,桓冲为自保性命而不敢尝试谋逆,而人们便都称赞他的忠
心,他如同蛇蝎在冬季蛰伏而不能害人,就能因此称赞他是麒麟与凤凰
一般难得的忠贞之人吗?谢玄大破符坚,而桓冲终因郁郁不得志而死
去,推想其用心,灭掉他的宗族也不算过分啊。

一三　慕容超献乐伎于秦以求母

慕容超,鲜卑也,而无道以取死亡,不足道矣。苟有当

于人心天理之宜者,君子必表出之,以为彝伦之准则。超母段氏在秦,姚兴挟之以求太乐诸伎①,段晖言不宜以私亲之故②,降尊自屈,先代遗音,不可与人。封逞言大燕七叶重光③,奈何为竖子屈。呜呼! 此岂有人之心者所忍言乎? 超不听,而尽奉伎乐,北面受诏,而兴礼其母而遣之,超于是乎合人心之安以顺天理之得矣。超之窃据一隅而自帝,非天命也;慕容氏乘乱而世济其凶,非大统也;即其受天之命,承圣王之统,亦岂以天下故而弃置其亲于异域哉? 舜之视天下也,犹草芥也④,非超之所企及也;而不忍其亲之心,则充之而舜也。舜与蹠之分⑤,岂相县绝乎⑥? 离乎蹠,上达则舜矣。

【注释】

①太乐诸伎:指皇家御用的音乐和歌舞伎人。前秦灭亡后,这些伎人大多为慕容氏所得。

②段晖(? —409):十六国时南燕将领。南燕国君慕容超在位时,官任尚书左仆射、左军将军,曾谏止慕容超从姚兴处迎回其母。东晋刘裕大举进攻南燕时,他率步骑五万守临朐,最终战败而亡。其事见于《晋书·慕容超载记》。

③封逞:南燕大臣。七叶:七世,七代。重光:指世代盛德,辉光相承。

④舜之视天下也,犹草芥也:参见本卷"哀帝二"条注。

⑤蹠:指盗跖(zhí)。原名展雄,又名柳下跖、柳下蹠(蹠本义指赤脚奴隶),战国、春秋之际奴隶起义领袖。在先秦典籍中被诬为"盗跖""桀跖",因而在后世心目中成为与尧、舜等圣贤相对立的恶徒。

⑥县绝：即悬绝，相差极远。

【译文】

慕容超是鲜卑人，他因为无道而自取灭亡，本不值一谈。但如果他有合乎人心天理的行为，君子也必定要加以旌表宣扬，以作为人伦礼教的标准。慕容超的母亲段氏身在后秦，姚兴以此来要挟慕容超，向他索要原属于符坚的皇家御用乐工和歌舞伎人。段晖认为不应该因为个人亲情的缘故，就屈尊自己，况且皇家御用乐工和歌舞伎人是前代君王遗留下来的，不能交与他人。而封逞则说大燕七世君王的盛德光辉闪耀，怎能向区区姚兴屈服。唉！这难道是拥有人心之人所能说出的话吗？因此慕容超不听取他们的建议，而将所有的御用乐工和歌舞伎人都奉献给姚兴，甘愿北面称臣并接受诏书。因此姚兴礼遇其母段氏并派人将其送回南燕，慕容超于是既安定了自己的孝敬之心也顺应了天理。慕容超窃据一隅之地而自己称帝，这并不符合天命；慕容氏乘国家混乱之时兴起而世代逞凶，也并非能承继大统的家族。即便慕容氏承受天命，继承圣王的大统，难道就能因为天下的缘故而将自己的至亲遗弃在异国他乡而不顾吗？舜视天下人尽归于己犹如草芥一般，这种胸怀并不是慕容超所能达到的；而其对至亲的不忍之心，若能够发扬光大，就与舜的仁爱之心一样了。舜和盗跖的差距，难道真的是天差地别吗？其实远离盗跖的境界，再往上便是舜的境界了。

　　然则宋高宗之迎母后而割地称臣于女直，亦许之孝乎？宋高不可以超自解也。慕容晔之亡，亡于符氏，符氏其雠也，姚氏非其雠也。国非其所灭，君父不为其所俘系，超乘乱而有青土①，姚兴乘乱而有关中，两俱割据，以强弱相役，而固无首足之分，以母故而下之，非忘亲而自屈也。而宋高岂其然乎？况乎其未尝割世守之土，输岁币以自敝，仅以工伎之贱者易己罔极之昊天邪^②？

【注释】

①青土：指青州一带，即今山东一带。

②罔极之昊天：语出《诗经·小雅·蓼莪》："欲报之德，昊天罔极。"意思是欲报父母是德，如昊天之广大而我心无极。比喻父母的生身恩德广大无极。

【译文】

　　既然如此，则宋高宗赵构为迎回母后而向金人割地称臣，也可以称赞他孝顺吗？宋高宗是不能用慕容超的事例来为自己开解的。慕容晞之死，是死在前秦苻坚之手，苻氏是慕容氏的仇敌，而姚兴却不是慕容氏的仇敌。慕容氏所建立的燕国不是被姚氏所建立的后秦灭掉的，其君父也没有被姚兴所俘虏囚禁。慕容超乘混乱之机而占据青州之地，姚兴乘乱而占据关中地区，他们二人都是割据势力，是以实力的强弱来相互役使，而本来没有关系上的高下差别。慕容超是因为母亲的缘故而被迫屈尊，并不是忘掉了至亲之人的大仇而自行向别人屈服。然而宋高宗的情况难道是这样吗？何况慕容超未曾割让过其世代守卫的土地、交纳岁币而致使自我凋敝，仅仅是用卑贱的乐工、歌舞伎人来换回对自己有生身之恩的母亲啊！

　　或曰："超之迎母并迎其妻，非纯孝也。"呜呼！君子之求于人也，可以苛察而无已乎？其为迎母矣，而于妻何嫌？且超即欲迎其妻而自屈，亦异于人之为妻而屈者。当慕容德随垂反叛之日^①，超母方娠，苻坚囚之，狱吏呼延平窃以逃于羌中而超生^②，超母感平全其子母之恩，为超娶平女，则呼延氏肉超母子之白骨，而恩亦大矣。妻为平女，而屈己以迎之归，亦厚道也，而何嫌焉？段晖、封逞矜血气以争，而不恤天性之恩，夷之鸷戾者也^③，不可与岳鹏举、胡邦衡同日并论也^④。

【注释】

①慕容德(336—405)：后改名慕容备德，字玄明，昌黎棘城(今辽宁义县)人。鲜卑族，燕文明帝慕容皝幼子。在枋头之战中，随兄慕容垂打败东晋的军队。慕容垂建立后燕后，他被拜为车骑大将军，参决政事。隆安四年(400)，北魏攻陷河北后燕政权倾覆，慕容德正式称帝，改元建平，建立南燕政权。义熙元年(405)，立兄子慕容超为皇太子，同月去世，时年七十岁，谥号献武皇帝。传见《晋书·慕容德载记》。

②呼延平：十六国时期前秦国人。曾为前秦狱吏，因早年被慕容德赦免死刑，为报答救命之恩，秘密将狱中的慕容纳之妻以及慕容纳、慕容德兄弟的母亲救走，其女儿呼延氏后来成为慕容超的皇后。其事见于《晋书·慕容超载记》。

③鸷戾：像猛禽一样凶暴，比喻凶狠粗暴。

④胡邦衡：即胡铨(1102—1180)。字邦衡，号澹庵，吉州庐陵(今江西吉安)人。南宋名臣。早年进士及第，被授抚州军事判官，积极招募乡丁，助官军抵抗金军。后秦桧主和，胡铨上疏力斥主和派，要求斩秦桧与参政孙近、使臣王伦，声振朝野。后遭除名贬谪。孝宗即位后，复任奉议郎，知饶州。传见《宋史·胡铨列传》。

【译文】

　　有人说："慕容超迎接母亲回来，也同时迎回了他的妻子，这不是纯孝的表现。"唉！君子对人的要求，可以如此苛刻严厉而没有止境吗？慕容超的目的固然是迎回自己的母亲，但迎回他的妻子又对此有什么妨碍呢？况且即便他是为了迎接他的妻子而屈尊自己，也和一般的为了妻子而屈尊受辱之人有所不同。当初慕容德追随慕容垂反叛之时，慕容超的母亲已经怀孕，符坚囚禁了她。狱吏呼延平私下帮助她逃到羌族之地，使慕容超得以降生。慕容超的母亲感激呼延平保全母子二人的大恩，让慕容超娶呼延平之女为妻，呼延氏实则对慕容超母子有再生之恩，且恩情巨大。慕容超的妻子是呼延平的女儿，而他为此委屈自己以迎接妻子回来，也是厚道的表现，又有什么关系呢？段晖、封逞自恃血气来进谏争辩，而全然不顾出于天性的人伦恩情，实在是夷狄中的凶狠粗暴之徒，不可以和岳飞、胡铨相提并论。

一四　刘裕抗表伐南燕不当与桓温专擅并论

　　有一人之正义，有一时之大义，有古今之通义；轻重之衡，公私之辨，三者不可不察。以一人之义，视一时之大义，而一人之义私矣；以一时之义，视古今之通义，而一时之义私矣；公者重，私者轻矣，权衡之所自定也。三者有时而合，合则亘千古、通天下、而协于一人之正，则以一人之义裁之，而古今天下不能越。有时而不能交全也，则不可以一时废千古，不可以一人废天下。执其一义以求伸，其义虽伸，而非万世不易之公理，是非愈严，而义愈病。

【译文】

　　有一个人的正义，有一时的大义，有古往今来的通义。衡量轻重，辨别公私，则对这三者不能不加以明察。以一人之义同一时的大义相比较，则一人之义即是私义了；以一时之义同古往今来的通义相比较，则一时之义即是私义了；公义重而私义轻，那么权衡三者轻重的标准便自然确定了。这三者有时会合而为一，一旦合而为一，则绵延千古、通行天下，并最终协同于一人的正义。以此一人之义来裁定事物，则古今

天下都不能逾越。有时三者不能同时得以保全,则不能以一时之义而
废弃千古之通义,不能以一人之义而废弃天下公义。偏执其中一义而
求得其伸张,其义即便得以伸张,也不是万世不变的公理,是非越是分
明,则义越受其损害。

　　事是君而为是君死,食焉不避其难,义之正也。然有为
其主者,非天下所共奉以宜为主者也,则一人之私也。子路
死于卫辄①,而不得为义,卫辄者,一时之乱人也。推此,则
事偏方割据之主不足以为天下君者,守之以死,而抗大公至
正之主,许以为义而义乱;去之以就有道,而讥其不义,而义
愈乱。何也? 君臣者,义之正者也,然而君非天下之君,一
时之人心不属焉,则义徙矣;此一人之义,不可废天下之
公也。

【注释】

①子路死于卫辄:卫辄指春秋时的卫出公姬辄。其父卫国太子蒯
　　聩因得罪卫灵公夫人南子而出逃国外,卫灵公死后姬辄被公子
　　郢推举继位,拒不接纳父亲蒯聩回国。后来蒯聩要胁迫卫国执
　　政大臣孔悝发动政变,子路作为孔悝的家臣,不顾危险去保护孔
　　悝,被蒯聩的部下杀害。按:王夫之此处所言"卫辄"或为"孔悝"
　　之误。

【译文】

　　事奉一个君主便为其而死,既然食君俸禄,就不应躲避灾难,而要
誓死尽忠,这是合乎正义的。然而有的人所效忠的君主,并非为天下人
所共同尊奉而适宜做君主之人,那么誓死效忠他便成了一人的私义。
子路为保护姬辄而死,不能说他的死符合大义,因为卫辄本就是一时的

乱臣贼子。由此类推，那么事奉偏据一方、不足以成为天下共主的君主，誓死保卫他，反而对抗大公至正的君主，自认为是为了义而誓死效忠，实则使道义混乱。有人离开这样的君主而投靠有道之君，反而被讥笑为不义，这会使得道义的标准更加混乱。这是为什么呢？君臣之义，确实是正义，但君主若非天下共主，一时的人心都不归属于他，那么道义的标准就发生了变化。这就是不能以一人之义，而废弃天下的公义。

　　为天下所共奉之君，君令而臣共，义也；而夷夏者，义之尤严者也。五帝、三王，劳其神明，殚其智勇，为天分气，为地分理，以绝夷于夏，即以绝禽于人，万世守之而不可易，义之确乎不拔而无可徙者也。《春秋》者，精义以立极者也，诸侯不奉王命而擅兴师则贬之；齐桓公次陉之师①，晋文公城濮之战，非奉王命，则序其绩而予之；乃至楚子伐陆浑之戎②，犹书爵以进之；郑伯奉惠王之命抚以从楚③，则书逃归以贱之；不以一时之君臣，废古今夷夏之通义也。

【注释】

①次陉之师：指鲁僖公四年（前656），齐桓公率领军攻打蔡国。蔡国溃败后，齐桓公又继续攻打楚国，军队临时驻扎在陉。事见《左传·僖公四年》。

②楚子：即楚国国君。周时因楚君始封为子爵，故以此称。《左传·宣公三年》载："楚子伐陆浑之戎。"

③郑伯奉惠王之命抚以从楚：据《左传·僖公五年》记载，鲁僖公五年（前655），齐桓公得知周惠王有意废掉太子姬郑，而改立次子姬带为太子，便与宋、鲁、郑、卫、许、陈、曹七国国君在首止共同拜会太子姬郑，表示拥戴太子姬郑。周惠王派周公去首止，私自

会见郑文公,说:"我安抚你去跟随楚国,又让晋国辅助你,这就可以稍稍安定了。"郑文公对周惠王的命令感到高兴,又对没有朝见齐国感到惧怕,所以打算逃走回国而不参加盟誓。孔叔阻止,郑文公不听,还是逃回了国内。《春秋》记载此事称"秋八月,诸侯盟于首止。郑伯逃归不盟"。

【译文】

身为天下所共同事奉的君主,君主发布诏令而大臣共同执行,这是义;然而华夏与夷狄间的大防,其义尤其严格分明。五帝、三王,耗费其精神与智慧,竭尽其才智、勇气,为天划分气候,为地划分疆域,用以阻绝夷狄与华夏,即以此区分禽兽与人。万世皆遵守这条法则而不可更改,这是确实明了、不容动摇的大义。《春秋》是将此大义阐释得更加精微以为人们树立准则的经典,若诸侯不奉周天子之命而擅自兴师,《春秋》就会对其加以贬低。无论是齐桓公进攻楚国时驻军于陉,还是晋文公和楚国在城濮开战,虽然都没有尊奉周天子之命,但是他们尊王攘夷,于是《春秋》便记载他们的功绩并赞扬他们。甚至楚国国君讨伐陆浑之戎,《春秋》还写明他的子爵爵位来襃扬他;郑伯奉周惠王之命跟随楚国,然而《春秋》称他"逃归"以表示对他的轻视和贬低。这就是不以一时的君臣关系而废弃古今夷夏通义的表现。

　　桓温抗表而伐李势[①],讨贼也。李势之僭,溃君臣之分也;温不奉命而伐之,温无以异于势。论者恶其不臣,是也,天下之义伸也。刘裕抗表以伐南燕,南燕,鲜卑也。慕容氏世载凶德以乱中夏,晋之君臣弗能问,而裕始有事,暗主不足与谋,具臣不足与议,裕无所可奉也。论者亦援温以责裕,一时之义伸,而古今之义屈矣。如裕者,以《春秋》之义予之,可也。若其后之终于篡晋,而后伸君臣之义以诛之,斯得矣。于此而遽夺焉,将听鲜卑之终污此土,而君尚得为君,臣尚得为臣乎?

【注释】

①抗表:指臣下用上奏表章的形式表示自己与皇帝意见的不同。

【译文】

桓温违抗朝廷命令而讨伐李势,实为讨伐贼寇。李势僭越礼制,已经败坏了君臣之间的名分;桓温不是奉朝廷之命而讨伐李势,则桓温和李势并没有什么差别。评论者厌恶桓温有不臣之心,确实如此,天下之义由此得到伸张。刘裕违抗朝廷命令讨伐南燕慕容超,而南燕是鲜卑族所建立的夷狄政权。慕容氏世代凶残、祸乱中华,东晋的君臣却不能对此加以过问,直到刘裕时方才得以对其用兵,昏庸的君主不足以和刘裕共同图谋,形同虚设的大臣也不足以和刘裕商议讨论,所以刘裕已经没有可以事奉的君主了。议论批评的人也援引桓温的事例来责备刘裕,虽使一时之义得以伸张,但古今之通义却无法伸张了。像刘裕这样的行为,按照《春秋》之义的标准来加以赞扬是完全可以的。至于刘裕后来最终篡夺了东晋的皇位,那时再伸张君臣之义来对他加以批判惩罚,这也是可以的。但是如果在此时就立即批评、指摘刘裕,则等于听任鲜卑夷狄污秽我华夏之土,那么君主还能够作为君主,臣子还能够作为臣子吗?

一五　司马国璠兄弟奔秦

国之将亡,惧内逼而逃之夷,自司马国璠兄弟始①。楚之、休之相继以走归姚兴②,刘昶、萧宝寅因以受王封于拓拔氏,日导之以南侵,于家为败类,于国为匪人,于物类为禽虫,偷视息于人间,恣其忿戾以徼幸,分豺虎之余食,而犹自号曰忠孝,鬼神其赦之乎?

【注释】

①司马国璠(? —420):河内温县(今河南温县)人。东晋宗室大臣,司马昙之之子。因面临桓玄和刘裕相继把持朝政并屠杀迫害宗室贤臣的局面,故而带着弟弟四处奔波,相继投奔慕容超、姚兴、赫连勃勃等人。后率众投降拓跋焘,被封为淮南公。以谋反罪被杀。其事见于《晋书·姚兴载记》。

②楚之:即司马楚之。

【译文】

在国家即将灭亡时,害怕国内的权臣、奸贼紧逼而逃往夷狄之所,这一恶例是从司马国璠兄弟开始的。司马楚之、司马休之相继出逃并归降姚兴,刘昶、萧宝寅继其后投奔北魏拓跋氏而被封为王,每天引导北魏军队向南进犯,他们对于他们自己的家族而言是败类,对于母国而言是盗匪,对于整个人类而言是禽兽与害虫。他们在世间仰人鼻息以求苟全活命,随意发泄私愤以求侥幸的成功,分得一点豺狼虎豹口中所残余的食物,而犹且自称为忠孝,难道鬼神能赦免他们吗?

夫尊则君也,亲则祖若考也①,宗祐将毁,不忍臣人而去之,义也。虽然,苟其忠孝之情发为义愤,如汉刘信、刘崇蹀血以起②,捐脰领而报宗祊③,斯则尚矣。若其可以待时而有为,则南阳诸刘、大则帝而小则侯,仇雠之首不难斩于渐台也④。抑或势无可为而覆族之足忧乎?山之椒⑤,海之澨⑥,易姓名、混耕钓、以全身而延支裔,夫岂遂无道以处此哉?然则国璠之流,上非悼宗社之亡,下非仅以避死亡之祸,贪失其富贵,而倒行逆施以徼幸,乃使中夏之士相率而不以事夷为羞,罪可胜诛乎? 国璠之始奔慕容氏也,以桓玄之篡,玄固可旦暮俟其亡者,而遽不能待;继奔姚氏也,刘裕之篡固尚未成,可静俟其成败者也,不能一日处于萧条岑寂之中⑦;望犬羊而分余食,廉耻灭而天良无遗矣。

【注释】

①若:与,和。

②刘信:西汉宗室,汉宣帝刘询曾孙。汉平帝驾崩后,王莽自称摄皇帝,刘信和其弟刘璜以及东郡都尉刘宇与东郡太守翟义起兵讨伐王莽。其事见于《汉书·翟方进传》。蹀血:指流血很多,踏血而行。

③脰(dòu):脖子。宗祊(bēng):宗庙,家庙。

④斮:斩,削。

⑤椒:山顶,山巅。

⑥澨:水边。

⑦岑寂:寂静。

【译文】

对于皇室子弟而言,君主既是天下的至尊,也是其至亲,是其祖父与父亲,在国家和社稷即将毁灭时,因不忍心向他人称臣而离开,是合乎义的。尽管如此,如果其忠孝之心能被激发为义愤,就像西汉的刘信、刘崇那样不惜流血,举兵反抗王莽,为报效祖宗之灵而捐弃性命,则是值得崇尚的。如果可以等待时机以求有所作为,就像南阳以刘秀为代表的诸位刘氏宗室后裔一样,大则可以称帝,小则得以封侯,如此则不难在渐台将仇敌的头颅斩下了。又或者因为势力孤弱而无法有所作为,足以令人担忧宗族覆灭? 那么就逃入山巅与海滨,改名易姓,混迹于农夫与渔民之间,以此来保全自身并延续后代,难道会没有办法应付这种局面吗? 然而司马国璠之流,上不是哀悼社稷的灭亡,下不是仅仅为了逃避死亡的灾祸,而是担忧可能失去荣华富贵,因而倒行逆施,以期侥幸获取荣华富贵。可他们的行为却使得华夏之人都争相效仿而不以事奉夷狄为耻,他们的罪行难道是死亡便能抵消的吗?司马国璠起初投奔慕容超,是因为桓玄的篡逆。桓玄的快速败亡本来是旦夕之间就能等到的,而司马国璠却不能等待。其后他又投奔姚兴,此时刘裕篡夺皇位固然还没有成功,他也仍可以静等其成败,而他又是不能一天处于冷落寂静之中。他寄希望于从犬羊一般的夷狄口中分得剩余食物,可以说司马国璠已经泯灭廉耻之心、丧尽天良了。

　　丕之篡,刘氏之族全,炎之篡,曹氏之族全,山阳、陈留令终而不逢刀镬。刘裕篡而恭帝弑,司马氏几无噍类①。岂操、懿、丕、炎之凶愍浅于刘裕哉?司马氏投夷狄以疟病中夏,刘裕之穷凶以推刃也,亦有辞矣,曰"彼将引封豕长蛇以蔑我冠裳者也"②。而中夏之士,亦不为之抱愤以兴矣。纪季以酅入于齐③,《春秋》无贬词焉。齐,纪雠也,宁附于齐,而不东走莱夷,南奔句吴,则犹能知其类也。

【注释】

①噍(jiào)类:能吃东西的物类,指活着的人。

②封豕长蛇:大猪与巨蟒。比喻凶猛残暴之人。

③纪季:春秋时纪国国君的弟弟。据《左传·庄公三年》记载,鲁庄公三年(前691),纪季镇守纪国的军事重镇酅(xī),面临齐国的强大军事压境,无奈将酅地割让给齐国,自己则成为齐国的附庸,以这种方式保证了纪国先祖的祭祀不废。《春秋》记载此事称:"秋,纪季以酅入于齐。"

【译文】

曹丕篡夺汉朝皇位,刘氏族人尚得以保全;司马炎篡夺曹魏皇位,曹氏族人尚得以保全,山阳公刘协、陈留王曹奂都得以善终而没有被砍头或毒死。刘裕篡夺东晋皇位,弑杀了晋恭帝,司马氏族人没有几个活下来的。难道是曹操、司马懿、曹丕、司马炎凶狠奸恶的程度比刘裕还浅吗? 由于司马氏族人投奔夷狄并危害华夏,故而刘裕穷凶极恶地屠戮司马氏,也就有了可利用的说辞。刘裕说:"他们将会援引凶残暴虐之人来践踏华夏文明。"而华夏之人,也不会为司马氏怀抱着悲愤奋起抗争了。春秋之际的纪季将酅地归入齐国,《春秋》对这件事并无贬低之词。齐国本是纪季的仇敌,他宁愿归附于齐,也不东奔莱夷,南奔句吴,这说明他还是知道谁是他的同类的。

一六　刘穆之胡藩导刘裕以逆

刘裕之篡,刘穆之导之也;其杀刘毅,胡藩激之也①。不逞之士②,游于帷幕,而干戈起于几席③,亦可畏矣哉! 诚其为奸雄矣,既能识夫成败之机,则亦知有名义也,故孙权劝曹操以僭夺,而操有踞炉着火之叹④,既畏人之指摘,抑有慎动之思焉。而不逞之士,迫欲使之尝试,以幸得而己居其功;于是揣摩情形,动之以可疑,而慑之以可畏,则且谓天下之士业已许我,而事会不得不然;钱凤、郗超仅失之,而诡得者多矣,祸不可止矣。

【注释】

① 其杀刘毅,胡藩激之也:指刘裕征讨刘毅之时,与刘毅相约于倪塘会见,胡藩曾劝刘裕在会见中诛杀刘毅。事见《宋书·胡藩列传》。胡藩(372—433),字道序,豫章南昌(今江西南昌)人。初投桓玄,桓玄败亡后,刘裕知其忠义并富有才略,将其招降。后随刘裕南征北战,屡立战功。传见《宋书·胡藩列传》。

②不逞之士：指因失意、不得志而制造混乱、挑拨事端的人。

③几席：几和席，古人凭依、坐卧的器具。

④踞炉着火之叹：指曹操取得荆州后，表荐孙权为骠骑将军、荆州牧。孙权遣使入贡，向曹操称臣，上表劝曹操称帝。曹操对大臣说孙权是"欲踞吾着炉火上邪！"意思是他是想将我架在炉子上烤啊，表示自己还不想自立为帝。事见《三国志·魏书·武帝纪》。

【译文】

　　刘裕的谋逆篡位是刘穆之所诱导的，而他诛杀刘毅，则是胡藩所挑拨、鼓动的。因不得志而制造混乱、挑拨事端的人，游走于帷幕之中，在座席上搬弄口舌，兵戈便由此兴起，也真是值得畏惧啊！一个人若确实称得上奸雄，则既能认识、辨别成败的时机，也知道应该行事当具有名义。所以孙权劝曹操行僭越之事、夺取汉朝皇位，曹操却叹息说孙权这是想将他放在炉火上烤。奸雄既然害怕别人指摘批评，则也必定会经过深思熟虑再审慎行动。然而因不得志而制造混乱、挑拨事端的人，则迫切地想让他尝试僭越之事，如果侥幸取得成功，那么自己则可据有拥立的大功。于是他们揣摩情势，用可以使奸雄疑惑的言辞来说动他，用可怕的后果来恐吓他，还会说天下的大业已经托付在我们身上，而且时机已成熟，不得不行僭越之事。钱凤、郤超仅仅是没能成功罢了，而靠这种诡计取得成功的士人很多，所以灾祸才变得无法止息。

　　先王收之于胶庠①，而奖之以饮射②，非以钳束之也，凡以养其和平之气而潜消其险诈也。王泽既斩，士非游说不显，流及战国，蔑宗周，斗群雄，诛夷亲臣，斩艾士民，皆不逞之士雠其攀附之私以燀乱天下。嗣是而后，上失其道，则游士蜂起。朱温之为枭獍，敬翔、李振导之也③。石敬瑭之进

犬羊,桑维翰导之也④。乃至女直、蒙古之吞噬中华,皆衣冠
无赖之士投幕求荣者窥测事机而劝成之。廉希宪、姚枢、许
衡之流⑤,又变其局而以理学为捭阖,使之自跻于尧、舜、汤、
文之列,而益无忌惮。游士之祸,至于此而极矣。故娄敬、
马周不遇英主⑥,不值平世,皆足以乱天下而有余。李沆以
不用梅询、曾致尧为报国⑦,解缙言虽可赏⑧,必罢遣归田以
老其才而戢其躁,圣主贤臣所以一风俗、正人心、息祸乱者,
诚慎之也,诚畏之也。

【注释】

①胶庠:指学校。周代时,胶为大学,庠为小学。后世通称学校为
　“胶庠”。

②饮射:即饮射之礼。主要内容为饮酒、射箭以行礼,包括乡饮酒、
　乡射、大射等。

③敬翔(?—923):字子振,同州冯翊(今陕西大荔)人。五代时期
　后梁大臣。早年赴长安参加进士考试而未中,黄巢攻入长安,敬
　翔逃至汴州,被朱温所赏识,成为其心腹谋士。朱温称帝后,任
　命敬翔为知枢密院事,封平阳郡侯。朱温病重时召敬翔至病榻
　前受顾托命。后来李存勖攻进后梁都城,敬翔自杀身亡。传见
　《旧五代史·梁书·敬翔列传》《新五代史·梁臣传·敬翔》。李
　振(?—923):字兴绪,河西人。后梁太祖朱温的谋臣,唐朝名将
　李抱真曾孙。他早年科举不第,愤而投军,被任命为台州刺史,
　却因浙东叛乱而无法到任,途经汴州时结识朱温,遂成为其心腹
　谋士。他曾鼓动朱温在天祐二年(905)发动“白马驿之变”,并为
　朱温建立后梁做出很大贡献。后梁建立后,李振出任崇政院使,
　掌握朝廷大权。后梁灭亡后,被后唐庄宗李存勖处死。传见《旧

五代史·梁书·李振列传》《新五代史·杂传·李振》。

④桑维翰(898—947):字国侨,洛阳(今河南洛阳)人。五代时期后晋大臣。后唐同光年间进士及第,后投奔河阳节度使石敬瑭为幕僚。石敬瑭勾结契丹篡国,他极力赞成,并负责办理具体事宜,以贿赂、割让幽云十六州、称"儿皇帝"为条件获得契丹帮助。石敬瑭建立后晋以后,桑维翰两度出任宰相,广受贿赂,权倾朝野。契丹灭晋时,被后晋降将张彦泽缢杀。传见《旧五代史·晋书·桑维翰列传》《新五代史·晋臣传·桑维翰》。

⑤廉希宪(1231—1280):字善甫,西域高昌(今新疆吐鲁番)人。蒙元时期政治家。爱好经史和儒学,任京兆宣抚使时,请求任用许衡提举学校,教育人才。后跟随大军进攻南宋鄂州,请尽释军中所俘士人。忽必烈即位后,令其出掌荆南行省。他录用故宋官吏,发仓粟赈饥,兴学校,选教官。后受命领中书事。传见《元史·廉希宪列传》。

⑥马周(601—648):字宾王,博州茌平(今山东茌平)人。唐初大臣。年少孤贫,一度因失意而放浪不羁,不为州里尊敬。武德年间,曾任博州助教,后离职西游长安。贞观五年(631)太宗令百官上书谈论朝政得失,马周因谏言有功得太宗召见,受命在门下省值班侍奉。后多次升迁,官至宰相。贞观二十二年(648)逝世。传见新、旧《唐书·马周列传》。

⑦李沆以不用梅询、曾致尧为报国:参见卷四"元帝一"条注。

⑧解缙(1369—1415):字大绅,吉水(今江西吉水)人。洪武二十一年(1388)中进士,永乐年间官至内阁首辅、右春坊大学士,参预机要事务,受命主编《永乐大典》。因为才学高、好直言而被忌惮,朱元璋曾命其回乡读书十年,消除躁进之气,再出来做官。永乐年间解缙也屡遭贬黜,最终因"无人臣礼"被下狱,永乐十三年(1415)冬被处死。传见《明史·解缙列传》。

【译文】

先代圣王将士人们收聚在学校之中,用饮射之礼奖掖劝勉他们,不是要以此钳制、束缚他们,而是用这种办法涵养他们的平和之气,悄然消弭他们的阴险狡诈。然而等到先代圣王的恩泽逐渐断绝后,士人们若不进行游说就无法展现他们的才华,等到战国之时,他们蔑视周天子的权威,挑动群雄相互争战,鼓动国君诛灭亲信大臣,斩杀普通百姓,这都是因不得志而制造混乱、挑拨事端的人借助攀附的机会,来发泄一己的私愤,以此祸乱天下。从此以后,一旦君主失道,游说之士就蜂拥而起。朱温之所以成为弑杀君父的逆贼,是被敬翔、李振引导鼓动的。石敬瑭向卑贱的外族契丹进表称臣,是被桑维翰引导鼓动的。至于女真族与蒙古族崛起并吞噬华夏大地,都是汉人中道德低下、贪求富贵的儒士窥测时机而劝他们起事才最终取得成功的。廉希宪、姚枢、许衡之流,又改变了局势,用理学当作纵横捭阖、分化瓦解敌人的手段,使夷狄君主名正言顺地跻身于唐尧、虞舜、商汤、周文王之列,从而变得更加肆无忌惮。游士所造成的灾祸,至此而达到了极点。过去的娄敬、马周若没有遇到英明之主,没有遇到升平之世,都足以祸乱天下而绰绰有余。李沆因此把不重用梅洵、曾致尧当作报效国家的表现,而解缙的言论虽然值得欣赏,但朱元璋也一定要把他罢官回家,使其才华变得老成,从而收敛他的躁进之心。这是圣主贤臣赖以统一风俗、端正人心、平息祸乱的办法,实在应该加以谨慎对待,也实在应该对此有所敬畏啊。

一七　刘裕表请省流寓郡县申土断

开创之君,则有乡里从龙之士①;播迁之主,则有旧都扈跸之人②;念故旧以敦仁厚者所必不能遗也。然而以伤治理为天下害,亦在此焉。夫其捐弃坟墓、侨居客土以依我,亦足念也;而即束以法制,概以征役,则亦不忍也,而抑不能。

然以此席富贵、图晏安、斥田宅、畜仆妾、人王人、土王土,而荡佚于赋役之外;河润及于姻亚③,登仕版则处先④,从国政则处后,不肖之子弟,倚阀阅,营私利,无有厌足;而新邑士民独受重役,而碍其进取之途。夫君若臣既托迹其地,恃其财力以相给卫,乃视为新附而屈抑之以役于豪贵。则以光武之明,而南阳不可问之语⑤,已为天下所不平;又甚则刘焉私东州之众,以离西川之人心而速叛;岂徒国受其败,彼侨客者之荣利,又恶足以保邪? 西人之子,随平王而东迁者也,谭大夫致怨于酒浆佩璲⑥,而东诸侯皆叛。骄逸者之不可长,诚君天下者所宜斟酌而务得其平也。

【注释】

①从龙之士:指跟随帝王创业的人。

②扈眕:指随侍皇帝出行。

③河润:形容恩泽惠及很远。

④仕版:记载官吏名籍的簿册。

⑤南阳不可问之语:指刘秀曾下令全国核实农田垦殖和户口数,而地方官员多不认真执行且偏袒南阳帝乡的豪强地主,使得百姓怨声载道。刘秀恰巧发现上报公文后附有“河南、南阳不可问”之语。事见《后汉纪·光武皇帝纪》。

⑥谭大夫致怨于酒浆佩璲:指西周末年,谭国大夫抱怨被征服的东方诸侯国臣民受到周王朝统治的盘剥,被迫奉献酒浆、佩璲等物,并据此创作《大东》之诗。佩璲,一种供佩带用的瑞玉。

【译文】

但凡是开国创业的君主,都有自乡里之中就开始追随他的人;而迁都他处的君主,就会有来自旧都的扈从之人。要顾念故旧、推崇仁厚之风,则这些人是必定不能抛弃的。然而损害治理之道、给天下带来大害,也正在于此。旧臣们捐弃祖先的坟墓,侨居异乡来归附于君王,这足以让人顾念。然而要即刻用律法来约束他们,对其一视同仁地征收赋役,也于心不忍,况且也做不到。然而他们因此享受富贵、贪图安逸、买办田宅、蓄养奴仆妾女,占据国家的人口和土地,却不缴纳赋税,不服徭役。他们所受的恩泽也可以惠及姻亲,可以优先进入官场而拥有官位,治国理政需要实干时却身处其后。其中不肖的子弟,倚仗门阀高第,以此钻营获得私利,从没有满足的时候。然而原来的当地民众却单独承受繁重的徭役,他们入仕的渠道也受到阻碍。君主和大臣既然托身于他们的土地,依仗他们的财力来拱卫东晋王朝,却把他们视为刚刚归附的臣民而压制他们,并使他们遭受权贵的役使。如此则即使以汉光武帝的英明,也有"南阳不可问"的话语存在着,已引起天下人的不平;更严重的则如刘焉偏袒跟随他入川的东州集团,使西川的人心与其离心离德,因而招致了他们迅速的背叛。难道仅仅是国家遭受这种情形的败坏吗?东晋侨居江南的权贵的荣华富贵,又哪里能够最终保全呢?西周末年,身处关中的文王子孙跟随周平王东迁,谭国大夫抱怨被征服的东方诸侯国臣民受到周王朝统治的盘剥,被迫奉献酒浆、佩璲等物,故而东方的诸侯都背叛朝廷。骄奢淫逸之人是不可能长久的,君临天下之人确实应该对此加以反复斟酌而务必做到公平啊!

晋东渡而有侨立之州郡①,选举偏而赋役减,垂及安帝之世,已屡易世,勿能革也。江东所以不为晋用,而视其君如胡越,外莫能经中原,内不能捍篡贼,诚有以离其心也。刘裕举桓温之法,省流寓郡县而申土断,然且格而不能尽行。其始无以节之,后欲更之,难矣。

【注释】

①侨立之州郡:西晋永嘉(307—313)以来,北方士民相继南渡,大多聚族而居,主要集中于荆、扬、梁诸州。东晋南朝统治者为拉拢南渡士民,在长江南北和梁益通路设置侨州郡县安置侨人,保持其原来籍贯,另立户籍,给以优待特权,不受当地政府管辖。

【译文】

晋朝东渡后设立侨置州郡,南渡的权贵和世家大族在官员任命与选拔上享有特权,而且他们还能豁免赋役。等到安帝之时,东晋王朝已然经历数代皇帝的更替,没办法对此加以变革了。江东百姓之所以不为东晋所用,而视其君主如蛮横的胡越夷狄一般,东晋外不能经略中原,内不能抵御篡夺皇位的贼寇,都是因为确实有令百姓离心离德的因素存在。刘裕效仿桓温的办法,裁减流寓郡县而重新申行土断之策,然而尚且遭遇阻力而不能完全推行。在一开始的时候没有采取有效的办法节制旧权贵,之后再打算更改制度,就非常困难了。

一八 崔浩小慧非智

崔浩智以亡身。其智也,适以亡其身;适以亡其身,则不智莫大焉。

【译文】

崔浩因其聪明而丢了性命。他的聪明,恰恰导致了他的死亡。既然其聪明恰恰导致了他的死亡,那么他的不聪明可谓达到极点了。

君子之所贵于智者,自知也、知人也、知天也,至于知天而难矣。然而非知天则不足以知人,非知人则不足以自知。"天聪明,自我民聪明;天明威,自我民明威"①;即民之聪明明威而见天之违顺,则秉天以治人,人之可从可违者审矣。故曰非知天则不足以知人。所事者君也,吾义之所不得不事也;所交者友也,吾道之不得不交也。不得不事、不得不交者,性也。事君交友,所以审用吾情以顺吾性,而身之得失系焉。故曰非知人不足以自知。繇此言之,极至于天,而岂难知哉?善,吾知其福;淫,吾知其祸;善而祸,淫而福,吾知其时;时有不齐,贞之以自求之理,吾知其复。纲缊之化无方②,阴阳而已;阴阳之变化,进退消长而已。其征为象数,象数有不若,而静俟必反;其用为鬼神,鬼神不测,而诚格不违。故象数可以理贞,而鬼神可以正感。象数不可以术测也,鬼神不可以私求也。知此者,恒守而无渝,则象数鬼神赫赫明明昭示于心而无所惑,难矣。然而知此者之固无难也。非是者,谓之玩天而媟鬼,则但儳其术而生死于术之中,于人无择,于己不审,不亡其身何待焉?

【注释】

①"天聪明"几句:语出《尚书·皋陶谟》:"天聪明,自我民聪明;天明畏,自我民明威。"意思是上天听取意见、观察问题,是以百姓的意见和看法为依据;上天显扬善行、惩罚恶行,都要根据百姓的意愿来决定。聪,耳聪,指听取意见。明,目明,指观察问题。明威,显扬善行,惩罚恶行。威,畏惧,敬畏。

②纲缊:指天地间阴阳二气交相作用的状态。

【译文】

君子所拥有智慧的可贵之处在于自知、知人、知天命,到了上知天命这个层次是很困难的。然而如果不知晓天命就不足以知晓他人,如果不知晓他人就不足以有所自知。"上天听取意见、观察问题,都要以百姓的意见和看法为依据;上天显扬善行、惩罚恶行,都要根据百姓的意愿来决定。"通过体察民众的意愿与看法,就能明白自己的行为是违背还是顺应了天命,以此秉承天命而治理民众,则世人对天命是违背还是顺从便能看得很清楚。所以说不知晓天命就不足以知晓他人。我们所事奉的是君主,是遵循我们坚信的君臣道义而不能不事奉他;我们所结交的是朋友,是出于我们的交友之道而容不得不与他交往。不得不事奉君主、不得不结交朋友,实为人的天性。通过事奉君主、结交朋友,我们可以审慎地运用自己的感情来顺从自己的天性,而自身的得失正与此密切相关。所以说不知晓他人便不足以自知。由此而言,即使是到了天命这一层次,难道是很难知晓的吗?我知道善良能带来的福分,也知道荒淫能招致的祸害;善良却遭遇灾祸,荒淫却得到福报,我知道这是天时的原因;天时有所不顺,就要坚定不移地求诸自己的内心,因为我知道天时会循环往复,福祸可以相替。天地阴阳二气交互作用而没有特定的规律,仅仅是阴和阳而已;阴阳的变化,仅仅是进退消长的变化而已。这种变化表现为卦象爻数,则卦象爻数如有不顺,就要静待其变更反复;这种变化可以被运用来事奉鬼神,而鬼神则神秘莫测,因此需要严格遵循原则而从不违背。所以卦象爻数可以运用理来使其趋向贞吉,而鬼神则可以用正道加以感化。对于象数,不可以用占卜之类的小伎俩来预测;对于鬼神,不可以因私念而贪婪地向其祷告祈求。知道这个道理,坚守此理而不逾越,那么象数鬼神之事则赫然明了地昭示于心中,不会再迷惑。这很难啊!然而若懂得这个道理,固然就没什么困难的了。若不懂这个道理,就会被称为亵渎天命而轻侮鬼神,那么仅靠兜售自己的小伎俩而将自己的生死置于这些伎俩之中,对于他人不加分辨选择,对于自己也不能审明,那么自己怎么可能不丧身其中呢?

浩之见知于拓拔嗣也①,以《洪范》②,以天文。其洪范非

《洪范》也,非以相协厥居者也③;其天文非天文也,非以敬授民时者也④。及其后与寇谦之比⑤,崇淫祀以徼福于妖妄而已矣。故浩之时,非开治之时也,而浩不知;吉凶者,民之聪明所察,民之明威所利用者也,而浩不知;嗣非高帝,己非子房,自以其占星媚鬼之小慧,逢迎伪主,因而予智焉,此所谓驱之阱而莫避也,不智孰甚焉?

【注释】

①拓拔嗣:即拓跋嗣(392—423)。字木末,代郡平城(今山西大同)人,鲜卑族。北魏第二任皇帝,拓跋珪长子。拓跋珪遇弑后,他带兵入宫,诛灭清河王拓跋绍,夺位登基,年号永兴。在位期间内修庶政,体察民情,改革官制,选贤任能。他喜好阴阳术数,曾听崔浩讲《周易》《洪范五行传》,大加赞诩,并命崔浩占卜吉凶。传见《魏书·太宗纪》。

②《洪范》:指《洪范五行传》,是汉代以《尚书·洪范》为基础、以五行附会人事而编撰的一部阴阳术数类著作。

③相协厥居:帮助他们和睦地居住在一起。相,帮助。协,和。厥,他们,指臣民。

④敬授民时:指将历法赋予百姓,使知时令变化,不误农时。

⑤寇谦之(365—448):字辅真,冯翊万年(今陕西西安)人。北朝时道教领袖。好仙道,有绝俗之心。少奉正一盟威道,后从成公兴修道于嵩山。自称太上老君授予其"天师"之位。曾献道于太武帝,倡导道教改革,制订乐章,诵戒新法,得到太武帝和宰臣崔浩鼎力支持。传见《魏书·释老志》。

【译文】

崔浩之所以受拓跋嗣赏识任用,靠的是精研《洪范五行传》、知晓天

象术数之法。他精研的《洪范五行传》并不是真正的《尚书·洪范》,并不
是用来帮助人们和睦地居住在一起的;他所知晓的天象术数之法并不是
真正地顺应天时变化,并不能用以制定历法并赋予百姓,使其知晓时令
变化而不误农时。等到后来他和寇谦之等人为伍,不过是崇尚淫祀以向
妖尊虚妄祈求福泽罢了。所以崔浩所处之时,并非开明的治世,而崔浩
却对此不能认知。吉凶的变化,是上天通过民众的看法和意见加以体察
的,也是上天依据民众的意愿而施行的,而崔浩却不知晓这个道理。拓
跋嗣并非汉高祖刘邦,而崔浩自己也不是张良,他自己以占卜星象和欺
骗鬼神的雕虫小技来逢迎僭伪的君主,因而被称赞为聪明,这就是所谓
的驱使他进入陷阱之中而避无可避,还有谁比他更不聪明呢?

　　无是非之心非人也,非人则禽也,禽非不能与于象数鬼
神之灵也。鹊知戊巳①,而不知风撼其巢;燕知太岁②,而不
知火焚其室;风火之撼且焚者,天也,戊巳太岁,象数之测
也。蜮能射③,而制于鹅;枭能咒,而食于其子④;鹅以气制
蜮,子以报食枭,天也,妖而射,淫而咒,鬼神之妄也。舍其
是非而从其祸福,舍其祸福之理,而从其祸福之机,禽也,非
人矣。浩之不别于人禽久矣,无足道者。为君子者,捐河、
雒之精义,而曲测其象数;忘孝敬之合漠⑤,而比昵于鬼神;
天在人中而不能察,于知人而自知,其能贤于浩者几何也?
此邵康节、刘文成之所以可惜也⑥。

【注释】

①鹊知戊巳:当为"燕知戊巳"。语出《抱朴子内篇·至理》:"适偶
　有所偏解,犹鹤知夜半,燕知戊巳。"意思是恰逢对事物有所片面
　的理解,犹如鹤在半夜鸣叫,燕子在戊巳之日不衔泥筑巢一样。

②燕知太岁：当为"鹊知太岁"。语出《博物志》："鹊巢门户背太岁，得非才智也。"意思是喜鹊建窝时入口避开太岁星的方位，这不是这种鸟的本领，而是其顺应自然的本能。

③蜮(yù)能射，而制于鹅：蜮，一种传说中的害人虫，形状像鳖，有三只脚。能含沙射人或人的影子，被射中的人身上会生疮，被射中影子的也会生病。据《禽经·提要》等文献记载，鹅是蜮的克星。

④枭能咒，而食于其子：枭，一种恶鸟，会发出恶声，据说会吞食其生母。

⑤合漠：即"合之于漠"，指交合形气于清静无为的方域。

⑥刘文成：即刘基。刘基谥"文成"，故称。

【译文】

一个人如果没有是非之心，那么他也不能被称为人了。如果不是人，便是禽兽，然而禽兽也不是不能知道象数、鬼神的灵验。喜鹊知道戊巳之日不衔泥涂巢，却不知道风将摇动其巢穴；燕子建窝时知道泥窝的入口要避开太岁星的方位，却不知道火会焚烧其窝。风借火力得以迅速地燃烧殆尽，这是天意使然，戊巳和太岁之名，则是象数的测算。蜮能含沙射人，却受制于鹅；枭能下咒，却被其子所吞食。鹅用气制蜮，枭之子以食报偿枭，这是天意使然；蜮为妖而射人，枭淫乱而诅咒人，这是鬼神的妖妄之处啊。舍弃是非的判断而追从祸福的推演，这是舍弃福祸因果之理，而顺从祸福变化的时机，是禽兽所擅长的，而非人所擅长的。崔浩和禽兽没有什么差别已经很久了，并不值得谈论。身为君子，舍弃河图、洛书的精义，而用歪曲的伎俩预测象数；忘掉心存孝敬的清静无为的心肠，而亲昵于鬼神之术。天意实则就存在于民众之中却不能详细体察，知人而后方能自知，其他人又比崔浩贤能多少呢？这就是邵雍、刘基令人深感可惜的原因啊。

一九　刘裕料拓拔不救姚泓

　　慕容超求救于姚兴,姚泓求救于拓拔嗣,夫岂无唇亡齿寒之理足以动之乎? 然而兴与嗣徒张虚声,按兵不动,坐视其亡。刘裕县军深入,诟姚兴①,击魏兵于河上②,弗虑其夹攻,挑其怒而终无患。盖超与泓之愚以自亡,兴与嗣审于进退,而裕料敌之已熟也。崔浩曰:"裕图秦久矣,其志必取,若遏其上流,裕心忿怒,必上岸北侵,是我代秦受敌也。"其说韪矣。空国兴师,越数千里而攻人,岂畏战者哉? 窦建德轻举以救王世充③,世充未破而建德先禽,其明验也。攻者志于攻也,三军之士皆见为必攻;守者志于守也,乘埤之人皆见为必守;两俱不相下,而生死县于一决,怒则果怒,惧则果惧也。若夫人不我侵,两相斗而我往参之,君与将无致死之心,士卒亦见为无故之劳,情先懈、气先不奋,取败而已矣。

【注释】

①刘裕县军深入,诟姚兴:指义熙五年(409),刘裕伐南燕慕容超,围攻南燕都城广固,慕容超向后秦姚兴请求援兵,姚兴派遣使者对刘裕说:"慕容氏与我们相邻,关系友好。现在你们晋国这样急迫地进攻他们,我们秦国已派遣十万精锐强壮的骑兵屯聚在洛阳。你们的部队如果不撤,我们就要长驱进军了。"刘裕把后秦的使节叫到跟前来说:"告诉你们姚兴,我攻克燕国之后,停止军事行动三年,然后就要去夺取你们的关中、洛阳。今天你们要是想自己送命来,那就快点来吧!"事见《宋书·武帝本纪》。

②击魏兵于河上:指义熙十三年(417)刘裕北伐后秦姚泓时,北魏

派遣骑兵沿黄河骚扰刘裕的军队，刘裕果断派部队反击魏军，其部将朱超石以少量兵力击溃北魏骑兵，迫使其撤退。事见《宋书·武帝本纪》。

③王世充(？—621)：字行满，隋朝末年起兵群雄之一。本是西域的胡人，寄居在新丰。隋文帝开皇年间，因军功升至兵部员外郎，隋炀帝大业年间，官至江都宫监，为隋炀帝信任。农民起义爆发后，趁机入据洛阳，炀帝被杀后，他拥越王杨侗为帝。不久，王世充大破李密，招降瓦岗众将。武德二年(619)废杨侗，自立称帝，国号郑，年号开明。武德四年(621)被李世民击败，不久被仇人独孤脩德所杀。传见新、旧《唐书·王世充列传》。

【译文】

慕容超遭到刘裕进攻时向姚兴求救，姚泓遭到刘裕进攻时向拓跋嗣求救，难道唇亡齿寒的道理不足以使姚兴、拓跋嗣动心而发兵救援吗？然而，姚兴和拓跋嗣仅仅虚张声势，实际却按兵不动，坐视慕容超和姚泓的灭亡。刘裕孤军深入，辱骂姚兴，在黄河岸边攻击魏兵，不顾虑他们可能形成的夹击之势，挑动他们的怒火，却始终没有后顾之忧。大概慕容超和姚泓是因为愚钝而自取灭亡，而姚兴和拓跋嗣审时度势谨慎进退，而刘裕对敌人的动向早已预料得很清楚了。崔浩曾说："刘裕图谋后秦已很久了，他志在必得，如果我们占据上流遏制刘裕，刘裕必然恼怒，他必定渡过黄河向北侵入，那么我们将会代替后秦受敌。"崔浩说的是对的。刘裕倾尽全国的军力而大举进攻，跋涉数千里来进攻敌方，他难道是害怕打仗的人吗？隋末的窦建德轻率地举兵援救王世充，然而王世充还没有被敌方攻灭窦建德就首先被擒，这就是典型的例子。意图进攻之人志在必攻，三军将士都知道必须发起进攻；守卫之人则志在必守，防守之人都知道必须防守。双方都相持不下，所以不论生死，实际都系于一役，恼怒则果真恼怒，恐惧则果真恐惧，就是如此。至于别人不侵犯我，双方相互战斗而我方军队前去参与战斗，君主和大将都没有拼死战斗的决心，士卒也知道这是没有结果的战斗，于是人心先松懈、士气先不振奋，最终就只能失败而已。

　　呜呼！君子之所望于人者，以礼相奖、以情相好已耳，非若小人之相倚以雄也。己所怒而欲人怒之，己所忧而欲人忧之，父不能得之于子也。愚者不知，呼吁而冀人之为我怒、为我忧也，弗获已而应之，安足恃乎？若其不揣而为人忧怒以轻犯人者，则必妄人也。妄人先以自毙，而奚以拯人之危？齐桓次于聂北①，能迁邢以存之，而不能为邢与狄战；吴为蔡请全力以攻楚，而夫概先乱吴国②，蔡亦终灭于楚；恃人而忘己，为人恃而捐己，皆愚也。君子不入井以望人之从，则不从井以救人，各求诸己而已矣③。嵇叔夜不能取必于子，文信国不能喻志于弟，忠孝且然矣。颜渊曰："夫子步亦步，趋亦趋，已瞠乎其后矣④。"子曰："当仁不让于师⑤。"学问且然矣。况一己之成败利钝而恃人之我援哉？明者审此，自强之计决，而不怨他人之不我恤，而后足以自立。"谓他人父，亦莫我顾，谓他人昆，亦莫我闻⑥。"情也，势也，即理也。不得而怨，何其晚也！

【注释】

①齐桓次于聂北：指邢国被狄人入侵时，齐桓公率齐、宋、曹三国军队共同救邢，驻扎于聂北。后来齐桓公帮助邢国把都城迁到靠近齐国且较为安全的夷仪。事见《左传·僖公元年》。

②夫概：春秋时吴国人，吴王阖闾之弟。吴、楚交战时，认为楚令尹子常所部士卒无斗志，向阖闾献计进攻楚军，结果阖闾不采纳。

他便自率所部发起攻击,结果楚军大败。后秦出兵救楚而败吴,
他率军回吴自立。阖闾归国将他击败,夫概逃至楚。

③"君子"几句:参见卷十三"成帝一二"条注。

④"夫子"几句:《论语集释》引《庄子·田子方》:"颜渊问于仲尼曰:
'夫子步亦步,夫子趋亦趋,夫子驰亦驰,夫子奔逸绝尘,而回瞠
若乎后矣!'"意思是颜渊向老师请教说:"老师慢走,我也慢走;
老师急走,我也急走;老师快跑,我也快跑;但是老师一路飞奔而
去,我只好瞠目结舌地远远落在后面了。"

⑤当仁不让于师:语出《论语·卫灵公》:"子曰:'当仁不让于师。'"
意思是孔子说:"遇到可以实践仁德之时,对自己的老师也不必
谦让。"

⑥"谓他人父"几句:语出《诗经·王风·葛藟》:"谓他人父,亦莫我
顾!……谓他人母,亦莫我有!……谓他人昆,亦莫我闻!"意思
是即使称人父亲,自己依旧得不到眷顾;即使称人母亲,自己依
旧得不到帮助;即使称人兄弟,别人也依旧不会顾及我。

【译文】

　　唉!君子对别人的期望,就是以礼相互劝勉鼓励、以感情相互结好
罢了,不像小人结交是为了相互倚仗而意图称雄。自己所恼怒的对象,
也希望他人能为其恼怒;自己所忧虑的事物,也希望他人能为之忧虑,
即便是父亲也不能使自己的儿子做到这一点。愚蠢的人不知道这些,
一味大声呼号,希望他人可以为自己恼怒、为自己忧虑,即使别人出于
不得已而回应他,又哪里值得凭恃呢?如果有人不加考虑就替人忧虑、
恼怒从而轻易地冒犯他人,他必然是无知妄为之人。无知妄为之人会
首先自我毁灭,又怎么能倚仗他们来拯救他人的危难呢?齐桓公把军
队驻扎在聂北,能够迁移邢国的君臣百姓让他们生存下来,却不能替邢
国人和狄人作战;吴国因为蔡国的请求而全力进攻楚国,然而夫概却首
先祸乱吴国,最终蔡国也被楚国所灭。倚仗他人而忘掉自己,成为他人

的倚仗对象而舍弃自己，都是愚蠢的行为。君子既然不会自己跳入井中而指望别人可以跟随自己入井以救援自己，则君子自然也不会用跳入井中的方式来救人，所以遇到危险终究只能依靠自己的力量而已。嵇康不能使自己的儿子拥有和自己一样的志向，文天祥也不能向其弟表明自己的志向，阻止其弟最终降元，忠孝之人尚且都如此啊！孔子的弟子颜渊曾说："老师慢走而我也慢走，老师快走而我也快走，可我已经瞠目结舌地落在老师身后了。"孔子说："遇到可以实践仁德之时，对自己的老师也不必谦让。"学问之事尚且如此，何况因自己一人的成败得失而倚靠他人来援救自己呢？明智的人非常清楚此点，很快就定下自强的计策，而不抱怨他人不顾惜我，而后他便足以自立。"谓他人父，亦莫我顾，谓他人昆，亦莫我闻。"人情、形势即是理啊。得不到别人的帮助后怨恨不已，已经晚了！

二〇　刘裕当孝武末年乘间以收人望

刘裕初自广固归，卢循直逼建康，势甚危，而裕方要太尉黄钺之命①；朱龄石方伐蜀②，破贼与否未可知也，而裕方要太傅扬州牧之命；督诸军始发建康以伐秦，灭秦与否未可知也，而裕方要相国宋公九锡之命；则胡不待卢循已诛、谯纵已斩、姚泓已俘之日，始挟大功以逼主而服人乎？此裕之狡于持天下之权而用人之死力也。

【注释】

①黄钺：以黄金为饰的斧。在古代为帝王所专用，或特赐给专主征伐的重臣。

②朱龄石（379—418）：字伯儿，沛郡沛县（今江苏沛县）人。东晋将领。自幼轻佻好武，后为刘裕大将，随刘裕平定桓玄、卢循之乱，

并受命率军讨平占领四川的谯纵，威名甚著，深受刘裕信任，诸事皆参与谋划。传见《宋书·朱龄石列传》《南史·朱龄石列传》。

【译文】

刘裕刚从广固班师回朝，卢循的军队就直逼建康，情势十分危急，而刘裕此时却要求皇帝任命他为太尉并赐予他黄钺，允许其专主征伐。朱龄石进军讨伐蜀地，他能否战胜贼寇尚且不可知，刘裕此时却要求皇帝将他任命为太傅及扬州牧。刘裕都督各路大军从建康出发远征后秦，他能否灭掉后秦还尚且不知，却在此时要求皇帝任命他为相国、封宋公并加九锡之礼。他为何不等到诛杀了卢循、斩杀了谯纵、俘虏了姚泓之后，再挟持大功要挟、逼迫皇帝给予他官爵，并以此使人服气呢？这正是刘裕狡猾地把持天下的大权、以此来让人为他拼死效力的表现。

夫能用人者，太上以德，其次以信，又其次则惟其权耳。人好逸而不惮劳，人好生而不畏死，自非有道之世，民视其君如父母，则权之所归，冀依附之以取利名而已。裕若揭其怀来以告众曰：吾且为天子矣，可以荣人富人，而操其生死者也。于是北归之疲卒、西征之孤军，皆倚之以效尺寸，而分利禄。如其不然，则劳为谁劳，死为谁死，则严刑以驱之而不奋。裕有以揣人心而固持之，刘穆之虽狡，且不测其机，而欲待之凯还之日，其愧惧而死者，智不逮也。

【译文】

能够使人为自己所用，最好的方法是以仁德用人，其次以信义用人，又其次则只能靠权力来用人了。人们都喜好安逸但不惧怕辛劳，人们都想要生存却不畏惧死亡，如果不是可以视君主为父母的有道之世,则人们纷纷归附拥有权力的人,其原因不过是希望通过依附他们来获得名利罢了。刘裕仿佛公然地将他内心所想向世人宣告一样:我将会成为天子,可以给人以荣耀富贵,且手握着生杀予夺的大权。于是从征伐后秦战场上归来的疲弱士卒以及西征蜀地的孤军,都依仗着他而为其效尺寸之劳,以求分得利禄。如果不是这样,那么他们辛劳是为谁人而辛劳,牺牲又是为谁人而牺牲呢? 即使用严刑峻法来驱使他们,他们也不会为其拼死效力的。刘裕自有其揣摩人心并牢固掌握人心的手腕,刘穆之虽然狡诈,却也不能猜到其中的玄机,而想等待着刘裕班师凯旋之日再求加封。他愧疲恐惧而死的原因,是智慧不及刘裕啊!

　　因是而知晋之必亡也久矣。谢太傅薨①,司马道子父子昏愚以播恶,而继以饥饱不知之安帝,虽积功累仁之天下,人且去之,况晋以不道而得之,延及百年而亡已晚乎! 晋亡决于孝武之末年,人方周爰四顾而思爰止之屋②,裕乘其间以收人望,人胥冀其为天子而为之效死,其篡也,时且利其篡焉。所恶于裕者,弑也,篡犹非其大恶也。

【注释】

①谢太傅:即谢安。因其死后获赠太傅,故称。

②周爰:指四处寻觅。语本《诗经·小雅·皇皇者华》:"载驰载驱,周爰咨诹。"意思是鞭策着骏马驰骋在大路上,在民间四处寻觅那治国的良方。爰止:指人心所向聚集而来的样子。语本《诗经·大雅·卷阿》:"凤凰于飞,翙翙其羽,亦集爰止。"意思是青天之上凤凰飞舞,百鸟展翅飞翔紧紧相随,凤鸟停在树上而百鸟聚集相响应。

【译文】

　　由此而知东晋必然灭亡的态势实际上已经持续很久了。谢安死后，司马道子父子昏庸愚钝为东晋灭亡埋下恶种，再加上连人的饥饱都无法辨识的安帝，如此即使是积累了功劳与仁德的天下，人们尚且想要离开它，更何况东晋王朝的建立本就有着得位不正的问题，其延续百年而亡实则已经很晚了！东晋的灭亡在孝武帝末年就已注定，当时人们都仓皇失措，四处寻觅治国良方，希望有人来安定天下。于是刘裕乘机收拢人心，人们都希望刘裕能成为天子而愿意替他效命。刘裕最终篡位称帝，实在也是上天给予了他时机，有利于他谋权篡位。人们所厌恶的，是刘裕弑杀君王，而篡夺皇位之事并不算他的大恶。

二一　刘裕始欲留长安而卒东归

　　刘裕灭姚秦，欲留长安经略西北，不果而归，而中原遂终于沦没。史称将佐思归，裕之饰说也。王、沈、毛、傅之独留①，岂繄不有思归之念乎？西征之士，一岁而已，非久役也。新破人国，子女玉帛足系其心，枭雄者岂必故土之安乎？固知欲留经略者，裕之初志，而造次东归者②，裕之转念也。夫裕欲归而急于篡，固其情已。然使裕据关中，抚雒阳，捍拓拔嗣而营河北，拒屈丐而固秦雍③，平沮渠蒙逊而收陇右，勋愈大，威愈张，晋之天下其将安往？曹丕在邺，而汉献遥奉以玺绶，奚必反建康以面受之于晋廷乎？盖裕之北伐，非徒示威以逼主攘夺，而无志于中原者，青泥既败④，长安失守，登高北望，慨然流涕，志欲再举，止之者谢晦、郑鲜之也⑤。盖当日之贪佐命以弋利禄者，既无远志，抑无定情，裕欲孤行其志而不得，则急遽以行篡弑，裕之初心亦绌矣。

【注释】

①王、沈、毛、傅：指王修、王镇恶、沈田子、毛祖德、傅弘之，五人皆
　为刘裕部将。

②造次：慌忙，仓促。

③屈丐：指大夏武烈帝赫连勃勃，屈丐是北魏拓跋焘对他的辱称，
　意思是卑下。

④青泥既败：指义熙十三年(417)，刘裕灭后秦后，奉其命留守长安的
　诸将互相残杀，结果夏赫连勃勃乘机率军入关中，攻占长安，并出
　兵追击晋军于青泥，大败晋军。事见《晋书·赫连勃勃载记》。

⑤郑鲜之(364—427)：字道子，荥阳开封(今河南开封)人。初为桓
　伟辅国主簿，性格刚愎，不阿强贵。后与刘裕友善，并对刘裕直
　言相进。刘裕即位后，对其颇为器重，时人对其多有忌惮。官至
　尚书右仆射。传见《宋书·郑鲜之列传》《南史·郑鲜之列传》。

【译文】

　　刘裕灭掉姚氏所建立的后秦，打算留在长安以经略西北，然而却没
能实现这一打算，很快班师东归。于是中原地区最终悉数沦陷，重新被
夷狄占领。史书上称是将领和僚佐们思念故土而希望东归，这其实是
刘裕的掩饰之词。刘裕让王修和王镇恶、沈田子、毛祖德、傅弘之独自
留守关中，难道他们没有思归之心吗？西征的士卒，一年就会轮换一
次，并非长久在那里服役。方才攻破别人的国家，那里的财物就足以拴
住他们的心，身为枭雄之人难道必须回归故土才安心吗？由此而知，打
算留在长安并经略西北，乃是刘裕起初的志向，仓促东归，则是刘裕改
变了主意。刘裕急于东归以篡夺东晋的皇位，固然是他内心真实的想
法。然而假如刘裕以关中地区为根据地，抚平洛阳一带，抵御拓跋嗣而
经营河北，抗拒野蛮卑贱的北方夷狄而固守秦雍地区，扫平沮渠蒙逊而
收复陇右，则他的功勋会越来越大，威望越来越高，那么东晋的天下又
将归于谁呢？汉末之时，曹丕身在邺城，而汉献帝也只能远远地奉献出

国玺印绶,禅位于曹丕,为什么刘裕必须返回建康当面接受东晋的国玺印绶,达成篡位的愿望呢?大概刘裕的北伐,不仅仅是向人们展示他的势力和威望,以此来逼迫君主、谋夺皇位,他并非没有收复中原的志向。东晋留守关中的军队在青泥被击败、长安失守后,刘裕登高北望,满怀感慨地伤心流涕。他的志向是想再次举兵,而阻止他的人是谢晦和郑鲜之。大概当时贪求辅佐帝王创业以获取利禄的人,既没有远大的志向,也没有收复中原的坚定情思,刘裕打算单独实行其志向是不可能的。如此则刘裕急于篡夺东晋帝位,其实和他的初心并不相符啊。

裕之为功于天下,烈于曹操,而其植人才以赞成其大计,不如操远矣。操方举事据兖州,他务未遑,而亟于用人;逮其后而丕与叡犹多得刚直明敏之才,以匡其阙失。裕起自寒微,以敢战立功名,而雄侠自喜,与士大夫之臭味不亲,故胡藩言:一谈一咏,搢绅之士辐凑归之①,不如刘毅。当时在廷之士,无有为裕心腹者,孤恃一机巧汰纵之刘穆之②,而又死矣;傅亮、徐羡之、谢晦③,皆轻躁而无定情者也。孤危远处于外,求以制朝廷而遥授以天下也,既不可得,且有反面相距之忧,此裕所以汔济濡尾而仅以偏安草窃终也④。当代无才,而裕又无驭才之道也。身殂而弑夺兴⑤,况望其能相佐以成底定之功哉?曹操之所以得志于天下,而待其子始篡者,得人故也。岂徒奸雄为然乎?圣人以仁义取天下,亦视其人而已矣。

【注释】

①辐凑:车辐会聚于毂。形容人物的聚集和稠密。

②汰纵：过分放纵。

③徐羡之（364—426）：字宗文，东海郯（今山东郯城）人。南朝宋开国功臣。早年在桓楚与刘裕共同担任过桓脩的中兵曹参军，因而得以深深结交刘裕，逐渐成为其心腹，历任琅邪内史、吏部尚书、丹阳尹、尚书仆射等职。刘宋建立后，进位司空、录尚书事、扬州刺史。宋武帝逝世前遗诏徐羡之与谢晦、傅亮、檀道济共同辅政。宋少帝刘义符警悟好弈，游戏无度，不务正业。徐羡之遂于景平二年（424）与傅亮、谢晦一道废黜刘义符，另立刘义隆为帝。元嘉三年（426），刘义隆稳固了权力后，以废弑君主等罪名下诏将徐羡之治罪，徐羡之遂自杀。传见《宋书·徐羡之列传》。

④汔济濡尾：语本《周易·未济卦》："小狐汔济，濡其尾，无攸利。"意思是小狐狸渡河接近成功，却沾湿了尾巴，没什么好处。汔，尽，终。

⑤殂（cú）：死亡。

【译文】

刘裕为天下所建立的功业，比曹操还要壮烈，但是他在培植人才以辅助自己成就大业方面，却和曹操相差甚远。曹操刚刚占据兖州准备举事之时，顾不上其他事务，就急于用人、求贤若渴；所以等到他死后，曹丕和曹叡还能得到很多刚直、明敏的人才，来匡正和补救朝廷的过失。刘裕出身寒微，因作战勇猛而建立功名，他具有雄心侠气并因此沾沾自喜，却和士大夫们无法志趣相投、相互亲昵，所以胡藩说："在谈吐和咏诵之间，使得文人雅士便从四面八方前来归附，这一点您比不上刘毅。"当时朝廷的人士中，并没有刘裕的心腹，他唯独能倚仗的，也就是一个玩弄机巧、过分放纵的刘穆之，结果刘穆之后来也死了。其余的傅亮、徐羡之、谢晦之流，都是轻率躁进而没有坚定情操的人。刘裕孤军危险地远在外地，想要制服朝廷而在遥远的地方接受朝廷所授予的天下，既无法实现，而且还有可能受到抗拒的隐忧，这就是为何刘裕如同

《周易·未济卦》显示的那样事功未成，因而仅能偏安一方，草草地窃取皇位。当时并没有治国安邦的贤才，而刘裕也没有驾驭人才使之为己所用的方法。刘裕死后，想要篡夺皇位的人纷纷出现，如何指望刘裕能得到这些人的辅佐来达到平定天下的功业呢？曹操之所以纵横天下却等到其子曹丕时才篡夺皇位，是因为得到了贤才辅助的缘故。难道仅仅是身处乱世的奸雄如此吗？圣人凭借仁义取得天下，关键也是取决于人才而已。

恭 帝

【题解】

　　晋恭帝司马德文(385—420)是晋孝武帝司马曜的次子、晋安帝司马德宗的胞弟。义熙十四年(418),晋安帝驾崩,刘裕奉立司马德文为帝,改元元熙。晋恭帝在位期间,朝政大权完全为刘裕所把持,恭帝形同傀儡,无所作为。元熙二年(420),刘裕逼迫恭帝禅位,东晋自此灭亡,司马德文为刘裕所害。

　　刘裕篡晋之时,徐广对于东晋的覆灭哀痛不已,而身为门阀士族的谢晦却对此无所表现。王夫之认为,这不仅是因为谢晦个人廉耻之心尽丧,也反映出东晋末年君臣道义已然崩解。自此以后直至南陈,君臣义绝,廉耻道丧,权臣更相篡权践祚,相袭以为常态。纵观全书,王夫之多次强调廉耻之心是人立身的根本。在他看来,曹操杀孔融和司马昭杀嵇康,都是对贤能之人有所顾忌的举动,也可看成是还存有廉耻之心。而晋、宋之际这种廉耻之心的集体泯灭,无疑更为可悲。

一　隐士韦祖思以恭惧过甚见杀

　　赫连勃勃征隐士韦祖思而杀之[①],暴人之恒也。祖思不免于死。凡尸隐士之名以处乱世而无其实者,幸而不死,殆行险以徼幸之徒与！祖思之杀，以恭惧过甚，而逢勃勃之怒。恭惧非死道也。故庄周《人间世》有养虎之说②，动色相戒，譬诸游羿之彀中，诚哉其言乎！而非也。若周之说，亦惧已甚而与死为徒者也。孔子之于阳货③，义不屈而身不危，虽圣人哉，而固无神变不测之用，求诸己而已。君子之于人也，无所傲，无所徇，风雷之变起于前，而自敦其敬信。敬者自敬也，信者自信也，勿论其人之暴与否也。贞敬信者，行乎生死之涂而自若，恂栗以居心④，而外自和，初无与间也。其于暴人也，远之已夙矣。不可远而居正以自持，姚兴之与勃勃又奚择焉？

【注释】

① 赫连勃勃征隐士韦祖思而杀之：赫连勃勃（381—425），本姓刘氏，字屈孑，匈奴铁弗部首领。十六国时期大夏政权建立者。早年投奔叱干部，后归顺姚兴，被拜为安北将军，镇守朔方。之后其势力坐大，遂自立为天王、大单于，国号大夏，年号龙升。他残暴嗜杀，狂妄傲慢，使得关中人民深受其害。韦祖思，十六国时期隐士。归隐终南山，素有声名，姚兴和刘裕曾请其出山而皆未往。后赫连勃勃征召他，他立即前往，且态度谦敬过甚，招致赫连勃勃不满，遭到诛杀。事见《晋书·赫连勃勃载记》。

② 养虎之说：典出《庄子·人间世》：“汝不知夫养虎者乎？不敢以生物与之，为其杀之之怒也；不敢以全物与之，为其决之之怒也。时其饥饱，达其怒心。虎之与人异类而媚养己者，顺也；故其杀者，逆也。”意思是养虎之人不敢喂虎以活物，害怕会激发其怒气；不敢以整个动物喂它，害怕会激发其杀气。知道老虎的饥饱，从而了解其秉性。老虎与人不同却对养虎之人摇尾乞怜，因

为其顺应了老虎的秉性；而身死虎口的，是违逆了老虎的秉性。

比喻身处危险的环境之中，要顺其自然，保持警惕和畏惧之心。

③孔子之于阳货：指阳货曾想要拜见孔子而孔子不愿见他，他便赠予孔子一只小猪，依礼孔子需要还礼，这样便可相见。孔子乘其不在家时，前去拜谢，却在半路上碰到了阳货。阳货以时间易逝、光阴不复来劝孔子及早入仕。事见《论语·阳货》。

④恂栗：恐惧战栗。

【译文】

赫连勃勃征辟隐士韦祖思并授予他官位，结果反而又将他诛杀，残暴之人的本性一贯如此。韦祖思也难免被杀身死。凡是徒有隐士的虚名而身处乱世并无隐居之实的人，即使侥幸免死，也是铤而走险、期望侥幸得以成功的人。韦祖思的被杀，是因为他对赫连勃勃过分恭敬恐惧，因而招致了赫连勃勃的愤怒。恭维恐惧本身并非导致死亡的原因。故而庄子在《人间世》中有养虎之说，告诫世人身处危险的环境之中，需要保持警惕和畏惧之心。人们震惊警惕，互相劝诫，如同跑进了神箭手羿的射击范围内只怕难逃一死，事实果真和此说一致吗？实际并非如此。若如庄子所说，那么自己就过于恐惧而和死亡为伴了。春秋时，孔子对于阳货，坚持正义不屈服而自身不危险，虽然是圣明之人，却固然没有变化莫测的手段，只有求助于自己罢了。君子对于他人，无所傲慢，无所顺从，眼前即使有雷霆万钧、风云变幻的情势，自己也诚心诚意坚守尊敬与信义。尊敬他人即是尊敬自己，对他人坚持信义则也是对自己诚信，而不论他人的残暴与否。坚定尊敬和信义的人，即使身处生死存亡的关头依旧坦然自若，即便内心恐惧战栗，然而外在也是自然平和，和最初并没什么不同。他对于残暴之人，也早已疏远。如果不能远离残暴之人，那么就要居身持正，如此则韦祖思对于姚兴和赫连勃勃又有什么可选择的呢？

　　呜呼！即不幸而终不免于死矣，以正死，以谄死，均死，而以正处死者，不犹愈乎？以正为道，其与死违者，常也；不免者，变也。以惧而谄，谄而死，蹈乎死之道也；即不死而生理不足以存，幸而免也。刚柔之外有自立之本，而后行乎进退而不迷。庄周之说，亦舍其自立者以忧天下而徼幸乎免者尔。又恶知祖思之恭惧，非闻庄周之说，以戒心于羿彀①，而增其葸怯哉②？

【注释】

　　①羿彀：参见卷一"秦始皇二"条注。

　　②葸（xǐ）怯：胆怯。

【译文】

　　唉！即使自身不幸而终究难逃一死，也有坚守正道而死和谄媚而死的不同。两者都是死，则坚守正道而死，不也很好吗？坚守正道，而可以避开死亡，这是常有的事；如果不能幸免于死，也是时机变化的缘故。因为恐惧而谄媚，因为谄媚而死，这是自取死亡之道；即使不死为人之道也再不足以存续，这实在是侥幸免于死亡啊。刚柔强弱之外有自立的根本，而后便能进退有据，不会迷惑。庄周的养虎之说，也是舍弃了自身自立的根本而忧虑外在环境，不过是使人侥幸免于死亡的说辞罢了。又哪里知道韦祖思的恭维恐惧，不是听了庄周的养虎之说，而对进入后羿的射箭范围存有戒备之心，因而增加了他的害怕和胆怯呢？

　　乃若祖思之窃隐士之名而亡实，则于其行见之矣。处夷狄争乱之世，一征于姚兴，再征于勃勃，随声而至，既至而不受禄，以隐为显名厚实之囮①，蹠之徒也。中夏无主，索虏、羌胡迭为雄长，而桓温、刘裕两入关中，独不可乘其时以南归邪？如曰温与裕不可托也，则管宁归汉，亦何尝受羁络于曹操乎？如其不能，身绝天下之交，口绝天下之言，莫为之先容者^②，兴与勃勃抑岂能有独知之契以相求于梦遇哉？

【注释】

①囵（é）：媒介。此指手段。

②先容：事先为人介绍、吹嘘或疏通。

【译文】

至于韦祖思窃取隐士的名声而并无隐士之实，通过他的行为就可以看到这一点。身处夷狄入侵并相互争乱之世，他先被姚兴征辟做官，又被赫连勃勃征辟做官，他则应声前往。前往为官后却又不接受厚禄，这是将隐士作为扬名获利的手段，和盗跖之流并无区别。中原地区成了无主之地，所以北方的蛮夷依次称雄争霸，而东晋的桓温、刘裕两次率军进入关中，难道韦祖思不可以乘着他二人进入关中的时机随之南归吗？如果说桓温和刘裕不是能寄托身家之人，那么管宁归附汉朝，又何曾受到曹操的笼络呢？如果自己不能这样做，那不如断绝与天下人的往来，闭口不谈天下之事，则不会有人举荐他，姚兴和赫连勃勃又怎会单单知道他这个根本不为别人所知的隐士而对他梦寐以求呢？

二　徐广为晋室流涕谢晦谓其小过

人之不肖，有贤者以相形，见贤而反求之己，改而从之，上也；虽弗能改，犹知愧焉而匿其不善，次也；以其相形，忮忌而思害之，小人之恶甚矣。然其忮忌之者，犹知彼之为贤，而惭己之不肖，则抑其羞恶之心销沉未尽，横发而狂者也。若夫与贤者伍，己之不肖无所逃责，而坦然忘愧，视贤者之痛哭流涕以哀世者，若弗闻焉，若弗见焉，进不知改，退不知忌，而后羞恶之心荡然无余，果禽兽矣，非但违之不远矣。

【译文】

人如果自身品行不端，若有贤能之人来与之相比较，可以看到他人的贤能而反过来审视、反省自己，改正自己的过错而向贤能之人学习，这是最好的；虽然不能改正自己的过错，但也能在比较后自感惭愧，从而隐藏自己的不善之处，这也是次一等的结果。若因为同贤能之人的比较映射出自己的不善，便心怀忌恨而想着陷害贤能之人，那么这便是小人的罪大恶极之处了。然而那些嫉贤妒能的人尚且知道他人的贤能，而为自己的不肖感到惭愧，那么或许他们的羞耻之心尚未丧失殆尽，只不过是这种羞耻之心以错误的形式爆发出来从而走向癫狂罢了。如果与贤能之人为伍，自己的不肖分明无法掩盖、无法逃避责备，自己却反而坦然忘掉了羞愧，眼见贤能之人因为悲哀世道日渐衰坏而痛哭流涕，自己却仿佛没有听到，也没有看到，进不知道改正，退不知道忌讳，然后羞耻之心便荡然无存，就真与禽兽无异了。这不仅仅是违背了做人的道理，而且是偏离人道太远了。

刘裕篡晋，而徐广流涕①，此涕也，岂徐氏之私怨而蠹然伤心者乎②？通国之变，盈廷之耻，苟有人之心者，宜于此焉变矣。谢晦者，晋之世臣也，从容谓广曰："徐公，得无小过。"广曰："君为宋佐命，身是晋遗臣，悲欢固不可同。"则已置晦于人伦之外而绝之矣。晦亦若置广于物理之外而任之，无愧也，无忌也。人自行，禽自飞，兰自芳，莸自臭③，同域而不惊，同时而不掩。呜呼！天下若此，而君子所以救世陷溺之道穷矣。微独晦也，宋君臣皆夷然听广之异己而无忌之者。嗣是而刘彧、萧道成、萧鸾、萧衍④，相袭以怗为故常。君臣义绝，廉耻道丧，置忠孝于不论不议之科，为其所为，而是非相忘于无迹。不知者以为其宽厚，而孰知其天良灭绝之已极哉！曹操之杀孔北海，司马昭之杀嵇中散，耻心存焉。至于晋、宋之际，而荡尽已无余，"八表同昏，平路伊阻"⑤，陶元亮之悲，岂徒为晋室之存亡哉？

【注释】

①徐广（352—425）：字野民，东莞姑幕（今山东诸城）人。晋孝武帝时担任秘书郎，安帝时奉诏撰修晋史。晋恭帝退位时，徐广痛心悲哀，泪流满面，不顾谢晦劝说，感慨晋朝旧恩。东晋亡后，入宋为中散大夫。传见《宋书·徐广列传》《南史·徐广列传》。

②歔（xī）然：悲伤痛惜的样子。

③莸：一种臭草。

④刘彧、萧道成、萧鸾、萧衍：分别为南朝宋明帝、齐高帝、齐明帝、梁武帝。四人皆靠篡夺而登上帝位。

⑤八表同昏，平路伊阻：语出陶渊明诗《停云》："霭霭停云，濛濛时雨。八表同昏，平路伊阻。"意思是天地之间一片昏暗，就算行走在平坦的道路上也极为困难。

【译文】

刘裕篡夺了东晋的皇位，而徐广痛哭流涕，他痛哭流涕难道是因为个人的恩怨利益而悲痛伤心吗？面对影响举国上下的变故，满朝的耻辱，只要是稍有人心的人，也应该在此时情绪有所变化了。谢晦的家族在东晋世代为功勋重臣，但他却从容地对徐广说："徐公，您这样未免有点过分了吧。"徐广回答说："您是宋的佐命大臣，而我是东晋王朝的遗臣，此中的悲欢之情当然不同。"如此则他已将谢晦置于人伦情理之外而从道义上摒弃了他。然而谢晦也好像将徐广置于人情事理之外而任命他为官,既不感到羞愧,也不忌恨他。人们各自走着不同的道路,禽鸟有着各自的飞行轨迹,兰草自有其芳,而菇草也自有其臭,虽同处一地而不惊异,同时并存也不相互遮掩。唉!天下到了这个地步,那么君子用来挽救日渐衰坏的世道的方法也就穷尽了。不仅仅只是谢晦,南朝宋的君臣都安然听任徐广这样的异己存在着而没有谁忌恨徐广。此后刘彧、萧道成、萧鸾、萧衍都似这般相互沿袭,且都习以为常。可以说,君臣之间的义早已灭绝了,人们的廉耻之心丧失殆尽,对于忠孝不加以关注和议论,而是为所欲为,将是非忘却于杳无形迹。不知道的人以为他们宽仁优厚,而谁又知道他们实际上是丧尽天良到了极点!曹操杀死名士孔融,司马昭杀死名士嵇康,证明他们的廉耻之心尚存。至于到了东晋与南朝宋之时,则连廉耻之心也荡然无存了,陶渊明悲叹"八表同昏,平路伊阻",难道仅仅是为晋朝的存亡而哀叹吗?

卷十五

宋武帝

【题解】

　　宋武帝刘裕(363—422)字德舆，小字寄奴，彭城（今江苏徐州）人。刘裕自幼家贫，初为东晋冠军司马。隆安三年(399)，被辅国将军刘牢之引为参军，从击孙恩，屡立功勋。元兴三年(404)，他与北府诸将于京口起兵，共同讨伐桓玄，在这场战争中逐渐脱颖而出。次年，他迎安帝复位，为镇军将军，都督荆、司等十六州诸军事，逐渐掌握了东晋实权。此后，刘裕对内击平卢循，西征刘毅，平定蜀地，平息司马休之叛乱，对外则攻灭南燕、后秦，降服仇池，大破北魏军队，收复淮北、山东、河南、关中等地，光复洛阳、长安两都，凭借显赫的功勋受相国、宋公、九锡之礼。晋安帝驾崩后，刘裕奉立恭帝，并于元熙二年(420)逼迫晋恭帝司马德文禅位，建立南朝宋，年号永初。称帝后，他致力于强化中央集权，重用寒门士人，整顿吏治，实施土断，发展生产，为政颇有建树。永初三年(422)病逝。

　　正统问题历来聚讼纷纭。在晋朝与南朝宋之间，历代史家多以晋朝为正统，而将刘宋置于分裂割据政权的行列。王夫之在本篇中提出了与此截然不同的观点——刘宋比晋更具有正统性。首先，从王朝建立的正当性，即所谓"得位之正"方面考察，可以看到司马炎与刘裕虽同属篡立，但司马氏是乘曹魏皇室屏弱之机而轻易地篡夺了其政权，且曹魏并非昏庸无道、不可救药,刘裕则是在内忧外患、君王无道的艰困时局中凭借着自己的功业与实力折服了民众,取得了政权,道义上显然更能立得住。其次,肯定晋朝正统的人多以晋曾讨平吴蜀、统一天下为依据,但平吴、平蜀的正当性都存疑,更重要的是中原也正是从司马氏手中沦陷的,司马氏无力恢复中原,刘裕却在北伐中取得了实实在在的显赫功绩,将晋朝所坐失的中原之地,拿来责备刘宋,批评其未能将失地收复,掩盖刘裕奋力讨伐夷狄的功劳,从而贬低刘宋王朝的地位,显然是极不公允的。最后,从华夷大义的角度上讲,史家因怜惜东晋延续了一点华夏政权血脉而尊奉司马氏为正统,丝毫不顾惜承载华夏礼乐教化的国土,竟忍心将华夏大地强行割裂为南北,以此作为分别华夷的界限,反而要贬低有讨伐夷狄之功的刘裕,这无疑是极为荒谬的。基于此,王夫之旗帜鲜明地指出,汉代以后,唐代以前,唯独刘宋还可以称得上是中原的正统王朝。

一　论正统者不宜升晋黜宋

宋得天下与晋奚若?曰:视晋为愈矣,未见其劣也。魏、晋皆不义而得者也,不义而得之,不义者又起而夺之,情相若、理相报也。虽然,曹氏有国,虽非一统天下,而亦汔可小康矣①。芳与髦,中主也,皆可席业以安。而司马氏生其攘心以迫夺之,视晋之桓玄内篡、卢循中起、鲜卑、羌虏攘臂相加,而安帝以行尸视肉离天下之心,则固不侔矣②。宋乃以功力服人而移其宗社,非司马氏之徒幸人弱而掇拾之也。论者升晋于正统,黜宋于分争,将无崇势而抑道乎?

【注释】

①汔(qì):庶几,差不多。

②侪:等,齐。

【译文】

　　刘宋政权得到天下的正当性和西晋司马氏相比如何呢? 回答是:刘宋比西晋的正当性要强,没看出来哪里劣于西晋了。魏、晋两朝都是靠不义手段而得到天下的政权,靠不义得到天下,然后不义之人又起来夺走他们的江山,情形上相似,道义上也合乎因果报应。尽管如此,曹氏建立魏国,即使没有达成天下统一,却也使国内差不多达到了小康的水平。曹芳、曹髦都是中等才智的皇帝,可以凭借着祖业安稳地统治。然而司马氏滋生窃取国柄之心,急迫地夺取了曹氏的帝位,而这与东晋末年桓玄内篡、卢循乘机起兵、鲜卑及羌虏部族纷纷侵扰中原、晋安帝因为犹如行尸走肉一般而令天下对其离心离德的艰难情形,是根本不能相提并论的。刘裕凭借着自己的功业与实力折服了民众,从而夺走了东晋的政权,他并非如司马氏之流那样,乘别人孱弱之机而轻易地篡夺了别人的政权。评论这段历史的人都把晋提升到正统的地位,而把刘宋贬低到纷争割据的政权之列,这难道不是崇尚势力而压抑正道吗?

　　固将曰:"晋平吴、蜀,一天下矣,而宋不能。"魏、吴皆僭也,而魏篡,则平吴不可以为晋功;若蜀汉之灭,固殄绝刘氏二十余世之庙食①,古今所蠹然而伤心者。混一不再传,而已裂土宇之广,又奚足以雄哉? 中原之失,晋失之,非宋失之也。宋武兴,东灭慕容超,西灭姚泓,拓拔嗣、赫连勃勃敛迹而穴处。自刘渊称乱以来,祖逖、庾翼、桓温、谢安经营百年而无能及此。后乎此者,二萧、陈氏无尺土之展②,而浸以削亡。然则永嘉以降,仅延中国生人之气者,唯刘氏耳。举晋人坐失之中原,责宋以不荡平,没其挞伐之功而黜之,亦大不平矣。

【注释】

①庙食：指祖宗死后立庙，享受祭飨。

②二萧：指萧道成建立的南齐和萧衍建立的南梁。陈氏：指陈霸先
建立的南陈。

【译文】

有人定然会说："西晋平定吴、蜀割据政权，最终统一了天下，这是刘宋政权所不能做到的。"曹魏、孙吴实际都是僭越而立的伪政权，区别只是曹魏篡夺了东汉政权而已，因此平定吴国这个伪政权，不能被拿来当作晋的功劳。至于蜀汉的灭亡，实则灭绝了汉代刘氏流传二十余世的宗庙祭享，这是古今以来的人们都为之感到悲痛伤心的事。司马氏虽统一天下，然而其政权沿袭不过两代，国家就陷于崩裂，即便司马氏曾经占有的江山那样广阔，又哪里足以凭恃这一点称雄呢？使中原地区沦陷丧失，是晋朝的责任，而非刘宋的责任。宋武帝兴起以后，东灭慕容超，西灭姚泓，迫使拓跋嗣、赫连勃勃收敛行迹而据守老巢不出。自从前赵刘渊扰乱天下以来，祖逖、庾翼、桓温、谢安历经百年的经营奋战，也没能取得像刘裕这样的功业。在南朝宋之后的齐、梁、陈三朝，都没能扩展尺寸的土地，却不断地丧失国土。因而，从西晋永嘉之乱以后，能够延续华夏之人的生气与志气的，只有刘裕而已。将晋朝所坐失的中原之地，拿来责备刘宋，批评其未能将其收复，掩盖刘裕奋力讨伐夷狄的功劳从而贬低刘宋王朝的地位，这也是极不公允的。

君天下者，道也，非势也。如以势而已矣，则东周之季，荆、吴、徐、越割土称王，遂将黜周以与之等；而嬴政统一六宇，贤于五帝、三王也远矣。拓拔氏安得抗宋而与并肩哉？唐臣隋矣，宋臣周矣，其乐推以为正者，一天下尔。以义则假禅之名，以篡而与刘宋奚择焉？中原丧于司马氏之手，且

爱其如线之绪以存之；徒不念中华冠带之区，而忍割南北为华、夷之界乎？半以委匪类而使为君，顾抑挞伐有功之主以不与唐、宋等伦哉①？汉之后，唐之前，唯宋氏犹可以为中国主也。

【注释】

①挞伐：征讨，讨伐。

【译文】

　　君主之所以能够统治天下，所依靠的是大道而非势力。如果仅仅以势力为考量标准，那么东周末年的楚国、吴国、徐国、越国纷纷裂土称王，就应该将周天子贬低到与他们同等地位；嬴政统一了天下，就可以说他的贤能远远超过了五帝、三王。拓跋氏怎么能够同刘宋相抗衡而与之并列为同等的政权？唐承隋统，北宋承袭后周的正统，人们之所以乐于把这些王朝推崇为正统，不过是因为他们统一了天下罢了。从道义上讲唐、宋都假托了禅让的名义，就篡夺他人政权的实质而言，它们与刘宋有什么本质区别吗？中原就是在司马氏手中沦陷的，史家却因怜惜东晋延续了一点华夏政权血脉而尚且尊奉司马氏为正统；难道就丝毫不顾惜承载华夏礼乐教化的国土，竟能忍心将华夏大地强行割裂为南北，以此作为分别华夷的界限吗？难道对于抛弃一半国土人民给夷狄的司马氏，尚且尊奉其为正统君王，反而要贬低有讨伐夷狄之功的刘裕，而使刘宋不能与后来的唐、宋相提并论吗？汉代以后，唐代以前，唯独刘宋还可以称得上是中原的正统王朝啊。

二　刘裕篡继以弑

　　宋可以有天下者也，而其为神人之所愤怒者，恶莫烈于弑君。篡之相仍，自曹氏而已然，宋因之耳。弑则自宋倡之。其后相习,而受夺之主必死于兵与酖。夫安帝之无能为也,恭帝则欣欣然授之宋而无异心,宋抑可以安之矣;而决于弑焉,何其忍也! 宋之邪心,固有自以萌而不可戢矣。宋武之篡也,年已耄,不三载而殂,自顾其子皆庸劣之才,谢晦、傅亮之流,抑诡险而无定情,司马楚之兄弟方挟拓拔氏以临淮甸^①,前此者桓玄不忍于安帝,而二刘、何、孟挟之以兴^②,故欲为子孙计巩固而弭天下之谋以决出于此。呜呼! 躬行弑而欲子孙之得免于弑,躬行弑而欲其臣之弗弑,其可得乎? 徐羡之、傅亮、谢晦之刃,已拟其子之脰而俟时以逞耳^③。萧道成继起而殄刘氏之血胤,又何怪乎?

【注释】

①淮甸:指淮河流域。

②二刘、何、孟:分别指刘裕、刘毅、何无忌、孟昶。

③拟:比画瞄准,做砍或刺的姿态。脰(dòu):脖子。

【译文】

刘宋本是有资格得到天下的,而其为神灵与民众所共同愤恨的恶行中,没有比弑杀前朝君王更严重的了。篡夺君位的事历代不绝,自从曹魏篡汉时起已是如此,刘宋篡晋不过是沿袭过去的做法而已。然而弑杀前代君王的先例则是刘宋开创的。自此之后,各代沿袭而成为惯例,失去帝位的君主必然死于屠刀或毒酒之下。东晋安帝没有有所作为的能力,而恭帝则是把帝位与权力欣然让给了刘裕而没有丝毫异心,如此则刘裕也就可以安心无忧了。然而刘裕最终却决定杀掉恭帝,他怎么忍心下得去手呢? 刘裕弑君的邪心,必然有其产生而不能打消的原因。宋武帝篡位时,年龄已老,即位后不到三年就死了。他看自己的儿子都是庸劣无能之辈,而谢晦、傅亮之流又阴险狡黠且可能心怀叵测;此外,司马楚之兄弟正借助拓跋氏的力量进攻淮河流域地区。此前桓玄不能容忍安帝在位,悍然篡位自立,而刘裕、刘毅、何无忌、孟昶则靠挟持安帝来壮大自己的势力。有鉴于此,宋武帝要为他的子孙谋划巩固刘宋基业、消弭天下的潜在威胁,所以就做出了弑君的决定。唉!自己做出弑君之事而想让自己的子孙以后能免于被弑杀,自己做出弑君之事而想让大臣们以后不做弑君的勾当,这可能吗? 当时,徐羡之、傅亮、谢晦的屠刀已对准了刘裕儿子们的脖颈,就等着能挥刀的时机了。后来萧道成继他们而起灭绝了刘氏的血脉,这又有什么可奇怪的呢?

夫人孰有不欲其子孙之安存者也? 试之危,乃以安之;忘其亡,乃以存之;日暮智衰,彷徨顾虑,而生其惨毒,皆柔苒不自振之情为之也①,而身已陷乎大恶以弗赦。"日昃之离,不鼓缶而歌,则大耋之嗟,凶②。"嗟叹兴而妄虑起,妄虑无聊而残害生,恶不戢矣。君子之老也,戒之在得③;得之勿戒,躬亲大恶,不容于天地鬼神,可弗畏哉?

【注释】

①柔苒:软弱。

②"日昃之离"几句:参见卷六"光武三四"条注。

③君子之老也,戒之在得:语出《论语·季氏》:"孔子曰:'君子有三戒:少之时,血气未定,戒之在色。及其壮也,血气方刚,戒之在斗。及其老也,血气既衰,戒之在得。'"意思是孔子说君子有三件事要引以为戒,少年时血气不定,要戒除女色;等到壮年血气方刚,需要戒除善斗的心理;等到老年血气衰弱了,要警戒贪得无厌。

【译文】

人们有谁不希望自己的子孙能够安定地生存呢？让子孙经历危险的考验，才能使他们安定下来；忘掉自己的身后事，不过分预做准备，才能给子孙留下生存的机会。因为自己年岁已长、智力衰退，便彷徨顾虑，产生残忍狠毒的念头，这都是出于内心中因顾惜子孙而软弱、不能自我振作的情感，自己也就因此犯下了十恶不赦的罪过。所谓"人生已入老年，这时如果不能敲着瓦器高歌欢度晚年，就难免会有春蚕将死、蜡炬成灰的哀叹，这样必然遭遇凶险"。人一旦嗟叹而后便产生虚妄邪恶的思虑，虚妄邪恶的思虑一产生，就会生出残害他人的恶毒计谋，这样的话，罪恶就没办法停止了。君子在年老之后，所要戒备的在于贪得无厌的心理。如果不对此有所戒备，却亲自去干那些丑恶的事，就将为天地鬼神所不容，能不对此感到畏惧吗？

三　宋武与谢晦密谋大计

举宗社子孙之大计而与人谋之，必其人之可托，而后可征之色而见之辞，不然，则祸自此而生。汉高帝疑于所立①，乃进而谋者，张良、叔孙通耳。良虽多智，而心固无私；通虽诡合，而缘饰儒术；且皆从容讽议之臣，未尝握兵而持国柄者也。外此则萧、曹不得与焉，陈平、周勃但委任于既定之后，先固未尝参议论焉。晋武所谋者卫瓘也，是可与谋者，而不听，是以失也。隋高祖之谋于杨素②，唐太宗之托于李勣③，皆鸷贼性成，而适足以贼其后裔；然二主之失，未能深知素、勣之奸耳。若宋武之于谢晦，知其机变而有同异矣；太子不足为君，乃密与晦谋，而使觇庐陵之能否④，是以营阳、庐陵之腰领授之于晦⑤，而唯其生死之，不亦惑乎？

【注释】

①汉高帝疑于所立：指汉高祖刘邦认为太子刘盈软弱不像自己，且其喜爱赵王刘如意，故而多次想易立太子。对于此事，张良与叔孙通多次谏言劝止，叔孙通甚至以死相谏。事见《史记·留侯世家》。

②隋高祖之谋于杨素：指隋高祖杨坚觉得太子杨勇生性宽厚，率意任情，作风奢侈，不适合做太子，于是与重臣杨素商议易储之事。而杨素因杨广与其交好，故而时常诋毁太子杨勇，帮助杨广谋立太子。事见《隋书·杨素列传》。

③唐太宗之托于李勣：指唐太宗病重之时，对太子李治说他自己现在将李勣外放，等到自己死后，李治便授给李勣仆射之职，这样李勣就会誓死为其效力。事见《旧唐书·李勣列传》。

④使觇庐陵之能否：指谢晦曾经劝说宋武帝，认为太子刘义符轻佻，不宜为嗣。宋武帝考虑以庐陵王刘义真为嗣，谢晦亲自造访刘义真，但他认为刘义真"德轻于才，非人主也"，并将此汇报刘裕。事见《南史·刘义真列传》。庐陵，即庐陵王刘义真（407—424）。字车士，彭城绥舆里（今江苏徐州）人。南朝宋宗室，刘裕次子。曾从刘裕北征，平定关中，后镇守关中。长安被攻破后，侥幸逃出。永初元年（420）获封庐陵王。后为徐羡之所诬，被贬为庶人。传见《南史·刘义真列传》。

⑤营阳：指宋少帝刘义符。其被废为营阳王。

【译文】

君王要与臣下商讨决定继承帝位人选的大事，与之商讨之人必须值得信任和托付，而后才可以表明自己的态度，用言语来传达自己的想法。不然的话，祸患就会由此产生。汉高帝在立太子的问题上犹豫不决时，选择与之商量的人是张良、叔孙通二人。张良虽足智多谋，但心底无私；叔孙通虽诡计多端，但会利用儒家学说加以缘饰。而且他们二人也都是能从容劝谏君王、参与议论的谋臣,不曾掌握兵权并把持国政。除此之外,其他人如萧何、曹参,均不得参与此事。陈平、周勃二人也只是在做出决定之后才被予以委任,在事情未定之前,根本就没有参与商讨。晋武帝找来的商讨之人是卫瓘,他是可与之谋划大事的人,但因武帝不听从卫瓘的意见而酿成后来的悲剧,因此这是武帝的失误。隋高祖所找的商讨之人是杨素,唐太宗所托付的人是李勣,这两人都是乖张凶狠之人,正足以伤害君王的后裔子孙。然而隋高祖、唐太宗的失误,也只是未能深入了解杨素、李勣二人的狡猾奸诈之处而已。至于宋武帝和谢晦,武帝是明知道谢晦机敏善变且在存废太子方面持有与自己不同的观点。刘裕知道太子不足以成为储君,于是秘密地去同谢晦商量,还让谢晦去侧面观察庐陵王刘义真的能力如何,这就等于将太子和庐陵王的性命都交到了谢晦手中,任由谢晦决定他们的生死,这不也太糊涂了吗?

　　故有天下者,崇儒者以任师保,若无当于缓急,而保宗祏、燕子孙、杜祸乱者①,必资于此。诗书以调其刚戾之气,名义以防其邪僻之欲,虽有私焉,犹不忍视君父之血胤如鸡鹜,而唯其龉龊②。若夫身为人国之世臣,无难取其社稷唯所推奉而授之。若谢晦者,又居高位、拥兵柄,足以恣其所为;吾即可否不见于辞,喜怒不形于色,尚恐其窥测浅深而乘隙以逞,况以苞桑之至计进与密谋乎③?至慎者几也,至密者节也;衡鉴定于一心④,折衷待之君子。唐德宗谋于李泌⑤,宋英宗决于韩琦⑥,而祸乱允戢,其明效也。拓拔嗣询崔浩而国本定⑦,亦庶几焉。知谢晦之险而信之,国不亡,幸也。

【注释】

①燕:安宁,安逸。

②黼(pì):剖,破开。磔(zhé):古代一种酷刑,把肢体分裂。

③苞桑:语出《周易·否卦》爻辞:"九五,休否,大人吉。其亡其亡,系于苞桑。"意思是休止否闭局面,大人可获吉祥。心中时常告诫自己将要灭亡啊,将要灭亡啊!就可以像系结于丛生的桑树上一样坚固无虞。后常用"苞桑"比喻帝王经常思危而不自安,国家就能巩固。

④衡鉴:品评,鉴别。

⑤李泌(bì,722—789):字长源,京兆长安(今陕西西安)人。唐朝中期名臣。自幼聪颖,深得唐玄宗赏识,被任命为东宫属官,辅佐太子李亨。唐肃宗李亨即位后,召李泌参谋军事,宠遇有加。唐德宗时再度入朝拜相,对内勤修军政、调和将相,对外联结回纥、大食等国遏制吐蕃,达成"贞元之盟",保证了贞元时期唐帝国的稳定。同时调和德宗与其太子(即后来的唐顺宗李诵)的关系,多次谏言,打消了德宗更易太子的打算。传见新、旧《唐书·李泌列传》。

⑥宋英宗决于韩琦:指治平三年(1066),宋英宗赵曙病重,宰相韩琦建议英宗早立太子,英宗最终决定立长子赵顼为太子。事见《宋史·韩琦列传》。

⑦拓拔嗣询崔浩而国本定:北魏明元帝拓跋嗣经常有小病,于是问崔浩,说担心自己一旦不行了,诸子都还年少,那该怎么办呢?崔浩建议应早建东宫,立皇长子拓跋焘为皇帝,选用公卿中忠正贤良的臣僚充当师傅,让太子监国抚军。拓跋嗣接受了崔浩的意见,于是让他奉策告示宗庙,命拓跋焘为国家副君。事见《魏书·崔浩列传》。

【译文】

所以拥有天下的君主,要尊崇儒者,任命他们为教导皇子的师保之官,这看似在危急关头不能起作用,但实际上保持宗庙香火、安定子孙后代、避免祸患发生,必定要仰赖于他们。他们通过诵读诗书来逐渐调和皇子的暴戾之气,以重名节、辨义利来防范皇子个人的邪僻之欲,他们即使有个人的私欲,也不至于忍心将君父的子嗣血脉像禽鸟一般看待,任意宰杀残害。至于那些身为国家功勋旧臣的人,则不难把江山社稷拿来,授给自己所想要推奉的新国君。像谢晦这样的人,身居高位,握有兵权,足可以肆意妄为。作为君主,即使不说出自己的想法,也不表现出喜怒哀乐,还唯恐别人窥测到自己的深浅虚实而趁机实现其图谋,更何况是把关乎国家安危的大计去同谢晦这样的人秘密商议呢?需要极为谨慎对待的事就是机密之事,而对于极端机密之事,要善于节制消息,以免泄露。所以最好将对继承人的品评鉴定放在自己内心之中,耐心等待可与之商量的君子到来。唐德宗与李泌商量,宋英宗与韩琦讨论,决定了立太子之事,而没有引发祸乱,这就是明显的效果。拓跋嗣向崔浩咨询后确立拓跋焘为储君,国本得以确立,也是个类似的例子。宋武帝知道谢晦心地险恶却又信用了他,国家没有因此灭亡,实属万幸。

营阳王

【题解】

营阳王即宋少帝刘义符(406—424),小字车兵,是宋武帝刘裕的长子,母为张夫人。永初元年(420)宋武帝刘裕受禅称帝后,刘义符被册立为皇太子。由于刘义符狎昵群小,沉溺玩乐,武帝一度考虑另立储君,但最终作罢,转而任命谢晦、徐羡之、傅亮为顾命大臣,指望他们能悉心辅佐刘义符。永初三年(422),宋武帝驾崩,刘义符正式即位。即位后他依然喜好游乐,亲近小人,不理政事,徐羡之等人认为少帝无德,决定另行废立。景平二年(424),徐羡之列举少帝诸项罪过,宣称奉皇太后张氏之命,废在位仅一年的少帝为营阳王,不久又将其杀死。

少帝在位期间固然昏庸无道,但是身为辅政大臣的谢晦等人却无所匡正,反而迅速思谋废立,王夫之认为此种行径实为人臣所不齿。在他看来,顾命大臣本就肩负辅国的重任,如果不能志虑忠纯,却心藏"机变",最终只会造成政局的动荡,贻害国家。那么,刘裕为何在选择顾命大臣的问题上出现了偏差呢?王夫之以武帝对于王华、王昙首二人的评价为例,说明刘裕并非没有识人之明,但自谢安逝世之后,世风堕落,廉耻尽丧,而且以武将出身的刘裕忽视文治的贤才,这才致使他无人可用。对于世风人心的关注贯穿于《读通鉴论》全书,这既体现了王夫之对于各历史时期整体社会风貌的重视,也包含着他作为儒家知识分子的人文关怀,值得读者仔细体味。

一　谢晦以顾命大臣蔑视庐陵弑营阳

乱臣贼子敢推刃于君父,有欲篡而弑者,有欲有所援立而弑者,有祸将及身迫而弑者;又其下则女子小人狎侮而激其忿戾,悫不畏死,遂成乎弑者。若夫身为顾命之大臣,以谋国自任,既无篡夺之势,抑无攀立之主,身极尊荣,君无猜忌,而背憎翕訿^①,晨揣夕谋,相与协比而行弥天之巨恶,此则不可以意测,不可以情求者矣。而徐羡之、傅亮、谢晦以之。

【注释】

①翕訿(zǐ):指小人相互勾结,朋比为奸。翕,颠倒错乱的样子。訿,诋毁,攻讦。

【译文】

乱臣贼子们敢于弑杀君主,原因各不相同:有的是为了篡夺权位而弑君,有的是为了拥立他人为君而弑君,有的是因为祸患临头而被迫去弑君;更下一等的是受妇人和小人的轻慢戏弄而激起愤怒,于是不顾死活地冒险弑君。那些身为辅政大臣的重臣,将为国家谋划大计作为自身的责任,他们既没有篡夺权位的必然态势,也没有再立新君主的意愿,自身享有尊荣,君主对他们也并不有所猜忌。但如果这类人背地里憎恨君主并相互勾结,一天到晚地在心中谋划不忠之事,相互协作以做出弑君这样罪恶滔天的事,这就不是凭借意图所能推测、依照情感所能知晓的了。而徐羡之、傅亮、谢晦废黜、诛杀营阳王,就属于这种情况。

营阳王狎群小而耽嬉游,诚不可以君天下,然其立逾年耳,淫昵之党未固,狂荡之恶未宣,武帝托大臣以辅弼之任,夫岂不望其检柙而规正之? 乃范泰谏而羡之、亮、晦寂无一言①。王诚终不可诲矣,顾命大臣苟尽忠夹辅以不底于大恶,亦未遽有必亡之势也。恶有甫受遗诏以辅之,旋相与密谋而遽欲弑之,抑取无过之庐陵而先凌蔑之②? 至于弑逆已成,乃左顾右眄,迎立宜都③。处心如此,诚不可以人理测者。视枭獍之行如儿戏,视先君之子如孤豚,呜呼! 至此极矣。是举也,羡之以位而为之首,而谋之夙、行之坚、挟险恶以干大恶者,实谢晦也。人至于机变以为心术而不可测矣,倏而彼焉,倏而此焉,目数动,心数移,殚其聪明才力以驰骋于事物之间隙,蹈险以为乐,而游刃于其肯綮;则天理不足顾,人情不足恤,祸福不足虑,而唯得逞其密谋隐毒之为愉;国有斯人,祸不中于宗社者鲜矣。

【注释】

①范泰(355—428):字伯伦,南阳顺阳(今河南淅川东)人。范晔之父。初仕东晋,为中书侍郎。宋武帝刘裕即位后,拜其为金紫光禄大夫,加散骑常侍。范泰与徐羡之、傅亮等人不合,曾数次劝谏少帝刘义符。后少帝刘义符、庐陵王刘义真被徐、傅等人所害时,范泰感叹悲愤不已,从此不问朝政。传见《宋书·范泰列传》《南史·范泰列传》。

②凌蔑:指凌辱蔑视。

③宜都:即宋文帝刘义隆。永初元年(420)刘义隆获封宜都王,故称。

【译文】

营阳王亲昵小人并沉溺于嬉戏游乐之事,确实是不能担当天下的君主，然而他即位仅一年而已，与其亲昵淫乱的党羽权势尚不稳固，狂妄放荡的恶行还没有充分显露，武帝把辅佐新君的重任托付给自己所信任的大臣，不就是希望他们可以去约束、匡正营阳王的不良举动吗？只有范泰曾上言劝谏少帝，而徐羡之、傅亮、谢晦等人却无一句规劝之语。营阳王虽说终为不可教诲之人，但如果辅政大臣能够尽忠辅佐君王，使他不至于做出什么罪大恶极之事，那么他也不会很快就发展到必定覆灭的境地啊！哪有刚刚接受辅佐新君的遗诏，就转而与人密谋施行不轨之事，意图尽快杀掉新君，并将本无过错的庐陵王作为凌辱蔑视的对象的道理呢？等到弑君谋逆之事完成后，徐羡之、傅亮、谢晦等人又左顾右盼、选择一番后迎立宜都王刘义隆为皇帝。其用心险恶如此，真的是不能够用身为人的道理去评断推测的。将忘恩负义的卑鄙之举视如儿戏，把先代君王的儿子视作孤弱无助的小猪进行宰杀，唉！他们的行为真是罪大恶极。此次弑君之举，以职位高低而言，徐羡之是最主要的负责人，然而谋划最早、实行最坚决、怀揣险恶之心去干此丑恶之事的人，实际上是谢晦。人到了以狡诈多变为心术、令人不可预测的地步，就会阴险狡诈，权宜善变，眼睛屡屡打转，心思频繁变动。他会用尽所有的聪明才智与力量去做其想要做的一切，瞅准机会见缝插针，把冒险作为快乐，在关键险要的境地中游刃有余。因此，他会对天理道德不屑一顾，完全不去体恤人情世故，完全不顾及祸福利害，只以实现自己阴险恶毒的用心和图谋为快乐。如果国家有这样的人，那么君王社稷少有不遭受其祸害的。

　　晦之初起，刘穆之之所荐也；其从军征伐，宋武之所与谋也。穆之者，固机变之魁；而宋武之诛桓玄、灭慕容超、胜卢循、俘姚泓，皆以入险而震人于不觉者为功；晦且师之，无所用之，则以试之君父而已。当其进言武帝，睥睨太子，侧目庐陵,贼杀之锋刃已回绕于二王之颈^①,曰"是可试吾术",而二王不觉也,武帝亦不觉也。机变熟而心魂数动,一念猝兴,杀机不遏,如是之憯哉! 至于宜都既立,晦乃问蔡廓曰^②:"吾其免乎?"则亦自知其徒以膺天诛为万世罪人矣。然而不悔也,机变之得逞,虽死而固甘之也。故天下之恶,至于机变而止矣。

【注释】

①贼杀:杀害。

②蔡廓(379—425):字子度,济阳考城(今河南民权)人。蔡谟曾孙。初仕东晋,任著作佐郎。刘裕为兖州刺史时,为其参军。刘宋建立后,任御史中丞,严正纠察,方正刚直,使得百官震栗。后官至吏部尚书。朝廷仪典,皆向他咨询而后施行。传见《宋书·蔡廓列传》《南史·蔡廓列传》。

【译文】

谢晦最初之所以能被任用,是因为受到了刘穆之的举荐。他跟随刘裕一路征战,是与刘裕共同谋划军事方略的人。刘穆之狡诈多变本就无人能敌,而刘裕诛杀桓玄,消灭慕容超,战胜卢循,俘获姚泓,都是靠身入险境而对敌人发动突然袭击、不使敌人察觉而立下战功。谢晦想效法他却无用武之地,于是就把君主作为自己试验这种谋略的对象。当谢晦向宋武帝进言的时候,他就蔑视太子并愤恨庐陵王,将图谋杀害二王的刀锋架在了他们的脖颈边,并自忖"这是可以试验我权术的时候了",但二王以及宋武帝都一点也没有觉察。等他狡诈的权谋变得成熟,邪恶的心思屡次萌动,作恶的念头一旦骤然产生,其弑杀君王的杀机便不可遏制,竟然残忍歹毒到了这个地步! 当宜都王刘义隆被立为皇帝以后,谢晦曾问蔡廓说:"我能够幸免吗?"他自己也知道已经做了足以招致上天诛罚的坏事而成了千古的罪人。然而他并没有因此后悔，只要丑恶的计谋得逞，他即便身死也心甘情愿。所以，天下间的罪恶，到了诡诈权变这一层次，就恶劣到了极致。

二　宋武知王华王昙首而任晦亮羡之

知人之难也，非不知而犹姑试之，诎于时而弗能为变计，则乱矣。武帝于谢晦，知其心挟异同，而犹委以六尺之孤，使二子骈首以受刃，其失较然也。虽然，帝岂尽惘于品藻哉？使文帝督荆州，以王昙首、王华为参佐①，而谓文帝曰："昙首沉毅有器度，宰相才也。"其后徐羡之等迎立文帝，众志疑殆，王华决行而大计定。元嘉之治，几至平康②，皆华、昙首所饬正之规模。邂逅片言，生平遂决，帝之知人亦尚矣哉！而卒以伊、周之任付之晦、亮、羡之者③，当是时，华、昙首之流，年尚少，名位卑，不足以弹压朝右，故且置之上流，而徐收其效。荆州者，建康之根本也。荆土有人，社稷虽危而不倾矣。乃其盈廷充位，他无可谋，而必任诸机变异同之人者，其时端直贞亮之士，若徐广、蔡廓、谢瞻者④，既不屑为宋用，其余则庸沓苟容屈于权贵之下风者，不得已而姑授之机变之人，时诎之，不知变计所从出也。

【注释】

①王昙首（394—430）：琅邪临沂（今山东临沂）人。南朝宋大臣，东晋丞相王导曾孙。善学有德，刘义隆为荆州刺史之时，王昙首担任其长史，刘裕称许王昙首，并且要刘义隆对他多加倚仗。少帝被弑后，他与王华力劝刘义隆不要迟疑，应迅速接受徐羡之等人

的迎立。刘义隆即位后,以王昙首为侍中,对其多所倚重。传见
《宋书·王昙首列传》《南史·王昙首列传》。王华(384—427):
字子陵,琅邪临沂(今山东临沂)人。南朝宋大臣,东晋丞相王导
曾孙。少有大志,早年跟随宋武帝刘裕,历任徐州主簿、镇西主
簿、治中从事史。后随刘义隆出镇荆州,并辅佐刘义隆入朝称
帝。后又力助宋文帝铲除徐羡之、傅亮等权臣。官至侍中、护军
将军。传见《宋书·王华列传》《南史·王华列传》。

②平康:平安,太平。

③伊、周之任:指像伊尹、周公那样辅佐君主的重任。

④谢瞻(387—421):字宣远,陈郡阳夏(今河南太康)人。南朝宋大
臣,谢晦之兄。曾任刘裕镇军,为人谦逊有加。其弟谢晦为刘裕
所器重,他数次向刘裕陈请,希望不要过分任用宠信谢晦,并告
诫谢晦不要过度张扬,以免引来祸患。传见《宋书·谢瞻列传》
《南史·谢瞻列传》。

【译文】

　　知人识人的难处,不在于对他人不了解而姑且试用他,而在于受时
势所迫不得不任用此人,如果不能对任用此人的后果提出应变之策,就
会最终导致祸乱的发生。宋武帝任用谢晦,就是明明知道他心怀叵测,
却仍托付给他辅佐幼主的重任,从而使自己的两个儿子同遭杀戮,刘裕
用人的失误是很明显的。尽管如此,难道说宋武帝在品评鉴定人才方
面就完全是糊涂的吗? 他曾派遣文帝都督荆州,任命王昙首、王华二人
为文帝的参佐官,并对文帝说:"王昙首沉着刚毅,大有器度,具有作为
宰相的气量与才能。"后来徐羡之迎立文帝,人们心中都疑惑不定,只有
王华出面,下决断让文帝接受迎立,大计方才得以定夺。元嘉之治,国
家之所以能够呈现太平安稳的局面,都是受益于王华、王昙首所整饬修
正的规制。宋武帝与王华、王昙首仅有数面之缘,但他对文帝说的只言
片语,却决定了文帝和王华、王昙首的一生,说明武帝也是有识人之明

的。武帝之所以最终将辅佐君主的重任交给了谢晦、傅亮和徐羡之之流，是因为当时王华、王昙首之辈年纪尚小，名位卑微，不足以控制整个朝廷的形势，所以姑且把他们安排在荆州作为佐官，以期逐渐让他们发挥作用。荆州是拱卫都城建康的根本之地，只要荆州有可靠之人在，国家形势即便危急也不会最终倾覆灭亡。当时朝廷中之所以多为徒居其位之人，也是因为没有其他可以任用的贤才，因而只能任用善于机谋权变而心怀异志之人。当时的端庄正直、忠贞持节之士，像徐广、蔡廓、谢瞻之类，又不屑为刘宋所用，而其他的都是些平庸无能、苟且偷安之辈，屈从附和于权贵之下，所以刘裕不得已才把国家重任姑且交给善于机谋权变的人，这是受当时的情势所迫，所以也无从对任用谢晦、傅亮和徐羡之之流的后果提出应变之策。

　　江东自谢安薨，道子、元显以昏浊乱于内，殷仲堪、王恭以嬛薄乱于外①，暗主尸位，寇攘相仍，王谧之流，党同幸免，廉耻隳，志趋下，国之无人久矣。非天地之不生才也，风俗之陵夷坏之也。苟非机变，则庸沓而已②。迨乎机变之术已穷，庸沓之人已老，然后华、昙首、殷景仁、谢弘微脱颖以见③。使宋之初有此数子者侍于密勿之地④，晦等之恶何足以逞，而武帝亦恶役役于此数人而任之乎？

【注释】

①嬛（xuān）薄：轻薄，不庄重。

②庸沓：平庸而烦冗。此指平庸无能之人。

③殷景仁（390—440）：陈郡长平（今河南西华）人。南朝宋大臣。早年曾为刘毅后军参军，后为刘裕所用。此后经历宋武帝、宋少帝和宋文帝三朝，直言善谏，颇受宋文帝器重，官至中书令。传

见《宋书·殷景仁列传》《南史·殷景仁列传》。谢弘微：即谢密（391—433）。字弘微，陈郡阳夏（今河南太康）人。南朝宋大臣，谢万曾孙。少为孤儿，后过继给堂叔谢峻。性格严正，以孝闻名。文帝即位后，曾任尚书吏部郎，参与机密事务。传见《宋书·谢弘微列传》《南史·谢弘微列传》。

④密勿：机密，机要。

【译文】

　　东晋自谢安死后，司马道子父子昏庸无能，使得朝政混乱不堪。殷仲堪、王恭借朝政混乱之机在外轻率发动叛乱，而昏庸愚钝的君主尸位素餐，毫无作为，使得变乱接连发生。像王谧这类人，又党同伐异，只求自身幸免。当时人们的廉耻之心丧失殆尽，世风日下，国家缺乏能够治国安邦的人才已经很久了。事实上，并非是天下再无可用之才，而是风俗人心的日益衰颓败坏了人才。除了擅长机谋权变的人，就只有平庸无能之辈了。等到机谋权变之人的伎俩穷尽，平庸无能之辈也年岁已老，然后王华、王昙首、殷景仁、谢弘微这些真正富有才华的人就能脱颖而出。假使刘宋初期能有这么几位贤才辅佐君王、位居机要之地，谢晦之流的阴险计谋又怎么能够得逞，而宋武帝又哪里用得着苦心孤诣地在这几个权谋机变之人中不得已做出选择、来加以任用呢？

文　帝

【题解】

　　宋文帝刘义隆(407—453)小字车儿，是宋武帝刘裕第三子、宋少帝刘义符之弟，母为文章太后胡道安。景平二年(424)，司空徐羡之、尚书令傅亮等废宋少帝，并贬文帝次子庐陵王刘义真为庶人，迎立宜都王刘义隆为帝，改元元嘉。宋文帝即位后，借追究废立少帝之事剪除权臣，诛杀了徐羡之、傅亮，镇压了起兵反抗的谢晦，由此掌控了朝廷的实权。此后他继续实行刘裕的治国方略，派使者巡行全国，整顿吏治，清理户籍，抑制豪强，免除宿债，劝学兴农，积极纳贤，使得经济文化一度繁荣，史称"元嘉之治"。但文帝在军事方面了无建树，三次北伐皆无功而返，反而导致江北之地急剧萧条。元嘉三十年(453)，刘义隆为太子刘劭所弑。

　　"元嘉之治"作为魏晋南北朝时期少有的治世，历来为史家们所称赞。王夫之在本篇中对于"元嘉之治"的造就者宋文帝也抱持了较为正面的态度，对于元嘉年间文帝的多项举措都加以详细分析与评点。王夫之肯定文帝的治理能力，认为他亲临听讼之举是纠正了武帝以来只专注武功而不关注民事的偏失，并彰显了君主权柄，有利于巩固政权，为此后的元嘉治世奠定了基础。文帝统治前期，为防止权臣篡权，重用彭城王刘义康，王夫之认为文帝在亲情与政治之间能够两者兼顾，实为难能可贵。随后文帝废弃刘义康也是因他惦记皇位、不仁在先,文帝处置得当,并无过错。此外,他也赞赏文帝追问废立少帝之事并惩处徐羡之等人,认为这符合君臣道义,并有利于遏制权臣擅兴废立的恶行。

文帝时期的北伐向来为后人所关注,以致有"元嘉草草"的感叹。与宋武帝刘裕的军功卓著相比,刘义隆的北伐就显得相形见绌了。文帝的北伐缘何失败?王夫之主要从将领和军事作战两个方面进行了思考:元嘉的第一次北伐,文帝勤修内治,息民六年方才行动,然而仍旧失败,根本就在于"将非其人",而这是由当时怯懦萎靡的用人风气所导致的。王夫之认为,刘宋"东西列兵"造成"形分势弱",且作战理念是"以守为战",这必然导致失败。此外,他强调军事取胜的关键在于谋略和勇气,但必须要避免纸上谈兵的一时之勇,而这也正是元嘉北伐失败的原因之一。

相较于刘宋北伐的失败,北魏的势力可谓日益强盛。王夫之在本篇中用了相当的篇幅来评论北魏的政治。王夫之认为北魏太武帝拓跋焘"惜财而不轻费",充分显示了明君的"用财之道"。就吏治选拔而言,拓跋氏勤于吏治,诏举逸民,尊重世家大族,皆可圈可点。然而赋予吏民告发太守的权限,看似善政,实则破坏了常规与伦理秩序。在儒学方面,王夫之批判魏晋之际的玄学之风和江东士人以佛、老之说对儒学正道的损害,肯定河西之儒对于传承正统儒学的贡献,以及北魏拓跋氏吸纳传习正统儒学所做的努力,认为这深刻影响了日后隋唐的文教格局。

一　酋长杨盛不改晋义熙年号

蛮夷之长有知道者,中国之人士愧之。故子曰:"夷狄之有君,不如诸夏之亡[①]。"甚悲夫中国也。宋之篡晋,义熙以后以甲子纪,而不奉宋之元朔,千古推陶公之高节[②]。而武都王杨盛于晋之亡不改义熙年号[③]。盛,仇池之酋长耳,与元亮颉颃于华、夷。晋氏衣冠之族，闻栗里之风而不愧者④，又何以对偏方之渠帅也？盛临卒谓其世子玄曰⑤："吾老矣，当终为晋臣，汝善事宋。"子之从违可与己而为变计哉？盛过矣。虽然，此非可以诮盛也。盛远在荒裔，虽受晋爵而不纯乎其为臣，进则不必为晋争存亡，退自有其不可亡之世守，则孤立而撄宋之怒，力不能敌，且以覆先人之宗社，固不可也。是以告其子以事宋而无贻危亡于后世，是亦一道也。

【注释】

①夷狄之有君，不如诸夏之亡：语出《论语·八佾》："子曰：'夷狄之有君，不如诸夏之亡也。'"对于这句话，历来有不同解读，邢昺曰："言夷狄虽有君长而无礼义，中国虽偶无君，若周、召共和之年，而礼义不废。"而程颐认为："夷狄且有君长，不如诸夏之僭乱，反无上下之分也。"意思是夷狄尚且有君主，不像华夏诸国君臣失序，完全没有了上下尊卑之别。结合上下文，王夫之对这句话的理解与程颐相同。

②陶公：指陶渊明。

③杨盛（364—425）：十六国时氏族首领，自号仇池公，曾趁宋武帝刘裕驾崩时袭扰宋边境，后来宋少帝封其为武都王，但其仍自称晋臣，使用东晋义熙年号。其事散见于《晋书·姚兴载记》《宋书·武帝本纪》等。义熙：晋安帝司马德宗的第四个年号，使用时间为405—418年。

④栗里：地名，在今江西九江西南。陶渊明曾居于此。

⑤世子玄：指杨玄（？—429）。南朝宋时氏族首领，杨盛的长子。426年杨盛去世后，杨玄继位，自称都督陇右诸军事、征西大将

军、开府仪同三司、秦州刺史、武都王。元嘉三年(426)不再使用东晋义熙年号,改用宋元嘉年号。其事散见于《南史·文帝本纪》《北史·魏本纪》等。

【译文】

　　蛮夷之人的首领中也有深知正道的人,中原王朝的人士们应该为此感到羞愧。所以孔子曾说:"夷狄尚且有君主,不像华夏诸国君臣失序、上下无别,等同于没有君主!"对于华夏政权而言这真是可悲啊!刘宋篡晋之后,陶渊明凡义熙年以后的年份都改用甲子纪年,而不尊奉刘宋的正朔,千百年来人们一直推崇赞颂他的忠贞高洁。武都王杨盛在东晋灭亡时也没有改变义熙的年号。杨盛不过是仇池的夷狄酋长而已,他高洁的行为实则与陶渊明不相上下,分别为华、夷中的忠贞之士。东晋的世家大族,如果听到陶渊明的忠贞高洁之举而不感到羞愧的话,那么他们又有何面目面对身处偏地的夷狄酋长杨盛呢?杨盛在临死前曾对他的世子杨玄说:"我年纪已大,应当始终作为晋朝的大臣而忠贞不渝。你还年轻,应当尽心事奉刘宋。"儿子的取舍抉择难道能允许杨盛自己来替他做出决定而改变其原来的打算吗?这是杨盛的错误。尽管如此,也不能以此来诋毁杨盛。杨盛本就身处荒僻边远之地,即使接受晋朝的封爵也无须完全绝对地为其尽忠。进一步而言,他不必为晋朝的存亡而抗争;退一步而言,他也有不能丢失的祖宗基业需要固守。如果他一直孤立一隅坚持拥晋反宋,就会最终触怒刘宋王朝,他的力量不足以抵抗刘宋,并且最终会倾覆祖先所建立的家业,所以固然不能这样做。于是杨盛告诉自己的儿子要尽心事奉刘宋王朝,以免为后世子孙留下覆灭的危机,这也不失为一条良策。

　　若夫戴高天,履厚土,世依日月之光①,有君父之深雠,无社稷人民之世守,洁其身于山之椒、水之涯、耕读以终身,无凶危之见逮,如溧阳史氏者,屡世不干仕进,而抑可不坠其宗。处此而曰"终吾身而已，子孙固当去事他人以希荣利"，双收名利以为垄断，岂可援盛以自解哉？民之多辟^②，不可如何者也；自立辟焉，以两全于义利，又将谁欺？

【注释】

①日月：指帝王。

②民之多辟：语出《诗经·大雅·板》："民之多辟，无自立辟。"意思为百姓多邪僻之举，妄图自己另建一套规则。

【译文】

　　至于有些人头顶苍天，脚踏黄土，世代仰仗君王的余光，虽与现政权有篡夺、杀害君父的深仇大恨，却无世代守护国家人民的责任，于是在山巅水畔坚守自身的高洁，靠着读书与耕作度过一生，而没有身处危患的顾虑。就像溧阳史氏一样，累世不出来做官，也可以世代保持宗族繁盛。如果他们在这种情况下说："我只是自身坚守节操而已，子孙后代当然可以去事奉他人从而获取荣誉名利。"想要左右逢源以期名利双收，又怎能援引杨盛的例子来为自己辩解呢？民众多邪僻之举，这是无可奈何之事；他们妄图自己另建一套规则以求名利双收，又这能骗得了谁呢？

二　文帝诛羡之亮晦

　　承大难之余，居大位，秉大权，欲抑大奸以靖大乱，论者皆曰："非权不济，名不可急正，义不可急伸，志不可急行，姑含忍以听其消而相安于无事，国乃可靖。故晋弑厉公，迎悼公，公掩荀偃、栾书、士匄之恶而从容驭之，晋乃以宁^①。"其说非也。夫不见悼公之掣于群贼，邢丘一会^②，而天下之政移于大夫，晋乃以终亡于八卿之裔^③。无他，名不正，义不伸,志不行,苟免于乱,乱之所以不息也。叔孙婼杀竖牛④,而安其宗。汉献帝不能正董卓之罪,待其骄横而始杀之,故李傕、郭汜得以报雠为名,杀大臣,逼天子,而关东州郡坐视不救,韩馥、袁绍且以其为贼所立,欲废之而立刘虞。夫唯弑君之罪为神人所不容,而兄弟之痛根于性而弗容隐,受其援立,与相比暱⑤,名不正,义不伸,志不行,忘亲贪位,如是而曰权也,是岂君子之所谓权乎?

【注释】

①"晋弑厉公"几句:晋厉公八年(前573),晋厉公指使宠臣胥童杀死"三郤"(郤至、郤锜、郤犨),胥童乘势将栾书、荀偃劫持,后来厉公将二人赦还。晋国卿大夫栾书、中行偃(即荀偃)因此惶恐,谋划弑杀厉公。士匄虽明知此事,但无动于衷,默许了弑君之举。栾书、荀偃于是乘厉公出游时将其囚禁并杀害,又派人迎回公子周,将其拥立为国君,是为晋悼公。悼公即位后对栾书、荀偃弑君之事并未追究,并升荀偃为晋国中军元帅,位居正卿。事见《左传·成公十七年》。荀偃(? —前554),字伯游,又名中行偃。春秋中期晋国卿大夫。栾书(? —573),姬姓,人称栾武子。春秋中期晋国卿大夫。富有将才,颇识大体,但也为达目的不择手段。士匄,范氏,名匄,又称范宣子。春秋中期晋国卿大夫。悼公即位后,协助悼公试图恢复晋国霸业,为悼公所器重。

②邢丘一会:指周灵王七年(前565),晋悼公在邢丘征召齐、鲁、宋、卫、邾五国卿大夫和郑简公相会,规定各国向晋朝聘时贡献财币的数目。事见《左传·襄公八年》。

③八卿:指晋国的中、上、下、新军的将、佐。日后三家分晋的赵氏、魏氏、韩氏皆居八卿之列。

④叔孙婼杀竖牛：参见卷四"元帝七"条注。

⑤比暱：同"比昵"，亲近。

【译文】

在天下遭遇大的变乱后，据有大位并掌控大权之人，想要打击大奸大恶之人，从而更好地遏制天下混乱的局面。议论的人却都说："只有采取权变才可暂时安稳天下，名义不可急于追正，正义不可急于伸张，志向不可急于去实行。因此需要宽容忍耐，听任混乱逐渐消弭，从而最终达到天下相安无事的局面。只有这样，国家才可以稳定。所以春秋时晋国大夫杀害厉公并迎立悼公，而悼公却掩盖荀偃、栾书、士匄等人弑君的罪过，并从容地驾驭控制他们，如此晋国才得以安宁。"这种说法是错误的。难道他们看不到晋悼公受制于那些奸邪之臣的情形吗？经过邢丘的会盟，天下的政权实际已经逐渐转移到卿大夫的手中，晋国也最终灭亡于八卿的子孙后代之手。这没有别的原因，只要名义不追正，正义不伸张，志向不去实行，即便苟且免于变乱，混乱也没办法止息啊。叔孙婼杀掉了竖牛，才得以保全了他的宗社。汉献帝未能及早申明董卓的罪恶，等到他骄横之时才诛杀他，因此李傕、郭汜就有了报仇的名义。他们诛杀大臣，威逼天子，然而关东诸州郡见此情况却不发兵勤王。韩馥、袁绍则认为献帝是贼臣所立的，要废掉他而另立刘虞为帝。唯有弑君之罪是人神所不容的，而为兄弟感到悲痛实则源于人的本性，没办法隐藏。受别人的扶持而成了君王，然后就与其相互亲近，对于名义不能申正，对于正义不予伸张，对于志向不去立即实行，贪恋君位而忘掉自己的亲人，如此这般却说是权变，这难道就是君子们所讲的权变吗？

　　文帝初立，百务未举，首复庐陵王之封爵，迎其柩还建康，引见傅亮，号泣哀恸，问少帝、庐陵薨废本末，悲哭呜咽，亮、晦、羡之自危之心惴惴矣。自危甚，则将相比以谋全，而蚕毒再兴，固非其所惮为者。文帝之处此，将无虑之疏而发之躁乎？而非然也。明明在上者，天理也；赫赫在下者，人心也。无幸灾徼利之心，而自行其性之哀戚，视三凶如犬豕，而孰恤其恩怨之私哉？故天下无不可伸者，义也，义以正名，而志卒以行。彼三凶者，方将挟迎立之恩以制帝，帝舍其私恩，伸其公怨，夺三凶之所恃，而消沮以退。是以擒羡之、亮如搏鸡豚；谢晦虽居上流，拥徒众①，一旦瓦解，自伏其辜。名其为贼以行天讨，凡民有心，无复为之效死者，党孤而自溃矣。于帝得乘权止乱之道焉，不贪大位，不恤私恩，不惮凶威，以伸其哀愤，则一夫可雄入于九军，况业已为神人之主而何所惧哉？惟能居重者之谓权，委而下移，则权坠而衡昂矣②，故程子曰："汉以下无知权者③。"

【注释】

①谢晦虽居上流，拥徒众：指谢晦当时任荆州刺史、卫将军，坐镇江陵，统率荆襄地区的军队。

②权：秤砣。衡：秤杆。

③汉以下无知权者：语出《程氏遗书·伊川先生语八上》："权之为义，犹称锤也。能用权乃知道，亦不可言权便是道也。自汉以下，更无人识权字。"意思为权字的表意犹如秤锤，善于用"权"于是知"道"，但也不可说"权"即是"道"。故而自汉代以后，再也没有人懂得"权"字的含义了。

【译文】

宋文帝即位之初，各项事务都没有开始兴办，首先就恢复了庐陵王的封爵，并把他的灵柩迎接回建康。文帝引见傅亮，哀痛号哭着询问少帝、庐陵王被废及死去的前因后果，悲痛哭泣呜咽难言。当时，傅亮、谢晦、徐羡之都深感自危而惴惴不安。他们感到自己特别危险,就会相互勾结以求保全性命,再次弑君更立,本来也不是他们所不敢做的事。宋文帝身处这样危险的境地中,他的做法不是考虑得太浅而太过轻躁地付诸行动了吗?实际并非如此。天理昭然在上,人心赫然在下。文帝没有侥幸得位的私心,而是发自内心地哀悼悲伤。他将傅亮、谢晦、徐羡之这三个凶残之人看作猪狗一般鄙贱,谁还去考虑他们的私人恩怨呢?所以,天下没有不可伸张的正义,伸张正义就是为了正名,然后自己的志向才能最终得以实现。当时这三个凶残之人,想要凭借迎立文帝的恩德来挟制文帝;文帝则不顾其私人恩德,伸张公愤,没有给予这三人可以凭借的权力,反而将他们势力削弱并劝退。因此,他捉拿制服徐羡之、傅亮,犹如捕捉弱小的禽兽一样容易。谢晦虽然居于上流要地,拥有党羽和军队,却也在一旦之间就瓦解,最终被迫服罪,难逃一死。天子将他们正名为逆贼,将他们的罪恶公之于世,则天下人只要有人心,都不会再为他们誓死效力,那么他们的党羽就会被孤立并最终自行瓦解。对于皇帝而言,要懂得利用权力制止变乱的道理,不能贪图帝位,不要只是顾及私人恩德,不要忌惮凶恶的势力,并坚持伸张公愤,那么凭借一个人的力量就足以勇冠诸军,更何况自己本身就是人神共尊的君主,又有什么可畏惧的呢?唯有能居重驭轻的人才能谈论"权",如果天子放弃权力,权力就会落到臣下手中,就像秤砣坠落而秤杆高高翘起,天子受制于臣下而臣下得以专权并行弑君废立之事。所以程颐才说:"汉代以下就没有人真正懂得'权'的含义了。"

三　亲临延贤堂听讼

文帝亲临延贤堂听讼[①],非君天下之道也,然于其时则宜也。自晋以来,民之不治也久矣,君非幼冲则昏暗耳,国事一委之宰辅者几百年。乃其秉政之大臣,图篡逆者,既以饵天下为心，而成乎纵弛；贤如王导、郗鉴、何充、谢安，亦唯内戢强臣，外御狄患，暇则从容谈说，自托风流；而贪鄙如司马道子，又弗论也。及晋之亡，而法纪隳，风俗坏，于斯极矣。宋武以武功猎大位，豪迈而不悉治理，固未遑念及于亲民也。刘穆之、傅亮区区机变之小人，视斯民之治乱漠然不与相关，有司之贪浊瞀乱者②，不知其若何也。文帝承其敝而欲理已乱之丝，则更不得高拱穆清以养尊贵③。而况羡之、亮、晦杀君立君，威震朝野，民且不知有天子。苟不躬亲延访，则虚县于上，废置惟人，亦恶足以制权奸、保大位乎？故急于亲临以示臣民之有主，抑求己自强之道也。以是知文帝之志略已深，而正逆臣之诛，成元嘉之治，皆繇此昉焉④。

【注释】

①文帝亲临延贤堂听讼：宋文帝即位后勤于政事，命大臣下视吏政，访求民间疾苦，曾于元嘉五年(428)冬亲临延贤堂听理诉讼。事见《宋书·文帝本纪》。

②瞀(mào)：昏乱，眩惑。

③高拱：两手相抱，高抬于胸前，是安坐时的姿势。穆清：太平祥和。

④昉(fǎng)：起始。

【译文】

宋文帝亲自前往延贤堂听理诉讼，这并非君王治理天下的正确方法，但依照当时的情况来看却是合宜的。自晋朝以来，百姓得不到妥善的治理已有很长时间了，为君之人不是年幼无知就是昏暗无能，所以将国家政事完全交给宰辅大臣处理，此种情况实际上已延续近百年。那些操持朝政权柄的大臣中不乏图谋篡逆之辈,他们既然以收买天下人心作为目的,就会采取宽松政策,使天下政务变得荒废松弛。即使是像王导、郗鉴、何充、谢安这样贤能的大臣,也只是对内制衡强臣、在外抵御夷狄对边境的侵犯而已,在闲暇之时则坐而论道、从容清谈,将自身寄托于所谓的风流之中。而那些贪婪卑鄙之人如司马道子等,他们的丑恶粗鄙之行就更不用谈论了。等到东晋灭亡之时,国家法纪废弛,社会风俗败坏,实则已经达到了极为严重的地步。宋武帝倚靠着自己的军功与武力篡夺了帝位,但他生性豪迈不羁,不熟悉治理国家之道,因此本来就顾不上考虑亲近民众的事情。刘穆之、傅亮仅仅是善于机谋权变的小人,对于民众所关心的治乱问题漠然以待,认为这与自己毫无关系。于是致使职能部门贪墨污浊,混乱不堪,竟不知其能发展至何种程度。文帝即位后,面对这样混乱的情势,打算加以厘清肃正,因此更不能垂拱而治,养尊处优,仿佛天下太平祥和一样。更何况当时的徐羡之、傅亮、谢晦因弑君、立君的举动威震朝野,使得人民尚不知道有天子的存在。如果宋文帝不亲临延贤堂听理诉讼、延访贤才,只是徒有皇帝的虚名而高悬于上,不论政事的处理乃至自身的废立都要由他人所决定,那么他又怎能制服权臣奸佞而最终保住自己的帝位呢? 因此文帝急于亲临听政,以此来向臣民彰显自己才是天下的共主并握有实权,这也是他让自己振奋自强的重要方法。由此便可知道文帝实具深谋远虑,而他日后申明叛逆之臣的罪过而将其正法,最终开创元嘉之治,都是由此而始的。

　　虽然,以是为君人之道则已末矣。国之大政,数端而已:铨选也,赋役也,刑狱也,乃其绪之委也,则不胜其冗,择得其人而饬之以法,士不废,民不困,而权亦不移。若必屈天子之尊,撤瑱纩以下问锥刀子女之淫慝[①],与民竞智而挠之者益工，与庶官争权而窃之者益密，明敏之过，终之以惛，求以起百年之颓靡，致旦暮之澄清，不亦难乎！帝之遣使行郡县访求民隐，诏郡县各言利病，斯可谓得治理矣。亲临听讼，暂尔权宜，非可法者也。王敬弘曰："臣得讯牒，读之正自不解②。"其辞傲矣，而犹不失相臣之体。相臣执体要，佐天子以用人修法而天下宁，况天子乎？

【注释】

①瑱纩(tiàn kuàng)：古人用来塞耳的用具。瑱指塞耳的玉，纩指丝绵。淫慝：邪恶不正。

②"王敬弘"几句：王敬弘(360—447)，本名王裕之，字敬弘，琅邪临沂(今山东临沂)人。初仕东晋，桓玄篡位时屡召不就。桓玄之乱平息后，被刘裕启用为车骑从事中郎。宋文帝时官至尚书左仆射。王敬弘在朝廷内外享有盛誉，可是在签署文稿时，从来不事先审阅。有一次，他随同刘宋文帝听取民间诉讼，文帝就一件有疑问的案件询问王敬弘，王敬弘回答不出。文帝脸色大变，问左右侍臣："你们为什么不把案卷的副本送给王仆射？"王敬弘回答说："臣已看到了案卷的副本，可是看不懂。"文帝非常不高兴，虽然对他仍然礼敬，却不再与他讨论国家大事。事见《南史·王敬弘列传》。

【译文】

尽管如此，将文帝的做法作为君王统治天下的大道，实为下策。国家的大政不过在于铨选、赋役、刑狱这三方面而已。但三方面的具体事务则繁多冗杂，非一人所能胜任。如果选用得力的人才并整饬、建立完备的法度规范，就会使得有才之士得到重用，而民众也不会陷入困窘，如此则君王的权势也不会下移。如果必定要天子屈九五之尊，去掉华丽的耳具装饰,亲自过问从事微贱工作之人所行的邪恶不正之事,与百姓在智力上竞争高低,会导致下民干扰政务的现象更加严重;与负责具体事务的官员争权,则会导致小官窃权的程度更加严重。过分的机敏最终会导致政事的混乱,想以此种方法来振奋过去百年间形成的颓丧萎靡之风,想在旦夕之间就澄清时弊,不也太困难了吗?文帝派遣使者前往地方郡县去探求民间疾苦,诏令地方郡县陈奏本地政务的利弊得失,这种做法可以说是治理天下的正确之道。亲临延贤堂听讼,只是暂时的权宜之计,是不可以为后世所效法的。王敬弘说:"臣已看到了案卷的副本,可是看不懂。"他的言辞虽然有些傲慢,但他作为宰相则并未有失大体。宰相的职责是把握政事的根本和纲要,辅佐天子选拔人才、修立法度,使天下安宁稳定,宰相尚且应如此,何况是君主呢?

四　宋不能乘时攻魏

赫连勃勃权谋勇力皆万人敌也,立国于险要之地[①],大修城池,宜足巩固以居而未如之何,乃至其子而遂亡。故夷狄恶其起而若未足忧也,不患其盛而若不可拔也。赫连氏亡而五胡杂糅之中原皆为拓拔氏所有,并刘、石、慕容、苻、姚、乞伏、赫连、沮渠、冯、高、吕、段、秃发之宇而合于一[②],固将挟全力以为南国忧,然而无足忧也。夷裔之未入中国,则忧其相并而合;既入中国,则患其杂冗而不适所治[③],不患其合一极盛而以相压也。故宋武之时难矣:奋勇以灭慕容超,而姚兴又竞;全力以灭姚泓,而赫连、拓拔又乘间以争;欲再举以争关中,而郑鲜之曰:"江南士庶引领以望返旆[④]。"盖二夷既灭,人心乍弛,不能再振矣。拓拔氏血战以克统万,穷兵以破蠕蠕[⑤],精甲锐师半消折于二虏,是亦勃勃死而昌无能为之势也⑥。宋能乘之，此其时矣；坐困江东，惮其威而不进，进而不敢与之敌，盖失此一时，而六代之偷安不足以兴。文帝非英武之君，到彦之之流不足以有为⑦，惜哉！

【注释】

①立国于险要之地：指义熙九年（413），赫连勃勃征发岭北十万胡人、汉人，在朔方水北、黑水之南修筑都城，名曰统万城，取"统一天下，统治万邦"之意，城池历经五年修成，极其坚固雄伟。

②乞伏：指鲜卑乞伏部所建立的西秦政权。赫连：指铁弗匈奴部所建立的胡夏政权。沮渠：指匈奴沮渠部篡夺段业所建北凉政权而建的北凉政权。冯：指冯跋所建北燕政权，系篡夺高氏北燕而得。高：指高句丽旁支高云所建的北燕政权。吕：指吕光所建后凉政权。段：指段业所建北凉政权。秃发：指鲜卑秃发氏所建南凉政权。

③杂冗：杂乱繁多。

④返旆（pèi）：班师，回师。

⑤蠕蠕：柔然的别称。

⑥昌：赫连昌（？—434），一名折，字还国，匈奴铁弗部人。十六国时期大夏第二任皇帝，赫连勃勃之子。初封太原郡公，因平定先太子赫连璝之乱，被册立为太子。真兴七年（425）正式即位，年号永光。在位期间受到北魏攻击，致使长安失守。后遭北魏军讨伐，都城统万城亦失守，被迫逃往上邽，最终在上邽会战中兵败被擒。拓跋焘封其为秦王，但他终因试图叛逃而被杀。传见《魏书·刘昌列传》《北史·赫连昌列传》。

⑦到彦之（？—433）：字道豫，南彭城武原（今江苏邳州）人。南朝宋将领。曾随刘裕平定卢循之乱，因兵败被免官。后辅佐刘道怜镇守荆州，官至南郡太守、南蛮校尉。南朝宋建立后，他辅佐

刘义隆镇守荆州,并护送刘义隆入朝称帝。宋文帝即位后,以其
为中领军。元嘉七年(430),受命担任北伐统帅,率军收复洛阳、
滑台、虎牢等地,但终为北魏所败,被免官下狱。元嘉十年(433)
病逝。传见《南史·到彦之列传》。

【译文】

　　赫连勃勃的权谋和勇猛都足以为万人之敌,他将自己的国都建立
在险要之地,大修城池以抵御外敌,本应足以巩固统治并让敌人对其无
可奈何,然而到其子统治之时国家却灭亡了。因此对于夷狄而言,不要
因为他们刚刚兴起就不以为意,也不要为他们强大到似乎不可战胜而
感到过分担忧。赫连氏灭亡之后,此前被五胡混杂占据的中原地区全
都被拓跋氏所占有,北魏将十六国中的前赵刘氏、后赵石氏、燕慕容氏、
前秦苻氏、后秦姚氏、西秦乞伏氏、大夏赫连氏、北凉沮渠氏、北燕冯氏、
高氏、后凉吕氏、北凉段氏、南凉秃发氏各部所占之地合并为一,然后必
然会再竭尽全力入侵南朝。然而对南朝来说,这也没有什么可担忧的。
夷狄还未侵入中原之前,我们担心的是他们相互吞并,害怕他们因相互
吞并而坐大;然而夷狄侵入中原之后,则需要担心夷狄各部族杂乱冗多
而使我们不知道该集中力量对付谁,而不需要担心夷狄合并为一,以强
盛之势侵略、压迫华夏政权。故而宋武帝北伐时面临的处境是非常艰
难的:他拼死灭掉慕容超后,又面临姚兴的威胁;全力消灭姚泓后,又要
与赫连氏、拓跋氏相抗争;准备再度起兵争夺关中地区时,郑鲜之却说:
"江南的士大夫与普通民众都盼望着您及早班师回防。"就因为当时北
方的两大夷狄势力都被消灭,所以人心松懈而不能够再度振奋,于是只
能班师回朝。拓跋氏经过浴血奋战才攻下了赫连氏的都城统万,穷尽
全部兵力才打败了蠕蠕部族,他们的精锐部队有一半的力量损失在了
与这两支少数民族势力的战斗中,这也是为何赫连勃勃死后其子赫连
昌没有能力再度振兴的原因。如果刘宋此时能利用这一形势,则正是
乘机强盛的重要机遇。遗憾的是刘宋坐困于江南之地,忌惮拓跋氏的

威势而不敢北进，即使北进也不敢与拓跋氏相抗衡。如此，则失掉了这样一个绝佳的时机，就导致了东晋与此后的南朝政权偷安江南，再也没有能力去振兴国运。宋文帝并非足够英武的君主，到彦之之流也不足以有所作为，这真是太可惜了！

五　拓拔焘得用财之道

拓拔焘惜财而不轻费①，亲戚贵宠未尝横有所及，其赏赐勋绩死事之臣，则无所吝，用财之道，尽于此矣。有天下而患贫，岂惟其不当患也，抑岂有贫之可患乎？天之时、地之泽、人之力以给天下之用者，自沛然而有余。乃患贫而愈窘于用，则崔浩之言审矣②。国之贫，皆贫国之臣使之然也。贫国之臣有二：一则导君以侈者，其奸易知也；一则诱君于吝者，其奸难测也。诱君以吝者，使其君以贫告臣民，而使为我吝，君一惑之，则日发不足之叹，言之熟而遂生于心，必不以帑藏之实使其臣知之。君匿于上，奸人乃匿于下，交相匿而上不敌下之奸，浸淫日月，出入委沓③，且使其君并不知有余不足之实。猝有大兵大役馈饷赏赐之急需，皆见为不足而吝于出纳，而国事不可言矣。

【注释】

①拓拔焘（408—452）：字佛狸，代郡平城（今山西大同）人，鲜卑族。北魏第三位皇帝，拓跋嗣长子。泰常八年（423）登基。拓拔焘素有平定四方、混一华戎之志，善于用兵，相继攻灭胡夏、北燕、北凉等割据政权，攻取刘宋的河南重镇，统一了中国北方。在位期间，为政以简，注意劝课农桑，减轻赋税，能体察民间疾苦，并恪

己节俭,赏罚分明。传见《魏书·世祖纪》《北史·魏本纪·世祖太武帝》。

②崔浩之言:目前所见史料中并未有崔浩谈及用财之道的记载,不知王夫之所据为何。

③委沓:指账目混乱不清。委,舍弃,推脱。沓,重复。

【译文】

北魏太武帝拓跋焘爱惜财物,不轻易花费钱财,对于亲族外戚和宠信之人都不曾给予无故的赏赐,但赏赐立有功业的臣子和为国誓死效忠之人时则从不吝惜钱财。用财之道,拓跋焘可谓做到了极致。身为君主富有天下却担忧贫困,实际上哪里只是不应该担忧贫困,又哪里有贫困需要他们来担忧呢?天时所造就、大地所出产、人力所生产可以为天下所用的资源,自然是丰沛充足、绰绰有余的。越担心贫穷就会愈加节用且吝啬,崔浩这话说得很有道理。国家之所以贫困,都是那些"贫国之臣"造成的。所谓"贫国之臣"有两种:一种是引导自己的君主走向奢侈浪费,他们的奸恶用心是容易察觉的;一种是诱导自己的君主吝惜财物,他们的奸邪之心却难以测度。诱导自己君主吝惜财物的大臣,会让他的君主向臣民宣告国家的贫困状况,让臣民都来为国家吝惜财物。君主一旦被此迷惑,就会整天发出财物匮乏不足的感叹,感叹的时间久了就会产生国家真的贫困这样的心理,他就一定不会把国家府库中具体的财物数目让臣下知道。如此则君主在上隐瞒,奸佞之人在下隐瞒,他们之间互相隐瞒而君主终究不能遏制臣下的奸邪,日积月累之下,则国家财物出入的账目混乱不清,致使君主不能知道国家财物到底是富余还是不足。如果突然遭逢大的军事行动或建造工程,急需要粮饷和赏赐以鼓舞军队、工人,国君都会因看到财物不足而吝于支出,如此则国家大事就会被耽误。

凡为此者,皆君之亲戚贵宠,而君以为真爱我者也。经用吝而其赏赐不吝,匪直赏赐耳,上下相匿,而大臣不能问,群臣不敢问,奸人且暗窃之以去,而上下皆罔所闻知。延及于子孙,则上无所匿于下,而专听奸人之匿以罔上,固必曰吾国贫也。大兵大役之猝至,非吝于用以酿溃乱,则横取之百姓而民怨不恤,曰吾实贫而不能不取之民也。则不徒亲戚贵宠之窃以厚藏者不可问,其所未窃者,湮沉填塞于古屋积土之中,至于国亡以资乱民之掠夺,新主之富有,而初不自知。呜呼!财一滥施于权贵,而事废于国,民怨于下,兵溃于境,国卒以亡,皆导吝之说为之,亦孰知导吝之情为窃国之秘术哉?庸主惑之,察主尤惑之,丧亡相踵而不悟,悲夫!

【译文】

　　但凡诱导君主吝惜财物的,基本都是君主的亲族外戚、宠信之人,而君主会认为这是出于他们对自己的真心爱护。对国家的日常用度吝于支出,对亲族外戚、宠信之人却毫无节制地滥赏,而且不仅仅是滥赏,由于将国家府库的虚实情况在君臣之间给予隐瞒,以致朝廷重臣对此不能过问,普通官员对此更不敢过问,那么奸邪小人就会暗中窃取国库财物,而朝廷上下对此却一无所知。这种情况逐渐发展至子孙后代时,就会形成君主对下并无所隐瞒,却专门听任奸佞之人藏匿财物、欺瞒君主的情形,他们固然要说我们的国家十分贫困。等到大的战事或工程猝然兴起,不是吝惜花费财物而最终酿成大患,就是不顾百姓苦难而横征暴敛,还托言是因为国家实在贫困而不得不取之于民。如此则不仅宗室、外戚与君王宠信之人从国库中窃取并大量藏匿的财物难以过问,那些未被他们窃取的财物也长期被埋没在陈旧的仓库之中,一旦等到国家灭亡,这些财物便成了乱民掠夺的对象、新君主所拥有的财物,而当初吝于财物的君王却对此毫不知情。唉！将财物滥赏给权贵，使国事荒废而民怨沸腾，最终使得军队在边境溃败，而国家也最终灭亡，这都是诱导君主吝惜财物的说法所导致的，谁又知道诱导君主吝惜财物是窃取国家的隐秘伎俩呢？平庸的君主会被这伎俩深深迷惑，明察的君主也会被其迷惑，国家相继覆灭沦丧却还不能醒悟，这真是可悲啊！

六　陶靖节托辞去官

陶靖节之不仕①，不可仕也，不忍仕也。其小试于彭泽，以世家而为仕，道在仕也。仕而知其终不可而去之，其用意深矣。用意深而终不可形之言，故多诡其辞焉。不可形之于言而托之诡词者，非畏祸也。晋未亡，刘裕未篡，而先发其未然之隐，固不可也。万一裕死于三年之前，义符辈不足以篡，一如桓温死而谢安可保晋以复兴，何事以未成之逆加诸再造晋室之元勋，而为已甚之辞哉？此君子之厚也。故其归也，但曰"岂能为五斗米向乡里小儿折腰"②。如是而已矣。

【注释】

①陶靖节：即陶渊明。因颜延之等人私谥其为"靖节征士"，故称。

②岂能为五斗米向乡里小儿折腰：陶渊明任彭泽县令时，郡太守派出一名督邮到彭泽县督察。该督邮粗俗而又傲慢，他一到彭泽的旅舍，就差县吏去叫县令来见他。陶渊明很瞧不起他，但也不得不去见，于是准备动身。县吏告诫他参见督邮要穿官服，并且束上大带，不然有失体统。陶渊明于是长叹一声，说："我不能为了五斗米而向乡里小人折腰！"随即辞官而去。事见《晋书·隐逸列传》。

【译文】

陶渊明隐居不做官,是因为他在当时的环境下不可以做官,也不忍心做官。他曾小试牛刀,在彭泽县做过县令。他因为出身官宦世家而出来做这个官,做官是合乎道理的。陶渊明做官之后,知道自己最终还是不可以做官,于是就弃官而去。他的用意很深远。虽然用意深远,但终究不可以用语言表达出来,所以他就姑且采用了一些托词。不用语言表达出来而姑且采用托词,并不是因为他畏惧祸患。当时东晋尚未灭亡,刘裕还没有篡权夺位,如果这个时候就说出自己隐居的真正原因,等于揭发刘裕最终将篡夺晋王朝,固然是不可以的。万一刘裕早死三年,其子刘义符又不能够篡夺权位,一如桓温死后谢安仍能保证东晋安稳而使之复兴的情况,那么又怎能将篡位未成的谋逆罪名强加给再次复兴东晋的功臣头上,并说出这样危言耸听的言辞呢?这是身为君子之人的厚道表现。所以陶渊明归隐时,只说:"怎么能够因为五斗米的官禄而去向乡里的小儿折腰呢?"仅是如此而已。

虽然,此言出而长无礼者之傲,不揣而乐称之,则斯言过矣。君子之仕也,非但道之行也,义也;其交上下必遵时王之制者,非但法之守也,礼也。县令之束带以见督邮,时王之制,郡守之命,居是官者必繇之礼也。知其为督邮而已矣,岂择人哉?少长也,贤不肖也,皆非所问也。孔子之于阳货,往拜其门,非屈于货,屈于大夫也;屈于大夫者,屈于礼也。贤人在下位而亢,虽龙犹悔[1],靖节斯言,悔道也。庄周曰:"无所逃于天地之间[2]。"君子犹非之。君臣之义,上下之礼,性也,非但不可逃也,亢而悔,则蔑礼失义而不尽其性,过岂小哉?非有靖节不能言之隐,而信斯言以长傲,则下可以陵上;下可以陵上,则臣可以侮君;臣可以侮君,则子

可以抗父。言不可不慎，诵古人之言，不可以昧其志而徇其
词，有如是夫！

【注释】

①贤人在下位而亢，虽龙犹悔：语本《周易·乾卦》文言："上九曰
'亢龙有悔'，何谓也？子曰：'贵而无位，高而无民，贤人在下而
无辅，是以动而有悔也。'"意思是《乾卦》上九爻辞说："龙高飞穷
极则必然后悔。"讲什么意思呢？孔子说："这是比喻某种身份显
贵之人却无职位，官位高高在上却管不到民众，贤德的人居于下
位而无人辅助，因此一旦轻举妄动便会后悔。"这里的"亢"，《文
言》中解释道："'亢'之为言也，知进而不知退，知存而不知忘，知
得而不知丧。其唯圣人乎！知进退存亡而不失其正者，其唯圣人
乎！"意思是所谓的"亢"的意思是说，有些人只知道进位而不知
道退守，只知道生存发展而不知道衰落灭亡，只知道拥有得到而
不知道丧失损害。天下只有圣人能懂得吧！他们自然懂得能进
则进、能退则退、能图存则图存、能放弃则放弃的道理，而不会违
反其中的规律，能做到这些的大概只有圣人吧！

②无所逃于天地之间：语出《庄子·人间世》："臣之事君，义也，无
适而非君也，无所逃于天地之间。"意思是臣下事奉君上是道义
使然，天下之大，没有不受国君统治的地方，这是天地间无从逃
避的现实。

【译文】

尽管如此，他这样的话一出来便会助长无礼之人的傲气，那些无理
之人不进行仔细揣摩而乐于称颂陶渊明不为五斗米折腰的事，则陶渊
明的这句话实际上是存在错误的。君子出仕为官，不仅是要践行道，同
样也要遵行义。君子结交上下级，一定遵守当时君王订立的制度，这不
仅是守法的表现，也是守礼的表现。县令必须束好自己的衣带去见郡

里监察地方的督邮,这出于君王的诏令、郡守的指示,是身为县令必须依照礼制严加遵行的规范。县令只要知道对方是督邮就应该遵守礼节,难道守礼还要看督邮具体是谁吗? 对方是老是少、贤能与否,根本就不需要过问。孔子曾亲自到阳货的门上拜见,这不是屈身于阳货,而是屈于其大夫的身份。屈于大夫的身份,就是屈从于礼义。贤能之人居于下位,却只知道进而不知道退,只知道生存发展而不知道衰落灭亡,只知道拥有得到而不知道丧失损害,则即使是高飞穷极的龙也必然会后悔。陶渊明的话,正是这样一句日后会导致悔恨的话。庄周说过:"臣下事奉君上是道义使然,这是天地间无从逃避的现实。"君子中还有不认可这个道理的。君臣之义,上下之间的礼节,是出于人的本性,不但不能逃脱,而且若因知进不知退而招致悔恨,则会导致蔑视礼法、失却道义,因此不能保全身而为人的本性,这个过错难道还小吗? 若不是有陶渊明那样的难言之隐,却一味地相信陶渊明的这句话,助长自己的傲气,那么下级就可以欺凌上级;下级欺凌上级,那么臣下就可以欺侮君主;臣下欺侮君主,那么儿子就可以违抗自己的父亲。言辞不可以不慎重,传诵古人所说的话,不能不理解其所含有的深意而只去理解词句的表面意思,这个道理就是如此重要啊!

七　崔浩折群议之倏然倏不然

扩其情以统初终,而汇观其同异,则听言也,固不难矣。非坚持一背戾之说,不然之效已著,而迷谬不解者之难辨也。言烦而竞,诡出而相违,莫可端倪,而唯其意之所营,以恣其辩,惑人甚矣,而尤无难辨也。凡言之惑人也,必有所动以兴;下者动以利,其次动以情,其次动以气。利者灼见之而辨矣,或倡之,遂或和之,然皆私利之小人也,于人辨之而已。情之动也无端,偶见为然而然之,偶见为不然而不然之,因而智计生焉,因而事之机、物之变、古人之言、皆可为其附会之资,而说益长、情益流,非有所利也,而若沥血以言之,不获已而必强人以听,此疑于忠而难辨者也。然人之情无恒者也,倏而然之,倏而不然之,则知其情之妄,而非理之贞也。至于气之动而尤不可御矣,若或鼓之,若或飏之①,一人言之而群嚣然以和之,言者不知其所以言,和者愈不知其所以和,百喙争鸣,若出一口,此庄周所谓"飘风则大和而听其自已"者也②。既自已矣,则前后之不相蒙③,还以自攻也而不恤。虽然,亦岂有难辨者哉?观于拓拔氏伐蠕蠕之议,而鼓以气、荡以情者,直可资旁观者之一哂而已。

【注释】

①飏:飞扬,飘扬。这里指颂扬、赞扬。

②飘风则大和而听其自已:语出《庄子·齐物论》:"子綦曰:'……泠风则小和,飘风则大和,厉风济则众窍为虚。而独不见之调调,之刁刁乎?'子游曰:'地籁则众窍是已,人籁则比竹是已,敢问天籁。'子綦曰:'夫吹万不同,而使其自已也。咸其自取,怒者其谁邪?'"意思是如果是大风,相和的声音就大,但又能使其自行停息。

③相蒙:相符合。

【译文】

要辨别他人的言论是否恰当,就要深入思考他想表达的含义并结合他的初衷进行考量,然后将相关的言论想法统合并考察前后的异同,如此来辨别他人的言论就不是什么困难的事了。有些迷惑荒谬之人提出悖谬的结论,即使其论断已经被证实毫无效果,也始终坚持不改,这种情况下就很难加以分辨。利用烦琐的言语来争胜,言辞诡辩而自相矛盾,让人摸不着头脑,只能陷入发言人蓄意设计好的陷阱,任由其恣意施展诡辩,这确实会令人非常迷惑,但这其实尤其不难加以辨别。凡是能够迷惑他人的言论,一定有能打动他人并使之信服之处。最次的是用利益打动人,其次是用情感打动人,最厉害的是用气性打动人。用利益打动人的人,其实一眼就能将其分辨,他们有的极力倡导,有的随声附和,然而都是图谋私利的小人,根据他们的人品就可以轻松识别。情感的波动多是没有来由的,偶然看到自己所认同的就会认同,偶然看到自己所不认同的就会反对。于是那些试图以情动人的人因此便会产生想法和计谋,事情的要害、事物的变化以及古人的言论都可以作为他们穿凿附会的依据。如此,则他们的说辞日益繁杂,情感也像流水一样流动不定,实际这对他们自己而言也并没有什么利益可得。看起来像是苦心沥血地去表达自己的言论,出于内心的不得已而强迫他人有所听从自己的见解,很容易让人以为他们是忠臣,因而难以分辨。然而人的情感没有永恒不变的,一会儿坚持这一观点,一会儿又反对这一观点,则因此便可以知道他们的情感是因妄动而随意抒发,他们也并非忠贞于事物的真实道理。至于以气性打动人的人则尤其难以抵挡。有人极力鼓动,有人极力颂扬,一个人的言辞说出来,众人纷纷喧嚣鼓噪地给予应和。发表言论之人不知自己为何发表此番言论,而附和之人也更不知道自己为何随声附和,犹如百鸟争鸣,又仿佛出自一人之口。这就是庄周所说的:"如果是大风,相和的声音就大,但又能使其自行停息。"如果自己有坚定的立场,就应该考虑自己的观点是否前后一致,并将自我矛盾之处找出而加以纠正。尽管如此,难道还有难以辨别的言论吗?看看北魏拓跋氏准备讨伐蠕蠕时的议论,既有人以气性相鼓吹,又有人凭情绪相激荡,在旁观者看来这真可谓是一个笑料。

当其议伐赫连氏,则曰宜置赫连而伐蠕蠕。崔浩持之,伐赫连,而灭其国、俘其君矣;已而议伐蠕蠕,则又曰蠕蠕不可伐也。何前之伐蠕蠕也易而今难，何前之克蠕蠕也利而今无利？一言而折之有余，而群喙争鸣不息，有如是夫！人以为不可伐，则曰可伐；人以为可伐，则曰不可。气之为风也，倏而南，倏而北；气之为冬夏也，倏而寒，倏而暑；调之为暄清之适者①，因乎时而已矣。言之善者，调其偏而适以其时。崔浩之言，则可谓知时矣，风不可得而飘，寒有衣襦、暑有箑也②。拓拔焘之能用崔浩也，而犹疑之。情兴气动，难乎其不撼，况智不如焘者乎？虽然，无难辨也，统其初终，析其同异，以其所然攻其所不然，扩然会通以折中之，岂难辨哉？岂难辨哉？

【注释】

①暄清：温暖寒冷。

②箑（shà）：扇子。

【译文】

当北魏大臣们讨论是否应攻打大夏赫连氏的时候，都说应当暂且将大夏搁置在一边，先进攻蠕蠕。由于崔浩坚持进攻大夏，才最终灭掉了大夏，俘虏了其国君。之后开始讨论进攻蠕蠕之事时，群臣们又说不能征伐蠕蠕。为什么之前讨论的时候他们认为进攻蠕蠕轻而易举，而现在却又觉得困难了呢？为何之前认为征伐蠕蠕有利可图而今却认为没有好处了呢？明明一句话就能驳倒他们，然而众臣之口始终争论不息，竟荒谬到了这种地步！别人都认为不可攻伐的时候，有人却说可以攻伐；别人都认为可以攻伐的时候，有人却又说不可攻伐。气性就犹如风向一样来回变化，一会儿向南，一会儿向北；就像冬夏节气的变化一样，一会儿寒冷，一会儿暑热。如此，则要使自己感到冷暖适宜，就必须根据时令节气调整自己的穿着。那么，善于发表正确言论之人，就可以纠正偏颇而使之适应当时形势的变化需要。所以说崔浩的建议，就称得上是知晓时势的言论，并非如同变化的风向一样随意飘转，而是犹如冬有寒衣、夏有凉扇一样适合时宜。尽管拓拔焘能重用崔浩，但对他仍旧有所猜疑。一旦出现情绪冲动、怒气腾冲的情况，他对于崔浩的信任很难不被动摇，更何况是那些智慧不如拓跋焘的人呢？尽管如此，有关言论的对错其实并不难以辨别。只要通盘考虑其前后表达，找出其中的异同，用其所认为对的地方去对比审视其认为不对之处，从而深入思考并融会贯通，最终又加以折中考量，直达问题的根本，如此，则言论恰当与否还难以辨别吗？难道真的难以辨别吗？

八　元嘉北伐无可用之将才

　　元嘉之北伐也，文帝诛权奸，修内治，息民六年而用之，不可谓无其具；拓拔氏伐赫连，伐蠕蠕，击高车①，兵疲于西北，备弛于东南，不可谓无其时。然而得地不守，瓦解猬缩②，兵歼甲弃，并淮右之地而失之，何也？将非其人也。到彦之、萧思话大溃于青、徐③，邵弘渊、李显忠大溃于符离④，一也，皆将非其人，以卒与敌者也。文帝、孝宗皆图治之英君，大有为于天下者，其命将也，非信左右佞幸之推引，如燕之任骑劫、赵之任赵葱也⑤；所任之将，亦当时人望所归，小试有效，非若曹之任公孙彊、蜀汉之任陈祗也⑥；意者当代有将才而莫之能用邪？然自是以后，未见有人焉，愈于彦之、思话而当时不用者，将天之吝于生材乎？非也。天生之，人主必有以鼓舞而培养之。当世之士，以人主之意指为趋，而文帝、孝宗之所信任推崇以风示天下者，皆拘薆巽谨之人⑦，谓可信以无疑，而不知其适以召败也。道不足以消逆叛之

萌,智不足以驭枭雄之士,于是乎摧抑英尤而登进柔輭;则天
下相戒以果敢机谋,而生人之气为之坐痿;故举世无可用之
才,以保国而不足,况欲与猾虏争生死于中原乎?

【注释】

①高车:北朝人对漠北一部分游牧部落的泛称,因其"车轮高大,辐
　数至多"而得名。南朝人称其为"丁零"。

②猾缩:本指刺猬遇敌则蜷缩,比喻人畏缩不前。

③萧思话(400—455):南兰陵(今江苏武进)人。南朝宋大臣、外
　戚。精通音律,能骑善射,曾被宋武帝刘裕称赞为栋梁之材。曾
　先后率军平定汉中,讨伐北魏。元嘉二十九年(452),他受命统
　领扬武将军、冀州刺史张永众军围攻碻磝,未能攻克,下令撤军,
　遭弹劾而被免职。传见《宋书·萧思话列传》《南史·萧思话
　列传》。

④邵弘渊、李显忠大溃于符离:指南宋孝宗时,于隆兴元年进军北
　伐,张浚分别命邵宏渊和李显忠进军,二人在符离与金军对垒,
　结果邵宏渊部中军统制周宏自为鼓噪,扬言金军来攻,宋军于是
　不战自溃。事见《宋史·孝宗本纪》。邵弘渊,《宋史》作"邵
　宏渊"。

⑤燕之任骑劫、赵之任赵葱:燕之任骑劫,指五国伐齐之战后,乐毅
　作为燕军主帅坐镇齐国,指挥燕军与莒城、即墨的齐军对峙。齐
　国的田单窥探到乐毅与燕惠王存在矛盾,于是使用反间计,散布
　乐毅谋反的消息。燕惠王于是任命骑劫代替乐毅为将,围攻齐
　国即墨。前279年,田单在即墨城以火牛阵大败燕军,骑劫也在
　此战中阵亡。事见《史记·燕召公世家》《史记·乐毅列传》。赵
　之任赵葱,指赵王迁七年(前229),秦将王翦攻赵,赵国派大将李
　牧统军抵御,后来秦国人收买赵王身边的郭开,郭开向赵王诋毁

李牧,诬陷其谋反,赵王于是诛杀李牧,派赵葱代替他担任主帅。三个月后,秦军大举攻赵,赵葱战死。事见《史记·廉颇蔺相如列传》。

⑥曹之任公孙疆、蜀汉之任陈祗:曹之任公孙疆,参见卷十"三国三六"条注。蜀汉之任陈祗,参见卷十"三国三五"条注。

⑦拘葸(xǐ):胆怯拘束。巽(xùn)谨:卑顺谨慎。

【译文】

为了进行元嘉北伐,宋文帝诛杀徐羡之、傅亮、谢晦等权奸,勤修内政,与民休息长达六年之久,然后方才准备北伐,这不能说是没有好好准备;北方的拓跋氏接连讨伐大夏、蠕蠕,进军高车,使得军队因在西北征战而疲惫,疏于防备东南方向的进攻,这不能说不是北伐的好时机。然而他们进军后得到的土地却未能守住,以致瓦解退缩,军队被歼灭、武器盔甲被抛弃,最后就连淮北之地也丢失了,为何会如此呢? 是因为任用将领不得当。到彦之、萧思话大败于青州、徐州,南宋孝宗时邵弘渊、李显忠大败于符离,都是因为这个缘故。由于将领任用不当,所以等于把士兵的性命白白送给敌人。宋文帝、宋孝宗都是励精图治的英明君主,他们也想在天下大有作为。他们所任命将帅,并非像过去燕国任用骑劫、赵国任用赵葱那样,因宠信的近臣佞幸推荐而任命;他们任命将帅,也并非是像春秋时曹国国君任用公孙疆、蜀汉任用陈祗那样,因其是当时众望所归之人且经过试用有一定成效就加以任用。难道是当时有将帅之才却得不到任用吗? 然而自此以后,未再见有将帅之才出现,也未见才干远超到彦之、萧思话而不为当时所用的将才出现,难道是因为天下再也不能出现这样的人才吗? 实则并非如此。天下出现这样的人才,还必须要君主拥有鼓励并培养其成才的办法。当时的士人们,都是以君主的意图作为自身的追求目标,然而宋文帝、宋孝宗所信任、推崇并使之为模范而标榜于天下的人,都是些胆怯拘束、柔顺谨慎之人。他们认为这些人值得信赖,而不加以猜疑,却不知道这些人正是招致失败的根本原因。他们认为道义不足以消除叛逆者的意图,智谋也不足以驾驭骁勇雄杰之士,于是他们就压制那些才能突出的英杰而不断任用软弱柔顺之人。如此,则天下人都把英勇果敢、拥有机智谋略当作大忌,人们的志气与生气也因此深深受损,所以导致天下间没有可用之才。连保卫国家之才都尚且不足,更何况是能前往中原地区与北方狡猾的夷狄去进行生死较量的人呢?

　　夫江东之不振也久矣。谢玄监军事,始收骁健以鼓励之,于是北府之兵破苻坚而威震淮北;宋武平广固、收雒阳、入长安,而姚兴、拓拔嗣不能与之敌,皆恃此也。已而宋武老矣,北府之兵,老者退,少者未能兴也。宋武顾诸子无驾御之才而虑其逼上,故斗王镇恶、沈田子诸人于关中①,使自相残刘而不问②。文帝入立,惩营阳之祸,急诛权谋之士,区区一檀道济而剑已拟其项领③。上之意指如彼,下之祸福如此,王昙首诸人雍容谈笑以俟天下之澄清,虽有瑰玮之才④,不折节以趋茬苒者,几何也? 乃于其中择一二铮铮者使与猾虏竞,拓拔焘固曰:"龟鳖小竖,夫何能为。"其堕彼目中久矣。孝宗之任邵、李以抗女直⑤,亦犹是也。岳诛韩废⑥,天下戒心于有为,风靡而弗能再振矣。身无英武之姿,外有方张之寇,奖柔顺以挫英奇⑦,虽抱有为之志,四顾无可用之人,前以取败而不自知,及其败也,抑归咎于天方长乱,而虏势之不可撄也,愈以衰矣!

【注释】

　　①沈田子(383—418):字敬光,吴兴武康(今浙江德清)人。东晋末

年将领。起初随从刘裕讨伐桓玄之乱，官拜太尉参军。后参与北伐南燕、平定刘毅和司马休之，并随军灭亡后秦，留镇关中。因擅杀王镇恶，坐罪被处死。传见《宋书·自序》。

②残刘：残杀。刘，杀戮。

③檀道济（？—436）：高平金乡（今山东金乡）人。晋宋之际名将，南朝宋开国元勋。早年参加谢玄创建的北府兵，投身于刘裕部下。随刘裕率兵平定桓玄之乱与卢循之乱，并随刘裕攻打后秦，联合王镇恶攻克长安，灭亡后秦。宋武帝即位后，迁镇北将军、南兖州刺史，率军抵御北魏进攻。宋文帝即位后，参与平定谢晦叛乱和元嘉北伐。文帝患病时，因忌惮其威名，将其杀害。传见《宋书·檀道济列传》《南史·檀道济列传》。

④瑰玮：指人品、才干卓异不凡。

⑤邵、李：指邵宏渊、李显忠。

⑥岳诛韩废：指岳飞被高宗和秦桧诛杀、韩世忠被高宗罢除军权之事。

⑦英奇：指才智卓异。

【译文】

　　江南地区的生民志气不振由来已久。东晋谢玄监管军事后，开始收揽骁勇猛健之人并对其加以鼓励培养，因此北府兵才能够战胜前秦苻坚并威震淮北。之后，宋武帝之所以能攻下广固、收复洛阳，并最终进据长安，而姚兴、拓跋嗣都不能与之相抗衡，都是凭借了北府军的力量。后来宋武帝年迈，北府兵的士卒也大多年老退役，而年轻的一代又还没能兴起。宋武帝考虑到他的几个儿子并没有驾驭北府兵的能力而担心北府兵将领会凭借威势威逼后继之君，所以把王镇恶、沈田子等人排斥到关中地区，使之自相残杀而置之不理。宋文帝即位后，鉴于营阳王被弑杀的教训，急于诛杀权谋之士，就连区区一个檀道济也不准备放过。既然君上的意旨如此，天下人的祸福利害如此，而王昙首之流则雍容谈笑,静静等待着天下清明的日子自己到来。在此种情况下,即使有才干卓异之人,其中不改变自身、不屈服于拘谨怯懦的世风时俗的,又有几人呢？于是在那些拘谨怯懦的人中选出一两个作为统率,使他们率兵与拓跋氏相对抗,拓跋焘当然会说:"你们这些像龟鳖一样怯懦的无名之辈,又能做成什么大事呢？"在他眼中实际早已瞧不起这些人。宋孝宗任用邵弘渊、李显忠同金人作战,也是这种情况。因为岳飞被杀、韩世忠被撤职,所以天下人都不敢去做有利于当世的事,使得社会风气萎靡而不能够再度振作。君王自身没有英武的气质,而在外则有势力正在扩张的敌人,却还奖励并任用怯懦顺从之人,使才智卓异之人的志气受挫。如此,则即便君主怀有愿在天下大有作为的远大志向,环顾四周却无可用之人,这种情况下主动北伐等于自找失败,他们却还不自知,等到战败后又将此归咎于上天助长奸邪混乱,于是敌人的威势越发难以阻挡,自己的国家也更加衰败！

九　崔浩策宋兵形分势弱

暗而弱者之用兵,其防之也,如张幮帐以御蟁蠓①,薄绤疏绤使弗能入焉②,则鼾睡以终夕；若此而不弃师失地以近于亡也,不可得矣。崔浩策宋兵之易败也,曰:"东西列兵,径二千里,一处不过数千,形分势弱,可席卷而使无立草之地。"宋终不出其所料,金墉破而到彦之走,滑台败而萧思话走,守者分,攻者聚,一方溃,而诸方之患在腹心,不可支矣。故以战为守者,善术也；以守为战者,败道也；无他,将无略而以畏谨为万全之策也③。

【注释】

①幮(chú):古时一种形似橱的帐子。蟁(wén):同"蚊"。蠓:比蚊

子小的黑褐色昆虫。

②绤(chī)：细葛布。绤(xì)：粗葛布。

③畏谨：小心谨慎。

【译文】

昏庸怯懦之人用兵，其防卫之策，有如张开橱形的帐子以抵御蚊虫，用粗细相间的葛布层层阻挡使之不能进入，然后自己就倒头酣睡整个晚上。如此这般要保证不损失军队、丢掉城池、避免覆灭，是不可能做到的。北魏崔浩预料到刘宋军队很容易失败，他说："宋军东西排列，战线长达两千里，而每个地方的士卒不过数千人，兵力分散而力量孤弱，北魏士兵可以轻易击溃他们，使他们毫无立足之地。"结果宋军果然不出崔浩所料。金墉城被攻破后，到彦之退走；滑台失陷后，萧思话逃亡。宋军守卫力量分散而魏军进攻力量集中，如此则宋军一处溃败，所有地方的军队都会担忧腹心有失，军队便会陷入左支右绌的窘境，战局就难以支撑下去了。所以以战为守实为上等良策，而以守为战实为败亡之道。之所以最终失败，没有别的原因，是由于将帅没有良好的策略，而将畏缩谨慎当作了万全之策。

然则孔子之于战也慎①，于行军也惧②，又何以称焉？夫列兵千里，尺护而寸防之，岂其能惧哉？栉比株连以外蔽而安处其中，则心为之适然而忘忧；寇之来也，于彼乎，于此乎，我皆有以防之，则一处败而声息先闻，固可自全以退，而无忽出吾后以夹攻之患；于是乎而惧之情永忘，弗惧也，则亦无所慎矣。若夫惧以慎者，一与一相当，虔矫三军③，履死地而生之，曾是瓜分棋布为能慎也与？不战而慎，未临事而惧先之，不败何待焉？

【注释】

①孔子之于战也慎：语本《论语·述而》："子之所慎：齐，战，疾。"意思是孔子审慎对待之事有三件，分别为斋戒、战事、疾病。

②于行军也惧：语本《论语·述而》："子路曰：'子行三军，则谁与？'子曰：'暴虎冯河，死而无悔者，吾不与也。必也临事而惧，好谋而成者也。'"意思是子路问孔子，假如有一天您统率三军作战，您希望谁跟您去呢？孔子说有勇无谋、死而无悔之人我不会与之同行，我会找个遇事谨慎、勤于谋划以成事之人。

③虔矫：指忠诚勇武。虔，诚敬。矫，勇武。

【译文】

　　然而孔子主张对于战争持审慎的态度，对于用兵心存敬畏，刘宋的战略难道是暗合孔子的话而值得称道吗？宋军东西布兵列阵长达千里，采取每尺每寸都严加防备的用兵策略，他们难道还能有所畏惧吗？将军队千里相连，想以此鳞次栉比的军队保护自己，意图将敌人防御在外而使自己处在里边的安全地带，如此则内心就会感到安适踏实从而忘掉敌方进攻自己的忧患。因此，一旦敌人进攻，无论那个地方，还是这个地方，都自认为可以防备有加。然而如果真有一个地方溃败，自己先得到消息，自然也可以全身而退，也不会有敌人突然从后方包抄、前后夹击我方的担忧，于是恐惧之情便会全然抛诸脑后，当然也就不会采取审慎的态度。至于所谓的因恐惧敬畏而审慎，是指两军当面对垒时，全体将士忠诚勇武地作战，置之死地而后生，难道说把军队分散开来、星罗棋布以求万全，算是审慎吗？还没有开战就一心审慎，事情还未临头就先恐惧不已，这样除了失败还能如何呢？

一〇　拓拔败宋求和

　　滑台陷，青州没，宋师熸①，而拓拔氏旋遣使人聘宋以求和亲，逾年而宋报礼焉，此南北夷夏讲和之始也。宋大败，而刘振之且弃下邳以奔逃②,拓拔氏乘之以卷江、淮也易矣;顾敛兵以退而先使请和,岂其无吞宋之心哉? 力疲于蠕蠕,而固不能也。乃乘宋之惴栗以收宋③,知宋之得释重忧,必欣然恐后,此虏之狡也。夫宋新败之余,弗能急与之争,则姑受其和而缓敌以待时,庸讵非策。且其于拓拔氏也,既非君父之雠,又无割地称臣之辱,如赵宋然者,则抑非义之所不许。顾亦思彼之先我以求和者何心乎? 和者,利于夷狄而不利于中国,利于屡胜之兵,而不利于新败之国者也。

【注释】

①燋(jiān):战败,覆没。

②刘振之且弃下邳以奔逃:刘振之,青州刺史萧思话的参军。元嘉八年(431),萧思话听闻檀道济率军撤退,就打算放弃城池退到险要地带自保,于是弃城逃奔平昌。当时刘振之正驻守下邳,听说这个消息,也弃城逃走。结果北魏军队未来,东阳城积聚的大批物资却被百姓纵火焚毁。事见《宋书·萧思话列传》。

③惴栗:恐惧而战栗。

【译文】

刘宋的滑台城陷落,青州失守,军队遭遇溃败,北魏拓跋氏却很快派遣使者出使刘宋,请求与其和亲。第二年,刘宋派使者出使北魏还礼,这是南北双方、夷夏之间讲和的开始。当时宋军大败,而刘振之又抛弃下邳慌忙逃走,如果此时拓跋氏乘机席卷江、淮之地,也是极为容易的。然而他们却收兵撤退并率先遣使请和,难道是因为他们没有吞并刘宋的野心吗? 是因为拓跋氏征讨蠕蠕后,军队疲惫不堪,他们本就无力再进攻刘宋。于是便乘着刘宋惶恐战栗的时机,赶快收服宋朝。他们也知道刘宋得到和亲的请求后,心中必然会如释重负,必定欣然答应而唯恐赶不及,这实际是拓跋氏施展的奸诈计谋。当时刘宋刚刚战败,不能急于去与拓跋氏相抗争,所以暂且接受拓跋氏的议和请求,以此作为缓兵之计并静待时机,这难道不也是一种策略吗?况且,刘宋对北魏而言既无君父之仇,也无割地称臣之辱,并不像赵宋王朝同北方民族的关系那样,则答应求和也并非道义上所不允许的。但也要去考虑北魏首先求和究竟是何种用心。双方议和,实际上利于夷狄而不利于华夏,利于常胜之兵,而不利于刚刚战败的一方。

夷狄以战而强、以战而亡者也;其能悔祸以息兵,则休息其兵,生聚其民,蕃育其马,而其骑射技击,则性焉习焉,而不以不用而废。中国则恃和以安而忘危矣;士争虚名于廷,兵治生计于郊,人心解散,冀长此辑睦而罢兵以偷安①,一旦闻警而魂摇,其败亡必矣。屡胜之余,败之几也,虽屈己以和人,不以为辱而丧其气,抑以免骄兵之取败也,善居胜者也。若败矣,君方悔前者之妄动以致衄,而情不竞,惴惴危栗,得和以无虞,而涣然冰释,于是乎戒战之危,而歆和之利,虽不弭兵,兵必弭矣。边陲戍守之士,皆赘设而聊以逍遥,尚足恃以御非常之变邪?骄贪无厌之虏,方养全力以乘我,而我幸其驯扰,抱虎而望其息机牙,不亦愚乎?

【注释】

①辑睦:和睦。

【译文】

夷狄因善战而强大,也因好战而灭亡。即使他们悔于接连不断的战事而休战,让士兵休养生息,让民众聚集繁衍并培育战马,但他们的骑射技击技能,是与生俱来的习惯,即使休战也不会有所荒废。华夏王朝则自恃已经议和而忘记潜在的危险,士大夫在朝廷中争权夺利,士兵则致力于自己的生计。人心涣散,妄想寻求长久的和平安定而不事战力以致苟且偷安,一旦听闻紧急的军情,华夏王朝就会心惊胆战,那么败亡的结局是必然的。在连胜的情况下,实则隐藏着骄兵必败的失败苗头,此时夷狄虽然主动降低姿态来求和,但并不会因此感到耻辱而丧失锐气,同时也避免了骄兵必败,这是夷狄善于居于胜势的表现。就像现在这样,双方交战而刘宋失败,刘宋的君主就会后悔于轻举妄动而导致的惨败结果,则气势必然受到挫折。于是内心惴惴不安、恐惧战栗,只要想到议和可以得到暂时的安全,心里就会如释重负。因此担心战争可能失败的危险,欣喜地接受议和所带来的好处,即使战争没有真正平息,也必然会休战。镇守边关的将士,好像都是多余的陈设显得毫无用处,于是他们都放松警惕和训练,优哉游哉地度日,难道还能依赖这些将士来应对突发的战争吗?蛮横且贪得无厌的夷狄,实际正积蓄着力量,想乘中原王朝毫无防备之时发动进攻,而中原王朝却庆幸于夷狄的暂时顺服,抱着老虎却指望老虎不会伤害自己,这不是愚蠢至极吗?

刘宋以和而罢兵,赵宋欲罢兵而讲和,赵宋尤惫矣[1]。以和而弭兵者,志不在弭兵,弭于外未忘于内,故刘宋犹可不亡。以弭兵而和者,唯恐己之不弱也,故赵宋君臣窜死于海滨而莫能救。且曰:"君无失德,民不知兵[2]。"可胜悼哉!

【注释】

[1]惫:衰竭,危殆。

[2]君无失德,民不知兵:语出《宋史全文·宋高宗》:"甲戌,元祐皇后告天下手书曰:'缅惟艺祖之开基,实自皇穹之眷命。历年二百,人不知兵;传序九君,世无失德。'"大意是自宋朝开国以来,

历经二百年，承平日久而民不知兵事。其中传承九代君王，历代皇帝并无失德之举。

【译文】

刘宋因为议和而罢兵，而赵宋王朝却是因为想罢兵而议和，二者相比较，赵宋的做法实则更加危险。为议和而停止战斗，其主要目的不在于停止战争，对外的战事停息了，但其内部还没有完全忘记战争的危机，所以刘宋还不会灭亡。为了停止战争而议和，则唯恐自己的力量不被削弱，故而南宋王朝的君臣最终逃亡流窜于海滨而不能得救。南宋的统治者还对外宣称："君主没有失德的地方，实在是人民不知道兵事。"这真是不胜悲哀啊！

一一　魏举逸民所征皆世胄

拓拔氏诏举逸民，而所征皆世胄，民望属焉，其时之风尚然也。江左则王、谢、何、庾之族显，北方则崔、卢、李、郑之姓著，虽天子莫能抑焉，虽夷狄之主莫能易也。士大夫之流品与帝王之统绪并行①，而自为兴废。风尚所沿，其犹三代之遗乎！

【注释】

①流品：品类，等级。本指官阶，后指门第或社会地位。统绪：指皇室世系。

【译文】

北魏拓跋氏诏令征举贤才隐士，所征举的都是世族贵胄的后裔，但也都是民望所归之人，因为当时的风尚就是如此。当时比较著名的世家大族，南方有王氏、谢氏、何氏、庾氏，北方则有崔氏、卢氏、李氏、郑氏。这些家族的势力强大，即便是天子也难以抑制他们，即便是夷狄君主也不能轻视他们。这些士大夫的门第品级同帝王的皇室世系并行于世,而自行兴衰。这种风尚沿袭下来,也算是上古三代所流传下来的遗风吧!

　　夫以族姓用人者,其途隘;舍此而博求之,其道广;然而古之帝王终不以广易隘者,人心之所趋,即天叙天秩之所显也[1]。尧求人于侧陋[2],而舜固虞幕之裔[3];文王得贤于屠钓[4],而太公固四岳之嗣[5]。降及于周衰而游士进,故孔子伤陪臣之僭,而忧庶人之议[6]。《春秋》于私嬖骤起之臣,善则书人,恶则书盗;孟子恶处士之横逆[7],而均之于洪水猛兽;耕商驵侩胥史之徒起[8],而为大伦之蟊贼,诚民志之所不顺也。

【注释】

①天叙:天然的等级次第。

②侧陋:身处僻陋之处的贤人。

③舜固虞幕之裔:指舜本来就是虞幕的后裔。虞幕是上古传说中的著名贤者、姑幕国领袖,是黄帝的曾孙、昌意的孙子、玄帝颛顼的儿子、帝舜的五世祖。《左传·昭公八年》记载:"自幕至于瞽瞍,无违命。"《春秋左传正义》杜预注:"幕,舜之先。瞽瞍,舜父。从幕至瞽瞍间,无违天命废绝者。"

④屠钓:宰牲和钓鱼。旧指从事卑贱职业之人。

⑤太公固四岳之嗣:指姜太公的先祖曾为四岳,佐禹治水有功。事见《史记·齐太公世家》。

⑥孔子伤陪臣之僭,而忧庶人之议:语本《论语·季氏》:"天下有道,则礼乐征伐自天子出;天下无道,则礼乐征伐自诸侯出。自

诸侯出，盖十世希不失矣；自大夫出，五世希不失矣；陪臣执国命，三世希不失矣。天下有道，则政不在大夫。天下有道，则庶人不议。"意思是孔子认为天下政治清明，制礼作乐以及出兵征伐的命令都由天子下达；天下政治昏乱，制礼作乐以及出兵征伐的命令都由诸侯下达。政令由诸侯下达，大概延续到十代就很少有不丧失的；政令由大夫下达，延续五代后就很少有不丧失的；大夫的家臣把持国家政权，延续到三代就很少有不丧失的。如果执政者治理天下有方，卿大夫就不会把持朝政，民众就不会妄议政事。

⑦孟子恶处士之横逆：语本《孟子·滕文公下》："圣王不作，诸侯放恣，处士横议，杨朱、墨翟之言盈天下。天下之言不归杨，则归墨。杨氏为我，是无君也；墨氏兼爱，是无父也。无父无君，是禽兽也。"意思是孟子认为圣王无所作为，诸侯就肆意妄为，隐居不仕之人随意评论政事。杨朱墨翟之说充斥天下，实为无君无父的禽兽之言，犹如曾被大禹治理过的洪水，周公驱逐过的猛兽。

⑧驵（zǎng）侩：本指说合牲畜交易的人。后泛指经纪人、市侩。

【译文】

依据宗族门第来选任人才，会使得选拔途径狭隘；舍弃此种方式而去广泛地征求人才，就会使得选拔人才的途径变得宽广。然而古代帝王之所以最终没有采用后一种看起来更好的方式去代替前者，是因为重视宗族门第是当时的社会风气和人心所向，这也是上天所昭示的天然的次序与等级。尧征举处在僻陋之处的贤人，而舜本来就是著名贤者、姑幕国领袖虞幕的后裔；周文王在屠宰户与渔夫这些从事卑贱职业的人中选得了贤才，而姜太公本来就是帮助大禹治水有功的四岳的后代。到周朝衰亡之世，游说人士被进用，所以孔子对陪臣的僭越感到愤怒哀伤，为庶民百姓妄议政事而担忧。《春秋》一书中，对于出身低下却深受君主宠信而得以重用的臣子有所褒贬，好的则当做普通人来写，坏的则当做贼寇来写。孟子也厌恶隐居不仕之人的横行与悖逆，把他们与洪水猛兽相提并论。那些从事农业或商业的人、市侩、小吏等登堂入室、骤然兴起，实际成了违背人伦道德规范的蟊贼祸患，实在是百姓之心不顺的表现啊。

汉高起自田间，萧、曹拔于掾吏，上意移而下俗乱，故江充、主父偃、息夫躬、哀章之徒，得以干主行私，乱君臣父子之彝伦而祸人宗社；然而古道之在人心者，不可泯也。六代南北分，而此意独传，以迄于唐，世胄与寒门犹相持而不下。及朱温肆清流之毒①，五季摧折以无余②，宋因陋而不复。然其盛也，吕、范、韩、陈犹以华胄而登三事、列清要③，天下咸想望之；其卓然立大勋明圣学者，类能不坠家声而为国所恃赖；至于文及甫、程松之为败类者④，百不得一也。女直、蒙古更主中国，而北面事之者，皆猥类无行之鄙夫，无有能如崔浩之不惜怨祸以护士大夫之品类者，而古道埽地无余⑤。以迄于今，科举孤行，门阀不择，于是而市井锥刀、公门粪除之子弟⑥，雕虫诡遇，且与天子坐论，而礼绝百僚⑦。呜呼！君子之于小人，犹中国之于夷狄，其分也，天也，非人之故别之也，一乱而无不可乱矣。

【注释】

①朱温肆清流之毒：指白马驿之祸。天祐二年（905），朱温为痛恨清流的李振所鼓动，杀死大量清流朝臣，将其投入黄河中。这是对唐朝士族势力一次较彻底的清除。事见《旧唐书·哀帝本纪》。

②五季：指五代时期。

③吕、范、韩、陈：指宋代名臣吕夷简、范纯仁、韩绛、陈执中。他们都曾身居宰辅，且其父、叔辈也皆曾位居显要。

④文及甫：汾州介休（今山西介休）人。北宋大臣，北宋名相文彦博第六子。与邢恕相友善。元祐初年，为吏部员外郎，以直龙图阁知同州。因其父为相，为避嫌而改任卫尉、光禄少卿。后邢恕等人以其私书来诽谤梁焘、刘挚，他也因此被夺职。其事见于《宋史·文彦博列传》。程松：字冬老，池州青阳（今安徽青阳）人。南宋官员。其父程九万系淳熙二年（1175）进士，程松则于淳熙甲辰（1184）科考中"榜眼"。韩侂胄当权时，吴曦为殿帅，程松对吴曦谄媚攀附，以此巴结韩侂胄，竟因此骤迁至同知枢密院事。后在吴曦叛降金朝后被贬逐。传见《宋史·程松列传》。

⑤埽（sǎo）地：扫除净尽，比喻完全丧失。

⑥粪除：扫除，清扫。

⑦礼绝：指居百官之首，地位尊荣，至于极点。

【译文】

汉高祖是从田间地头发迹而成为皇帝的，萧何、曹参也是从一般的掾属小吏这样的身份提拔为宰相的。由于君主、宰相出身低微，所以用人的观念有所改变，导致下面的风俗混乱不堪。故而江充、主父偃、息夫躬、哀章之流，得以拥有干预朝政、专行己私的机会，他们破坏并扰乱君臣父子的人伦道德规范，祸害宗庙社稷。然而上古帝王所建立的规范依旧存在于人们的内心深处，不可泯灭。两晋至南朝时，虽然南北地域界限分明，而此种规范唯独能跨越南北藩篱而共同流传，一直到了唐朝，世家大族与寒门庶族之间仍旧相持不下。自从唐末朱温诛杀清流大臣，又经过五代之时不断打击，门阀世族的势力基本所剩无几。宋代沿袭此种错陋之习而再没有复兴世族门阀势力。然而宋代也有强族大姓兴盛的情况，如吕夷简、范纯仁、韩绛、陈执中都是显贵之姓的后代而官至三公,担任地位显贵、职责重要但政务不繁的官职,天下人都仰慕他们。凡是才智卓越、立有功勋、精通圣人之学的人,大体都能维持家族的名声不致坠落,而为国家所依赖。至于像文及甫、程松这样的败类,一百个人之中都找不到一个。后来女真与蒙古入主中原,华夏士大夫中对其称臣之人,都是些卑鄙无耻、品行低下的小人,其中并没有能像北魏的崔浩这样,不顾惜自己的恩怨祸福而去维护士大夫品级地位的人。如此则古代帝王所建立的规范至此已被荡涤无遗。到了今时今日,只靠科举取士,而不按门阀高低来选用人才。于是在市井之中,身份低微、从事低贱工作的人及其后代,就倚靠舞文弄墨的雕虫小技、以不正当的手段来谋取官位,以此获得与天子坐谈论事的机会,并从此成为百官之首,享受尊荣之位。唉!君子与小人的关系,就像华夏与夷狄之间的关系一样,将其区分而不相混淆,是上天意志的体现,并不是因为人的意志而将其有所区分。如此则一途混乱而诸端没有不随之混乱的。

六代固尝以夷狄主中国矣,而小人终不杂于君子,彼废而此不废焉。至于两俱废,而后人道之不灭者无几矣。拔浊流而清之,将谓引小人而纳于君子之途,道至大也;乃其弊也,夷君子于小人,而道遂丧。道大则荒,故先王畏其荒而不嫌其隘,譬之治津涂者[1],无迳隧而任人之行[2],则蔓草遍于周行[3],而无所谓津涂矣。其位,君子也;其职,君子也;其饰文物以希当世者[4],君子也。而钱刀嚚讼之声[5],习而闻之;役父谇母之色[6],狎而安之;则廉耻丧于天下,而人无以异于禽。故曰:将引小人而纳之君子,实夷君子于小人也。小人杂于君子,而仕与同官,学与同师,游与同方,婚姻与同种姓,天下无君子,皆小人矣,中国皆夷狄矣,可胜痛哉! 有王者起，无仍朱温恶清流之恶；名世兴⑦，无避崔浩清流品之怨；庶以扶乾坤于不毁乎！

【注释】

①津涂：道路。

②迳（jìng）隧：甬道。迳，步道，小路。

③周行：大道，大路。

④文物：指礼乐典章。

⑤嚚（yín）讼：奸诈而好争讼。

⑥役父谇（suì）母：参见卷二"高帝一二"条注。

⑦名世：指著称于当世、有治国之才的人。

【译文】

　　西晋至南朝时，北方的少数民族固然也曾入主中原，但小人终究还是不能混杂于君子之中，因为小人失节而君子不失节。如果小人、君子都失节，则天道正统、礼仪规范最终就会消亡殆尽。选拔浊流下等之士而试图将其澄清，称这是把小人纳归于君子的正道，这是符合正大光明之道的。但其中的弊端就在于，这样会侵凌君子，使之与小人为伍，就会使得礼仪规范的大道逐渐丧灭。道路宽广无垠就会使得鱼龙混杂，最终造成道路荒蔽的情形。故而先王害怕道路荒蔽，不惜缩小取才的途径。这就犹如修建道路一样，不设甬道而任人随意通行，就会使得蔓草遍布大道，如此就最终没有道路可言了。如果身居其位的、担任官职的、假托礼乐典章来取悦于当世的人，都成了所谓的君子；有关财物纠纷、奸诈争讼之事频频出现，人们对此习以为常；对父亲面露施予恩德之色、咒骂婆母的情况出现，人们习惯于此、安然以待，则天下之人的廉耻之心就丧失殆尽。这样的话，人和禽兽就没有什么区别了。所以说，把小人纳于君子之列，实际就等于把君子降低到与小人同列。如果将小人混杂于君子之中，让他们担任同等的官职，向同样的老师学习，共

同结伴出游且相互交往,并使其家族相互联姻,那么天底下就没有君子
而都变成小人了。如此,则华夏之人都成了夷狄,真是让人痛心疾首
啊!如若再有贤能之君出现,千万不要沿袭朱温破坏世族门阀品地的
行为;如若再有著称于当世、有治国之才的人出现,不要回避崔浩清流
品时所遭遇的那种怨恨情绪。这样大概能够匡扶乾坤而不使之毁灭堕
落吧!

一二　吏民得告守令之制乱纲纪坏人心

吏民得告守令,拓拔氏之制也。拓拔焘自谓恤弱民而
惩贪虐,以伸其气,自以为快,而无知者亦将快之,要为夷狄
驵戾之情,横行不顾,以乱纲纪、坏人心,奈之何世主不择而
效之也!以事言之,能于天子之阙、大吏之廷告守令者,必
非愚懦可侮、被守令之荼毒而无告者也。奉公有式,守宪有
常,守令犹以苛敛残虐枉抑之而无所忌,此其人见守令而惴
栗弗敢逆者,而能叩天子之阙、登大吏之廷以告守令乎?此
诏行,而奸猾胁守令以横行,守令且莫敢谁何,乡间比族之
弱民登其刀俎者,敢有或为喘息者哉?若夫贪墨之守令,免
此亦易尔,宽假奸顽而与相比,则愚懦者之肉恣食之而固无
忧也,其害于拓拔氏之世已著见矣。而君子所甚恶者尤不
在此。逆大伦、裂大分也,奖浇薄而导悖乱也[1],贱天之所
贵、夷堂廉而天子且不安其位也[2],此则君子之所甚恶也。

【注释】

①浇薄:指人情、风俗淡薄。

②堂廉:殿堂的侧边,代指朝廷。

【译文】

普通的胥吏、百姓可以告发地方官员,这是北魏拓跋氏统治之时所实行的制度。拓跋焘自认为此举可以体恤贫弱的百姓,可以惩治贪婪暴虐的官员来伸张普通百姓的怨气。他自鸣得意,而无知之人也对此拍手称快,这主要是因为夷狄之人生性蛮横凶暴,行事蛮横无忌,经常祸乱纲纪、败坏人心。那么,为何后世之君不加选择地对此进行效仿呢?就事实而言,能够在天子的朝廷中、高官的衙门里告发地方官员的人,一定不会是愚钝怯懦、软弱可欺、会被地方官员迫害而无处申诉的人。有制度需要遵循,有律令需要遵守,地方尚且敢于滥征赋税、残酷虐待百姓、冤枉无辜而肆无忌惮,难道说那些见了郡守、县令就会因恐惧而两腿战栗,不敢丝毫违逆地方官员意志的人,有胆量到天子的朝廷中或者高官的衙门里状告守令吗?此项诏令实行之后,那些奸猾狡诈之人就会借此来胁迫自己所属的长官以图横行霸道,而所属的长官对他也不敢如何,如此则乡间近族的小民受其迫害、被其鱼肉之时,还敢有所喘息吗?如若贪赃枉法的郡守县令想要逃脱被告发的罪行,其实也是件容易的事。只要他们宽恕奸诈顽劣之徒并与之狼狈为奸,那么他们就可以肆无忌惮地欺辱、残害那些愚钝怯懦的人而没有后顾之忧,此项政策所带来的害处其实在北魏统治之时已然彰显。然而对于北魏的这种制度,君子所尤其厌恶的事并非在于危害统治。破坏人伦天理,践踏仁义名分,对于人情刻薄、风俗混乱之事大为奖赏而导致悖乱之事时常发生,轻贱、玷污上天所尊崇的东西,破坏朝廷风气使天子的地位都不能安稳,这才是君子最为厌恶的事情。

夫人君诚患守令之残民与?则亦思其残民也何所自,而吾欲止其恶也,何以大正而小不能违。夫流品不清,而纨袴、訾郎、胥史、驵侩得以邀墨绶①;铨选不审,而辇金、怀绮、姻亚、请谒得以猎大邑;秉宪不廉,而纠参会察施于如水之

心②,荐剡吹嘘集于同昏之党③;皆教贪奖酷之所自也。原其
所本,则女谒兴,宦寺张,戚畹专,佞幸进,源浊于上,流污于
下,其来久矣。腥闻熏天,始从而怒之,假手于告讦之民以
惩之;必民之是假也,亦恶用天子与大臣哉? 夷狄不能禁其
部曲,渐以流毒于郡邑,无已而此法行焉④。堂堂代天而理
民者,明大伦、持大法,以激浊扬清而弗伤其忠厚和平之气
者,焉用此为?

【注释】

①墨绶(shòu):结在印纽上的黑色丝带,是县官及其职权的象征。

②如水之心:指面对名利诱惑心如止水,形容为官廉洁。

③荐剡(yǎn):推荐,举荐。

④无已:不得已。

【译文】

　　天子真的担心地方官员残害百姓吗? 如果真的担心,那就应该思
考他们残害百姓的源头何在,而自己若想要制止他们的恶行,如何能做
到自身端正而下面的官员们也因此不能违背自己所树立的榜样。如果
士族品级、门第的高低不能厘清,就会给那些纨绔子弟、以钱买官的人、
普通胥吏以及市侩之人提供做官掌权的机会。选拔任用官员的过程不
够审慎严格,就会给那些利用金帛贿赂、拥有姻亲关系以及拜谒请托之
人提供得到官位的机会。如果朝中执法的官员不够廉洁,那么他们和
党羽就会反过来攻击、弹劾那些心如止水的廉洁官员,推荐、吹嘘那些
与自己有姻亲关系的无能之辈,而这些都是教唆贪赃、助长严酷之风的
原因所在。若从根本上来细究,则后宫得宠干政,宦官势力膨胀,外戚
趁机专权,而奸邪之人被任用。根源污秽,则下流不清,这些情况实则
由来已久。情况污浊混乱实在不堪之时,统治者才为此而感到震怒,然

后再假借民众之手来检举告发相应的罪状去惩治罪恶。既然一定要假借民众之手，那么又哪里还用得着天子及其大臣呢？夷狄成为君主之后不能制止自己的下属作恶，于是此种情况逐渐流毒于地方郡县，因此不得已才实行这样的法令。若是能够堂堂正正代表上天意志统治百姓、明晰伦理纲常、操持国家大法、行澄浊扬清之策却又不伤害人们忠厚平和的性情的天子，哪里用得着实行这样的政策呢？

一三　阚骃刘昞诸人存儒者之统于北方

儒者之统，与帝王之统并行于天下，而互为兴替。其合也，天下以道而治，道以天子而明；及其衰，而帝王之统绝，儒者犹保其道以孤行而无所待，以人存道，而道可不亡。

【译文】

儒者的道统和与帝王政统并行于天下，二者兴衰交替。若二者合一，那么天下就因儒家正道而得以大治，而正道也通过天子的善政得以昭明。等到国家衰亡之际，帝王政统断绝不续，而儒者仍独自坚守儒家正道使其流传不绝，并不需要等待帝王政统来拯救道统。以儒者作为儒家正道的载体，则正道始终得以传承而不会断绝。

魏、晋以降，玄学兴而天下无道，五胡入而天下无君，上无教，下无学，是二统者皆将斩于天下。乃永嘉之乱，能守先王之训典者[1]，皆全身以去，西依张氏于河西；若其随琅邪而东迁者，则固多得之于玄虚之徒，灭裂君子之教者也。河西之儒，虽文行相辅，为天下后世所宗主者亦鲜；而矩镬不失[2]，传习不废，自以为道崇，而不随其国以荣落。故张天锡降于苻秦[3]，而人士未有随张氏而东求荣于羌、氐者。吕光

叛,河西割为数国,秃发、沮渠、乞伏,蠢动噭息之酋长耳,杀
人、生人、荣人、辱人唯其意,而无有敢施残害于诸儒者,且
尊之也,非草窃一隅之夷能尊道也,儒者自立其纲维而莫能
乱也。至于沮渠氏灭,河西无复孤立之势,拓拔焘礼聘殷
勤,而诸儒始东。阚骃、刘昞、索敞师表人伦④,为北方所矜
式⑤,然而势屈时违,祇依之以自修其教,未尝有乘此以求荣
于拓拔,取大官、执大政者。呜呼! 亦伟矣哉!

【注释】

①训典:指王者教导民众的法则。

②矩矱:规矩法度。

③张天锡(346—406):小名独活,初字公纯嘏,后改字纯嘏,安定乌
氏(今甘肃平凉)人。前凉文王张骏少子,十六国时期前凉最后
一位君主。初封长宁王,与中护军张邕共辅政,后杀前凉君主张
玄靓,自称凉州牧、西平公。在位期间荒于声色,不恤政事。前
秦符坚大举攻凉之时,投降前秦,前凉宣告灭亡。其后张天锡被
符坚任命为北部尚书,封归义侯。淝水之战时归降东晋。传见
《晋书·张天锡列传》。

④阚骃:字玄阴,敦煌(今甘肃敦煌)人。北魏经学家。博通经传,
聪敏过人,过目成诵。初仕北凉,深得沮渠蒙逊、沮渠牧犍二主
器重,官至尚书。后北魏灭北凉,阚骃入仕北魏,被乐平王拓跋
丕引荐为从事中郎。曾注释《易传》,著有《十三州志》十卷。传
见《魏书·阚骃列传》。刘昞(?—440):字延明,敦煌(今甘肃敦
煌)人。早年隐居酒泉,从其受学者达五百余人。西凉李暠征为
儒林祭酒、从事中郎,虽政务繁忙,仍手不释卷。北凉沮渠蒙逊
平酒泉后,任其为秘书郎,专管注记。沮蒙牧犍曾尊其为国师。

北魏拓跋焘平凉州后,任其为乐平王从事中郎。传见《魏书·刘昞列传》。索敞:字巨振,敦煌(今甘肃敦煌)人。作为刘昞助教,专心经籍,尽己之能传继刘昞之学。北魏拓跋焘平凉州后,入仕北魏,以儒学造诣受到拔擢,官至中书博士。传见《魏书·索敞列传》。

⑤矜式:敬重和取法。

【译文】

　　魏、晋以来,玄学兴起使得天下无正道,少数民族入主中原使得天下无君。如此则上无教化,而下无传承学习,于是儒家道统与帝王政统都将摧折于天下。等到西晋永嘉之乱以后,能够恪守先王训典之人,全都保全自身而离开中原,逃往西北之地去依附河西的前凉张氏。至于那些随着琅邪王司马睿东迁的人,则大多都是些深受破坏君子教诲的玄学影响的人。河西之地的儒者,尽管文章与德行相一致,但为天下后世之人所尊崇传习的却很少。然而他们自己则能遵守儒家的规矩法度而不丢失,相继传授学习而不废弃,将儒学作为自己崇尚的正道,并不因为国家的灭亡而贬低儒学的崇高地位。所以,前凉张天锡投降于前秦苻坚以后,前凉的儒士中没有人跟随张氏东移而向羌、氏政权求取富贵的。自吕光反叛后,河西之地分裂为诸多国家,当时的秃发氏、沮渠氏、乞伏氏都不过是蠢蠢欲动、垂死挣扎的部族酋长而已,他们完全根据自己的意志来操控他人的生死荣辱,但他们之中却没有人敢对这些儒士加以残害。他们之所以如此尊奉儒士,并非因为窃据一方的夷狄能够尊奉儒学正道,而是因为这些儒士能恪守儒家的纲常礼法而使得夷狄不能扰乱他们。等到北凉沮渠氏灭亡之后,河西之地最终失去了割据立国的形势。北魏拓跋焘对这些儒士加以礼遇并殷勤以待,诸多儒士方才向东前往北魏。阚骃、刘昞、索敞三人都是当时伦理道德的表率,为北方之人所敬重、效法。然而他们感到时势不顺,也只将儒学作为修养自身的道德教化,并没有利用儒学去向北魏拓跋氏求取荣誉,以此得到高官厚禄,获得权柄。唉! 这也真是伟大啊!

　　江东为衣冠礼乐之区,而雷次宗、何胤出入佛、老以害道①,北方之儒较醇正焉。流风所被,施于上下,拓拔氏乃革面而袭先王之文物;宇文氏承之,而隋以一天下;苏绰、李谔定隋之治具②,关朗、王通开唐之文教③,皆自此昉也④。一隅耳,而可以存天下之废绪;端居耳⑤,而可以消百战之凶危;贱士耳,而可以折嗜杀横行之异类。其书虽不传,其行谊虽不著⑥,然其养道以自珍,无所求于物,物或求之而不屈,则与姚枢、许衡标榜自鬻于蒙古之廷者,相去远矣。

【注释】

①雷次宗(386—448):字仲伦,豫章南昌(今江西南昌)人。南朝宋学者。年轻时喜好佛学,后以处士身份被征至建康,开儒学馆于鸡笼山,聚徒教授。宋文帝曾数至其学馆,给予资金支持。后文帝又强征他为皇太子和诸王讲授经学。传见《宋书·隐逸列传》《南史·雷次宗列传》。何胤(446—531):字子季,又字胤权,庐江灊县(今安徽霍山)人。南朝学者。精通内外典籍,南朝齐时曾官至中书令。后辞官隐居于会稽若邪山云门寺。入梁朝后,梁武屡次征召他,均遭推辞,于是派遣何子朗、孔寿等六人至云门寺受学于他。传见《梁书·处士列传》《南史·何胤列传》。

②苏绰(498—546):字令绰,京兆武功(今陕西武功)人。南北朝时期西魏名臣。少时好学,博览群书,尤善算术,深为宇文泰所信任。后被宇文泰拜为大行台左丞,参预机密,助其改革制度。曾创制计帐、户籍等法,精简冗员,设置屯田、乡官,增加国家赋税收入。累升大行台度支尚书兼司农卿,封美阳县伯。传见《周

书·苏绰列传》《北史·苏绰列传》。李谔：字士恢，赵郡（今河北赵县）人。隋朝大臣。初仕北齐，为中书舍人。入北周后，拜天官都上士。隋朝建立后，历比部、考功二曹侍郎，封南和伯。敢于直言上谏，曾劝谏隋文帝厉行节俭，并强调儒学教化的重要性，重视典章规范，皆为文帝所采纳。传见《北史·李谔列传》《隋书·李谔列传》。

③关朗：字子明，河东解（今山西运城）人，北魏隐士、经学家。有经济之才，偶以占算示人，不求宦达。北魏太和年间，并州刺史王虬向孝文帝进言，称赞关朗言微道深，于是受到孝文帝召见对问，虽寄言玄象，实是向孝文帝陈表王道。著有《关氏易传》。王通（584—618）：字仲淹，绛州龙门（今山西河津）人。隋朝时以秀才及第，官蜀郡司户书佐、蜀王侍读。后弃官以著书讲学为业，门徒甚多。他主张儒、佛、道三教合一，但以儒学为主，以"明王道"为己任，欲重振孔子之学。曾模仿孔子作《续六经》，其弟子汇编其言行，著成《中说》一书，在当时有"王孔子"之称。死后门人谥"文中子"。唐初诸多名臣均曾师于王通，而王氏之学实源自关朗。其散见于《旧唐书·王质列传》等。

④昉（fǎng）：开始。

⑤端居：平安，安居。

⑥行谊：品行和道义。

【译文】

　　江南地区是衣冠礼乐盛行的地区，然而雷次宗、何胤却利用佛、老学说来破坏儒学正统。相比之下，北方的儒学传习则更纯正。尊崇儒学之风传布上下，使拓跋氏能够革新面目、传习先王的礼乐典章。之后北周的宇文氏也承继了儒家正统，一直到隋朝最终统一天下。苏绰、李谔制定隋朝的治国措施，关朗、王通开创唐朝的文治教化，追根溯源的话，都起始自北凉留存的儒家正统。前凉偏据一隅，却能存续天下即将废弛的儒家礼乐教化之序。安居于边地,却可以避免战争的凶险。仅凭借这些贫贱的儒士,却能够消折那些嗜杀的蛮横败类的恶行。虽然这些儒士的著作并未流传,他们的品行和道义也并不凸显,但他们知道尊奉正道并自持自爱,而对外物别无所求,即便有所求也不以屈服于夷狄为代价,此与姚枢、许衡自我吹嘘卖弄而取宠于蒙古王朝的行为相比,确实好太多了。

是故儒者之统,孤行而无待者也;天下自无统,而儒者有统。道存乎人,而人不可以多得,有心者所重悲也。虽然,斯道亘天垂地而不可亡者也,勿忧也。

【译文】

故而儒者的道统可以单独流传于世而不需要等待外物来拯救自己,天下大势的发展本就没有统绪,但儒学却有正统。儒学道统需靠人来存续,但这样的人是不可多得的,这是有心之人所深为担忧的。尽管如此,儒家正道在天地之间是永恒存续而不会灭绝的,实则也不必为此而担忧。

一四　废罪彭城王义康

营阳弑,庐陵死,而文帝之心戚矣。环任诸弟以方州,而托国政于彭城①,非但以为不拔之基也;顾瞻兄弟,不忍为权臣所屠割,相奖以共理,冀以服天下而保本支;衰世之君能尔者鲜矣。不然,营阳废而己兴,岂不早忧奸人之援立以加我者而峻防之乎?然则彭城之伏罪以废弃,彭城之不仁也,于帝何尤焉!

【注释】

①彭城:指彭城王刘义康(409—451)。小字车子,彭城(今江苏徐

州)人。南朝宋宗室大臣，宋武帝刘裕第四子，宋少帝刘义符、宋
文帝刘义隆异母弟。刘宋建立后，被刘裕封为彭城王。宋文帝
即位后，刘义康被宰相王弘举荐为司徒，与其共同辅理朝政。王
弘死后，拜大将军，领司徒，独掌朝事。刘义康当权期间不顾君
臣礼仪，广聚党羽，引发宋文帝猜忌，文帝清除其党羽，令刘义康
出任江州刺史。元嘉二十二年(445)，徐湛之告发范晔、孔熙先
阴谋拥立刘义康为帝，刘义康被废为庶人。元嘉二十八年(451)，
北魏大举南侵，宋文帝担心有人推举刘义康为帝，遂派人将其暗
杀。传见《宋书·武二王列传》《南史·武帝诸子列传》。

【译文】

　　营阳王刘义符被弑，庐陵王刘义真身死，宋文帝对此深感哀伤。他
任命自己的诸位兄弟镇守四方州郡以拱卫中央，并把国政托付给彭城
王刘义康，并不仅仅是想以此确保刘宋基业难以撼动；他也是顾及兄弟
之情，不忍心看着兄弟们被权臣所屠戮，所以通过让他们镇守地方，来
鼓励、劝勉他们与自己共同治理国家，希望以此来使天下信服、保证整
个刘氏血脉的延续。身处衰微之世的君主能像文帝这般做的也是很少
的。如果不是这样的话，营阳王被废之后，文帝得以兴起，难道他不早
就该考虑到自己是由权奸所强行推立的，所以需要对兄弟们严加防范、
避免他们效仿自己上位吗？如此则刘义康最终伏罪被废，是由于其本
身的不仁义所导致的，文帝又有何罪过呢！

　　义康之入辞也，唯对之号泣而无一语，义康而有人之心
也，其何以自容也！义康奉顾命之诏，刘湛即昌言幼主之不
可御天下①。义康而无篡夺之心乎？即不能执湛以归司
寇②，自可面折而斥绝之；方且爱湛弥笃，而不自敛约，义康
之心，路人知之矣。或曰："义康非固有其意，而湛以倾险导

之,义康固可原也。"亲则兄弟,尊则君臣,此立身何等事,而可谢咎于人之诱之也哉! 扶令育谏文帝以保全义康则可矣③,欲使召还而授以政,是亦一刘湛也,其见杀亦自取之也。

【注释】

① 义康奉顾命之诏,刘湛即昌言幼主之不可御天下:指宋文帝一度病重,命刘义康起草托孤诏书,刘义康回到府中,痛哭流涕地告诉刘湛和殷景仁这件事,刘湛说:"治理国家,不胜艰难,怎么是年幼君主所能胜任的!"事见《宋书·武二王列传》。刘湛(392—440),字弘仁,南阳涅阳(今河南邓州东北)人。早年博涉史传,初仕刘裕为太尉行参军。宋初担任彭城王刘义康长史,历梁郡、历阳太守。他用法刚严,奸吏犯贪赃百钱以上皆杀。后受领军将军殷景仁推举,被文帝召为太子詹事。刘义康专秉朝权之时,因旧情而与之相委结。因文帝多病,他有意让刘义康即位,且极力诋毁殷景仁,终为文帝所忌,以无君罪被杀。传见《宋书·刘湛列传》《南史·刘湛列传》。

② 司寇:周代六卿之一,主管刑狱事务。后世除北周外,均不设此官,但习惯上以大司寇为刑部尚书的别称,刑部侍郎则称为少司寇。

③ 扶令育谏文帝以保全义康:扶令育,巴东(今重庆奉节)人,南朝宋大臣。曾任龙骧参军,在刘义康离朝都督江、交、广三州诸军事时,上表劝谏文帝保全刘义康,并认为应亟召刘义康返回建康,如此才能兄弟协和,君臣辑睦。文帝看到其上表后,将其下狱赐死。事见《资治通鉴·宋纪五·太祖文皇帝中之上·元嘉十八年》。

【译文】

彭城王刘义康入朝辞别之时,只对着文帝哀伤哭泣而不发一语,他如果真有身为人的良心,又哪里还能够容得下自己呢?刘义康受命起草托孤诏书,而刘湛就扬言年幼之主不能统御天下。所以刘义康是真的没有图篡皇位的野心吗?他即使不能把刘湛交给主管司法的官员来惩治,也可以对刘湛给予当面驳斥并与他断绝往来。刘义康不仅没有这样做,反而对刘湛更加宠爱,自己也不知收敛、不注意约束言行。如此,刘义康图谋皇位之心,实则路人皆知。有人说:"刘义康本没有篡夺皇位的意向,是刘湛用心险恶地对他加以诱导,因此刘义康的行为可以被原谅。"论亲缘关系,刘义康与文帝是兄弟;论上下尊卑,则他与文帝是君臣关系,刘义康处于这样的位置上,恪守本分是何等重要的事?他怎么能将自己的过错推脱为受别人诱导所致呢?扶令育曾劝谏文帝保全刘义康性命,这是可以的,但他想让文帝将刘义康召还朝廷,并将从前的官位和权力重新授予他,则可见他居心叵测,不过是另一个刘湛罢了,他最终被杀也是咎由自取。

一五 范晔儒素子谋取大位

当其重也,则孔子之车,颜渊无椁而不可得也[1];当其轻也,则天子之尊,四海之富,如野蓛之在山麓水湄[2],而人思掇之也。谢灵运、范晔雕虫之士耳[3],俱思蹶然而兴,有所废立,而因之以自篡,天子若是其轻哉!何昉乎?昉于司马懿也。

【注释】

① 孔子之车,颜渊无椁而不可得:指颜渊死后,其父颜路希望可以卖掉孔子所乘之车,来为颜渊制椁。孔子说:"不管有才能还是没才能,说来也都是各自的儿子。孔鲤死了,也只有棺,没有椁。我不能卖掉车子步行来给他置办椁。因为我曾经做过大夫,是

不可以徒步出行的。"事见《论语·先进》。

②野蔌（sù）：野菜。水湄：水边。

③范晔（398—445）：字蔚宗，南阳顺阳（今河南淅川）人。南朝宋大
臣、史学家。少好学，博览经史，善为文章，精于音乐。历仕冠军
参军、兵部员外郎、荆州别驾从事。宋文帝元嘉九年（432）任宣
城太守，开始撰写《后汉书》。后迁左卫将军、太子詹事，参预机
要。因被告发与孔熙先、谢综等共谋立彭城王刘义康为帝，以谋
反之罪下狱，最终被杀。传见《宋书·范晔列传》《南史·范晔列
传》。雕虫之士：指拥有某些不足道的小技艺的人。这里特指舞
文弄墨之士。

【译文】

当礼义尊卑被看得很重的时候，则即便颜渊死后有棺无椁，孔子也
不会贩卖自己所乘的车来为颜渊制椁。当礼义尊卑被看得很轻的时
候，天子虽是九五之尊，富有四海，其帝位也如同山间水边的野菜一般，
人人都想着将其采摘。谢灵运、范晔不过是舞文弄墨、附庸文雅之辈，
却都想骤然而起，欲行废立之事，自己趁机篡夺大权。天子的地位竟如
此轻贱啊！此种情况是从何而起的呢？是从司马懿谋篡曹魏天下开
始的。

王敦、桓温死而不成；桓玄狂逞遂志而终以授首；傅亮、
谢晦、徐羡之甫一试其凶，而身膏铁钺①；而灵运、晔犹不恤
死以思偾兴②，唯视天下之果轻于一羽，而尫夫举之无难
也③。范晔之志趋无常，何尚之先知之④，其处心非一日也；
灵运犹倚先人之功业，而晔儒素之子弟耳，一念怏怏，而人
主县命于其佩刀之下⑤，险矣哉！萧道成、萧衍之傉得也⑥，
灵运、晔之傉失也，一也。大位之轻若此，曹操所经营百战

而不敢捷得者也,故曰司马懿眆之也。

【注释】

①膏(gào):润泽,滋润。

②偾兴:兴奋,涨起。此指为祸作乱。

③尪(wāng):孱弱,瘦弱。

④范晔之志趋无常,何尚之先知之:何尚之(382—460),字彦德,庐江灊(今安徽霍山)人。南朝宋大臣。早年从刘裕征长安,以功赐爵都乡侯。文帝对其信任有加,后官至侍中、左光禄大夫、开府仪同三司,兼领中书令。早在宋文帝消灭义康亲党时,何尚之就认为范晔有异志,于是就禀告宋文帝应当将其调离京城,以免其谋乱事成。后范晔与孔熙先等谋立刘义康的事被揭发,宋文帝称许何尚之有先见之明。事见《宋书·何尚之列传》《南史·何尚之列传》。

⑤县:通“悬”。

⑥侥:偶然。

【译文】

王敦、桓温二人图谋篡位的野心因其身死而最终没能得逞;桓玄虽然得以成功篡夺皇位,但最终又被诛杀;傅亮、谢晦、徐羡之三人刚准备施行他们篡权的阴谋,就丧命于斧钺之下。而谢灵运、范晔则不顾个人性命意欲作乱,他们将天下看得像鸿毛一样轻,认为孱弱的人也能轻而易举地将其举起。范晔的志趣变化无常,何尚之首先觉察到了他丑恶的嘴脸,他的篡权之心早已产生,并非一天两天的事。谢灵运尚且可以倚仗谢氏先祖功业,而范晔则不过是普通儒士的子弟,他们一旦心怀不满,君主的性命就悬于他们的佩刀之下,这着实危险啊!萧道成、萧衍实在是出于偶然才得到大位,而谢灵运、范晔则是出于偶然而失手,但他们篡权夺位的行径实则一致。皇帝之位竟然轻贱到了如此的程度,想当初即使身经百战、立有功业的曹操也未敢立即图谋篡位啊。所以说,这种情况的出现是从司马懿篡夺曹魏政权开始的。

　　位不重,奸不戢,天下之祸乱不已,君臣之分义不立,故《易》曰:"圣人之大宝曰位①。"思所以服天下之心而早戢其异志,必有道矣。爱名器,慎选举,以重百官。贾生曰:"陛尊、廉远、堂高②。"知言也夫!

【注释】

①圣人之大宝曰位:语出《周易·系辞下》:"天地之大德曰生,圣人之大宝曰位,何以守位? 曰仁。"意思是天地最大的仁德是其滋生万物,帝王最珍视的东西是其尊贵的地位。如何守住尊贵的地位呢? 靠的是仁德。

②陛尊、廉远、堂高:语出《汉书·贾谊传》所载贾谊《治安策》:"人主之尊譬如堂,群臣如陛,众庶如地。故陛九级上,廉远地,则堂高;陛亡级,廉近地,则堂卑。"大意是说,君主的尊贵,就好像宫殿的厅堂,群臣就好像厅堂下的台阶,百姓就好像平地。所以,如果设置多层台阶,厅堂的侧边远离地面,那么,堂屋就显得很高大;如果没有台阶,厅堂的侧边靠近地面,堂屋就显得低矮。陛,宫殿的台阶。廉,堂屋的侧边。

【译文】

　　君主的地位得不到应有的重视,图谋篡权的奸邪行为便得不到禁止,天下的祸乱也就不会止息,君臣之间的名分尊卑就无法树立。故而《周易》中说:"帝王最珍视的东西是他尊贵的地位。"身为君主,必须要去思考如何折服天下人心并消除和约束某些人的邪恶野心,这必定是有正道可以遵循的。唯有爱惜君臣之间的名分纲常与礼制规范,审慎地选拔和任用人才，重视并充分发挥百官的职能才行。贾谊曾说："君主的尊贵，就好像宫殿的厅堂，群臣就好像厅堂下的台阶，百姓就好像平地。如果设置多层台阶，使厅堂的侧边远离地面，堂屋就显得很高。"这是充满智慧的言论啊！

一六　高允以亢龙有悔戒拓拔丕

　　高允几于知《易》矣①。《易》曰："其出入以度入声外内句，使知惧②。"故圣人之作《易》也，使人度也，使人惧也；使人占也，即使人学也。子曰："不占而已矣③。"谓不学也。拓拔丕从刘洁而欲谋篡④，梦登白台，四顾不见人，使董道秀筮之⑤，而道秀曰："吉。"此以占为占，而不知以学为占也。允曰："亢龙有悔，高而无民，不可以不戒。"此以学为占，而不于得失之外言吉凶也。

【注释】

①高允（390—487）：字伯恭，渤海蓨（今河北景县）人。北魏名臣。精通经史、天文、术数。太武帝拓跋焘时为中书侍郎，与司徒崔浩共同撰成国史，领著作郎。后崔浩获罪，太子拓跋晃劝其推卸罪责，他依照实情回应讯问，得以免死。文成帝拓跋濬时为中书令。献文帝拓跋弘与孝文帝拓跋宏对他也都颇为倚重。传见《魏书・高允列传》《北史・高允列传》。

②其出入以度外内，使知惧：语出《周易・系辞下》："其出入以度，外内使知惧。"王夫之在此句特意标示"入声"和"句"，表明其断句和理解与古人通常的理解有所不同。据王夫之《周易稗疏》，其对此句的理解大致是：《周易》告诉人们，要在不测的往来时空中测度自身所处的位置是很难的，依据各种卦象占卜推演所得

出的结论时灵时不灵,时中时不中,并非可以一成不变地去依赖的东西。所以这告诉人们,处世一定要战战兢兢,有所畏惧。

③不占而已矣:出自《论语·子路》:"子曰:'南人有言曰:人而无恒,不可以作巫医。'善夫!不恒其德,或承之羞。子曰:'不占而已矣。'"意思是孔子说南方人有句话说,人如果做事没有恒心,就不能为巫为医。这句话说得真好啊!人不能长久地保存自己的德行,免不了要遭受耻辱。因此孔子说不应去过分地追求占问测卜之术。

④拓拔丕从刘洁而欲谋篡:拓拔丕(?—444),代郡平城(今山西大同)人。北魏宗室,明元帝拓跋嗣次子,太武帝拓跋焘异母弟。少有才干,深为其父明元帝所喜爱。曾两次随军攻打北燕,皆立战功,又劝谏太武帝不要急于攻打高句丽。太武帝北伐柔然时,尚书令刘洁曾说如果太武帝不能返回,应立拓跋丕为帝。拓拔丕因此求取图谶,询问于刘洁。后事情败露,刘洁与张嵩等都被夷灭三族,拓跋丕也因此获罪,抑郁而终。事见《魏书·刘洁列传》《北史·刘洁列传》。刘洁,本姓独孤,长乐信都(今河北冀州)人。北魏大臣。天性力强,颇有智谋。随从拓跋焘征伐,屡立功勋,封为会稽郡公。参与机要事务,官至尚书令。后联合南康郡公狄邻以及尚书右丞张嵩,欲拥戴乐平王拓跋丕为帝,事泄被杀。传见《魏书·刘洁列传》《北史·刘洁列传》。

⑤董道秀:北魏术士。

【译文】

高允可以说是几近通晓《周易》的人了。《周易》中说:"要在不测的往来时空中测度自身所处的位置是很难的,这告诉人们要有所畏惧。"故而圣人作《周易》,就是要使人们懂得测度自身的位置何其艰难,使人们处世有所畏惧。所以让人们通过占卜测知自身的位置,就是让人们向着好的方面去学习、借鉴《周易》卦象蕴含的智慧。孔子说:"不应去过分地追求占问测卜之术。"这话是针对那些并非秉持正道却一心想通过占卜之术避凶趋吉的人而说的。拓跋丕与刘洁图谋篡权之时，曾梦到自己登上高耸的白台，他环顾四周而无一人。他让董道秀对此梦进行占卜以求问吉凶，董道秀说："这是吉兆。"这是纯粹靠占卜来预测，而不懂得通过学习、借鉴来使自己对未来有所预知。高允说："龙腾空至最高点就会心存悔意，高高在上就会失去民众支持，不能不以此为戒。"这是强调通过学习借鉴来使自己能有所预见，而不是在利弊得失之外单纯地谈论祸福吉凶。

　　天下无所谓吉，得之谓也；无所谓凶，失之谓也；无所谓得失，善不善之谓也。然而圣人作《易》以前民用者①，两俱仁而有不广②，两俱义而有不精，时位变迁而争之于毫末③，思虑穷，而《易》以何思何虑之妙用，折中以协乎贞，则《易》之所以神，而筮之所以不可废也。若夫臣之思，子之孝，义之必为，利之必去，昭然揭日月于中天，非偶然朽骨枯茎、乘不诚不道者之私以妄动，任术士之妄，谓之吉而遽信为吉，以祸天下而自戕者，所可窃以亿中也。

【注释】

①前：引导。

②两：指卜和筮。《礼记·曲礼上》："龟为卜，策为筮。"龟即龟壳，策指占卦用的蓍草，故下文称"朽骨枯茎"。

③时位：时势地位。

【译文】

　　天下之事本无所谓吉，故而有所收获就是吉；天下之事也无所谓凶，因此有所失去便视为凶；天下也本无所谓得失，因此好与不好就是得与失衡量判断的标准。然而圣人之所以作《周易》来引导人们运用卜筮之法，是因为卜、筮二法都含有仁德的要求但仍旧不够广泛，都含有道义但依然不够精深，由于时势地位的变化迁移，人们逐渐沉溺于毫末小节的论争，在思虑穷尽而无解决的办法之时，就利用《周易》，以其作为借鉴，发挥其妙用，来协调人们之间的关系。这就体现了《周易》的神妙之处，也是卜、筮之所以不能废除的原因。至于大臣要忠诚地事奉君主，儿子要孝顺父母，仁义之事必定要施行，私利之心必定要抛弃，这些道理如同日月当空般昭然明白。事关这些道理的大事，并非那些偶然依靠龟壳和蓍草，因毫无诚信、不合道义之人的私欲就轻举妄动，听任术士的妄言，听说是吉就信以为真，最后给天下带来祸患而自食恶果的人私下里所能准确预测的。

　　然而《易》亦未尝绝小人而不正告之也，通其义，裁之以理，使小人亦知惧焉。夫小人之为不善，行且为天下忧，故《易》不为小人谋，而为天下忧，惩小人之妄而使之戢，则祸乱不作，故大义所垂以遏小人之恶者，亦昭著而不隐。呜呼！知此者鲜矣，而高允能知焉，不亦善乎！朱子乃谓《易》但为筮卜之书，非学者所宜学，何其言之似王安石，而顾出允下也！

【译文】

　　然而《周易》也不曾将小人排斥在读者行列之外而不严正地告诫他们基本的道理。若能通晓《周易》的大义，并依照事理来衡量自身的行为，那么小人也能学会有所畏惧。小人为恶，其恶行会酿成天下的大患，所以《周易》主要并不是为小人而谋划，而是为天下感到忧患。通过纠正小人的邪妄行为，使他们有所收敛，就可以避免祸乱发生。所以，

《周易》中所垂示的遏制小人恶行的大义，也得到彰显而无所隐避。唉！懂得这个道理的人是很少的，而高允却能知晓其中所含的深意，不也是很难得的吗！朱熹却说《周易》仅仅是占卜用的书籍，不是求学之人所应该学习的。他的观点与王安石之言何其相似，他们对于《周易》的认识明显在高允之下！

一七　何承天历法得天

历法至何承天而始得天①，前此者未逮，后此者为一行、为郭守敬②，皆踵之以兴，而无能废承天之法也。子曰："行夏之时③。"伤周历之疏也。历莫疏于周，莫乱于秦，惟其简而已矣。《春秋》所书日食三十六，有未朔、既朔、月晦而食者④，简故疏也。秦以建亥为岁首⑤，置闰于岁终，简故乱也。历无可简者也，法备而后可合于天。承天之法，以月食之冲⑥，知日之所在；因日躔之异于古⑦，知岁之有差；以月之迟疾置定朔⑧，以参合于经朔⑨，精密于前人。天之聪明，以渐而著，其于人也，聪明以时而启，唯密以察者能承之。拘蔽之儒，执其习见习闻以闭天之聪明，而反为之谤毁；崛琐之士⑩，偶得天明之一端，自诩其神奇，而欲废古人之规矩以为简捷：皆妄也。

【注释】

①何承天（370—447）：东海郯（今山东郯城）人。南朝宋著名思想家、天文学家。博通经史，精于历术，曾奏改《元嘉历》，订正旧历所订的冬至时刻和冬至时日所在位置，一直通行于宋、齐及梁，甚至为唐、宋历法家所仿效，在我国天文律历史上占有重要地

位。他还依据天文历数知识和儒家观点,进行反佛的理论斗争。曾奉命纂修《宋书》,未成而卒。传见《宋书·何承天列传》《南史·何承天列传》。

②一行(683—727):本名张遂,魏州昌乐(今河南南乐)人。唐代著名天文学家、佛学家。少时刻苦力学,博览经史。武周时,因不愿与武三思交往,出家为僧。精于天文历法,与梁令瓒同制黄道游仪,用以重新测定一百五十余颗恒星的位置。他主持修编新历,编制《大衍历》。该历法自开元十七年起施行,其格式为后代历法家编历所遵循。传见《旧唐书·方伎列传》。

③行夏之时:语出《论语·卫灵公》:"颜渊问为邦,子曰:'行夏之时,乘殷之辂,服周之冕,乐则《韶》《舞》;放郑声,远佞人。郑声淫,佞人殆。'"意思是颜渊问怎样治理国家,孔子说要实行夏朝的历法,乘坐殷朝的车子,戴周朝的礼帽,音乐就用《韶》和《舞》,舍弃郑国的乐曲,远离谄媚的人。郑国的乐曲很淫秽,谄媚的人很危险。

④既朔:朔日的第二天。即农历初二。月晦:月终。多指农历每月的最后一日。朔,朔日,农历每月初一。

⑤建亥:夏历十月。

⑥冲:指太阳、地球与月亮、行星或其他星体在空间上成一直线的现象。

⑦日躔(chán):太阳视运动的度次。

⑧定朔:我国古代历法家将日、月黄经度相等的时刻定为朔。以这天为朔日,称"定朔"。定朔较平朔更为精确,为南朝宋何承天首倡,唐初始采用。

⑨经朔:又称"平朔"或"恒朔"。我国古代历法家取月的平均日数为29.5日,大月30日,小月29日,大小月相间,用这种方法定出的每月初一日,称为"平朔"。

⑩鬼琐：猥琐，鄙陋。

【译文】

古时的历法，至何承天时才开始符合天象自然的法则。在此之前的历法都有所不及，而此后无论是僧一行的历法还是郭守敬的历法，都是在何承天历法的基础上加以改益，而没有能全面废弃何氏历法的。孔子说："要施行夏朝的历法。"就是伤感于周朝历法的粗陋。就历法而言，实在是没有比周朝更粗陋的，没有比秦朝更混乱的了，其原因都在于过分简略。《春秋》中记载日食共三十六次，其中有未朔日食、既朔日食、月晦日食，这是因为历法简略所以记载疏漏。秦朝把夏历十月作为一年的首月，而把闰月作为一年的末月，由于历法简略而造成混乱。历法是不能流于简略的，只有历法条目完备才能符合天象自然的法则。何承天的历法，依据月食时地球、月亮、太阳在一条直线上、日月相互对冲的规律，从而测出太阳所在的位置；根据太阳视运动的度次与过去的不同，测出年岁长短的差异；根据月亮运行速度的迟缓来确定每个月的第一天，并将其与通过取月的平均日数所确定的朔日进行综合比照，所以他的历法较前人更为精密。天体运行变化的规律，因此逐渐得以彰显。对于人来说，天体的变化随着时间的推移而产生，只有仔细观察的人才能了解其中的规律。固执胆怯的儒生，利用自己的所见所闻去否定天体变化的某些规律，并反过来对正确的观点大加诋毁。猥琐鄙陋的人，偶尔发现某些天象规律，就会自以为神奇，想推翻古人所订立的历法制度，创设更为简便快速的新规范。这两种做法都是不正确的。

古之所未至，可益也；以益之者改之，可改也。古之所已备者，不可略也；略之而使亡焉，则道因之而永废矣。废古而亡之，取便于流俗，苟且之术，秦之所以乱天下者，君子之所恶也。郭守敬废历元①，俾算者之简便，徇流俗尔。历元废,则甲子何所从始,奚以纪年而奚以纪日邪? 近乃有欲废气盈朔虚②,以中气三十日有奇纪孟仲季③,而废闰并废月者,是天垂三曜而蔑其一也④。夫人仰而见月,以月之改矣,知四时寒暑之且更矣;舍之而以中纪岁,非据历之成书,而人莫能知时之变迁矣。故古之以朔纪月,而为闰以通之于岁者,所以使人仰观于月而知时,犹仰观于日而知昼夜,何可废也。备古之所未逮,则自我而始,垂之无穷;古法废,则自我而且绝;此通蔽之大端,君子之所不敢恃己以逆天人也,岂徒历法为然哉!

【注释】

①历元:指上元积元。古代历法中通常会取一个甲子日的夜半作为推算的起点,因为它又是朔,又是冬至节气,是一个理想时刻。从这一起点更往上推,求一个出现"日月合璧,五星联珠"天象的时刻,即日月的经纬度正好相同、五大行星又聚集在同一个方位的时刻。这个时刻称为上元。从上元到编历年份的年数叫作积年,通称上元积年。上元实际就是若干天文周期的共同起点。有了上元和上元积年,历法家计算日、月、五星的运动和位置时就比较方便。但随着观测越来越精密,推算上元的数学运算工作相当繁重,所得上元积年的数字也非常庞大。这样,对于历法工作就很少有实际意义,反而成了累赘。于是郭守敬在创制《授时历》时废除了上元积年。

②气盈朔虚:即气朔盈虚。气朔,指显示吉凶的云气和每月的朔日;盈虚,盈满或虚空的发展变化。

③中气:指以太阳历二十四节气配阴历十二月,阴历每月二气,在月初的叫节令,在月中以后的叫中气。有奇(jī):有余。孟仲季:

分别指每个季节的前、中、后三个月。

④三曜:日、月、星的总称。

【译文】

　　古代历法中不完备的地方,后人是可以补充的。因为补充内容而有所改动,这也是可以的。但古代历法中已经非常完备的内容,则不能够对其随意删略。若随意对其删略而使之废弃不用,那么古人总结出的正确道理就会永远消失。将先前的历法废弃并使之消亡,又为了流俗的便利随意制定历法,为一时苟且之用,就会像秦朝那样陷于历法混乱而终致天下大乱,这都是君子们所厌恶的。郭守敬废除上元积年,是出于计算历法之人追求简便的考量,是曲从于流俗的需要。上元积年被废除,那么甲子该从哪里开始计算,用什么来纪年,又用什么来纪日呢?近来又有人要废除气朔盈虚的规制,主张以太阳历二十四节气的"中气"为准,每月三十天多一点,来区分每个季节中的孟、仲、季三时期,并废掉闰年以及分月的制度,这就是要否定天上日、月、星三曜中的月亮。人们仰头望月,根据月亮的变化而知晓了四季冷暖以及气候的更替。如果不用这个办法,而以中气纪岁,若不参阅定好的历书,人们就无法知道时节以及四季的变迁。因此,古人以月亮的圆缺来纪月,并设立闰月以平衡一年时间的长短,就是要让人们依靠观察月亮来知道时节的变更,犹如观察太阳在天空中的方位而知道昼夜的时间变化一样,这怎么可以废除呢?对古人尚未完备的历法给予完善,由我开始,就会使之流传后世而无穷无尽;如果将传统的历法予以废弃,那么从我开始,历法规制本身就会被废绝殆尽。这是区别通达还是自我蒙蔽的重要分界点,是君子也不敢凭借自己的私意而违背的、天象与人事的共同规律,难道只有在历法问题上是这样吗?

一八　观王玄谟言兵知其必败

王玄谟北伐之必败也①,弗待沈庆之以老成宿将见而知之也^②；今从千余岁以下，繇其言论风旨而观之^③，知其未有不败者也。文帝曰："观玄谟所陈，令人有封狼居胥意。"坐谈而动远略之雄心，不败何待焉？

【注释】

①王玄谟（388—468）：字彦德，太原祁（今山西祁县）人。南朝宋将领。早年投靠刘裕，先后任从事史、彭城太守等职，但一直没有出色表现，声名不显。文帝即位后，他屡陈北伐之策，并被任命为北伐先锋。但其所率部队军纪松弛，任意杀戮抢掠，大失民心。后又固执拒谏，致使军士离心，最终导致大败。孝武帝讨伐刘劭时，他率领诸军在东城大破臧质，讨平了刘义宣、臧质的叛乱。后官至车骑将军、南豫州刺史，封曲江县侯。传见《宋书·王玄谟列传》《南史·王玄谟列传》。

②沈庆之以老成宿将见而知之：指元嘉二十七年（450），宋文帝决定北伐，太子步兵校尉沈庆之进谏说："我们是步兵，他们是骑兵，在攻势上我们敌不过他们。檀道济两次出兵都没有打赢，到彦之也是失利而回。如今，我估计王玄谟等人的能力也不会超过前两位将领。我们军队的气势也不如以前了，恐怕会使我们的军队再次招来羞辱和灾难。"事见《宋书·沈庆之列传》。

③风旨：意旨，意图。

【译文】

王玄谟北伐必定失败，不需要等待沈庆之这样老成持重的宿将来预见就能知晓。如今虽时隔千年，但从他的言论与意图中去考察，便可以知道他没有不败之理。文帝曾说："看到王玄谟的慷慨陈词，令人有想要封狼居胥的豪气。"坐而论道便能激发起君王开拓远方疆域的雄心壮志，如此若不失败还等什么呢？

　　兵之所取胜者,谋也、勇也,二者尽之矣。以勇,则锋镝雨集车驰骑骤之下,一与一相当,而后勇怯见焉。以言说勇者,气之浮也,侈于口而馁于心,见敌而必奔矣。若谋,则疑可以豫筹者也①;而豫筹者,进退之大纲而已。两相敌而两相谋,扼吭抵虚②,声左击右,阳进阴退之术,皎然于心目者,皆不可恃前定以为用。唯夫呼吸之顷,或敛或纵,或虚或实,念有其萌芽,而机操于转眄③;非沉潜审固、凝神聚气以内营,则目荧而心不及动,辨起而智不能决。故善谋者,未有能言其谋者也。指天画地,度彼参此,规无穷之变于数端,而揣之于未事,则临机之束手,瞀于死生而嗫无一语也④,必矣。

【注释】

①豫筹:预为筹谋。

②扼吭:气逆于喉,比喻控制要害地点。抵虚:乘其空虚而攻击。

③转眄:转眼,比喻时间短促。

④瞀(mào):愚昧。

【译文】

　　战争之所以能够取胜,靠的是谋略和勇气,仅此二者就足够了。就勇气而言,能在箭如雨下、车马驰骋的情况下,与敌方一对一相抗衡,随后谁人勇敢而谁人怯懦便清晰可见了。只用言语来标榜自身富有勇气,只是将勇敢之气浮于言表,嘴上逞强而内心怯懦,遇见敌人则必定奔逃。就谋略而言,或许可以预先筹谋。但即使是预先筹划,也只是军队进退的大体战略而已。两军对垒而各自谋划,控制要害地点并乘敌人空虚发起进攻,采取声东击西、假进实退的战术,需要心中对变动的战局认识得十分明确清晰,而这些是不可能在战前就筹谋好,从而在战时依计行事的。战争的形势在喘息之间就会发生变化,谋略也必须随之变动,兵力或收敛或放纵、攻击或虚或实,突然灵机一动,转眼间就能抓住取胜的时机,进行战略的调整和布置。若不是集中精力深入了解实际情况,聚精会神地进行周密谋划,那么眼前的形势会令人眼花缭乱以致六神无主,争辩四起而重大决策不能被确定下来。所以,善于谋划之人,从来没有谁能预先说出自己的具体谋划。那些指天画地、考量敌我双方实力、将战场的万端变化归结为几种方案、在战事未起之时就提前加以谋划的人,必然会在面临真正的战机时束手无策,在生死存亡的关头显示出自己的愚昧,没办法说出一句话来改变战局,其失败是注定的。

　　玄谟之勇,大声疾呼之勇也;其谋,鸡鸣而寤、画衾扪腹之谋也[1];是以可于未事之先,对人主而拄笏掀髯[2],琅琅惊四筵之众。今亦不知其所陈者何如,一出诸口,一濡之笔,而数十万人之要领已涂郊原之草矣[3],况又与江、徐文墨之士相协而鸣也哉[4]!

【注释】

[1]寤(wù):睡醒。画衾:即划衾,用手在被子上划圈以抚摸腹部。扪腹:形容饱食后怡然自得的样子。

[2]拄笏:手持笏板,比喻雅量高致。掀髯:笑时启口张须,指激动的样子。

[3]要领:即“腰领”。要,同“腰”。腰部与颈部。两者为人体的重要部分,断之即死,故常喻致命之处。

[4]江、徐:指江湛、徐湛之。江湛(408—453),字徽渊,济阳考城(今河南民权)人。南朝宋大臣。初为著作佐郎,文帝时屡迁至吏部

尚书。文帝意欲北伐时，举朝认为不可，唯独江湛坚决赞成。他
与尚书仆射徐湛之并居权要，逆太子刘劭意，并以此结怨。刘劭
杀文帝自立后，其因旧隙而遇害。传见《宋书·江湛列传》。徐
湛之（410—453），字孝源，东海郯（今山东郯城）人。宋武帝刘裕
外孙、会稽长公主刘兴弟之子。元嘉六年（429），起家太子洗马，
历官至秘书监。与彭城王刘义康相亲厚，并卷入刘湛和范晔谋
反案，受到株连，因母亲求情而得以保住性命。官至尚书仆射，
与吏部尚书江湛并居权要，时谓"江、徐"。刘劭杀父自立时，与
江湛并为刘劭所杀。传见《宋书·徐湛之列传》《南史·徐湛之
列传》。

【译文】

王玄谟的勇敢，只是大声疾呼的勇敢。而他的谋略，只是听到鸡鸣
而梦醒、吃饱饭后以手抚摸肚子这般看似安然的谋略。所以他在战事
未起之时，手持笏板，侃侃而谈以打动君主，用洪亮而激动人心的言语
使周遭之人惊叹。如今也不知道他所陈言的到底是何具体内容。但言
从口出，文见于纸，就让数十万人的性命葬送于荒原草野之上，更何况
还有江湛、徐湛之这些文墨之士与他同张意气、相互唱和呢！

薛安都之攻关、陕而胜也①，鲁方平谓安都曰："卿不进，
我斩卿，我不进，卿斩我。"流血凝肘而不退，兵是以胜。武
陵王骏之守彭城而固也②，张畅谓江夏王义恭曰③："若欲弃
城，下官请以颈血污公马蹄。"骏听之，誓与城存亡，城是以
全。繇此观之，拓拔氏岂果有不可当之势哉？勇奋于生死
之交，谋决于安危之顷，武帝之所以灭慕容、俘姚泓，骂姚兴
而兴不敢动，夺拓拔嗣之城以济师而嗣不敢遏，亦此而已
矣。皆玄谟所引以自雄者，而心妄度之，目若见之，口遂言

之,反诸中而无一虚静灵通之牖^④,以受情势之变,而生其心;则事与谋违,仓皇失措,晋寇以屠江、淮^⑤,不待智者而早已灼见之矣。

【注释】

①薛安都(410—469):字休达,河东汾阴(今山西万荣)人。南朝宋将领。早年出仕北魏,以军功官至雍、秦二州都统,后与同族薛永宗起兵叛变,失败后投奔刘宋,被任命为扬武将军、北弘农太守。元嘉北伐时,他与柳元景、鲁方平等出兵关陕,在陕城与北魏军队激战,死斗不退,最终大败魏军。宋明帝刘彧自立为帝后,薛安都起兵叛乱,并拥晋安王刘子勋为帝。兵败后,薛安都先遣使向宋明帝投诚,宋明帝派重兵迎接薛安都,实为示威,薛安都感到恐惧,随即投降北魏。传见《宋书·薛安都列传》《南史·薛安都列传》。

②武陵王骏:即宋孝武帝刘骏。因其初封武陵王,故称。

③张畅(408—457):字少微,吴郡吴(今江苏苏州)人。南朝宋大臣。初为吴郡太守主簿,累迁太子中庶子。武陵王刘骏镇彭城时,任安北长史、沛郡太守。元嘉二十七年(450),拓跋焘南征,江夏王刘义恭统军士镇彭城,军食不足,刘义恭欲弃城逃走,经他力劝方止。传见《宋书·张畅列传》《南史·张畅列传》。江夏王义恭:即刘义恭(413—465),彭城(今江苏徐州)人。南朝宋宗室,宋武帝刘裕第五子。文帝时被封江夏王,历任徐、荆、南兖等州刺史。后被征为司徒、录尚书事,入辅朝政。元嘉北伐时,总领战事,出镇彭城。宋文帝遇弑后,参与平定刘劭之乱,拥立孝武帝刘骏,官至尚书令。因其清静无为,颇受孝武帝信任。孝武帝病重时,被选为顾命大臣,辅佐前废帝刘子业。终因与柳元景谋废立之事而被杀。传见《宋书·武三王列传》《南史·武帝诸

　子列传》。

④虚静:清虚恬静。牖:窗户。

⑤晋:进。

【译文】

　　薛安都进攻关、陕之地而取得胜利,是因为当时鲁方平曾对薛安都立誓说:"你若止军不前,我一定会将你斩杀。我若止军不前,你就将我斩杀。"最后薛安都的鲜血凝固在臂肘之上时他也毫无退意,因此他的军队方能取胜。武陵王刘骏能固守住彭城,是因为当时张畅曾对江夏王刘义恭发誓说:"如果您弃城而逃,下官便会用自己脖颈上的鲜血来染红您逃归的马蹄。"刘骏听到他的誓言后,也誓死与彭城共存亡,于是彭城最终得以保全。由此看来,北魏拓跋氏的势力难道真的不可阻挡吗?在生死关头奋勇作战,在形势危急的瞬间决定大策,宋武帝能够消灭慕容氏,俘虏姚泓,大骂姚兴而姚兴不敢违抗,占领拓跋嗣的城池以进军而拓跋氏却不敢加以制止,靠的也就是这两点而已。王玄谟对宋武帝北伐的这些事迹都引以为豪,以此助长自己的胆气和雄心;内心里妄自揣测,仿佛亲眼所见一般,从而对北伐经略夸夸其谈。而反观其自身,面对瞬息万变的战事,并不具备从容应对的淡定和当机立断的迅捷,却还是动了北伐的心思。当事态发展与他的预谋相违背的时候,王玄谟就仓皇失措,无力应对,以致敌寇入侵江、淮之地并大肆屠戮,这不需要等待有大智慧的人来预见就能看得清楚明白。

　　言兵者必死于兵,听言而用兵者,必丧其国,赵括之所以亡赵①,景延广之所以亡晋②,一也。最下而郭京、申甫之妖诞兴焉。有国家者,亟正以刑可也。但废不用,犹且著为论说以惑后世,而戕民于无已。《易》曰:"弟子舆尸③。"坐而论兵者之谓也。

【注释】

①赵括之所以亡赵：赵括(？—前260)，嬴姓，赵氏，名括，战国时期赵国人。名将赵奢之子。自幼熟读兵书，但缺乏战场经验，不知灵活应变。赵孝成王七年(前260)，秦赵长平之战时，因赵孝成王急于求胜，赵国中秦国的反间计，用赵括代替老将廉颇。赵括一反廉颇的策略，改守为攻，主动全线出击，结果被秦军切断后路，使赵军粮道断绝，困于长平。最后，赵括亲自率勇士突围，被秦军射杀而死。事见《史记·廉颇蔺相如列传》。

②景延广之所以亡晋：景延广(892—947)，字航川，陕州(今河南三门峡)人。五代时期将领，历仕后梁、后唐、后晋三朝。受到后晋高祖石敬瑭的信赖，官至侍卫亲军都指挥使。石敬瑭死后，景延广拥立石重贵为帝，并鼓动石重贵不再向契丹称臣，契丹因此大举伐晋，攻陷开封，景延广被俘后自尽。事见《旧五代史·晋书·景延广列传》《新五代史·晋臣传·景延广》。

③弟子舆尸：语出《周易·师卦》爻辞："六五：田有禽，利执言，无咎。长子帅师；弟子舆尸。贞凶。"大意是胜利的鼓声响起标志着有所擒获，获得胜利则是听取了长官的号令，并无过失。德行比他人好的君子统帅军队，则会胜利；如果是小人参与战事，则注定大败。

【译文】

纸上谈兵之人最终一定死于战事，听信别人的夸夸其谈而妄动干戈的人，一定会招致国家的灭亡。赵括之所以导致赵国灭亡，景延广之所以导致后晋灭亡，都是因为这个道理。最下等的就是北宋靖康之变时的郭京、明末的申甫那样以荒诞妖异而妄言战事，从而导致亡国的人。统治国家之人，应及时地将这些人绳之以法。如果只是对他们废而不用，这些人仍旧会著书立说来迷惑后世，没完没了地祸害百姓。《周易》中说："小人参与战事，则注定大败。"说的就是那些纸上谈兵的人。

一九 崔浩国书存直笔

于崔浩以史被杀,而重有感焉。浩以不周身之智,为索虏用,乃欲伸直笔于狼子野心之廷,以速其死,其愚固矣。然浩死而后世之史益蕴,则浩存直笔于天壤,亦未可没也。直道之行于斯民者①,五帝、三王之法也,圣人之教也,礼乐刑政之兴废,荒隅盗贼之缘起,皆于史乎征之,即有不典,而固可征也。若浩者,仕于魏而为魏史,然能存拓拔氏之所繇来,详著其不可为君师之实,与其乘间以入中国之祸始,俾后之王者鉴而知惧,以制之于早,后世之士民知愧而不屑戴之为君,则浩之为功于人极者亦伟矣。浩虽杀,魏收继之②,李延寿继之③,撰述虽蕴,而诘汾、力微之蕴迹犹有传者④,皆浩之追叙仅存者也。

【注释】

①直道之行于斯民:语本《论语·卫灵公》:"子曰:'吾之于人也,谁毁谁誉?如有所誉者,其有所试矣。斯民也,三代之所以直道而行也。'"意思是孔子说:"我对于别人,毁谤了谁?赞誉了谁?如果有所赞誉的话,一定对他有所考察。有了这样的民众,夏、商、周三代所以能直道而行。"

②魏收(506—572):字伯起,小名佛助,钜鹿下曲阳(今河北晋州)人。北朝大臣、史学家。北魏节闵帝时,为太学博士,迁散骑侍郎,典起居注,并与阳休之、李同轨等修国史,又兼中书侍郎。东魏孝静帝时,曾出使于梁,后赴晋阳为高欢丞相府属。北齐文宣帝时官至中书令,仍兼著作郎。此后专力撰修魏史。《魏书》出后,曾有多人讥议叙事不实,责其借修史以报怨酬恩,称为"秽

史"。孝昭帝曾命他更加研审,颇有改正。后官至尚书右仆射。传见《北齐书·魏收列传》《北史·魏收列传》。

③李延寿:字遐龄,陇西(今甘肃临洮)人,世居相州(今河南安阳)。唐代大臣、史学家。贞观年间,累补太子典膳丞、崇贤馆学士。参与编撰《晋书》《隋书》《五代史志》,积功转御史台主簿,兼直国史。因其父李大师有感于南北八朝政权所修国史记述本国史较详而他国则往往缺误,因而仿效《吴越春秋》体例,撰为编年史以备南北,未成病卒。他就其父遗稿,参考司马迁《史记》义例,用十六年时间,撰成《南史》《北史》。后累迁符玺郎,兼修国史。传见新、旧《唐书·李延寿列传》。

④诘汾、力微:即拓跋诘汾、拓跋力微。拓跋诘汾(?—220),鲜卑拓跋部首领,前任首领拓跋邻之子。曾奉命领众向西南迁徙,至匈奴故地,接近汉区。由于驻处水草丰饶,其势力渐强,并吸收不少匈奴、乌桓之众及汉人,作为"新民"。相传他曾与"天女"野合,生子拓跋力微。后北魏追尊其为圣武皇帝。传见《魏书·序纪》。拓跋力微(174—277),鲜卑族拓跋部首领,拓跋诘汾次子。曾兼并没鹿回部,有控弦之士二十余万。魏曹髦甘露三年(258),率部迁于盛乐城。景元二年(261),遣子沙漠汗至魏洛阳。北魏建立后,尊为始祖,谥神元皇帝。传见《魏书·序纪》。

【译文】

崔浩因为修北魏国史而被以有意暴扬国恶的罪名杀害,我对此深有感触。崔浩以连保全自身都做不到的智慧,为北魏拓跋氏所用,却想要在北魏污浊不堪的朝廷中秉笔直书,结果加速了自身的灭亡,的确是愚笨的。然而崔浩死后,后世史家的著述却更加污秽,如此则崔浩秉笔直书的精神永远留存于天地之间,也是不可泯灭的。直道在史家历史记录中的表现,就是五帝三王所创立的规制、来自圣人的教诲、礼乐制度和刑制政事的兴废、边荒盗贼的缘起,都可以从史书中找到记录。即使是不合乎常道的事情，也可以从历史记录中得以考求征信。像崔浩这样，虽然在北魏做官而又为北魏修史，但能做到具体记载拓跋氏的过往历史并使之留存于世，详细记载拓跋氏不可以成为天子的真实情况，以及他们乘机侵入中原、开始制造祸乱的事实，使后世君临天下之人能够以此为鉴而懂得心怀敬畏，从而可以及早地加以防备和节制；同时又使后世的士人与百姓都存有羞耻之心，从而不会将拓跋氏这类夷狄视为君主给予拥戴，则崔浩对后人所做出的贡献可谓是异常伟大的。崔浩虽然身死，但他的后继之人还有魏收与李延寿，他们撰述的内容尽管也有些污秽，但对拓跋诘汾、拓跋力微等人的丑恶行迹仍有记载，这都是继承自崔浩所追叙鲜卑早期历史中仅存的内容。

　　前乎此而刘、石、慕容、苻、姚、赫连之所自来佚矣；后乎此而契丹、女直、蒙古之所自出泯矣。刘、石、慕容、苻、姚、赫连之佚也，无史也；契丹、女直之泯也，蒙古氏讳其类，脱脱隐之也①；然犹千百而存一也。宋濂中华之士②，与闻君子之教，佐兴王以复中华者也③，非有崔浩族诛之恐。而修蒙古之史，隐其恶，扬其美，其兴也，若列之汉、唐、宋开国之君而有余休；其亡也，则若无罪于天下而不幸以亡也。濂史成，而天下之直道永绝于人心矣。濂其能无愧于浩乎？浩以赤族而不恤，濂以曲徇虞集、危素而为蒙古掩其腥秽④，使后王无所惩以厚其防，后人无所愧以洁其身。人之度量相越⑤，有如此哉！后之作者，虽欲正之，无征而正之，濂之罪，延于终古矣。

【注释】

①脱脱(1314—1355)：字大用，蒙古族蔑儿乞部人。早年为皇太子

怯怜口怯薛官。顺帝元统年间官至同知枢密院事。当时伯颜擅
政,他惧为所害,与世杰班、阿鲁等奉顺帝诏,罢逐伯颜。后任右
丞相,奉诏监修辽、金、宋三史,为都总裁。主政期间,废伯颜旧
政,雪诸王冤狱,恢复科举,一时被誉为"贤相"。后统兵围攻高
邮张士诚,即将攻克城池时,自己却被朝中政敌弹劾,被罢官流
放云南。后被哈麻矫诏毒死。传见《元史·脱脱列传》。

② 宋濂(1310—1381):初名寿,字景濂,号潜溪,又号玄真子,金华
潜溪(今浙江义乌)人。明代名臣、文学家、史学家。博学强记,
受业于吴莱、柳贯、黄溍等名儒。元末曾荐授翰林编修,皆辞不
就,隐居龙门山著书。明初应朱元璋征召,任江南儒学提举,兼
授太子经书,辅导太子朱标十余年,以礼法规谏。洪武二年
(1369)受命以总裁官身份修《元史》。书成,升翰林学士。后因
长孙慎坐胡党罪,安置茂州,病卒于路途。传见《明史·宋濂
列传》。

③ 兴王:开创基业的君主,此指朱元璋。

④ 虞集(1272—1348):字伯生,号道园,世称邵庵先生,成都仁寿
(今四川眉山)人。元朝名臣,与揭傒斯、柳贯、黄溍并称"元儒四
家"。元成宗大德初年,入京为大都路儒学教授、国子助教。仁
宗时为集贤修撰。后与王约跟从泰定帝去上都,用蒙、汉语讲解
经书,升翰林直学士兼国子祭酒。文宗时任奎章阁侍书学士,受
命与中书平章赵世延等修《经世大典》。传见《元史·虞集列
传》。危素(1303—1372):字太朴,一字云林,抚州金溪(今江西
金溪)人。元末明初史学家、文学家。初以大臣荐授经筵检讨,
负责主编宋、辽、金三部历史,并注释《尔雅》。后历任国子助教、
翰林编修、太常博士、礼部尚书、参知政事等职。元末明兵入大
都时,劝阻明兵入史库,使得《元实录》得以保存。明朝建立后,
被御史以"亡国之臣,不宜重用"的理由弹劾,遭免官。传见《明

史·危素列传》。

⑤相越:相去。

【译文】

在此之前,有关十六国中刘氏、石氏、慕容氏、符氏、姚氏、赫连氏等政权由来的历史已然亡佚;在此之后,有关辽朝契丹、金朝女真以及蒙古起源的历史也都泯灭而无从考证。前面十六国诸政权起源历史的亡佚,是因为缺乏历史记载;后面契丹、女真起源历史的泯灭无考,是因为元朝蒙古人忌讳记述他们的历史,且脱脱修史时又从中隐瞒了真实的历史。然而这些民族的历史仍有极少的一部分被记载保存了下来。宋濂身为华夏士人,所受的是儒家的君子教化,并承担辅佐朱元璋恢复华夏统治的重任,并不像崔浩那样需要担心惨遭灭族。然而他修元朝的历史,却隐其恶而扬其善,将蒙元的兴起列在汉、唐、宋等朝开国君主之后,甚至觉得元开国立业的意义更甚。此外,他将元的灭亡,看作是无罪于天下却不幸遭遇灭亡。宋濂的《元史》一成,便使得直道在天下人的心中永远断绝泯灭了。宋濂此举难道不愧对崔浩吗?崔浩不惜冒着宗族被毁灭的危险秉笔直书,而宋濂却屈从于虞集、危素的意见,为蒙元掩饰其丑恶历史,使后世君王不能从中得到借鉴从而周密地防范异族崛起,使后世之人不能从中吸取教训而去保持自身的洁净。人与人之间的度量相去甚远,竟有如此巨大的差异!后世修史之人,虽然想纠正前史的错谬,但却没有充足且准确的文献可供其利用、征引以纠正错谬。宋濂所犯下的罪行,实则流毒于后世千古。

二〇　袁淑死难惜去官不早

生人之大节,至于不惮死而可无余憾矣。然士苟不惮死,则于以自靖也,何不可为,而犹使人有余憾焉,是可惜也。

【译文】

身为人而坚守节操,到了能不畏惧死亡的地步,就可以说没有什么可遗憾的了。然而如果士大夫不畏惧死亡,则他完全可以凭借这种勇气实现自己的志向,有什么事做不到呢? 然而有些人分明不怕死,却还是使人为其感到有所遗憾,这确实是很可惜的。

袁淑死于元凶之难①,从容就义以蹈白刃,其视王僧绰与废立之谋②,变而受其吏部尚书,以迹露而被杀者远矣。虽然,元凶劭之与君父有不两立之势也,自其怨江、徐而造巫蛊已然矣。淑为其左卫率③,无能改其凶德,辞宫僚而去之④,不可乎? 可弗死也。及其日飨将士,亲行酒以奉之,枭獍之谋决矣,发其不轨而闻之于帝,不可乎? 言以召祸,于此而死焉,可也。伐国不问仁人⑤,其严气有以詟之也⑥。风棱峻削岳立⑦,而为元凶所忌,或殒其身,可也。何至露刃行逆之时,元凶尚敢就谋成败乎? 且其官卫率也,将士之主也,元凶不逞,握符麾众,禽之以献,不济而死焉,可也。何蹰躅永夜⑧,而被其胁使登车,而泯泯以受刃乎⑨? 伤哉! 淑之能以死免于从逆,而荏苒以徒亡也。

【注释】

①袁淑死于元凶之难:指袁淑于刘劭弑父时被杀。事见《宋书·袁淑列传》。袁淑(408—453),字阳源,陈郡阳夏(今河南太康)人。南朝宋大臣。初为彭城王刘义康军司祭酒,因临川王刘义庆喜好文学,为咨议参军。其人文采艳丽,喜夸谈,每为时人所嘲。后官至太子左卫率,太子刘劭杀父自立时,因不从刘劭行动而被杀。传见《宋书·袁淑列传》《南史·袁淑列传》。元凶,指刘劭。

刘劭(424—453),字休远,彭城(今江苏徐州)人。宋文帝刘义隆嫡长子。年幼时就被立为皇太子,北魏太武帝进犯时,受命出镇石头,总统水军,善于抚御。后受女巫严道育蛊惑,对文帝行巫蛊之术。事情败露之后,文帝大怒,准备废黜他。刘劭甚为恐惧,于是弑杀文帝自立,改元太初。后为武陵王刘骏所俘杀。因其谋逆弑杀君父,故史书称其为"元凶"。传见《宋书·二凶列传》《南史·宋文帝诸子列传》。

②王僧绰与废立之谋:指王僧绰参与密谋废立太子一事。事见《宋书·王僧绰列传》。王僧绰(423—453),琅邪临沂(今山东临沂)人。南朝宋大臣,王导玄孙。自幼好学,气量非凡,熟悉朝廷典章制度,众人视其为栋梁之材。初袭父爵为豫宁县侯,迎娶宋文帝长女东阳公主,后历任司徒参军、始兴王文学、太子中庶子等职,后官至侍中,掌机密事。太子刘劭与始兴王刘濬等人行巫蛊之事被揭发后,他参与密谋废太子之事,建议文帝早下决断。刘劭篡位后,任命其为吏部尚书。不久刘劭检查文帝巾箱及江湛书信,得知王僧绰参与密谋废立之事,于是将其杀害。传见《宋书·王僧绰列传》《南史·王僧绰列传》。

③左卫率:指太子左卫率,东宫武官名。

④官僚:指太子属官。

⑤伐国不问仁人:语出《春秋繁露》:"昔者,鲁君问于柳下惠曰:'我欲攻齐,何如?'柳下惠对曰:'不可。'退而有忧色,曰:'吾闻之也:谋伐国者,不问于仁人也,此何为至于我?'"意思是讨伐别国这样的事,不应向仁德之人询问。

⑥慴(zhé):惧怕。

⑦风棱:风骨。峻削:陡峭。岳立:耸立,屹立。

⑧踌蹰:踌躇,犹豫不决。永夜:长夜。

⑨泯泯:指昏昧的样子。

【译文】

　　袁淑死于刘劭弑君之祸,他不惜舍弃性命而从容就义。王僧绰曾参与试图废立太子的密谋,刘劭弑君后他转变立场,接受刘劭授予的吏部尚书职位,后又因此前参与密谋的事迹败露而被刘劭所杀。袁淑的行为与王僧绰相比,要高尚正义得多。尽管如此,身为作乱元凶的刘劭与其父文帝有势不两立的态势,自从他怨恨江湛、徐湛之,并用巫蛊之术来诅咒自己的父亲时就已然清楚地显现了。袁淑作为太子左卫率,不能改变他凶恶的本性,那就辞掉太子属官之职而离开,难道不行吗?这样同样可免于一死。刘劭每天犒劳将士,并亲自给将士祝酒之时,他凶险狡诈的阴谋已经确定,这时向皇帝揭发他图谋不轨的行为,不也可以吗?即使告发会为自己招来祸患,并因此而死,也是可以的。讨伐别国这样的事,是不能向仁德之人询问的,那么其严正之气足以令人畏惧。如果袁淑自己刚正不阿、立场坚定,从而为作乱的刘劭所忌恨,并最终因此而死,也是值得的。怎么能够发展到在刘劭即将作乱行逆之时,还敢同袁淑商讨事情的成败呢?况且袁淑身为太子左卫率,是当时可能谋乱士兵的主帅,趁着刘劭还未作乱之时,便可以掌握兵符召令将士,将刘劭及时捉拿,押送朝廷。如果此事最终没能成功而袁淑身死,也是值得的。为何他整夜犹豫不决,最后被刘劭胁迫着登上囚车,糊里糊涂地就被杀了呢?真是让人悲伤啊!袁淑本可以用死来避免被胁迫作乱,可惜时机都被他白白地浪费了。

　　子曰:"见义不为,无勇也[①]。"淑之于义曙矣,而勇不足以堪之,将无有掣其情而使无勇者存邪?勇于定乱,勇于讨贼,难矣;勇于去官,决于一念而唯己所欲为者也,此之不决,则死有余憾。为君子者,可不决之于早哉!养勇以处不测之险阻,无他,爵禄不系其心,则思过半矣。

【注释】

①见义不为，无勇也：语出《论语·为政》："非其鬼而祭之，谄也。见义不为，无勇也。"意思是祭祀不该自己祭祀的鬼神，那是献媚；看见符合道义的事却不去做，这是缺乏勇气的表现。

【译文】

孔子说："看见符合道义的事却不去做，这是缺乏勇气的表现。"袁淑对于道义的理解可以说是清楚的，但他的勇气却不足以承受道义的责任，莫非是有因素对他的情感形成掣肘，而导致他的勇气最终丧失了吗？鼓起勇气去平定动乱、讨伐盗贼，是困难的；但鼓起勇气辞官去职，却可以在转念间由自己做出决定。如果在此关头不能做出抉择，那么死后也会有遗憾。身为君子，怎么能够不早做决断呢！要培养自己的勇气以应付难以预测的艰难险阻，没有什么其他的办法，只要把爵位和利禄置之度外，就已经做到一多半了。

二一　斩斌枭濬存父子之伦

晋、宋以降，国法圮、大伦斁、而廉耻丧，非一日矣。周札应王敦，而与卞壸、桓彝同其赠恤；王谧解天子玺绶以授玄，玄死，反归而任三公，天讨不加，而荣宠及之。数叛数归，靦颜百年而六易其主，无惑也。如是，宜速歼以亡；而其君犹能传及其世，其士大夫犹能全其族者，何也？盖君臣之道丧，而父子之伦尚存也。

【译文】

自晋朝、刘宋以来，国家法纪毁堕，伦理道德破坏，人们尽丧廉耻之心，这种现象也并非一日了。周札响应王敦作乱，打开石头城门迎王敦入城，但死后却得以与卞壸、桓彝一同受到追赠、抚恤；王谧曾把天子的印绶解下来交给桓玄，而等到桓玄死后，又回到朝中位居三公，不仅没有遭到上天的惩罚，反而得到了荣宠的尊位。他数次反叛又数次回归朝廷，一生中不知羞耻地六次更改自己所侍奉的君主，没有感到过丝毫的疑惑。像东晋、刘宋这样的王朝、王谧这样的臣子，早就应该灭亡了。然而东晋、刘宋的君主却仍然能够代代相传，而士大夫们也仍然能够保全其家族，这是为什么呢？大概是因为君臣之道虽早已丧失殆尽，而父子之间的伦常尚且存在。

　　元凶为逆，孝武起兵以致讨，元凶败矣，萧斌解甲带白幡来降①，逆濬就江夏王义恭以降②，而但问来无晚乎，固自谓得视王谧，斌犹可立人之朝，濬犹可有其封爵也。于是斩斌于军门，枭濬于大航③，法乃伸焉，则人知覆载不容之罪无所逃于上刑④。于斯时也，义愤所激，天良警之，人理不绝于天下，恃此也夫！故延及齐、梁而父子之伦独重。梁武于服除入见者，无哀毁之容，则终身坐废。区区孱弱之江左，拥衣冠而抗方张之拓拔，存一线人理于所生，而若或佑之；于此可以知天，可以知不学不虑之性矣⑤。萧正德、萧综捐父事贼⑥，而无有正天诛者，然后江东瓦解以澌灭。兴亡之故，系于彝伦，岂不重与！

【注释】

①萧斌（? —453）：南兰陵（今江苏武进）人。南朝宋将领。初为彭城王刘义康谘议参军、豫章太守。参与元嘉北伐，因围滑台不克，退兵后被免官。后跟从刘劭弑君篡位，刘骏起兵平叛时，萧斌兵败投降，被刘骏诛杀。传见《宋书·萧斌列传》《南史·萧斌列传》。

②逆濬:即刘濬(429—453)。字休明,南朝宋文帝刘义隆次子。初封始兴王,因多有过失,屡为文帝所责备。与刘劭共为巫蛊之术,被文帝发觉后,联合刘劭发动政变,弑杀文帝。最终被孝武帝刘骏所击败,在逃亡时曾询问刘义恭投降是否为时已晚,后与之同行,终被刘义恭所斩杀。传见《宋书·宋文帝诸子列传》。

③大航:即朱雀航。东晋南朝建康城南的浮桥,正对朱雀门。亦称"大桁"。

④覆载:指天地。

⑤不学不虑:语出《孟子·尽心章句上》:"孟子曰:'人之所不学而能者,其良能也;所不虑而知者,其良知也。'"意思是孟子认为人不用学就拥有的,是人类善良的本能本性;人生来不用考虑就能知晓的,是人的良知。

⑥萧正德(? —549):字公和,南兰陵(今江苏武进)人。南朝梁宗室大臣,梁武帝萧衍之侄。生性凶残,初为梁武帝萧衍养子。昭明太子萧统出生后,回归本宗,封西丰县侯。曾投奔北魏,后又回朝。侯景之乱时在侯景引诱下自立为帝,改元正平。旋即为侯景所废,降为大司马,对侯景心怀怨言,暗中联络鄱阳王萧范,准备推翻侯景,却反被侯景矫诏杀死。传见《梁书·临贺王正德列传》《南史·萧正德列传》。萧综(480—528):南朝梁宗室。字世谦,南兰陵(今江苏常州)人。梁武帝第二子。有才学,善属文。天监三年(504)封豫章郡王。五年,出为使持节、都督南徐州诸军事、仁威将军、南徐州刺史,寻进号北中郎将。普通中入为侍中、镇右将军。四年(523),任南兖州刺史。六年,北魏军临彭城,他自以为非武帝所生,率数骑降魏。任侍中、太尉,封丹阳王,改名赞(一作"赞"),字德文。大通二年(528),萧宝寅在魏据长安反,他自洛阳北遁,将赴之,为津吏所执,魏人杀之。传见《梁书·豫章王综列传》。

【译文】

刘劭弑君作乱,孝武帝刘骏起兵讨伐他,刘劭战败后,萧斌解下盔甲束带、手持白旗前来投降,刘濬也到江夏王刘义恭处投降,刘濬投降时还曾问自己投降是否尚且为时不晚。之所以如此,是因为他们比照王谧的事例,故而想着在投降后,萧斌仍可以在朝中任职,刘濬也仍旧可以得到封爵。于是孝武帝下令在军营外的大门处斩杀了萧斌,而在城门外的浮桥处诛杀了刘濬,这才使得道义律法得以伸张,同时也让人们知道如果犯下天理难容的罪过,就必然逃脱不了极刑的惩罚。在这个时候,民众义愤填膺,使得天理纲常得以恢复,世间的义理得以不绝于天下,这都有赖于用符合道义律法的手段伸张了义理啊!所以等到南齐、南梁之时,人们都特别重视父子之间的伦理纲常。梁武帝看到丧期刚满后入见的人面无悲伤之色,就将其终生贬为平民。控制范围狭小且虚弱的江南王朝,依靠华夏礼仪规范与势力日益强大的北方拓跋氏相抗衡,能在世间保留这么点有限的伦理道德,或许就可以保佑他们不被消灭殆尽。他们由此可以知道天理道义的存在,也可以知道人们本身所拥有的善良本性并予以遵守。萧正德、萧综抛弃父亲去事奉奸贼,却没有受到上天应给的惩罚,如此就导致了江南政权的瓦解,以致最终消亡。国家的兴亡实则深系于伦理纲常,伦理纲常难道还不够重要吗?

孝武帝

【题解】

宋孝武帝刘骏（430—464）字休龙，小字道民，宋文帝刘义隆第三子，母为路淑媛。元嘉十二年（435）封武陵王。他在元嘉后期历任诸州刺史，曾统兵平定雍州蛮族叛乱，参与元嘉北伐，颇得民众和部下将领的推戴。元嘉三十年（453），太子刘劭弑杀文帝后，刘骏起兵讨伐刘劭，在建康城南的新亭称帝，其后攻破建康，擒杀刘劭等人。孝武帝在位期间，对内整顿吏治，进行改制，削抑宗室，提拔寒门势力，抑制土地兼并，劝课农桑；对外击溃北魏南侵，取得了宋魏第一次青州之战的胜利，收复济水以北失地。但在位末期，孝武帝一改前期的息兵简政风格，居功自傲，奢侈放纵。大明八年（464）驾崩。

孝武帝改制，向来是历代学者所关注的话题。孝武帝排斥削弱宗室势力，加强中央集权。在中央以中书舍人戴法兴、巢尚之、徐爰等人处理中枢机要事务，在地方改置州镇，令寒门将领掌握地方军兵，并创立典签制。一些学者认为这形成了寒人掌机要、武夫掌兵权、典签控州镇的南朝政治惯例。对此，王夫之认为，孝武帝大力拔擢寒门而排斥宗室与世族，破坏流品，令近臣佞幸得以弄权而无所制衡，最终反而"禁锢天子"，使得此后"权移于近臣"。魏、晋之世的门阀政治虽然让门第流品阻遏人才进替，但是世家大族本身的政治修养却不应被忽视。他一方面反对完全按照流品门第取士,另一方面也指出破坏九品中正制之后,趁机而入的多是"邪佞贪谀"的"幸臣",反而阻碍了真正的寒门贤才。在他看来,解决这一问题的关键,仍旧是人主的教化与培养,寒门亲近并非不可重用,但在重用前就要做好培养准备。孝武帝因拥兵讨逆而即位,对于诸王多有忌惮,这相当程度上也促成了他的改制。但是王夫之对于孝武帝削弱乃至屠戮宗室的做法提出批评,认为此举开启了日后刘宋宗室相残的恶端,是造成刘宋覆灭的重要原因。

大明七年(463),宋孝武帝先后下达诏令,要求将军非临军不得专杀,非皇帝手诏不得兴军,并要求罪应重辟的,皆须上报。对此诏令,王夫之予以了格外的关注。他指出,秦朝以来所实行的郡县制主要是为了解决地方诸侯和长吏的专杀情况,将地方纳入中央的统一管理。然而,中央对于地方管理的完善其实是一个渐进的过程。地方长官的嗜杀及其保有的权力,是郡县制施行过程中的一大弊端。孝武帝因猜忌而下达诏书,客观上促进了这一问题的解决,并让后世"非叛贼不得称兵",有司不能轻易屠戮,可谓影响深远。王夫之这一认识的产生,是建立在贯通考察郡县制度的基础上,虽然有一定的拔高色彩,但无疑值得读者加以重视。

一　江夏王义恭导孝武以残忍

势变情移,而有无妄之灾,恬不知警,违时任意,则祸必及,庸夫之恒态也。惟然,而巧者测之,急改其常度,以迎当时之意指,乃至残忍棊害[①],为同类所饮恨而不顾,以是为自全之策;幸而全也,小人之尤也,而究以得全者亦鲜矣。

【注释】

①棊(jì):毒害。

【译文】

由于时势、情况的变化，会有意外的灾难降临，此时仍旧安然自若而不知有所警惕，违背时势的发展趋势而任凭自己的意向去办事，那么灾难必定降临在其身上，这是平庸之人的惯常表现。在相同的情况下，机巧之人则会揣测时势的变化，急忙改变自己寻常的处事方法和态度，以迎合时势的发展，甚至会做出谋害身边之人的残忍行径，不顾同类的愤恨，以此来作为保全自己的策略。他们中侥幸能够保全自己的人，尤其堪称小人中的典型，然而能够保全自己的终究也是很少见的。

孝武以藩王起兵，而受臣民之推戴，德望素为诸王所轻，不自安也；于是杀铄[①]，诛义宣[②]，忍削本支，以快其志。江夏王义恭诱逆劭弃南岸，单骑南奔，上表劝进，斩逆濬，厥功大矣；于是畏祸之及己也，条奏裁损王侯九事，以希合孝武未言之隐，削剥诸王以消疑忌。夫义恭岂无葛藟之恩[③]，利非在己，而灭天性以任骨肉之怨者，何也？以为先自我发，而人不得挟短长以议己，全躯保禄位之术，自诧为工矣[④]。

【注释】

①铄：指刘铄(431—453)。字休玄，彭城(今江苏徐州)人。南朝宋宗室，刘义隆第四子。早年被封为南平王，在文帝朝历镇南豫州、豫州等地，并在元嘉北伐中立有战功，后入朝为抚军将军，负责石头城防务。因支持刘劭谋逆而与孝武帝刘骏相对抗。刘骏讨平叛乱后，他被迫投降，被拜为司空。但终为刘骏所忌，遭毒杀。传见《宋书·文九王列传》。

②义宣：即刘义宣(415—454)。彭城(今江苏徐州)人。南朝宋宗

室,宋武帝刘裕第六子。初封竟陵王,在文帝朝历任徐州刺史、
兖州刺史等职,后改封南谯王。镇守荆州十年,刘劭谋逆作乱
时,率先起兵讨伐,并拥立孝武帝,事平后官拜丞相,改封南郡
王。后因身居重镇,手握强兵,又有平乱之功,渐生异心,最终起
兵反对孝武帝,兵败被杀。传见《宋书·武二王列传》。

③葛藟之恩:指亲族兄弟之情。葛藟,本指《诗经·王风·葛藟》,
《毛诗序》曰:"葛藟,王族刺平王也。周室道衰,弃其九族焉。"后
世因此多以葛藟喻指亲族兄弟间的关系。

④工:机巧,精巧。

【译文】

　　孝武帝以藩王身份起兵,受到臣民的拥戴,但他的德行与声望向来
不被其他诸王所看重,故而对此深感不安。于是他杀掉刘铄和刘义宣,
并狠心削除同属本支的同姓诸王力量,以使自己安心。江夏王刘义恭
曾诱使叛贼刘劭放弃长江南岸,单骑向南逃退,接着又向孝武帝上表劝
进,最终斩杀了刘濬,可谓居功甚伟。此时他担心祸患也会降临到自己
头上,就向孝武帝奏陈了旨在削弱诸王势力的九项事宜,希望以此迎合
孝武帝心中长久以来难以启齿的不安,通过打击诸王势力来消除孝武
帝心中的疑忌。难道刘义恭心中真的没有血缘兄弟之间的情意吗?明
明对自身也没有好处,却要去干丧失亲情天性而导致骨肉兄弟内心怨
愤的事,这是为什么呢?因为他想以此表明自己是打击诸王势力的首
倡者,这样人们就无法对他加以议论指摘。这也是他保全自身和俸禄、
官位的手段,他自以为是足够巧妙高明了。

　　或曰:遇暴人,丁险运①,不授异姓以制我之权,而自任
之,则祸泯于无形,亦知时度势者之不废乎!浸不若此,而
以笃懿亲、固根本之言投于猜忌之衷,无救于时,而衹以自
害,奚可也? 曰:君子之处此,固有道矣。物激矣,而持之以

定,禹之所以抑洪水也。势危矣,而居之以安,孔子之所以解匡围也②。圣人岂有以异于人哉?出乎圣,即疾入乎狂③。义恭之狂也,无以持物而自奠其居也。君多忌而寡恩矣,义宣等之不辑,非必妄干天位,而贪权势以启忮人之衅矣。义恭以有功居百僚之上,诚危矣;而远嫌以消疑忌,固无难也。自谢不敏④,翩然而去之,养疾丘园,杜口朝政,则于以自全焉有余矣。而何事导君以残刻,而己为不仁之俑哉⑤?

【注释】

①丁:遭逢,遭遇。

②孔子之所以解匡围:指孔子自宋国前往陈国,经过匡地,因为阳虎曾施暴于匡,而孔子貌似阳虎,匡人将其围困五日。弟子们害怕匡人对孔子不利,而孔子却说,天下斯文未丧,匡人不能将我们怎么样。最终,匡人解甲而去。事见《史记·孔子世家》。

③出乎圣,即疾入乎狂:语本《尚书·多方》:"惟圣罔念作狂,惟狂克念作圣。"意思是如果圣人无法克制妄念,就会变成癫狂之人;如果癫狂之人克制妄念,也可以变为圣人。

④自谢不敏:指以自己不才为由进行推辞。

⑤不仁之俑:语本《礼记·檀弓下》:"孔子谓为刍灵者善,谓为俑者不仁,不殆于用人乎哉。"意思是孔子认为用草扎成的人、马进行陪葬是好的,而作人俑陪葬则为不仁,因为其与人太像,实则并无二致。

【译文】

有人说:遇到凶恶残暴之人,遭逢不好的运气,不把可以制约自己的权力授予异姓之人,而由自己掌握这种权力、承担这种责任,这样就可以将祸患消泯于无形中,这也是善于审时度势的人所从未废弃的方法啊!

假使不这样做,而把团结忠实至亲之人、稳固根本的说辞进献给君王,引起其猜忌,则不但不能挽救当时的形势,最终也会祸害自己,这怎么能行呢?回答是:身为君子面临这种情况,固然有合乎道理规范的处理方法。在事情紧急之时,要镇静安稳地对待,就像大禹面对洪水时所采取的态度一样。在形势危急之时,要沉着冷静地应对,就像孔子解决被匡人围困时的危机一样。圣人难道真有什么异于常人的特殊禀赋吗?一旦圣人无法克制妄念,就会迅速进入癫狂的境地。刘义恭变得癫狂,就在于不能沉着冷静地去衡量事物的利弊,不能巩固自己所依赖的根本。孝武帝生性多猜忌而缺少恩德之心,刘义宣之流虽然缺乏自我约束,但也并非必然会觊觎皇位,但他们贪夺权势,给了凶狠嫉妒之人发难的由头。刘义恭虽然凭借拥立之功位居百官之上,其处境确实危险,但他要远避这些是非、消除君王对自己的猜忌,本来也并不困难。他只要以自身缺乏才干为理由辞官,然后从容离开朝廷,在乡野园林之中养病,闭口不谈及朝政,那么他就完全能够保全自己的性命。为什么非要去引导君主做残忍刻薄的事,而让自己成为不仁不义的始作俑者呢?

　　主自疑也,吾自信也,诸王自竞也,吾自静也。或有闻风而相效者,则宗族以保,而帝亦且消其猜防骨肉之邪心。其不然也,为孝武献残忍之谋者,岂伊无人,而我处无咎之中,不已裕乎①?唯其欲为功以固荣宠也,而违心以行颠倒之政,引君以益其慝,敛众怨以激其争,而后天理亡,民彝绝,国亦以危矣。身虽苟免,其喙息亦何异于禽兽哉?其究也,逃孝建、大明之网罗②,翱翔百僚之上,而终授首于子业,狂者之自毙也,未有免者也。道二:仁与不仁而已矣③。一念之贪,天理之贼,圣狂之界也。

【注释】

①裕：从容。

②孝建、大明：分别为宋孝武帝的第一个年号(454—456)和第二个年号(457—464)。

③道二：仁与不仁而已矣：语出《孟子·离娄上》："孔子曰：'道二，仁与不仁而已矣。'"意思是孔子说无论是做人还是治国，其实只有仁义和不仁义这两种选择。

【译文】

如果君主怀有猜疑之心，那么我自身就应该怀有相信自我的忠贞之心。如果诸王互相争斗，那么我自身就应该恬淡守静。宗室诸王中或许会有人听闻我的举动而加以仿效，则宗室就可以得到保全，皇帝也会因此而消弭猜忌防范自己骨肉兄弟的邪心。即使宗室中没人效仿我的举动，难道就没有其他人会向孝武帝提出残害诸王的计谋吗？如果是别人提出残害诸王的想法，而我却没有任何的过失，这样不也可以让自己安然从容吗？刘义恭之所以向孝武帝献策削除诸王，实则是想以此作为功劳，从而巩固自己所受的尊荣与宠信，于是违心地做出这种颠倒善恶是非的事情，引导君主变得更加奸邪，引发众人的怨恨并激起纷争。此后天理消亡殆尽，民众本应遵守的人伦道德丧失，国家也因此处于危亡之中。他自身虽然苟且免于一死，可是如此苟延残喘，又和禽兽有什么区别呢？他最终虽然逃脱了孝武帝的罗网，凭借功劳位居百官之上，但终究还是丧命于前废帝刘子业之手。癫狂之人终究会自取灭亡，没有人能够幸免。道路无非两条，一是仁道，二是不仁之道。一旦在转瞬间萌生贪念，便会成为破坏天理的奸贼，圣人与狂人的区别就体现在这里。

二　魏先杀太子之母

拓拔氏将立其子为太子，则杀其母，夷狄残忍以灭大伦,亦至此哉!然其后卒以未杀之淫姬擅国而召乱以亡^①,徒以椓杙天性而无救于亡^②,何为者邪?且夫母后者,岂特不可杀,而亦不必过为防者也。周之过其历也^③,化始于《关雎》^④,琴瑟钟鼓,唯是乐以友之,而内治修、国政不紊。彼为圣王之化,不可及矣。虽不及此,取供祭祀奉皇天先祖之伉俪而视之如仇雠^⑤,是可忍也,亦孰不可忍也!将必如浮屠氏之尽弃家室而后可治也邪^⑥?

【注释】

①淫姬擅国而召乱以亡:指孝明帝即位后,其生母宣武灵皇后胡氏被尊为皇太后,临朝听政。孝明帝死后,胡氏又立年幼的元钊为帝,再度临朝。其为人淫乱,尔朱荣发动河阴之变时,将其与幼主一并弑杀。事见《魏书·皇后列传》。

②椓杙(zhuó yì):本义指捶钉木桩,比喻摧残、打击。

③周之过其历:指周朝的统治时间超过了按卜筮推算的时间。成王定鼎郏鄏时,曾卜算周王朝将会历经三十世君主,有七百年的王朝命数。事见《左传·宣公三年》。

④《关雎》:指《诗经·周南·关雎》。《毛诗序》曰:"关雎,后妃之德也,风之始也,所以风天下而正夫妇也,故用之乡人焉,用之邦国焉。"

⑤伉俪:夫妻。

⑥浮屠氏:佛门子弟,佛教徒。

【译文】

　　北魏拓跋氏的君主准备册立自己的儿子为太子之时,就会先杀掉太子的母亲,以免她未来干政。夷狄残忍而灭绝人伦,竟然到了如此严重的地步!然而北魏拓跋氏终究还是因为没能杀掉淫乱的宣武灵皇后

胡氏而致使她擅权,并最终招致国家的动乱灭亡。夷狄白白地戕害天
性而无助于挽救国家的危亡,那样做究竟是为了什么呢? 对于太子的
生母,不仅不能将她杀害,实际上也不必对她加以过度防范。周朝的统
治时间超过了按卜筮推算的时间,最初就始于《关雎》所表现的后妃之
德,只用琴瑟钟鼓之乐来陶冶情志,培养妇礼妇德,则宫廷内的秩序便
得以变得和谐,国家政事也不会因此陷入混乱。圣王所采取的教化政
策,拓跋氏是难以企及的。虽然他们做不到如此地步,但将上承皇天先
祖、位于祭祀供奉之列的太子母后视为仇敌,如果这都能被容忍,还有
什么是不能容忍的呢? 难道一定要像佛教徒那样彻底抛弃家室才能治
理好国家吗?

　　内教之修尚矣^①,迪之以阴礼^②,而可使见德;统之以妇
职,而可使见功。夫妇人亦犹是人也,无所见其功德,而后
预外事以为荣。故先王勤饬以躬桑渍种之仪^③,劝奖以亚献
馈笾之礼^④,有余荣焉。虽乐于自见之哲妇,亦不患其幽闶
深宫如圈豚笼鸟之待饲^⑤,而其志宁矣。其次,则后族虽贤
弗任也,内竖之服勤于宫中者弗庸也^⑥,大臣得箴其举动^⑦,
嗣子不托以匡扶,制之之道,亦岂无术,而必以为患哉? 不
然,人主六御在握^⑧,方将举天下之智勇而驭之,取草泽之
雄、夷狄之狡而制之,匹夫亦有一匹偶^⑨,而惴惴然唯恐戕我
国家也,不亦陋乎!

【注释】

①内教:指对妇女的教育。

②阴礼:指妇女应循守的礼仪。

③躬桑渍种之仪:指古时后妃亲自采桑以劝蚕事以及浸泡种子以

鼓励农事的礼仪。

④亚献馈笾(biān)之礼：指身为后妃需要遵循的祭祀献酒宴飨之礼。亚献，古时祭祀献酒礼，因祭祀时需献酒三次，第二次献酒称"亚献"。馈，饮食之事。笾，古代祭祀宴飨礼器的一种。

⑤闷(bì)：阻隔，断绝。

⑥服勤：担任勤务、劳力等事。

⑦箴：劝告，劝诫。

⑧六御：指天子的车驾。比喻天子之权。

⑨匹偶：配偶。

【译文】

对妇人进行教育极为重要，用妇人之礼启迪引导她们，可以使她们自见其德并加以遵守。把妇人的职事安排给她们，可以使她们有展现自身功劳的机会。妇人也是人，如果不能追求功劳和德行，那她们就会操持外朝政事并以此为荣。所以先王勤于令后妃亲自采桑以劝蚕事、浸泡种子以鼓励农事，通过祭祀献酒宴飨之礼劝勉鼓励她们，使其能与自己一同享有尊荣。这样即使是乐于表现自己、擅长谋略的妇人，也不用担心自己深处幽宫之中，如同圈中之猪、笼中之鸟一般等待饲养而毫无尊严，她们的心志也会因此安宁。另一方面，凡是后妃的亲族，即便是贤能之人也不能任用；凡是在后妃身边操持勤务的宦官，也都不能予以任用，而大臣要能够对后妃的言行举动加以规谏，皇帝也不能让后妃负责匡扶继承人。所以难道会没有合理的方法来管控、约束后妃吗？何必一定要将她们当作祸患来处置呢？如果不能这样做，则君王统御天下、大权在握，正要搜罗天下的智勇之士而加以驾驭，制服来自草莽的英雄以及夷狄中的狡猾强势之人，连匹夫都有自己的配偶，身为君主却还提心吊胆地唯恐后妃危害自己的国家，这不也太粗俗鄙陋了吗？

拓拔氏不足诛者也，有天下者，非猜而钳之，则昵而纵之。道二：仁与不仁而已，非取法于齐家之圣化，亦惆怅而不得其术也。

【译文】

尽管如此，拓跋氏的罪行也不值得诛戮。历来拥有天下的帝王，对于后妃，不是因猜忌而加以钳制，就是因过度亲昵宠信她们而使其肆意放纵。道路无非两条，一是仁道，二是不仁之道。如果不能效法圣人有关治家的圣明教化，也就只能白白惆怅而无法找到恰当的应对后妃问题的办法。

三　减死罪者充卒戍边

源贺请减过误入死罪者充卒戍边①，拓拔濬从之②，而奖贺曰"一岁所活不少"，是也。又曰"增兵亦多"，则乱政也，拓拔氏自此而衰矣。兵者，宗社生民所倚以为存亡生死者也。古者寓兵于农，兵亦农也。王者莫重乎农，则莫重乎兵，于《风》有《东山》焉③，于《雅》有《杕杜》焉④，相与劳来而咏歌之⑤，如此乎其贵之也。后世召募兴，而朴者耕耨以养兵⑥，强者战守以卫农，相为匹而不相下，坐食农人勤获之粟而不以为厉农，其有功则立朝右，与士伍而不以为辱士，抑如此乎其重之也。乃使犯铁锧之刑⑦，为生人所不齿者，苟全其命，而以行伍为四裔之徒，则兵之贱也，曾不得与徒隶等，求其不厌苦而思脱、决裂而自恣、幸败而溃散者，几何也？兵贱则将亦贱矣，授钺而专征者，一岸狱之长而已⑧，廉耻丧，卤掠行⑨，叛离易于反掌，辱人贱行者之固然，又何怪焉？

【注释】

①源贺(407—479)：原名秃发破羌，太武帝赐名源贺，西平乐都(今青海乐都)人，鲜卑族。北魏时期名将。初仕南凉，亡国后随众投降西秦，后又逃往北魏，得到明元帝拓跋嗣赏识。太武帝拓跋焘即位后，屡立军功，拜平西将军，封西平公。拓跋焘为宗爱所弑后，他积极参与诛杀宗爱和迎立皇孙拓跋濬的行动。拓跋濬即位后，他曾向拓跋濬谏言恕死囚之罪而使之徙边，得到拓跋濬的采纳和夸奖。传见《魏书·源贺列传》《北史·源贺列传》。

②拓拔濬(440—465)：代郡平城(今山西大同)人，鲜卑族。北魏王朝第五位皇帝，太武帝拓跋焘长孙。聪明敏达，风仪异常。因中常侍宗爱杀拓跋焘而立南安王拓跋余，殿中尚书源贺、南部尚书陆丽等诛杀宗爱，立拓跋濬为帝。在位期间实行与民休息之策，曾巡幸中山、河西诸地，检察吏治，垦殖田亩，捐除杂调；恢复佛教，准沙门统昙曜奏设僧祇户、佛图户；诏令皇族、王公及士民不得与百工、伎巧、卑姓为婚；遣使与南朝互通友好，北击柔然。传见《魏书·高宗纪》。

③《东山》：指《诗经·豳风·东山》。《毛诗序》曰："《东山》，周公东征也。周公东征三年而归，劳归士。大夫美之，故作是诗也。"朱熹也认为此诗是周公为慰劳东征归来将士所作的一首诗。

④《杕(dì)杜》：指《诗经·小雅·杕杜》。《毛诗序》曰："杕杜，劳还役也。"认为这是为慰劳戍役归来的士兵而创作的诗歌。

⑤劳来：以恩德招徕。

⑥耕耨：耕田除草，泛指耕种。

⑦铁锧(fū zhì)：古代斩人的刑具。借指腰斩之罪。锧，垫在下面的砧板。

⑧岸狱：监狱。

⑨卤掠：即掳掠。

【译文】

北魏的源贺请求减免由于过错而被判死罪之人的刑罚，令他们充军戍边，文成帝拓跋濬听取了他的建议，并夸奖他说"在一年之中保全了不少人的性命"，这话说得很对。同时文成帝又夸奖说"边防的守卫兵力也因此增加了许多"，这就是扰乱国政的话，北魏拓跋氏自此就走向了衰落。军队是国家赖以保护宗庙社稷和百姓的力量。古时采取寓兵于农的政策，士兵也是农民。君王把农业生产看得比什么都重要，也意味着把军队看得比什么都重要，故而在《诗经·国风》中有《东山》之篇，《诗经·小雅》中有《杕杜》之诗，都是劝勉、慰问士兵时所咏诵吟唱的诗歌，说明当时对士兵是如此珍视、尊崇。后世募兵制度兴起，让质朴之人从事耕种以养兵，让身强力壮之人从事作战以保卫农耕，使他们在功能上相互匹配、补充，其重要性不分上下。士兵们坐食农人辛勤劳作收获的粮食，世人并不因此认为他们损害了农民的利益；士兵中的有功之人得以入朝为官，与士人为伍，而士人也不感到羞辱，由此可见当时也是非常重视士兵。然而让犯有死罪且被一般人所看不起的罪犯保全性命，成为军队中的一员，把参军看作等同于将罪犯流放边远之地的惩罚，那么士兵地位之卑贱，就连刑徒奴隶都比不上了。想让这样的士兵做到不因为畏惧艰苦而想着逃跑，不因为纪律松弛而肆意妄为，不因为偶尔失败就溃逃离散，又有几个人能做到呢？士兵的身份低贱则将帅的身份也会卑贱，将帅被授权领兵出征，俨然成了一个监狱长，如此则军队廉耻之心丧尽，会公然干出掳掠百姓的行径，反叛投敌则易如反掌。这是卑贱之人本就拥有的特性，又有什么奇怪的呢？

夫兵，惟其精也，不惟其多也。士皆千金之士，将专阃外之尊，为国干城，一旅而敌百万。乌合之众，罪人无行，苟免而无惭，虽多何补哉？若以矜全过误而贷其命，则有流放之辟在焉。贺之说，涂饰以为两得，而不知其馁国之神气以向于衰也。后世免死充军,改流刑为佥伍①,皆祖贺之术,而建之为法;行之未久而武备堕,盗贼夷狄横行而无与守国,夫亦见拓拔氏之坐制于六镇而以亡也乎!

【注释】

①佥伍:指发签证调参军。佥,同"签"。

【译文】

兵士贵在精锐而不在数量众多。如果兵士皆为精兵,将帅领兵在外具有崇高的威望和权力,将士都愿为国而战,那么仅一旅军队就可以匹敌方百万之兵。如果军队中都是些乌合之众,原本身为罪犯而品行不端,被免一死后也毫无羞愧之感,如此则即便拥有再多的士卒又有什么用呢?如果怜惜因过错而被叛死罪的人,想要保全其性命,那么完全可以将他们改判为流放。源贺的建议,表面上看称得上是一举两得,却不知此法大大伤害了国家的元气根本,从此使北魏走向衰亡。后世实行免死充军政策,将流放之刑改为充军,都是效法源贺的方法,并发展成了固定的制度。这种制度实行不了多久就会导致国家武备废弛,军队在盗贼与夷狄横行的情况下无法守护自己的国家,后世难道没有看到北魏受制于六镇而最终走向灭亡的惨象吗?

四　孝武宠近臣以间大臣

自魏、晋以来至于宋大明之世①,而后权移于近臣。戴法兴、戴明宝、巢尚之皆赐爵掌中书事②。前此者,权归大臣,天子虽有所宠信而不能伸,孝武以疑忌行独制,义恭等畏祸以苟全,于是而其法始变。春秋之季,世卿执国,非其族属,则谓之嬖大夫③。以孔子之圣,位至下大夫而止④,弗能为卿也。魏、晋以后,流品重,世族兴,而非门阀以进者,谓之幸臣;即人主之所委任,弗能登之三事也⑤。乃以其时考之,春秋篡弒相仍,晋、宋权臣继攘,上用一人,而下远之也若将污己,雠之也若不两立,人君孤立,而兴废死生不能自保。盖嬖幸之名立,以禁锢天子之左右,流俗之稗政,夺攘之祸媒也。

【注释】

①大明:宋孝武帝刘骏的第一个年号,使用时间为 457—464 年。

②戴法兴(414—465):会稽山阴(今浙江绍兴)人。南朝宋大臣。年少时家贫,但为人好学勤勉。初为吏传署,入为尚书仓部令史。元嘉末年,跟从武陵王刘骏讨伐刘劭。刘骏即位后,任南台侍御史,兼中书通事舍人,专管内务,权重当时。后出侍东宫,凡选授、迁转、诛赏之事皆得参预。前废帝即位后,迁越骑校尉,凡诏敕施为、尚书事务,都出于其手。后有宦官进谗言说人们都称其为"法兴真天子",遂被免官赐死。传见《宋书·恩倖列传》《南史·恩倖列传》。戴明宝(? —477):南东海丹徒(今江苏镇江)人。南朝宋大臣。元嘉末年,与戴法兴同为南中郎典签,跟从武陵王刘骏讨伐刘劭。刘骏即位后,与戴法兴并为孝武帝所宠信,权重当时,家产累千金。明帝初年,四方反叛,因其屡经戎事,被委任为前军将军,晋爵为侯。顺帝初年,拜太中大夫,病卒。传见《宋书·恩倖列传》《南史·恩倖列传》。巢尚之(? —471):鲁郡(今山东曲阜)人。南朝宋大臣。出身寒微,但颇有学识。因通晓文史,为宋孝武帝刘骏所赏识,为东海国侍郎,兼任中书通事舍人。孝武帝推行官制改革后,逐渐形成了中书通事舍人掌控中枢机要事务的局面,巢尚之为孝武帝重用,参与中枢机要事务的处理和商议,执权日久,威行内外。前废帝即位后,被解除

中书通事舍人之职。宋明帝即位后,重新担任中书通事舍人。传见《宋书·恩倖列传》《南史·恩倖列传》。

③嬖大夫:官名,下大夫的别称。

④位至下大夫而止:语本《论语·乡党》:"朝,与下大夫言,侃侃如也;与上大夫言,訚訚如也。"意思是孔子与下大夫侃侃而谈,而与卿大夫说话态度极为尊敬。由此可见孔子当时与下大夫地位相当。

⑤三事:指三公之职。三公在不同时期所指有所差别,但均为当时地位最尊显的三个官职的合称。

【译文】

自魏、晋以来一直到刘宋,尤其是到孝武帝大明年间以后,权力逐渐转移到近臣手中。当时的戴法兴、戴明宝、巢尚之都被赐予爵位并执掌中书,参预机要。在此之前,权力归世家大臣所掌,天子即使有宠信亲近之人也不能随意加以任用。孝武帝因为有猜忌之心,自己独自施行一套制度,刘义恭等人因担心祸患降及自身而采取苟且偷生的态度,于是原来的国家权力分配体系与方法发生变化。春秋时代,卿大夫世代执掌国政,不是依照亲族血缘而任官的,则被称为嬖大夫。即便是孔子这样的圣人,他的官职最高才到下大夫,不能担任卿大夫之官。自魏晋以后,官员的任职开始注重流品地位,世家大族的力量兴起,并非世族门阀出身而任官的人,则被称为幸臣。即使是当时君主所信赖、委任的官员,也不能够位居三公要职。根据当时的情况来考察,春秋之时篡权弑君之事相继发生,晋和刘宋之时,权臣也不断篡夺权力。君王若是要任用一个人,那么下边的人都会对他敬而远之,仿佛生怕被他牵连玷污,都会仇视他,仿佛仇敌般势不两立。这样就使得君主身处孤立的境地,如此则君主的皇位和自身的生死也难以得到保证。大概所谓嬖大夫、幸臣名目的确立,就是为了禁锢天子身边人所拥有的权力。这是被流俗所裹挟的不良政治风气,会成为权臣夺权干政的祸源。

然而为人主所亲幸者,率多邪佞贪谗,导君于恶,而弄威福以雠奸利,卒不能收一人之用可恃为股肱者,何也?物之所贵,因而自贵者,道也;物之所贱,因而自贱者,机也。丰年谷贱而多荑稗,陂泽鱼贱而多臭腐①,物论之所趋,物情之所竞,而物理之所緜以良楛②,必然之势也。九品之外无清流,世族之外无造士③,于是而不在此数者,知不足以应当世之宠光,颓然自放而已。其慧者,又将旁出歧趋以冀非分之福泽④。故天子欲拔一士于流品之外,而果无其人。即有明辨之智,干理之才,喻利焉耳⑤,稔恶焉耳⑥。于是而天下后世益信孤寒特起之士果为佞幸,适以破国亡家而不可用;亦恶知摧抑而使习于污下者,虽有才智不能自拔也。

【注释】

①陂泽:湖泽。

②楛(kǔ):粗劣的,粗制滥造的。

③造士:指学业有成就的士子。

④歧趋:不同的趋向,此指歪门邪道。

⑤喻利:重利,谋利。

⑥稔恶:丑恶,罪恶深重。

【译文】

然而那些被君主所宠幸任用的人,大多都是奸邪贪鄙的小人,他们引导君主作恶,作威作福以实现自己的奸计、满足一己私利,最终没有一个能成为君主所依赖的肱股之臣,这是为什么呢?被外界所珍视的事物,自身也会因外界评价而抬高自己,这符合道理;而被外界所轻视鄙夷的事物,自身也会因外界评价而自我贬低,这也是合乎时宜的。丰收之年粮食充足故而价格低贱,其中荑稗这样的野谷也多;池塘之中鱼的数量多故而低贱,其中腐臭之鱼也不少。舆论的趋向,外界情感的投注,会影响事物自身优劣变化的机理,这实际上是必然的趋势。九品中正制度下,九品之外没有清流之人,世家大族之外没有学业有成的人才,如此则不在此列之人就会知道自己不能够得到当世的荣宠,因而感到颓丧从而放纵自己。其中聪慧机敏之人,就会去找歪门邪道,以求得到他本不应该得到的福泽荣宠。因此天子要想在流品之外选拔一位人才,还真就找不到这样的人。即使有明辨的智慧、干练的才能,也难免会形成谋利恶习,熟悉并沾染种种罪恶。所以后世的人们愈加相信身处孤苦寒门且忽被拔擢之人,真的是佞幸之人,他们只能最终导致国破家亡而不能被加以任用。然而他们又哪里知道采取这样的压制政策,会使这些人常处于污浊下流,即便真的怀有才智也不能被加以拔擢任用。

故人主之好尚,不能不随风俗以移,而圣王崛起,移风易俗,抑必甄陶渐渍之有日①,而不可旦夕期其速革。孝武以近臣间大臣而终于乱,非天子不可有特用之人,其驯致之者②,无以豫养之也。

【注释】

①甄陶:化育,培养造就。渐渍:浸润,此指渍染,感化。

②驯致:逐渐达到,逐渐招致。

【译文】

因此,君主所喜好和崇尚的东西,不能不随着世风时俗而变更。因此圣明的君主崛起后,常采取移风易俗的手段,但这需要长期的培养熏陶来使人们逐渐被感化,而不能期望在短时间内完全革除过去的弊病。孝武帝任用近臣以疏远大臣,最终导致动乱。并非是说天子不能有特别任用之人,而是说虽然孝武帝顺应情势逐渐招引来戴法兴等人,但并没有预先对他们进行培养来使之足以承担其职任。

五 孝武削制诸王

一动而不可止者,势也。太上以道处势之先,而消其妄,静而自正也。其次坦然任之,不得已而后应,澄之于既波之后,则亦可以不倾。元凶造逆,天下同雠。孝武援戈而起,以臣子而恤君父之惨,行戮兄弟而非忍,夫孰谓其非正者?然而诸王拥方州以自大,义宣反于江州,诞反于广陵[①],休茂反于襄阳[②],乘之以动而不可止,于是而孝武之疑忌深矣。削之制之,不遗余力,而终莫能戢。嗣子虽不道[③],而祸速发于同姓之操戈。垂及明帝,杀戮逞而刘宗遂亡。波涛触乎崖石,逆风而欹薄[④],亦至此哉! 揆厥所繇,不可谓非孝武之师先之也。

【注释】

①诞:指刘诞(433—459)。字休文,彭城(今江苏徐州)人。南朝宋宗室大臣,宋文帝刘义隆第六子。初封广陵王,后改封随郡王。参与元嘉北伐,立有战功。宋文帝遇弑后,起兵讨伐刘劭,并支持宋孝武帝即位。其后又参与平定南郡王刘义宣叛乱,功劳卓著,地位尊崇,因此引发孝武帝猜忌。后坐罪贬为侯爵,于广陵起兵叛变,结果兵败被杀。传见《宋书·文五王列传》《南史·宋文帝诸子列传》。

②休茂:指刘休茂(445—461)。南朝宋宗室大臣,宋文帝刘义隆第十四子。初封海陵王,宋孝武帝即位后,为使持节、北中郎将、宁蛮校尉、雍州刺史。因不满司马及典签专断府事,被人诬陷,遂

在襄阳举兵叛乱,诛杀司马、典签。后为部下参军所杀。传见
《宋书·文五王列传》《南史·宋文帝诸子列传》。

③嗣子:指前废帝刘子业。

④歕(pēn):同"喷"。

【译文】

一旦动起来就难以止息,这就是所谓的形势。圣明的皇帝能在形势变化之前就想好符合事物发展规律的应对之道,从而消除祸患,镇定自若地将此拨乱反正。水平稍低一点的君主,坦然面对形势的发展,在形势发生变化之后采取行动,荡浊扬清,使得形势发生扭转,这样也能使国家不灭亡。刘劭谋乱之时,天下对他同仇敌忾。孝武帝乘机起兵平逆,他身为臣子而体恤君父惨遭杀害的悲惨,诛杀骨肉兄弟却并非出于残忍,如此做难道会有人说他行为不正吗?然而地方诸王各据方州而扩大自己的势力,刘义宣反叛于江州,刘诞反叛于广陵,刘休茂反叛于襄阳,他们乘机发起动乱而不可制止,于是进一步加深了孝武帝的猜忌之心。此后,孝武帝便采取各种办法,不遗余力地削弱、限制地方诸王的势力,但是最终也没能使皇族内部的斗争平息下来。前废帝刘子业虽然不行仁道,但祸患却是因刘氏皇族之间的相互争斗、杀戮而加速的。这种情势发展到明帝之时,皇族间的相互杀戮越发残酷,而明帝最终被弑杀,导致刘氏王朝覆灭。波涛迫击岸石,然后逆风喷薄,一动而不可止,回荡愈烈。混乱残杀而不息,竟也到了如此的程度啊!推测其根源,不能不说是孝武帝讨伐刘劭之师开启了骚乱的先河。

夫孝武之师,动以正也。乃一动而不可止,卒以倡乱者,岂谓其不宜县逆劭之首于都市哉?度之于先,而与物相安以息争也,固有道矣。义兵之至建业也,劭将授首,君父之怨释,臣子之职亦庶几尽矣。乃以次,则非长也①;以望,

则不足以服人也；于此顿兵于宫阙，正告诸王曰："吾之决于称兵也，以君父不忍言之惨，古今不再见之祸也。今元凶已伏诛矣，孤岂忍有利天下之心？以齿以德，必有所归，社稷不可以无主，吾将与诸王奉之。"使众意他有所属，臣子之道尽，虽不为天子而志已遂矣。如臣民以功而不我释与？抑引咎含哀，不得已而受命，推怵惕之忧②，厚抚诸父昆弟，以广先君之爱。则天下既服其仁，而抑知大位之不可以力争也。天下定矣，乃听义恭之谄，元凶未斩，而先即位于新亭。然则起兵也，非果有割肝裂胆之痛，而幸兄弟之逆以获大宝也。波自我扬，而欲遏之也，得乎？

【注释】

①则非长也：孝武帝刘骏在文帝诸子中排行第三，刘骏称帝时，文帝的长子刘劭尚在建康，次子刘濬也还在人世。孝武帝称帝后才进兵将刘劭诛杀，刘濬不久也被刘义恭斩杀。

②怵惕：警惕戒惧。

【译文】

孝武帝讨伐刘劭的军队，发动的目的是要平乱灭贼，以正义之名兴师讨逆。但自他起兵之后，天下骚动不止，最终导致了祸乱。难道说他不应该杀掉逆贼刘劭并将其头颅悬挂于都市示众吗？在局势变化之前就仔细考虑对策，从而保证各事物相安一处并最终平息纷争，这才符合事物发展的规律。孝武帝的大军兵临都城建康，刘劭即将被杀，此时对孝武帝而言，他心中的君父被杀之仇已然释解，而身为臣子也基本上尽到了应尽的责任。然而就以兄弟之间的排行来说，他并非此时最为年长的；就威望而言，他也不能够尽收人心。如果此时在皇宫门前罢兵，并向诸王郑重宣告："我之所以决定起兵，是因为君父蒙受了难以言说的悲惨遭遇,国家遭遇了古今从未有过的祸患。现今谋逆的元凶已被斩杀,我怎么能够忍心有贪夺天下的想法呢? 按照长幼排序,按照功德威望,一定会有人适合做君主。江山社稷不能够没有君主,我将和诸王一起为新君效力。"假使在人们心中帝位另有所属,那么他身为臣子的责任也已然尽到,即使没有成为天子,也会感到心安理得并如愿以偿。如果臣民因为刘骏的功劳而不愿意放过他、非要他做皇帝不可呢? 那也应该心怀愧疚和哀伤,出于不得已而受命为君,保持警惕戒惧,殚精竭虑,厚待自己的叔、伯父和兄弟,广布先君的恩德。如此,则天下之人也就会被其仁义所折服,同时也知道其所居有的大位,别人是不可以争夺的。然而孝武帝却在天下初步安定之后,听信刘义恭劝进即位的谗言,在诛灭刘劭之前就在新亭宣布即位。如此看来,他起兵之时并非真有割肝裂胆的哀痛,而是庆幸兄弟谋逆,想趁此机会自己夺得皇位。自己在骚乱未息之时又扬起了新的风波,却想要阻止接下来的动荡,难道可以做到吗?

　　既急于自立而莫能待矣,则抑可自信曰:均为臣子,而诸王偃蹇于逆劭之世①,我既诛贼子而得之,人情所归,非我贪也。有谅我者,其知顺逆者也,不足虑也;其横逆而逞者,狂飙之拂水而已,怀之以恩,而尚不可革,天下臣民,自不迷于向背,夫孰与我为敌者? 坦然无惧于彼,而不轨者之意亦消。即有妄动之狡童②,而义诎援孤,亦不崇朝而沮丧矣。乃孝武忮人也,甫一践阼,而杀其弟铄,视诸父昆弟若人可为己之为,而削夺禁制以亟掣曳之,夫而后告诸王以不自保之情,启其觊觎,徒树荆棘于寸心以相捍御,非能御也,教之而已矣。及身三叛,而嗣子速亡,不亦宜乎! 呜呼! 以忠孝始,以恶缩终③,怀恶缩于心,启戈矛于外,惜哉! 孝武有仁孝之资,而自流于薄恶,天子之位,犹可猎也,孝子之实,不可袭也④,反诸中而不诚,居之不安而卒于乱,乱其可止哉!遏之乃以扬之,得免于及身之戮,幸矣。

【注释】

①偃蹇:安卧。此指无动于衷、袖手旁观。

②狡童:指霸占一方的割据者。

③恧缩:惭愧而畏缩。

④袭:触及。

【译文】

　　既然刘骏急于自立为君而不能等待,那么他也可以自信地说:天下之人与我一样是文帝的臣子,诸王在刘劭谋逆之时都无动于衷、袖手旁观,我通过诛杀谋逆之人从而得到了天下,我成为君主,是天下人心所归,并非我贪心于帝位。对此体谅之人,是懂得顺逆之理的人,自然不必担心。那些叛逆违背我以图逞凶作恶的家伙,只不过是像暴风拂过水面一样暂时引起动荡,用恩德对待他们,即使不可能完全改变他们的丑恶本性,天下的民众也自然对此看得清楚,必然不会被其迷惑而趋之若鹜。如此,则还有谁能与我为敌呢? 坦然面对心怀不轨的人而不忧虑恐惧,那么心怀不轨之人的邪念也自然消弭。即使有欲图轻举妄动、称霸一方之人,也必然会因和正义背道而驰而势孤力单,在瞬息之间就会招致失败。可孝武帝是个凶狠猜忌的人,他刚一即位,就杀掉了自己的兄弟刘铄,把同为骨肉兄弟的诸王看成是为所欲为且意图谋篡的乱臣贼子。于是他削夺诸王的权力并对他们加以迫害压制,期望迅速将其制服。他的这些举动等同于告诉诸王自己不能自保的境况,从而引发了他们觊觎帝位之心。这就像是在自己心中树立荆棘以求抵御诸王的势力,实则并不能加以抵御,反而等于教唆他们谋逆。孝武帝在位期间,诸王的反叛行为就发生过三次,而其子前废帝即位后也迅速死于诸王之手,这不是合乎事态发展的规律吗? 唉! 孝武帝以忠孝之心起兵平逆，却以惭愧畏缩之心而告终。内怀惭愧畏缩之心，却又对外开启新的纷争，真够令人惋惜的啊！孝武帝具有仁孝的天资，却甘愿自己流于刻薄邪恶。天子的位置可以猎取，仁孝的美好品德却无法触及。内心中怀着不诚之情，身居大位而心怀猜忌，最终导致了祸乱，此种祸乱难道可以平息吗？遏制旧的祸乱就会扬起新的祸乱，孝武帝能免于杀身之祸，已经算是幸运的了。

六　张岱一心可事百君之说惑人心坏风俗

　　张岱历事宋之诸王①，皆败度之纨袴也，岱咸得其欢心，免于咎恶，而自诩曰："吾一心可事百君。"夫一心而可事百君，于仕为巧宦，于学为乡原。斯言也，以惑人心、坏风俗，君子之所深恶也。晋、宋以降，君屡易而臣之居位也自若，佐命于乱贼而不耻，反归于故主而不怍，皆曰：吾有所以事之者也。廉耻荡而忠孝亡，其术秘而不敢自暴，岱乃昌言之而以为得计。呜呼！至此极矣！

【注释】

①张岱（414—484）：字景山，吴郡吴县（今江苏苏州）人。南朝大臣。早年为诸王府僚佐，历任临海、章郡、晋安三王府咨议，自言一心可事百君。宋后废帝元徽年间（473—477），为督益宁二州军事、冠军将军、益州刺史。齐高帝时为左将军、吴兴太守，以为人宽恕著名。传见《南齐书·张岱列传》《南史·张岱列传》。

【译文】

　　张岱所事奉的刘宋诸王，都是败坏法度的纨绔子弟，然而张岱却都赢得了他们的欢心，从未受过任何的责备与惩罚。张岱因此自诩说："我凭借着一颗心可以事奉百位君主。"能以一心而事奉百位君主的人，若是做官,就是善于钻营谄媚的官吏;若是求学,就是伪善欺世的伪君子。张岱的这句话,蛊惑人心,败坏世风,是君子们所深恶痛绝的说法。自晋至刘宋以来,君主屡屡更替而大臣却仍居其位,安然自若,不仅不为辅佐祸乱国家的奸贼而感到耻辱,此后再返回以前的君主身旁进行事奉时也毫不觉得惭愧,他们都无所顾忌地说:“我事奉他们各有方法。”这真是廉耻荡尽、忠孝堕亡,这种伎俩一般都隐藏于小人的内心中而不敢向外人透露,张岱却对此直言不讳,自以为得到了随机应变的善策。唉! 真是厚颜无耻至极啊!

　　且夫事君之心,其可一者,忠而已矣;其他固有不容一者也。岱曰:“明暗短长,更是才用之多少耳。”才可以随方而诡合①,遇明与之明,遇暗与之暗。假令桀为倾宫②,将为之饰土木,纣为炮烙,将为之爇炉炭乎③? 故有顺而导之者,有徐而导之者,有正而折之者,有曲而匡之者,心不容一也。若逆天悖道之君,自非受托孤之寄,任心膂之重,义不可去,必死以自靖者,则亦引身以退,而必不可与同昏,恶有百君而皆可事者乎? 则恶有一心以事君,而君可百者乎? 游其心以逢君,无所往而不保其禄位,此心也,胡广、孔光、冯道之心也。全躯保荣利,而乱臣贼子、夷狄盗贼亦何不可事哉? 心者,人之权衡也,故有可事有不可事,画然若好色恶臭之不待图惟也④。苟其有心而不昧,则宋之诸王无一可事者,而百云乎哉? 女而倚门也,贾而居肆也⑤,皆一于利而无不可之心也。故曰:充岱之说,廉耻丧,忠孝亡,惑人心,坏风俗,至此极矣。

【注释】

①随方:依据情势。诡合:不以正道而投合。

②倾宫:巍峨的宫殿。望之似欲倾坠,故称。

③蒻(ruò):烧。

④画然:指分明的样子。好色恶臭:语出《礼记·大学》:"所谓诚其意者,毋自欺也,如恶恶臭,如好好色,此之谓自谦,故君子必慎其独也!"意思是所谓意念诚实,就是说不要自己欺骗自己,就像厌恶难闻气味那样厌恶邪恶,像喜爱美丽的女子一样喜爱善良,这样才能说心安理得。所以君子在一个人独处时必定要谨慎。
图惟:谋划,考虑。

⑤居肆:在店铺里营业。

【译文】

事奉君主之心,只有一种是可以共通的,那就是忠。除了忠心外,其余都不是共通的,不可赖以事奉不同的君王。张岱说:"不过是根据君主聪明还是愚蠢,笨拙还是能干,来改变自己运用才智的程度罢了。"也就是说,个人的才智可以随着君主的情况不同而不按正道地投合其心思,遇到君主贤明则自己就进贤明之策,遇到君主昏庸自己则与之一同昏庸。那么,假使夏朝的桀倾尽府库的财物大建宫室,难道自己就要去为他添砖加瓦吗? 假使商纣王施行炮烙的酷刑,那么自己就要去为他烧炉加炭吗? 所以对于自己所事奉的君主,有的要顺从其命令而加以引导,有的则要缓缓地加以引导,有的要秉持正义当面规劝、指责,有的则要迂回地给予辅佐匡扶,事奉君主所用之心本来就不能够一致。如果碰到的是违背天理法度、人伦纲常之君,臣子若不是身负顾命重托而身居要职,出于道义而不能弃官退去,必定要尽忠效死,那么就应该抽身而退,一定不能够继续事奉他以至变得与君主一样昏暗。如此,则哪里有百位君主都可以事奉的道理呢? 又哪有自己凭借着一颗心来事奉君主,却有百位君主来让其一样事奉呢? 以自己的虚浮不实之心来事奉君主,只要能保全自己的俸禄地位,没有君王是不能事奉的。此种心理便是胡广、孔光、冯道之流的心理。如果仅仅为了保全自身从而获得荣华富贵,那么乱臣贼子、夷狄盗贼,还有哪一个不能事奉呢? 人们是凭借着自己的内心来衡量一切事物的,因此有的君主可以事奉,而有的昏庸之君则不能加以事奉,他们之间的区别是如此明晰透彻,如同容颜的美丑、气味的香臭一样,不需要多加考虑。如果张岱真的良心未泯,则刘宋诸王之中实无一人值得事奉,又哪里谈得上可以事奉百位君主呢? 妓女倚门卖笑,商贾在店铺里营业,他们都是为了一己私利而觉得没什么是不能做的。所以说,张岱的说法若是散布开来,必然导致廉耻之心丧尽,忠孝之心沦亡,最终蛊惑人心,败坏风俗。他真是厚颜无耻至极啊!

七　郡县无擅兴专杀

郡县之天下有利乎? 曰:"有,莫利乎州郡之不得擅兴军也。"郡县之天下有善乎? 曰:"有,莫善于长吏之不敢专杀也。"诸侯之擅兴以相侵伐,三代之衰也,密、阮、齐、晋,莫制之也;三代之盛,王者禁之,而后不能禁也。若其专杀人也,则禹、汤、文、武之未能禁也,而郡县之天下得矣。

【注释】

①密、阮:参见卷十一"晋一三"条注。

【译文】

施行郡县之制对于天下而言有利吗? 回答是:"有利,其有利之处莫过于使得州郡不能再擅自兴兵。"施行郡县之制对于天下有好处吗? 回答是:"有好处,其好处莫过于使得地方长官不敢再专断刑罚杀戮。"诸侯擅自用兵并互相攻伐,使得夏、商、周三代之世日渐衰败,像密、阮、齐、晋诸国，天子都无力控制和管束。夏、商、周三代兴盛之时，圣明君王能禁止地方用兵，但后来就无法禁止了。至于地方官吏专权擅杀，则即使是夏禹、商汤、周文王、周武王也不能彻底禁止，然而天下实行郡县制后，却做到了这一点。

人而相杀矣，诸侯杀之，大夫杀之，庶人之强豪者杀之，是鼋鼌之相吞而鲸鲵之相吸也①。夫禹、汤、文、武岂虑之未周、法之不足以立乎？自邃古以来②，各君其土，各役其民，若今化外土夷之长，名为天子之守臣，而实自据为部落，三王不能革，以待后王者也。至于战国，流血成渠，亦剥极而复之一机乎③！汉承秦以一天下，而内而司隶，外而刺守，若严延年、陈球之流，亢厉以嗜杀为风采④，其贪残者无论也，犹沿三代之敝而未能革也。宋孝武猜忌以临下，乃定"非临军毋得专杀、非手诏毋得兴军"之制，法乃永利而极乎善，不可以人废者也。嗣是而毒刘之祸以减焉。至于唐、宋，非叛贼不敢称兵；有司之酷者，惟以鞭笞杀人，而不敢用刀锯；然后生人之害息，而立人之道存。不然，金、元之世，中国遗黎，其能胜千虎万狼之搏噬乎？

【注释】

①鼋鼌(miǎn)：指蛙类动物。鲸鲵：即鲸鱼。雄鲸为鲸，雌鲸为鲵。
②邃古：远古。
③剥极而复：本指《周易》《剥卦》阴盛阳衰，《复卦》阴极而阳复。比喻物极必反，否极泰来。
④亢厉：严厉。

【译文】

人们之间相互残杀，百姓被诸侯王杀戮，被士大夫杀戮，被平民百姓中的豪强杀戮，就像蛙类动物之间、雄鲸与雌鲸之间相互吞食一样。这难道是夏禹、商汤、周文王与周武王这些圣王考虑不周，所以没能建立完备的规制以防范这种杀戮吗？自远古以来，诸侯各自管辖治理他们的土地，各自役使他们的人民，犹如今日化外之地的夷狄首领，他们名义上是天子的守臣，而实际上是自己占有土地而统领部落。三王在其所处的时代还不能改变这种形势，只能等待以后的君王去改变了。等到战国之时，诸侯相争，血流成河，大概也正是物极必反、否极泰来的一个时机吧！汉代承继秦统一天下，在京城及其周围设立司隶，在外则设刺史守令，像严延年、陈球之流，执法严苛，以嗜杀来显示自己的严酷作风，其余的更加贪婪、残暴的官吏就更不必说了。由此可见，三代时所遗留下来的弊病到汉代时仍未能革除。宋孝武帝怀着猜忌之心统御臣民，于是制定"各地官员若不是在战场上与敌人作战，则一律不得随便专权杀人，没有手诏不得擅自兴兵"的法令，此种制法实在是有万世之利而近乎完善了，不能因为孝武帝个人并非圣明之君就废弃这一制度。自此以后，臣民相互杀戮的惨祸逐渐减少。到了唐、宋之时，地方官员若不是叛贼，就不敢轻易动用军队。那些残酷的官吏，也只是利用鞭笞的刑罚杀人，而不敢动用刀锯来杀人。如此，则祸害百姓性命的行为才逐渐消失，为人的道德才能常存不灭。若不是这样，金、元统治中原的时代，遗留在中原的华夏百姓又怎能抵挡得了夷狄之人犹如千狼万虎般的吞噬伤害呢？

前废帝

【题解】

宋前废帝刘子业(449—465),小字法师,是宋孝武帝刘骏的长子,母为文穆皇后王宪嫄,于元嘉三十年(453)被册立为皇太子。大明八年(464),宋孝武帝驾崩,刘子业即位,改元永光。刘子业荒淫凶悖,滥杀大臣,使得朝廷内外百官皆人心惶惶。他又软禁、迫害宗室诸王,其叔父湘东王刘彧秘密联系刘子业的亲信寿寂之等人,于景和元年(465)弑杀了刘子业。前废帝在位仅一年,死时年仅十七岁。

孝武帝临死前命江夏王刘义恭、尚书令柳元景等人辅政,但到第二年,刘义恭、柳元景等人就因密谋废立而被前废帝杀害。王夫之在本篇中明确反对柳元景等人的图谋废立之举,直斥弑君为天下至恶。这一事件中,沈庆之拒绝蔡兴宗、沈文秀的同谋请求,并及时向前废帝告发,这一举动得到了王夫之的肯定,他赞扬沈庆之尽忠奉国,始终如一,可谓魏晋南北朝之际唯此一人。自汉末董卓以来,权臣废立谋篡之事屡见不鲜,不过是假借伊尹、霍光辅政的虚名来行篡夺之实。沈庆之三朝宿将,面对残暴昏庸的君主自然也可有所行动,废立篡位,然而他为何不做呢?在王夫之看来,沈庆之在进退之间坚守了"抱忠以死"的人臣忠义,而这也是王夫之所一再强调的廉耻之心、君臣道义的体现。

一　沈庆之不从废立之谋杜门待死

沈庆之缚绔以入而收刘斌①,斥颜竣而决诛逆劭②,何其决也!及子业昏虐,柳元景首倡废立之谋③,而庆之发之,蔡兴宗苦说以举事④,沈文秀流涕以固请⑤,而庆之终执不从,坐待暴君之鸩,又何濡耎不断以自毙也⑥!呜呼!六代之臣,能自靖以不得罪于名教者,庆之一人而已。

【注释】

①沈庆之缚绔以入而收刘斌:指刘义隆欲收捕领军将军刘湛及其党羽,连夜召沈庆之入宫。沈庆之认为皇帝夜半相召必有所图,故此以戎装进见。刘义隆果命其收斩吴郡太守刘斌。事见《宋书·沈庆之列传》。缚绔,即缚裤。指扎紧套裤脚管,以便骑乘,泛指戎装。

②颜竣(?—459):字士逊,琅邪临沂(今山东临沂)人。南朝刘宋大臣。初为宋孝武帝抚军主簿,为孝武帝制檄文讨伐刘劭,参与决断军机。孝武帝即位后,为吏部尚书,兼任骁骑将军,留心选举。其后逐渐为孝武帝所疏远,因被告发其与竟陵王刘诞来往密切,意图对皇上不轨,被下狱赐死。传见《宋书·颜竣列传》《南史·颜竣列传》。

③柳元景(406—465):字孝仁,河东解(今山西运城)人。南朝宋名将。自幼习弓骑马,随父攻蛮,以勇敢为人所称。初为江夏王刘义恭召补中军将军。孝武帝时,以平太子刘劭弑逆之功,封巴东郡公,迁侍中、骠骑大将军、南兖州刺史,留卫京师。后受孝武帝遗命辅佐前废帝,官至尚书令。与尚书仆射颜师伯等谋划废前废帝、改立刘义恭为帝,事泄后被杀。传见《宋书·柳元景列传》

《南史·柳元景列传》。

④蔡兴宗(415—472):字兴宗,济阳考城(今河南民权)人。南朝宋
大臣,蔡谟玄孙。其初为彭城王刘义康司徒行参军。孝武帝时,
累迁至吏部尚书。前废帝在位时,与权臣戴法兴等人不合,曾以
前废帝凶暴为由,试图劝说太尉沈庆之、领军将军王玄谟、右卫
将军刘道隆行废立之事,但未被采纳。明帝初年,刘子勋称帝谋
逆时,他劝明帝镇静以对,至信待人,曾谏言明帝勿以重兵迎刘
子勋余众徐州刺史薛安都等,结果明帝不从,薛安都果疑惧降
魏。后受遗命与尚书令袁粲等同辅后废帝。传见《宋书·蔡兴
宗列传》《南史·蔡兴宗列传》。

⑤沈文秀(426—486):字仲远,吴兴武康(今浙江德清)人。南朝宋
名将,沈庆之侄。早年历任抚军参军、安南录事参军、射声校尉
等职。前废帝继位后,出任建威将军、青州刺史,流着眼泪力劝
沈庆之行废立之事,但被拒绝。不久,前废帝被杀,宋明帝继位,
他起兵响应晋安王刘子勋,兵败后向北魏求援,不久又重新归顺
朝廷,并抵挡前来援助的北魏军队。结果城破被俘,被北魏任命
为平南将军、怀州刺史。传见《宋书·沈文秀列传》《南史·沈文
秀列传》。

⑥濡輭(ruǎn):迟疑软弱。輭,同"软"。

【译文】

沈庆之深夜以戎装进宫面见文帝,很快便收夺了刘斌的权力,他贬
斥颜竣并决意诛杀逆贼刘劭,行为是如此的果决!等到前废帝刘子业
昏庸暴虐,柳元景首先倡议、策划废刘子业而另立新君时,沈庆之却向
前废帝告发此事。当时蔡兴宗还苦心孤诣地劝说沈庆之共同举事,沈
文秀也痛哭流涕地向他坚决请求,但他终究还是执意不从,坐待暴君对
自己痛下毒手,他又是何等迟疑软弱、缺乏决断而自取灭亡啊!唉!自
西晋至南朝的大臣中,能够坚持自己的志向而不违背名教道德的,只有

沈庆之一人而已。

　　庆之曰："但当尽忠奉国,始终以之。"又曰："非仆所能行,固当抱忠以没耳。"斯言也,斯心也,抱孤忠以质鬼神而无欺者也。君而不道,天下固将叛之,要亦无可如何者。比干、箕子,岂不能刜纣之首以奉微子哉①?而不尔者,天下之恶无有逾于臣弑其君者。安社稷者,亦以靖乃心耳,如之何其干之!如兴宗之言,取青溪之铠仗②,率攸之辈驱三吴勇士以入,其能容子业使为昌邑王之从容以去乎?宋之社稷且以之而倾,而庆之已允为戎首矣。惧祸杜门,安居而俟命,喷喷之言,岂知庆之之心者哉?死生,命也;国之存亡,天也;己与孝武艰难同起,嗣子败类,而遽以其血染刀剑,天良囧囧于心③,安能与阮佃夫、寿寂之同为逆乎④?

【注释】

①微子:即微子启。商帝乙之长子,纣同母庶兄。因出生时,其母尚未立为正妃,因不得嗣(或说与纣异母,其母贱,故不得嗣),封于微地。见商代将亡,数谏纣王不听,于是出走。周武王伐纣时,他手持祭器前往军门,袒身反缚以告,武王将其宽释,恢复其位。周公东征平"三监"后,他受命代替武庚奉守商祀,被封于宋,为宋国第一代国君。其事见于《史记·宋微子世家》。

②取青溪之铠仗:指蔡兴宗前往劝说沈庆之废前废帝另立新君,他认为殿中将军陆攸之是沈庆之的同乡,而陆攸之正要去东部讨伐逆贼,拥有大量武器,现停留在青溪,可派陆攸之为前锋举兵,则蔡兴宗在朝中接应,大事可成。事见《宋书·沈庆之列传》。

③囧囧:光明,明亮。囧,同"冏"。

④阮佃夫（427—477）：会稽诸暨（今浙江诸暨）人。南朝宋大臣。
元嘉年间为台小吏，孝武帝时召补内监。前废帝即位后，甚为湘
东王刘彧所信待。后与内监王道隆等前杀废帝，立刘彧为帝，官
至太子步兵校尉、游击将军，与王道隆等并执权柄，祸乱朝政，贪
鄙无度。后废帝时，其权任更重，再谋废立之事，事泄被杀。传
见《宋书·恩倖列传》《南史·恩倖列传》。寿寂之：吴兴（今浙江
湖州）人。南朝宋大臣。与阮佃夫等杀前废帝，拥立湘东王刘彧
称帝，封应城县侯。历任羽林监、太子屯骑校尉、南泰山太守等
职，为官酷暴，广纳贿赂。明帝时被免官流放越州，行至豫章时
欲逃亡，被杀。传见《宋书·恩倖列传》《南史·恩倖列传》。

【译文】

　　沈庆之曾说："我只应当尽忠报国，始终如一罢了。"又说："这样的
大事不是我能够做的，事到临头，我也只能怀抱忠贞，一死而已。"他的
此番言论与此种衷肠，他所抱有的孤忠精神，即便是面对鬼神也无所欺
瞒、问心无愧啊。君主不行仁道，天下之人固然会离他而去，这应该也
是无可指责的事情。难道比干和箕子就不能够诛杀商纣王而推奉微子
为新君吗？他们之所以不这样做，是因为天底下的罪大恶极之事没有
比弑君更为严重的了。要安定江山社稷，就应该坚守自己作为臣子的
本心，怎么能触犯弑君之大逆呢？如果真按照蔡兴宗劝沈庆之行废立
之事时所提出的策略，取用青溪的军备，让陆攸之等人率领三吴之地的
勇士攻入朝廷，难道能容许刘子业像西汉昌邑王那样被废后从容离去
吗？如果真是如此，则刘宋江山就会因此而倾覆，沈庆之也终会成为亡
国的祸首。沈庆之畏惧祸事而闭门不出，安居家中而等待着命运的安
排，流俗之人议论纷纷，难道他们真能了解沈庆之的良苦用心吗？人的
死生之事，是由命运所决定的；国家的存亡，则由上天所决定。沈庆之
与孝武帝同甘共苦，一同发迹，难道能因为孝武帝的继任者不成器，随
即就起兵造反、弑君另立吗？天良昭然于心，沈庆之怎么能够与阮佃

夫、寿寂之之流同为逆臣呢？

　　呜呼！董卓推陈留之刃，司马懿解曹芳之玺，桓温夺帝弈以与简文，刘裕弑安帝以立琅邪，皆假伊、霍以为名而成其篡。后此者，道成之弑苍梧①，萧衍之戕东昏②，皆已弑而必篡者也。庆之三朝宿将，威望行于南北，扶孝武以诛元凶，位三公而冠百辟，将吏皆出其门，扑子业之洊凶③，以解朝野之焚溺，此乃乘时以收人心而猎大位之一机也。向令独夫已殄，众望聿归④，且有骑虎不下之势，宋太祖所谓黄袍加身不繇汝者⑤，刘氏之宗祏，且移于沈而不可辞。庆之虑此，而忍以其身为莽、操乎？进则帝矣，退则死矣，决之于心，而安于抱忠以死，故曰抱孤志以质鬼神，六代之臣，庆之一人而已。如曰愚以亡身，则箕子、比干先庆之而愚矣。

【注释】

①道成之弑苍梧：指萧道成令越骑校尉王敬则收买皇帝侍从杨玉夫、杨万年等人，伺机杀死刘昱，并拥立安成王刘准为帝。苍梧，即后废帝刘昱，死后追封为苍梧王。事见《南齐书·太祖本纪》。

②萧衍之戕东昏：指萧衍起兵攻讨东昏侯萧宝卷，并拥立南康王萧宝融称帝之事。事见《梁书·武帝本纪》。

③洊：屡次，接连。

④聿：文言助词，用在句首或句中，起顺承作用，无实义。

⑤宋太祖所谓黄袍加身不繇汝：参见卷二"惠帝二"条注。

【译文】

　　唉！东汉末年董卓杀陈留王，曹魏时司马懿解除齐王曹芳的印玺，东晋桓温夺取海西公司马奕的帝位转而授予简文帝，刘裕杀掉晋安帝而立司马德文,这都是假借效仿伊尹、霍光的名义而行篡权夺位之实。后来还有萧道成杀后废帝刘昱,萧衍杀东昏侯萧宝卷,都是弑君之后必定篡权夺位。沈庆之是历事三朝的宿将,无论在南方还是北方都素有威望,他扶助孝武帝除掉刘劭,位居三公而凌驾于百官之上,当时的将领与官吏都出自他的门下。扑灭刘子业屡屡因凶残而点燃的谋逆之火,扭转朝野所面临的险恶形势,此时正是他乘机收揽人心从而谋求篡位的一个极好时机。假如到时候独夫民贼已被歼灭,他又是众望所归,且有骑虎难下之势,就像宋太祖黄袍加身之时所说的身不由己一般,则将刘氏帝位转交于沈庆之,人们也没有什么可争议的。沈庆之考虑到了这一点,但他哪里忍心同王莽、曹操一样呢?往前一步则成为皇帝,退后一步则身死,最终是由自己的内心决定自己的取舍,所以他安于怀抱忠诚而死。所以说,沈庆之可以怀着赤胆忠心而无愧于天地鬼神,在两晋至南朝的大臣中,唯有他一人能做到这样而已啊。如果说沈庆之是因愚昧而死,那么商代的箕子和比干二人早就先于沈庆之做了这种蠢事。

明　帝

【题解】

　　宋明帝刘彧(439—472)字休炳,小字荣期,是宋文帝刘义隆第十一子,宋孝武帝刘骏的异母弟,母为沈容姬。刘彧初封淮阳王,后改封湘东王。前废帝即位后,他出为南豫州刺史,不久因遭受猜忌而被软禁,颇有性命之忧。大明八年(464),刘彧派亲信阮佃夫结交刘子业的侍卫寿寂之等人,杀死侄儿刘子业,然后接受同谋刘休仁的拥立,登基为帝,改元泰始。明帝即位后,平定江州长史邓琬、晋安王刘子勋的叛乱及方镇叛变,全面诛杀孝武帝子孙,猜忌功臣和将领,致使国力耗损,山东和淮北地区被北魏侵占。明帝在位后期,生活奢靡,朝政混乱,于泰豫元年(472)驾崩。

　　宋明帝在位期间,大肆屠戮孝武帝诸子,削抑宗室,诛杀功臣名将,历来为史家诟病。沈约、司马光都批评明帝猜疑多忌,致使刘宋政权衰没。王夫之对明帝也予以了尖锐的批评。他指出,宋明帝本就得位不正,因此对孝武帝之子怀有深刻的猜忌。然而孝武帝二十八子并非都有政治野心,明帝此举不仁不义,尽失人心。至于猜忌诛杀功臣名将,自毁长城,则更为愚蠢。王夫之认为,明帝作为"猜疑防制之主",愚不可及,这使得萧道成有了篡位弑君的念头,为刘宋的覆灭埋下了祸根。

　　宋明帝时代,北魏处在献文帝拓跋弘的统治之下,王夫之在本篇中对于拓跋弘的佞佛和禅位进行了分析和点评。王夫之认为,北魏拓跋氏的佞佛实际是夷狄缺乏礼仪教化,忽然成为中国之主,因内心空虚而寻找依托的结果。北魏置僧祇户、佛图户,纵容佛寺隐匿人口,造成国家赋役损失,农民负担加重,可谓是其覆灭的一个重要原因。这一论断既展现了王夫之的华夷观念,又反映了他一贯的辟佛思想。至于禅位,在王夫之看来,年富力强的拓跋弘早早禅位于其子拓跋宏,实则是为了稳固政权的需要,其中掺杂了"欲取先予"的权变之术,并非值得肯定的传位之道。

一 明帝杀孝武二十八子因以失淮汝州郡

杀机动于内,祸乱极于外。宋之季世,拓拔氏未有南侵之谋也,而淮西、淮北席卷而收之,薛安都一反面北向,风靡萍散而不可止。谓明帝不从蔡兴宗之言,以重兵迎薛安都而使疑惧,犹末论也。

【译文】

杀机萌动于内,祸乱就会极为惨烈地爆发于外。刘宋王朝末期,北魏拓跋氏并非有大举南侵的谋划,但却成功地将淮西、淮北之地收入北魏版图内。薛安都一旦反叛刘宋而投降北魏,人们就竞相效仿而叛乱不休,形势就如浮萍被风吹散一般不可止息。有人认为导致变乱的原因是明帝没有听从蔡兴宗的建议,出动重兵迎接薛安都回归,使他深感疑虑恐惧,这实在是太过肤浅的见解。

帝与子勋争立[①],而尽杀孝武二十八子,是石虎之所以歼其种类者。宋之不亡,幸耳;尚能抚有淮甸哉[②]?二十八王,非皆挟争心者也,以子勋故,而迁忿怒以歼之,骨肉之恩,斩绝不恤。则夫淮、汝州郡应子勋而起者,虽剖心沥血以慰劳之,固将怀芒刺于寤寐③,奚更待重兵之见胁乎?夫子业不道,而孝武恩在人心,人未忘也。子业死,明帝与子勋两俱有可立之势,而子勋兄弟为尤正。明帝据非所有,逞愍毒以殄懿亲,宁养假子而必绝刘氏之宗。明于义者去之若污,审于害者逃之若鸷,尚孰与守国而不亟扬以飞邪?孝武忌同姓亦至矣,子业虐诸父亦酷矣,至于明帝而抑甚焉。其后高湛、陈蒨相踵以行其残忍④,皆不能再世。小人不知恩义,而抑不知祸福,将谓鬼神之可欺也,夫鬼神而可欺也哉!

【注释】

①子勋:指刘子勋(456—466),字孝德,彭城(今江苏徐州)人。南朝宋宗室大臣,孝武帝刘骏第三子。初封晋安王,时年仅五岁,出镇江州。后被大臣邓琬、袁𫖮拥戴起兵,讨伐前废帝刘子业。军队还未进入建康,刘子业便死于宫廷政变。宋明帝刘彧即位后,双方为争夺帝位而爆发战争。最终刘子勋落败,被刘彧下令处死。传见《宋书·孝武十四王列传》《南史·孝武诸子列传》。

②淮甸:淮河流域。

③寤寐:醒和睡,引申为日夜,指无时无刻。

④高湛(537—568):小字步落稽,渤海蓨县(今河北景县)人。北齐第四位皇帝,561—565年在位。高湛是北齐神武帝高欢第九子,文襄帝高澄、文宣帝高洋、孝昭帝高演同母弟。高洋创建北齐后,高湛被封为长广郡公,支持孝昭帝政变夺权,皇建二年(561)高演去世后,高湛继位,改元太宁。他在位期间,宠信奸佞,肆意诛杀宗室以及大臣,导致朝政日益混乱,国势日益衰败。河清四

年(565)高湛传位于太子高纬,自号太上皇帝。天统四年(568)因酒色过度而死。传见《北齐书·武成帝纪》。陈蒨:即陈文帝。陈武帝陈霸先侄。陈霸先死后,因其嫡子陈昌尚在北周做人质,陈蒨被尊奉为皇帝。后来陈昌被北周放还,扬言要陈蒨让位,陈蒨为巩固帝位,派侯安都害死了陈昌。传见《陈书·世祖本纪》。

【译文】

明帝同刘子勋争夺皇位,将孝武帝的二十八个儿子全部诛杀,这种诛戮同宗的行径,也正是后赵石虎令自己家族姓覆灭的原因所在。在这种情况下,刘宋没有像后赵那样灭亡不过是幸运罢了,难道还有能力去占有淮河流域吗?孝武帝所封的诸子二十八王中,并不是全都怀有篡夺帝位的野心,明帝就因为刘子勋的缘故,而迁怒于孝武帝诸子并把他们赶尽杀绝。他将骨肉间的亲情抛诸脑后,不惜将同宗屠戮殆尽而毫无怜悯体恤之情,如此则淮河、汝河流域当时支持刘子勋的州郡力量,即使明帝倾尽心血抚慰他们,他们也会像芒刺在背一般日夜不安,哪里还需要等到明帝派重兵去威胁他们时才萌生叛乱念头呢?前废帝刘子业不行仁道,但孝武帝对天下的恩德仍在,人们并不会忘记。刘子业死后,明帝与刘子勋二人都有当皇帝的资格,相比之下,刘子勋作为前废帝的弟弟,称帝的理由更为正当、充分。明帝占据本不应属于自己的皇位,不惜采用恶毒的手段毒害宗亲骨肉,宁愿豢养义子也一定要灭绝刘宋宗氏。如此,明了大义之人恨不得马上离他而去,生怕被玷污;能明白审视时局、感受到威胁的人也立刻成群逃离,那么还有谁愿意同明帝一起守卫国家而不急于逃奔呢?孝武帝猜忌宗室的程度也算至极了,刘子业对待父辈宗亲的暴虐行径也令人发指,到了明帝时,狠毒残酷的程度则又更甚。之后,高湛、陈蒨又相继采用残忍的手段杀戮宗亲,结果传位不超过两代,国家就灭亡了。小人不懂得恩义,也不懂得祸福,他们以为鬼神是可以欺骗的,鬼神难道真的可以欺骗吗?

二　夏侯详说止殷琰降夷狄

自宋以来，贞人志士之言绝于天下。夏侯详者[①]，名不显于当时，而能昌言以救刘勔之失[②]，殆跫然空谷之足音矣[③]。殷琰在寿阳[④]，畏明帝之诛己，欲降于拓拔氏。详曰："今日之事，本效忠节，何可北面左衽乎？"至哉言乎！司马楚之、王琳而知此[⑤]，不为千载之罪人矣。

【注释】

①夏侯详：字叔业，谯郡谯县（今安徽亳州）人。初为豫州刺史殷琰主簿，殷琰欲举豫州之众反叛，宋明帝遣辅国将军刘勔讨伐，殷琰不敌，准备求救于北魏，夏侯详进言劝止。随后又面见刘勔，劝其不要急于进攻，以免使得殷琰逃奔北魏，刘勔听从其建议。他操守廉洁，勤于政事，梁武帝时官至尚书左仆射。传见《梁书·夏侯详列传》《南史·夏侯详列传》。

②刘勔（miǎn，418—474）：字伯猷，彭城（今江苏徐州）人。南朝宋著名将领。初为广州增城令，迁郁林太守。孝武帝时，从平竟陵王之叛，入直阁中。后率师讨豫州刺史殷琰。善抚将帅，为众所依。殷琰投降时，听从夏侯详建议，约令三军不得妄动，使得百姓感悦。明帝临终遗命其为尚书右仆射，与司徒袁粲等共辅后废帝。桂阳王刘休范谋反之时，他应召征讨，战败被杀。传见《宋书·刘勔列传》《南史·刘勔列传》。

③跫（qióng）然空谷之足音：典出《庄子·徐无鬼》："跫位其空，闻人足音跫然而喜矣。"意思是长久地居住在空旷无人之地，听到人的脚步声就高兴起来。跫然，欢喜的样子。

④殷琰（415—473）：字敬珉，陈郡长平（今河南西华）人。南朝宋大

臣。初为江夏王刘义恭征北行参军。前废帝时,为南梁郡太守。泰始二年(466),晋安王刘子勋举兵称帝于寻阳,他因受制于前右军参军杜叔宝等人,遂占据寿阳响应刘子勋。明帝派遣刘勔率军征讨,他听从主簿夏侯详的建议,投降刘勔。后官至少府、给事中。传见《宋书·殷琰列传》《南史·殷琰列传》。

⑤王琳:字子珩,会稽山阴(今浙江绍兴)人。少好武,梁元帝在藩时,对其加以任用。后随王僧辩破侯景,拜湘州刺史。陈霸先杀王僧辩并推立敬帝之时,拒不从命。陈霸先篡权即位后,王琳与之交战,兵败后投降北齐。北齐任其为骠骑大将军、扬州刺史。陈将吴明彻北伐时,王琳与之交战,战败被杀。传见《北齐书·王琳列传》《南史·王琳列传》。

【译文】

自刘宋以来,忠贞之人、有志之士的精辟言论已荡然无存于天下。夏侯详这个人,声名并不显于当时,却能说出正当的话,以挽回和补救刘勔的过失,这在当时也犹如在空谷听到足音一般足以令人感到欣慰。殷琰在寿阳时,因畏惧明帝可能将他诛杀,曾想着去投奔北魏拓跋氏。夏侯详就对他说:"我们之所以拥护刘子勋,本意是效忠皇家、恪尽臣节,怎么能够向穿着左边开襟衣服的夷狄之人俯首称臣呢?"他所说的话真是至理名言啊!司马楚之、王琳之流若懂得这个道理,也不会成为千古罪人了。

以宋事言之,子业之弑,宵小挟怨毒而弑之,起明帝于囚系之中而扳之以立①,为贼所立,乘间以窃位②,不能正其始矣。子勋虽反,乃以独夫之将覆宗社而起,未纯乎不正也。孝武以讨贼而为神人主,一子不肖,以次而仍立其子,位固子勋之位也。应子勋而起者,名亦近正,志亦近义。详曰"本效忠节"，皎皎初心，岂自诬哉？夫既以名义为初心，则于义也当审。为先君争嗣子之废兴，义也；为中国争人禽之存去，亦义也；两者以义相衡而并行不悖。如其不可两全矣，则先君之义犹私也；中国之义，人禽之界，天下古今之公义也。不以私害公，不以小害大，则耻臣明帝而归拓拔，奚可哉？

【注释】

①起明帝于囚系之中：宋前废帝刘子业即位后猜忌其叔父辈诸王，先后诛杀驱除了叔祖刘义恭、叔父刘昶。后担忧猜忌其叔父刘彧、刘休仁等宗王，把他们全都软禁在宫中，时加侮辱，并计划杀死刘彧。刘彧结交刘子业近侍、设法使其弑杀刘子业后，才得以脱离囹圄。事见《宋书·明帝本纪》。

②乘间：乘着空闲，此指乘机。

【译文】

就刘宋当时所处的情况而言，前废帝刘子业被杀，是奸佞宵小之辈满怀怨恨和狠毒而将他弑杀的。他们将明帝从囚狱之中释放出来、拥戴他为皇帝。明帝既然是被弑君的宵小之辈所拥立，是乘机窃取了帝位，则他得位本就不够正当。刘子勋虽然举兵反叛，却是单独一人想要挽救即将覆灭的国家，他的目的并非纯粹的不正当。孝武帝因为讨伐逆贼刘劭之功而成为人神共同拥戴的帝王，既然他的一个儿子不成器，那就应该依次再立他的另一个儿子为继承人，所以帝位本就应属于刘子勋。那么响应刘子勋而起兵的人，名义上近乎正当，志向上也近乎仁义。就如夏侯详所说"本意是效忠皇家、恪尽臣节"，这皎洁纯粹的初心，难道能容许自己将其玷污吗？既然把维系君臣名义当作初心，就应当在义的问题上审慎考虑。为效忠先皇而在其继承人的问题上据理力争，本就是忠义的表现；在中原王朝面对夷狄侵犯时谨守夷夏之防，也是忠义的表现。这两个问题从忠义的角度去考虑衡量，实则并行不悖。但在两者不能两全的情况下，则效忠先皇的义，是狭隘的私义；而夷夏之间的大防、人与禽兽之间的区别，则是古往今来天下间的公义。不能以私义损害公义，不能以小义损害大义，耻于臣服宋明帝而去投奔身为夷狄的拓跋氏，这又怎么可以呢？

呜呼！人莫急于自全其初心，而不可任者一往之意气。欲为君子，势屈而不遂其志，抑还问吾所自居者何等也。情之所流，气之所激，势之所迫，倒行逆施，则陷于大恶而不知，而初心违矣。故迫难两全之际，捐小以全大，乃与其初心小异而不伤于大同。故管仲事雠而夫子许之为仁①，以其知小大公私之辨也。使怀子纠之怨，忿戾以去其故国，北走戎，南走楚，必与桓公为难，而雪其悁悁之忿②，则抑匹夫匹妇之不若，禽兽而已矣。君子之称管仲曰"徙义"③，徙而不伤君子之素④，则合异于同，而无愧于天下。详曰"本效忠节"，大正而固不昧其初也。

【注释】

①管仲事雠而夫子许之为仁：语本《论语·宪问》："子路曰：'桓公杀公子纠，召忽死之，管仲不死，曰未仁乎？'子曰：'桓公九合诸侯，不以兵车，管仲之力也。如其仁，如其仁！'"意思是子路说："齐桓公杀了公子纠，召忽自杀以殉公子纠，但管仲却没有死。可以说管仲是不仁吧？"孔子说："桓公多次召集各诸侯国盟会，不用武力，都是管仲出的力。这就是他的仁德！这就是他的仁德！"

②悁悁（yuān）：愤怒的样子。

③徙义：语出《论语·颜渊》："子张问崇德、辨惑。子曰：'主忠信，徙义，崇德也。'"意思是子张向孔子请教怎样去提高品德修养和辨别是非，孔子认为要以忠厚诚实为主，唯义是从，这就可以提高品德。徙义，即向义靠拢，唯义是从。徙，迁移。

④素：指本性。

【译文】

唉！人生最重要的事莫过于坚守并践行自己的初衷和本心，而不可任凭自己一时的意气行事，肆意放纵。想要成为君子，在屈从情势而无法伸展自己志向的时候，就应该反过来询问自己到底身处何等境地而坚守何等信念。如果任凭个人情绪左右自己，被一时意气激发，屈从于形势，于是倒行逆施，则自己将身陷罪大恶极的境地而毫不自知，结果会与自己的本心相差甚远。所以在事情紧迫、难以两全的时候，就应该舍小义而全大义，这样即使与自己的初衷小有差别，也不损害原本的目的与方向。所以管仲去事奉与自己有杀主之仇的齐桓公，孔子却赞许这是仁义之举，这是因为管仲能知道小义与大义、公义与私义之间的差别。如果管仲怀着对桓公杀公子纠的怨恨，愤然逃离故国齐国而向北去投奔戎夷，或向南投奔楚国，并誓死与齐桓公作对，以雪洗自己心头的愤恨，那么他就连匹夫匹妇还不如，甚至与禽兽无异。君子称赞管仲的做法是"唯义是从"的举动。为了义而改变立场，不伤害君子一贯的忠义本性，又把小异合于大同之中，就能做到无愧于天下。夏侯详所说的"本意是效忠皇家、恪尽臣节"，在大义上是正当的，所以不会泯灭自己的初衷与本性。

三　宋以金赎义阳王昶于魏

宋以金赎刘昶于拓拔氏①，其情戄，其志慅矣。怀不肖之心于隐微，而千里之外见之，人不可罔也如斯夫！

【注释】

①刘昶(436—497)：字休道，彭城(今江苏徐州)人。南朝宋宗室，宋文帝刘义隆第九子，宋孝武帝刘骏、宋明帝刘彧异母兄弟。刘昶在南朝宋官至征北将军、开府仪同三司、徐州刺史，镇彭城，封义阳王。因受前废帝刘子业的疑忌，惧祸叛逃北魏，官至大将军，封宋王。刘彧曾试图向北魏赎回他，但遭到拒绝。刘昶虽流亡北魏，但始终不忘故国，在南齐篡立后多次引魏军南下，希望借助北魏的力量恢复祖业，但均未能成功。太和二十一年(497)病逝。传见《宋书·文九王列传》《魏书·刘昶列传》等。

【译文】

刘宋明帝打算用金钱赎回叛逃到北魏的刘昶，其居心险恶，其意图歹毒。他内心中深藏奸邪不良的意念，北魏和刘昶却在千里之外就识破了他的用意，人就是这样难以被欺骗蒙蔽啊！

何言乎其情慝也？昶之北奔，畏孝武之疑忌而见杀也。明帝既杀孝武之子以泄其忿媢，恐人怀孝武之恩而致怨于己，故召回昶，以暴孝武之过，曰"彼欲灭兄弟而我复之"，托于昶以扬孝武之恶，怀慝而故为之名也。

【译文】

为何说宋明帝居心险恶呢？刘昶之所以北逃投奔北魏拓跋氏，是因为他害怕受到孝武帝的猜疑忌恨而遭受屠戮。明帝在诛杀孝武帝的儿子们以发泄内心的愤恨不平后，害怕别人追念孝武帝的恩德而对自己产生怨恨，故而他召回刘昶，以此来彰显孝武帝的罪过，从而宣称："孝武帝想要诛灭自己的兄弟骨肉，而我却迎接他回国，恢复他的地位。"他的目的就是要假借刘昶来宣扬孝武帝之恶，是怀有险恶的用心而故意借用刘昶作为名义,以巩固自己的皇位。

　　何言乎其志憯也①?休仁者②,亦其兄弟,所与争国而有功者也。疑忌既深,休仁自解扬州牧以免祸,而终不免于鸩;袆与休祐、休若无毫发之嫌③,而先后被杀;所仅全者,庸劣之休范耳④。昶才非休范之匹,而又有拓拔氏之外援,畏其在外,且挟强敌之势以入,争其养子,姑召之归。使其反邪,鸩杀之祸,必不在休仁兄弟之后。欲加之罪,而何患无辞乎?故曰其志憯也。

【注释】

①憯(cǎn):惨毒,残酷。

②休仁:即刘休仁(443—471)。彭城(今江苏徐州)人,南朝宋宗室大臣,宋文帝刘义隆第十二子。初封建安王,在孝武帝、前废帝二朝历任秘书监、南兖州刺史、侍中、湘州刺史等职,后被前废帝囚禁于官中,险遭杀害。在前废帝遇弑后拥立明帝,官至尚书令,并统兵讨平四方反对势力。后因功高望重,深得朝野拥戴,因而受到宋明帝的猜忌,他为自保主动辞去扬州刺史之职,但终被明帝赐死。传见《宋书·文九王列传》《南史·宋文帝诸子列传》。

③袆:即刘袆(436—470)。字休秀,彭城(今江苏徐州)人。南朝宋宗室大臣,宋文帝刘义隆第八子。初封东海王,累官至司空。前废帝即位后,加中书监。宋明帝即位后,官至太尉,后改封庐江王。柳欣慰谋反时,欲立刘袆为帝,因此而被削去官爵,最终被逼令自杀。传见《宋书·文五王列传》。休祐:即刘休祐(435—471),彭城(今江苏徐州)人,南朝宋宗室大臣,文帝刘义隆第十

三子。素无才能,强梁自用。初封山阳王,参与平晋安王刘子勋之乱,被任命为荆州刺史,改封晋平王。他在州多营财货,使得百姓怨愤。后为南徐州刺史,因贪虐无度而被留居建康。明帝担忧其以后难制,出猎时将其杀害。传见《宋书·文九王列传》。

休若:刘休若(448—471),彭城(今江苏徐州)人,南朝宋宗室大臣,文帝刘义隆第十九子。初封巴陵王,历仁徐州刺史、雍州刺史、荆州刺史等职。明帝杀晋平王刘休祐之时,中兵参军王敬先劝其割据荆楚以拒朝廷,他驰使告明帝,并杀敬先。明帝诛杀刘休仁后,担忧幼主将来不能自立而将其赐死。传见《宋书·文九王列传》。

④休范:即刘休范(448—474)。彭城(今江苏徐州)人。南朝宋宗室大臣,宋文帝刘义隆第十八子。初封顺阳王,历仕孝武帝、前废帝、宋明帝三朝,曾任南彭城太守、中护军、南徐州刺史、江州刺史等职,后封桂阳王。宋明帝剪除宗室时,其因才能庸劣幸免于难。宋明帝病危时,被拜为司空,因落选辅政大臣从而心怀怨望,于是割据江州,密谋叛乱。后于江州起兵,终为萧道成军所败,被杀。传见《宋书·文五王列传》《南史·宋文帝诸子列传》。

【译文】

为何说宋明帝的意图歹毒呢?刘休仁也是明帝的近亲兄弟,并在为他争夺皇位时立有功劳。随着明帝对他的猜忌越来越深,刘休仁自行解除扬州牧的职务以图免除灾祸,却终究难免一死。刘祎与刘休祐、刘休若本无任何值得猜忌的地方,却都先后被杀。能保全自身性命的,只剩下庸劣无能的刘休范一人。刘昶的才智,并非刘休范所能匹敌的,而且他还拥有拓跋氏作为外援。明帝担心刘昶在外利用势力强劲的北魏进攻刘宋,最终同他的养子争夺皇位,所以姑且将他召回。假使刘昶真的回到刘宋,那么其结局一定和刘休仁兄弟等人一样,会被明帝毒杀。明帝想要给他安上罪名,又何愁找不到理由和借口呢?所以说宋明帝的意图很歹毒。

于是而魏人知之矣,昶亦知之矣。亢兄弟之词①,而无来归之志,魏以全昶而昶以自全。灼见其恶而远之唯恐不夙,人其可以罔乎哉?论者乃曰:"赎昶,义也。"亦尝见明帝灭绝天性之恶已著而不可掩者乎?

【注释】

①亢兄弟之词:指以兄弟之仪相抗而不称臣。亢,抵挡,匹敌。

【译文】

对于宋明帝的居心和意图,北魏拓跋氏是很清楚的,刘昶也是很清楚的。刘昶以兄弟之仪与明帝相抗礼,没有回归刘宋的意思,这是北魏保全刘昶的手段,也是刘昶自我保全的手段。既然宋明帝的歹毒用心已经被清楚地看到,人们都唯恐避之不及,难道别人还会被他骗到吗?而议论的人竟然说:"赎回刘昶,是仁义之举。"难道他们没有看到明帝灭绝天性的奸恶行径已然昭著而不可遮掩了吗?

四　魏置僧祇佛图户

佞佛者,皆非所据而据,心危而附之以安者也。自古帝王至于士庶,其果服膺于释氏之说而笃信者,鲜矣。其为教也,离人割欲,内灭心而外绝物①,而佞佛者反是②,何为其笃信之?篡弑而居天子之尊,夷狄而为中国之主,德薄才菲,自顾而不知富贵所从来,怀慝负惭,叨窃而觉梦魂之不帖③,始或感冥报之我祐,继或冀覆悚之无忧④,于是而佛氏宿命之因缘,忏除之功德,足以慰藉而安之。故夷狄之君,篡逆之主,屈身降志,糜国殃民,以事土木之偶;而士大夫之徼幸显荣,乃至庶民之奸富者,亦惑溢分之荣膴所自致⑤,而幸灾眚之不及。其有因而述其空寂之说者,则以自文其陋而已,非果以般若涅磐为身心之利⑥,而思证入之也⑦。于是而浮屠之为民害也,不可止矣。

【注释】

①绝物:指断绝人事交往。

②反是:与此相反。

③叨窃:指得之不当。

④覆𫗧(sù):本义指倾覆鼎中的珍馔,比喻因力不胜任而败事。𫗧,鼎中的食物。

⑤荣膴(wǔ):富贵荣华,高官厚禄。

⑥般若:佛教用语,指智慧。涅槃:佛教用语,即圆寂、寂灭,是指熄灭生死轮回之后的境界。

⑦证入:佛教用语。指以正智如实证得真理。

【译文】

　　谄媚奉佛的人,都是占据了本不属于自己的事物,内心深感不安而只有依附于佛教以寻求内心安稳的人。自古以来,上自帝王,下至士人百姓,能衷心信奉佛教学说且内心笃信佛法的人,其实是很少见的。佛教宣扬的教义,是超脱人世、割舍欲望,对内灭绝内心情感,对外断绝与人往来。然而谄媚奉佛之人的行径却恰恰与这种教义相反,又怎能说他们是笃信佛教之人呢?以篡权弑君的方式谋得皇帝之位,身为夷狄却成了华夏之地的君主,他们道德低下且才华疏陋,自身也并不知道身为皇帝所享有的荣华富贵究竟从何而来,他们心怀奸邪之情和愧疚不安之感,因得位不正而感到魂不守舍、心神不宁。刚开始或许会因感受到冥冥之中的因果报应而希望自己能得到庇佑,进而或许又会希求自己不要失去地位而能够高枕无忧,于是佛教的宿命因缘论,以及忏悔灭罪、积累功德之说就足以安慰他们了。所以出身夷狄的君王,或是靠篡夺上位的君主,往往甘愿屈尊、降低心志,消耗靡费国力、搜刮民脂民膏,用来修造寺庙,供奉佛像。而那些心怀侥幸、希望求得荣耀显贵的士大夫,乃至平民中奸诈且富裕的人,也都希望通过谄媚奉佛来获取非分的荣华富贵,并庆幸灾祸不降临到自己身上。上述这些人中,也有人云亦云地宣扬阐发佛教空寂之说的,但只是以此说来掩盖自己的鄙陋而已,并不是真的把佛教所谓智慧和超脱生死轮回当成对自己身心有利的事情,而想要以正智如实证得真理。于是佛教日益毒害百姓,不可制止。

拓拔氏置僧祇佛图户①,夺国之民,而委赋役于贫弱之农民,其主倡之,州镇因而效之,遍天下以为民害。读杨衒之《伽蓝记》②,穷奢竞靡,而拓拔氏以亡。非所据而据焉,身必危,浮屠氏其蒺藜矣③。然则拓拔焘之诛沙门,又何也?彼乞灵于仙鬼,事异而情同,皆怀歉于人,而徼福于鬼,《夏书》所谓巫风也④。

【注释】

①僧祇佛图户:指僧祇户和佛图户。僧祇户是北魏时僧官所辖人户,为管辖寺院的机关僧曹所领,不属个别寺院,实为寺院团体的佃客,只向僧曹输纳僧祇粟,不向政府输纳贡赋。佛图户又称"寺户",是属寺院直接管辖的奴婢,多以重罪囚犯和官奴婢为充任。他们除为寺院服洒扫杂役之外,还须营田输谷。佛图户身份比僧祇户更为低贱,处境也更为艰难。

②杨衒之《伽蓝记》：杨衒之，北平（今河北保定）人。初仕北魏，为
抚军府司马。后为秘书监，出为期城太守。因魏都洛阳的佛寺
甲于天下，而历经永熙之乱，城郭皆为废墟。其行役洛阳，有感
于此，故而抚拾旧闻，追叙故绩，作《洛阳伽蓝记》一书，记录北魏
佛寺繁盛之况。

③蕧藜：语出《韩诗外传》："春树蕧藜，夏不可采其叶，秋得其刺
焉。"意思是春天种下蕧藜，夏天不能采摘它的叶子，秋天还要挨
它的刺扎。此指埋下祸根。

④《夏书》所谓巫风也：语出《尚书·商书·伊训》："敢有恒舞于宫，
酣歌于室，时谓巫风。"意思是敢有经常在宫中舞蹈、在房中饮酒
酣歌的，这叫巫风。此处《夏书》应为《商书》，当属王夫之用典
有误。

【译文】

北魏设置僧祇户和佛图户，佛教势力得以从国家抢夺人口，并将多
出的赋役负担强压在贫弱的农民身上。北魏君主首先倡导施行此种政
策，各地方州镇也纷纷效仿，最终僧祇户和佛图户遍布天下，百姓都深
受其害。通过阅读杨衒之的《洛阳伽蓝记》，可以知道当时为了奉佛而
穷奢极欲、浪费无度，而拓跋氏最终也因此灭亡。本非自己所能据有之
物却非要据为己有，那么自身必然陷入危险，谄媚奉佛为北魏败亡埋下
了祸根。既然如此，那么拓跋焘曾经大举灭佛，这又是为何呢？因为他
所乞灵的对象是神仙和鬼，虽然笃信的对象不同，但道理却是相同的，
都是对人心怀歉疚，而乞求鬼神赐福，这就是《夏书》中所说的"巫风"。

五 萧道成虚张魏寇以自重

无可信之边将者国必危。掩败以为功，匿寇而不闻，一
危也；贪权固位，怀忧疑以避害，无寇而自张之，以自重于
外，二危也；二者均足以危国，而张虚寇以怙权者尤为烈焉。

边将之言曰:无寇,则朝廷轻我。夷狄盗贼之言曰:无我,则汝之为将也,削夺诛杀随之矣。于是而挑寇也,养寇也,纵寇也,无所不至,玩弄人君于股掌之上,一恐喝而唯我所欲。呜呼! 此固猜疑防制自以为智之主也,而玩弄之如婴儿,不亦伤乎!

【译文】

如果没有可以信赖的御边之将,那么国家的形势必定危险。边将遮掩失败以显示自己的功绩,隐匿敌情而不上报,这是第一种危险。边将贪恋权势,想稳固自己的地位,心怀忧虑疑惧而想避开危险,没有敌寇却自己虚张敌人的声势,从而在朝廷外抬高自己的地位,这是第二种危险。边将的这两种行为都足以导致国家危亡,其中虚张敌情以图专权的人尤其危险。边将会说:如果没有敌人,则朝廷会轻视我这个将帅。夷狄盗贼会说:如果没有我们的入侵,你们作为将帅,必定会遭遇"狡兔死,走狗烹"的惨剧,被削夺权力甚至惨遭杀害。所以边将中有挑动敌寇入侵的,有姑息养奸的,有纵容敌寇深入的,方法无所不用,将君主的生死玩弄于股掌之间,只需要恫吓威胁一下君主,便可以为所欲为。唉! 这还是猜疑、防范臣下且自以为聪明的君主,却被他人当作婴儿一样戏耍,不也太令人悲哀了吗!

宋明帝欲除萧道成,荀伯玉为之谋[①],使轻骑挑魏之游兵,而遽以警闻,繇是而道成终据兖州以立篡弑之基。故掩败以为功,匿警而不闻者,视此而祸犹小也。择人而任之,既任而信之,坦衷大度以临之,彼敢欺我哉? 故莫愚于猜疑防制之主,而暗者犹次也。

【注释】

①荀伯玉（434—483）：字弄璋，广陵（今江苏扬州）人。南朝大臣。初为宋晋安王刘子勋镇军行参军，后刘子勋谋反，他因事败而还都。与萧道成交好，当时明帝猜忌萧道成，他为萧道成出谋划策，以轻骑兵扰敌佯动，使得明帝担忧边事而不敢轻易加害。萧道成即位后，他深得信任，获封子爵，为豫章王司空谘议。后遭受诬陷，与垣崇祖一起被杀。传见《南齐书·荀伯玉列传》《南史·荀伯玉列传》。

【译文】

宋明帝想除掉萧道成，于是荀伯玉为萧道成谋划，让他派轻骑兵深入魏国国境，挑动北魏派出巡弋的士兵，之后萧道成马上就报告说有敌兵入侵，于是萧道成最终得以占据兖州为根据地，奠定了篡权弑君的基础。所以，边将掩盖失败来表现自己的功绩，隐匿敌情而不上报，与边将虚张敌情以图专权相比，所造成的祸患还是小的。选拔人才并对其加以任用，既然加以任用，就必须加以信任，以坦诚大度之心统御他，那么他敢欺骗我吗？因此说，没有比整日猜忌防范臣下的君主更愚蠢的了，即使是昏庸无能之君也强于他们。

六　魏显祖授位于子自称太上皇

赵武灵王授位于子①，而自称主父，废长立少，恐其不安于位也。拓拔弘授位于子②，而自称太上皇帝，子幼而恐为人所篡夺也。宗爱弑两君③，而濬几不立④；乙浑专杀无君⑤，弘几死其手；故弘年甫二十，急欲树宏于大位，以素统臣民，而己镇抚之。犹恐人心之贰也，故先逊位于子推⑥，使群臣争之，而又阳怒以试之，故子推之弟子云力争以为子推辞⑦，而陆馥、源贺、高允皆犯颜以谏而不避其怒⑧。其怒也，乃其所深喜者也。其退居而事佛、老,犹武灵之自将以征伐,皆托也;不欲明示其授子之意旨,而以此为辞也。此二主者,皆强智有余,事功自喜,岂惮劳而舍国政者乎?弘好黄、老,而得老氏之术,其欲逊位子推也,老氏欲取固与之术也;其托于清谧而匿其建立嗣子之旨也⑨,老氏守兑之术也⑩。所欲立者非不正,而诡道行之,巧笼宗室大臣之心,亦狡矣哉!而抑岂君人之道哉?

【注释】

①赵武灵王(?—前295):名雍,谥武灵,邯郸(今河北邯郸)人。春秋时期赵国君主,赵肃侯之子。在位期间,改革军事,行胡服骑射,以防御游牧部族进攻,使得国势渐强。对外攻灭中山,破林胡、楼烦,扩地北至燕、代,西至云中、九原。后传位于少子何,自号主父,封其长子公子章为安阳君。公子章因不服其弟为王而作乱。武灵王之弟公子成与李兑起兵镇压,公子章败逃至武灵王处,公子成与李兑遂围其所居沙丘宫,致使赵武灵王活活饿死。其事见于《史记·赵世家》。

②拓跋弘(454—476):鲜卑名第豆胤,代郡平城(今山西大同)人。北魏第六位皇帝,文成帝拓跋濬长子。少时即位,由冯太后掌权摄政。亲政后,勤于为治,明奖惩,除三等九品制,行九品混通之制。始设僧祇户、佛图户以供佛门。对外屡遣尉元等进攻刘宋,夺得淮北青、冀、徐、兖四州及豫州淮西之地。皇兴五年(471),将襁褓之中的长子拓跋宏立为太子,并因不满冯太后长期摄政,打算禅让于叔父京兆王拓跋子推,为众臣劝阻而作罢,遂禅让于太子拓跋宏,自己尊为太上皇帝。后冯太后内行不端,拓跋弘杀其内宠李奕,为太后所怨,被鸩杀,谥献文帝。传见《魏书·显

祖纪》。

③宗爱弑两君:宗爱(401—452),北魏太武帝时宦官、权臣。深受太武帝信赖,官至中常侍,封秦郡公。性格阴险暴虐,太子拓跋晃对其深恶痛绝。他在太武帝面前构陷太子所宠给事中仇尼道盛,使得太子忧惧而卒。后因太武帝常思念太子,他惧怕被诛,于是杀太武帝而迎立南安王拓跋余,并杀秦王拓跋翰,自任大将军、太师,坐召公卿。拓跋余不满宗爱擅权,谋夺其权,又为其所杀。后羽林郎中刘尼与尚书源贺等人谋立皇孙拓跋濬,于是执杀宗爱,并夷其三族。传见《魏书·阉官列传》《北史·恩幸列传》。

④濬:指拓跋濬(440—465)。代郡平城(今山西大同)人,鲜卑族。北魏皇帝,太武帝拓跋焘之孙,公元452—465年在位。少时聪明敏达,深受拓跋焘喜爱,常跟随在太武帝左右,被称为"世嫡皇孙"。正平二年(452)中常侍宗爱弑杀太武帝拓跋焘,拥立南安王拓跋余即位。不久,拓跋余也被宗爱弑杀,拓跋濬被刘尼、源贺等拥立为帝,诛杀权臣宗爱。拓跋濬在位期间,平定内乱,休养生息,恢复佛教,始建云冈石窟。和平六年(465)病逝,谥号文成皇帝。传见《魏书·高宗纪》。

⑤乙浑(?—466):鲜卑族。北魏权臣。文成帝时,官拜车骑大将军、东郡公,后晋封太原王。献文帝即位后,官至丞相,位在诸王之上,把持朝政,屠戮大臣,悖傲不法,还诛杀拓跋氏亲族。冯太后临朝定策后,担心其威胁拓跋弘皇权稳固,以谋反罪名将其处死。其事散见于《魏书·显祖纪》等。

⑥子推:即拓跋子推(?—477)。代郡平城(今山西大同)人。北魏宗室大臣,拓跋晃之子。个性沉雅,善于与人交往。早年获封京兆王,历任侍中、征南大将军、长安镇都大将等职,秦雍之人皆服其威惠。后入为中都大官,因善于察狱而受称誉。献文帝拓跋

弘曾打算禅位于他,因大臣固谏,才改立孝文帝拓跋宏。拓跋子推后出任侍中、开府仪同三司、青州刺史。传见《魏书·景穆十二王列传》《北史·景穆十二王列传》。

⑦子推之弟子云力争以为子推辞:子云,指拓跋子云。拓跋子推的弟弟,封任城王。献文帝表示要让位给拓跋子推后,他见大家都不表态,知道群臣不同意,便率先对献文帝道:"陛下正在太平盛世,临覆四海,岂能上违祖庙,下弃百姓?且自古以来,都是父子相传,方才名正言顺。如果陛下坚决放弃尘世事务,定要让位,也应由太子继承正统。现在的天下,是祖先创建的天下,若陛下改变祖训,让位旁支,既违背祖先的意愿,也容易给奸诈之人以叛乱之机,历史上这样的教训还少吗?望陛下要格外地谨慎从事。"事见《魏书·景穆十二王列传》。

⑧陆馥:北魏大臣。因聪慧多智,为政清廉,颇为文成帝拓跋濬所喜爱,曾任相州刺史等职。拓跋弘欲禅位于拓跋子推时,冒死直言谏阻,最终使拓跋弘回心转意,立年仅五岁的拓跋宏为皇太子。后拓跋弘以其为太子太保,并称赞其为"直臣"。其事见于《册府元龟》。

⑨清谧:清静,安宁。

⑩守兑之术:语出《老子》第五十二章:"天下有始,以为天下母。既得其母,以知其子,复守其母,没身不殆。塞其兑,闭其门,终身不勤。开其兑,济其事,终身不救。"意思是天地万物本身都有起始,其为天地万物的根源。如知其本源,就能认识万物,从而也能把握事物的根本,如此则终身无危。塞住欲念的孔穴,闭起欲念的门径,终身都无烦恼之事;如果打开欲念的孔穴,就会徒增烦恼,终身不可救治。

【译文】

赵武灵王之所以将君主之位传给其子,并自称为主父,是因为他废长立少,担心自己死后继承人赵何不能稳固君位。北魏拓跋弘之所以传位于其子拓跋宏而自称太上皇帝,是因为他担忧嗣子年幼,自己死后其君位会被别人篡夺。宗爱曾接连弑杀太武帝拓跋焘、南安隐王拓跋余,拓跋濬自己也差点无法被拥立为君。乙浑专权擅杀且目无君主,拓跋弘也几乎死于他手中。因此,拓跋弘年龄刚到二十,就急着想让拓跋宏即位,使他能提早统治臣民,而自己则在幕后镇抚国家。但拓跋弘还是担忧臣下怀有二心,所以他先做出要将皇位传予拓跋子推的姿态,以此来挑起群臣的非议,然后才又佯装愤怒,来试探群臣的反应。所以当时拓跋子推的弟弟拓跋子云据理力争,替其兄拓跋子推推辞皇位,而陆馛、源贺、高允也都不顾冒犯触怒君主,极力劝谏拓跋弘立其子拓跋宏为皇帝。拓跋弘表面愤怒,而内心深处却不禁欢喜。他退位做太上皇后,一心事奉佛教、道教,就像赵武灵王传位给其子后自己率兵出征一样,都是假托之名。是因为不想明确昭示将皇位传给其子的用心,所以找了这样的托词。赵武灵王和拓跋弘两位君主,退位之时都身强力壮且才智有余,并为自己曾经取得的功业沾沾自喜,难道他们真的畏于辛劳而自愿舍弃国政吗? 拓跋弘喜好黄老之学,也确实学到了老子的权术,他先提出把皇位让给拓跋子推,就是运用了老子所谓"将欲夺之,必固予之"的权术。他假托佛、老清静安宁之说,而不暴露传位嗣子的真实用心,就是活用老子的守兑之术,在守住皇位的同时以欲取先与的手段打消宗室对皇位的觊觎之心。拓跋弘传位其子之事并非不正当,但却以诡诈的方式进行,以巧妙的手法收拢臣下之心,也真是足够狡猾了! 但这难道是身为君主所应采取的方法吗?

　　虽然,其以传位笼子推而制之,犹贤于宋明帝之贼杀兄弟以安其养子远矣。黄、老之术,所繇贤于申、韩也。然而疑虑以钳制天下,则一也。故曰黄、老之流为申、韩,机诈兴而末流极于残忍[①],故君子重恶之也。夫古之明王,岂不欲安其冢嗣以奠社稷乎？唯豫教而游之于大学^②，一时之俊士，皆有恩纪以相结，而择师保傅以辅之，学以成，德以修，而授益以固，奚事此哉？

【注释】

①末流：比喻事物后来的发展状态。

②大学：即太学。

【译文】

尽管如此，他先假意传位给拓跋子推以笼络并制服他，仍然比宋明帝屠杀同宗兄弟子侄来稳固其养子的皇位要高明仁慈得多。运用黄老之术，实则比运用以申不害、韩非为代表的法家权术要好得多。然而在以疑虑之心来钳制天下方面，黄、老和法家学说是一致的。因此说，由黄老之术会演变为申、韩法家的权术，机敏欺诈之风盛行，就会逐渐发展到人们极尽残忍、无所不为的状态，因此君子对黄老之术非常厌恶。古代的圣明君王，难道他们就不想稳定嫡长子的地位以安定国家社稷吗？唯有对于继承人进行预先的教育并使其游学于太学，对于当时的名人志士，都依靠恩情相互结好，并选择好的老师对其加以教育辅佐，其学业因此得以有成，其德行因此得到修养，如此则传位于他时，君位就会更加稳固，又哪里需要像赵武灵王和拓跋弘那样运用权术呢？

或曰：宋高宗之内禅，论者何以无讥也？曰：高宗以孝宗为太祖之裔^①，疏远已甚，不得不早正位以防争，而高宗年已及耄也^②。唯其时、唯其人而已矣。

【注释】

①孝宗为太祖之裔：指宋高宗无子，以孝宗赵昚为继承人，而孝宗

实为宋太祖七世孙。事见《宋史·孝宗本纪》。

②高宗年已及耄(mào):指高宗当时已经超过七十岁了。耄,年老。
　　古称大约七十至九十岁的年纪。按:高宗禅位给孝宗时五十五
　　岁,并非如王夫之所说已超过七十岁。

【译文】

　　有人说:宋高宗也禅位于孝宗,论及此事之人为何没有讥讽他呢?
回答是:高宗认为孝宗是宋太祖的后裔,与他之间的亲缘关系相差已非
常远,所以不能不及早确立他的帝位,以免日后再起纷争。此外,高宗
当时也已近耄耋之年。因此,对于禅位如何评价,只能根据当时的情况
与人选而定。

七　魏诏守令劝课农事

　　有不待劝者,士之学也,农之耕也。劝士以学,士乃习
为为人之学;为人而学,学乃为道术之蠹,世道之患。升俊
有常典①,养士有常法,人主尊师问道以倡之,士自劝矣。若
旦命而夕饬之,赏法行而教令繁,徒有劝学之名,而士日以
偷。果有志于学者,岂待劝哉? 宋立伪学之禁②,而士趋朱
子之门也如归,禁之不止,何容劝邪?

【注释】

①升俊:指使其成为俊秀之才,选拔俊秀。

②宋立伪学之禁:庆元元年(1195)"绍熙内禅"后,赵汝愚、朱熹等
　　崇奉理学的大臣逐渐与外戚韩侂胄对立,韩侂胄逐渐掌握实权
　　后,极力排挤赵汝愚等人,指使李胡纮等奏劾赵汝愚以宗室而任
　　丞相,又"唱引伪徒,谋为不规",使得宁宗将赵汝愚罢相。此后,
　　赵汝愚被贬往永州,后死于贬所,其曾举荐的朱熹等人也遭贬

黜。这引起朝野不满，朝臣、太学生纷纷上疏，其中多为理学人士。同年六月，刘德秀上疏请考道学真伪。庆元二年(1196)，何瞻等要求将道学正式定为"伪学"，禁止传播。庆元三年(1197)十二月，又定以赵汝愚、朱熹为首的朝野文武官员五十九人为"伪学"党籍，重要成员全部遭到贬斥，一般官员则不予升迁。嘉泰二年(1202)初，韩侂胄感到权势已固，才解除了伪学之禁，列入党籍的人士也逐渐恢复官职。其事散见于《宋史·奸臣列传》《宋史·赵汝愚列传》等。

【译文】

有些事情是不需要等待他人的劝勉就会去做的，士人从事学习、农民从事耕作就是如此。劝勉士人学习，士人的学习就成了为他人而学。为他人而学，那么其所学的学问就会成为败坏大道与学术的蛀虫，祸害世风世道。选拔俊秀之才有固定的章法规则，培养人才也存在固有的规范方法。君主尊重师长、勤于问道，以此倡导学习之风，则士人自然会自我劝勉、勤于学习。如果每日早晚劝勉督促以期士人勤于学问，施行奖赏的办法，教令繁杂，徒有劝学的虚名，士人只会变得日渐苟且懈怠。如果是真正有志于学的人，他们难道还需要劝勉吗？南宋朝廷颁布禁止伪学的命令，但士人们都争相前往朱熹门下进行学习，如同争着回家一般，法令都难以禁止士人学习，哪里还用得着专门加以劝勉呢？

虽然，士无志于学，劝之而不学，弗能为益，而犹无伤于士。若农，则无不志于得粟者矣。其窳者^①，既劝之而固不加勤；而劝之也，还以伤农。方其恪共于耕之日^②，士女营营，匪朝伊夕^③，从事于陇首^④，而吏拥车骑喧隩于中野以贰其心^⑤，则民伤；于是刻覈之吏，搜剔垦莱以增益其赋，苟求余丁以增益其役,而民愈伤。夫古之省耕者⑥,君与民亲,而天子之圻⑦,诸侯之国,提封既狭,不容委之有司,且君有公田,自省其获而以余惠民也。后世尽地以与民,而但收其赋税,薄赋则可弗补助,息讼轻徭则可弗省督,胡为委贪廉不可信之有司以扰妇子于耕馌哉⑧?

【注释】

①窳(yǔ):懒惰。

②恪共:恭谨。

③匪朝伊夕:不止一个早晨和晚上,指长期。

④陇首:指田间地头、田里之间。

⑤喧豗(huī):指喧闹发出轰响。中野:原野之中。

⑥省耕:指古时帝王视察春耕。

⑦圻:指畿,京畿,天子直辖之地。

⑧馌(yè):指给在田里耕作的人送饭。

【译文】

尽管如此,如果士人无心学习,再怎么劝勉也无济于事;劝勉虽然对士人没有什么益处,但也对士人没有妨碍损害。至于农民,则没有不以得到粮食为目的的。那些懒惰的农民,即使劝勉他们,他们也不会勤于劳作;相反,劝勉农民耕作反而损害农民的利益。当农民恭谨地躬耕于田地之时,男女各自忙碌,不分昼夜地长期劳作,认真耕耘于田间地头。如果此时官吏的车马带着喧嚣之声驶入田间原野,劝勉督促他们,则会使其分心,实为伤农之举。而苛刻刻薄的官吏,则会千方百计对农民新开辟的荒地征收赋税以增加收入,同时又苛求农家剩余的劳力去承担徭役,那就更加妨害农民的正常耕作了。古时帝王巡视春耕,与农民在田间地头相互亲近,在天子所处的京畿周围、诸侯的封国之内，由于封地不大，也不把农事交给相关部门办理。而且君王有其自己所属的公田，他们自行前往视察耕作与收获的情况，并控制赋税的额度，来给农民带来实惠。后世之人将国家的土地全部分给人民，而政府只征收赋税。如此，赋税轻薄则农民就会自愿交税，无须官府补助、救济，如果能平息争讼、减轻徭役，也就不需要官府去催督检查服役，怎么能够委任贪婪且不可信任的官吏去干扰农夫农妇正常的生产劳作呢？

拓拔氏，夷也，闻中国有圣人之道焉，取其易行者而行之，于是奔走郡县而名为劝农；又勒取民牛力之有余者，以借惰窳之罢民①。其挠乱纷纭，以使民无宁志也，不知何若，守令乃饰美增赋以邀赏，天下之病，尚忍言哉！蒙古课民种桑，而桑丝之税加于不宜桑之土，害极于四百余年而不息。读古人书而不知通，旦识而夕行之，以贼道而害及天下，陋儒之妄，非夷狄之主，其孰听之？

【注释】

①罢（pí）民：指不从教化、不事劳作之民。

【译文】

北魏拓跋氏本为边外夷狄之人，他们听闻华夏有圣人之道，就吸取借鉴其中容易执行的部分加以施行，于是他们让郡县官吏奔走于田野间，而美其名曰"劝农"。又勒令牛多的民户出牛，借给那些本就懒惰且不事劳作、不服教化之民来耕作。这种纷乱杂烦的政策，使农民难以安下心来耕作，不知该如何去做。那些郡守县令为了粉饰政绩而增加赋税额度，以向朝廷邀功请赏，天下之人深受其害，其悲惨程度让人哪能忍心说出来呢？元朝要求农民种桑而征收蚕丝作为赋税，但蚕丝税却强加于不适宜种桑的地区,这一弊政一直持续了四百余年而从未止息。读古人之书却不懂得变通,早上对书中内容有所认识而晚上就去践行,这会戕害正道,祸害整个天下。鄙陋儒士的邪妄意见,除了夷狄的君主,还有哪个君主肯接受呢?

后废帝

【题解】

宋后废帝刘昱（463—477）字德融，小字慧震，是宋明帝刘彧的长子，母为贵妃陈妙登，于泰始二年（466）被册立为皇太子。泰豫元年（472），宋明帝刘彧驾崩，刘昱正式登基，次年改元元徽。刘昱即位之初，朝政实权一直掌握在明帝生前的心腹幸臣阮佃夫、王道隆等人手中。元徽二年（474），桂阳王刘休范以"清君侧"为名举兵进犯建康，为右卫将军萧道成所平，萧道成由此声名大振，被召入朝中，执掌禁卫军。元徽二年（474）刘昱元服后，无意于政事，喜好出游，猜忌臣下，暴虐嗜杀，进一步加剧了皇室的衰弱，与萧道成的矛盾也日益尖锐。元徽五年（477），萧道成担心刘昱对其欲行诛杀，指使杨玉夫等人将刘昱杀害，以皇太后的名义下诏将其废为苍梧郡王。

宋后废帝时代，政治舞台上的主角毫无疑问是萧道成。王夫之在本篇中直斥萧道成为"独夫"，认为萧道成不过是实现了弑君之举而侥幸未死，与谋逆失败以至身死的刘休范并无本质区别。后废帝死后不到两年，萧道成便逼迫宋顺帝禅让，最终篡权。在王夫之看来，萧道成与曹氏、司马氏和刘裕相比，既无奉君之义，也无伟烈军功，窃夺政权易如反掌，实则是刘宋末年天子地位不尊所造成的。"天子之如草芥"，则人人皆可取而代之，梁末的陈霸先，五代的石敬瑭、刘知远、郭威等人皆是如此。王朝末世往往国势衰微,秩序混乱,君权不张。王夫之的这一认识源于对历代兴亡的总结和思考,值得读者加以关注。

一　刘休范以独夫求干天位

纣之亡也,正名之曰独夫①。独夫者,有天下而国必亡,身必戮,大分之尊不足以居之,先王之泽不足以庇之。况在下位而为独夫,未有能得人之天下者也。

【注释】

①纣之亡也,正名之曰独夫:语本《尚书·泰誓》:"独夫受,洪惟作威,乃汝世雠。"意思是独夫商纣(名受)大行威虐,是你们的世仇。

【译文】

商纣王死后,人们因他昏庸无道而称他为"独夫"。如果是独夫占有天下,则国家也必会灭亡,他本身也终将难逃一死,即使他有身为君王的九五之尊也不足以凭恃,先君圣王的恩泽也不足以庇护他。更何况是身居下位而成为残暴无道的独夫,这样的人是不可能得到别人的天下的。

刘休范以庸劣而免于忮主之杀,乃乘君死国乱之际,而求干天位,张敬儿以一健卒入二万人之中斩其首①,无卫之者,此其为独夫也奚疑,而可为天子乎?然且几陷建业,为天子。甚哉!晋、宋之末天子之易为,而人思为之,其贱曾不如有道之世一命试为邑宰者,何足谓为大宝哉!草芥而已矣。

【注释】

①张敬儿(？—483)：本名苟儿，南阳冠军(今河南邓州)人。南朝齐大臣。少有勇力，以军功迁宁朔将军、越骑校尉，并党附萧道成。桂阳王刘休范叛乱包围建康时，其奉萧道成命令前往镇压，联合黄回使用诈降计，俟机杀死刘休范，消灭叛将杜黑骡。后拜雍州刺史、都督雍凉诸军事，负责防备荆州刺史沈攸之。沈攸之起兵拥立宋室时，他假意赞成其事，率兵袭取江陵，导致沈攸之败亡。萧道成即位后，以其为侍中、中军将军、开府仪同三司。齐武帝继位后对其心怀猜忌，将其处死。传见《南齐书·张敬儿列传》《南史·张敬儿列传》。

【译文】

刘休范因为庸劣无能，方才幸免于猜忌狠毒的明帝的忌恨与诛杀，可他却趁着君主刚死且国家危亡之际，妄图夺取皇位。因此张敬儿以一介健壮士卒的力量，冲入两万人之中将刘休范诛杀，而周围却没有一个出来簇拥保护刘休范的人。以此看来，刘休范毫无疑问是独夫，这种人怎么可能成为天子呢？然而刘休范所率的兵马也几乎要攻克都城建业，差点就成了天子。真是太荒唐了啊！晋朝与刘宋的末期，天子仿佛极容易当，故而人们都想着去当天子，皇位低贱得还不如太平时代一个被任命试用的郡守。如此，则天子之位如何能够称得上是国之大宝呢！皇位低贱得犹如草芥而已。

天子如草芥，而人思为之，为之不克，而为独夫以死者，休范也；为之克而终为天子者，萧道成也。以小慧小才言之，则道成之愈于休范也远矣；以君天下言之，则休范、道成一也，皆独夫也。道成弑君，张敬儿取白帽加其首①，曰："事须及热。"为道成之腹心者，敬儿之流，一休范之许公舆、丁文豪也②。褚渊虽贵③，而无称于宋。止此三数人，而掇宋之宗社如一羽，授之道成，而道成居之以安。呜呼！至于此，而天下犹有贵贱之等差哉？贤不肖尤非所论矣。

【注释】

①张敬儿取白帽加其首：指后废帝被弒之后，萧道成以太后令召袁粲、褚渊、刘秉入会议。王敬则直言"天下事皆应关萧公"，建议萧道成总揽一切。他把白纱帽戴在萧道成头上，并威胁说："今天谁敢乱动？大事要趁热打铁，一气呵成。"明确建议萧道成登上皇位。此处"张敬儿"实应为"王敬则"，当为王夫之误记。事见《资治通鉴·宋纪十六·顺皇帝·昇明元年》。

②许公舆（？—474）：新蔡（今河南新蔡）人，南朝宋大臣。后废帝时，担任典签，与刘休范交好。刘休范意欲谋反之时与其商议，他建议刘休范折节下士，并在刘休范准备进攻建康时为其谋划。刘休范败亡后，他诈称刘休范在新亭，引起士民惶惑，但最终谎言败露，为人所杀。其事见于《宋书·文五王列传》。丁文豪：刘休范的部将。

③褚渊（435—482）：字彦回，河南阳翟（今河南禹州）人，南朝大臣。早年便有时誉，娶宋文帝之女南郡献公主为妻，历任著作佐郎、秘书丞、吏部郎等职。后为宋明帝所信任，受遗诏为中书令、护军将军，与尚书令袁粲共辅太子刘昱。萧道成杀后废帝而立顺帝时，他推举萧道成录尚书事，后又助萧道成代宋建齐。南齐建立后，深受宠信，参与机要，官至宰相。传见《南齐书·褚渊列传》。

【译文】

天子之位贱如草芥，故而人人都想去夺得天子之位，未能实现而作为独夫死去的，是刘休范；如愿以偿地夺得帝位，最终成为天子的，则是萧道成。就小智慧、小才能而言，萧道成实则比刘休范强多了。但以君临天下而言，刘休范与萧道成实则并无二致，两人都是独夫。萧道成弑君，而王敬则把白纱帽戴在萧道成的头上，并说："大事必须趁热打铁、一气呵成。"作为萧道成的心腹，张敬儿之流与刘休范的心腹许公舆、丁文豪并无二致。褚渊虽身份贵重，但在刘宋他并没有什么名声，不曾得到赞誉。仅凭这么三四个人，拾取刘宋的宗庙社稷如同捡起羽毛，将其轻易地交给了萧道成，而萧道成坐上皇位也安之若素。唉！到了这个时候，天下难道还有贵贱尊卑的差别吗？至于人才的贤能与否就更不必说了。

　　曹氏之篡也，威服群雄而有讨董卓之义，有迎驾于蒙尘之功焉。刘宋之篡也，灭鲜卑，俘羌夷，荡妖贼，夷桓玄，恭帝所被夺而不怨者也。司马氏奸矣，而平辽东，灭蜀汉，四世而后得之。道成者，胠箧之盗①，媚一褚渊而已，裒然正南面而立②，论者以罪褚渊，未尽也。渊一亡赖之鄙夫耳，安能以天下与人哉！微渊而道成固足以篡，无他，唯天子之如草芥而人可为之者也。前有道成，后有霸先，五代有石敬瑭、刘知远、郭威③，而篡夺亦将息矣。未有天之所子，人之所君，而人思为之者也。君子于此，远之唯恐不速。陶弘景其知此矣④，"唯可自怡悦，不堪持赠君"⑤，目笑而心怜之已尔。

【注释】

①胠箧（qū qiè）：本指撬开箱子，后泛指盗窃。

②裒（póu）然：骤然。裒，聚集。

③刘知远（895—948）：河东太原（今山西太原）人，沙陀族。五代十国时期后汉开国皇帝，947—948年在位。早年追随后唐明宗及

后晋高祖石敬瑭,勇猛善战,颇得战功。后晋建立后出任河东节度使。开运四年(947),后晋被契丹灭亡,刘知远在太原称帝。他统治期间,各地割据势力不服从中央,一时赋敛成灾。乾祐元年(948)病逝。传见《旧五代史·汉书·高祖纪》《新五代史·汉本纪·高祖》。

④陶弘景(456—536):字通明,丹阳秣陵(今江苏南京)人。博学多才,手不释卷,对于阴阳五行、天文地理、医术本草皆有钻研。曾被引为南齐诸王侍读,后退居句容之句曲山。曾援引图谶,支持梁武帝夺齐帝位,得到器重。朝廷每有吉凶征讨大事,常遣使咨询,时人称之为"山中宰相"。传见《梁书·处士列传》《南史·隐逸列传》。

⑤唯可自怡悦,不堪持赠君:语出陶弘景《诏问山中何所有赋诗以答》:"山中何所有? 岭上多白云。只可自怡悦,不堪持寄君。"意思是山中有什么呢? 有那高山之上的朵朵白云。然而白云在高山之巅只能身处其中使人心旷神怡,却不可将其窃夺奉予他人。

【译文】

　　曹操图谋篡夺东汉王朝的权位,是因为他有威服群雄、讨伐董卓的正义之举,以及营救献帝于危难之中的大功。刘裕篡权之前,曾灭掉鲜卑,俘获羌夷,平定孙恩、卢循起义,诛灭叛逆的桓玄,所以晋恭帝被夺去帝位也没有什么怨言。司马氏固然奸诈,但其篡夺曹魏政权时,也有平定辽东、灭掉蜀汉的业绩,并经历司马懿、司马师、司马昭、司马炎三代四人的努力后才最终得到了天下。而萧道成实为窃贼之辈,只是依靠谄媚褚渊,骤然间便能即位称帝,最终建立南齐。议论的人后来都怪罪褚渊,这也未尽妥当。仅靠褚渊这样一个势单力薄、品行不良、浅薄卑陋之人,又如何能夺得天下而将其交给萧道成呢? 即便没有褚渊,萧道成最终还是可以篡位成功,这没有别的原因,只是因为天子的地位贱如草芥,人人都可以成为天子而已。这样的例子,南北朝时前有萧道成，后有陈霸先，五代时期有石敬瑭、刘知远、郭威，至此，篡权夺位的风气也将得以平息了。皇帝作为上天所认定的天子、人民所拥戴的君主，人人却都想着可以去当皇帝，从没有这样的道理。对于这类事情，身为君子之人避之唯恐不及。陶弘景深知这个道理，因此他说："唯可自怡悦，不堪持赠君。"他眼看着这样的闹剧而发笑，实际上心中却觉得这些人很可怜。

二 魏覆鞫罪人囚系积年

夷狄之轻于杀人，其天性然也。有时乎思所以生人，而非果有不忍人之心，乃以生之之道杀之，遂自信为矜恤。呜呼！民之遇此也，可悲也夫！

【译文】

夷狄把杀人之事看得很轻，这是由他们残忍的天性所决定的。他们有时候也会考虑如何让民众得以存活，但并不是因为他们确实有怜悯之心。即使有怜悯之心，也是假借让百姓存活的名义来行杀害百姓之实，自己却还相信这是对民众的怜悯抚恤。唉！人民遇到此种情况，真是可悲啊！

拓拔弘重用大刑，多令覆鞫①，以自诧其矜恕，而囚系积年，不为决遣②，其言曰："幽苦则思善，故智者以囹圄为福堂。"哀哉！民之瘠瘵死于犴狱者不知凡几③，而犹谓之福堂邪？《易》曰："君子以明慎用刑，而不留狱④。"明慎矣，速断之，而刑者刑，免者免，各得其所，而无所连逮；即或明慎未至，而枉者固千百而什一也。何也？择折狱之吏，申画一之法，除条例之繁，严失人之罚，枉者固千百而什一矣。夫人之情伪,不可掩于初犯之日,证佐未累,其辞尚直,情穷色见,犹可察也;迨及已久,取案牍而重复理之,移审于他署,而互相同异,犯者之辨,且屡屈屡伸而错舛益甚⑤,目眩心疑,愈以乱矣。不留者,取人之初心而验其诚也;非今岁一官,明岁一吏,颠倒反覆之所能得其情也。徒以饥寒疾疫死之于丛棘之下⑥,不亦惨乎! 如是以为矜恤,亦嗜杀之转念而已矣。

【注释】

①覆鞫(jū):复审,复核。

②决遣:指审判发落。

③瘐瘐:指瘦弱且于监狱中患病而死。瘐,瘦弱。瘐,囚犯因受刑、冻饿、生病而死在监狱里。犴(àn)狱:牢狱。

④君子以明慎用刑,而不留狱:参见卷三"武帝二四"条注。

⑤错舛:错乱,不正常。

⑥丛棘:古时囚禁犯人的地方,四周用荆棘堵塞,以防犯人逃跑,故称。

【译文】

北魏献文帝拓跋弘对待重罪刑罚很慎重,遇到此类案件大多会下令复审,以此展现、夸耀自己的怜悯宽恕之心。然而监狱中的囚犯因此被常年羁押,得不到审判发落,拓跋弘还说什么:"犯人身处幽苦的环境中,才会真心悔改,从此向善。因此,明智之人将牢狱当作福堂。"这真令人感到悲哀啊! 民众在监狱中备受摧残,因受刑、冻饿、生病而死的不知道有多少,这样的地方竟然还称得上是福堂?《周易》中说:"君子明决、谨慎地使用刑罚,不稽留狱讼之事。"用刑明决、谨慎,就是要尽快裁决,该处刑的处刑,该赦免的赦免,各得其所,而不会牵连无辜。即使没有完全做到明决、谨慎地用刑，因疏漏被冤枉的人在千百之中也不过十分之一。这是为什么呢？因为君主可以审慎选择断狱之吏，申明统一的律法，消除繁杂不明的条例，严立错判之罪。在这种情况下，疏漏被冤枉者在千百人中也只会有十分之一。囚犯内心所藏的真伪，在犯罪之初很难被隐藏，此时即使证据并不充分，但囚犯的供词也会较为坦率。因此只要及时察言观色，还是可以查明真相的。如若拖延时间长了，仅仅取来犯罪档案来反复进行查对，并将他们移交到别的官署进行审理，进行相互对证，这样犯罪者的自我辩解就会要么是屈打成招，要么是临时翻供，从而错谬百出，以致到最后使人眼花心乱，则案情会变得更加错乱。如果及时对犯人进行审判，依据他们最初的口供与事实相对照，以此来观察他们的心态与表达是否真诚合理，而不是在审理案件时，今天换一个官来审，明天换另一个吏来办，靠着来回更换主狱人员来审明实情。若是如此，犯人最终只会因饥寒、疾病死于监狱之中，这不是太残忍了吗？用拓跋弘这般的怜悯同情来对待犯人，实则也只是嗜好杀戮的另一种表现形式罢了。

　　若其罢门房之诛①，则得之矣。乃门房之诛所自来，亦有繇也。夷狄而主中国，王侯将相皆其种类，群起于驰逐之中，儃儃俟俟以为群友②，则一人富贵而合族骄盈，耕者不耕，猎者不猎，依倚势门，互相煽虐，非被诛者之陷及门房，而门房之陷人于诛者多矣。安与同其噬搏③，危与共其诛夷，亦自取之矣。前之立法者，深恶夫合族之蜂集，待食于将吏，众为虐而一人独婴其祸④，弗与惩之，而门房之败类横逞益烈也。罢其诛，不禁其朋从之恶⑤，拓拔氏之所以敛怨而终亡也。

【注释】

①门房：指同宗的各房分支以及远族，亦泛指亲族。

②儦儦(biāo)俟俟以为群友：语出《诗经·小雅·吉日》："儦儦俟俟，或群或友。"意思是动物奔跑慢走，成群结队四处游荡。儦儦，疾走的样子。俟俟，缓行等待的样子。

③噬搏：咬啮搏击，比喻残害。

④婴：遭受。

⑤朋从：同类相从。

【译文】

至于拓跋氏废除株连亲族的法令，则是正确的做法。可是株连亲族法令的产生，也是有其缘由和依据的。夷狄入主中原，其政权中的王侯将相都是与其同一族类的人，一哄而上地争名逐利，三两相聚、成群结队而结为朋党。如此则家族中若有一人富贵，全族都会骄奢淫逸，原本耕地的人不再耕作，狩猎的人不再狩猎，倚仗着家族的势力，相互煽动、肆意妄为。许多情况下，并非是被诛杀的人牵连了整个宗族，而是其亲族的不法行径令他陷入了死地。既然安全的时候整个家族一起残害他人，那么遇到危难，全族一起承受被诛杀的命运，也是应该的。以前之所以设置株连亲族的法令，就是因为人们对这种全族蜂拥聚集、等着族人中做官或做将领的人养活他们、众人一起作恶，事到临头却只让一个人独自承受诛杀之祸的事情深恶痛绝，如果不对那些族人加以惩罚，则那些亲族中的败类就会更加地肆无忌惮地作恶。北魏废除了株连亲族的法令，就难以禁止亲族成员共同作恶，拓跋氏也因此招致怨恨并最终走向灭亡。

顺　帝

【题解】

宋顺帝刘準(469—479)字仲谋,小字智观,是宋明帝刘彧的第三子,母为昭华陈法容。刘準初封安成王,元徽四年(476)晋为骠骑大将军、开府仪同三司。元徽五年(477),萧道成杀后废帝刘昱,迎立刘準为帝。顺帝在位期间,萧道成以相国、齐王身份牢牢把持朝政,刘準形同傀儡,无所作为。昇明三年(479),顺帝被迫禅位于萧道成,被黜为汝阴王,后被杀于丹阳宫。

顺帝在位仅两年便被废黜,刘宋王朝至此也宣告终结。刘宋究竟缘何覆灭?王夫之认为,刘宋王朝覆灭的祸根其实于孝武帝时就已埋下。自孝武帝至明帝,"怀猜忌以待下",削弱宗室力量,猜忌功臣名将。随后又有前、后废帝暴虐狠毒,使得宗室朝臣人人自危。士大夫逐渐惯于"雍容观变",习得"避咎之术",成日揣测人主的意图,畏惧威柄。如此则贤者萎靡,志节全无。所以刘宋将亡之时无才可用,也无人能够制衡、阻止萧道成,这是致使刘宋灭亡的关键。

一　袁粲刘秉素无刚决深谋

国无人焉则必亡,非生才之数于将亡之国独俭也^①。上多猜，则忠直果断之士不达；上多猜而忠直果断者诎，则士相习于茸靡②，虽有贞志，发焉而不成。宋自孝武迄于明帝，怀猜忌以待下，四十余载矣，又有二暴君之狠毒以间之，人皆惴惴焉旦夕之不保，而茸靡图全之习已成。其不肖者，靡而之于恶，以戴叛逆、戕君父而不愧，则褚渊之流是已。其贤者，虽怀贞而固靡，其败也，则不足立皎皎之节，即使其成，而抑无以收底定之功，则袁粲、刘秉是已③。粲与秉孤立，而思抗悍骜多徒之萧道成④，不爱死以报刘氏，则固无容深求者。粲闻道成废立之谋，而不能抗辞以拒之，秉以军旅一委道成，授之以篡逆之柄，且置勿论。徒其决计以诛道成，幸而克矣，不知二子者，何以处沈攸之，而终延宋祚也？

【注释】

①俭：缺少，匮乏。

②茸靡：像茸毛一样倒伏，比喻随波逐流、萎靡不振。

③袁粲（420—477）：初名愍孙，字景倩，陈郡阳夏（今河南太康）人。南朝宋大臣。初为扬州从事。明帝时，曾为尚书令，领丹阳尹。后受遗命辅佐后废帝，与褚渊、刘秉、萧道成并称"四贵"。桂阳王刘休范谋反之时，其虽居母丧，仍上殿表示愿与社稷共存亡，以激励诸军。顺帝即位后，其知晓萧道成图谋篡位，打算起兵诛杀萧道成。结果事泄，反为其所杀。传见《宋书·袁粲列传》《南史·袁粲列传》。刘秉（433—477）：字彦节，彭城（今江苏徐州）人。南朝宋宗室大臣。少有才俊，朝野对其推誉有加。泰始年间任丹阳尹、中书令。后废帝刘昱被弑后，萧道成专政，他官至尚书令，但被萧道成架空，无所作为。后密谋与司徒袁粲诛杀萧道成，结果事败被杀。传见《宋书·宗室列传》《南史·宋宗室及

诸王列传》。

④悍骜:凶猛暴戾。

【译文】

国家如果没有人才可用就必然会灭亡,这并非是到了国家将亡之际,产生的人才数量唯独比其他时候少。君王多猜忌之心,则忠直果敢之人就不能将自己的意见传达给君主;君王多猜忌之心,忠直果敢之人屈服萎靡,则士人都会变得随波逐流、萎靡不振,即使有尽忠报国的志向,想要有所伸张,也难以成功。刘宋王朝自孝武帝至明帝,都怀着猜忌之心对待臣下,前后长达四十余年,其中还有残暴的前、后废帝采取了更为狠毒的手段,使得人们在朝不保夕的情况下惴惴不安,因而形成了萎靡不振、随波逐流的习气。其中那些不肖之人,不仅随波逐流还逐渐发展成了恶,他们拥戴叛贼、戕害君父而毫不感到耻辱、惶恐,像褚渊之流就是这样。而其中那些贤能之人,虽心怀忠贞之情,却也固然陷于萎靡不振。他们遭遇失败,也不足以树立忠贞皎洁的节操。即使获得成功,也不足以建立中流砥柱般的功勋,像袁粲、刘秉就是这类人。袁粲、刘秉势单力孤,却想着对抗凶猛暴戾且拥护、依附者众多的萧道成,不惜以死来报效刘氏,这固然是不可加以深责的。然而当袁粲知道萧道成策划废立之事时,却没能以严词进行劝阻。刘秉将军队全部交给萧道成掌管,给了他篡权夺位的凭借和支撑。即使将这些都置而不论,只说他们决计杀掉萧道成之事,如果侥幸成功的话,不知道他们二人又如何对待沈攸之,从而延续刘宋的天下呢?

苍梧之昏虐,安成之巽愞①,皆道成所不以置诸目中者,所与争天下者,攸之而已。攸之又岂有刘氏之子孙在其意中乎?攸之之欲为道成也,非一日也。兵已顺流直下,而道成授首于内,则攸之歌舞而入,挟重兵,居大功,握安成于股掌,二子欲与异而固不能。委社稷于攸之,掷宗祊于道成,有以异乎? 吾知二子者,歧路仓皇,欲如今日之捐生以报国,不可得已。此无他,以刚决为嫌,以深谋为讳,自孝建以来,士大夫酿成雍容观变之习,蔡兴宗已启其源,而流不可止也。故兴宗之死,无可为宋惜者。兴宗存,则为袁、为刘,否则为谢朏而已②。史称粲简淡平素无经世材,非无材也,狃于全身避咎之术,以逃猜主之鼎镬,气已苶而不可复张。宋末之人材,大抵然也。故以猜驭下者,其下慑焉而旁流,刚化为柔,直化为曲,密化为疏,祸伏而不警,祸发而无术,为君子者,无以救其亡,而小人勿论已。

【注释】

①安成:即宋顺帝刘準。因其早年被封安成王,故称。愞:同“懦”。

②谢朏(fěi,441—506):字敬冲,陈郡阳夏(今河南太康)人。南朝梁大臣。自幼聪慧,起家抚军法曹行参军,后为卫将军袁粲长史。萧道成专权后,以其为长史。曾与萧道成共论魏晋禅代之事,表示不愿苟同。至齐受禅时,侍中本当解玺,他却佯作不知,结果被免官禁锢五年。梁武帝即位后,屡次征召,但他均不就。传见《梁书·谢朏列传》《南史·谢朏列传》。

【译文】

苍梧王刘昱昏虐不仁,安成王刘準怯弱不堪,他们都是萧道成根本不放在眼里的人,能与萧道成争夺天下的,也就只有沈攸之了。而沈攸之内心里难道就有刘氏的子孙吗? 沈攸之想要成为像萧道成一样的篡位弑君者,已经不是一天两天了。当沈攸之的军队顺流而下时,如果萧道成在朝内被杀,沈攸之便可以载歌载舞地进入朝中。他手握重兵,自居护卫江山社稷之功,将安成王玩弄拿捏于股掌之间。在这种情况下,袁粲、刘秉二人想要反对也是不可能的。将国家社稷交给沈攸之，与把刘氏宗庙抛给萧道成，有什么本质区别吗？我知道他们二人身处进退两难之地，仓皇混乱之间遇到歧路，难以抉择，要想似今日这般舍弃生命、以死报国，也是不可能的。这不在于其他原因，而是因为人们早已习惯把刚毅果敢当作嫌疑、把深谋远虑当成忌讳。自孝武帝以来，士大夫们已养成安享雍容、以静观变的习气，由蔡兴宗首开源头，以后日益流行而不可制止。所以蔡兴宗之死，对于刘宋王朝而言，没什么值得惋惜的。即便蔡兴宗不死，日后也会成为袁粲、刘秉一样的人物，否则会成为像谢朓一样的人物。史书上称袁粲简约淡泊，为人平庸，没有经世之才，并非他本身无才，而是因为他已习惯于避害保身之术，以逃脱喜好猜疑的君主的诛杀，所以使得勇气消堕且不能再度伸张。刘宋末期的人才，大抵皆是如此。所以，君主以猜忌对待臣下，则臣下会志气慑服而走上歧路，变刚为柔，变直为曲，变密为疏，如此则祸患潜伏而不知警惕，祸患发生后没有应对之策。身为君子，尚且不能挽救国家的危亡，而那些小人就更不用提了。

卷十六

齐高帝

【题解】

　　齐高帝萧道成(427—482)字绍伯,小字斗将,南兰陵(今江苏武进)人,刘宋将领萧承之之子。萧道成年轻时曾跟从名士雷次宗学习经史,后弃学从军,随萧思话镇守襄阳,为左军中兵参军。明帝时,先后镇守会稽郡、淮阴郡,累迁南兖州刺史,逐渐成为刘宋在北方前线的中流砥柱,在明帝临终时受诏与尚书令袁粲、护军将军褚渊、中领军刘勔共掌机要。后废帝元徽二年(474),萧道成讨平桂阳王刘休范的叛乱,晋爵为公,迁中领军将军,掌握了禁卫军。元徽五年(477)弑杀后废帝,奉立顺帝,操揽权柄,先后平定荆州刺史沈攸之、司徒袁粲、尚书令刘秉之乱,进位齐王。昇明三年(479)逼迫顺帝禅位,改元建元,建立了萧齐政权。萧道成在位期间,厉行节俭,革除暴政,选贤举能,政治清明。建元四年(482)驾崩。

　　对于萧道成篡宋之事,史家们褒贬不一。萧子显和李延寿都认为萧道成篡宋之举,拯救时艰,纾解宋末百姓恐惧、天下皆靡的情况。但在王夫之看来,萧道成无尺寸之功,弑君篡位,人神不容,并不符合道义。这也与魏、晋以来臣节和士行的堕丧,密切相关。他抨击此种志节道义沦落丧灭的社会风气,认为萧道成的篡位弑君之举也是此种风气下的产物。此种风气不消,祸乱只会相习相生,南朝的政权更替多依此理。

在古代专制社会中如何实现国家的有效治理，向来是学者们关注的重点。王夫之在本篇中对于古代专制社会的治理模式进行了分析和评论。在他看来，国家统一治理的核心是按照上下层级和次序施行分级治理，"以绪相因"；各治理层级自行其职，避免上级对于下级的过度干扰，尤其是君主不应越级治理，破坏治理秩序。县令无论从地位还是从其所身处的管理环境而言都近于民，"可以达民之甘苦而悉其情伪"，州牧刺史、郡守之类的官员也是熟稔于自己所在的管理层级。天子居尊而越级治下，只会自损威严，民众或畏惧或苟且，最终会造成治理混乱，基层动荡。所以，他认为由上级直接统治基层则必定大乱，由各级地方政府分别施行统治则会大治。此外，王夫之也批评天子频频遣使向下索取的举动，认为这是亡国之际的一个重要表现，也会加重王朝覆灭的危机。他的这些评论，对于理解古代国家治理方式的得失颇有启发意义，值得读者重视。

凡篡位者，未即位皆称名，已即位则称帝，史例也。萧齐无功窃位，不足列于帝王之统系，而以帝称者，以北有拓拔氏之称魏，故主齐以存中国。

【译文】
凡是篡夺皇位之人，即位前都统称其姓名，即位后则称其帝号，这是史书记载的惯例。萧齐的高帝萧道成没有尺寸之功却窃取了皇位，按说他并不能位列于帝王的统系之中。这里之所以对他以帝相称，是因为此时北方有夷狄拓跋氏建立的北魏，称他为齐高帝，即是要树立南齐作为中原正统王朝的地位。

一　竟陵王子良表停台使

天下之治，统于天子者也，以天子下统乎天下，则天下乱。故封建之天下,分其统于国;郡县之天下,分其统于州。后世曰道、曰路、曰行省、曰布政使司,皆州之异名也。州牧刺史统其州者也,州牧刺史统一州而一州乱,故分其统于郡。隋、唐曰州,今曰府。郡守统其郡者也,郡守统一郡而一郡乱,故分其统于县。上统之则乱,分统之则治者,非但智之不及察,才之不及理也。民至卑矣,其识知事力情伪至不齐矣。居尊者下与治之,亵而无威,则民益亢而偷;以威临之,则民惺惧而靡所骋①。故天子之令行于郡而郡乱,州牧刺史之令行于县,郡守之令行于民,而民乱。强者玩焉,弱者震掉失守而困以死②。唯县令之卑也而近于民,可以达民之甘苦而悉其情伪。唯郡守近于令,可以察令之贪廉敏拙而督以成功。唯州牧刺史近于守,可以察守之张弛宽猛而节其行政。故天子之令不行于郡,州牧刺史之令不行于县,郡守之令不行于民,此之谓一统。上侵焉而下移,则大乱之道也。而暴君污吏,恒下求以迫应其所欲,于是牧刺不能治守,守不能治令,令抑不能治民。其尤乱者,天子之令,下与编氓相督责③,守令益旷,奸民益逞,懦民益困,则国必亡。故统者,以绪相因而理之谓也,非越数累而遥系之也。

【注释】

①惺惧:恐惧,惊慌。骋:施展。

②震掉:惊骇,惊恐。

③编氓:编入户籍的平民。

【译文】

对于天下的治理,总统于天子一身。如果以天子之尊直接向下管理天下的局部和具体事务，则会引发天下大乱。所以，在封邦建国的分封制时代，由各诸侯分别统领、治理其国；在实行郡县制的天下，则由各州分别统领治理地方。后世所谓的道、路、行省或布政使司，都是州的异名。各州的政务，全部统合于州牧、刺史之手，如果州牧、刺史直接插手各州事务的管理，则必会导致一州大乱，所以州的政务又分别由各郡进行分属管理。隋唐时的州，犹如今日的府。郡守统合一郡的治理，如果郡守直接插手下属各县的政务管理，则会导致一郡大乱，因此郡的事务需要分别交给各县县令来分管。可见天下的统治，由上级直接统治则必定大乱，分别由各级地方政府施行统治则会大治。这不仅仅是因为个人的智慧不足以明察辖区内的一切事情、才能不足以管理辖区内的所有政务，也是因为普通百姓是最卑下的阶层，他们在知识、能力、真诚与虚伪等方面都良莠不齐。身居尊位之人直接从事下层社会的治理，如果过于亲近民众而没有了威严，下民百姓就会越发放肆、苟且；如果用威严来统御百姓，则下层民众就会惊慌失措而无法施展自身才能。所以，天子的命令越级下行于郡则郡会混乱，州牧或刺史的命令越级下行于县，郡守的命令直接下行于百姓，则百姓会变得混乱。这样就会导致强者轻慢法令，而贫弱的下民则惊恐无措以致困窘而死。只有县令是地位低下、接近于百姓的基层官吏，他们可以了解人民的甘苦冷暖，洞悉民心民情。而只有郡守是接近县令的官，他们可以详察县令的贪腐、廉洁及才能高低，并督促其治理辖区、取得成效。也只有州牧或刺史是接近于郡守的官，他们可以详察郡守为政的张弛或宽猛，并对其为政举措加以节制。所以说，天子的命令不直接行于郡，州牧或刺史的命令不直接行于县，郡守的命令不直接施行于底层人民身上，这就是所谓一统的治理原则。上级越级行事、侵夺下级之权，则是导致天下大乱的做法。然而暴君污吏总是不断地向下级提出苛求、迫切想让他们按自己的欲望行事，如此便使得州牧、刺史无法节制郡守，郡守无法节制县令，县令也无法治理好下层的民众。更有甚者，天子的命令直接下达至编入户籍的平民百姓,督促他们执行,这样便使得郡守、县令的权力日益被削弱,而奸诈顽劣的百姓更加肆意妄为,怯懦贫弱之民更加陷于困窘,那么国家也必然灭亡。所以,所谓的"统"就是指按照上下次序层层分级治理,并不是高高在上的天子越过数级而直接遥制天下。

　　江左之有天下,名为天子,而其时之人已曰:适如平世之扬州刺史而已。虽然,荆、扬、徐、梁四州之土广矣,而又益之以交、广、宁三州之地,视商、周之天下,版图不隘也。而天子急奔其欲,日遣台使下郡县以征求于民①;则天子一县令,台使一胥隶也。乃既名为天子之使而有淫威,则民之死于督迫者积矣;实为天子之令而威已媟②,则民之无惮于上以亢守令者又多矣。齐高立,令群臣言事,而竟陵王首以为言③,知治道矣。

【注释】

①台使:汉代以来,尚书被称为中台,御史被称为宪台,故朝廷派遣出使地方的尚书、御史被称为"台使"。后亦泛指朝廷派到的地方的使者。

②媟(xiè):轻侮,轻慢。

③竟陵王首以为言:指竟陵王萧子良上表,极力陈述台使的弊病,说:"如果朝廷有所需求,只要公开颁发诏书敕令,指定期限,人们自然就会想方设法地去完成任务了。如果耽误了期限,自然应该依照法令举发惩处。现在,虽然朝廷的使者遍布各地,可是各种事情仍然需要通过州县官员去办理。结果,徒然使得朝廷的使者与负责其事的官员相互猜疑怀恨,反而使朝廷的命令实行得更为迟缓松懈。所以,朝廷应当将派出的使者全部停罢。"事见《南齐

书·武十七王列传》。竟陵王，即萧子良（460—494）。字云英，南兰陵（今江苏武进）人。南朝齐宗室大臣，齐武帝萧赜次子。刘宋末年任会稽太守，齐初为丹阳尹。武帝即位后，获封竟陵王，官至司徒。郁林王即位后，进位太傅。他笃信佛教，曾集众僧责难范缜《神灭论》，为佛教辩护；又爱好文学，召集范云、萧琛、任昉、王融、萧衍、谢朓、沈约、陆倕于自己府邸，号为"竟陵八友"。传见《南齐书·武十七王列传》《南史·齐武帝诸子列传》。

【译文】

江东政权统治天下，名义上虽是天子，实际当时的人们已经指出："如今的天子就像过去太平之世的一个扬州刺史而已。"尽管如此，但江东所辖荆州、扬州、徐州、梁州四州之地，面积已经很广大了，再加上交州、广州、宁州这三州之地，与商、周两朝统治的区域相比，版图其实并不算小。然而南朝的天子却急于满足自己的欲望而奔走求取，经常派遣台省官员作为使者到底层郡县去向人民索求财物。如此，则天子与地方上的县令其实无异，而朝廷使者也就犹如地方上奔走的差役、小吏。使者们既然身怀天子使者的名义，自然会滥逞淫威，就会有很多百姓死于他们的催督压迫之下。而那些被天子任命的郡守、县令的威严则会日益受到轻视，百姓不再害怕上级的威势，对抗郡守、县令的人也日渐增多。齐高帝即位时，命令臣下上书谈论政事，竟陵王萧子良进言时首先谈到了这个问题，可谓深谙统治天下之道。

将亡之国，必频遣使以征求于天下。遣御史矣，遣给谏矣①，且遣卿贰矣②。民愈怨，事愈废，守令愈偷，未有不亡者也。画尊卑而限之，乃以联四海而一之。故《春秋》书武氏子、家父、毛伯之来求③，以著天王之不君而自绝其纽也。

【注释】

①给谏：指给事中、谏议大夫。

②卿贰：指次于卿相的朝中高官。

③武氏子、家父、毛伯之来求：分别指周平王去世后，周王室派武氏子前往鲁国求取助丧财物；桓公十五年（前697），周天子派遣家父到鲁国求车；文公九年（前618），周天子派毛伯求取丧金。事见《左传》。

【译文】

即将灭亡的国家，统治者必然频频派遣使者到地方上去向人民索求财物。不仅派遣御史、派遣给事中和谏议大夫，而且还派遣朝中次于卿相的高官。这样会使得民众越来越怨愤，政事越来越废弛，郡守、县令越来越苟且，所以没有不亡国的。划清上下尊卑的界限，施行分级治理模式，在此基础上才能实现通联四海的大一统政治。故此，《春秋》一书中记载武氏子、家父、毛伯代表周天子向诸侯索求财物之事，来昭示天子做了有损于人君形象的事，从而自行断绝了其上下相连的纽带。

二　宋刘昶求雪大雠义不足以服人

义不可袭者也，君子验之于心，小人验之于天。心所弗信，君子弗为。天所弗顺，小人无成。徒曰义而遂执言以加人，则义在外也。故辟外义之邪说，而乱以不生。

【译文】

义是不可以因袭的，君子在自己的内心中验证义，而小人则依靠上天来验证义。自己内心所不坚信的事情，君子是不会去做的。如果上天不帮助、庇佑，小人就无法成功。如果只是口头上去要求别人坚守忠节义气，那么义也就只会停留于内心之外。因此，要驳斥使义停留在内心之外的邪说，祸乱才能不发生。

　　齐无寸功于天下，乘昏虐而窃其国、弑其君、尽灭其族，神人之所不容，义之必讨者也。刘昶以宋室懿亲，拥拓拔氏之众三十万以向寿阳①，流涕纵横，遍拜将士，求泄其大雠，于义无不克者也，而困于垣崇祖之孤军②，狼狈而退；再举以向甬城③，周盘龙父子两骑驰骋万众之中④，朒缩旋师⑤。然则智力伸而义诎，将天之重护萧齐以佑乱贼、挫忠孝哉？盖昶者，非可以义服人者也。其奔也不仁，其仕于拓拔氏也不正；而其假于报雠以南侵也，又豫为称藩于魏之约，以蔑中夏之余绪⑥；则其挟强夷以逞也，乘国之亡而遂其私也。

【注释】

①寿阳：今安徽寿县。

②垣崇祖（440—483）：字敬远，彭城下邳（今江苏邳州）人。南朝齐将领。少有才干，被刺史刘道隆辟为主簿。后跟随徐州都督薛安都举兵讨伐刘彧，兵败后投奔北魏。不久南归，依附萧道成。萧道成即位后，出任都督司、豫二州军事、豫州刺史，屡次击败北魏军队。齐武帝即位，他官至五兵尚书。后因谋反罪，与荀伯玉一同被诛杀。传见《南齐书·垣崇祖列传》《南史·垣崇祖列传》。

③甬城：即角城，在今江苏淮阴西。南北朝时置戍，常为争战之地。

④周盘龙（415—493）：北兰陵兰陵（今山东苍山）人。南朝大臣。南朝宋时官至司州刺史。南朝齐建立后助豫州刺史垣崇祖抗击魏军于寿春，杀伤数万人。后又随从领军将军李安民救角城，与其子奉叔奋力陷阵，大败魏军，父子二人由此知名。传见《南齐

书·周盘龙列传》《南史·周盘龙列传》。

⑤朒(nǜ)缩：退缩。

⑥余绪：指后裔。

【译文】

萧道成对天下没有立下尺寸功劳，乘着刘宋统治昏暗暴虐的机会，窃取了帝位，并弑杀君主且夷灭刘氏宗室，他的此种行径实为人神所不容，按照大义也是必然要受到讨伐的。刘昶作为刘宋宗室至亲，率领北魏拓跋氏的三十万兵马直逼寿阳，他痛哭流涕、泪流满面，向魏军诸将士遍行拜礼，恳求他们帮忙，以报亡国灭族之仇。这种做法从忠节义气上讲理应战无不克，但他却被垣崇祖的孤军围困，最终只得狼狈退军。之后刘昶再次举兵进攻甬城，由于周盘龙父子英勇作战，率领两路骑兵驰骋战斗于万军之中，刘昶只得退缩回师。如此看来，人的智谋与勇力伸张而忠节义气受屈，难道上天是偏向身为奸贼的萧齐才对其加以保佑并挫损刘昶这样的忠良吗？实际是因为刘昶本身就不能够用大义去使人们信服。他奔逃北魏已然是不仁之举，担任北魏的官职也是不正当的。而他假借报仇的名义引导北魏南侵，又预先和北魏商定了到南方后称藩为臣的约定，辱蔑了身为华夏子孙后裔的荣光。如此，则他是倚靠强势夷狄的威势意图肆意妄为，是乘着国家危亡之机而想要实现个人的私利。

呜呼！昶诚拊心而自问，果闵宗国之亡、祖考之不血食、合族之歼死邪①？否也？昶方流涕之时，不能自喻，而天下又恶从而喻之？然而天鉴之矣。故愤盈以出，而疲劫以归②，天夺之也。若夫昶之耽荣宠于索虏，则千载以下，可按迹以知心者也。义不义，决于心而即征于外，验之天而益信，岂可掩哉？

【注释】

①闵:同"悯",怜悯。

②劾(guì):筋疲力尽。

【译文】

唉! 刘昶若真能扪心自问,他果真是怜悯国家宗室的灭亡、祖宗祭祀的断绝、合族之人的惨死吗? 还是并非如此呢? 当刘昶痛哭流涕之时,并不能将这些很好地表白出来,那么天下人又怎么能够明白他内心所想的东西呢? 但是,上天可以鉴别一切。所以,他满腔愤恨地出兵,却疲惫不堪地回师,这是上天不让他成功。像刘昶这样靠取悦夷狄来获得荣宠的人,即使千年以后,人们也可根据他的所作所为来知晓他真正的心意。是义还是不义,实则取决于自己的内心,并由内而外地表现出来,若被上天所验证,就更加可信。这难道是能够被掩盖的吗?

三 褚渊忌袁粲终丧党逆陷粲

魏、晋以降,臣节隳,士行丧,拥新君以戕旧君,且比肩而夕北面,居之不疑,而天下亦相与安之也久矣。独至于褚渊而人皆贱之,弟炤祝其早死①,刘祥斥其障面②,沈文季责其不忠③;且其子贲以封爵为大辱④,而屏居不仕⑤。华歆、王祥、殷仲文、王弘、傅亮之流,均为党逆,渊独不齿,何也? 此天理之权衡发见于人心者,铢两之差不昧也。

【注释】

①弟炤(zhào)祝其早死:炤,指褚炤(zhào)。字彦宣,河南阳翟(今河南禹州)人。褚渊从弟。少有高节,王俭曾称其才能可作保、傅,后被齐高帝征召为国子博士。他对褚渊身事宋、齐二代异常不满,经常责备褚渊身事二朝,讽刺褚渊奉玺绶给萧道成,是"将

一家物与一家",感叹家门不幸。事见《南史·褚炤列传》。

②刘祥斥其障面:指有一次褚渊入朝觐见,用折扇遮蔽阳光,刘祥
从他身边经过的时候说:"做出这样的举动,羞于当面见人,用扇
子遮掩,又有什么用处?"事见《南齐书·刘祥列传》。刘祥,字显
征,东莞莒(今山东莒县)人。南朝大臣。刘宋时初为巴陵王征
西行参军,后历官骠骑主簿、冠军征虏功曹等。齐高帝即位后,
为征虏军功曹。齐武帝时,刘祥撰《宋书》,讥斥禅代之事,又面
斥褚渊杀袁粲、刘秉之事,遭到忌恨,被投入廷尉狱中,徙广州。
事见《南齐书·刘祥列传》。

③沈文季责其不忠:指沈文季曾在宴会上公开斥责褚渊"自谓是忠
臣,未知身死之日,何面目见宋明帝"。事见《南齐书·沈文季列
传》。沈文季,字仲达,吴兴武康(今浙江德清西)人。南朝齐大
臣,沈庆之之子。起家州主簿,后助萧道成平沈攸之有功,入齐
封侯。因其出身将门,颇为司徒褚渊所轻。后因参与废郁林王
之事,官至尚书右仆射。明帝即位后,受命镇守寿春以抵抗魏
军,他建立起严密的守备体系,使得魏军未能得逞。东昏侯即位
后,他以年老疾病为由,不参预朝政,后被东昏侯杀害。传见《南
齐书·沈文季列传》《南史·沈文季列传》。

④其子贲以封爵为大辱:贲,褚贲(? —489),字蔚先,河南阳翟(今
河南禹州)人。褚渊之子。其父褚渊背叛袁粲、刘秉而党附萧道
成,他对此怀有强烈的不满与抵触,终身愧恨。萧道成即位后,
担任宫官,后任侍中。褚渊死后,他居于墓下,不承父爵,当世之
人认为其系悔恨褚渊失节于南朝宋,故而隐居不仕。事见《南齐
书·褚贲列传》《南史·褚贲列传》。

⑤屏居:隐居。

【译文】

自魏、晋以来,身为臣子的节操败坏,士人品行尽失,人们随意拥立

新君而屠戮旧主,早上还与一个人并肩为臣,傍晚就对他称臣、事奉他。大臣身处这种境况中而无所困惑,而天下人也习惯于此种情况很久了。唯独到了褚渊时情况有所不同,当时的人皆对他非常鄙夷,其弟褚炤咒他早死,刘祥申斥他是羞于见人而用扇子遮挡脸部,沈文季指责他不忠;其子褚贲也将承袭他的封爵视为奇耻大辱,以致隐居不仕。华歆、王祥、殷仲文、王弘、傅亮之流,也都与褚渊一样党同逆贼,可唯独褚渊为众人所不齿,这是为什么呢? 这就是天理的权衡作用表现于人们的内心中,真的是毫厘不差啊!

　　党篡逆而叨佐命之赏者多矣①。有志同谋合而悦以服焉者,有私恩固结而不解者,有不用于时而奋起以取高位者;其下则全躯保禄位被胁而诡随者。凡此,以君子之道责之,则无可容,以小人之情度之,则犹相谅,而渊皆不然。渊者,联姻宋室,明帝任之为冢宰者也。其时,齐高一巴陵王休若之偏裨耳,渊不藉之以贵,抑未尝与协谋而相得,恩所不加,志所不合,势不相须②,权不相下。乃其决于党逆而终始成乎篡弑者,无他,己则不孝,脱衰干进③,而忌袁粲之终丧,欲夺粲以陷之死;宋不亡,齐不篡,则粲不死,遂以君授人而使加以刃,遂倾其祚,皆快意为之而不恤;于是永为禽兽,不足比数于人伦。故闺门之内④,弟愿其死,子畏其污;子弟不愿以为父兄,而后虽流风秽靡之世,亦不足以容。不然,何独于渊而苛责之邪?

【注释】

①叨:承受,得到。

②相须：指相互依存。

③干进：指谋官，求进仕。

④闺门：宫苑、内室的门，指家庭之中。

【译文】

党同篡位逆贼的人中，贪图作为辅助天子创业的功臣而获得赏赐的有很多。他们中有的是志同道合从而心甘情愿地服从，有的因私人的恩惠紧密结合而难解难分，有的是因为当时得不到重用以致一怒而起妄图获得高位，其他则都是希望保全自己、确保禄位的诡随之人。这些人的所作所为，若用君子的标准来进行衡量，则无法为人世所容；若用小人的标准来衡量，则他们的行为尚且可以被谅解。但唯独对褚渊来说，君子、小人之道都无法容纳他。褚渊是曾与刘宋宗室联姻、被明帝任命为宰相并予以重用的人。当时，萧道成只不过是巴陵王刘休若手下的一位偏将而已，褚渊并不指望凭借萧道成来得到荣华富贵，也不曾与他一同谋划事情而相处融洽。他们两人既没有相互施加过恩情，志向上也不合，态势上并不相互依存，权力则不相上下。然而褚渊却与萧道成等人相互勾结，最终做出了篡权弑君的事。这并非有其他的原因，纯属是他自己不孝，丧期未满就脱下丧服以求仕进。他忌惮袁粲服孝期满之后才归来，想要窃夺袁粲的权力而置其于死地。如果刘宋未亡，萧道成未能篡位，袁粲没有死，他就会将君位授予他人，让新君去加害袁粲，之后再废掉新君。这些都是可以只图他自己的痛快就毫无顾忌地去干的事。所以，褚渊永远沦为禽兽，不值得以人伦来评议。难怪在其家庭之中，其弟愿他早死，其子躲避他的污名而不出仕。其子与其弟不愿认他为父兄，以至于此后即使是社会风气颓废萎靡的时代，人们也无法容忍他的行为。若非如此，为什么人们都唯独要对褚渊进行苛责呢？

褚贲之辞父爵，疑非人子之道矣；而屏居墓下，终身不

仕,则先自靖而不伤父子相隐之恩;无他,忘利禄而后可曲
全于人伦之变也。以名位权势而系其心者,于君亲何有哉?
张居正以冲主为辞^①,杨嗣昌以灭贼自诧^②,幸而先填沟壑,
不及见国之亡尔,不然,其为褚渊必也。绝其本根,见弃于
天,人之贱之也夙矣。不待恶已著见而后不容于天下也。

【注释】

①张居正以冲主为辞:指万历五年(1577)张居正父亲病死后,张居
　正以神宗年幼、需要自己辅佐为由不去守三年之丧,而是夺情视
　事。事见《明史·张居正列传》。冲主,年幼的君主。

②杨嗣昌以灭贼自诧:指崇祯七年(1634)杨嗣昌因父亲死而回家
　丁忧,崇祯九年(1636)时关外满人入塞大掠,兵部尚书张凤翼畏
　罪自杀,崇祯帝夺情起复杨嗣昌,杨嗣昌在没有守完三年丧的情
　况下复出。事见《明史·杨嗣昌列传》。自诧,自我夸耀。

【译文】

褚贲不接受自己父亲的爵位,似乎不符合身为人子所应遵循的伦
理道德。他隐居在褚渊的坟墓旁,终身不仕,则是在坚持自我志向的前
提下,不损伤为亲者讳的父子之恩。这没有什么其他的办法,唯有先忘
掉功名利禄,然后才能使自己在面临人伦变故时得以勉强两全。心中
只有名位权势的人,在他的内心中哪还有君主与亲人的位置呢?张居
正以神宗年幼为托词擅权,杨嗣昌以剿灭贼寇自许,他们幸而先死,没
等到看见国家灭亡的那一天,不然的话,他们二人将来一定会成为和褚
渊一样的人。这种人灭绝本性,被上天所抛弃,被人们鄙夷轻贱也很正
常。这种人实则不用等到其丑恶的嘴脸完全暴露,就已然不容于天
下了。

武　帝

齐武帝萧赜(440—493)字宣远,小字龙儿,是齐高帝萧道成的长子,母为昭皇后刘智容,于建元元年(479)被册立为皇太子。建元四年(482),齐高帝驾崩,萧赜正式即位,次年改元永明。武帝在位期间,对内励精图治,厉行节俭,以富国为先,奖励农桑,兴办学校,继续推行户籍清查政策,平定唐寓之叛乱;对外则与北魏通好,减少军事调动,使得南齐国势增强,民众安居。永明十一年(493)驾崩。

武帝在位时,关心百姓疾苦,提倡农业,尤其关注物价,下令在粮食布匹价格低贱之时,由官府出资籴买。王夫之肯定了这一举措,认为辅佐天子治理邦国,"莫大乎谷帛",官府出钱籴买稳定物价,虽是权宜之法,却可以补偏救危。他在肯定武帝重视民生的同时,也批评了奸商杂流对于谷帛的轻贱,以及奸商囤积居奇、干扰市价的恶劣行径。在他看来,农业和农民才是社会稳定的根本,所以对于谷帛的尊重、对谷价的把控就显得异常重要,唯有"粟生金死而后民兴于仁"。君主施行教化,节宣有道,再借助"常平之法",才能最终稳固统治。在本书中,王夫之始终关切着务农民生和王道教化,这既体现了"重农抑商"思想对于其历史认识的影响,也充分显示了他清晰的经济头脑和深厚的现实关怀。

宋武帝时代的北魏,正值孝文帝拓跋宏在冯太后的指导下推行改革。王夫之在本篇中花费了不少篇幅对拓跋宏的一些政治举措进行分析和评点。延兴二年(472)，孝文帝颁行俸禄制，规定官员的考核升迁规制，并严惩贪污行为。王夫之直斥此举为"残虐之令"。在他看来，北魏的这一举措不知治道而苛刻任法，官员贪污本就不可遏制，其中因贪污被惩处的也都是无法疏通上下之人。如此则权奸依附更甚，制法形同虚设，从根本上违背了帝王设置常法以使人警惧而不犯法、非以历法进行惩治的目的。太和九年(485)，孝文帝下令严禁谶纬之学，焚烧谶纬之书。王夫之认为，这是"迪民于正"的善举，符合道义。次年，孝文帝采纳给事中李冲的建议，以三长制取代宗主督护制，加强人口控制与地方管理。对此，王夫之批评三长制是参照《周礼》遗制而定，且管控过密，是以"一切之法"来治理天下，不能做到因时、因地制宜。这也体现了王夫之一贯的历史通变思想。

一　范缜辟浮屠立论未审

范缜作《神灭论》以辟浮屠①，竟陵王子良饵之以中书郎，使废其论，缜不屑卖论以取官，可谓伟矣。虽然，其立言之不审，求以规正子良而折浮屠之邪妄，难矣。

【注释】

①范缜(约450—约510)：字子真，南乡舞阴(今河南泌阳西北)人。南朝著名思想家。少孤贫，从学于名儒刘瓛，博通经史。后仕齐，累迁至尚书殿中郎、领军长史。因性情耿直，不畏权贵，屡遭当权者排斥。永明七年(489)，范缜与以竟陵王萧子良为首的佛门信徒展开论战，论战结束后，范缜将自己的观点加以系统整理和阐述，写成《神灭论》一文，提出"形存神存，形谢神灭"的无神论观点。萧子良再集众僧加以问难而不能使其屈服，派王融劝

诱他,他也不为所动,宣称决不"卖论取官"。传见《梁书·儒林列传》《南史·范缜列传》。

【译文】

范缜撰写《神灭论》,以驳斥佛教的学说。当时竟陵王萧子良以中书郎之官职为诱饵,想让范缜废弃他在《神灭论》中坚持的观点。范缜不屑于出卖自己的见解来换取官职,他的此种行为可谓伟大!尽管如此,他立言不够审慎,想以《神灭论》去纠正萧子良的思想,并进一步达到消灭佛教邪说的目的,也是很难的。

子良,翩翩之纨裤耳,俯而自视,非其祖父乘时而窃天位,则参佐之才而已①;而爵王侯、位三公,惊喜而不知所从来,虽欲不疑为夙世之福田而不可得②,而缜恶能以寥阔之论破之?夫缜"树花齐发"之论③,卑陋已甚,而不自知其卑陋也。子良乘篡逆之余润而位王侯,见为茵褥而实粪溷④;缜修文行而为士流,茵褥之资也,而自以为粪溷。以富贵贫贱而判清浊,则已与子良惊宠辱而失据者同其情矣,而恶足以破之?夫以福报诱崇奉学佛之徒,黠者且轻之矣;谓形灭而神不灭⑤,学佛之徒,慧者亦谓为常见而非之矣。无见于道,而但执其绪论以折之⑥,此以无制之孤军撩蜂屯之寇盗⑦,未有不衄者也。

【注释】

①参佐:部下,僚属。

②夙世:前世。福田:指佛教以为供养布施,行善修德,能受福报。犹如播种田亩,有秋收之利,故称。

③"树花齐发"之论:萧子良问范缜说:"你不信因果报应说,那么为

什么会有富贵贫贱之分?"范缜答道:"人生如同树上的花同时开放,随风飘落,有的花瓣由于风拂帘帷而飘落在厅屋内,留在茵席上;有的花瓣则因篱笆的遮挡而掉进粪坑中。殿下就犹如留在茵席上的花瓣,下官就是落于粪坑中的花瓣。贵贱虽然不同,但哪有什么因果报应呢?"事见《梁书·儒林列传》《南史·范缜列传》。

④茵褥:褥垫,茵席。粪溷:茅厕,粪坑。

⑤形灭而神不灭:此处王夫之说法有误,当为"形灭而神必灭",由下文"缜又奚以知神之必灭"即可知。《资治通鉴·齐纪》引范缜《神灭论》:"形者神之质,神者形之用也。神之于形,犹利之于刀;未闻刀没而利存,岂容形亡而神在哉!"意思是外在形体实为内在精神的物质凭借,而内在精神支配外在形体。精神之与形体,就如刀锋之于刀身。从未听闻过刀身不存而刀锋独在的情况,难道形体腐朽而精神能独存吗?

⑥绪论:指言论。

⑦蜂屯:指像蜜蜂一样聚集。

【译文】

萧子良本就是个风度翩翩的纨绔子弟,如果让他低下头好好地审视自己就会发现,若不是其祖父乘机窃取了刘宋王朝的皇位,他的才能只不过能当一名僚属而已。然而萧子良却获封王侯且位居三公,他内心深感惊喜却不知这些尊荣从何而来,即便不怀疑这是自己前世修来的福分也是不可能的,那么范缜又如何能够以空旷不实之论来将他的想法彻底改变呢?范缜"树花齐发"的观点,实则是卑陋不堪的理论,然而他自己却并不知道这观点的卑陋之处。萧子良凭着祖上篡逆所得的余泽荣升王侯,这从表面上看犹如花瓣落在茵席上享受好命,而实际上这和花瓣落在粪坑中并无区别。范缜修炼文章与德行,从而得入士人之流,如同茵席一般,却自为是粪坑。以富贵贫贱的标准来判分清浊,与萧子良受宠若惊而失去凭据的情形本相同,这又怎么能够改变萧子良的思想呢?用福报之说去引诱那些学佛之人,狡黠之人将会轻视他。他说形体毁灭,精神必定随之毁灭,佛教徒中的聪慧之人也会以为这是常见之事而对该观点提出非议。范缜之论并没有多么高深的见地,只是凭借一般的言论来说服他人,这就像用一支缺乏指挥的孤军去袭击蜂拥聚集的寇盗,没有不失败的。

　　子良奚以知神之不灭哉?谓之不灭,遂有说焉以成乎其不灭。缜又奚以知神之必灭哉?谓之灭,遂有说焉以成乎其灭。非有得于性命之原而体人道之极,知则果知,行则果行,揭日月而无隐者,讵足以及此?浮游之论,一彼一此,与于不仁之甚,而君子之道乃以充塞于天下。后之儒者之于浮屠也,或惑之,或辟之,两皆无据,而辟之者化为惑也不鲜。韩愈氏不能保其正①,岂缜之所克任哉?夫其辨焉而不胜,争焉而反屈者,固有其本矣。范缜以贫贱为粪溷,韩愈以送穷为悲叹②,小人喻利之心,不足以喻义,而恶能立义?浮屠之慧者,且目笑而贱之。允矣,无制之孤军必为寇盗禽也。

【注释】

①韩愈氏不能保其正:指唐宪宗派使者前往凤翔迎佛骨,长安一时间掀起信佛狂潮。韩愈毅然上《谏迎佛骨表》并极力劝止。但他在《谏迎佛骨表》中说:"事佛求福,乃更得祸。由此观之,佛不足事,亦可知矣。"又说:"佛如有灵,能作祸祟,凡有殃咎,宜加臣身。上天鉴临,臣不怨悔。"同样是以祸福、因果报应等佛教常用的概念来驳斥佛教,落入了佛教的概念陷阱,所以说"不能保其

正"。事见《旧唐书·韩愈列传》。

②韩愈以送穷为悲叹：指韩愈曾作《送穷文》，模仿扬雄《逐贫赋》的写法，借与"智穷""学穷""文穷""命穷""交穷"五鬼的对话，以"送穷"为始，以"留穷"为终，描绘了自己"君子固穷"的个性形象，并借此悲叹自嘲。

【译文】

萧子良怎么知道形体消亡后精神不灭呢？他认为精神不灭，于是就能组织语言来论证精神不灭。范缜又如何知道形体消亡后精神必然消亡呢？他认为精神必然消亡，于是也能组织相应的言语来论证精神必灭。如果不是从人的性命本原出发并体察人道之极，知道的则真正知道，可以实践的便真去实践，如同天地日月的运行一般昭然而无所遮掩，萧子良、范缜哪里能达到这种境界呢？那些虚浮不实的说法，随着时势的变化而不断改变，所带来的危害比行不仁之举更甚，会使得君子之说阻绝于天下。后世儒者对佛教的态度，有的是深受其迷惑，有的是坚决驳斥，但他们都没有确切的依据，最后坚决反驳之人转变为深受其迷惑的也有不少。对此，韩愈尚且不能保证自己是完全用正道驳斥佛教的，这难道是范缜所能胜任的吗？对此问题，明辨而不得，论争反受其困，本就有其根源。范缜将贫贱视为粪坑，韩愈以送穷鬼而自嘲悲叹。小人的好利之心，不足以懂得义，而又哪里能够树立义呢？佛教徒中的聪慧之人，也将取笑、轻视这种理论。这合乎道理，因为没有指挥的孤军必将终为寇盗所擒。

二　魏法义赃一匹坐死

官无常禄，赃则坐死，日杀人而贪弥甚；有常禄矣，赃乃坐死，可无辞于枉矣，乃抑日杀人而贪尤弥甚。老氏曰："民不畏死，奈何以死威之①！"诚哉是言也。拓拔氏之未班禄也②,枉法十匹、义赃二十匹③,坐死;其既班禄也,义赃一匹、枉法无多少,皆死;徒为残虐之令而已。

【注释】

①民不畏死,奈何以死威之:语本《老子》第七十四章:"民不畏死,奈何以死惧之?"意思是老百姓并不畏惧死亡,怎么可以以死来使其畏惧呢?

②班禄:指分等制定俸禄。

③义赃:指官吏所受的馈赠、贿赂。

【译文】

如果官员没有固定的俸禄,一旦贪赃受贿就处以死刑,那么即使每天都诛杀贪官,官员贪赃的行为也会变得日益严重。若官员拥有了固定俸禄,贪污受贿就处以死刑,这就没有托词说自己是出于无奈、被冤枉的了,然而依旧是每天杀贪官,贪赃之人却只增不减。老子曾说:"民众并不畏惧死亡,怎么可以以死来威逼他们、使他们畏惧呢?"此话着实有理。北魏拓跋氏没有制定俸禄制度以前,规定贪污十匹布、收受他人贿赂二十匹布,就处以死罪;而颁布俸禄制度之后,又规定收受他人馈赠、贿赂达到一匹布,贪污数量无论多少,都处以死罪。此种行为,只不过是徒劳地制定残酷暴虐的法令而已。

夫吏岂能无义赃一匹者乎? 非於陵仲子之徒①,大贤以下②,未有免焉者也。人皆游于羿之彀中,则将诡遁于法,而上下相蒙以幸免。其不免者,则无交于权贵者也,有忤于上官者也,绳奸胥之过、拂猾民之欲者也。狎奸胥,纵奸民,媚上官,事权贵,则枉法千匹而免矣。反是,不患其无义赃一匹之可搜摘者也。于是乎日杀人而贪弥甚。不知治道,而刻核以任法，其弊必若此而不爽。故拓拔令群臣自审不胜贪心者辞位，而慕容契曰："小人之心无常，帝王之法有常。以无常之心，奉有常之法，非所克堪③，乞从退黜。"盖以言乎常法之设，徒使人人自危，而人人可以免脱，其意深矣！宏不悟焉，死者积而贪不惩。岂但下之流风不可止哉？以杀之者导之也。

【注释】

①於陵仲子：一称田仲，名子终，号於陵仲子，战国时齐国人，以廉洁闻名于世。他出身于齐国世卿大夫之家，其兄食禄万钟，他以兄之禄"不义"而不食，以兄之室"不义"而不居，避居於陵，为人灌园。曾绝粮三日不食。孟子称其为齐国士中"巨擘"，又谓其拘守"廉"而不知仁义。

②大贤：指品德贤良敦厚的人。

③克堪：能够担当。

【译文】

普通的官吏之中怎么可能没有收受过一匹贿赂的人呢？若不是像於陵仲子这样的人，则自大贤之人以下，没有能够例外的。人们若都在律法的严格监控之下，则必然有人想要通过各种巧妙手段逃脱法律的制裁，于是上下之间相互隐瞒欺骗，以求幸免于惩罚。而那些不能免于惩罚的人，有的是因为没有结交权贵而无人给予荫蔽，有的是因为忤逆上官，以及惩治奸猾胥吏过错、拒绝下层不轨百姓的要求的人。如果亲近奸猾的小吏，放纵下层百姓的不轨行为，谄媚上级官员，事奉权贵之人，则即使贪污一千匹布，也可以免罪。若非这样的人，则对于任何官员都不用担心搜查不出他们曾贪污一匹布的罪证。所以说，每天诛杀贪赃枉法之人而贪赃枉法者却越来越多。不明白治世之道的人，肆意使用苛刻的律法来防止贪污腐败，其弊端也必然会像这样暴露出来，这一定律绝不会失效。所以拓跋宏命令群臣扪心自省，若认为自己不能克制贪欲，就要自觉辞去官位。而慕容契说："小人之心常变，帝王的法律却是永恒不变的。以常变之心去应付不变的法律，恐怕不是我所能够担当的，所以我请求辞职免官。"所以，国家设定固定不变的法律，只是为了让人有所畏惧从而守法，这样人人都可以脱罪，可谓意义深远！拓跋宏不懂得这一治世之道，所以，即便他大力诛杀贪官污吏，死者众多而官员贪污的现象却仍旧难以得到根本性的惩治。这难道只是因为下面的贪赃枉法之风不可遏制吗？实际上是由于他在贪污问题上杀戮过重而导致的。

三　魏焚图谶禁巫觋

拓拔氏之禁谶纬凡再矣，至太和九年诏焚之[1]，留者以大辟论。盖邪说乘一时之淫气，泛滥既极，必且消亡，此其时也。于是并委巷卜筮非经典所载而禁之[2]。卓哉！为此议者，其以迪民于正而使审于吉凶也。《礼》于卜筮者问之曰："义与？志与？义则可问，志则否[3]。"又曰："假于时日卜筮以疑众，杀[4]。"盖卜筮者，君子之事，非小人之事，委巷之所不得与也。君子之于卜筮，两疑于义而未决于所信，问焉而以履信；事逆于志，己逆于物，未能顺也，问焉而以思顺。得信而履，思效于顺，则自天佑之，吉无不利。若此者，岂委巷小人所知，亦岂委巷小人所务知者哉？其当严刑以禁之也，非但奸宄之妄兴以消其萌也，即生人之日用[5]，亦不可以此乱之也。

【注释】

①太和九年:485 年。太和是北魏孝文帝的第二个年号,使用时间为 477—499 年。

②委巷:僻陋小巷。泛指民间。

③"义与"几句:语出《礼记·少仪》:"问卜筮曰:'义与?志与?'义则可问,志则否。"意思是问卜筮之人:"你行卜筮之事是合乎道义呢?还是出于自己的意愿呢?若是合乎道义则可进行卜筮,若是出于私意则不可卜筮。"

④假于时日卜筮以疑众,杀:语出《礼记·王制》:"假于鬼神、时日、卜筮以疑众,杀。"意思是假托鬼神、良辰吉日、卜筮之术以蛊惑人心之人,必须杀掉。

⑤日用:日常,平时。

【译文】

北魏拓跋氏曾两次下令禁止谶纬之说,到太和九年时孝文帝又下诏焚灭谶纬书籍,若有私自保留之人,全都处以死刑。谶纬邪说乘着一时的淫乱风气既然泛滥到了极点,则注定将会消亡,而此时正是其消亡的时机。这次禁绝谶纬书籍过程中,民间所用的不符合经典记载的卜筮之书等也一并被禁止,这真是卓越不凡之举!提出这项建议的人,目的就是要引导百姓从思想上走向正道,并审慎地对待吉凶祸福之事。《礼记》中就曾向卜筮者发问道:"你行卜筮之事是合乎道义呢?还是出于自己的私人意愿呢?若是合乎道义则可进行卜筮,若是出于私意则不可卜筮。"《礼记》中又记载:"假借良辰吉日、卜筮之法来蛊惑民众之人,必须诛杀。"大概卜筮之事,是应由君子所从事的活动,而非小人所应从事的活动,庶民百姓是不能参与卜筮活动的。君子进行卜筮,是当自己处于道义的两难之间、无从决断之时,通过卜筮来坚定自己的信心,以便更好地行事;或是当外界形势的发展违背了自己的意愿,自己违逆了外界的环境,事情难以顺利地进行时,通过进行卜筮来使自己顺应天道人心。履行信义，顺乎天意，则上天自然会保佑，一切自然顺遂。像这样的道理，难道鄙陋巷子里的普通庶民会懂吗？难道这是他们一定要知道的事情吗？应当用严厉的刑罚禁止庶民小人进行卜筮活动，这不仅仅是为了防范奸佞不法之人肆意妄为的苗头萌生，即使是一般百姓的日常生活，也不应被卜筮所搅乱。

　　死生，人道之大者也。仰而父母，俯而妻子，病而不忍其死，则调持之已耳^①。乃从而卜筮之，其凶也，将遂置之而废药食邪？其吉也，将遂慰焉而疏侍省邪？委巷之人，以此而妨孝慈以致之死，追悔弗及矣。婚姻，人道之大者也。族类必辨，年齿必当，才质必堪，审酌之已耳。乃从而卜筮之，其吉也，虽匪类而与合邪？其凶也，虽佳偶而与离邪？委巷之人，其以此乱配偶而或致狱讼，追悔弗及矣。抑如寇至而避之，不容已者也。避之必以其时，而不可待；避之必于其地，而不可迷；深思而谋之，有识者虽不免焉，鲜矣。乃从而卜筮之，其吉也，时地两失，必趋于陷阱邪？其凶也，时地两得，必背其坦途邪？委巷之人，以此而蹈凶危，追悔弗及矣。繇此言之，委巷之有卜筮，岂但纳天下于邪乎！抑且陷民于凶危咎悔之涂^②。而愚民无识，方且走之如骛。王者安全天下而迪之以贞，故《王制》以为非杀莫能禁也。

【注释】
①调持：调和、扶助，指悉心照料。
②咎悔：灾祸，灾患。

【译文】

死生之事，实为人伦之大事。生而为人，上有父母，下有妻子儿女，若他们患病，自己不忍心让其去世，就应当尽心给予照料而已。如果要进行卜筮而问行事吉凶，要是凶的话，难道就将病人置之不理而不再喂药喂食了吗？要是吉的话，就因此心安而不精心服侍、探望了吗？那些庶民，往往行卜筮之术，以致妨碍自己对父母尽孝心、对妻儿尽慈爱之情，最终导致他们病死，就追悔莫及了。婚姻也是人伦之大事。配偶双方的族属必定要辨明，双方年岁要适宜，才能、品德都要相称，对这些方面都要详加了解、仔细斟酌后才能进行婚配。如果一心以卜筮为准，要是吉的话，即使是品行不端的匪类难道也可与之结合吗？要是凶的话，即使是才貌德行都相配对的佳人，难道也要将其拆散吗？那些庶民，往往因卜筮之术而扰乱了配偶的选择，乃至产生诉讼，到那时再后悔就已然来不及了。又如面临盗匪入侵急需逃避，这是不容迟缓的事。逃避必须及时，不能够等待；逃避之时必须选好地点，不能分辨不清。若对此仔细思索规划、周密考虑，在躲避寇盗时有见识之人虽然说仍有可能遭遇寇盗，但这种情况毕竟是极少数。如果逃避寇盗时依照卜筮结果来行事，要是吉的话，有可能使得逃生的时机和地点都错过失去，难道就一定要往陷阱里跑吗？要是凶的话，仍然有时间逃往避难之所却不前往，难道一定要不走坦途而走向歧路吗？那些庶民，往往因为卜筮之术而走向了危险的境地，最终追悔莫及。由此看来，僻陋小巷中有卜筮之术，何止是会将天下纳入邪说呢？它的害处还在于把普通民众带到极为危险的灾祸境地。然而愚昧的庶民没有这等见识，尚且对卜筮之术趋之若鹜。身为帝王要保全天下之人，并教育他们遵守道德礼仪，所以《礼记·王制》认为不杀不足以禁止这些邪妄之说。

且委巷卜筮之术背于经典者，于古不知何若，而以今例之，则先天序位也[①]，世应游魂也[②]，窃卦气于陈抟也[③]，师纳甲于魏伯阳也④,参六神生克神煞于星家之琐说与巫觋之妖术也⑤。自焦、京以来⑥,其诬久矣。沿流不止,为君子儒者,不能自拔流俗之中以守先王之道,亦且信其妄而陟之羲、文、周、孔之间⑦,芜其微言,叛其大义,徒以惑民而导之于险阻。呜呼!拓拔氏夷也,而知禁之;为君子儒者,文之以淫辞,而尊之为天人之至教,不谓之异端也,奚可哉?程子鄙康节之术而不屑学,康节之术,委巷之师也。

【注释】

①先天序位:即先天八卦。在邵雍之前,尚未区分不同的八卦体系。邵雍继承陈抟道家易学,在《梅花易数》中对八卦做出先天、后天的区分。

②世应游魂:指京房的《京氏易传》中,以世、应、飞、伏、游魂、归魂等解说爻与卦之间的关系,是为术数之学。

③卦气:术数家用八卦配《洛书》数,本于阳卦奇、阴卦偶之说,以奇偶分阴阳,称为卦气。

④纳甲:术数术语。指将天干分纳于八卦之法。相传出于《京氏易传》。魏伯阳(约151—221):名翱,伯阳是其字,自号云牙子,会稽上虞(今浙江上虞)人。东汉道家学者。他借《周易》爻象论述炼丹修仙之法,把"大易""黄老""炉火"三者参合会同成书,名《参同契》。他被后世奉为"丹经之祖",对宋代理学亦有影响。

⑤六神生克神煞:即六神六煞相生相克的推演之术,是黄道吉日的推算方法。

⑥焦、京:即焦延寿、京房。

⑦陟(jī):登上、升起,此指推崇。

【译文】

　　而且民间的卜筮之术违背经典礼义学说，古时不知情况如何，但从今天的事例来看，所谓的先天序位、世应游魂，都是从陈抟的学说中窃取的卦气之说，从魏伯阳那里学来的纳甲学说，以及把六神生克神煞之学掺杂到星象家的琐碎学说与巫觋妖术之中。自焦延寿、京房二人以来，邪说欺骗世人已经很久了。这些邪说长期沿袭流布而难以禁止，那些身为君子的儒士，沉浸在流俗邪说之中不能自拔，无法守住先王的礼义道德，他们也笃信卜筮的妄言，并推崇那些创造邪说的人，使其跻身于伏羲、文王、周公、孔子之间，荒废了经典中的微言，背离了经典的大义，白白地以邪妄之说蛊惑他人，引导他人走向极为危险的境地。唉！北魏的拓跋氏实为夷狄，尚且知道禁止卜筮邪说；然而身为君子的儒士，却以邪僻荒诞的言论对邪妄之说大加掩饰，并将其尊奉为天下间最好的教条，不认为这些邪说是异端妄论，这怎么可以呢？程颐看不起邵雍的学问，认为邵雍之说不值一学。邵雍所作的《梅花易数》及其相关说法，实则是庶民学习卜筮之说的理论依据。

四　魏立党里邻三长

　　拓拔氏太和九年，从李冲之请①，五家立邻长，五邻立里长，五里立党长，此里长之名所自昉也。冲盖师《周礼》之遗制而设焉②。乃以周制考之，王畿为方千里，为田九万万亩。以古亩百步今亩二百四十步约之，为田三万七千万有奇；以今起科之中制准之③，为粮大约二百二十万石，视今吴县、长洲二邑之赋而不足④，则其为地也狭，为民也寡矣。周之侯国千八百，视今州县之数而尤俭也。以甚狭之地，任甚寡之民，区别而屑分之也易。且诸侯制赋治民之法，固有不用周制者，如齐之轨里⑤，楚之牧隰⑥，不能强天下以同也。以治众大之法治寡小,则疏而不理;以治寡小之法治众大,则渎而不行。故《周礼》之制,行之一邑而效,行之天下而未必效者多矣。

【注释】

①李冲(450—498):本名思冲,字思顺,陇西狄道(今甘肃临洮)人。北魏大臣。初为中书学生,后迁内秘书令,为冯太后所信用。因魏初民众多荫附豪强,豪强征敛倍于公赋,他上言请立三长制以代宗主督护制,使课有常准,赋有恒分。孝文帝亲政后,他参议律令,定礼仪,官至吏部尚书。孝文帝迁都洛阳后,他主持营建新都,并在孝文帝攻齐时奉命留守。后因与御史中尉李彪结怨,忿极而卒。传见《魏书·李冲列传》《北史·李冲列传》。

②《周礼》之遗制:指《周礼》中邻、里、酂、鄙、县、遂的划分治理方法。事见《周礼·地官·遂人》。

③起科:指对农田计亩征收钱粮。中制:中等标准。

④长洲:今江苏苏州长洲县。

⑤齐之轨里:指管仲治国之时,以五家为轨,十轨为里,四里为连,十连为乡的地方管理制度。事见《国语·齐语》。

⑥楚之牧隰:指楚国将低湿之地不任耕作,而在其中养牧牛马。事见《左传·襄公二十五年》。

【译文】

北魏孝文帝拓跋宏于太和九年听从李冲的建议施行“三长制”,令地方于五户人家中设一邻长,五邻中设一里长,五里中又设一党长,里长之名就自此而始。大概李冲是依照《周礼》所流传下来的制度而设立此制的。详细考察周代的制度而知,当时王畿方圆千里,拥有田土达九万万亩。按照古代一亩百步而今日一亩二百四十步进行折合估算,可知其田土有三亿七千万亩还多;以现今对农田计亩征收钱粮的中等标准来算,能收粮食大约二百二十万石。实际而言,还比不上现今吴县和长洲二县的赋税收入。这说明周代王畿的土地面积其实并不大,而人口也很少。周代的诸侯国总共有千八百个,也少于现今所有的州县数目总和。以如此面积狭小的土地,管理为数不多的人民,故而将各地区加以区别并详细划分也是件容易的事。况且各诸侯国对自己统辖下的人民所实行的赋税制度和治理方法各不相同,其中本来也有未完全采用周朝统一制度的,如齐国实行轨里之制,以及楚国在低湿之地行牧,故而不能强制天下所有的地区都采用相同的制度。若以治理土地面积广大且人口众多之地区的方法去治理土地面积狭小且人口稀少的地区,国政就会疏略而难以管理;若采用治理土地面积狭小且人口稀少的地区的方法去治理土地面积广大且人口众多的地区,就会受到百姓的轻慢而导致政令不行。因此,《周礼》所载的制度,实行于一邑之地尚且有效,然而若施行于整个天下,则结果不能如意的情况是很多的。

　　三长之立,李冲非求以靖民,以核民之隐冒尔。拓拔氏之初制,三五十家而制一宗主,始为一户,略矣,于是而多隐冒。冲立繁密之法,使民无所藏隐,是数罟以尽鱼之术,商鞅之所以强秦而涂炭其民者也。且夫一切之法不可齐天下,虽圣人复起,不能易吾说也。地有肥瘠,民有淳顽,而为之长者亦异矣。民疲而瘠,则五家之累专于一家;民悍而顽,则是五家而置一豺虎以临之也。且所责于三长者,独以课核赋役与?抑以兼司其讼狱禁制也?兼司禁制,则弱肉强食,相迫而无穷;独任赋役,则李代桃僵,交倾而不给。黠者因公私敛,拙者奔走不遑,民之困于斯极矣。非商鞅其孰忍为此哉?

【译文】

邻、里、党三长的设立，对李冲来说，并非是为了安定百姓，而是为了核查平民中隐瞒假冒人口的情况。北魏最初实行的地方管理制度，是三五十家设立一个宗主，实际相当于一户的组织，但此种制度太过简略，所以隐瞒假冒人口之事时有发生。因此李冲建议订立如此繁密的管理制度，使民众无所隐遁，犹如用细网捕鱼而将鱼儿捕捞殆尽，这也是商鞅赖以增强秦国力量却使百姓生灵涂炭的方法。况且一刀切的制度实则无法在全天下统一实行，即使圣人再度降世，也不能改变我的这一观点。土地有肥沃贫瘠之分，民众有淳朴蛮横之别，而担任邻长、里长、党长这样职务的人也是千差万别。若民众生活贫苦且田土贫瘠，则五家百姓的赋役负担最终会由一家承担；若民众强悍顽劣，则此制度等于是在五家中增加了一个犹如豺狼虎豹一般的威胁。邻、里、党三长的职责，是只让他们督核赋役呢？还是让他们兼管诉讼案件及违法行为呢？如果兼管法制，就会出现弱肉强食、交相迫害的情况且无法止息；如果只管赋役之事，就会出现冒名顶替、互相倾轧的现象，以致税赋不能得到保证。那些狡黠之人会以公谋私、横征暴敛，而愚拙之人被迫东奔西走，避之唯恐不及，民众生活困迫到了极为严重的境地。天底下除了商鞅，谁还能忍心推行这样残暴的制度呢？

夫民无长，则不可也，隐冒无稽，而非违莫诘也。乃法不可不简，而任之也不可不轻，此王道之所以易易也[①]。然则三五十家而立宗主，未尝不为已密，而五家栉比以立长，其祸岂有涯乎？民不可无长，而置长也有道；酌古今之变，参事会之宜，简其数而网不密，递相代而互相制，则疲羸者不困，而强豪者不横。若李冲之法，免其赋役，三载无过，则升为党长，复其三夫，吾知奸民之恣肆无已矣。

【注释】

①王道之所以易易：语出《礼记·乡饮酒义》："孔子曰：'吾观于乡，而知王道之易易也。'"意思是孔子说："我看乡饮酒之礼，从而知道实行圣王之道也是很容易的呀。"《礼记正义》郑玄注："乡，乡饮酒也。易易，谓教化之本，尊贤尚齿而已。"易易，容易。

【译文】

不在民众当中设置官长，也是不可行的。因为这样会对于隐瞒假冒人口之事难以稽查，对于违法的情况也无人追究。然而这种在民众中设置官长的办法一定要简便易行，官长的职权和责任不可过重，这样才能抓住教化之本，才是孔子所说的"王道易易"。然而在三五十家中设一宗主，未尝不是十分周密的制度，五五相连地设置管理人员犹如鳞次栉比、层层叠加，由此所造成的祸患又何以穷尽？民众之中不可以不设官长，但其设置也有一定的方法。参考古今历史的变化，依据当时的实际情况，设置长官的人数应当从简，而治理网络不过分严密，使管理人员之间可以层级相替且又互相牵制。如此，则贫困疲弱之人不会愈加困窘，而豪强不敢肆意侵夺弱小百姓。像李冲所建议推行的制度，免去里长的赋役负担，若他们三年无过错，则提升为党长，再免除他们家中三个人的差役负担。由此我便可以知道，奸诈顽劣的百姓将会恣肆妄为而无法制止啊！

　　要而论之，天下之大，田赋之多，人民之众，固不可以一切之法治之也。有王者起，酌腹里边方、山泽肥瘠、民人众寡、风俗淳顽，因其故俗之便，使民自陈之，邑之贤士大夫酌之，良有司裁之，公卿决之，天子制之，可以行之数百年而不敝。而不可合南北、齐山泽、均刚柔、一利钝，一概强天下以同而自谓均平。盖一切之法者，大利于此，则大害于彼者也。如之何其可行也！

【译文】

简要地说，以天下之大，田土赋税之多，百姓人户之众，本来就不可
以用一刀切的方法来进行统治。有圣王崛起，斟酌考量内地边地的具
体情形、山泽湖泊以及田土的肥沃贫瘠程度、人民的多寡、风俗的好坏
等因素，再结合各地区固有的、适合本地的风俗制度，让当地百姓自己
陈述意见，然后再由本地区贤能的士大夫进行斟酌审议，交由相关的部
门进行裁定，最后经由公卿大臣表决，天子依此来发布诏令，颁行相关
的管理制度。通过这一过程建立的制度，可以推行数百年而不会被破
坏。而不能对南北民风刚柔不同之地、特性各有不同的山泽都采取整
齐划一的标准，强求天底下所有的地区一概相同地达到所谓的均平。
一刀切的管理方法虽然对某一区域极为有利，对其他地方则大有害处。
像这样的政策怎么能够推行呢！

五　齐行籴买亦权宜之法

齐以民间谷帛至贱，而官出钱籴买之，亦权宜之法，可
以救偏者也。民之所为务本业以生，积勤苦以获，为生理之
必需，佐天子以守邦者，莫大乎谷帛。农夫终岁以耕，红女
终宵而纺①，遍四海，历万年，唯此之是营也。然而婚葬之
用，医药之需，盐茗之资，亲故乡邻之相为酬酢，多有非谷帛
之可孤行，必需金钱以济者。乃握粟抱布，罄经年之精髓适
市，而奸商杂技挥斥之如土芥②；故菽粟如水火③，而天下之
不仁益甚。孟子之言，目击齐、梁之饿莩充涂、仇杀相仍者
言也，非通论也。

【注释】

①红女：指从事纺织、针黹之类工作的女子。

②杂技：指凭借医卜、星相等技艺谋生之人。

③菽粟如水火：语出《孟子·尽心上》："民非水、火不生活，暮叩人之门户求水、火，无弗与者，至足矣。圣人治天下，使有菽粟如水、火。菽粟如水、火，而民焉有不仁者乎？"意思是老百姓离开了水与火就不能够生活，当有人黄昏时敲别人的门求借水与火，没有人不给与的。因为水、火都很充足。圣人治理天下，使百姓的粮食像水与火一样充足。如果粮食像水与火一样充足，那么老百姓哪有不仁慈的呢？

【译文】

南朝齐统治者因民间粮食布匹价格至为低贱，下令由官府出钱购买，从而稳定粮食布匹的市场价格，这也是权宜之计，可以用来纠正过度偏离原本价值的市场价格，以起到平衡物价的作用。普通的百姓以耕织为本业来谋生，常年累月地辛勤劳作才能获得微薄的劳动成果与收入，这是维持他们生计所必需的。因此，辅佐天子保全国家，没有比谷帛更值得重视的事物了。农夫终年辛勤耕作，而从事纺织的农妇则通夜纺织，四海之内，经历万年，农民都是以此作为谋生的根本。然而，他们日常的开支以及婚葬、医药、盐茶之用的消费，亲朋、故旧、乡邻之间的来往应酬，许多不是仅用谷帛就可以满足的，还必须有金钱作为辅助。于是在此种情况下，人们就要把自己多年辛勤劳作所得的粮食和布帛拿到市场上进行贩卖，从而换取金钱。然而那些奸商以及医生、占卜者、星相术士等玩弄方术技巧之人却将这些谷帛当作粪土、草芥一般挥霍。所以，即使如孟子所言，粮食犹如水、火一般充足，若不加以珍惜，则天底下的不仁义之事仍会越发普遍。上述孟子所言，即"如果粮食像水与火一样充足，那么老百姓哪有不仁慈的呢"，是他目睹了齐、梁两国饿死之人满布道路、仇杀相仍而不止息的社会现象后才得出的结论,并非通论。

乃当其贵,不能使贱,上禁之弗贵,而积粟者闭籴,则愈腾其贵;当其贱,不能使贵,上禁之勿贱,而怀金者不雠[1],则愈益其贱;故上之禁之,不如其勿禁也。无已,贱则官籴买之,而贵官粜卖之,此"常平"之法也。而犹未尽也。官粜官买,何必凶年而粜卖乎? 以饷兵而供国用,蠲民本色之征[2],而折金钱以抵谷帛之赋,则富室自开廪发笥以敛金钱[3],而价自平矣。故曰:权宜之法,可以救偏者也。

【注释】

①雠:响应。

②本色之征:指以实物形式征收田赋。

③笥(sì):盛饭或衣物的方形竹器,此指存放布帛的仓库。

【译文】

可是当谷帛价格贵的时候,没有办法使之降低,若政府下令禁止高价,则囤积粮食之人会停止粮食买卖,如此会使物价愈来愈贵;当谷帛价格低贱之时,没有办法使之上升,若政府下令禁止低价,则拥有金钱之人不会出钱响应,谷帛价格就会变得更低。所以朝廷与其通过行政手段干预物价,还不如不干预。在必不得已之时,如果粮食布匹价格过分低贱,就由政府买入,价格贵时就由政府将库存卖出,这就是所谓的"常平之法"。但这种方法并不够完善。既然是由官府买入谷帛,为什么一定要等到收成不好的年景才将其卖出呢? 如果将这些谷帛用来供养军队并为国家所用,蠲免百姓本应缴纳的实物田赋,将谷帛之赋折换为以金钱缴纳,那么富有之人自然会打开放置谷帛的仓库来赚取金钱,这样物价自然也就平衡了。所以说,常平之法是权宜之计,可以用来纠正过度偏离原本价值的市场价格。

乃若王者之节宣也有道,则亦何至谷帛之视土芥哉!金钱不敛于上而散布民间,技巧不淫于市而游民急须衣食,年虽丰,桑蚕虽盛,金钱贱而自为流通,亦何待官之籴买,而后使农夫红女之不困邪?故粟生金死而后民兴于仁①。菽粟如水火,何如金钱之如瓦砾哉!

【注释】

①粟生金死:语本《商君书·去强》:"粟生而金死,金死而粟生。"意思是买来粮,就花了钱;售出粮,就得到钱。此处指粮食布帛不断增多且价格平稳,则金钱的作用就会弱化。

【译文】

如果帝王能按照规律对谷帛、金钱进行调控,那么又怎么会发展到谷帛被视如粪土与草芥呢!如果金钱不被收敛于官府之中而是散布于民间,那么玩弄技巧之人也无法干扰市场秩序以牟利,而游民就急需要衣食,自然会去购买谷物、布帛。在此种情况下,即便年成丰盈,桑蚕业发展兴盛,金钱也会低贱而在市场上自行流通,那么为何还要靠官府去买进谷帛,从而缓解农夫、织妇所面临的谷帛低贱的困境呢?所以说,粮食布帛不断增多且价格平稳,则金钱的作用就会弱化,平民百姓才会更加趋向于依照仁义行事。与其粮食贱如水、火,还不如金钱贱若瓦砾啊!

六　李彪封事言父兄子弟系狱被刑

拓拔宏诏群臣言事,李彪所言①,几于治道,君子所必取焉。其善之尤者,曰:"父兄系狱,子弟无惨容;子弟被刑,父

兄无愧色。宴安自若,衣冠不变,骨肉之恩,岂当如此? 父
兄有罪,宜令子弟肉袒诣阙请罪[②];子弟有坐,宜令父兄露板
引咎[③],乞解所司。"以扶人伦于已坠,动天性于已亡,不已至
乎! 夫父兄之引咎,子弟之请罪,文也;若其孝慈恻怛之存
亡,未可知也。役于其文,亦恶足贵乎? 而非然也。天下骛
于文,则反之于质以去其伪;天下丧其质,则导之于文以动
其心。故质以节文,为欲为君子者言也;文以存质,所以闵
质之亡而使质可立也。

【注释】

① 李彪(444—501):字道固,顿丘卫国(今河南清丰)人。北魏大
臣。孝文帝时任秘书丞,参著作事。曾上封事七条,对于政事多
有进言,又与秘书令高祐始建议依《史记》《汉书》体例,作纪、传、
表、志,与著作郎崔光用纪传体改修魏史。后因得罪尚书仆射李
冲,被除名,还本乡。宣武帝即位后,他上表请复职修史,但未被
准许,遂以白衣身份在秘书省著述,一年多以后去世。传见《魏
书·李彪列传》《北史·李彪列传》。

② 阙:宫阙,此指官府、有司。

③ 露板:指奏章。因其不缄封,故称。

【译文】

　　北魏孝文帝拓跋宏曾下令让群臣进言时政得失,当时李彪的进言,
几乎接近于治世的大道,是身为君子之人所必须要借鉴和效法的。他
进言中尤为正确和精辟的话是:"父兄被囚禁,身为子弟之人却没有悲
哀之容;子弟受刑,身为父兄之人竟面无愧色,安然自若,穿的衣服、戴
的帽子仍然一如过去一样豪华奢侈。亲骨肉之间的恩情怎么能到了这
种地步? 若父兄犯罪,应该让其子弟袒身前往官府进行请罪;如果子弟

犯罪，应该让父兄上书引咎辞职，并要求相关部门及时将其捉拿审判。"
如此，则可以扶持已然坠落的人伦道德，感动某些人已然消亡的天性，
这难道不是极好的办法吗？然而子弟有罪，则父兄承担责任并引咎辞
官；父兄有罪，则子弟袒身前往官府请罪，这些都是表现于外在形式而
已，至于他们的内心是否真的有孝慈哀伤之情，就未可知了。仅仅见诸
外在形式，就值得称赞褒奖吗？其实并不是这个意思。天下之人都追
求外在形式，则会反作用于人的本性，从而起到消除虚伪的作用；天下
之人丧失了人所固有的本性，于是需要通过外在形式加以引导启迪，从
而激发他们的本心本性。所以，用本性来节制外在表现，是针对想做君
子的人而言的。利用外在形式来发扬人的本性，则是怜悯本性已然消
亡之人，以使其本性能够重新树立。

天下之无道也，质固浇矣，而犹有存焉者，动止色笑之
间①，对人而生其愧怍。不知道者曰："忠孝慈友之浅深厚
薄，称其质而出之，而何以文为？"则坦然行于忻戚之便安②，
而后其质永丧而无余。今且使父兄被罪者肉袒于阙，子弟
坐刑者退省于官，则虽不肖者，亦愿其父兄子弟之免，而己
可以即安。此情一动，而天性之孝慈，相引而出。小人之恶
敛，而君子之志舒，此非救衰薄、挽残忍之上术与？

【注释】
①动止色笑：指言谈举止。
②忻戚：指悲喜。便安：指便利安适。
【译文】
天下间的人伦道德若是全然丧尽，人的本性自然会变得轻薄而不
醇厚。然而本性还是有残存的，在言谈举止间，面对作为对照的他人，

人就可能会产生愧疚之心。不懂得大道的人会说:"忠孝、慈爱、友善之心的深厚浅薄,是由人的本性决定的,是本性的自然流露,追求外在形式又有什么用呢?"于是他们就以自己的便利安适为指归,坦然表达自己的悲喜之心,如此则其后人的本性便会永远地丧失殆尽。现在父兄犯罪而让其子弟袒身到官府进行请罪,子弟受刑而让其父兄引咎辞官,如此,即便不成才之人也希望自己的父兄子弟能后免于此难,而使自己心安。这种情感一旦萌动,人本性之中的孝慈之心就会被引出。这样小人的罪恶之心就会有所收敛,而君子的志向就得以舒展。这难道不是拯救浅薄衰败的世风、挽救残忍品性的上策吗?

近世有南昌熊文举者①,为吏部郎,其父受赇于家②,贻书文举,为人求官。逻者得之,其父逮问遣戍,而文举以不与知匄免③,苴事如故,渐以迁官,未三年而天下遂沦④。悲哉!三纲绝,人道蔑,岂徒一家之有余殃哉!

【注释】

①熊文举(1595—1668):字公远,号雪堂,新建(今江西南昌)人。明末清初官员。出身世代官宦之家,于崇祯四年(1631)取进士,被授为合肥县令。因抵抗农民军有功,被擢为吏部主事,迁稽勋司郎中。后降清,官至吏部左侍郎。

②赇(qiú):贿赂。

③匄(gài):同"丐",乞求。

④未三年而天下遂沦:指熊文举父亲受贿之事发生后不到三年明朝就灭亡。据《崇祯实录》,实则此事发生于崇祯十二年,而明亡于崇祯十七年,其间四年有余,"未三年"的说法有误。

【译文】

近来有个名为熊文举的南昌人，身为吏部郎官。他的父亲在家接受了别人的贿赂，就给熊文举写信，为他人谋求官职。结果这封信被巡视的人得到，他的父亲被逮捕查问，最终被判有罪而去戍边。然而熊文举却以不知道此事为由而请求得到赦免，结果仍旧正常做官而未受责罚，后来还逐渐迁升了官职。此后不到三年，天下沦丧，明朝灭亡。这真是可悲啊！三纲五常断绝，人道泯灭，何止一家人会遭受祸殃呢？

七　魏群臣议五德之次

正统之论，始于五德①。五德者，邹衍之邪说，以惑天下，而诬古帝王以征之，秦、汉因而袭之，大抵皆方士之言，非君子之所齿也。汉以下，其说虽未之能绝，而争辨五德者鲜；唯正统则聚讼而不息。拓拔宏欲自跻于帝王之列，而高闾欲承苻秦之火德②，李彪欲承晋之水德；勿论刘、石、慕容、苻氏不可以德言，司马氏狐媚以篡，而何德之称焉？夏尚玄，殷尚白，周尚赤，见于礼文者较然。如衍之说，玄为水，白为金，赤为火，于相生相胜，岂有常法哉？天下之势，一离一合，一治一乱而已。离而合之，合者不继离也；乱而治之，治者不继乱也。明于治乱合离之各有时，则奚有于五德之相禅，而取必于一统之相承哉③！

【注释】

①五德：即五德终始说。指以五行代表五德并周而复始地循环运转，以此作为历史变迁和王朝兴衰更替的理论解释。此说最早由战国末期齐国邹衍提出。

②高闾(约 426—502):字阎士,渔阳雍奴(今天津武清)人。北魏大臣。自幼好学,文才出众,下笔成章。初为中书博士,迁中书侍郎。冯太后临朝时,与高允共同出入禁中,参决大政,晋爵安乐侯,累迁中书监。孝文帝时,曾陈安边之策,建议筑长城于六镇北,又建议迁都于邺。官终太常卿。传见《魏书·高闾列传》《北史·高闾列传》。

③取必:要求接受并坚决做到。

【译文】

所谓的王朝正统理论,起始于五德终始之说。五德终始之说,是邹衍的邪说。他以此来蛊惑天下之人,并通过歪曲、捏造上古时候帝王的事迹来为自己的学说提供参证。秦、汉承袭了邹衍的这种邪说,但大抵都是出自方士们的说法,并非身为君子之人所谈论的话题。汉代以来,这种邪说虽然并未能够灭绝,但论争、辨别五德的人已经很少,只有王朝正统的问题一直聚讼纷纭,从未停止。北魏拓跋宏想要让自己跻身于帝王之列,高闾主张北魏继承前秦的火德,而李彪则主张继承晋朝的水德。这里先不讨论前赵刘氏、后赵石氏、前燕慕容氏、前秦苻氏是否具备继承正统且得以论德的资格,仅就晋朝司马氏靠着谄媚取宠篡夺帝位而言,真的可以以正统自居而与五德相配吗? 夏代崇尚黑色,商代崇尚白色,周代崇尚赤红色,这在《礼记》有着明确的记载。像邹衍的五德终始之说,玄黑之色同水,白色同金,赤红之色同火,五行之间的相生相克,难道真有固定不变的规律与法则吗? 天下大势,不过是一分一合、一治一乱而已。分久必合,合久必分;乱久则治,治久则乱。如果明白天下治乱合离之势各有着自然发展的时机,则哪里还需要采信所谓五德循环更替的理论,而一定要强行依照这种理论来为自己的王朝找到一种合适的德行来加以继承呢?

夫上世不可考矣。三代而下,吾知秦、隋之乱,汉、唐之治而已;吾知六代、五季之离,唐、宋之合而已。治乱合离者,天也;合而治之者,人也。舍人而窥天,舍君天下之道而论一姓之兴亡,于是而有正闰之辨①,但以混一者为主。故宋濂作史,以元为正,而乱大防,皆可托也。夫汉亡于献帝,唐亡于哀帝,明矣。延旁出之孤绪,以蜀汉系汉,黜魏、吴而使晋承之,犹之可也。然晋之篡立,又奚愈于魏、吴,而可继汉邪?萧詧召夷以灭宗国,窃据弹丸,而欲存之为梁统;萧衍之逆,且无以愈于陈霸先,而况于詧?李存勖,朱邪之部落,李昇,不知谁氏之子,必欲伸其冒姓之妄于诸国之上,以嗣唐统而授之宋,则刘渊可以继汉,韩山童可以继宋乎?近世有李槃者云然②。一合而一离,一治而一乱,于此可以知天道焉,于此可以知人治焉。过此而曰五德,曰正统,嚚讼于廷③,舞文以相炫,亦奚用此哓哓者为!

【注释】

①正闰:正统和非正统。

②李槃:明代中期学者,著有《新刻世史类编》。

③嚚讼:奸诈而好争讼。

【译文】

　　上古时代之事已难以考证。自夏、商、周三代以下,我知道秦朝、隋朝的离乱,以及汉朝、唐朝的治世;我知道西晋至南朝之时与五代之际的离乱,以及唐朝、宋朝的统一。治乱离合的发展,是上天的安排,最终得以统一并实现大治,则是人为之功。舍弃人的作用而只关注上天的意志,舍弃君主统治天下的大道而只论一姓王朝的兴亡,于是就有了王朝的正统、非正统之辨,只以统一的王朝为正统。所以明代宋濂修撰

《元史》，以元朝为正统，实则是搅乱了夷夏之防这一根本。这类荒谬的观点却都可以拿上述正闰之说作为托词。汉朝亡于献帝，唐朝亡于哀帝，这是十分清楚的。如果想用旁支孤脉来延续正统，则把蜀汉政权当作汉朝的延续，降低魏国、吴国的地位而使晋朝继承汉统，这也是可以的。然而晋朝司马氏篡夺帝位的做法又哪里强过魏、吴两国而可以继承汉朝的正统呢？南梁末年萧詧引导西魏兵马灭掉了自己的同宗之国，窃据荆州弹丸之地，有些著史之人却想把西梁作为萧梁正统的延续。然而以南梁建立者萧衍的叛逆，本来就没有什么强过南陈建立者陈霸先之处，更何况是萧詧？后唐的建立者李存勖本就出身于夷狄朱邪部落，而南唐创始人李昇也不知道是谁的儿子，如果一定要承认他们狂妄冒用的姓氏，以此为依据而使其凌驾于其他割据政权之上，从而上承唐朝正统、下启宋朝正统，那么难道刘渊可以继承汉朝的正统，而韩山童可以继承宋朝的正统吗？近来有个叫李槃的人就这样说。通过一合一离、一治一乱的变化，可以明确地知晓天道，即历史的发展趋势，也可以由此懂得人治，即统治天下之道。避开天道、人治而去探讨五德、正统，在厅堂上争辩不休，各自舞文弄墨以相互炫耀，要这样争辩不休的人又有什么用呢？

八　竟陵推西昌侯鸾辅政

篡逆之臣不足诛，君子所恶者，进逆臣而授以篡弑之资者也。夫唯曹操、刘裕，自以其能迫夺其君，操不待荀彧之予以柄，而刘穆之、傅亮因裕以取富贵，非裕所藉以兴也。司马懿之逆，刘放、孙资进而授之也，放、资之罪无所逭矣；然放、资固天下之险人也，亦无足诛也。萧道成之逆谁授之？刘秉也。萧鸾之逆谁授之？萧子良也。夫秉之忠，子良之贤，其于放、资，薰莸迥别矣；而优柔恇怯，修礼让之虚文以成实祸，于是而后为君子之所甚恶，以二子者可以当君子之恶者也。金日磾之让霍光也，曰："臣胡人，且使匈奴轻汉。"自揣审，知光深，而为国亦至矣。然终日磾之世，霍光不敢受封，上官桀不敢肆志，则日磾固毅然以社稷为己任，而特避其名耳。秉以宋之宗室，子良以齐之懿亲，受托孤之重，分位可以制百官，品望可以服天下，忠忱可以告君父；而迁回退巽，知奸贼之叵测，而宾宾然修礼让之文，宗社之任在躬，憺忘而不恤①。岂徒其果断之不足哉？盖亦忠诚之未笃也。是以君子恶之也。

【注释】

①憺(dàn)忘：因安然恬静而淡忘。

【译文】

　　历史上的篡逆之臣尚且不值得诛杀，君子所厌恶的，是那些授给他们篡逆资本和机会的人。历史上只有曹操、刘裕二人是靠着自己的实力逼迫皇帝而篡夺大权的。曹操不用等待荀彧将国政权柄交予他，而刘穆之、傅亮是依靠刘裕才取得富贵，并非刘裕凭借他们的力量才夺得帝位。司马懿之所以能成功篡权谋逆，是刘放、孙资将他引入了权力中枢，并给他提供了谋篡的资本和机会。刘放、孙资的罪责是无可逃脱的。然而刘放、孙资本来就是天下间的阴险狡诈之人，他们也不值得诛杀。南齐萧道成最终得以篡权的机会是谁给的呢？是刘秉给的。南齐萧鸾篡权谋逆的机会是谁给的呢？是萧子良给的。刘秉的忠心，萧子良的贤能，若与刘放、孙资二人相比，犹如臭草和香草一样迥然不同、容易区分。然而刘秉、萧子良二人却优柔寡断、恐惧怯懦，修饰礼让的繁文缛节而最终酿成了实祸，于是他们后来便成了君子们十分厌恶的对象，而他们二人的行径实际上也值得后世君子厌恶不已。金日磾让权

给霍光时说:"臣是胡人,您任命我辅政,将会使匈奴人轻蔑汉朝。"金日
磾对自己有清晰而谨慎的认识,深知霍光的才干与想法,为国家考虑可
谓尽心尽力了。然而直到金日磾去世之前,霍光也不敢接受封侯之赏,
上官桀也不敢放肆,实则是金日磾毅然肩负起国家社稷的重任,只是特
意避开虚名而已。刘秉身为刘宋的宗室后代,萧子良也是萧齐宗室的
懿亲,他们又都接受了君主的重托,身居高位足以制衡百官,并且他们
的品行、威望都可以镇服天下,其忠心耿耿、殚精竭虑也可告慰先辈君
父。然而他们二人却犹豫退让,明知奸贼们的图谋不轨之心,却彬彬有
礼地写下礼让之文;明知江山社稷的重任在于自己一身,却置身事外、
安然不顾。这难道只是因为他们缺乏果断勇毅之心吗?想必是他们对
于国家的忠贞之心尚未达到足够深厚坚定的程度。所以,身为君子之
人极为厌恶他们的行径。

　　《易》曰:"谦,德之柄也①。"君子以谦为柄,而销天下之
竞,岂失其柄以为谦,而召奸宄以得志乎?秉终受刃,而子
良郁郁以亡,亦自悔之弗及矣。史称"子良仁厚,不乐世务,
故以辅政推鸾"。诚不乐世务也,山之椒,水之湄,独寐寤
歌②,胡为乎立百僚之上而不早退也?

【注释】

①谦,德之柄也:语出《周易·系辞下》:"谦,德之柄也;复,德之本
　也。"意思是谦虚是保持美德的把柄和关键。

②独寐寤歌:语出《诗经·卫风·考槃》:"独寐寤歌,永矢弗过。"意
　思是独眠独醒,独自唱歌。寤,睡醒。寐,睡着。

【译文】

《周易》中说:"谦虚是保持美德的把柄和关键。"君子是以自谦为把

柄,从而消弭天下人的争强好胜之心。《周易》这句话难道是说要把放弃把柄作为自谦的表现,从而招来奸佞之人,使其得以肆意妄为吗?刘秉最终被杀,而萧子良抑郁而死,也是追悔莫及了。史书上说:"萧子良宽仁厚道,不乐于接触俗事政务,所以把辅佐的重任推让给萧鸾。"萧子良如果真的不乐于接触俗事政务,自己一个人在山巅水边隐居即可。如此,则可以想睡就睡,醒来便唱歌,自由自在,他为何还要官居百官之上,而不早早隐退呢?

郁林王

【题解】

　　齐郁林王萧昭业(472—494)字元尚,小字法身,是齐武帝萧赜之孙,文惠太子萧长懋的长子,母为王宝明。萧昭业初封南郡王,永明十一年(493)齐武帝太子萧长懋去世后,武帝立萧昭业为皇太孙。同年齐武帝驾崩,萧昭业正式即位,次年改元隆昌。萧昭业即位后,荒淫奢靡,挥霍无度,架空受武帝遗命辅政的竟陵王萧子良,又因疑忌而图谋诛杀另一位辅政大臣萧鸾。隆昌元年(494),萧昭业遭萧鸾弑杀并被追贬为郁林王,在位仅一年。

　　史书记载萧昭业肆意挥霍,在一年的时间内,就将宋武帝积蓄的数亿资财挥霍殆尽。对于这一记载,王夫之深表怀疑。他指出,萧昭业固然不足为君,但是他并未大兴土木,不过是像孩童游戏一般的小打小闹罢了,如何能在短短的一年时间内就将武帝一朝的积蓄挥霍殆尽呢?在他看来,此种说法不过是胜利者的历史书写,纯属欲加之罪,何患无辞。王夫之注意到,史书对于昏庸君主的书写存在着刻意的丑化,不只是萧昭业,刘宋的前废帝和后废帝也同样面临着此种情况。其中的原因就在于,成功夺取帝位的后来者,希望通过丑化君主来实现自己即位统治的合理性。所以,王夫之明确指出,史书不可尽信。王夫之的这一认识充分体现了其质疑精神和史料批判意识,值得读者留意。

一　史文致郁林王之恶

孟子曰："尽信书则不如无书。"《尚书》删自仲尼,且不可尽信,况后世之史哉? 郁林王昭业之不足为君,固已。然曰："世祖积钱及金帛不可胜计,未期岁而用尽",则诬矣。夷考期岁之中,未尝有倾宫璇室裂缯凿莲之事也①,徒以掷涂赌跳之戏②,遂荡无穷之帑乎? 隋炀之侈极矣,用之十三年而未竭,郁林居位几何时,而遽空其国邪? 当其初立,王融先有废立之谋矣③;萧鸾排抑子良,挟权辅政,即有篡夺之心矣。引萧衍同谋,而征随王子隆④,于是而其谋益亟,郁林坐卧于刀锯之上,而愚不知耳。鸾已弑主自立,王晏、徐孝嗣文致郁林之恶⑤,以掩鸾滔天之罪,欲加之罪,何患无辞乎?

【注释】

①璇室:指玉饰的宫室,一说能旋转的宫室。相传为夏桀所建。裂缯:指妹喜喜好丝织品断裂之声,故而夏桀令人撕裂布帛以娱乐。凿莲:指大兴土木建造佛寺。

②掷涂:指丢泥巴。赌跳:指比赛跳高。

③王融(467—493):字元长,琅邪临沂(今山东临沂)人。南朝齐大臣。初举秀才,为中书郎,素有才辩。永明九年(491),武帝于芳林园宴朝臣,命其作《曲水诗序》,其文词藻富丽,名噪一时。齐武帝去世后,王融欲矫诏拥立萧子良即位,与郁林王萧昭业争夺帝位,结果失败,被下狱,遭孔稚圭弹劾而被赐死。传见《南齐书·王融列传》《南史·王融列传》。

④随王子隆:即萧子隆(474—494)。字云兴,南兰陵(今江苏武进)

人。南朝齐大臣,齐武帝第八子。初封枝江公,后改封随郡王。因有文才,武帝将其比附于魏东阿王曹植。郁林王即位后,萧鸾图谋废立,征萧子隆为侍中、抚军将军。萧昭业被害后,萧鸾欲诛齐高帝与齐武帝子孙,萧子隆因有才而最先被害。传见《南齐书·武十七王列传》《南史·齐武帝诸子列传》。

⑤王晏(? —497):字休默,一字士彦,琅邪临沂(今山东临沂)人。南朝大臣。刘宋末年为建安国左常侍,后随萧赜镇盆城。萧赜即位后,迁侍中祭酒、右仆射,参议机密。明帝即位后,因废立之功而迁骠骑大将军。他自谓佐命惟新,常批判武帝故制,明帝疑其欲反,将其诛杀。传见《南齐书·王晏传》《南史·王晏传》。徐孝嗣(453—499):字始昌,小字遗奴,东海郯(今山东郯城)人。南朝大臣。幼而挺立,风仪端简。八岁袭封枝江县公,迎娶康乐公主。萧道成即位后,历任吴兴太守、吏部尚书等职,处理台阁事务。后协助萧鸾废除萧昭业,官至尚书令。齐明帝驾崩时,他受命为顾命大臣,辅佐东昏侯萧宝卷。萧宝卷即位后,凶暴嗜杀,虎贲中郎将许准劝其行废立之事,他迟疑不决,反遭杀害。传见《南齐书·徐孝嗣列传》《南史·徐孝嗣列传》。

【译文】

孟子曾说:"如果全然相信书上的内容,不如没有书本。"《尚书》经过孔子删定重编,尚且不可全然相信,更何况后世修撰的史书呢? 南齐的郁林王萧昭业,就其能力而言,确实本就不足以作为君主。然而史书上记载:"武帝萧赜为他累积下来的财物不可胜数,然而郁林王却不到一年就将财物用尽。"这实在是污蔑之辞。仔细考察郁林王在位的一年间,他未曾动用过府库的钱财来大兴土木,也并未过分奢靡浪费,仅靠玩弄掷泥、跳高之类的游戏,就可以用尽府库所藏的无尽财富吗? 隋炀帝奢侈至极,然而隋文帝留下的财物足足使用了十三年之久还未耗尽。郁林王在位才多长时间,竟可以如此之快地用完府库中的财物? 郁林王刚被拥立的时候,王融便先怀有废立的阴谋。萧鸾排斥萧子良,夺权辅政之后,也有篡夺皇位的野心。他勾结萧衍作为同谋,又征召随王萧子隆入朝,使得自己废立的阴谋更加成熟。此时的郁林王实则已经坐卧在刀锯之上了,只是因愚昧而没有发觉罢了。当萧鸾杀掉君主自立为皇帝时,王晏、徐孝嗣矫饰文辞编造郁林王的罪过,以此来掩盖萧鸾篡夺皇位的滔天之罪。真是强加之罪,又哪里会担心没有足够的说辞呢?

　　史于宋主子业及昱,皆备纪其恶,穷极薉媟①,不可以人理求者,而言之已确,岂尽然哉? 乱臣贼子弑君而篡其国,讵可曰君有小过而我固不容,则极乎丑诋而犹若不足,固其所矣。夫宋孝武之惩于逆劭也,明帝之必欲立昱而固其位也,齐武之明而俭也,夫岂不知子孙之不肖而思有以正之乎? 大臣挟人人可为主之心,不以戴贼为耻,谁与进豫教之道于先,献箴规之言于后者②。待其不道,暴其恶以弑之已耳。此三数君者,亦尝逆师保之训,杀忠谋之臣否邪? 此可以知在廷之心矣。人道绝,廉耻丧,公然诃数其君之恶③,而加以已甚之辞,曰:此其宜乎弑而宜乎篡者也。恶足信哉!

【注释】

①薉(huì)媟:污秽荒淫。薉,污秽,肮脏。

②箴规:指劝诫规谏。

③诃数:诘责数落。

【译文】

　　史书有关宋前废帝刘子业及后废帝刘昱的记载,都极为详尽地描述了他们的恶行,不惜穷尽言辞来记载他们的荒淫污秽之事。这些事情完全不能以人伦道德去理解，而史书却言之凿凿，难道事情果真完全如史书所记载的那般吗？乱臣贼子弑杀君主并篡夺皇位，难道可以说是因为君主有小过而我坚决不容，所以就将其诛杀吗？如此则极尽诋毁之能事仍唯恐其罪恶不足，这才是乱臣贼子所固有的心态。宋孝武帝惩治刘劭谋杀父皇的叛逆之罪，宋明帝一定要册立刘昱为储君并稳固他的地位，齐武帝明智贤能且行事节俭，难道他们真的都不知道子孙后代不肖而不去想办法加以纠正吗？大臣们怀着人人都可以当君主的心思，不因推戴篡权的逆贼为新君而感到羞耻，如此，还有谁愿意提前向君主诉说及早教育子孙的道理，并在皇帝子孙犯错后上奏告诫规劝之言呢？等到君主行为不端且昏庸无道时，这些乱臣贼子便宣告君主的罪恶，想要将其弑杀。上述几位君主，难道也曾有过违背师长的教训、斩杀忠贞善谋之臣的行为吗？由此便可知道当时朝臣们的心理了。人道断绝，廉耻尽丧，公然诘责数落君主的恶行，并极尽诋毁的言辞，说：像这样的君主应该将他弑杀，理应夺取他的帝王之位。这哪里值得相信呢？

二　郁林诸臣至不仁

人而不仁，言动皆非人之所测；天下而不仁，向背皆任其意之所安。不仁者，非但残忍忮害之谓也。残忍忮害者，抑必先蒙昧其心，漠然于身，漠然于天下，而后敢动于恶而无忌。虽然，犹或有时焉，遇大不忍之事，若鬼神临之，而恻恻以不宁，则人亡其仁，而仁未遽去其心也。唯夫为善不力，为恶不力，漠然于身，漠然于天下，优游淌溇而夷然自适者[1]，则果不仁也，如死者之形存而哀乐不足以感矣。此其为术，老聃、杨朱、庄周倡之，而魏、晋以来，王衍、谢鲲之徒，鼓其狂澜，以荡忠孝之心，弃善恶之辨，谓名义皆前识也[2]，

谓是非一天籁也③,于我何与焉? 漠然于身而丧我④,漠然于
天下而丧耦⑤。其说行,而天下遂成一刀刺不伤、火焚不爇
之习气⑥,君可弑,国可亡,民可涂炭,解散披离,悠然自得,
尽天下以不仁,祸均于洪水猛兽而抑甚焉。

【注释】

①淌瀁:水波微动,这里引申为不以为意。

②前识:指先见之明。

③天籁:指自然界的各种声音,如风声、水流声、鸟啼声等。

④丧我:语出《庄子·齐物论》:"今者吾丧我,汝知之乎?"意思是今
天我忘掉了外在的自己,你知道吗? 比喻遗忘并抛弃外在。

⑤丧耦:语出《庄子·齐物论》:"南郭子綦隐机而坐,仰天而嘘,嗒
焉似丧其耦。"意思是南郭子綦靠几案坐着,仰起头做深呼吸,身
心放松,进入了忘我的境界。比喻遗弃形体进入忘我的境地。
耦,躯体。

⑥爇(ruò):点燃,燃烧。

【译文】

一个人如果丧失仁义之心,那么他的言行举止都难以预测。如果
整个天下之人都无仁义之心,那么他们就会完全按照自己的意愿来决
定向背,丝毫不顾及君臣伦理。所谓不仁,并非仅指残忍嫉妒。残忍嫉
妒的人,一定会先蒙蔽自己的内心,漠视自身,乃至漠视天下人,然后才
敢做尽恶事,肆无忌惮。尽管如此,他们也仍有一些时候,遇到令其心
感到不忍的罪大恶极之事,会觉得仿佛有鬼神在自己的身旁注视,因而
内心惶恐,惴惴不安。这种情况就说明,他们自己虽然抛弃了仁义之
心,然而仁义本身还未立即从其心中离去。那些不能为善、也不能作
恶,漠视自己与天下,优哉游哉、不以为意且泰然自适的人,才是真正的
毫无仁义可言,如同死者的形体尚存但悲哀、欢乐的情感都不能影响到

他一样。这种思想,最早是由老聃、杨朱、庄周所倡导的。自魏、晋以来,王衍、谢鲲之流又大肆宣扬,鼓动这种狂澜,从而冲击、涤荡忠孝之心,抛弃对于善恶的明辨,认为名和义都是先见之明,而是非善恶则像自然界的声音一样,于我而言又有什么相干?漠视自身从而忘掉形体并抛弃外在,漠视天下人而遗弃形体以致忘我,这种思想流行,必然使得天下间流行着刀刺不痛、火烧不燃的流俗习气。若是这样,就会认为君主可以弑杀,国家可以灭亡,生民可以涂炭,而天下也可分崩离析,自己却悠然自得。整个天下之人都陷于不仁,这导致的祸患与洪水、猛兽无异,甚至比他们还要厉害。

　　萧鸾之弑郁林也,谢瀹与客围棋[①],局竟,遂卧而不问;虞悰闻变[②],但曰"王、徐缚袴废天子,天下岂有此理邪?"江敩则托疾吐哕而去[③];谢朏出为吴兴守,致酒数斛与其弟,曰:"可力饮此,勿豫人事。"此数事者,当时传之以为高。而立人之朝,食人之禄,国亡君弑,若视黄雀之啄螳螂,付之目笑,非至不仁者,其能若此乎?故刻薄残忍者,情之不戢,祸及君亲,而清宵一念,犹有愧悔之萌。唯若瀹、悰、敩、朏之流,恬然自适,生机斩而痛痒不知,仁乃永不生于其心,而后人理尽绝。士大夫倡之,天下效之,以成乎不仁之天下。追原祸始,唯聃、朱、庄、列"守雌""缘督"之教是信[④],以为仁之贼也。君子恶而等之洪水,恶此而已。

【注释】

　①谢瀹(yuè,454—498):字义洁,陈郡阳夏(今河南太康)人。南朝大臣。宋末为丹阳丞、抚军功曹。萧道成篡宋建齐后,任安成内史、吴兴太守。萧鸾废郁林王之时,他与客下棋,不问外事。曾

劝其兄谢朓为官唯宜饮酒,自己也以酣饮长醉为事。传见《南齐书·谢瀹列传》《南史·谢瀹列传》。

②虞悰(435—499):字景豫,会稽余姚(今浙江余姚)人。南朝齐大臣。初为太子中庶子,累迁豫章内史。齐武帝即位后任侍中、祠部尚书。郁林王被弑之时,他不满王晏、徐孝嗣废天子之事,心中窃叹不止。齐明帝即位后,他称疾不陪位,徐孝嗣称其为古之"遗直"。传见《南齐书·虞悰列传》《南史·虞悰列传》。

③江斅(xiào,452—495):字叔文,济阳考城(今河南民权)人。南朝大臣。少有美誉,娶宋孝武帝之女临汝公主,被拜为驸马都尉,入齐后官至侍中。他爱好文辞、围棋,虽为高官,而不问世事,为当时士族领袖。郁林王被废之时,朝臣被召入宫,他行至一半得知消息,醉吐车中而去。传见《南齐书·江斅列传》。

④守雌:语出《老子》第二十八章:"知其雄,守其雌,为天下谿。"意思是深知刚劲之强的重要,却安守柔静的处世心态,甘愿为聚集山间流水的小溪。比喻安守柔静的处世心态。缘督:语出《庄子·养生主》:"为善无近名,为恶无近刑,缘督以为经,可以保身,可以全生,可以养亲,可以尽年。"意思是做好事不要沾上名利,做坏事不要触犯刑罚,以自然之理作为常法,就可以保护身体,可以健全生命,可以蓄养精神,颐养天年。比喻守中合道,顺其自然。

【译文】

萧鸾弑杀郁林王之时,谢瀹正在与客人下棋,一局下完之后,他便躺下休息,绝口不问君主被弑之事。虞悰得知弑君的变乱后,也只是说道:"王晏、徐孝嗣身为将领而废黜天子,天下难道还有此番道理吗?"江斅则借口患病呕吐而离去。谢朓出任吴兴郡守,却送给其弟几斛酒,并说:"你尽管饮酒取乐,不要参与世事。"以上诸事,在当时广为流传并视为高风亮节。然而,谢瀹等人列于别人的朝廷之上,享受着君主所给的俸禄,眼看国家灭亡、君主被弑,犹如看黄雀吃螳螂的行为一样,付之一笑,如果不是丧尽生而为人的仁义之心,何至于此呢? 所以,刻薄残忍的人,尽管他们的奸邪用心不知收敛,其恶行祸及君王和至亲,但偶尔早上醒来后细想一番,也仍旧会有羞愧之感。但像谢澹、虞惊、江敩、谢朏这类人,面对君主被弑却怡然自得,事关天下百姓的利益对他们而言却仿佛无关痛痒,如此则仁义在这类人心中便永远不会再萌生,而后生而为人的人伦道德也会丧灭殆尽。对于这种无仁义之心的行为,士大夫却大加倡导,而天下人群起效仿,以致最终造成天下之人皆丧失了仁义之心。如果追根溯源,就是因为他们一味地信奉老聃、杨朱、庄子、列子所谓的"守雌""缘督"的说法,这实为仁义思想的大敌。君子将此类说法视作洪水猛兽一般可怕,他们所厌恶仇恨的就在于此而已。

明　帝

【题解】

　　齐明帝萧鸾(452—498)字景栖,小字玄度,是齐高帝萧道成之侄,齐武帝萧赜的堂弟。他少年丧父,由叔父萧道成抚养成人。齐武帝临终前拜其为尚书令,命其辅佐皇太孙萧昭业。隆昌元年(494),萧鸾与萧昭业矛盾日益尖锐,于是派萧谌、萧坦之弑杀萧昭业,奉立萧昭业异母弟萧昭文。旋即大肆诛戮齐高帝、齐武帝直系子孙,假借皇太后令废萧昭文,于延兴元年(494)正式即位称帝。明帝在位期间,整治吏政,信用典签,猜忌多虑,监视诸王,屠戮宗室。永泰元年(498)驾崩。

　　王夫之对于齐明帝持负面态度,直斥明帝"凶悖",批评明帝不顾血脉亲情,屠戮齐高帝、齐武帝的子孙殚尽而后方止。然而更让王夫之痛心的,是上层统治阶层中人才的凋零。他认为,到了齐、梁之际,身居要职之臣萎靡不振、麻木不仁,眼看君主屠戮,权臣践祚,仍旧谈笑自若,以保全官位利禄为本,全然不知道义廉耻。王夫之在本篇中再度讨论了士人在乱世中如何自处这一历久弥新的话题,认为文人在乱世中更有可能因为自己所特有的才华而被权奸利用。在他看来,士人文人其实可仕可不仕、可进可退,如果退无可退,那么就应采取各种手段远离政治中心,洁身自好,持严端正,则权奸自然会"默然已退"。王夫之的这一设想当然具有理想色彩,但也是基于历史经验和亲身经历的综合考量,真切反映了他对于这一问题的关切与执着求索。

一　董僧慧陆超之出自寒门武吏

人才之靡也,至齐、梁而已极。非尽靡也,尸大官、执大政者,靡于上焉耳。明帝之凶悖,高、武之子孙,杀戮殚尽而后止,而大臣谈笑于酒弈之间自若也。乃晋安王子懋之死①,其防阁陆超之、董僧慧先与子懋谋举兵者②,独能不昧其初心:僧慧则请大敛子懋而就死,业已无杀之者,而视子懋幼子讯父之书,一恸而卒;超之或劝其逃,而曰"吾若逃亡,非唯孤晋安之恩,亦恐田横之客笑人"③,端坐以待囚,而为门生所杀,头陨而身不僵。夫二子者,非但其慷慨以捐生也,审于义以迟回,濒死而不易其度,使当托孤寄命之任,其不谓之社稷之臣与? 乃皆出自寒门,身为武吏,其视王、谢、徐、江世胄华门、清流文苑之选,世且以为泾、渭之殊,而以较彼之转面忘君、安心助逆者,果谁清而谁浊也? 故曰:尸大官、执大政者靡于上,而下未尽然也。

【注释】

①晋安王子懋:即萧子懋(472—494)。字云昌,南朝齐宗室大臣,齐武帝第七子。齐武帝时,被封为晋安王,官至都督、雍州刺史。郁林王在位时,为征南大将军、江州刺史。萧鸾立萧昭文后,他图谋入匡社稷,但事泄,遭萧鸾发兵攻打,兵败被杀。传见《南齐书·武十七王列传》《南史·齐武帝诸子列传》。

②防阁(gé):官名。南北朝时朝廷禁卫武官置直阁将军,诸王、都督、刺史置防阁将军,以勇略之士充任,以防卫斋阁。陆超之

(？—494)：吴郡吴县(今江苏苏州)人。南朝齐将领。受萧子懋
赏识,累迁防阁将军。后与萧子懋议起兵讨萧鸾,萧子懋于江州
被杀后,他仍抗节不屈,故而被害。中护军王玄邈嘉其节义,殡
殓厚葬。其事见于《南史·齐武帝诸子列传》。董僧慧：丹阳姑
孰(今安徽当涂)人。南朝齐将领。出身寒微,慷慨有节义,为晋
安王萧子懋防阁,劝说萧子懋起义。萧子懋被杀后,他遭到拘
捕,被发配作苦力。其事见于《南史·齐武帝诸子列传》。

③“吾若”几句：恩,据《南史·齐武帝诸子列传》和《资治通鉴·齐
纪五》,“恩”当为“眷”。田横之客,田横(？—前202),狄县(今山
东高青)人。齐国宗室后裔,秦末起义首领。陈胜吴广起义后,他
与从兄田儋、兄田荣等击杀狄令,起兵反秦。后与田荣共扶持田
儋之子田市为齐王,平齐地。秦亡后,项羽北伐齐,他立田荣之子
田广为齐王,自任相,事皆决于己。后田广为汉王刘邦部将韩信
击杀,他自立为王。兵败后,率宾客五百余人亡逃海岛。汉高祖
诏其来洛阳,许以王侯。他不愿低首称臣,于途中自杀。刘邦以
王礼葬之,其宾客闻其死讯,皆自杀。事见《史记·田儋列传》。

【译文】

人才的衰败、颓废,到南朝齐、梁之时可谓达到了顶点。其实并非
整个天下都如此,主要那些占据高位、执掌权柄的上层士人衰败、颓废
到了极点而已。齐明帝凶残悖逆,他诛杀齐高帝萧道成与齐武帝萧赜
的子孙,务必都要将其斩尽杀绝方才罢休,而大臣们却在饮酒、对弈之
中谈笑自若,怡然自得。可是晋安王萧子懋死后,先前与他谋划起兵的
防阁将军陆超之、董僧慧二人,却一直能坚守拥护萧子懋的初衷：董僧
慧请求以隆重的丧礼殓葬萧子懋,并愿意在丧礼后从容赴死。后来已
经没有要处死他的人了,可他看到萧子懋幼子寄来的询问父亲消息的
书信,一下子悲恸万分,气绝而死。当时也有人劝陆超之逃跑,陆超之
却回答说：“我若逃跑,不仅会使已经死去的晋安王的家眷孤单而无人

照料,而且恐怕还要遭到田横门客们的嘲笑。"于是他正襟端坐,静待别
人前来将他抓获。最终为其门生所杀,头颅被斩而身体仍笔直不僵。
董僧慧、陆超之二人不仅为效忠主公而慷慨舍身,而且对大义有着清晰
的认识,没有丝毫的犹豫,临死也不曾改变他们的初衷。假使让他们二
人承担辅佐年幼君主的重任,怎能不称他们是社稷之臣呢?他们都出
身寒门,作为小小的武官,若与出身于世家大族、清流文苑的王晏、谢
朓、徐孝嗣、江敩相比,世人都认为他们之间是泾渭之别。然而,将王、
谢、徐、江之流翻脸不认君主、一心协助叛逆的弑君之举,与董、陆二人
的事迹相比,到底谁清谁浊呢?因此说,是身居高位、掌握权柄的上层
士人衰败、颓废,而下层却并非完全如此。

　　永嘉之后,风俗替矣。而晋初东渡,有若郗鉴、卞壸、桓
彝之流,秉正而著立朝之节;纪瞻、祖逖、陶侃、温峤,忘身以
弘济其艰危。乃及谢傅薨,王国宝用事以后,在大位者,若
有衣钵以相传,擅大位以为私门传家之物,君屡易,社屡
屋①,而磐石之家自若;于是以苟保官位为令图,而视改姓易
服为浮云之聚散。唯是寒门武吏,无世业之可凭依,得以孤
致其恻隐羞恶之天良。繇此言之,爵禄者,天子齐一人心、
移易风俗之大权在焉,不可与下以固然,而使据之以为己
重,其亦明矣。世业者,天子之守也,非下之所得怙也。闾
井之子弟,受一顷田于祖父,而即以赋税怨县官,亦何以异
于此哉?拓拔宏曰:"君子之门,无当世之用,要自德行纯
笃。"纯笃云者,岂不恤名义,长保其富贵之家世而已乎?

【注释】

　　①屋:终止。

【译文】

西晋永嘉之乱以后，风尚习俗都有了很大的变化。东晋的统治者当初东渡建立政权，有像郗鉴、卞壶、桓彝之类的贤才，可以秉持正义，昭示身为臣子的坚贞节操。而纪瞻、祖逖、陶侃、温峤等人，则舍生忘死地辅助国家顺利度过艰难时势。但自从谢安死去、王国宝专权以来，身居高位、执掌权柄之人，仿佛可以像传递衣钵一样世代传袭权力，他们专擅高官显位，将其作为自己家族的传家之宝。尽管君主屡屡变更，宗社祭祀屡屡终止，但这些豪门之家却如磐石一般稳固，安然自若。他们只以苟且保全自己的官位为目的，而把改姓变服的江山易主视为浮云聚散。唯独像董僧慧、陆超之这样出身于寒门的武吏，没有世代的家业可以依凭，因此可以独自保有人心的恻隐本性与羞耻之心。由此看来，官位俸禄实为天子统一人心、移风易俗的重要权力手段，而不能够让这种权力固定地掌握在某些臣下手中，使他们可以据此抬高身价、拥权自重，这个道理也是清楚明白的。世代的家业，是靠天子的统治来守护，而不是臣下所能依仗的。乡下的子弟，从其先祖与父亲那里得到一项田土，就因交纳赋税的问题而怨恨朝廷，这种情况与上述所说的有什么不同吗？拓跋宏曾说："出身于君子世家的人，即使没有能为当世所用的才能，但终归在德行方面要纯洁笃实一些。"这里所说的道德品行的纯洁笃实，难道就是不顾及名誉节义而只求长久地保持自己家世的富贵吗？

二 史备纪拓跋宏之伪政

拓跋宏之伪也，儒者之耻也。夫宏之伪，欺人而遂以自欺久矣。欲迁雒阳，而以伐齐为辞，当时亦孰不知其伪者，特未形之言，勿敢与争而已。出其府藏金帛衣器以赐群臣，下逮于民，行无故之赏，以饵民而要誉，得之者固不以为德也，皆欺人而适以自欺也，犹未极形其伪也。至于天不雨而三日不食，将谁欺？欺天乎？人未有三日而可不食者，况其在豢养之子乎！高处深宫，其食也，孰知之？其不食也，孰信之？大官不进，品物不具，宦官宫妾之侧孰禁之？果不食也欤哉！而告人曰："不食数日，犹无所感。"将谁欺？欺天乎？

【译文】

　　北魏拓跋宏的虚伪，是儒者莫大的耻辱。他的虚伪，是欺骗他人并以此欺骗自己，这种情况已经持续很久了。他想要迁都洛阳，就以讨伐南朝齐为借口。当时没有人不知道这是虚假的托词，只是没有用言语挑明，不敢与他争辩而已。他将府库中储藏的金钱、布帛、衣服、器物拿出来赏赐给大臣们，下至平民百姓，施行无缘无故的赏赐，只是希望以此来引诱人们从而获得好的名声。如此，则得到他赏赐的人也不会把这当作他的恩德，他的这些举动其实都是欺骗别人而恰恰反过来欺骗了自己的做法。然而这些尚没有展现出拓跋宏的特别虚伪之处。至于天不降雨，而拓跋宏就三天不吃东西，这是要欺骗谁呢？难道是要欺骗上天吗？人没有能三天不吃东西的，更何况他还是被人供养侍奉的君主呢！他自己高高在上，身处深宫之中，要是偷吃东西，又有谁知道呢？说他不吃东西，又有谁会相信呢？即使高官不向他进献食物，也没有各种肴馔，他在宦官宫妾身边偷吃食物，又有谁去禁止他呢？他难道真的不吃东西吗？但他却告诉人们说："我已经好几天不吃东西了，却仍没有感动上天，从而使其降雨。"这是要欺骗谁？欺骗上天吗？

　　宏之习于伪也如此，固将曰圣王之所以圣，吾知之矣，五帝可六，三王可四也。自冯后死，宏始亲政，以后五年之间,作明堂,正祀典,定祧庙,祀圜丘迎春东郊,定次五德,朝日、养老①,修舜、禹、周、孔之祀,耕藉田②,行三载考绩之典③,禁胡服胡语,亲祠阙里④,求遗书⑤,立国子大学四门小学⑥,定族姓,宴国老庶老⑦,听群臣终三年之丧,小儒争艳称之以为荣。凡此者,典谟之所不道⑧,孔、孟之所不言,立学终丧之外,皆汉儒依托附会、逐末舍本、杂谶纬巫觋之言,涂饰耳目,是为拓拔宏所行之王道而已。尉元为三老⑨,游明根为五更⑩,岂不辱名教而羞当世之士哉? 故曰儒者之耻也。

【注释】

①朝日:指帝王祭日之礼。孝文帝时,将朝日之礼固定在每月初一早上。养老:指养老之礼。孝武帝大力提倡孝道,设置三老、五更,曾在明堂亲自主持送三老、五更回乡养老的典礼。

②藉田:指天子、诸侯征用民力耕种的田。每逢春耕前,天子、诸侯躬耕藉田,以示对农业的重视。

③三载考绩:北魏建立后,对官员每三年进行一次考核,连续经过三次考核后才决定升迁罢黜。孝文帝认为,这一考核机制存在诸多弊端,对官员没有太大震慑作用,因此决定将这机制改革为一考黜陟制,即通过每三年一次的考核便决定官员的升迁任免。由于全国官员太多,孝文帝将六品以下官员的考核权力下放给尚书负责,五品以上才由他与其他公卿一起评价,同时将所评官员分为三个等级,一等者升迁,三等者罢黜,中间者姑且继续留任一届。

④阙里:指孔子故里,在今山东曲阜城内阙里街。

⑤遗书:指前人的遗著、遗作。

⑥国子:指国子监。大学:即太学。四门小学:北魏孝文帝新创立的学校。初设于京师四门,后与太学同在一处。由四门小学博士任教官,传授儒家经典。

⑦国老庶老:都是指退休的官员,其中国老指退休的卿大夫,品级较高,品级较低的退休官员为庶老。唐朝时称五品以上致仕者为国老,六品以下致仕者为庶老。

⑧典谟:指《尚书》中《尧典》《舜典》和《大禹谟》《皋陶谟》等篇,亦代指《尚书》。

⑨尉元(413—493):字苟仁,代郡(今山西大同)人,鲜卑族。北魏大臣。世为豪宗,魏文成帝时为北部尚书。后大败宋镇军将军张永等,夺得淮北四州及豫州淮西之地。官拜镇东大将军、徐州刺史。孝文帝即位后,晋爵淮阳王,后因其年迈位尊,被拜为三老。传见《魏书·尉元列传》《北史·尉元列传》。

⑩游明根(419—499):字志远,广平任(今河北任县)人。北魏大臣。早年综习经典,太武帝时为中书学生,文成帝时迁都曹主书。曾三次出使南朝宋,甚受宋武帝尊重。孝文帝即位后,他曾建议北魏与南朝齐修好。年逾七十后,进表求致仕,被尊为五更,行礼辟雍。传见《魏书·游明根列传》《北史·游明根列传》。

【译文】

拓跋宏就是如此习惯于做事虚伪,所以他会说:古时圣王之所以能成为圣王,我知道其中的原因了。我自己加以效仿、继承,就足以与五帝并列为六帝,与三王并列为四王。冯太后去世后,拓跋宏开始亲政。其后五年间,他修筑明堂,规正祀典之制,设定宗庙祭祀之礼,祭祀圜丘,在都城东郊行迎春礼,确定北魏的五德次序,确定祭日的时间,推行养老制度,对于舜、禹、周公、孔子进行祭祀,亲自耕种藉田,推行每三年一次的考核便决定官员的升迁任免的制度,禁止民众穿胡人的服饰或使用胡语,并亲自到孔子故里进行祭祀,搜求前人的遗著、遗作,建立国子大学、四门小学,规定各族姓氏,宴请退休的官员,准许群臣守满三年之丧。那些习得雕虫小技的儒生都争相称颂这些政策而自以为荣。上述诸多做法,《尚书》等经典中都没有详细的记载,孔子、孟子也未曾言及,除了立学校、守满丧期两件事外,其他都是汉代儒者假托附会、舍本求末,并杂糅谶纬巫术之说而提出和倡导的粉饰耳目的制度措施而已,而这就是拓跋宏所实行的所谓王道之治的本质。当时孝文帝任命尉元为三老,游明根为五更,难道不是玷污了纲常名教,而使当世的士大夫蒙羞吗? 所以说,这是儒生们的耻辱。

德立而后道随之,道立而后政随之。诚者德之本,欺者诚之反也。汉儒附经典以刻画为文章①,皆不诚之政也。而曰帝之所以帝,王之所以王,在是而已。乃毕行之以欺天下后世者唯宏尔。后之论者犹艳称之,以为斯道之荣,若汉、唐、宋之贤主俱所无逮者。不恤一日之劳,不吝金钱之费,而已为后世所欣慕,则儒者将以其道博宠光而侈门庭乎? 故曰儒者之耻也。

【注释】

①刻画:指过分地雕琢文章字句。

【译文】

仁德树立起来,而后道便随之得以建立;道建立起来,而后善政就能随之施行。诚实是仁德的根本,而欺瞒则与诚实相对立。汉代儒学家附会儒家经典,过分琢磨字句而炮制一套礼乐制度,这不符合以诚为中心的善政。他们却还说什么帝之所以为帝,王之所以为王,其关键就在此处而已。可是将这些政策完全推行于天下,以欺骗后世之人的,唯有拓跋宏一人。后世议论此事的人还满怀羡慕地称赞这些政策,认为这是善行政道的伟大表现，是汉、唐、宋三代的贤能君主都比不上的。拓跋宏为政，未曾有一日体恤下层民众的辛劳，毫不吝惜地将财物大加赏赐，却已然讨得了后世人们的欢心和称颂。如此则儒生们是将要把拓跋宏所行的政道作为博取恩宠荣耀从而光耀门庭的方法吗？所以说，这是儒生们的耻辱。

虽然，抑岂足为君子儒之耻哉？君子儒之以道佐人主也，本之以德，立之以诚，视宏之所为，沐猴之冠、优俳之戏而已矣。备纪宏之伪政于史策，所以示无本而效汉儒附托之文具，则亦索虏欺人之术也，可以鉴矣。

【译文】

尽管如此，这样的政道难道足以成为君子之儒的耻辱吗？君子之儒以正道辅佐君主，而正道是以德为根本，以诚信为基础的，仔细审视拓跋宏的所作所为，不过是如同猴子所佩带的人帽、戏子唱的戏一般。将拓跋宏的伪政详细记载于史书之中，就是为了给后世展示他缺乏根本依据，而只是效法汉代儒者牵强附会而编造出的虚假礼乐制度而已，则这也是北魏的夷狄统治者所采用的欺世盗名的伎俩，这很容易鉴别出来。

三　谢朓非陷人以自陷

王敬则之子幼隆[①]，以谢朓其姊婿也[②]，告以反谋，而朓发之，敬则败死，朓迁吏部，则夫妇之恩绝；其后始安王遥光要与同反[③]，复以告左兴盛，为遥光所杀，则保身之计亦迷；故论者以咎朓之倾险[④]。虽然，使朓从幼隆而秘其谋，从遥光而受卫尉卿之命以为内应，于义既已不可，而事败骈诛，又何足以为全身之智乎？呜呼！士之处乱世遇乱人也难矣。若朓者，非有位望之隆足为重轻，干略之长可谋成败者也，徒以词翰之美见推流辈而已⑤。而不轨以徼幸者，必引与偕而不相释，夫朓亦岂幸有此哉？无端苦以相加，而进有叛主之逆，退有负亲戚卖友朋之憾，"握粟出卜，自何能谷"⑥。朓之诗曰："大江流日夜，客心悲未央⑦。"诚哉其可悲乎！

【注释】

①王敬则（435—498）：字敬则，临淮射阳（今江苏盐城）人。南朝齐开国将领。少时以屠狗为业，后仕宋为侠毂队主，领细铠左右。因与主衣寿寂之等杀前废帝，被擢升为直阁将军。后追随萧道成平桂阳王刘休范之叛，又杀苍梧王，迁辅国将军，知殿内宿卫兵事。入齐后以功除中领军，出守会稽，下教判决，皆不失理。明帝即位后，官至大司马。因自己的旧臣身份而心怀忧恐，遂举兵谋反于会稽，最终败死。传见《南齐书·王敬则列传》《南史·王敬则列传》。

②谢朓（464—499）：字玄晖，陈郡阳夏（今河南太康）人。南朝齐著名文学家、大臣。少好学，素有美名，文章清丽。后为萧子隆镇西功曹，转文学。齐明帝辅政时，为骠骑咨议，兼任记室，掌文笔。东昏侯永元元年（499），遭始安王萧遥光诬陷，死于狱中。传见《南齐书·谢朓列传》《南史·谢朓列传》。

③始安王遥光：即萧遥光（468—499）。字元晖。南兰陵（今江苏武进）人。南齐宗室大臣，齐明帝萧鸾之侄。生而足疾，袭爵始兴王，位中书郎。曾劝明帝尽杀高帝、武帝诸子弟。东昏侯即位后辅政，潜结右仆射江祐兄弟谋废帝自立，吏部郎谢朓因不愿党同

而遭其杀害。后江祏被诛,他据东府举兵,最终被杀。传见《南齐书·宗室列传》《南史·始安王遥光列传》。

④倾险:指用心邪僻险恶。

⑤流辈:指同辈或同一流的人。

⑥握粟出卜,自何能谷:语出《诗经·小雅·小宛》,意思是拿着小米去问卜,自己怎样才能得到成功? 谷,原意指禾谷,禾谷的生长,只有在雨水充盈的年份,籽粒才能成熟、饱满,所以"谷"又有丰收、成熟之意。这里引申为成功、成就。能谷,能成功。

⑦大江流日夜,客心悲未央:语出谢朓《暂使下都夜发新林至京邑赠西府同僚》一诗,表明其对风云诡谲的政局的隐忧与身处其中的惶恐。

【译文】

王敬则的儿子王幼隆,因为谢朓是他的姐夫,所以就告诉了谢朓他意图谋逆的计划。然而谢朓却揭发了他意图谋反之事,王敬则因此谋逆失败而死,谢朓则升迁为尚书吏部郎,谢朓夫妇之间的情意也就此断绝。此后始安王萧遥光邀请谢朓一同谋划谋反之事,谢朓又将此事告诉了左兴盛,最后谢朓被萧遥光所杀。如此看来,谢朓也并不清楚如何保全性命。所以,议论的人都指责谢朓用心邪僻险恶。尽管如此,假如谢朓当初跟随王幼隆一起密谋造反,或听从萧遥光的话,接受卫尉卿官之职而作为内应,则从道义上讲已经是不可以的了,如果谋反之事败露则会一同被杀。难道这还能算得上是保全性命的明智之举吗? 唉! 士人身处离乱之世,与悖乱之人相处也是够难的了。像谢朓这样的人,并没有足够高的官位和巨大的声望,对事态的影响达不到举足轻重的程度,也没有足够的治事才能与谋略来把握事情的成败,他只是因为辞章优美而为同辈人所推崇而已。有非分之求的不轨之徒,对于位高且有才干之人,一定会强行拉着他们共事,绝不会轻易放过他们,以谢朓的地位和才干,又怎么该有这样的幸运呢? 谢朓真是平白无故地自找苦吃,参与谋反会有叛君之罪,不参与谋反则又有辜负亲戚、出卖朋友的遗憾,犹如"握粟出卜,自何能谷"之言。谢朓在自己的诗中有这么一句:"大江流日夜,客心悲未央。"这确实是可悲啊!

　　夫朓直未闻君子之教、立身于寡过之地而已,非怀情叵测、陷人以自陷之金人也,而卒以不令而死。夫君子之处此,则有道矣:可弗仕,勿仕也;仕可退,无待而退也;无可退焉,静而若愚,简而若荡;既已为文人矣,山川云物之外,言不及于当世,交不狎于乱人,则庄周所谓才不才之间者近之①。而益之以修洁,持之以端严。乱人曰:此沉酣词艺而木强不知道者②,未足与谋也。则虽怀愍而欲相告,至其前而默然已退。荣不得而加,辱不得而至,福不得而及,祸不得而延,庶其免夫!朓之不能及此也,名败而身随之,宜矣。虽然,又岂若范晔、王融、祖珽与魏收之狂悖猥鄙乎③?谚曰:"文人无行④。"未概可以加朓也。

【注释】

①庄周所谓才不才之间者:指庄周与弟子进行讨论,弟子指出山中之木以不材无用而得以保全,鹅却因为无用而死。庄周认为,应当依据情况而身处材与不材之间方能保全,游刃有余。事见《庄子·山木》。

②木强:质直刚强。

③祖珽(tǐng):字孝徵,范阳道(今河北涿水)人。北齐大臣。富有文才,通晓音律及鲜卑语,好为声色之游,放纵不羁。北齐后主时,为秘书监加仪同三司。因谋宰相之位,令黄门侍郎刘逖指责侍中和士开弄权等事,事泄后被囚于地牢,双目因此失明。后进

位侍中,嫉妒左丞相斛律光的威望,诬陷其欲图谋反,致使斛律
光被杀。其又因欲黜诸阉竖及群小,为宦者所共谮,解职出任,
卒于任上。传见《北齐书·祖珽列传》《北史·祖珽列传》。

④无行:指没有善行,品行不好。

【译文】

　　谢朓只是没有听说过君子们的教诲、没能使自己立身于少犯错误
的环境中而已。他并非心怀叵测、害人害己的小人,却最终不得好死。
君子们面对此种情形,则有应对之法:可以不做官,就不做官;已经做官
若可以引退,就不再等待而自动引退;若不可引退,则保持静而不轻举
妄动,使自己看起来像个愚钝之人,行为放纵不羁。既然已经身为文
人,则除了山川云物之外,言论不应涉及当世的事务,与人交往时不亲
近那些违背正道、制造混乱的人。庄周所说的士人当处于才与不才之
间,就近似于这个道理。如果再进一步追求高尚纯洁,保持端正庄严的
风度,如此则违背正道、制造混乱的人就会说:这些人拘泥于文学辞藻
之间、质直刚强并不通事理,不值得去与他们谋事。于是,违背正道、制
造混乱的人虽怀有邪念想要告知他们,但到了跟前却又默然不语。如
此则荣耀不会加于自己身上,耻辱不会来到自己身上,福祸都不会影响
到自身,则危险大概就可以避免了。谢朓不能够做到这一点,所以名声
遭破坏后生命也随之被夺走,这也是合乎道理的。尽管如此,谢朓又怎
么能够与范晔、王融、祖珽、魏收这些狂妄悖逆、粗俗卑鄙之人相较呢?
俗话说"文人无行",这句话不能一概而论地加到谢朓身上。

东昏侯

【题解】

　　齐东昏侯萧宝卷(483—501)字智藏,本名明贤,是齐明帝萧鸾的次子,母为敬皇后刘惠端,于建武元年(494)被册立为皇太子。永泰元年(498),齐明帝萧鸾驾崩,萧宝卷正式即位。萧宝卷在位期间,委任群小,肆夺民财,大建宫室,诛杀宰臣,引发了萧遥光、陈显达和崔慧景的叛乱以及裴叔业的降魏,使南齐丢掉了南豫州之地。永元二年(500),萧宝卷因猜忌尚书令萧懿,将其诛杀,导致萧懿之弟雍州刺史萧衍发兵进攻建康。次年,萧衍领兵攻破建康。萧宝卷众叛亲离,被王珍国、张稷率兵杀害,并追贬为东昏侯。

　　王夫之在本篇中接着讨论士人在乱世中如何自处的话题。他借用扬雄"鸿飞冥冥,弋者何篡焉"之语,认为士人在天下无道时,应坚守自我的道义与操守。如果自行其道,那么乱世和权臣也就不能真正地对自己进行干扰、残害。王夫之强调儒家的"忠信"和"礼义"是身处乱世的士人最好的保护,只要自己"持己自正",那么"人心自顺",剩下的生死福祸就交由天命。这当然具有一定的理想色彩和认识局限。

　　萧衍兴兵弑君夺位,在南朝频仍的政变中似乎并无多少特殊色彩,毕竟如王夫之所指出的那样,自谢晦废立宋少帝刘义符以来,权臣废立君主如同儿戏,君臣之道已沦亡殆尽。但王夫之同时也指出,在诸多篡位之人中，唯有萧衍所为近乎正道：一方面，萧衍反对萧颖胄请求北魏援兵的企图，符合华夷大义。在王夫之看来，若萧颖胄不死，则必然篡位，甚至有可能援引北魏军队来与萧衍抗衡。另一方面，南康王萧宝融既非萧衍所立，也不曾真正成为萧衍的君主，故而与历代权臣先拥立君王再逼迫其禅位的模式不同。王夫之的这一认识，再次反映出华夷大义和君臣名分在其历史评判标准中的至高地位。

一　何胤何点见免于王敬则东昏侯

扬雄曰："鸿飞冥冥，弋者何篡焉①？"雄未能践其言也，若其言，则固可深长思也。冥冥者时也，飞者道也；鸿以飞为道，不待冥始飞也，而所以处冥者得矣。弋者之不篡，非有篡之之心，限于冥而罢其机牙也②。苟有可篡，则于冥而篡之也滋甚。唯使弋者忘其篡之情，而后鸿以安于云逵③，其以销弋者之情已久矣。

【注释】

①鸿飞冥冥，弋者何篡焉：语出《法言·问明》："治则见，乱则隐。鸿飞冥冥，弋人何篡焉。"一般认为，这句话的意思是治世则出仕，乱世则隐退。鸿雁飞翔于高远的苍天，射手又如何将其捕获呢？需要注意的是，王夫之对于本句中"冥冥"的解读与后世通常的理解不同，他认为"冥冥"是指昏暗的样子，喻指政局昏暗的乱世。

②机牙：指弩上发箭的含矢处和钩弦制动的机件。比喻要害、关键。

③云逵：比喻距离遥远。

【译文】

西汉扬雄曾说："鸿雁高飞冥冥苍天，射手又如何将它捕获呢？"扬雄虽未能亲自践行他的言论,但他的这句话,则固然值得人们去仔细思考。所谓"冥冥",指的是时势,"飞"则是道。飞翔是鸿雁的本能,然而鸿雁并不是要等到天色昏暗以后才开始飞翔,但以飞翔来应对昏暗的环境,却是非常合适的措施。射手不能将它捕杀,并非是有捕杀之心,但受限于昏暗环境而不得不放下自己手中的弓弩利器。只要有将鸿雁捕获的机会,射手越是在昏暗环境下越是会积极猎捕鸿雁。只有让射手打消捕杀鸿雁的欲望,鸿雁才能安全地飞翔于高远的云空之中。鸿雁用这种方式来打消射手捕获之欲的情况,实则由来已久。

　　王敬则反,欲劫何胤为尚书令,敬则长史王弄璋曰:"何令高蹈,必不从;不从,便应杀之;举大事,先杀名贤,必不济。"敬则乃止。夫胤何以得此于弄璋乎? 至何点而尤危矣[1],崔慧景反[2],逼点召之,点弗能脱,唯日与谈佛义,不及军事。慧景败,东昏侯欲杀点,萧畅曰:点若不诱贼共讲,未易可量。"东昏乃止。点又何以得此于畅邪? 点与胤之时冥矣,上有乱君,下有乱臣,而二子若罔知也,守其飞之恒而已。二子者,学于浮屠氏者也,而守其恒以自安于道,且若此矣,况君子之忠信为甲胄,礼义为干橹者乎! 飞绝于地,而非有择地。故二子迫处于吴、越之间,而不必浮海滨而居荒峤[3]。飞无求于人而人自仰之。故畅、弄璋不必与相知,而曲为之护。乱君乱臣,弋之不可,而弋之之志自消。二子岂以飞为避弋之术哉? 自翔于云路,而弋固莫能篡也。

【注释】

①何点(437—504):字子皙,庐江灊(今安徽霍山)人。南朝隐士。

少以父母俱遭祸死,遂绝婚宦。他博览群书,精通儒学,笃信佛学,偏好文学,宋、齐、梁三朝相继多次征召他,均辞而不就。传见《梁书·处士列传》。

②崔慧景(438—500):字君山,清河东武城(今河北故城)人。南朝齐名将。早年追随萧道成征战四方,平定李乌奴叛乱,防御北魏军队进攻,迁护军将军、侍中、度支尚书。东昏侯即位后屠杀功臣将相,他心怀不安,遂生叛乱,拥立江夏王萧宝玄,围攻建康。后为豫州刺史萧懿所败,逃遁被杀。传见《南齐书·崔慧景列传》《南史·崔慧景列传》。

③荒峤(jiào):山道,指荒山远岭。

【译文】

王敬则起兵谋反,想要劫持何胤作为他的尚书令。当时王敬则的长史王弄璋说:"何胤素来隐居避世,必定不会依从我们;如果他不依从的话,就应该杀掉他。然而做大事情先杀害名贤高士,事情一定不会成功。"于是王敬则便打消了这个念头。何胤是何以被王弄璋如此了解和保护的呢? 至于到了何点时,情况就更加危险了。崔慧景谋反,威逼何点响应自己的征召,何点难以脱身,只能每日与他谈论佛教经义,而不涉及军事。崔慧景谋反失败后,东昏侯想要诛杀何点,萧畅则说:"何点如果不诱使贼首崔慧景一起讲论玄义,那么崔慧景专心攻城,朝廷安危就未可估量了。"于是东昏侯打消了诛杀何点的念头。萧畅又为何如此了解并愿意保护何点呢? 何点与何胤二人身处昏暗的乱世,上有乱君,下有乱臣,他们却好似全然不知,犹如鸿雁一般,一直依照自己恒定的轨迹飞翔,在乱世之中把持自己、坚守正道。他们二人是学习佛教思想的,却能保持恒定自守的姿态,从而得以安定自己的心。他们处世尚且如此,更何况是以忠信为盔甲、以礼义为盾牌的君子呢! 远离地面而振翅高飞,就不需要依凭地面的形貌了。所以,何点、何胤二人能近处于吴、越之间,而不必隐居在海滨或是居住在荒山野岭。在高空中振翅高飞,把持自己、坚守正道,就无求于他人,而人们自然会仰望他们。因此他们二人不必去与萧畅、王弄璋结交以获得他们的理解,却能得到萧、王二人的暗自保护。乱君乱臣,不能将他们捕获,那么其捕获之心则会自行消失。何点、何胤二人难道是把飞翔当作躲避射杀的手段吗? 如果自己飞翔于云端,那么射手的弓箭本来也难以企及啊。

　　故飞者,非怙之以不可篡也;冥者,非可乘以飞之机也。天下无道,吾有其道;道其所道,而与天下无与①。然而道之不可废也,不息于冥,亦不待冥而始决也。持己自正,修其业而人心自顺,生死祸福,俟之天,听之世,己何知焉? 是故扬雄氏之言,可深长思也,而非固为暗晦以图全之陋术也,愈于庄生曳涂之说远矣②。

【注释】

①无与:不相干。

②庄生曳涂之说:指楚王曾派遣大夫请庄子为楚相,庄子以楚国祭祀之用的死龟为比喻,说自己哪怕做一只徜徉于泥地之中的活龟也不愿成为被人供奉敬仰的死龟,以此拒绝楚王之请。事见《庄子·秋水》。

【译文】

　　所以振翅高飞的目的,并非是以此作为凭借来避免被捕获。昏暗的环境,并非是为振翅高飞提供了可乘之机。天下无道,但我依旧坚持自己的道路;我自行其道,而与天下并无相干。如此则道不会被废弃,不会在昏暗的环境中消逝,也不必等待非要有昏暗的环境后才做出飞翔的决定。把持自己、坚守正道,磨炼自己的品行,则人心自顺,至于生死祸福之事,都等待上天的安排、听凭世事的发展,而我自己又怎么能知道呢？因此说扬雄的话发人深省，并非是故意利用昏暗形势、采取旁门左道来保全自身的鄙陋之术，这比庄周所谓在泥地里摆尾巴的说法强多了。

二 萧懿尽忠东昏

齐之逆，非曹、马、刘氏之比也；东昏之虐，非苍梧、郁林之比也；故萧衍虽篡，而罪轻于道成。乃自宋以来，天下之灭裂甚矣，一帝殂，一嗣子立，则必有权臣不旋踵而思废之。伺其失德，则暴扬之，以为夺之之名。当宸之席未暖[①]，今将之械已成。谢晦一启戎心，而接迹以兴者不绝，至于东昏立，而无人不思攘臂以仍矣。江祏也[②]，刘暄也[③]，萧遥光也，徐孝嗣也，沈文季也，陈显达也[④]，崔慧景也，张欣泰也[⑤]，死而不惩，后起而益烈，汲汲焉唯手刃其君以为得志尔。身为大臣，不定策于顾命之日，不进谏于失德之始，翘首以待其颠覆，起而杀之。呜呼！君臣道亡，恬不知恤，相习以成风尚，至此极矣！

【注释】

①当宸：指天子临朝听政。暖(nuǎn)：同"暖"。

②江祏(？—499)：字弘业，济阳考城(今河南兰考)人。南朝齐外戚大臣。刘宋末年为吴兴郡丞，后萧鸾辅政，他被引为心腹，参与废黜郁林王萧昭业之事。后因拥戴齐明帝即位，拜右卫将军、中书令，封安陆县侯，权势盛于一时。齐明帝去世后，接受遗诏辅政，领太子詹事，为朝中"六贵"之一。后因谋立始安王萧遥光为帝，事泄伏诛。传见《南齐书·江祏列传》《南史·江祏列传》。

③刘暄(？—499)：字士穆，彭城(今江苏徐州)人。南朝齐外戚大

臣。齐明帝时,被拜为卫尉,与徐孝嗣、萧坦之共同辅政。因东昏侯失德,他意欲立建安王萧宝寅为帝,与始安王萧遥光发生矛盾。萧遥光之乱被平定后,他也被东昏侯杀死。传见《南齐书·刘暄传列》《南史·刘暄列传》。

④陈显达(427—500):南彭城(今江苏徐州)人,南朝齐名将。早年随萧道成讨伐桂阳王刘休范,萧道成即位后,被任命为侍中、护军将军,后官至太尉。东昏侯萧宝卷即位后擅杀大臣,其担心遇害,遂起兵反叛,拥立建安王萧宝寅为帝,带兵进攻建康,兵败被杀。传见《南齐书·陈显达传列》《南史·陈显达列传》。

⑤张欣泰:字义享,竟陵(今湖北钟祥)人。在刘宋末为诸王府佐,萧齐建立后,累迁尚书都官郎。东昏侯即位后,他在首都负责守备。中兴元年(501)因图谋叛乱,为东昏侯萧宝卷所杀。传见《南齐书·张欣泰列传》《南史·张欣泰列传》。

【译文】

　　萧齐的悖逆,并非曹魏、晋司马氏、刘宋所能比拟;东昏侯暴虐的程度,也并非刘宋的苍梧王、萧齐的郁林王所能比拟。所以萧衍虽然篡权夺位,但他的罪过实则轻于萧道成。自刘宋以来,天下纲纪崩裂败坏的情况极为严重。一个皇帝死去,一个嗣子即位,后面一定会有权臣立即开始考虑废君之事。一旦他们发现皇帝有失德之举,就会对此大力宣扬,并以此来作为废君夺位的借口。皇帝临朝听政的座席还未坐暖,权臣篡位弑君的兵刃就已然准备齐全。自谢晦开了废黜嗣君的先例,此类事件就接连不断地发生而从未止息。等到东昏侯即位之时,则无人不怀有篡权夺位之心,都摩拳擦掌,跃跃欲试,此起彼伏。诸如江祏、刘暄、萧遥光、徐孝嗣、沈文季、陈显达、崔慧景、张欣泰之流,他们虽然都谋反失败而死,却没能警醒世人,后来的人仍旧迫不及待一心要篡权夺位,以致发展到只有亲手杀死君主才觉得自己的志向得以实现。而那些身为重臣之人,受先皇顾命之托,却无法及时决策保全国君,在国君初有过失之时不进劝谏之言,而是翘首等待朝廷颠覆之日,然后乘机弑君。唉!君臣之间的纲常道德已然消亡殆尽,身为重臣却安然自若,丝毫不体恤君王、国家的困苦,相互沿袭、效仿而造成一时之风,这种情况到此时可谓恶劣到了极点!

　　拓拔氏闻风而起,元禧无故而乘其主之出猎①,遂欲举兵以内乱。自有天地以来,人道之逆,未有甚于此时者也。能挽其狂波而扶名义于已坠者,顾不伟与!于是而萧懿独秉耿耿之忠②,白刃临头而不易其节,弟衍说之而不听,张弘策说之而不听③,徐曜甫说之而不听④;祸将及矣,曜甫知之,劝其奔襄阳,而奋然曰:"自古皆有死,岂有叛走尚书令邪?"可不谓皎皎炎炎,天日在心,而山岳孤立者乎!沈庆之不忍废子业而死,犹有低回之心焉,懿则引领受刃,以全大臣之节,尤为烈矣。一人风之,而天下之心亦动。故自是以后,自非决志篡夺,不敢视嗣君如圈豚、旋拥立而旋执杀之,懿之为功于名教大矣哉!炀之者谢晦,扑之者懿也。晦罪滔天,而懿之功又岂可泯乎?

【注释】

①元禧(?—501):字思永,别字永寿,洛阳(今河南洛阳)人。北魏宗室大臣,献文帝拓跋弘之子。初封咸阳王,在孝文帝拓跋宏驾崩后,接受遗诏辅政,被拜为司州牧、太尉、录尚书事,为宰辅之首。因其骄奢贪淫,不亲政务,宣武帝亲政后,削其实权,他欲废帝自立,因谋泄而被诛。传见《魏书·献文六王列传》《北史·献文六王列传》。

②萧懿(?—500):字元达,南兰陵(今江苏武进)人。南齐末年名

臣,梁武帝萧衍的胞兄。初为齐安南邵陵王行参军,后为梁、南
秦二州刺史,率军拒魏军于南郑,攻取历城等六戍。后豫州刺史
裴叔业反齐,他与护军将军崔慧景共相讨伐。崔慧景谋反之时,
他自豫州入援,以功授尚书令、都督征讨水陆诸军事。东昏侯认
为其功高盖主,对他颇为忌惮,周遭劝其起事逃亡,他都不听,终
遭杀害。传见《南史·长沙宣武王懿列传》。

③张弘策(? —502):字真简,范阳方城(今河北固安)人。南朝梁
大臣,萧懿的舅父。萧衍为雍州刺史时,他随从萧衍西行,任州
录事参军。萧衍起兵反齐之时,他与中兵参军吕僧珍一同被召
入宅定议,为萧衍篡权出谋划策,因功加散骑常侍。后在东昏侯
余党作乱之时被害。传见《梁书·张弘策列传》《南史·张弘策
列传》。

④徐曜甫:南朝齐将领。由北魏降齐。时任萧懿长史。

【译文】

北魏的拓跋氏也受南朝篡权夺位之风的影响,如北魏的元禧毫无
理由地准备乘君主外出打猎之机起兵谋反,引发内乱。自天地创始以
来,人道的颠倒破坏还从未发展到如此严重的地步。此时,若谁能力挽
狂澜,扶持已然坠落的名义,难道不是居功甚伟吗?在这时,唯独萧懿
秉持着耿耿尽忠之心,即使刀刃架在脖颈之上,也不改变其忠贞之节。
其弟萧衍劝说他率兵起事不听,舅父张弘策劝阻他去朝廷他也不听,徐
曜甫劝他起事他还不听。等到大祸临头之时,徐曜甫得到消息,劝他出
逃襄阳,他却愤激地说:“自古以来人人都有一死,难道你听说过叛逃的
尚书令吗?”萧懿难道不可以说是皎洁磊落、心怀光明、犹如山岳一般独
自巍然耸立的人物吗?沈庆之因不忍心废掉萧子业而身受其害,他也
尚且有过犹豫之心。然而萧懿则是自己主动舍身取义,从而保全身为
臣子的忠贞之节,这真是尤为壮烈啊!萧懿的举动犹如一股清风吹拂
天下,而天下人的心都被其打动。所以自此以后,只要不是决计要图谋

篡位的人，都不敢把新继位的君主视为圈中猪仔一般，刚拥立他就随即将其抓来杀掉。萧鸾对恢复名教道德所做出的贡献实在是很大啊！燃起篡权夺位火焰的是谢晦，而最终将其扑灭的是萧鸾。谢晦罪恶滔天，而萧鸾的功劳难道是可以泯灭的吗？

三　萧衍于诸篡主差近正

孟昶与刘裕同起①，卢循寇逼而昶惧以死；萧颖胄与萧衍同起②，萧瓛兵逼江陵而颖胄惧以死③；庸人轻动而丧其神守，裕与衍固不以其存亡为轻重也。乃昶、颖胄之无定情固矣，假令不死，而裕、衍之势成，昶、颖胄其能终匡晋、齐乎？抑知己之非裕、衍之敌而不争乎？昶且为刘毅，颖胄且为沈攸之也无疑；则其死也，又裕、衍之幸也。昶死而刘毅无援，颖胄死而衍安坐以有国；天下稍宁，免于兵争者五十余年，则颖胄之死，非徒衍之幸，抑天下之幸也。

【注释】

①孟昶：字彦达，平昌安丘（今山东安丘西南）人。东晋末官吏。初为青州刺史桓弘主簿。桓玄之乱时，他配合在京口起兵的刘裕，趁机杀死桓弘，联合刘裕、何无忌等人收复建康，迎立晋安。义熙四年（408）被拜为尚书左仆射。义熙六年（410）刘裕北伐后，卢循起义军兵临建康。孟昶建议晋安帝过江北避乱，没有得到采纳，他服毒自杀。其事散见于《晋书·安帝纪》等。

②萧颖胄（461—501）：字云长，南兰陵（今江苏武进）人。南朝齐宗室大臣。好文义，历秘书郎、中书郎、卫尉。东昏侯时，为南郡太守，行荆州府州事。因东昏侯暴戾昏庸，他与雍州刺史萧衍共同起兵，拥立齐和帝萧宝融于江陵即位，自为侍中、尚书令。后发

兵进攻建康,平郢、江二州时,于江陵发病而卒。传见《南齐书·萧颖胄传列》《南史·萧颖胄列传》。

③萧瑍兵逼江陵而颖胄惧以死:指萧衍包围建业时,巴东太守萧慧训之子萧瑍和巴西太守鲁休烈起兵逼近荆州,接连打败荆州军队,使得萧颖胄忧虑气愤得急病而死。事见《梁书·萧颖达列传》。

【译文】

东晋末年,孟昶与刘裕同时起兵,后来卢循率兵逼近,孟昶恐惧而死。南齐末年,萧颖胄与萧衍同时起兵,后因萧瑍率兵逼近江陵,萧颖胄恐惧而死。孟昶、萧颖胄这些庸碌之辈轻举妄动而魂不守舍,以致最终丧失性命,刘裕、萧衍本来也没有将他们的生死存亡放在眼里。孟昶、萧颖胄二人本就没有恒久坚定的信念,假使他们不死,而刘裕、萧衍的势力坐大,孟昶、萧颖胄二人最终能够力挽狂澜,阻止东晋、南齐的灭亡吗?又或者知道自己的力量不足以与刘裕、萧衍二人相抗衡,就不去与之斗争了吗?毫无疑问,孟昶将会与刘毅无异,而萧颖胄将会犹如沈攸之一般。然而他们的死,又是刘裕、萧衍的幸运。孟昶死后,刘毅孤立无援;萧颖胄死后,萧衍得以轻易地篡位,建立南梁。此后天下稍微得以安宁,没有战乱的形势持续了五十余年。因此萧颖胄之死,不仅是萧衍的幸事,也是天下人的幸事。

颖胄之立南康王也①,非衍志也,颖胄挟以制衍也。故于诸篡主,唯衍差为近正者有二:颖胄悾怯,欲请救于魏②,其时元英方欲乘乱以袭襄阳②,幸其主不从耳,而请援以挑之,是授国于索虏也。衍毅然曰:"丈夫举事,欲清天步③,岂容北面请救戎狄?"则其视刘文静之引突厥以贻后患者为正矣④。颖胄之立南康也,果不忘萧鸾之血祀乎?抑道成立顺帝、萧鸾立海陵之故智耳。已正君臣之分,而又夺而弑之,则君臣之道,遂沦丧而无余。衍之东下也,东昏已死于张稷之手⑤,衍乃整勒部曲以入建康,自以宣德太后令承制受百僚之敬⑥,而非受命于南康。南康王至姑熟⑦,而衍已自立,未尝一日立于南康之廷。非己立之,未尝臣之,则视唐之奉代王而逼之禅也⑧,又有间矣。故曰视诸篡者为近正也。藉令颖胄不死,必阳奉南康以与衍争,而规灭衍以自篡;不胜,则北引索虏以残中国仅存之统,王琳之祸⑨,颖胄先之矣。故颖胄之死,非徒衍之幸,抑天下之幸也。

【注释】

①南康王:即齐和帝萧宝融(488—502)。字智昭,齐明帝萧鸾第八子,南朝齐末帝。初封随郡王,后改封南康王。中兴元年(501),萧衍立其为帝,并发兵攻打萧宝卷。事成后他封萧衍为梁王。不久萧衍以萧宝融的名义杀害湘东王萧宝晊兄弟,又杀掉齐明帝其他儿子,迫使其禅位。后沈约进言梁武帝及时将其除掉,萧宝融因此被杀。传见《南齐书·和帝本纪》。

②元英(?—510):字虎儿,代郡平城(今山西大同)人。北魏宗室大臣,太武帝拓跋焘曾孙。袭封南安王,随孝文帝南下攻齐,大败梁州刺史萧鸾,以功迁安南大将军,镇荆州。宣武帝即位后,他以使持节、假镇南将军身份南征,攻下义阳,克三关,乘胜进围钟离,终为梁军所败,被恕死为民,旋即复爵。南朝齐东昏侯即位后,他认为东昏侯昏庸无度,屡次上书请求乘南齐骨肉相残、混乱之际加紧南伐。传见《魏书·景穆十二王列传》。

③天步:天之行步。指时运、国运等。

④刘文静(568—619):字肇仁,京兆武功(今陕西武功)人。唐朝开国功臣。原为晋阳令,后联络裴寂与李世民,协助李渊起兵反

隋,并奉命出使突厥请求援兵。后随军南下,立下战功。唐朝建
立后,刘文静出任宰相,并随李世民平定西秦薛仁杲,历任户部
尚书、陕东道行台左仆射、鲁国公。武德二年(619),刘文静与裴
寂产生隔阂,在酒后狂言,被小妾告发谋反。唐高祖听信裴寂谗
言,将刘文静处斩。传见新、旧《唐书·刘文静列传》。

⑤张稷:字公乔,吴郡(今江苏苏州)人。南朝大臣。初为南齐剡县
令,不勤公事,好为山水游会。后被征为侍中,宿卫宫城。萧衍
率军至建康时,他与王珍国谋划弑杀东昏侯并迎萧衍军。萧衍
即位后,他被任为侍中,后官至尚书左仆射。他自谓功大赏薄,
怨望形于辞色,为武帝所面斥。出为青、冀二州刺史,因其松弛
禁防,使得傔吏颇侵夺州民。州民徐道角等夜袭州城,将其杀
害。传见《梁书·张稷传列》《南史·张稷列传》。

⑥宣德太后:即南齐文安皇后王宝明(455—512)。琅邪临沂(今山
东临沂)人,郁林王萧昭业生母。萧昭业即位后,尊其为皇太后。
后萧鸾废除萧昭业与萧昭文二帝,将王宝明迁往宣德宫。至萧
衍废黜东昏侯萧宝卷,改立萧宝融为帝,奉迎其回宫称制,而萧
衍执掌权柄。后萧衍逼迫萧宝融禅位,她逊居宫外。传见《南齐
书·皇后列传》。

⑦姑熟:今安徽当涂。

⑧唐之奉代王而逼之禅:指隋末李渊攻入长安后,奉立代王杨侑即
位,是为隋恭帝。后李渊逼迫其退位,自行称帝,改国号为唐。
事见《隋书·恭帝纪》。

⑨王琳之祸:指陈霸先篡权即位后,梁元帝昔日麾下的将领王琳与
之交战,兵败后投降北齐。事见《陈书·高祖本纪》。

【译文】

萧颖胄拥立南康王萧宝融为皇帝,并不符合萧衍的想法,这是萧颖
胄用以挟制萧衍的手段。所以相较于其他篡夺权位的人,只有萧衍的

处事比较接近正道，表现在以下两方面：首先，萧颖胄怯懦恐惧，想求救
于北魏，而北魏元英正想乘着南朝动乱的时机进攻襄阳，萧颖胄没造成
祸患只是因为幸好北魏的君主没有答应罢了。萧颖胄想以求援为名去
引导北魏军队南下，实际上就是将国家的命运拱手让给北魏夷狄之人。
而萧衍得知后，毅然说道："大丈夫举兵起事，是为了挽救国运，怎么能
够向北方的夷狄之人请求支援呢？"这与刘文静勾结突厥造成祸患的行
为相比，可谓行事正派了。其次，萧颖胄拥立南康王，是因为真的没有
忘记萧鸾的血脉子孙吗？此举实与萧道成册立宋顺帝、萧鸾拥立海陵
王的手法一样。既然已经有了君臣之间的名分，却又夺位弑君，如此则
君臣之间的伦理纲常荡然全无。萧衍东下之时，东昏侯已死于张稷之
手，于是萧衍整顿兵马进入建康，自己以受到宣德太后指令的名义入朝
掌政，接受百官的朝敬，他实际并非受命于南康王。南康王到达姑熟之
时，萧衍已自立为帝，他从未做过一天南康王的臣子而位列其朝廷。南
康王并非是萧衍自己拥立的皇帝，萧衍又不曾向他称臣，这与李渊迎奉
代王杨侑而又逼迫他禅位的行为相比，又有所不同。所以说，萧衍与其
他的篡权夺位之人相比，处事都更接近于正道。如果萧颖胄不死，必定
要大张旗鼓地拥立南康王，并凭借南康王来与萧衍争斗，从而达到消灭
萧衍而自己篡权夺位的目的。如若事败不成，就会求救于北魏夷狄之
人，从而消灭中原王朝仅存的正统势力。如果真的如此，则王琳投降夷
狄之祸，萧颖胄实际上已为其开了先例。因此，萧颖胄之死，不只是萧
衍的幸事，也是天下人的幸事。

　　乃若衍之恶不可掩者，则弑和帝是已。衍固欲置之南
海，而沈约以危词动之，然衍以是恶约，夺其权而加以恶
谥[①]，则衍且有自艾之心矣。若颖胄之茸顽[②]，而欲师道成、
鸾之故辙，死而其慝隐耳，衍之所不屑也。

【注释】

①加以恶谥：指天监十二年(513)沈约去世后，有关部门将沈约的
　谥号定为"文"，梁武帝认为应该用"隐"字，于是改谥号为"隐"。
　事见《梁书·沈约列传》。

②茸顽：指软弱愚钝。

【译文】

　　至于萧衍真正难以掩盖的丑恶行径，则是弑杀齐和帝。当时萧衍
本来打算要把和帝流放到南海边远之地，沈约却用耸人听闻的言论说
动了萧衍，最终使其弑杀了和帝。但是萧衍也由此开始厌恶沈约，并最
终削夺了他的权力，还加给他一个丑恶的谥号"隐"，这说明萧衍自己也
有悔过自责之心。像萧颖胄这样的软弱愚钝之人，却想着去效法萧道
成、萧鸾曾经的做法，因为最终身死所以心中所藏的奸邪用心得以隐匿
不彰，然而他这种人是萧衍所不屑一顾的。

卷十七

梁武帝

【题解】

梁武帝萧衍(464—549)字叔达,小字练儿,南兰陵(今江苏常州武进区)人,是齐高帝萧道成的族侄,齐丹阳尹萧顺之之子。初为巴陵王南中郎法曹行参军。齐明帝时,累官至雍州刺史,两次参与抵御北魏的军事行动,颇受齐明帝宠待。萧宝卷即位后,因其昏庸暴虐,萧衍起兵进攻建康,最终弑杀萧宝卷,并于中兴二年(502)接受南康王"禅位",正式即位称帝,改国号为梁,年号为天监。萧衍在位前期,勤于政务,致力于革除积弊,加强对各州郡的控制,并对门阀世族有所优待。他还厉行节俭,注重教育和官吏选拔。在位后期,他逐渐怠于政事,尤其沉溺于佛教,广建寺庙,耗资巨大。太清二年(548),东魏降将侯景勾结临贺王萧正德起兵谋反,萧衍被囚禁于建康台城,忧愤饥渴而死。

王夫之对于武帝朝的政治措施多有批评。依照梁制,尚书令史从德才兼备的士人中进行选拔。他认为此项举措虽为善政,却难以为继,并未掌握为政之本。治理国家倚靠的应该是健全的管理体系和简明的律法,人才虽然可以善治,但律法规制却是治乱的根本。萧梁划分诸州为五等,以州的大小作为分别牧守的依据,并将边陲之地划为下等。王夫之批评此种划分方法实为"乱政",认为地方州郡的划分不应仅依照大小,边地的重要程度实际远远高于腹里,绝不应加以轻视。而且梁在地方官员的任免上,也存在着重视内地、轻视边地的现象,这更使得边地的管理混乱且容易产生危机。此外,萧衍为政宽弛,在位期间任用朱异,三十余年政事几出他手。王夫之批评朱异"贪权嗜利",认为梁政虽然看似松弛,实则内行苛法,教化上偏重佛、老,制度上效法韩非、申不害,这为梁朝的灭亡埋下了祸根。

　　萧衍在位期间笃信佛教,广建佛寺,曾三次舍身同泰寺,并亲自主持法会。王夫之在本篇中花费了较大篇幅对于萧衍佞佛之事进行评论。一方面,王夫之认为佛家有"心亡罪灭"之说,萧衍笃信佛教是为自己篡位弑君之事寻找心灵寄托。然而佛家的此种说法只会让人失去善恶良知,蔑视人情,破坏伦理秩序。另一方面,他指出魏晋之际的玄学兴盛,使得释、老之间杂糅借鉴,萧衍时佛教大兴的根本原因正在于"空玄之说"的兴盛;观察武帝朝大兴佛教的恶劣影响,不应只关注佛教本身,应该重视释、老杂糅的玄学空谈在其背后的影响与作用。在他看来,古今有三大害,即老庄之说、佛家学说和法家学说,这三者相沿相生,从而影响了王道教化和国家政治。这些认识既体现了王夫之一贯的辟佛思想,也可见他对于魏晋南北朝玄学问题的深切思索,值得读者注意。

　　礼制教化问题也是王夫之在本篇中多次论及的。他肯定萧衍编修"五礼"、崇学兴教的举措,认为这是"东汉以下未有之盛"。王夫之认为,自宋、齐以来,权臣相篡、道义沦丧的情况泛滥,自萧衍即位后才有所规正遏制;萧衍修礼之举,对于礼制教化的延续,大有贡献。但是,王夫之也指出武帝朝的另一个问题,即浮华虚靡的宫体文风对于教化的负面影响。南朝士人都喜好此种文风,追求空洞无意的华美文辞与行文格式,行文毫无衷情精义,王夫之认为,这导致文风堕落、世风不振,对于教化传布极为不利。

一　齐亡有志节之士

　　齐、梁之际,天下始有志节之士。马仙琕之不降也[①],何

胤、何点之召而不赴也,颜见远之死也[②],梁武能容之,而诸
君子者,森森自立于人伦。晋、宋以来顽懦之风,渐衰止矣,
非待梁武之奖劝之也。夫齐之得国也,不义之尤者,东昏之
淫虐亦殊绝,而非他亡国之主所齿,齐亦何能得此于天下
士哉?

【注释】

①马仙琕(pín,? —516):字灵馥,扶风郿(今陕西眉县)人。南朝
　梁将领。初仕齐,官至宁朔将军、豫州刺史,曾参与平定萧遥光、
　崔慧景叛乱,抵御北魏军南侵。萧颖胄、萧衍等起兵后,他奉东
　昏侯诏,坚守豫州不降,以义烈闻名。建康失陷后,方才束身投
　降梁武帝,深得梁武帝信用。后梁军北攻魏,他身先士卒,率军
　大败北魏徐州刺史卢昶十余万众,以功晋爵为侯,都督豫、北豫、
　霍三州诸军事。传见《梁书·马仙琕列传》《南史·马仙琕
　列传》。

②颜见远:琅邪临沂(今山东临沂)人。齐和帝萧宝融镇守荆州时,
　以颜见远为录事参军。中兴元年(501),萧宝融即位于江陵,颜见
　远被任命为治书侍御史兼中丞。梁武帝萧衍执政后,他以疾辞
　官。萧宝融暴崩后,梁武帝受禅,颜见远恸哭而绝。梁武帝深感
　遗憾,对朝臣说:"我即位是应天意、顺人心,何干天下士大夫的
　事,而颜见远乃至于此!"当时人皆嘉其忠烈,为之称赞叹息。其
　事见《梁书·颜协列传》《南史·颜协列传》。

【译文】

　　到了南朝齐、梁之际,天下间才有了一些志向高远、坚守忠节的人
士。马仙琕忠于萧齐而不投降萧颖胄、萧衍等人,何胤、何点屡次被征
辟却都拒绝前往朝廷拥戴新君主,颜见远为萧齐坚守臣节而死,梁武帝

萧衍都能包容并成全他们,而这几位君子也得以拥有凛然的风骨,屹立于人伦世道。这表明东晋、刘宋以来的贪婪懦弱风气已逐渐地衰弱乃至终止,并非要等到梁武帝奖掖劝勉、激励忠节之风后才出现此种局面。萧道成建立南朝齐,本就是以最为不义的方式篡夺了天下,东昏侯萧宝卷的荒淫和残暴又空前绝后,并非其他亡国之君所能比拟,这样的萧齐王朝,又何以能够得到天下间的贤才名士,让他们如此的效忠呢?

风教之兴废,天下有道,则上司之;天下无道,则下存之;下亟去之而不存,而后风教永亡于天下。大臣者,风教之去留所托也。晋、宋以降,为大臣者,怙其世族之荣,以瓦全为善术,而视天位之去来,如浮云之过目。故晋之王谧,宋之褚渊,齐之王晏、徐孝嗣,皆世臣而托国者也,乃取人之天下以与人,恬不知耻,而希佐命之功。风教所移,递相师效,以为固然,而矜其通识。故以陶潜之高尚,而王弘不知自愧①,强与纳交,已不愧而天下孰与愧之? 则非凛秋霜、悬白日以为心,亦且徜徉而有余地。至于东昏之世,尸大位、秉大政、传此鬻君贩国之衣钵者,如江祏、刘暄、沈文季、徐孝嗣之流,皆已死矣。东昏所任茹法珍、梅虫儿诸宵小②,又皆为人贱恶而不足以惑人。其与梁武谋篡者,则沈约、范云③,于齐无肺附之寄④,而发迹于梁以乍起者也。于是而授受之际,所号为荐绅之领袖者,皆不与焉。则世局一迁,而夫人不昧之天良,乃以无所传染而孤露。梁氏享国五十年,天下且小康焉。旧习被除已尽,而贤不肖皆得自如其志意,不相谋也,不相溷也⑤。就无道之世而言之,亦霾雨之旬⑥,乍为开霁⑦,虽不保于崇朝之后⑧,而草木亦蓁蓁以向荣矣⑨。

【注释】

①王弘(379—432)：字休元，琅邪临沂(今山东临沂)人。王导曾孙。初为晋会稽王司马道子骠骑参军主簿，后转为刘裕镇军府咨议参军。刘裕即位后，迁尚书仆射，掌选举。曾弹劾世子左卫率谢灵运滥杀，使之免官。后迁江州刺史，任上与陶渊明相结交，每次去拜访他，必定要酣饮致醉，临走时留二万钱给陶渊明，陶渊明全都拿去买酒喝。文帝即位后，官至录尚书事。传见《宋书·王弘列传》《南史·王弘列传》。

②茹法珍(？—502)：会稽(今浙江绍兴)人。东昏侯时，为制局监，又兼外监，捉刀称敕，时称"刀敕"。他擅权妄为，与梅虫儿等七御刀号称"八要"。萧衍平建康时，将其诛杀。传见《南史·茹法珍列传》。梅虫儿(？—502)：吴兴(今浙江湖州)人。南朝齐弄臣。东昏侯时，与茹法珍并为制局监。及直阁骁骑将军徐世标被杀后，又为外监，口称诏敕，专擅朝政，东昏侯呼其为阿兄。后为萧衍所杀。传见《南史·梅虫儿列传》。宵小：小人，坏人。

③范云：字彦龙，南乡舞阴(今河南泌阳)人。竟陵王萧子良"西邸八友"之一。初为宋郢州西曹书佐，入齐为会稽太守竟陵王萧子良引为主簿。后迁零陵内史，任内减杂调一半，百姓大悦。齐末为国子博士，与沈约同助萧衍称帝。萧衍即位后，以他为吏部尚书。传见《梁书·范云列传》《南史·范云列传》。

④肺附：肝肺相附着，比喻帝王的亲属或亲戚。

⑤溷(hùn)：扰乱。

⑥霪雨：指下雨长久不停。旬，时间，光阴。

⑦开霁：放晴。

⑧崇朝：从天亮到早饭时，比喻时间短暂。

⑨蓁蓁(zhēn)：草木茂盛的样子。

【译文】

风俗教化的兴衰，在天下有道之时，由上层统治者掌控；如果天下无道，则留存于臣下之中；一旦臣下对此都快速去除而不加以保留，那么天下的风俗教化也就终将消亡殆尽了。朝廷之中的大臣，是风俗教化兴亡存留的重要依托。东晋、刘宋以来，朝中大臣大多凭借着自己世家大族的身份与荣耀，来保全自身的功名利禄，并以此为妥善之策，从而可以眼看着皇位易主而视若浮云、全然不顾。所以东晋的王谧，刘宋的褚渊，萧齐的王晏、徐孝嗣，都是世受皇恩、受顾命辅佐嗣君的大臣，却将旧主托付的皇位拱手送于他人，不仅恬不知耻，而且谋求新朝的佐命推戴之功。风俗教化因此变得衰落，人们相互师法仿效，以致世风日下，人们都以为理所当然，并还自夸于善识时务。所以面对像陶渊明那般风节高尚的仁人君子，王弘却不知羞愧，强行与他结交往来，如果自己都不知惭愧，那么天下人谁替他惭愧呢？所以身处此种世道，即使不是面对凛冽的秋霜而志节不改、心鉴白日的正人君子，也还可以自由行走其间而有所余地。至于到了东昏侯统治之时，那些身居高位、手握权柄、传承卖主求荣恶行衣钵的人，像江祏、刘暄、沈文季、徐孝嗣之流，都已经死去了。而东昏侯所任用的诸如茹法珍、梅虫儿等小人，又因为他们为人过于阴险奸恶，从而被世人憎恶唾弃，并不足以蛊惑人心。至于参与梁武帝萧衍谋篡之事的人，主要是沈约和范云，他们是在萧齐朝廷中并未被重用且无亲缘关系的臣子，而且是于萧衍麾下发迹的新贵。因此在齐梁禅代、君权授受之际，那些号称是世家重臣、缙绅领袖的人物，都未参与其中。此实为世风的一大转变，而人们尚未泯灭天良，于是那种卖主求荣的恶行渐为世人唾弃，从而无从传播、沿袭，乃至逐渐趋于孤立、断绝。萧梁王朝统治五十年，天下接近小康。旧有的陋习已消除殆尽，而贤明君子与奸邪小人各行其道，不相为谋，不相扰乱。就无道之世来说，犹如阴雨连绵却突然雨过天晴，虽然极其短暂，但也可以使得大地上的草木万物枝繁叶茂、欣欣向荣了。

　　"人之云亡,邦国殄瘁"①,故党锢兴而汉社移②,白马沉而唐宗斩③;世臣之重系安危也,继治之世然也④。宿草不除,新荑不发⑤,故宋、齐篡君贩国之老奸绝,而齐有自靖之臣;世臣不足倚而亟用其新也,继乱之世然也。若夫豪杰之士,岂有位大权尊、名高族盛者在其目中哉?"八表同昏,平路伊阻"⑥,陶令之风,不能以感当时,而可以兴后世,则又不可以世论者也。

【注释】

①人之云亡,邦国殄瘁:语出《诗经·大雅·瞻卬》:"不吊不祥,威仪不类。人之云亡,邦国殄瘁。"意谓人们遭灾时不怜悯,纲纪败坏时装糊涂。良臣贤士尽数逃亡,国家艰危困顿趋于崩溃。

②党锢兴而汉社移:参见卷八"桓帝一一"条注。

③白马沉而唐宗斩:天祐二年(905)六月,朱温在亲信李振和宰相柳璨的鼓动下,将裴枢、独孤损、崔远等朝廷清流三十多人集中到黄河边的白马驿全部杀死,投尸于河,制造了惊人的"白马之变"。天祐四年(907),唐哀帝在位三年后被废,唐朝正式宣告灭亡。事见《旧唐书·哀帝本纪》。

④继治之世:指继承治世的时代,与"继乱之世"即继承乱世的时代相对。

⑤荑(tí):指草木的嫩芽。

⑥八表同昏,平路伊阻:参见卷十四"恭帝二"条注。

【译文】

《诗经·大雅·瞻卬》中说"人之云亡,邦国殄瘁",所以党锢之祸兴起而东汉社稷危亡，朱温将唐朝的清流大臣沉于白马驿，因此唐朝的宗庙社稷灭绝；世家重臣关系着国家的安危存亡，继承治世的时代的确是如此。旧的杂草不除尽，新生的嫩芽就无法萌发，所以东晋、刘宋之时那些卖主卖国的老奸巨猾之臣断绝后，到萧齐末年才有了忠贞守节的大臣；觉得世家重臣不足以依靠而急用新臣，刘宋、萧齐即是如此。至于那些豪杰之士，难道会将位高权重、名望高且家族强盛的人看在眼中吗？犹如陶渊明感叹"八表同昏，平路伊阻"，陶渊明的高风亮节虽然不能振奋、感化乱世之人，却足以激励后世，这又是不能仅以当时的世道而论的。

二　谢朓迫于子弟不终其节

谢朓与何点、何胤同征不赴，而朓忽自至，角巾白舆，拜谒以受司徒之命。人知丑之，亦知朓之不终其节者，何以冒天下后世之讥而不恤邪？朓于时老矣，且受三事之命，终不省录职事①。当无所希冀之暮年，而未尝贪权利以自裕，朓何昧于名实哉？盖有迫之者也。孰迫之？子弟之迫之也。盖谢氏于此，历三姓而皆为望族②。朓死而势衰，朓终隐而其族之气焰熄矣。当郁林且弑之日，朓戒弟瀹以勿与，齐明篡而不与推戴之功，子弟方且怪焉。迫东昏虐杀而幸保其宗，朓可以先见服其子弟。及梁篡而朓犹远引，子弟又不能弗怪也。已而梁位定，梁政行，粲然可观，则子弟观望之心释，而竞进之志不可遏。朓不出而见绝于当世，则闺门之内，相迫以不容，朓于此亦无可如何，而忍耻包羞，不惮以老牛为牺，而全其舐犊之恩也，是可悲也！

【注释】

①省录：省察。

②历三姓：指历经东晋、刘宋、萧齐三个朝代。

【译文】

萧齐的旧臣谢朏曾与何点、何胤一同受到梁武帝萧衍的征辟，他们都拒绝入朝事奉新君，可是后来谢朏却忽然自行入朝，头戴角巾，乘着白色舆车，拜见梁武帝并接受司徒之职。人们都知道为他感到羞耻，知道谢朏是最终不能坚守气节的人，但他为何要冒着遭受天下和后世之人的讥讽，非去做这件事不可呢？谢朏当时年事已高，却还接受司徒的任命，终究也未省察、执掌什么职事，并无实权。他本来已经身处无所希求的暮年，而且未曾贪图权力与名利以求自肥，又何至于在虚名与利益之间显得如此蒙昧呢？大概是有人逼迫他这么做吧。可又是谁逼迫他这么做呢？是谢氏的宗族子弟。此时的陈郡谢氏已然经历了东晋、刘宋、萧齐三姓的天下，始终都是名门望族。自谢朓去世后，谢氏的家族势力趋于衰落，谢朏如果再始终隐居不仕，宗族昔日的威势气焰就几乎泯灭殆尽了。郁林王被人弑杀之时，谢朏曾告诫其弟谢瀹不要参与此事，结果齐明帝篡位之后，因为谢氏没有拥戴之功，谢氏宗族子弟都怪罪于他。到了东昏侯即位之后，残暴嗜杀，谢氏又幸免于屠戮之祸，得以保全宗族血脉，谢朏也因有先见之明而为其宗族子弟所叹服。等到梁武帝代齐自立，谢朏不受征召并准备隐居不仕，谢氏宗族子弟自然又不会不怪罪于他。不久，萧衍的皇位稳固，政令开始推行于天下，且政事治理颇为可观，于是谢氏子弟放弃了观望隐居之心，想要入仕为官的愿望难以遏制。如果谢朏在此种情况下仍然隐居不仕，自绝于当世，则他必然会在家族内部被谢氏子弟所逼迫而难以容身，对此，他也是无可奈何，只好忍着羞耻之心，宁可把自己当作一头老牛牺牲掉，也要成全自己对于谢氏子弟的一片舐犊之情，真是可悲啊！

　　至尊者君,而或能抗之矣;至亲者父,而或且违之矣;琐琐禽犊,败人之名节,垂老而丧其本心,亦可畏也夫! 悠悠天下,孰有如王思远之于兄晏,劝其自裁而免于逆死者乎^①? "母也天只,不谅人只"^②,父母之不谅,可形之歌叹,而子弟之相煎,其威更逾于天。白首扶筇^③,唯其所遣,一至此哉!陶令之子,不爱纸笔^④,幸也,而何叹焉?

【注释】

①孰有如王思远之于兄晏,劝其自裁而免于逆死者:王思远,琅邪临沂(今山东临沂)人。初为宋建平王刘景素南徐州主簿,深受礼遇。刘景素被诛后,他为其上表理冤,又分衣食资赠其女。入齐为文惠太子、竟陵王萧子良所重,被举荐于朝廷,授吴郡丞。后迁御史中丞、度支尚书,奏劾贪官不避权贵,立身清正,不恋权势。萧鸾欲行废立之事,他劝时任左仆射、参与机密的兄长王晏不要参与其事,甚至劝其自裁明志。传、事见《南齐书·王思远列传》。

②母也天只,不谅人只:语出《诗经·鄘风·柏舟》:"母也天只,不谅人只。"意谓苍天与生母呵,为何不能体谅我的心肠。

③筇(qióng):竹名。是为实心高节竹,多用来做拐杖。

④陶令之子,不爱纸笔:典出陶渊明《责子》诗:"虽有五男儿,总不好纸笔。"指陶渊明的儿子不喜欢学习。

【译文】

　　尊贵无比且高高在上的人是君主,且臣下有时也可以违抗他;与自己最为亲近的人是父亲,但有时也可以违逆他;而如同雏鸟、牛犊一般聒噪的同族子弟,却能够败坏其长辈的名节,使得垂老之人不得不丧失本心,这也真是让人恐惧啊! 普天之下,有谁能像王思远对待其兄王晏那样,劝他自杀尽忠以免于因参与谋逆而死呢?"母也天只,不谅人只",父母不能谅解,尚能以歌咏叹,从而抒发情怀,然而宗族子弟的逼迫,威力真是强于苍天。满头白发的老者拄着拐杖,完全听凭宗族子弟们的差遣,结果竟至于此啊! 陶渊明的儿子们不喜欢学习,自然不会寻求入仕,这也是一种幸运,他哪里用得着叹息呢?

三　梁武抑沈约废王亮

晋武任贾充而乱其国,宋武任谢晦、傅亮而翦其子,故梁废王亮为庶人[①],用徐勉、周捨而抑沈约[②],诚有鉴于彼也。充、晦、亮,魏、晋之世臣也,何怨于故君? 而望风献款,屋其社,馁其鬼,歼其血胤,不问而可为寒心! 晋、宋之主,举国而听之,何其愚邪?

【注释】

①王亮(? —510):字奉叔,琅邪临沂(今山东临沂)人。王导的六世孙。初仕宋,官至秘书丞。入齐后历居要职,官至侍中、吏部尚书。他主管选拔人才,唯拘资历而已,颇为时议所非。后阿附齐明帝、东昏侯以保身。萧衍即位后,仍授其以要职,官至宰相,封豫宁县公。后因罪被罢官,废为庶人。传见《梁书·王亮列传》《南史·王亮列传》。

②徐勉(466—535):字脩仁,东海郯(今山东郯城北)人。起家齐国子生,入梁后迁吏部尚书,主持选官,定百官九品为十八班,以班多者为贵。后官至中书令,居显位而不营产业,自愿以清白遗子孙。传见《梁书·徐勉列传》《南史·徐勉列传》。周捨(469—524):字升逸,汝南安成(今河南平舆)人。初仕齐,官至太常丞。入梁为尚书祠部郎,增损制订朝廷礼仪。后历中书通事舍人、中

书侍郎、鸿胪卿等职，深为梁武帝所信，预闻机要，兼掌国史诏诰、仪体法律及军旅谋划。官至太子詹事、豫州大中正而卒。传见《梁书·周捨列传》《南史·周捨列传》。

【译文】

晋武帝宠信任用贾充以致国政混乱，宋武帝刘裕任用谢晦、傅亮而使得诸子被屠戮翦灭，所以梁武帝将王亮废为庶人，任用徐勉、周捨而抑制沈约，这确实是吸取了晋、宋之时权臣乱政的前车之鉴。贾充、谢晦、傅亮，原是曹魏与晋朝的世家重臣，他们对于旧主有何仇怨呢？竟至于对篡位的新君望风而倒、纳款请降，颠覆故主的社稷，终止、断绝故主的祭祀，诛杀、歼灭故主的宗亲血脉，即使不详加过问，单单他们的行径就足以让人感到寒心！可是晋武帝、宋武帝即位之后，却将军政大权交给这类人，对他们言听计从，这是何等愚蠢啊！

　　或曰：人为我犯难以图，我因以得天下，既得而忘之，疑于寡恩。晋、宋之主所以沾沾而不忍①，亦过之失于厚者也。汉高之斩丁公，则过之失于薄者也。失之厚而祸非所谋，亦奚必不可哉？

【注释】

①沾沾：执着、拘执貌。

【译文】

有人说：人家曾为我以身犯险，我因他们的帮助而得到天下，得到天下、建立新朝后，却忘记了他们的功劳，难免令人怀疑是薄恩寡义。晋武帝、宋武帝之所以念念不忘旧恩，不忍心对他们加以处置，也是因过分宽厚而造成了过失。汉高祖刘邦斩杀有恩于自己的丁公，则正好相反，是对功臣过分地刻薄寡恩了。晋、宋之主虽然有过分宽厚之失，但是由此所引发的灾祸也并非他们刻意所寻求的,过于宽厚又为什么一定不可以呢?

　　曰:此不可以小人怀惠之私为君子之厚也。乱人不死,天下不宁。怙恶相比,怀其私恩,则祸乱弗惩;岂区区较量于厚薄者乎? 晋惠公杀里克①,传《春秋》者,谓里克非惠公之所得杀②,非也。乱臣贼子,天下无能正其罚,而假手于所援立之君,天道也,非人之所可用其厚薄之私者也。梁武之于此,天牖之③,弗容自昧矣。沈约之于齐,仕未显也,故其罪轻于王亮,亮,大臣也,约虽抑而不废,亮永废而不庸④,天理之差也。张稷逃于刑而死于叛民,恶尤烈于亮与约也。天之所罚,梁不逆焉,故得免于贾充、谢晦之祸。若不能免愧于己,因以恕人,相劝以恶,而祸乃不讫。以之为厚,自贼而贼世,庸有救乎?

【注释】

①晋惠公杀里克:里克(? —前 650),春秋时晋国大夫。晋献公十七年(前 660),他进谏献公,劝其派太子申生讨伐赤狄。后率师假道于虞伐虢,取下阳。晋献公死后,他杀荀息依遗命而立的奚齐及卓子,遣使迎重耳,不成,乃迎立夷吾。夷吾得立后,即为晋惠公,恐其为重耳内应,将其赐死。《春秋·僖公十年》记载此事为:"晋杀其大夫里克。"

②谓里克非惠公之所得杀:据《左传·僖公十年》记载,晋惠公将杀里克之时,认为其弑杀二君与一大夫,难以饶恕,而里克认为"欲加之罪,其无辞乎?"《春秋榖梁传》则认为"里克弑二君与一大夫,其以累上之辞言之何也? 其杀之不以其罪也",也认为惠公

杀里克的罪名是不合适的。事见《春秋穀梁传·僖公十年》。

③牖:通"诱",开导,引导。

④亮永废而不庸:指天监二年(503),王亮以罪罢官废为庶人。后天监八年(509),又被起用为秘书监,后又为中书监。事见《梁书·王亮列传》《南史·王亮列传》。王夫之称其废为庶人后永不再被任用,实误。庸,用。

【译文】

回答是:对待这件事,不可以把小人感怀小恩小惠的私心来当作君子的宽厚之心。祸乱国家之人不死,则天下难以安宁。他们怙恶不悛,结为朋党,君王如果感念他们的私恩而放任他们肆意妄为,那么祸乱就难以避免;这难道应该仅仅计较于忠厚与刻薄的差别吗? 春秋之时,晋惠公杀了功臣里克,后来为《春秋》作传的人说里克不是惠公诛杀的,这是不对的。面对乱臣贼子,天下之人无法将其进行惩处并加以正法,故而假借自己所拥戴的君主之手将乱臣贼子予以诛杀,这符合天道,不是人们可以用忠厚抑或刻薄的私心所能揣度和评价的。梁武帝对待这个问题,犹如上天给予他以启发,使他明白其中的道理而不允许欺骗自己。沈约在萧齐为官之时并不显贵,所以他的罪过要比王亮轻些,王亮乃是朝廷重臣,沈约虽然受到抑制却不被废黜,而王亮则被废为庶人永不任用,这正是依据天理,根据罪行的不同而给予不同惩罚的表现。张稷虽然未受到刑罚,却终究死于乱民之手,说明他的罪恶比王亮、沈约更为重大,且为天理所不容。上天对祸乱国家之人必然有所惩罚,而梁武帝顺应其意并无所违逆,因此能够避免像贾充、谢晦这样祸乱国家的灾祸。如果自己无法逃脱诛杀协助篡位的有功之臣的愧疚,因而对他们给予宽恕,实则是相互劝勉为恶,如此则国家祸乱不止。认为自己是宽厚待人,实际却是害己又害人,这样还有得救吗?

四 后世不敢效缇萦吉翂代父

缇萦、吉翂之事①,人皆可为也,而无有再上汉阙之书、挝梁门之鼓者②,旷千余年。坐刑之子女,亦无敢闻风而效之,何也? 不敢也。不敢者,非畏也。父刑即不可免,弗听而已矣,未有反加之刑者,亦未有许之请代而杀之者,本无足畏,故知不畏也。不畏而不敢者,何也? 诚也。平居无孺慕不舍之爱③,父已陷乎罪,抑无惊哀交迫之实。当其挝鼓上书之日,而无决于必死之心。青天临之,皎日照之,万耳万目交注射之,鬼神若在其上而鉴观之,而敢饰说以欺天欺鬼、欺人欺己以欺天子与法吏也,孰敢也? 缇萦、吉翂之敢焉者,诚也;天下后世之不敢效者,亦诚也。诚者,天之道也,人之心也。天之道,其敢欺也乎哉! 于是而知不敢之心大矣。

【注释】

①缇(tí)萦:即淳于缇萦,齐国临淄(今山东淄博临淄区)人。西汉医者淳于意之女。文帝前元十三年(前167),其父获罪当刑,押送长安。缇萦上书申诉,愿以身没为官婢,以赎父刑罪。文帝怜其意,乃赦其父。后又下诏废止肉刑。事见《史记·孝文本纪》。吉翂(fēn):字彦霄,冯翊莲勺(今陕西渭南)人。南朝梁孝子。梁武帝天监初年,其父为吴兴原乡县令,为人所诬,罪至死。吉翂年方十五,击登闻鼓以求代父赴死。时人谓其纯孝。后以孝行被辟为雍州主簿。传见《梁书·吉翂列传》《南史·吉翂列传》。

②挝(zhuā):敲打。

③孺慕:幼童爱慕父母之情。此指对长辈的敬爱之意。

【译文】

汉文帝时,淳于意的女儿缇萦伏阙上书,请求没身为官婢,以赎父刑，梁武帝时，少年吉翂击打登闻鼓为父鸣冤，请以自己的性命来代替父命，这样的事情本来人人都可以做到，可是时至今日已然近千年，却再也没有伏阙上书、击打登闻鼓以求代父受刑的人。即使是父辈获罪、连坐遭罚的子女，也未敢闻风而效法缇萦、吉翂二人之举，这是为什么呢？因为不敢。不敢，并非是害怕。父亲的刑罚既然不可赦免，朝廷也就不再听他们子女的申诉了，也不会因此反而加重刑罚，更不会因其子女请求代父受刑而果真将他诛杀，所以说，伏阙申诉、请代父罪之事本来没什么可怕的，由此可知，人们并不是对此有所畏惧。不是对此有所畏惧而又不敢这么做，这又是为什么呢？是因为诚心不足。平时子女对于父亲没有仰慕敬爱的不舍之情，父亲获罪之后，子女也没有惊恐、哀伤交迫的真情实感。当子女要击打登闻鼓、伏阙上书的时候，也就没有下定必死的决心。上有青天临于头顶，又有明日高悬，似有上万双眼睛注视，上万只耳朵倾听，鬼神也似乎在天上时刻注视观察，此种情况之下，欺骗上天、鬼神、众人、自己以及天子和法官吗？谁又敢这样做呢？缇萦、吉翂之所以敢伏阙上书、击打登闻鼓，是因他们怀有至诚之心；后世之人不敢加以效法，同样是由于诚心不足。诚，是天之大道，人之本心。既然是天之大道，则人难道敢对上天有所欺骗吗！由此可知不敢之心是极为重要的。

天有所不敢，故冬不雷而夏不雪；地有所不敢，故山不流而水不止；圣人有所不敢，故禹、汤不以天下与人，孔子述而不作。人皆有不敢之心，行于恻隐羞恶辞让是非之中。君子以立诚而居敬，昧其所不敢，而效人之为以欺天下，则违天而人理绝。王莽自以为周公，曹丕自以为舜、禹[1]，敢也；扬雄以《法言》拟《论语》[2]，王通以《元经》拟《春秋》[3]，敢也。闻古有之，不揣而仿之，愚夫愚妇所不自欺之心[4]，僭而辨、伪而坚者,无所惮而为之,皆自绝于天者也。然则有效缇萦、吉娟之为者,明主执而诛之可也。

【注释】

①曹丕自以为舜、禹:《三国志·魏书·文帝纪》裴松之注引《魏氏春秋》载,曹丕接受汉献帝的禅让时,对群臣说:"舜、禹之事,吾知之矣。"

②扬雄以《法言》拟《论语》:指扬雄好古乐道,意欲求文章成名于后世。他认为"传莫大于《论语》",以此作《法言》,文名则取自《论语·子罕篇》,实际上暗含着以《法言》比拟《论语》的用心。事见《汉书·扬雄传》。

③王通以《元经》拟《春秋》:指隋朝学者王通作《元经》,薛收为其作序,指出王通认为《春秋》乃"一国之书",旨在约束诸侯以尊王政,而其所著《元经》为"天下之书",其目的在于"征天命以正帝位",重要性和意义丝毫不逊于《春秋》。事见《蛾术编》。

④愚夫愚妇:指平民百姓。

【译文】

上天也有不敢做的事,所以冬天不打雷,夏天不下雪;大地也有不敢做的事,所以山不流动,而水的流动不会停止;圣人也有不敢做的事,所以夏禹、商汤不把天下随便与人,而孔子则只述不作。人人都有不敢之心,表现于恻隐、羞愧、憎恶、推辞、礼让、是非之中。正人君子以诚心立身且持身恭敬,如果隐藏起自己的不敢之心,而效法别人的行为来欺骗天下人,则违背天道、断绝人理。王莽自比周公,曹丕自以为是虞舜、夏禹,这就是无所敬畏的敢为之举;扬雄以他所著的《法言》比拟孔子的《论语》,王通以他所著的《元经》比拟孔子的《春秋》,这也是无所敬畏的敢为之举。听说古代有这样的事物,自己不加揣度就盲目效仿,平民百姓之心,本不敢这样自欺欺人,但是其中那些邪僻而善辩、虚伪而固执的人，却敢于肆无忌惮地去做，这些都是自绝于天地之人。既然如此，那么若真有效法缇萦、吉盼的人，贤明之君将其逮捕并诛杀，也是可以的。

五　甄琛王显谄事赵脩后附高肇杀之

惟以势利为心，则无所不至，故鄙夫而与事君，上以危国而下以亡身也，必矣。赵脩得幸于元恪[1]，甄琛、王显谄附之[2]，高肇忌脩[3]，将发其奸，琛、显惧而背脩附肇，助肇攻脩，密加重刑，杀脩以灭口，险而很也如是[4]，亦可畏哉！虽然，无足怪也，鄙夫之情所必至也。小人之与鄙夫，气相禽而忘其相害，机相制而不畏其相倾，非异也；所异者，君子不审，见其反面相攻，而信以为悔过自新，抚而收之，则愚矣。过有可悔，有不可悔。沉溺佞幸膻秽之中[5]，与相胶漆[6]，过之不可悔者也，而何为听之？

【注释】

①赵脩得幸于元恪：赵脩，字景业，赵郡房子（今河北高邑）人。宣武帝在东宫时，他以白衣身份陪伴在宣武帝左右。宣武帝即位后，他暴得富贵，旬月间官至光禄卿。其宅舍华丽胜过王府，王公百僚都要看其脸色行事。后因其葬父过分扰民，遭人告发，被宣武帝处以鞭刑，并被勒令前往敦煌戍守。甄琛等人原本依附赵脩，见其获罪，恐牵连自己，设计将其鞭打致死。事、传见于《魏书·赵脩列传》《北史·赵脩列传》。元恪（483—515）：即北魏宣武帝，鲜卑族，孝文帝次子。初即位之时，由咸阳王元禧、尚书令王肃等六人辅政。其后亲政，疏远宗室，委事外戚高肇，先后诛杀元禧、元勰、元愉诸王。在位期间，朝纲不振，财力日乏，

政治腐败。吏部标价卖官,贵戚生活奢侈,攻梁常遭失败,吕苟儿、法庆等相继起事,北魏遂由盛转衰。在位十六年而卒,谥宣武帝,庙号世宗。传见《魏书·世宗纪》《北史·世宗宣武帝本纪》。

②甄琛(?—524):字思伯,中山毋极(今河北无极)人。初为中书博士,迁谏议大夫。宣武帝时,上表请求弛盐禁,宣武帝听从了他的建议。后依附于赵脩,因此得到宣武帝宠信,被委以门下庶事。后迁河南尹,奏以羽林为游军,于诸坊巷司察盗贼,为后世所宗。传见《魏书·甄琛列传》《北史·甄琛列传》。王显(?—515):字世荣,阳平乐平(今山西昔阳)人。精于医术,因医诊文昭皇太后有功,补侍御史,后官至御史中尉。因其多所弹劾,百官对其多有忌惮。宣武帝驾崩后,朝臣以其侍疗无效,商议下诏削其爵位,令徙朔州。他临执呼冤,坚决不从,被直阁将军伊盆生殴伤,旋即死去。传见《魏书·王显列传》《北史·王显列传》。

③高肇:字首文,渤海蓚(今河北景县)人。文昭皇太后之兄。为人贪婪,因外戚身份获封平原郡公,咸阳王元禧被诛之时,财物珍宝多入其家。后官至尚书令,擅权专政,广结朋党,随意构杀北海王元详、彭城王元勰等,改先朝旧制,削减封秩,抑黜勋贵,使得朝野侧目。孝明帝即位后,被太尉元雍、领军于忠擒杀。传见《魏书·高肇列传》《北史·高肇列传》。

④很:狠毒,凶狠。

⑤膻秽:又臭又脏,比喻肮脏丑恶。

⑥胶漆:比喻情意投合,亲密无间。

【译文】

一个人若只在乎权势与利益,就会为达目的而不择手段,如果与这种卑鄙之人一同事奉君主,其危害一定上会导致国家灭亡,下会使自己丢掉性命。赵脩得到北魏宣武帝元恪的宠幸,甄琛、王显都谄媚、依附他,高肇妒忌赵脩,想要揭发他的奸行,甄琛、王显对此感到恐惧,于是背叛赵脩,转而依附于高肇,并帮助高肇攻击赵脩,秘密地对赵脩加以重刑,最终杀死赵脩以灭口,其奸邪狠毒竟到了这个地步,也真是可怕啊!尽管如此,此事也不足为奇,因为这是卑鄙之人一心追逐权势、利益而不择手段的必然结果。阴险小人与卑鄙之徒,彼此声气相投而忘记了彼此会互相残害,他们使用机巧权术相互制约,因而并不畏惧互相间的倾轧,这也没有什么奇怪;所奇怪的,乃是正人君子对卑鄙之人辨别不明,看到他们一反常态,攻击他们原来勾结的小人,便信以为真,认为是他们悔过自新,从而对他们加以抚慰,并将他们引为同道中人,这种做法就很愚蠢了。所犯的过错有的可以悔改,而有的却难以悔改。沉溺于奸邪佞幸肮脏丑恶的气味之中,与他们如胶似漆,他们所犯的过错分明是难以悔改的,那么为何还要听信其愿意改过的虚言呢?

《易》曰:“君子豹变①。”言豹文蔚纡勿切而不章②,虽能变物,而小人之所革者,徒面而已,中固未革,莫之变也。蔡京不旬日而尽改新法,司马公何为而信之哉③?工于面者忍于心,疾叛其所与交狎者,致之死亡而心不为之怵。斯人也,虽在胁从罔治之科④,而防之也必严。故圣人之待人恕矣,而斥言其不可与事君,绝之唯恐其不至也。开以悔过之科,则鄙夫之悔也,捷于桴鼓,一无所不至之情耳。君子而为其所罔哉!

【注释】

①君子豹变:语出《周易·革卦》的《象辞》:“君子豹变,其文蔚也。小人革面,顺以从君也。”意指君子改变自己就像豹子换毛一样,身上的花纹越来越繁密美丽。小人改换新的面貌,是表面上顺

从君王。

②蔚(yù):茂盛,繁密。

③蔡京不旬日而尽改新法,司马公何为而信之:元祐更化后反对王安石新法的司马光秉政,下令恢复旧差役法,限期五日执行。官员们都认为时间太过紧迫,唯有原本拥护新法的蔡京如约完成,并向司马光报告,司马光因此颇为欣喜,对其加以夸赞。事见《宋史·蔡京列传》。

④胁从罔治:语出《尚书·胤征》:"歼厥渠魁,胁从罔治。"意谓擒贼先擒王,对于被迫跟从犯罪的,可以不予处置。

【译文】

《周易·革卦》中说:"君子改变自己就像豹子换毛一样,身上的花纹越来越繁密美丽。"是说豹子的皮毛繁密纤勿切而不显眼,但相较从前已经发生了质的变化,然而小人所改变的,仅仅是他们的面貌罢了,他们内心深处并未革新,所以没有实质性的变化。蔡京用了不到十天就把新法尽行废除,司马光为何还对他信任有加呢?善于改换面貌的人内心实则残忍,会很快背叛曾经与他亲近交好的人,甚至将其置之死地,内心也丝毫不会感到愧疚、恐惧。对于这种人,即便他们只是属于胁从犯,也要对其严加防范。所以圣人对人有宽恕之心,对于卑鄙之人则进行斥责而不允许他们事奉君主,与他们断绝来往,且唯恐对他们防范不周密。如果允许他们悔过自新,那么卑鄙之人所谓的"改过",比鼓槌击鼓而响起声音的速度还要快捷,而这只不过是为达目的不择手段的心机罢了。正人君子怎能被他们所蒙蔽呢!

六　梁武选学士就何胤学业

三代之教,一出于天子所立之学宫,而下无私学。然其盛也,天子体道之精,备道之广,自推其意以为教,而师儒皆喻于道,未尝画近小之规,限天下之聪明,以自画于章程之内。其道略见于《大学》，若是乎其渊深弘博，而不以登天为疑也！且自天子之子以降无异学，公卿大夫士之子弟，自以族望而登于仕，非以他日受禄，歆之以利而使学[1]，故学者亦无苟且徇时[2]，求合于章程以徼名利。则学虽统于上，而优游自得者，无一切之法以行劝惩，亦犹夫人之自为学焉而已也。乃流及于三季之末[3]，文具存而精意日以泯忘，国家之教典，抑且为有志之士所鄙，而私学兴、庠序圮矣。非但其法之弛也，法存而以法限之，记问之科条愈密而愈偷也[4]。以三代之圣王不能持之于五世之后，而况后之有天下者，道不本诸躬，教不尽其才，欲以齐天下之英才而羁络之，不亦难乎！

【注释】

①歆（xīn）：引诱。

②徇时：曲全时局，指曲从于当时的形式。

③三季：即夏、商、周三代。

④记问：记诵所读的书，以备应答问难。此指记问之学。

【译文】

　　夏、商、周三代的教育，都是通过天子所设立的学宫来进行的，而社会上并没有私立的学校。然而教化却很盛行，天子精微地体悟道义，且备有广博宏大的道德，自己推衍道德教化的真意来进行教育，而那些师者、儒生也都深明道义，未尝划定一个短近狭小的教育范围，从而限制天下人聪明才智的发挥，而使自己也身限于自定的规章范围之内。其教育的模式大致可从《礼记·大学》中一窥究竟，当时的教育就是这样渊源深厚、博大宏通，毫不怀疑接受教育的人会凭借学到的知识而登上帝位、威胁天子的统治！况且自天子之子以下都在同一个学校学习，公卿、大夫、士的子弟各自根据自身的族望等级进入仕途,并非是以当官受禄为目的,或以功名利禄来诱使他们学习,所以他们一心向学,学习时也没有苟且应付、屈从形势的情况,也不会是为了合乎天子所定的章程,以便将来获取功名利禄而进行学习。这样的学校教育虽由天子统辖管理,但对于优游自得的人也不会用一刀切的方法加以劝勉和惩处,所以与人们自学无异。这种教育制度沿袭至夏、商、周三代末期,各种制度都变得徒有其表,日渐缺失了夏、商、周时代教育的深刻内涵,国家的教育典章甚至为有志之士所鄙夷,因此私学兴起,而官方的教育制度和学宫也衰败废止了。这不仅体现在制度的废弛上,即使制度存在,而又以新的制度加以限制,记问之学的要求、规范越发严密,然而越严密却越导致苟且敷衍。以夏、商、周三代的圣明君主尚且不能使其教育制度保持到五世以后,何况后世据有天下的平庸之主,道义不能根植于内心,教育也不能尽其才智,而想要把天下的英才加以聚集笼络,难道不困难吗!

乃或为之说曰:"先王以学域天下之耳目心思而使不过,然则非以明民而以愚民。学其桎梏乎?"后世之学,其始也为桎梏,而其后愈为君子所不忍言,故自周衰而教移于下。夫孔子岂为下而倍①,尸天子之道统乎? 教亡于天下,圣人之所重忧,不容不身任之,亦行天子之事,作《春秋》而任知罪之意也②。教移于下,至秦而忌之,禁天下以学,而速丧道以自亡。然则后之有天下者,既度德、量力、因时,而知不足以化成天下,则弘奖在下之师儒,使伸其教,虽未足以几敬敷五教、典胄教乐之盛③,而道得以不丧于世。梁武帝既置五经博士于国学,且诏州立学矣,而不敢自信为能培养天下之俊士,一出于乡国之教也,又选学士往云门山就何胤受业。知教之下移而不锢之于上,亦贤矣哉!

【注释】

①倍:通"背"。

②知罪:即知我、罪我,指褒贬毁誉。

③典胄教乐:语本《尚书·舜典》:"夔,命汝典乐,教胄子。"意谓舜命夔负责典乐,来教育宗室卿大夫子弟。

【译文】

也许会有人替他们辩解说:"古代的圣明君主通过学校教育来限制天下人的所思所想,从而让天下人不逾越道义,实则并非是为了使民众深明大义,而是一种愚民之举。此种教育模式难道不是对民众的束缚与桎梏吗?"后世的学校,无论是私学还是官方教育,最开始也是一种对人的束缚,然而之后却越来越被君子所不忍议论,因此说,自周朝衰落以后,教化开始转移到社会下层民众之中。孔子难道能够贬低和违背三代的教育制度,而去主持天子的道统吗? 天下教化的衰亡,使得身为圣人的孔夫子极为忧虑,因此他不得不亲自肩负起振兴教育的重任,也是行使了天子掌管教育的职事,他通过整理编纂《春秋》来表示他的褒贬毁誉之意。教育职权的下移,使得私学兴起,到秦始皇统一中国之后,对这种状况颇为忌惮,于是禁止天下私设学校,结果很快因丧失道义而使秦朝灭亡。然而后世据有天下的君主,他们度量自己的道德、力量以及时势,知道不足以教化天下,于是大力地鼓励劝勉其下的师者儒生,让他们开展教育,虽然不足以达到古时恭恭敬敬地布施五常的教化、以典乐来教导宗室卿大夫子弟所展现的教育兴盛的局面,但也使得天下间的大道不至于沦丧于后世。梁武帝不仅在国学中设置了五经博士,而且下诏让各州设立官学,但他还不能自信地认为天下的俊才全都是地方官学能够培养出来的,于是又选拔学士到云门山师从大学者何胤进行学习。梁武帝知道教化职权下移的情况,因而不把教育仅仅局限于上层的官学，也可以被称为是贤明的君主了！

　　三代以还，道莫明于宋，而溯其所始①，则孙明复、胡安定实开其先②，至于程、朱而大著。朱子固尝推孙、胡之功矣。夫宋于国学郡县之学，未尝不详设而加厉也，而教之所自兴，必于孙、胡，道之所自明，必于程、朱，何也？国家以学校为取舍人才之径，士挟利达之心，桎梏于章程，以应上之求，则立志已荒而居业必陋。天子虽欲游学者之志于昭旷之原而莫繇，固不如下之为教为学也，无进退荣辱之相禁制，能使志清而气亦昌也。韩侂胄、张居正亟起而堙塞之③，呜呼！罪浮于桀、纣矣。

【注释】

①溯(sù)：即"溯"，追溯。

②孙明复：即孙复(992—1057)，字明复，号富春，晋州平阳(今山西临汾)人。北宋理学家。早年举进士不第，范仲淹、富弼荐为国子监直讲，后迁至殿中丞。并以继承儒家道统自居，自称"吾学尧、舜、禹、汤、文、武、孔子、孟轲、荀卿、扬雄、王通、韩愈之道"。善讲《春秋》，强调尊王大义和等级名分，从学者甚众。与胡瑗、石介并称"宋初三先生"，开宋代理学思潮先河。传见《宋史·孙复列传》。胡安定：即胡瑗(993—1059)，字翼之，泰州海陵(今江苏泰州)人。北宋理学家。初以经术教授吴中，仁宗时更定雅乐，曾参与校钟律。后为国子监直讲，徒众甚多，钱藻、孙览、范纯仁、徐积等人均出其门。他主张以"君臣父子仁义礼乐"为之体，以"举而措之天下"谓之用，倡明正学，注重经义，转移一代学风。与孙复、石介并称"宋初三先生"，开宋代理学思想之先河。

传见《宋史·胡瑗列传》。

③韩侂(tuō)胄、张居正亟起而堙(yīn)塞之：指韩侂胄禁伪学与张居正毁书院之事。前者见于《宋史·韩侂胄列传》，后者见于《万历野获编·书院》。

【译文】

夏、商、周三代以下，天下大道没有比宋代阐发得更为明晰的了，如果追溯其源流，则要属孙复、胡瑗开风气之先，到了二程、朱熹之时，天道就被他们阐扬得特别显著明晰了。朱子曾将此归功于孙复、胡瑗。宋朝对于国学以及州县官学，未尝不是设置周详、管理督促严格的，然而教化之所以勃兴，必定要靠孙、胡二人发源，天道之所以阐明，则必定要靠二程与朱熹，这是为什么呢？国家以学校教育作为选拔人才的工具与途径，读书人都怀着追求功名显达之心，被官方和学校的各种章程所局限、压抑，以便适应天子的要求，如此，则其本来所立之志必定会荒废，而自己从事的学业也必定会因此而变得狭隘鄙陋。天子虽然想让学生们的思想能够像在空旷原野上驰骋一样开阔通达，却不得其法，自然不如民间的私学教育，私学没有仕途的进退荣辱来限制学生，能使得学习之人志向清朗、学风端正昂扬。可是宋朝的韩侂胄、明朝的张居正却骤然起来违逆潮流、阻塞私学，唉！他们的罪过比夏桀与商纣还要严重。

或曰："教出于下，无国家之法以纠正之，则且流于异端而为人心之害。"是固然也。即如何胤者，儒而诡于浮屠氏者也。然所恶于异端者，为知有学而择术不审者言耳。若夫坏人心、乱风俗、酿盗贼篡弑危亡之祸者，莫烈于俗儒。俗儒者，以干禄之鄙夫为师者也。教以利，学以利，利乃沁入于人心，而不知何者之为君父，固异端之所不屑者也。即如何胤者，以浮屠乱道矣，然王敬则欲召与同反而不敢召，武帝征与谋篡而终不就,大节固不逾矣。若彼守国家教术之章程,桎梏于仕进之捷径者,则从乱臣贼子而得显荣,亦曰:"吾之所学求利达者本无择也,诵诗读书以徼当世之知而已矣。"则其清浊之相去,不已天地悬隔哉! 故孟子之论杨、墨曰:"归斯受之①。"归而可受者,所学非、而为己之初心可使正也。俗儒奉章程以希利达,师鄙夫而学鄙夫,非放豚也,乃柙虎也②,驱之而已矣,又何受焉? 教移于下而异端兴,然逃而归焉可俟也,非后世学宫之教,柙虎而傅之翼者比也。上无礼,下无学,而后贼民兴,学之统在下久矣。

【注释】

①归斯受之:语出《孟子·尽心下》:"孟子曰:'逃墨必归于杨,逃杨必归于儒。归,斯受之而已矣。'"意谓孟子认为不遵从墨家学说的人必然归向于杨朱之说,而不遵从杨朱之说的人必然归向于儒家学说。而不再信奉墨翟、杨朱之说而转向儒家正道的,都应对他们加以包容接受,并引导他们走向正途。

②柙:关押。

【译文】

有人说:"教育若出自下层的私学,没有国家统一的法令加以掌控约束,以将其引入正途,就可能会导致其流于异端邪说,最终毒害人心道德。"这是必然的结果。即使是像何胤这样的学者,在他儒学思想之中也夹杂着佛教的思想。然而人们之所以厌恶异端邪说,是针对知道学习却没能审慎选择正当学习对象和手段的人而言的。至于坏人心术、败坏风俗,酿成盗贼反叛、篡位弑君和亡国之祸的罪魁祸首,则没有比俗儒更为严重的了。俗儒是以一心追求仕进的卑鄙之人作为自己的老师,并向他们学习的。老师授给他们获利之事,学生也有意求学于此，于是利的观念深入人心，从而不知何为君臣父子的伦理纲常，这实在是连异端分子都不屑一顾的。就以何胤而言，他以佛教思想来扰乱儒家正道，然而王敬则想招揽他共同反叛朝廷却终不敢行，梁武帝萧衍当初征召他共谋篡位大事，他也未曾参与，所以他可以坚守忠节而不曾变移。然而那些遵守国家教化的规范章程，身陷于寻求仕进捷径的人，却追随乱臣贼子叛主谋逆，以期得到富贵尊荣，他们也会说："我所学习的追求功名利禄之术本就是不择手段的，诵读诗书也不过是为了显名于当世而已。"这些人与何胤那样的所谓的持有异端邪说的人相比，清浊高下实则相去甚远，无异于天壤之别啊！所以孟子评论杨朱、墨翟说："不再信奉墨翟、杨朱之说而转向儒家正道的，都应对他们加以包容接受，并引导他们走向正途。"接受转而寻求儒家正道的人，是因为他们先前所学并非正途，而其修养自身、勤于求学的初心可以使之归于正道。俗儒奏定章程以希求功名利禄、荣达显耀，师从卑鄙之徒而自己也会变得如此，他们并非脱圈而出的小猪，而是被拘禁的猛虎，一旦将他们驱出牢笼，其后果又怎么让人受得了呢？教化的职权移于下层社会，使得异端邪说得以兴起，但就犹如脱圈而出的小猪，逃出之后还可待其归来，并非如后世的官学教育制度，简直是将老虎拘禁其中，而后将其释放却又为其插上翅膀，任其胡作非为。如此，则上无礼义，下无正学，然后犯上作乱之民就会兴起，所谓学的统绪移到下层已经很久了。

七　魏弛盐禁

　　弛盐禁以任民之采，徒利一方之豪民，而不知广国储以宽农，其为稗政也无疑。甄琛，奸人也，元恪信之，罢盐禁，而元飏、邢峦之言不用[1]。夫琛之欺主而恪听其欺，固以琛为利民之大惠，而捐己以从之也。人君之大患，莫甚于有惠民之心，而小人资之以行其奸私。夫琛之言此，非自欲干没②,则受富商豪民之赂而为之言尔。于国损,于民病,奚恤哉?

【注释】

①元勰(xié)、邢峦之言:甄琛建议宣武帝解除盐池的禁令,录尚书事元勰和尚书邢峦上奏表示反对,说:"甄琛所讲的,坐着谈论看似高明合理,而实际执行则行不通。我们认为古来善于统治百姓的,必定升降依时,丰俭随事,役使养育互为消长以成全他们性命。如果任其自生自长,随其饮水啄食,那是把百姓当作刍草狗畜,还要君主做什么呢? 所以圣人获取山泽之货,收取关市之税,来补助田亩什一之赋之不足,以供国用,此处取来用到彼处,都不是为了自己,正所谓利用天地的出产,施惠于天下之民。如今禁止私人采盐,已经实行了很长时间了,集中其财富而使用,是为了维持国家和军队的开支,并不是专门为了供给皇宫的饮食,以及后宫的服饰玩物。既然不是为了皇上一人享乐,那么让老百姓获利同让国家获利都是一样的。然而,自从禁盐以来,官员们多有不经心的,收支出纳中间,或者有不按照法令执行的行为。因此使老百姓抱怨在心,商贩们非议在口,这只不过是管理者无方,并非是制定禁令的人有过失。一旦撤销盐池禁令,恐怕有违于本初之意。一行一改,没有定法,正如弈棋者那样举棋不定,所以按理而论,应该维持过去的样子而不变。"事见《魏书·甄琛列传》。元勰(? —508),字彦和,鲜卑族。北魏宗室,孝文帝六弟。初封始平王,后改彭城王,除中书监。曾跟从孝文帝南讨萧齐,除都督南征诸军事,大破齐军于新野、南阳。孝文帝病重之时,内侍医药,外总军国之务。宣武帝即位后,为司徒、录尚书事。后被外戚高肇诬陷与京兆王元愉等合谋造反,被鸩杀。传见《魏书·元勰列传》《北史·元勰列传》。邢峦(464—514),

字洪宾,河间鄚(今河北任丘)人。博览书传,有文才干略。为孝
文帝所赏识,累迁散骑常侍,兼尚书。宣武帝时,以使持节、都督
征梁汉诸军事身份,率军在汉中连破梁诸城戍。因其诛杀百姓,
掠人为奴,兼商贩聚敛,甚为清论所鄙夷。后又统领魏军在宿豫
大败梁军。延昌三年(514),暴疾卒。传见《魏书·邢峦列传》
《北史·邢峦列传》。

②干没:侵吞别人的财物。

【译文】

　　放松盐池的禁令,任由平民采集、制作和贩卖食盐,只会让一方的
豪强从中获利,却不知道禁止私盐可以增加国库的储蓄,从而缓解农民
耕作的劳苦,所以此举无疑是不良之政。甄琛本就是个奸佞小人,可是
北魏宣武帝元恪却信任他,听从他的建议而罢除私盐之禁,并对元勰、
邢峦的正确言论不予采纳。甄琛欺蒙主上,而元恪听信他的欺蒙之言,
他本以为甄琛的建议是惠利于民的良策,因而不顾一切地听从。身为
君主,最大的祸患莫过于拥有施惠于民的用心,却被奸佞小人所利用,
从而中饱私囊,以满足其奸邪的私欲。甄琛之所以进言开放盐禁,不是
他意欲从中渔利并侵吞公家财物,就是受了富商豪强的贿赂而替他们
说话。至于放开盐禁对国家有损害,对民众有损伤,他哪里会顾及体恤
这些呢?

　　呜呼!民之殄瘁也①,生于窃据之世②,为之主者,惠民
之心,其发也鲜矣。幸而一发焉,天牖之也。天牖之,小人
蔽之,蔽焉而尼之不行③,虽有其心,如无有也,犹可言也。
蔽焉而借之以雠其奸私,则惠民之心于以贼民也,无可控告
也。上固曰:"吾以利民也,其以我为非者,必不知恩者也,
必挠上而使不得有为者也,必怀私以牟利者也。"而小人之

藏慝，终不觉其为邪。哀此下民，其尚孰与控告哉？不信仁贤，而邪佞充位，仁而衹以戕，义而衹以贼，毒流天下，而自信为无过。于是而民之死积，而国之危亡日迫而不知。太平之歌颂盈于耳，而鸿雁之哀鸣遍于郊。其亡也，不足恤也。民亦何不幸而生斯世也！

【注释】

①殄瘁：指穷困、困苦。

②窃据之世：指君主通过不当的手段篡权夺位的乱世。

③尼：阻挡，阻拦。

【译文】

唉！百姓困苦不堪，生活在夷狄窃据帝位的时代，身为君主的夷狄之人，能有施恩于民的心思，并最终表现出来，已经是极为罕见的。夷狄君主偶尔能表现一次善心，是上天对其加以了启迪。上天对其加以启迪，奸佞小人却又对其加以蒙蔽，君主受到小人蒙蔽，惠政就难以实行，如此则君主即使有惠民之心，也和没有惠民之心并无差别，但这尚且说得过去。如果奸佞小人欺骗、蒙蔽君主，并借此机会实现自己奸邪的私欲，那么君主的惠民之心就会被用以残害百姓，百姓即便有冤也无处申诉。君主自然可以说："我本是为了施利于百姓，可是他们却认为我做得不对，肯定是他们不知恩图报，一定要阻挠上面的政令，使得政令不行，一定是他们怀有私心以便从中牟利。"然而奸佞小人却善于伪装并隐藏自己的奸邪用心，使得君主始终无法发觉他们的奸邪。令人悲哀的是下层的民众，他们被冤枉了，却又能向谁去控诉呢？君主不信任仁人贤士，而奸邪之人却占据了大臣之位，于是仁义只能被戕害，道义只能被涂抹歪曲，小人的奸邪行径流毒天下，而君主却自信地认为自己并无过错。长此以往，生灵涂炭、尸横遍野，国家岌岌可危，危亡存于旦夕之间而君主却不自知。对太平盛世所谓颂歌方才在天子耳畔萦绕回旋,而生民哀鸿遍野之声已然遍布郊野。这种国家的灭亡,没有什么值得怜悯的。百姓又是何其不幸,才会生活在这种世道中啊!

八　敕曹景宗敬韦叡

　　将不和,则师必覆,将岂易言和者哉?武人之才不竞,则不足以争胜。有功而骄,其气锐也;无功而忮,其耻激也;智者轻勇者而以为爪牙,勇者藐智者而讥其啸诺①,气使之然也。呴呴然易与②,而于物无争,抑不足称武人之用矣。韩信任为大将,而羞伍樊哙③;关羽自命亲臣,而致忿黄忠④;不和也而导之以和,非君与当国大臣善为调驭,安能平其方刚之气乎?汉高能将将矣,而不能戢韩信之骄,无以得信之情也;武侯、费诗能消关羽之戾⑤,能得羽之情也。

【注释】

①啸诺:吟啸画诺,指为官者闲坐吟啸,在文书上签签字,比喻为官清闲,无事可做。

②呴呴(xǔ)然:温和貌。

③韩信任为大将,而羞伍樊哙:楚汉战争时,韩信被刘邦拜为大将,位居众将之上。汉朝建立后,韩信因涉嫌谋反,由楚王被贬为淮阴侯,常在家中闷闷不乐。对于和绛侯周勃、颍阳侯灌婴等处在同等地位感到羞耻。一次韩信去拜访樊哙,樊哙行跪拜礼恭迎恭送,并说:“大王竟肯光临臣下家门,真是臣下的光耀。”韩信出门后,笑道:“我这辈子居然同樊哙等同列!”事见《史记·淮阴侯列传》。

④关羽自命亲臣,而致忿黄忠:建安二十四年(219)七月,刘备自称

汉中王,任命关羽为前将军,张飞为右将军,马超为左将军,黄忠为后将军,并派益州前部司马、犍为人费诗去关羽驻地授予关羽官印,关羽闻知黄忠地位和自己一样,愤怒地说:"大丈夫终不与老兵同列!"不肯接受任命。事见《三国志·蜀书·费诗传》。

⑤武侯、费诗能消关羽之戾:建安十九年(214)刘备平定蜀地后,以关羽总督荆州事,关羽听说马超归降刘备,他过去与马超毫不相识,于是便写信给诸葛亮,询问马超武艺才干与谁人可以相比。诸葛亮知道关羽气傲心高,于是回信答道:"马孟起兼有文武的资性,凶猛过人,可谓一代俊杰,属于黥布、彭越一类,可与张益德并驾齐驱,但还不及您美髯公绝伦超群。"关羽蓄着一副漂亮的长须,所以诸葛亮称他美髯公。看了诸葛亮的回信,关羽十分高兴,将信件交给宾客幕僚们传阅。事见《三国志·蜀书·关羽传》。建安二十四年(219),关羽闻知黄忠地位和自己一样,不肯接受前将军的任命,费诗对关羽说:"创立王业的人,所用的人不能都一样。以前萧何、曹参和汉高祖年幼时就关系很好,而陈平、韩信是后来的亡命之人;可排列地位,韩信位居最上,没有听说萧何、曹参对此有过怨恨。如今汉中王因为一时的功劳,尊崇黄忠,但在他心中的轻重,黄忠怎能和您相比呢!况且汉中王与您犹如一体,休戚相关,祸福与共。我认为您不应计较官号的高下,以及爵位和俸禄的多少。我仅是一个使者,奉命之人,您如果不接受任命,我就这样回去。只是我为您这样感到惋惜,恐怕您以后是要后悔的。"关羽听了他的话以后,大为感动,醒悟过来,立即接受了任命。事见《三国志·蜀书·费诗传》。

【译文】

如果将领之间不团结和睦,则军队必定会遭到覆灭,然而武将之间难道是能轻言和睦的吗?武将之间若没有相互比拼才能的竞逐之心,作战时就不足以争得胜利。武将有功而骄傲自满,乃是他们气势锐健的表现；他们无功却嫉妒有功的将领，则是受其羞耻之心的激发；足智多谋的将领轻视骁勇的将领，把他们当作只会逞匹夫之勇的爪牙；骁勇的将领则瞧不上足智多谋的将领，讥讽他们只会吟啸画诺而不干实事，这都是武将的意气使然。如果武将都温和易处，与世无争，那么也就与武将的作用不相匹配了，自然也难以任用他们统军作战。韩信被任命为大将，而耻于与屠夫出身的樊哙为伍；关羽认为自己是刘备的亲信近臣，而对与黄忠为伍感到怨愤；将领之间不和，而引导他们走向和睦，如果不是君主与执政的大臣善于调和驾驭，怎么能使武将的方刚血气得以平复呢？汉高祖刘邦可以称得上是善于统御诸将之君，却不能使韩信的骄气收敛、消弭，是因为他没办法洞悉韩信内心的真实想法；而诸葛亮、费诗却能够消除关羽的暴戾之气，是因为他们能洞察关羽内心的真实想法。

曹景宗①，骁将也，韦叡执白角如意、乘板舆以麾军②，夫二将之不相若，固宜其相轻矣。武帝豫敕景宗曰："韦叡，卿之乡望③，宜善敬之。"得将将之术矣。敕叡以容景宗易，敕景宗以下叡难。然而非然也，叡能知景宗之骛，而景宗不能知叡之弘，景宗之气敛，而何患叡之不善处景宗邪？且其诏之曰"韦叡，卿之乡望"，动之以情，折之以礼，而未尝有所抑扬焉。叡以景宗之下己，而让使先己告捷，景宗乃以叡之不伐，而变卢雉以自抑④。如其不然，叡愈下而景宗愈亢，叡抑岂能终为人屈乎？武帝曰："二将和，师必济。"自信其御之之道得也。锺离之胜，功侔淝水，岂徒二将之能哉！

【注释】

①曹景宗（457—508）：字子震，新野（今属河南）人。南朝梁将领。

宋末为天水太守,平蛮有功。入齐后,随太尉陈显达北围马圈,
大破魏军。齐明帝时,随雍州刺史萧衍起兵,战功卓著,拜散骑
常侍、右卫将军,迁郢州刺史。萧衍即位后,出镇郢州,改封竟陵
县侯。后与豫州刺史韦叡共救锺离,大破北魏中山王元英军,官
拜侍中、领军将军。天监七年(508),迁中卫将军、江州刺史,赴
任途中去世。传见《梁书·曹景宗列传》《南史·曹景宗列传》。

② 韦叡(442—520):字怀文,京兆杜陵(今陕西西安东南)人。南朝
梁名将。齐末为上庸太守,交结雍州刺史萧衍。萧衍起兵东进
之时,受命留守郢州。萧衍即位后,任其为廷尉。北魏围攻锺离
之时,他率豫州之众,会合征北将军曹景宗军,乘淮水暴涨,用斗
舰火攻,大破魏军,因功晋爵为侯。因其善抚军众,为人谦和,士
人争相投归。普通元年(520),迁侍中、车骑将军,未拜,卒于家
中。传见《梁书·韦叡列传》《南史·韦叡列传》。板舆:一种用
人抬的代步工具。多为老人乘坐。

③ 乡望:指乡里中有名望的人。

④ 变卢雉以自抑:指昌义之设二十万钱的赌局,邀请曹景宗与韦叡
与会,曹景宗掷得"雉",而韦叡后掷得"卢",立即取一子翻过来,
假装没有胜出。事见《资治通鉴·梁纪二·高祖武皇帝·天监
四年》。故此处应为韦叡变其卢雉,而非曹景宗,王夫之的说法
实误。卢雉,古时掷樗蒲赌博之法。

【译文】

曹景宗是一员猛将,而韦叡则手执白角如意、乘着板舆以统率军
队,他们二人行事风格迥异,故而相互轻视也是理所当然的。梁武帝下
诏令给曹景宗说:"韦叡是将军您的同乡且德高望重,您应当与他好好
相处并加以尊敬。"梁武帝真可谓是深通统御将领之术。他下诏给韦
叡,让他包容曹景宗,这很容易,而下诏给曹景宗,让其礼待韦叡,这就
难了。然而也有并非如此的道理,韦叡知晓曹景宗的勇猛凶悍,而曹景

宗却不知晓韦叡的宽宏大量，只要曹景宗的过分勇猛之气稍做收敛，又何必忧虑韦叡不能与曹景宗妥善相处呢？况且梁武帝在诏书中说"韦叡是将军您的同乡且德高望重"，对他动之以情，服之以礼，却未曾有任何褒贬抑扬的意图。韦叡因为曹景宗对自己的尊重，也对他加以礼让，使他在战胜后先于自己向朝廷报捷，韦叡也因为曹景宗不自居功劳的举动，而在掷卢雉相赌戏时变更骰子，表示自谦，从而回报韦叡的善意。如果不是这样的话，韦叡越是谦和礼让，曹景宗就会越加骄横放肆，韦叡又怎么能够始终屈于人下呢？梁武帝说："只要曹、韦二将团结和睦，军队必然取得胜利。"言外之意，他自信对于统御诸将之术颇为得法。钟离之战的胜利，功业可与淝水之战相当，难道仅仅是这二位将领的功劳吗？

九　令史皆用士流不如法简之可久

梁制：尚书令史①，并以才地兼美之士为之。善政也，而亦不可继也。何也？掾史之任，凡簿书期要②，豪毛委琐，一或差讹，积之久则脱漏大，而下行于州郡吏民者争讼不已，其事亵矣。故修志行者，不屑问焉。刑名钱谷工役物料之纷乱，无赏罚以督其后，则不肖者纵以行私，贤者抑忽而废事。若必核以赏罚，则以细故而伤清流之品行，人士终厌弃而不肯为；其屑为之者，必其冒昧而不惜廉隅者也。则其势抑必于令史之下，别委簿书之职于胥役，而令史但统其纲。是以今之部郎③，仍置吏书以司案籍④，则令史虚悬而权仍下替。盖自有职官以来，皆苦胥吏之奸诡，而终莫之能禁。夫官则有去来矣，而吏不易，以乍此乍彼之儒生，仰行止于习熟之奸吏，虽智者不能胜也。于是而吏亦有三载考成、别迁

曹署之例⑤,然而无补也。官者,唯朝廷所命,不私相授受者
也;吏虽易,而私相授受者无从禁止。且其繁细之章程,必
熟尝而始悉,故其练达者,欲弗久留其司而不得;易之,而欲
禁其授受也,抑必不能;则其玩长上以病国殃民⑥,如尸蛔之
在腹⑦,杀之攻之,而相续者不息。此有职官以来不可革之
害,又将奚以治之邪?

【注释】

①尚书令史:指尚书都令史。尚书的属官,西晋始置。西汉初置尚
　书,仅四曹。东汉增为六曹,每曹一尚书,另有左右丞各一人、侍
　郎三十六人、令史二十一人。侍郎、令史分隶各曹办事。魏、晋时
　曹数增加,令、仆、左右丞职务繁剧,遂增尚书都令史八人,秩仅二
　百石,为令、仆、左右丞之属吏。梁武帝减为五人,称"五都令史"。

②期要:指约定共同遵守的事项。

③部郎:明清中央各部郎中、员外郎的统称。

④吏书:明清时官府中负责文书事务的胥吏。

⑤曹署:官署。

⑥长上:指长官、上司。

⑦尸蛔:指蛔虫。一种寄生虫,线形,白色或米黄色。成虫寄生在
　人或其他动物的肠子里,能引起多种疾病,损害健康。

【译文】

　　梁朝的制度规定:尚书都令史的职位都必须选取才能和门第俱属
上流的士人担任。这确实是善政,但却无法延续下去。这是为什么呢?
掾史之类的职务,都是掌管文书簿册、条文规章,事务千头万绪且非常
琐碎,一旦有什么差错,日积月累,久而久之疏漏必定会愈加严重,如果
这种政令下行到各州各郡,胥吏平民就会对此争相议论不止,最终使得

政令不行且官府受到轻慢亵渎。所以注重自身品行志节之人，不屑问津这种职位。而刑名钱谷、工役物料这些琐碎纷乱的具体职事，如果没有奖赏和惩处在后面进行监督，那么奸邪之人就会肆意枉法并借机徇私舞弊，贤明之人也可能因有所疏忽导致政事荒废。若一定要加以核查纠正、明确赏罚，则会因琐碎小事而伤害清流之士的品行，所以士人终究对此厌弃而不肯屈就；那些愿意屈就的人，必定是鲁莽轻率而不顾惜廉洁清正的人。这种情况，势必会导致在令史之下，需要另外将簿书文案的工作委任给吏役，令其详细办理，而令史只是负责对此加以统领。所以如今各部郎中、员外郎之下，仍旧另置胥吏书佐来管理文案册籍之事，从而使得令史这一职位虚悬于上，而使其职权下移于胥吏。自有职官制度以来，无论是君主还是平民，都一直苦于胥吏奸诈欺蒙的手段，却始终无法将此禁绝。官员升调有度，来去更易而不断，然而胥吏却从未变更，这些被四处调动、初来乍到的官员，本是儒生，处理政务完全仰赖于熟悉官场世故的奸诈胥吏，即便是足智多谋的官员，也无法摆脱胥吏的操控。虽然朝廷也有胥吏三年考核、调往其他官署任职的条例，但仍然于事无补。官员因为自己只能听从朝廷的任命，所以不能私相授受；然而胥吏虽有调换，却无法禁止他们的私相授受之举。而且官府中各种繁杂琐碎的章程，必须长时间地熟悉掌握，所以那些政事练达之吏，要想不让他长期留任也是不现实的；即便调换他们，而要禁绝他们的私相授受之举，也是不可能的；如此，他们便将自己的上司玩弄于股掌之间，从而祸国殃民，犹如蛔虫长久寄居于人的腹腔之中，即便用药物不断对其加以攻杀，而它们依旧能繁衍生息、相续不断。这是自从有职官制度以来就无法革除的弊病，现今又将如何治理它呢？

　　夫奸吏亦有畏焉，诃责非所畏也，清察非所畏也，诛杀犹非所畏也，而莫畏于法之简。法简而民之遵之者易见，其违之者亦易见，上之察之也亦易矣。即有疏漏，可容侵罔者①,亦纤微耳,不足为国民之大害也。唯制法者,以其偶至之聪明,察丝忽之利病,而求其允协,则吏益争以繁密诘曲炫其慎而雠其奸②。虽有明察之上官,且为所惑蔽,而昏窳者勿论矣③。夫法者,本简者也。一部之大纲,数事而已矣;一事之大纲,数条而已矣。析大纲以为细碎之科条,连章累牍,援彼证此,眩于目而荧于心④,则吏之依附以藏慝者,万端诡出而不可致诘。惟简也,划然立不可乱之法于此,则奸与无奸,如白黑之粲然。民易守也,官易察也,无所用其授受之密传;而远郊农圃之子,苟知书数,皆可抱案以事官⑤。士人旦弦诵而暮簿领⑥,自可授以新而习如其故,虽间有疏脱,而受其愚蔽,不亦鲜乎! 则梁以士流充令史之选,治其末而不理其本,乍一清明而后必淆乱,故曰不可继也。语曰:“有治人,无治法⑦。”人不可必得者也,人乃以开治,而法则以制乱,安能于令史之中求治人乎? 简为法而无启以乱源,人可为令史也,奚必士哉?

【注释】

①侵罔:擅权欺罔。

②诘曲:曲折。雠:施行。

③昏窳(yǔ):昏庸腐败。窳,腐败。

④荧:眩惑,蛊惑。

⑤抱案:抱持案牍,指处理公文。

⑥弦诵:弦歌和诵读,指学校教学。簿领:指官府记事的簿册或文书。

⑦有治人,无治法:语出《荀子·君道》:“有乱君,无乱国;有治人,

无治法。"意谓有祸乱国家的君主，而没有自行祸乱的国家；有治理国家的人才，而没有自行治理的法制。

【译文】

　　然而奸诈的胥吏也是有所畏惧的，严词斥责不是他们所畏惧的，清整核查也不会令他们畏惧，诛杀殒命仍旧不足以令他们畏惧，他们所畏惧的莫过于立法简明。立法简明，则人们守法与否便可以轻易判别，如有违法之事也容易发现，因此官府对他们进行考察也就容易多了。即便有所疏漏，能给擅权欺罔之人以可乘之机的，也只是一些细枝末节，并不足以给国家和百姓造成大的祸患。如果制定律法之人，以其偶尔显露的聪明，去考察细枝末节间的利弊得失，而务求协调得当，在这种情况下，胥吏们就更是争相以繁复曲折的办事方法来展现自己谨慎的办事态度，而实际上却施展他们奸诈的伎俩。即使有明察秋毫的上司，尚且会被他们蛊惑蒙蔽，若是遇见昏庸腐败的上司，就更不用说了。法律，本就应该简便易行。一部法律的纲目，也就只有几件要紧的规范罢了；而一件事情的条目，也就只有数条而已。将这些律法纲目条分缕析，从而发散为极为烦琐的科条，连篇累牍且互相援引证明，令人目眩神迷而内心困惑难记，于是胥吏凭借如此繁复的法律条目上下其手，并偷奸耍滑、隐藏罪恶，然而律法条目千头万绪、错综复杂，很难以此对其追究治罪。唯有立法简明扼要，清楚明了地确立下不可更改或混乱的律法，那么奸邪与否，就会犹如黑白一般分明。人们也易于遵守，官员也易于考察，就使得胥吏无法使用私相授受的秘密方法；如此则身处乡野的农夫之子，如果知书达礼，也可以去从事文案工作以事奉官员。士大夫自然可以早晨前往学校教学，而在黄昏日暮之时收查簿册，并授以新事而习熟故事，虽然其间或有纰漏，但受胥吏愚弄和欺瞒的情况不也会极少发生吗！所以梁朝以士大夫来充当令史的人选，可以说是治标而不治本的做法，开始时可能会使政务清明一时，此后必定生乱，所以说这种所谓的善政难以延续。俗话说："有治人，无治法。"人才不一定能够立即得到，而且人才只能开启治世，而法律却可以制止混乱，怎么能够从令史之中寻求治世之才呢？立法简明而不开启祸乱的根源，那么人人皆可以当令史，又何必一定要士大夫来做呢？

一〇　梁修五礼贤于汉

圣王之教，绝续之际大矣哉！醇疵之小大①，姑勿苛求焉，存同异于两间，而使人犹知有则，功不可没已。其疵也，后之人必有正之者矣。故君子弗患乎人之议己，而患其无可议也。周公而后，至汉曹褒始有礼书②；又阅四姓，至齐伏曼容始请修之③；梁武帝乃敕何佟之、伏暅终其事④，天监十一年而“五礼”成⑤。其后嗣之者，唯唐开元也。宋于儒者之道，上追东鲁⑥，而典礼之修，下无以继梁、唐，是可惜也。朱子有志而未逮焉，盖力求大醇而畏小疵，慎而葸⑦，道乃息于天下矣。夫以彝伦攸斁之张孚敬而小有厘定⑧，抑可矫历代之邪诬而反之于正。若惧其未尽物理而贻后人之擿发，则又何所俟而始可惬其心乎？有其作之，不患其无继之者。秦灭先王之典，汉承之而多固陋之仪，然叔孙通之苟简，人见而知之，固不足以惑天下于无穷也。若叔孙通不存其仿佛，则永坠矣。曹褒之作，亦犹是也，要其不醇，亦岂能为道病哉？至于梁而人知其谬，伏曼容诸儒弗难革也。如封禅之说成于方士，而诸儒如许懋者⑨，正名其为纬书之邪妄，辨金泥玉简之诬，辟郑玄升中之误⑩。繇此推之，梁之“五礼”，其贤于汉也多矣。然非有汉之疵，则亦无据以成梁之醇。故患其绝也，非患其疵也。疵可正而绝则不复兴也。

【注释】

①醇疵：醇美与疵病，正确与错误。

②至汉曹褒始有礼书：指章和元年(87)曹褒主持修订礼乐制度，撰成《汉礼》一事。事见《后汉书·曹褒列传》。

③伏曼容(421—502)：字公仪，平昌安丘(今山东安丘)人。南朝名儒。精通《老》《易》，聚生徒以教为业。以经学历仕宋、齐、梁三朝，官至司马、临海太守。齐武帝时，曾上表求制一代礼乐，齐武帝听从其建议，诏选学士十人修"五礼"。传见《梁书·儒林列传》《南史·儒林列传》。

④何佟之：字士威，庐江灊县(今安徽潜山)人。少好三礼，南齐时为扬州从事。国家吉凶礼仪，辄取决之，名重于世，号为"京邑硕儒"。入梁后，梁武帝以其为尚书左丞。当时诸制草创，其依礼定议。传见《梁书·儒林列传》《南史·儒林列传》。伏晅(xuǎn)：字玄曜，平昌安丘(今山东安丘)人。伏曼容之子。少与任昉齐名，南齐时为东阳郡丞、鄞县令。入梁后为五经博士，参与定礼事宜。官至国子博士、领长水校尉、豫章内史。传见《梁书·伏晅列传》《南史·伏晅列传》。

⑤天监：南朝梁武帝萧衍的第一个年号，使用时间为502—519年。天监十一年，即512年。

⑥东鲁：指孔子。

⑦葸(xǐ)：畏惧，胆怯。

⑧夫以彝伦攸敦(dù)之张孚敬而小有厘定：张孚敬，即张璁(cōng)。他曾在明代"大礼议"之争中阐述自己对于礼仪制度改革的意见，被嘉靖皇帝采纳。事见《明史·张璁列传》。

⑨许懋(464—532)：字昭哲，高阳新城(今河北保定徐水区)人。博通经史，南齐时官至太子步兵校尉、国子博士。入梁后为鄱阳王谘议、兼著作郎。梁武帝欲行封禅之事，他引经据典谏其事不可

为。他认为"燧人以前，至周之世，未有君臣，人心淳朴，不应金泥玉检"，他又直指郑玄所言"升中之说"有误，认为舜帝在泰山烧柴祭天，是为了巡狩。而郑玄引《孝经钩命决》说："在泰山大祭，烧柴祭天把政绩报告；在梁甫山祭地，刻石记载年号。"这是纬书的曲说，不是正式经书的本来意思。梁武帝采纳其谏言。对于当时诸礼仪，他也多所刊正。官至太子中庶子而卒。传见《梁书·许懋列传》《南史·许懋列传》。

⑩升中：指上古帝王祭天以上告成功。《礼记·礼器》："是故因天事天，因地事地，因名山升中于天。"郑玄注曰："升，上也。中，犹成也。谓巡守至于方岳，燔柴，祭天，告以诸侯之成功也。"后以"升中"指祭天。

【译文】

古时圣王的道德教化，是灭绝还是得以传续，这关系重大！至于这种道德教化是纯正无瑕还是小有错谬，姑且不应过分苛求，因为圣王的道德教化保存同异于天地之间，使民众尚且能知晓有规则的存在，已然是功不可没了。至于其中的错谬，后世之人也一定会加以纠正。所以君子不忧虑他人议论自己，而忧虑自己毫无可议之处。周公制礼作乐之后，直到东汉曹褒时才开始有了礼书；又经过三国、两晋、南朝宋、南朝齐四代，才有了萧齐的伏曼容请求编修礼书；梁武帝下令由何佟之、伏暅负责完成修礼之事，于天监十一年修成"五礼"。此后继承修礼事业的，就只有唐朝开元年间所修的"开元礼"了。宋代儒家在大道的求索方面，可以直追孔子，可在编修礼制典章方面，却无法继承萧梁与唐朝的传统，这实在可惜。朱熹曾有志于此，却终究未能实现，因为他力求纯正而害怕有细小的缺漏，所以谨慎小心而又畏缩不前，结果使得古代礼教几乎断绝于天下。到了明代，败坏了伦常的张璁对古礼稍加厘定，却也能矫正历代礼教中的错谬与邪说，而使其归于纯正。如果畏惧所定礼制未能穷尽事务之理与先王之制，而担忧遭到后人的指摘与批评,那么要等到什么时候才能够做到尽善尽美而心满意足呢? 只要对于礼教有所整理校订,就不用担心没有后继之人加以继承发展。秦始皇焚毁了先王的典籍,汉代建立后承袭此种局面,故而礼仪多有粗陋,叔孙通草率而简要地制定礼制,使人见而知之,自然也不会给天下人带来无穷的疑惑。如果当时叔孙通并未保留模糊的古礼,那么礼仪教化可能就自此永远消失了。曹褒编修礼书也是如此,虽然不够纯正,难道对于天道人心会有所损害吗? 到了萧梁之时,人们都知道前代礼制有所错谬,因此伏曼容等儒生对此也就不难加以革除。又如封禅之说,本为汉代方士所确立,而诸多儒士如许懋等人,均为其正名,认为这是纬书的邪妄之说,竭力辨证金泥玉简之诬,批驳郑玄所说的古帝王祭天上告成功之说的错谬。由此推断,梁代的"五礼"实则比汉代的礼制要好得多。但是,如果没有汉代带有错谬的礼制,也就不会有根据汉礼修订改编而成的梁代的纯正之礼。所以说,令人忧虑的是礼教的断绝不传,而并非其中含有错谬。因为错谬可以改正,而断绝不传就无法再得以复兴了。

　　夫礼之为教,至矣大矣。天地之所自位也,鬼神之所自绥也,仁义之以为体,孝弟之以为用者也;五伦之所经纬,人禽之所分辨,治乱之所司,贤不肖之所裁者也;舍此而道无所丽矣①。故夷狄蔑之,盗贼恶之,佛、老弃之,其绝可惧也。有能为功于此者,襃其功、略其疵可也。伏曼容诸子之功伟矣,梁武帝不听尚书庶务权舆,欲罢修明之议②,固君子之所重嘉,而嗣者其谁邪?

【注释】

①丽:依附,附着。

②梁武帝不听尚书庶务权舆,欲罢修明之议:指梁武帝即位之后,
有尚书认为建国之初百废待兴,事务众多,应该等到承平盛世再
修礼乐,此时应裁减礼乐官署。梁武帝则不听其建议,认为"礼
坏乐缺,实宜以时修定"。事见《梁书·徐勉列传》《南史·徐勉
列传》。权舆,萌芽,新生。

【译文】

以礼制来进行教化,是最为重要之事。天地之所以各处其位,鬼神
之所以各安其处,仁义之所以为根本,孝悌之所以为功用,都仰赖于此;
君臣、父子、兄弟、夫妇、朋友五种伦理关系纵横其间而有所区分,人与
禽兽之所以不同,天下的治乱各有所司,贤能与否的裁定判断,也都仰
赖于此;离开了礼教,天下大道也就没有了依附的对象了。因此夷狄对
礼教蔑视,盗贼对礼教厌恶,佛教、道教对礼教舍弃不用,正好说明礼教
足以令人敬畏。对礼教传续有功之人,可以褒奖他的功绩而忽略他的
错谬。伏曼容等人可谓居功至伟,当时有尚书认为百废待兴之时应裁
减礼乐官署,而梁武帝并未听从此建议,这本是身为君子之人应当大加
称赞的,可是谁又将此继承下去了呢?

一一　梁武恶助逆之沈约张稷

与人同逆而旋背之,小人之恒也。利其同逆而亲任之,
比于匪人,必受其伤,则晋于贾充、宋于谢晦是已。己谋逆
而人成之,因杀其人以掩己之恶,其恶愈大,杨广杀张衡①,
朱温杀氏叔琮②,而死亡旋踵,天理之不可诬也!使司马昭
杀贾充以谢天下,天下其可谢,而天其弗殛绝之邪?己谋逆
而人成之,事成而恶其人,心之不昧者也。存人心于百一
者,恶其人则抑且自恶,坐恶其影,梦恶其魂,乃于同逆者含
恶怒之情,而抑有所禁而不能发,心难自诬,无可如何而听

其自毙，则梁武之于沈约、张稷是已。

【注释】

①张衡（？—612）：字建平，河内（今河南沁阳）人。初为北周掌朝大夫，入隋后依附晋王杨广，历任河北行台刑部、度支二曹郎、扬州掾。他尽心事奉杨广，为其策划夺嗣之事，并参与弑杀隋文帝。杨广嗣位后，以其为御史大夫，恩宠无比。后隋炀帝欲修汾阳宫，他因进谏失宠，出为榆林太守，后被除名为民。最终以谤讪朝政罪被杀。传见《隋书·张衡列传》。

②氏叔琮：开封尉氏（今河南尉氏）人。唐末朱温军将领。唐僖宗末年，应募为骑军，后从朱温征讨黄巢，官历宿州刺史、检校右仆射、曹州刺史等。后率军北攻太原，以功任晋州节度使。天祐元年（904），奉朱温命弑杀唐昭宗。事后，氏叔琮被朱温以"军政不理"为由，贬为白州司户，不久后被赐死。传见《新唐书·奸臣传》《旧五代史·梁书·氏叔琮列传》。

【译文】

与他人共谋篡位之事，没过多久就又背叛了自己的同伙，这是小人一贯的做法。如果认为小人对于自己谋逆之事有所帮助而立有了功勋，就对他加以亲信任用，此种做法犹如与匪人相勾结亲近，最终必然会为其所伤，西晋时的贾充和刘宋时的谢晦就是此种情况。自己欲行谋逆之事，而在别人的协助下最终取得成功，于是就想将其杀掉以掩盖自身的罪恶，反而使得自身的罪恶加重，隋炀帝杨广杀死张衡，后梁太祖朱温杀死氏叔琮，然而他们很快也面临身首异处的结局，可见天理昭彰而诚然不可欺骗啊！假使司马昭杀掉贾充以谢天下，如此即便能向天下谢罪，难道上天不会立即让他的宗室被屠戮殆尽吗？自己欲行谋逆之事而在别人的协助下最终取得成功，事成之后自己登上帝位，而厌恶协助之人，这是人的良知还未丧失殆尽的表现。心中尚存有百分之一的良知，厌恶协助之人时也就会厌恶自己的所作所为，坐着时厌恶那人的影子，做梦时厌恶见到那人的灵魂，对于共同谋逆之人含有憎恶之情，而又有所顾忌，不能将此发泄而出，因为自己的内心难以自欺，最终只能无可奈何地听任协助之人自取灭亡，梁武帝对于沈约、张稷就是如此。

　　沈约非齐之大臣，梁武辟之，始与国政，恶固轻于贾充、谢晦矣。然和帝方嗣位于上流，梁武犹有所疑，而约遽劝之以速夺其位；梁武欲置和帝于南海，而约劝梁以决于弑；盖帝犹有惮于大逆之情，而约决任天下之恶以成之，是有人心所必愤者也。若张稷者，自以己私与王珍国推刃其君①，固梁武之所幸，而实非为梁武而弑，若赵穿之于赵盾②，贾充之于司马昭也。故此二逆者，梁武深恶之，而果其所宜恶者也。

【注释】

①王珍国（? —515）：字德重，沛国相（今安徽濉溪）人。齐末，萧衍起兵东下，率军入援建康之时，其为冠军行参军，败于萧衍部将王茂、曹景宗之手。于是他私下交好萧衍，杀东昏侯于内殿，以功封右卫将军。后北魏大举围攻锺离，其为都官尚书假节，与众军共同击退魏军，被任命为南秦、梁二州刺史。传见《梁书·王珍国列传》《南史·王珍国列传》。

②赵穿之于赵盾：春秋时晋灵公聚敛民财，残害臣民，招致众怨。执政的正卿赵盾受到灵公猜忌，被迫出奔，赵盾的堂弟将军赵穿杀死晋灵公，赵盾出逃至边境时才得此消息。史官董狐秉笔直书"赵盾弑其君"。赵盾认为晋灵公是为赵穿所杀，董狐所记不

确,董狐申明理由,称:"子为正卿,亡不越境,反不讨贼,非子而谁?"坚持认为晋灵公虽死于赵穿之手,同死于赵盾之手无异。事见《左传·宣公二年》。

【译文】

沈约并非萧齐朝廷的重臣,梁武帝征召他共商谋逆之事,方才得以参与国政,因此他的罪恶比贾充、谢晦要轻一些。然而齐和帝刚刚即位之时,梁武帝对于谋逆篡位之事仍有些犹疑,沈约却急于劝他尽快夺取帝位;梁武帝谋逆成功之后,想将齐和帝远置到南海,而沈约又极力劝他将和帝杀死,以除后患;可能梁武帝对于弑君这种大逆不道的行为还有所忌惮,但沈约则决心背上罪大恶极的罪名,以使弑君篡位之事最终成功,这是稍有人心之人都会愤恨的行为。至于张稷,他是为一己私利而与王珍国共同弑君,此结果固然为梁武帝所庆幸,但他并非是为了梁武帝才行弑君之举,犹如春秋之时晋国的赵穿之于赵盾,西晋贾充之于司马昭一般。因此这两个叛逆之臣,梁武帝对他们深恶痛绝,而他们也确实有应当厌恶的理由。

虽然,梁武抑岂能伸罪以致讨于约与稷哉?徒恶之而已。恶之深,因以自恶也;于恶之深,知其自恶也。置稷于青、冀,而弗任约以秉均①,抑安能违其不可尽泯之秉彝乎?不杀稷而稷失志以死于叛民,不杀约而约丧魄以死于断舌之梦②。帝语及稷而怒形于色,约死而加以恶谥。推斯情也,帝之自疚自赧于独知之隐,虽履天子之贵,若无尺地可以自容也可知矣。然而终不能杀稷与约者,则以视杨广、朱温为差矣,已有慝而不能伸讨于人矣。已有慝而杀助逆之人,然后人理永绝于心。均之为恶,而未可以一概论,察其心斯得之矣。

【注释】

①秉均：即秉钧，意指执政。

②断舌之梦：指沈约在齐和帝死后，其于病中梦见齐和帝挥剑斩断自己的舌头，并对此深感恐惧。事见《梁书·沈约列传》。

【译文】

尽管如此，梁武帝作为弑君篡位的真正受益者，又怎么能够申明沈约、张稷的罪过而对他们大加挞伐呢？也只能是憎恶他们罢了。对他们深恶痛绝，故而也深深厌恶篡权夺位的自己；通过对此二人的厌恶，也能看出他对于自己的厌恶。因此梁武帝将张稷安置于青州、冀州，而不让沈约主持政务，可见梁武帝并未完全泯灭自己内心的良知和道德。梁武帝并未杀张稷，张稷却因不被任用而郁郁不得志，最终死于叛民之手；梁武帝也未杀沈约，而沈约却被齐和帝割断自己舌头的噩梦吓得失魂落魄，最终忧惧而亡。梁武帝谈到张稷时就面有怒色，而等到沈约死后，又给他加了"隐"这个丑恶的谥号。如此便可以推想梁武帝心中对于谋逆之事的真实感受，也可知道他对此独自承担着内疚与自责却隐而不发，虽然身为尊贵无比的天子，却没有尺寸之地来让自己的内心得以安宁，也可以由此而知了。然而他终究不能诛杀张稷和沈约，则与杨广、朱温有着很大的区别，他是自己有难言之隐而不能申明、讨伐他人的罪过啊。自己本就有难言之隐，如若再诛杀那些帮助自己篡权夺位的叛逆之人，就会使自己的内心完全丧失人理天良。两者都是邪恶的表现，却不可一概而论，只有考察其内心的真实情感才能最终得出判断。

一二　壅水以灌寿阳梁人十余万漂入海

壅水以灌人之国邑，未闻其能胜者也，幸而自败，不幸而即以自亡。自亡者智伯①，败者梁武也。智伯曰："吾今而知水之可以亡人之国。"前乎智伯者，未之有也，而赵卒不亡，智自亡耳。后乎智伯者，梁人十余万漂入于海，而寿阳如故②；宋太祖引汾水以灌太原，而刘氏终未有损③。天下后世至不仁者，或以此谋献之嗜杀之君，其亦知所鉴乎！

【注释】

①智伯：又作"知伯"，姬姓，荀氏，名瑶。春秋时晋国大夫，智宣子之子。晋出公时，执掌晋国朝政，令军队攻伐郑国，夺取九邑，权倾一时。后与赵氏、魏氏共分范氏、中行氏之地，并希望各家再拿出一部分田土和人口作为晋室公地，唯独赵襄子不从。因此其向晋侯请命，率领韩康子、魏桓子共同出兵讨伐赵襄子，利用晋阳城地形劣势，准备引汾水倒灌晋阳城。后赵襄子以"唇亡齿寒"之说劝服韩康子、魏桓子，三家联合诛杀智伯，兼并了他的地盘。事见《史记·赵世家》《史记·晋世家》。

②梁人十余万漂入于海，而寿阳如故：天监十三年（514），梁武帝为夺取寿阳（今安徽寿县），在淮河上建造大坝——浮山堰，引淮河水灌寿阳城。工程历时一年，损耗大量人力物力。大坝建成后，淮河上游水位大大提高，寿阳全城都浸泡在水里。天监十五年（516）九月，淮河水位暴涨，大坝瞬间便被洪水冲垮，声震如雷，方圆三百里之内都可以听到。沿淮河两岸的梁朝城镇营寨村落和十几万人都被洪水冲入大海，无数人力物力白白浪费，而寿阳城依旧没能被梁军攻下。事见《资治通鉴·梁纪五·高祖武皇帝·天监十三、十五年》。

③宋太祖引汾水以灌太原，而刘氏终未有损：指开宝二年（969）初，宋太祖赵匡胤亲征北汉之时，下令在太原周围筑长堤，引汾水灌城，使得太原城一度被大水冲开决口，但很快又被北汉人堵住。因当时炎热多雨，宋军久攻太原不下，军中病疫蔓延，士气低落。

又逢辽军再次增援北汉，赵匡胤被迫于闰五月下令丢弃军储，撤离太原。事见《新五代史·东汉世家》。

【译文】

战争时，通过堵塞河流来淹灌他人的国家都邑，还从未听说能以此来取得胜利的，其中侥幸的是仅仅自己此次战斗失败，不幸的则要因此而自取灭亡。自取灭亡的如春秋之时晋国的大夫智伯，而自己失败的就是梁武帝萧衍。智伯说："我今日才知道水可以灭亡别的国家。"在智伯之前，没听说这种事例，被智伯用水淹灌的赵氏最后没有灭亡，而智伯只是自取灭亡罢了。在智伯之后，这种事例还有梁武帝修筑浮山堰之事，他准备利用淮河水倒灌被北魏军队占领的寿阳城，结果浮山堰因淮水大涨而垮塌，使淮河下游南梁军民十余万人被洪水冲走，而寿阳却依然未被攻下；宋太祖赵匡胤引汾水倒灌太原城，而北汉政权终究未受什么损失。天下后世之中不仁之人，或许会向嗜杀成性的君主献上此种歹计，但也应当对这些失败案例有所借鉴啊！

人有相杀之具，而天不废之；天有杀物之用，人不得而用之。虎豹犀象，天之所产，于人为害者也，纣用之①，王莽用之②，而皆以速亡。彼其以势用而不可以情使，能激之以势，而不能感其情以为我用，一发而不听人之收，自且无如之何，而可使如我之志以效功乎？水无择湮，兽无择噬，以其无择也，故禹与周公抑之驱之③，为功烈矣。从而狎之，因而自毙，恶孰甚焉？且夫人之相杀，一与一相当而已，曲直因乎理，强弱因乎势，杀戮虽多，固一与一相当也。阻滔天之浸，不择顺逆，而逞其欲以使奸焉，方谓我能杀彼而彼不能加我也，然而还自杀矣。志憯而行逆，岂有生理哉？

【注释】

①纣用之：据《吕氏春秋·古乐》记载："商人服象，为虐于东夷。"意指商纣王曾驯服大象，用以征服东夷人。

②王莽用之：指王莽为了消灭绿林军，任命大司空王邑和司徒王寻为统帅，征调数十万军队，任用长人巨毋霸为垒尉，专门负责构筑营垒，将虎、豹、犀牛、象等凶猛野兽圈至军内饲养，以便在作战时放出来，以助威武。事见《后汉书·光武帝纪》。

③禹与周公抑之驱之：语本《孟子·滕文公下》："昔者禹抑洪水而天下平，周公兼夷狄、驱猛兽而百姓宁，孔子成《春秋》而乱臣贼子惧。"分别指大禹治水、周公驱赶猛兽。

【译文】

人们持有相互杀戮的武器，而上天不予废弃；上天持有杀戮生物的工具，而人却无法运用。虎、豹、犀牛、大象，都是天生地长的野兽，它们与人为害，而商纣王曾用于战争，王莽也曾用它们作战，结果商纣王、王莽都很快败亡。他们是凭借自己的权势来将这些野兽加以使用，而并非能以情感驱使他们；可以用势加以刺激，而不能以情感驯化使之为我所用，一旦将野兽驱赶而出，便没办法将其回收，自己尚且对它们无可奈何，又怎能使其按照自己的意志来报效立功呢？洪水不会自己选择淹没的土地，野兽也不会选择它们要吞噬的对象，正因它们都无法选择，所以夏禹治水、周公驱赶猛兽，才建立了丰功伟绩。如果对它们放纵亲近，便会自取灭亡，还有比这可恶的吗？况且人与人相互厮杀，应当一对一地进行决斗，是非曲直存于公理，强弱在于势力，杀戮虽多，固然也是一对一相斗，也算公平相当。堵塞波浪滔天的洪水，使其不加选择地顺行逆灌，使之随意肆流而淹没城邑、吞没生灵，然后才说我可以将对方杀害而对方对我却无可奈何，然而终究还是自取灭亡。用心恶毒而行为忤逆，难道还有不灭亡的道理吗？

或曰:"以水灌城而城不坏,退水而城必圮,后世必有行是谋者,引师退水以进攻,彼城圮而我无漂溺之忧。"乃军行泥淖之中,樵苏无备①,以攻必死之敌,城虽圮,终不能入,而先为敌禽矣。残忍之谋,愈变而愈左,勿惑其说,尚自免于败亡乎!

【注释】

①樵苏:柴草。此指军需粮草。

【译文】

有人说:"用水倒灌城邑而城墙没有损坏,水退之后城墙必定倒塌,后世之人必定有运用此种方法的,先撤退军队,等水退之后再发起进攻,对方城池已倒塌,而我军也没有遭水浸灌的忧患。"行进在水淹后的泥泞道路上,没有足够的粮草储备,来进攻被置之死地、决心战斗到底的敌军,对方的城池虽然被破坏,也终究难以突破攻入,而自己却可能会先被敌人击败擒获。残忍的计谋,越演变越荒谬残忍,千万不要被其邪说所迷惑,如此则尚且有可能免于败亡的结局!

一三　魏袁翻李崇请重镇将守令之选

债帅横于边而军心离①,赇吏横于边而民心离②。外有寇则速叛,外无寇则必反。边任之重,中主具臣必轻之。袁翻、李崇忧六镇之反③,请重将领守令之选,匪特验于拓拔氏,亦万世之永鉴已。

【注释】

①债帅:借高利贷买得武官爵位的军官。

②赇(qiú)吏:贪赃枉法的官吏。

③袁翻(476—528)：字景翔，陈郡项(今河南沈丘)人。初为奉朝请，后为著作佐郎，参修史事。正光二年(521)，柔然阿那瓖和婆罗门二主相继以国乱来降，他建议分其众于怀朔镇北及西海屯田。后官至中书令、度支尚书。河阴之变时遇害。传见《魏书·袁翻列传》《北史·袁翻列传》。李崇(455—525)：字继长，小名继伯，顿丘(今河南清丰)人。孝文帝时，累迁荆州、兖州刺史，入为河南尹。后击破东荆州蛮樊安，进而降西荆州诸蛮，以功迁侍中。因阿那瓖叛乱，他上表请求"改镇立州，分置郡县"，意图加强对六镇民众的管理，以防祸乱，结果招致六镇之民的反感。后为北讨大都督，镇压破六韩拔陵起义，因所部崔暹军败等事，受牵连被免官爵。传见《魏书·李崇列传》《北史·李崇列传》。

【译文】

　　债帅横行于边地，就会使得军心离散；贪赃枉法的官吏横行于边地，则民心必定离散。如果外部一旦有强敌入侵，他们很快便叛变投敌；如果没有外敌侵扰，则必定会反叛朝廷。边境军政人员的任命本就关系重大，然而平庸之主和备位充数之臣对此都较为轻视。北魏大臣袁翻、李崇担忧北部边境六镇可能起兵造反，要求加强对于六镇的将领和地方主官的选拔，此种先见之明不仅在北魏得到验证，也应该为后世之人所永远借鉴。

　　均是将领也，而在边之将，贪残驽阘者①，甚于腹里；均是守令也，而在边之守令，污墨冒昧者，甚于内地。夫将领或挟虏寇以恣其所为，犹有辞也；守令之理民也无以异，而贪虐甚焉，无他，才望有余之士，据善地以易奏成劳，则清华之擢②，必其所捷得；而在边者途穷望尽，姑偷利以俟归休也③。于是而边方郡邑永为下劣之选，才望之士且耻为之，亦恶望其有可任之人乎？且也大帅近而或挫于武人矣，监军出而或辱于中涓矣，刍粮庤而或疲于支给矣④，重臣临而或瘁于将迎矣⑤。非夫涂穷望尽不获已而姑受一命者，固不屑为也。人士之习见既然，司铨者遂因之以为除授之高下，于是沿边之守令，莫非士流不齿之材，其气苶⑥，其情偷，苟且狼戾⑦，至于人之所不忍为而为之不耻。及边民之憔悴极、反叛起，然后思矫其弊，重选人才以收拾之，祸已发而非旦夕可挽矣。

【注释】

①驽阘(tà)：指愚钝无能、庸碌卑下。

②清华：指职位清高显贵。

③归休：退休回乡。

④庤(zhì)：储备。

⑤瘁：劳累，疲惫。

⑥苶(nié)：指精神颓靡。

⑦狼戾：凶狠暴戾。

【译文】

同样是将领，然而驻守边地的将领，其贪婪凶残、愚钝无能、庸碌卑下的程度，远比内地的将领严重；而同样作为郡守、县令，边地郡守、县令贪赃枉法、鲁莽轻率之举，也比内地的严重得多。边地的将领有的是挟持夷狄贼寇以自重，借此来为所欲为、兴风作浪，他们的恶劣尚且有其原因；而郡守、县令治理百姓并无区别，而在边地者，贪婪暴虐的现象却更为严重，这没有什么其他的原因，只是因为才能与德望绰绰有余的官员都在易于治理之地为官，这样容易取得治理成果，于是他们会捷足先登，优先被拔擢到清高显贵的职位上；而身在边地为官的官员却如日暮途穷，对于升迁拔擢之事没有指望，唯有得过且过，徇私舞弊，追逐私利，以等待退休归家。于是身在边地郡县军镇的为官之人永远沦落于下劣的职位，而才德兼备之士耻于到边疆任职，又怎么能指望边地有能肩负重任的人呢？而且他们距离大将很近，不免会被武将阻挠、侮辱；朝廷有时还派出宦官来监军，地方官员又不会不会受到这些宦官的凌辱；粮草储备不足，不免会为转运粮草而疲于奔命；如有朝廷重臣来到，又不免会为迎来送往而心力交瘁。这样的职位，只有那些前程无所指望、无可进取之人，会姑且接受任命，然而普通官员或是清流显要自然不屑于担任。人们的偏见既然都是如此，那么掌管官吏任免的人就以内地与边地作为衡量官员高低等级的尺度来加以区别任免，这样一来，边地的官员都是士人所不齿的庸材，他们心气消极，得过且过，残忍暴戾，乃至专干一些人们不忍心做的事情，且不以此为耻。等到边地之民疲愈不堪、忍无可忍之时，必然会反叛，此时再想矫正弊端，重新选拔人才来收拾残局，祸患早已潜藏生发，这并非一朝一夕间就可以挽回的。

　　唯开国之始，无长虑以持其终，愈流愈下而极重难回也，故袁翻、李崇危言之而不能动当事之心。至于破六韩拔陵、胡琛、莫折大提称戈竞起①，而后追用崇言，改镇为州，徒以残危之地，强才臣而致之死地，何嗟及矣！大河以北，人狎于羯胡；五岭以南，民习于寇攘；无人以治之，而中华愈蹙。但此荆、扬、徐、豫之土，蚁封其垤②，雀安于堂，不亦悲乎！

【注释】

①破六韩拔陵(？—525)：沃野镇(今内蒙古五原)人，匈奴族。魏孝明帝正光四年(523)，于沃野镇率众反叛，杀镇将，年号真王，

六镇各族群起响应。先后大败临淮王元彧、抚军将军崔暹,使得东、西部敕勒皆叛魏依附于他。孝昌元年(525),率军先陷怀朔镇,又围攻广阳王元深于五原,后为长流参军于谨及柔然头兵可汗所败,南渡北河。后又杀敕勒酋长胡琛,结果下落不明,一说为柔然所杀。胡琛:北魏人敕勒族酋长。魏孝明帝正光五年(524),被高平镇民众拥立为高平王,起兵响应破六韩拔陵,被魏将卢祖迁击败北走,后又重返高平。孝昌元年(525),大将万俟丑奴等于泾州大败魏军,击杀征西将军崔延伯。胡琛后因侮慢破六韩拔陵,为其所杀。莫折大提:又作"莫折太提",秦州(今甘肃天水)人,羌族。本为秦州城兵,魏明帝正光五年(524),与秦州城民杀刺史李彦起兵,被推为主帅,称秦王。后遣卜胡袭取高平镇,杀镇将赫连略。不久病死,所部由子莫折念生统领。三人事皆散见于《魏书·肃宗纪》《北史·魏本纪》《资治通鉴·梁纪六》等。

②蚁封其垤(dié):指蚂蚁聚集做窝。垤,蚂蚁做窝时堆在穴口的小土堆。

【译文】

这一切只是因为在开国之初,统治者没有长远的打算和筹谋,无法使边境局势长治久安,因此导致情况每况愈下且最终积重难返,所以袁翻、李崇直言其弊端和隐患,却不能打动当政者的内心。到了六镇将领破六韩拔陵、胡琛、莫折大提相继持戈反叛朝廷之后,北魏朝廷才想起来采纳李崇的建议,改边镇为州,然而此举不过是强迫富有才干的大臣前往已然反叛的危险之地白白送死而已,真是令人叹息不已!黄河以北,民众都深受羁胡的影响;而五岭以南,人们则习惯于兵匪劫掠侵夺之事;没有人去治理这些边远地区,故而中原地区也因此愈加动荡。仅仅只剩下荆州、扬州、徐州、豫州这中原四州仍然是安然富贵之地,人们犹如蚂蚁群聚做窝、麻雀安于高堂一般,局促在这和平的氛围中,对周围充耳不闻,这难道不也很可悲吗!

一四 梁武自知不容于圣教而就浮屠

武帝之始,崇学校,定雅乐,斥封禅,修"五礼","六经"之教,蔚然兴焉。虽疵而未醇,华而未实,固东汉以下未有之盛也。天监十六年①,乃罢宗庙牲牢,荐以疏果,沉溺于浮屠氏之教,以迄于亡而不悟。盖其时帝已将老矣②,畴昔之所希冀而图谋者皆已遂矣,更无余愿,而但思以自处。帝固起自儒生,与闻名义,非曹孟德、司马仲达之以雄豪自命者也;尤非刘裕、萧道成之发迹兵间、茫然于名教者也。既尝求之于圣人之教,而思有以异于彼。乃圣人之教,非不奖人以悔过自新之路;而于乱臣贼子,则虽有丰功伟绩,终不能盖其大恶,登进于君子之途。帝于是彷徨疚愧,知古今无可自容之余地,而心滋戚矣。浮屠氏以空为道者也,有"心亡罪灭"之说焉③,有"事事无碍"之教焉④。五无间者⑤,其所谓大恶也,而或归诸宿业之相报⑥,或许其忏悔之皆除,但与皈依,则覆载不容之大逆,一念而随皆消陨。帝于是欣然而得其愿,曰唯浮屠之许我以善而我可善于其中也,断内而已⑦,绝肉而已,捐金粟以营塔庙而已,夫我皆优为之,越三界⑧,出九地⑨,翛然于善恶之外⑩,弑君篡国,沤起幻灭⑪,而何伤哉? 则终身沉迷而不反,夫谁使之反邪? 不然,佞佛者皆愚惑失志之人,而帝固非其伦也。

【注释】

① 天监十六年:517 年。

②其时帝已将老:这一年梁武帝萧衍53岁。

③心亡罪灭:参见卷六"光武一五"条注。

④事事无碍:佛教用语。指现象界事事物物之关联至为密切而交融无碍,具有一多相即、大小相融之殊妙义。是华严宗显示现象即本体之用语。

⑤五无间:佛教用语。指堕入无间地狱的五种重罪,即杀母、杀父、杀阿罗汉、破和合僧、出佛身血。亦称"五无间业""五逆罪"。

⑥宿业:佛教用语。指前世的善恶因缘。佛教认为众生有三世因果,认为过去世所做的善恶业因,可以产生今生的苦乐果报。

⑦断内:指断绝女色。内,妇女,女色。

⑧三界:佛教用语。指佛家认为众生赖以生存的欲界、色界和无色界。

⑨九地:佛教用语。指佛家认为众生于三界轮回中所处的居所或精神层面。其中欲界占一地、色界四地、无色界四地,三界众生于此间轮回。

⑩翛(xiāo)然:指无拘无束、自由自在的样子。

⑪沤(ōu)起:水中浮泡涌现,喻指虚空无常的世事。沤,水中浮泡。

【译文】

梁武帝即位之初,推崇官学,修订雅乐,贬斥封禅之类的邪说,编修"五礼",古时圣王的"六经"教化,一时间蔚然兴起。虽然可能有缺失错谬而并不纯正,过分华丽而不实际,却仍然是自东汉以来还从未有过的盛事。天监十六年,梁武帝下令废除宗庙祭祀中供献牲畜的礼制,改以蔬菜瓜果作为供礼,转而沉溺于佛教信仰之中,一直到他去世都没有醒悟。大概是因为当时他年事已高,当初有所希冀且图谋得到的东西均已如愿以偿,再没有什么其他的心愿,因此开始思考自身如何处世的问题。梁武帝本就以儒生起家,受过名节道义的教化,并非如曹操、司马懿那般,把自己当成英雄豪杰而自命不凡;更不像刘裕、萧道成那样发迹于军队行伍之中,对名节礼教茫然无知。既然曾经受过圣人之教的,就会反思自己的行为是否与此有所违背。然而圣人的教化,并非不鼓励人改过、给予其自新之路;可对于那些乱臣贼子,则即使立下丰功伟绩,终究也不能掩盖他们罪大恶极的行为,从而得以被登进于君子的正途。梁武帝因此感到彷徨无措、愧疚不已,他深知自己弑君篡位的谋逆之举使得古今上下已无他可以容身之地,因此他的内心更加悲戚。佛教主张万事皆空,有"心亡罪灭"的说法,有"事事无碍"的教诲。佛教对所谓堕入无间地狱的五种罪过,也就是罪大恶极之举,有的将此归因于自己前世善恶的因果报应,有的许愿说只要经过真心的忏悔就会完全消除罪恶,因此只要皈依佛门,即便是天地不容的罪大恶极之事,也能在一念之间消除净尽。梁武帝于是欣然得其所愿,说是只有佛陀能允许我多做善行,而我可以皈依其中以广结善缘,只要断绝女色、酒肉之欲,捐舍钱粮营建佛塔寺庙,把这些都努力做到最好,就可以超越三界和众生轮回之苦,无拘无束地悠游于善恶之外,弑君篡位的罪恶犹如水中浮泡般幻灭,如此,则对自己还会再有何伤害呢?于是终身沉迷于佛教之中而不知回返,谁又能使他迷途知返呢?其实并非如此,迷信佛教的都是愚昧困惑而丧失意志之人,而梁武帝和他们本就不是一类人。

呜呼!浮屠之乱天下而遍四海垂千年,趋之如狂者,唯其纳天下之垢污而速予之以圣也。苟非无疢于屋漏者①,谁能受君子之典型而不舍以就彼哉②?淫坊酒肆,佛皆在焉,恶已贯盈,一念消之而无余愧,儒之驳者③,窃附之以奔走天下,曰无善无恶良知也。善恶本皆无,而耽酒渔色、罔利逐名者,皆逍遥淌瀁④,自命为圣人之徒,亦此物此志焉耳。

【注释】

①无疚于屋漏：屋漏，古代在室内西北隅施设小帐，安藏神主，是为人所不见的地方。"无疚于屋漏"指虽在宗庙里，但无愧畏之心。也比喻即使在暗中也不做坏事，不起坏念头。

②典型：常规、旧法。

③驳：混杂不纯。

④淌瀁（yàng）：荡漾。瀁，同"漾"，荡漾。

【译文】

唉！佛教惑乱天下，遍布四海，至今已有千余年了，人们如痴如狂地趋奉佛教，只因为它能够容纳天下的污垢之徒，而很快给予他们成为圣人的机会。假如不是无愧于神明的人，谁能够受得了君子固有的规范限制而不舍儒而就佛呢？妓院酒馆，都有佛的存在，罪恶已经满盈，一念之间就消除净尽而不感到惭愧，儒士中驳杂不纯之人，暗中依附佛教以奔走于天下，口口声声宣称无善无恶良知。善恶既然本来都不存在，则沉湎酒色、争名逐利的人，都逍遥法外、不以为意，自命为圣人的门徒，大概也是这一类人共同的想法。

一五　魏吏部"停年格"未为大失

元魏神龟二年①，其吏部尚书崔亮始立"停年格"以铨除②，盖即今之所谓资也。当时讥其不问贤愚而选举多失。夫其时淫后乱于宫闱，强臣恣于政府，贿赂章，廉耻丧，吏道杂，而奸邪逞。用人之失，岂亮立法之不善专尸其咎哉？停年之格，虽曰不拣，然必历年无过而后可以年计，亦未为大失也。国家有用人之典，有察吏之典，不可兼任于一人明矣。吏部司进者也，防其陵躐而已③。竞躁者不先，濡滞者不后④，铨选之公，能守此足矣。以冢宰一人而欲知四海之贤不肖⑤,虽周公之圣弗能也。将以貌、言、书、判而高下之乎⑥?貌、言、书、判末矣。将以毁誉而进退之乎?毁誉不可任者也。以一人之耳目,受天下之贤愚,错乱遗忘,明者弗免,偶然一誉,偶然一毁,谨识之而他又荧之,将何据哉?唯夫挟私罔利者,则以不测之恩威雠其贪伪,而藉口拔尤⑦,侈非常之藻鉴⑧,公而慎者弗敢也。故吏部唯操成法以奖恬抑躁,而不任喜怒以专己行私,则公道行而士气静,守此焉足矣。若夫大贤至不肖之举不崇朝、惩弗姑待,自有执宪之司,征事采言,以申激扬之典,固非吏部之所能兼也。考无过以积年,升除惟其成法;察贤奸而荐劾,清议自有特操;并行不悖,而吏道自清。停年之格,何损于治理?而必欲以非常之典待寻常守职之士乎?

【注释】

①元魏:指拓跋氏的北魏。神龟:北魏孝明帝元诩的第二个年号,使用时间为518—520年。神龟二年,即519年。

②崔亮(?—521):字敬儒,清河东武城(今山东武城)人。初以佣书为业,被中书令李冲荐为中书博士。宣武帝时,官至吏部尚书。曾创"停年格"之制,即不问贤愚,专以年资深浅作为选官录用的标准。传见《魏书·崔亮列传》《北史·崔亮列传》。

③陵躐(liè):即凌躐,超越,凌驾。

④濡滞:落后,滞后。

⑤冢宰:官名。殷商置太宰,周改称冢宰,以辅佐帝王治理国家,为宰相之任,百官之首。后世亦以"冢宰"指吏部尚书。

⑥貌、言、书、判:即身、言、书、判,为唐宋之时考察选人的标准。吏部对于官员进行铨选考核之时,根据考核对象的身材相貌、言词

谈吐、书写文字、撰写判词的情况来进行选拔。

⑦拔尤：指选拔才干突出之人。

⑧藻鉴：指评价和鉴别人才。

【译文】

北魏孝明帝神龟二年，吏部尚书崔亮创立"停年格"制度来进行官员的选拔和授职，大约就相当于今天所说的以资望为选官准则。当时之人都批评此法不问官员的贤明愚钝，导致所选官员多有缺陷。当时，胡太后擅权干政、秽乱宫闱，权臣元义在政府肆意妄为，使得贿赂之事大行其道，道德廉耻沦丧殆尽，官吏仕进之道杂乱无章，而奸佞小人乘机徇私舞弊。选拔任用人才存在缺漏，难道能仅仅由崔亮立法不善来承担责任吗？以年资作为标准而非以才干高下来选拔官员、授予职位，尽管说是不问才能高下，但官员一定要在历年中没有过错，而后这些年份才能被纳入年资范畴，作为升迁依据，这也并非有什么大的制度缺失。国家有选拔任用人才的制度，有考核官吏的规章，这两种职权不可全由一人兼任，这是非常明白的。吏部是掌管选拔任用官员的部门，它的作用还在于防止选拔官员时超越等次进行拔擢。急功冒进之人不能使其率先升迁，迟滞缓慢之人也不能使其过于滞后，选拔任用官员要公道，能够坚守这一原则便已然足够了。以吏部尚书的一己之力，想要全面了解天下官吏的贤明与昏庸，即便是像周公那样的圣贤也是无法做到的。以身材容貌、言语、文书质量以及撰写判词的水准来辨别官员水平的高低怎么样呢？实则上述四种方法都是些对于官员细枝末节的考量。以他人的评价好坏来作为晋升或黜退的标准怎么样呢？他人的评论实则也是不足以凭信的。以一人的耳目，来倾听和观察天下官员的贤明或愚钝，不可避免会出现错谬遗漏的情况，即便是极为贤明之人也难以避免，偶然的一次褒扬或偶然的一次批评，仅仅对此知晓而又被此迷惑，因此又要以什么来作为考察的依据呢？只有那些挟持着自己的私人恩怨或欲图贪利的人，会用难以揣测的恩威进行震吓和利诱，以其贪图私利、奸诈欺蒙，而借口拔擢特进，以夸大之辞来品评鉴别人才，这是公正而谨慎的执政者所不敢做的。所以吏部只有根据既定法令来褒奖那些恬淡持正的官员，而贬斥那些急功冒进之人，并非凭借个人的喜怒好恶来进行判别并以行己私，因此就会奉行公道，以致欲图为官的士人风气淳安和静，只要坚持这一点就足够了。至于对于贤德的君子立即加以荐举，对罪大恶极的不肖之徒立即予以严惩而不姑息，则自有监察和执法机构进行考察事实和舆论，从而伸张欲以激浊扬清的典章制度，这本非是吏部所能兼管的。经年考核没有过失，官员升迁除授自有成法可循；考察官员是贤明还是奸伪，从而加以荐举或弹劾，负责清议的谏官自然会独立行使这一职能，这两方面并行不悖，官员仕进之途自然会清白明朗。如此则崔亮的"停年格"制度，对治国之道又有何损害呢？为何一定要以非常之典来对待寻常安于职守的官吏呢？

　　或曰：《周官》黜陟，专任冢宰①，非与？曰：此泥古而不审以其时者也。周之冢宰，所治者王畿千里，俭于今之一省会也，其政绩易考，其品行易知，岂所论于郡县之天下，一吏部而进退九州盈万之官乎？停年以除吏，非一除而不可复退也，有纠察者随其后也。责吏部者，以公而已矣，明非所可责也。

【注释】

①《周官》黜陟，专任冢宰：指《周礼》之中，天官大宰有"掌建邦之六典，以佐王治邦国"的责任，统御管理百官。事见《周礼·天官·冢宰》。

【译文】

有人说：《周官》中所载的对于官员的选拔罢黜，是由冢宰大臣专门负责,难道不对吗? 回答是:这是泥古不化、没有经过审时度势而得出的观点。周代的冢宰,其所管辖的范围仅仅是京畿周围方圆千里之地,实则比今天的一个省的管辖范围还小,因此对于各级官吏的政绩也较为容易进行考察,而对于官吏的品德操行也容易知晓,怎么可以与今日天下郡县众多,一个吏部就要掌管国家成千上万官员的升迁进退的情况相提并论呢? 以年资为标准进行考核然后加以拔擢或罢黜,并非是拔擢之后就不会再加以罢黜,因为还有纠核考察紧随其后。对吏部选拔任用官员的要求,只应在于公平而已,至于明察官员的贤愚,则并不能强求吏部必定做到。

一六　魏莫折念生反李苗请勒大将坚壁勿战

莫折念生反于秦州[①],元志亟攻之[②],李苗上书请勒大将坚壁勿战[③],谓"贼猖狂非有素蓄,势在疾攻,迟之则人情离沮"。此万世之长策也。

【注释】

①莫折念生(? —527):秦州(今甘肃天水)人,羌族。北魏秦州起义首领莫折大提之子。于莫折大提病死后继任起义军首领,改称天子,年号天建,并设置百官。先攻陷岐州,俘杀魏都督元志及刺史裴芬之。后又攻下凉州、仇池郡等地,逼进洛阳。最终因内部分裂,被秦州城民杜粲所杀。其事散见于《魏书·肃宗纪》《北史·魏本纪》《资治通鉴·梁纪六》等。

②元志(? —524):字猛略,鲜卑人。北魏宗室、大臣。博览书传,颇有辩才。起家洛阳令,且不避强御。曾随孝文帝南征,救驾有功。莫折念生起兵叛乱之时,其为西征都督进行讨伐,并与之相持不下。因急于发起进攻,而终为莫折念生所败,后逃奔至岐

州。刺史裴芬之怀疑城中有人与敌暗通款曲,但他不听,终因城
破被害。传见《魏书·神元平文诸帝子孙列传》《北史·元志
列传》。

③李苗:字子宣,梓潼涪(今四川绵阳)人。莫折念生叛乱之时,他
随行台魏子建镇压莫折念生,上书认为贼寇突起,粮草人心必然
不齐,应该深沟高垒,坚守勿战,以待歼敌之机。后与大都督宗
正珍孙平定汾、绛稽胡刘蠡升,迁龙骧将军。尔朱世隆叛乱之
时,他与之交战,兵败后赴水而死。传见《魏书·李苗列传》《北
史·李苗列传》。

【译文】

　　北魏末年,莫折念生在秦州起兵反叛,元志急忙率军对他进行攻
伐,李苗上书建议勒令将领坚壁清野,不要轻易出战,并说"莫折念生虽
然声势浩大,但他的叛逆之举并没有长期准备,因此速战速决对他有
利,如果他进军迟滞则会使其人心涣散、士气不振"。这实为可供万世
借鉴的良策。

　　天下方宁而寇忽起,勿论其为夷狄、为盗贼,皆一时僄
悍之气、瞀不畏死者也①。譬如勇戾之夫,忿起而求人与斗,
行数里而不见与斗者,则气衰而思遁矣。故乍起之兵,所畏
者莫甚于旷日而不见敌。其资粮几何也?其器仗几何也?
其所得而掳掠者几何也?称兵已久,而不能杀吾一卒,则所
以摇惑人心而人从之者又几何也?乃当事者轻与急争也,
其不肖之情有二:一则畏怯,而居中持议者,唯恐其深入,则
必从奄人以前御而冀缓其忧②;一则乘时徼利,而拥兵柄者
欲诧其勇,轻用人以试,而幸其有功。且不但此也,司农惮
于支给③,郡邑苦于输将,顽民吝其刍粟④,不恤国之安危,唯

思速竟其事，于是而寇之志得矣。冒突以一逞，乘败而进，兵其兵也，食其食也，地其地也，气益锐，人益附，遂成乎不可扑灭之势。然后骄懦之帅⑤，反之以不战，坐视其日强，而国因以亡。

【注释】

①僄（piào）悍：敏捷勇猛。暋（mǐn）：强横，强悍。

②从臾：即"从谀"，怂恿，奉承。

③司农：本指上古时代负责教民稼穑的农官，汉代起设大司农管理国家财政，为九卿之一。明清以户部司漕粮田赋，故别称户部尚书为司农。

④刍粟：即刍粮，指供军队用的饲料和粮食。

⑤骄懦：骄矜懦弱。

【译文】

天下初定，然而寇乱却突然爆发，不论是夷狄入侵，还是盗贼作乱，都是些凭借一时的敏捷勇猛之气奋发而起、气势强横而不畏惧死亡的家伙。他们如同骁勇暴戾的匹夫，愤然而起，希望与人厮杀，然而他们奔行数里却无人与其争斗厮杀，那么他们的气势就会衰减，开始考虑逃遁。所以初起事的军队，所害怕的莫过于长时间见不到敌人。他们的后勤粮草供应能有多少？器械兵仗又有多少？他们能够掳掠到的又能有多少？他们起兵反叛时间已经很长，却不能杀戮我方一兵一卒，那么他们所用来蛊惑人心并使人们追随的伎俩还能有多大作用呢？主管平叛的人之所以轻易与贼寇迅速开战，其中的不良隐情主要有两方面：一是畏惧怯懦，在朝廷中枢把持议论权柄的人，唯恐贼寇深入，因此一定要怂恿人们向前御敌，希望以此缓解他们的忧虑；二是想趁机取利，掌握兵权的人想要夸耀自己的勇武有为，轻易任用将领，派其上阵，以期侥幸取得功勋。况且还不仅仅如此，管理财政的官员害怕供应粮草的辛劳，郡县则苦于转运的负担，那些刁顽小民各啬向国家上缴粮食，不顾及国家的安危，只考虑尽快平息战事，于是寇贼的反叛之志得以实现。贼寇冒险一拼，乘着我方的败势大举进攻，于是朝廷的士兵成了寇贼之兵，朝廷的食物资财归于寇贼，国家的土地也归于寇贼，他们的气焰日盛，人们日益归附他们，于是就形成了难以扑灭的态势。然后骄矜懦弱的将帅，反而不敢开战，坐视寇贼势力日益强大，而国家也因此趋于灭亡。

　　呜呼！以天下敌一隅，以百年之积、四海之挽敌野掠^①，坐以困之，未有不日消月萎而成擒者，六镇岂能如魏何哉！魏自亡耳。强弱众寡虚实之数较然也，强可以压弱，众可以制寡，实可以困虚，而亟起以授之掠夺，惴惴然惊，悻悻然起^②，败军杀将，破国亡君，愚者之情形，古今如一，悲夫！

【注释】

①挽：牵制。

②悻悻：刚愎固执的样子。

【译文】

　　唉！以整个天下的力量来抵御盘踞一隅的盗贼，凭着上百年的积蓄、四海的转输供应来对付靠着四处掳掠来维持自身供给的贼寇，其实，只要稳坐中枢，包围贼寇使其陷于困境，贼寇便没有不日益消萎乃至最终失败被擒的，六镇的反叛难道能对北魏构成多大的威胁吗！北魏只是自取灭亡罢了。敌我双方强弱、众寡、虚实的对比是很明显的，强可以压弱，众可以制寡，实可以困虚，可是朝廷却匆忙起兵与敌人交战，授给他们掠夺我方的机会，或是惴惴不安、惊慌失措，或是刚愎固执、仓促应战，最终兵败将死、国破君亡，愚蠢之人造成悲剧的情形，古今都一样，真是可悲啊！

一七　尔朱荣奉子攸入雒山伟拜赦

人士之大祸三,皆自取之也。博士以神仙欺嬴政而谤之;元魏之臣阿淫虐之女主而又背之;唐臣不恤社稷,阴阳其意于汴、晋,恶朱全忠而又迎之;故坑于咸阳,歼于河阴①,沉于白马,皆自取之也。

【注释】

①歼于河阴:指因孝明帝元诩与其母胡太后争权,密诏并、肆、汾、广、恒、云六州讨虏大都督尔朱荣入洛,以威胁太后。胡太后与宠臣郑俨、徐纥合谋毒死孝明帝,立幼主元钊。尔朱荣与并州刺史元天穆则以为孝明帝复仇为名,举兵南下。后攻入洛阳,执太后及幼主送至河阴,沉溺于河。又以祭天为名,召集宗室诸王与公卿百官二千余人于河阴行宫,将其全部杀害。史称"河阴之变"。事见《魏书·宣武灵皇后胡氏列传》。河阴,今河南孟津东北。

【译文】

士大夫共历经三次灭顶之灾,实则都是咎由自取。秦时博士以神仙方术之事欺骗秦始皇,同时又对秦始皇的政策多有诽谤;北魏的大臣阿谀奉承荒淫暴虐的胡太后而后又背叛她;唐末清流大臣们不为国家社稷着想,在朱温与李克用之间曲意调和,虽然憎恶朱温却又迎他入都执政;故而秦朝博士们被坑杀于咸阳,北魏大臣们聚歼于河阴,唐末清流大臣们被投入白马驿淹死,这都是他们咎由自取的结果。

君子有必去以全身,非但全其生之谓也,全其不辱之身也。拓拔氏以伪饰之诗书礼乐诱天下之士,而翕然从之①。

且不徒当世之士为所欺也，千载而下，论史者犹称道之而弗绝。然有信道之君子，知德而不可以伪欺，则抑岂可欺邪？而鄙夫无识，席晏安，规荣利，滔滔不反②，至于一淫妪杀子弑君，而屏息其廷，怀禄不舍。则相率以冥行③，蹈凶危而不惜，其习已浸淫，胶固而不解④，欲弗群趋于死地，其可得乎？

【注释】

①翕然：一致貌。

②滔滔：和乐。

③冥行：夜间行路，比喻盲目行事。

④胶固：牢固。

【译文】

　　身为君子之人，有必定要脱身离开以保全自身的情况，保全自身并不是仅仅指保全性命，而是指保全性命的同时也使名节不受侮辱、损害。北魏拓跋氏以蓄意粉饰的诗书礼乐来引诱天下之士，令他们纷纷顺从于北魏朝廷。此举不仅使当时的士人所受诬骗，即便千年之后，谈论此段历史的人仍然对其称颂不绝。但也有一些笃信正道的君子，知道儒家正统的伦理道德是不容许作伪欺骗的，则他们又怎么可能为朝廷所欺骗呢？而那些鄙陋浅薄的人则毫无见识，他们习惯于安乐，一心谋求荣华富贵，乃至身陷迷途而不知回返，以至于面对像胡太后鸩杀其子孝明皇帝元诩这样的事，也仍旧于朝堂之上怯懦地屏息闭口，不愿舍弃官爵利禄。于是他们都会对此类恶行视若无睹，为了追逐名利，即使身陷危险之地也在所不惜，这种习气经过长期浸淫，已变得牢不可破，想让他们不成群结队地奔赴死地，难道能做得到吗？

　　河阴之血已涂郊原，可为寒心甚矣。尔朱荣奉子攸入雏①，而山伟孑然一人趋跄而拜赦②，吾不知伟之不怖而欣然以来者何心也？盖不忍捐其散骑常侍而已。则二千余人宾宾秩秩奉法驾以迎子攸于河阴者③，皆山伟也。廉耻丧而祸福迷。二千余人，岂有一人焉，戴发含齿血在皮中者乎④？如其道，则日游于兵刃之下而有余裕；丧其耻，则相忘于处堂之嬉⑤，白刃已加其脰而赴之如归⑥。挟诗书礼乐之迹而怙之，闻声望影而就之，道之贼也，德之弃也。蛾蚁之智，死之徒也，自取之也。

【注释】

①子攸：即北魏孝庄帝元子攸（507—530），鲜卑族。彭城王元勰第三子。孝昌二年（526）封长乐王。因胡太后毒杀孝明帝，招致尔朱荣率军进京，元子攸于武泰元年（528），被尔朱荣立为帝。后因尔朱荣遥制朝政，树置亲党，他设计将尔朱荣诱杀。其后尔朱兆起兵复仇，他被迁至晋阳，旋即遭缢杀。传见《魏书·敬宗孝庄帝纪》《北史·敬宗孝庄本纪》。

②山伟孑然一人趋跄而拜赦：山伟，字仲才，洛阳（今属河南）人。涉猎文史，孝明帝初年为侍御史。后依附权臣元叉，官至尚书二千石郎，修起居注。尔朱荣推奉孝庄帝元子攸进入洛阳之时，唯独他一人拜见皇帝，接受赦免。传、事见《魏书·山伟列传》《北史·山伟列传》。

③宾宾秩秩：成群结队、端庄肃静貌。法驾：天子车驾的一种。

④戴发含齿：长着头发和牙齿。指人。多用作退一步说，表示也还是人或如果是人。

⑤处堂之嬉：即燕雀处堂，比喻居安而不知危，毫无警惕之心。

⑥脰（dòu）：颈项，脖子。

【译文】

　　河阴之变中,士大夫们的鲜血已遍洒于郊区原野之间,这足以让人感到非常心寒了。可是尔朱荣推奉孝庄帝元子攸进入洛阳时,山伟却还孑然一身,仓皇踉跄地前来拜迎孝庄帝,接受赦免,我不知道山伟毫不感到恐惧反而欣然前往,到底是何居心? 大概他只是不想舍弃散骑常侍的官位罢了。如此看来,则恭敬有序地前往河阴、以盛大的礼节法驾来迎接元子攸的两千余人,实则与山伟所思所想并无区别,痴迷于祸福利禄之间而丧失廉耻之心。这两千多个北魏官员,难道他们中有一个长着头发和牙齿、皮肉之中流淌热血的人吗? 如果自己真的能够坚守道义,即便每天游荡于兵刃之下也仍有余裕;若是廉耻丧尽,则即使大祸临头也不自知,最终白刃已然架在了脖颈之上还犹如归家一般前去赴死。凭借诗书礼乐的外在表现作为资本,对于名利爵禄之事则一有机会就趋之若鹜,实为道义的叛贼、道德的弃物。他们只有犹如蛾子、蚂蚁般的智慧,徒然送死,实在是自取灭亡之举。

一八　高欢劝尔朱荣称帝贺拔岳请杀欢

　　奸雄之相制也,互乘其机而以相害,然而有近正者焉,亦非徒托于名以相矫而居胜也。仪度其心[①],固有正者存焉,见为可据而挟之以为得也。乃其机则险矣,险则虽有正焉而固奸雄之为也,特其祸天下者则差焉耳。

【注释】

　　①仪度:本指浑天仪的度数,用以测日月星辰的行度,这里引申为度量、测量。

【译文】

　　奸雄之间相互制衡,互相利用对方的可乘之机来伤害对方,然而他们之中也有近于正义的一方，并非只是假托正义之名来粉饰自己，从而使自己处于有利态势。度量这种人内心真实的想法，确实其中本就存在一些正义的道理，他们认为可以凭据这些道理时，就会挟持这些正义的道理来达到目的。可是他们内心中的机巧实则也是阴险的，这种阴险的心机即使有正义的因素，却也仍是奸雄的做法，只是他们对于天下的祸害与那些心中没有正义道理的人有所差别罢了。

　　尔朱荣挟兵肆虐①，狂暴而不足以有为，高欢、贺拔岳皆事之②，而欢与岳之意中固无荣也。荣拘子攸于幕下，高欢遽劝荣称帝，欢岂欲荣之晏居天位，而己徼佐命之功以分宠禄乎？荣称帝而速其亡，欢之幸也。乃荣恍惚不自支而悔曰："唯当以死谢朝廷。"贺拔岳劝荣杀欢，岳岂果欲荣之忠魏以保荣之身名乎？知欢之纳荣于死地而己藉以兴，欢兴而己且为欢下，杀欢而荣在岳之股掌也。欢之权力不如荣，岳之诈力不如欢，荣败而欢可逞，欢死而岳可雄，相忌相乘以相制，亦险矣哉！此机一动而彼机应之，丛毒矢利刃于一堂，目瞬心生，针锋相射。庄生曰："其发也如机括③。"此之谓也。

【注释】

①尔朱荣（493—530）：字天宝，梁郡北秀容（今山西忻州）人，契胡族。北魏将领、权臣。六镇起义之时，他趁机讨并各部族。累迁车骑将军，进为大都督。后自领肆州刺史，兵势日盛。孝明帝被胡太后毒杀之后，他以报仇为由，率军攻下洛阳，拥立孝庄帝元子攸即位，弑杀胡太后和幼帝元钊，制造河阴之变。后又返回晋阳，遥控朝政大局。孝庄帝恨其专横，将其诱入宫中诛杀。传见

《魏书·尔朱荣列传》《北史·尔朱荣列传》。

②高欢(496—547):字贺六浑,渤海蓨(今河北景县)人。最初投靠尔朱荣,迁晋州刺史。尔朱荣死后,他用计离开尔朱兆自立。后起兵讨伐尔朱氏,并立元朗为帝,禁胡人欺凌汉人,颇得民心。永熙元年(532),率军攻入洛阳,改立元脩为帝,自任大丞相,掌控朝政。后来元脩西逃关中,他另立元善见为帝。前后执政十六年,南拒梁,北击柔然,西与宇文泰苦战。后病卒于晋阳。其子高洋建立北齐后,追奉其为献武帝,庙号太祖。传见《北齐书·神武帝本纪》《北史·齐高祖神武帝本纪》。贺拔岳(?—534):本名阿斗泥,神武尖山(今山西神池)人。高车族。初为广阳王元渊帐内军主,后投靠尔朱荣,并随尔朱天光出讨关陇,俘虏万俟丑奴。后因高欢离间,被秦州刺史侯莫陈悦所诱杀。传见《魏书·贺拔岳列传》《北史·贺拔岳列传》。

③其发也如机括:语出《庄子·齐物论》:"其发若机栝,其司是非之谓也。"意谓辩者出言骤然犹如机栝疾发,意在趁机挑起是非。机括,弩上发矢的机件。

【译文】

北魏权臣尔朱荣拥兵自重且肆意妄为,他狂妄暴戾,不足以有所作为,虽然高欢、贺拔岳都屈从事奉于他,但这两人本就未曾将尔朱荣放在眼中。尔朱荣把孝庄帝元子攸拘禁在自己军中,高欢急忙劝进尔朱荣篡位称帝,他难道真想要尔朱荣安然居于帝位,而自己坐拥佐命开国之功,从而享有荣宠富贵吗?如果尔朱荣称帝,就会迅速败亡,这才是高欢所希望看到的。没想到尔朱荣却心神恍惚、左支右绌地忏悔道:"我罪恶深重,唯有以死方能酬报朝廷。"而贺拔岳劝尔朱荣杀掉高欢,难道他真的想使尔朱荣忠于北魏以保全性命和名节吗?他知道高欢想要把尔朱荣推向死地,而高欢则会借此机会兴起,一旦高欢势力强大,自己则将成为高欢的属下,如果杀了高欢,没了这一威胁,他就可将尔朱荣玩弄于股掌之间。高欢的权威势力不如尔朱荣,而贺拔岳的奸诈则不如高欢,尔朱荣败亡而高欢得以实现自己的私欲,高欢死后贺拔岳才能称雄于天下,如此相互猜忌,趁机彼此攻击来制约对方,也真是用心险恶啊!此方有一计谋而有所行动,则对方就会相应地毒箭利刃汇聚一堂,转瞬之间便心生一计,于是针锋相对,乃至决一雌雄。庄子曾说:"辩者出言骤然犹如机栝疾发。"说的正是这种情况。

然而岳之言为近正矣,为魏谋,为荣谋,执大义以诛欢,则他日之叛尔朱兆、陷雒阳、走元脩之祸亦息。岳即为欢,固不如欢之狡悍以虔刘天下于无穷也[①]。何也?岳之心犹有正焉者存也。

【注释】

①虔刘:语出《左传·成公十三年》:"芟夷我农功,虔刘我边陲。"意指杀掠。

【译文】

然而,相较而言,贺拔岳的话更近乎公正,不论是为北魏江山社稷考虑,还是为尔朱荣所谋划,他从大义出发要求尔朱荣诛杀高欢,若尔朱荣听从他的话,那么日后高欢背叛尔朱兆、攻陷洛阳、逼迫孝武帝元脩出走等祸乱也就不会发生。贺拔岳即便像高欢那样篡夺帝位,也不会如高欢般狡猾凶狠,从而给天下带来无穷的杀戮和灾难。为什么呢?因为贺拔岳心中仍旧存有正道。

一九　梁有可攻魏之时势而委雒阳于元颢

张骏伤中原之不复,而曰:"先老消谢,后生不识。慕恋之心,日远日忘。"呜呼!岂徒士民之生长于夷狄之世者不知有中国之君哉？江左君臣自忘之①，自习而自安之，固不知中原为谁氏之土，而画河山以不相及之量矣！拓拔氏封刘昶为宋王、萧赞为齐王②，以为宋、齐之主，使自争也，梁亦以元颢为魏王而使之争③。拓拔氏遣将出兵，助刘昶、萧宝寅以南侵，梁亦使陈庆之奉元颢而北伐④。相袭也，相报也，以雒阳为拓拔氏固有之雒阳，唯其子孙应受之，而我不能有也。呜呼！梁之丧心失志一至此哉！

【注释】

①江左君臣：此指东晋之后的南朝君臣。

②萧赞：即萧综。其逃至北魏之后，改名萧赞。参见卷十五"文帝二十一"条注。

③元颢(？—529)：字子明，鲜卑人。北海王元详之子。少慷慨有壮志，因关陇多事，其为西道行台率军讨伐，并抵御葛荣叛乱。后尔朱荣入洛阳，立孝庄帝，他被任命为太傅。因尔朱氏暴虐，遂逃奔南朝梁。梁武帝将其立为北魏君主，令陈庆之派兵送其北返，进入洛阳后改元建武。但他骄奢淫逸，令朝野失望。魏孝庄帝命尔朱荣对其加以讨伐，他战败后为临颍县卒所杀。传见《魏书·献文六王列传》《北史·献文六王列传》。

④陈庆之(484—539)：字子云，义兴国山(今江苏宜兴)人。南朝梁名将。为人富有胆略，自幼跟从雍州刺史萧衍，起兵入建康，任奉朝请。参与北伐涡阳，克复涡阳与城父。受命带兵送北魏北海王元颢北还洛阳，最初取得成功，但终因兵少无援而失利，被迫削发为僧，逃还建康。后任南、北司州刺史，连破北魏军队，并大败侯景。传见《梁书·陈庆之列传》《南史·陈庆之列传》。

【译文】

前凉的张骏感伤于中原国土难以收复,说:"老一辈的人已经衰老凋零,后生小辈不知晓先前的事情。对于中原故土的思慕留恋之心,也将一天天疏远、一天天淡忘。"唉!难道仅仅是生长于边远夷狄之地的士人与民众不知有华夏的君主吗?就连偏安江东的南朝君臣们也忘却了收复中原之事,习惯于苟且偷安,因而不知中原之地为谁人的国土,以不相关的态度来划定河山疆域!北魏封南朝的降臣刘昶为宋王、萧赞为齐王,让他们做宋、齐的国君,是为了使他们与南朝相互争斗,而梁朝同样也分封北魏降臣元颢为魏主,使他与北魏相争斗。北魏派遣将领率兵南下,想要帮助刘昶、萧宝寅发动南侵,而梁朝也派陈庆之以奉元颢北还为名进行北伐。沿用对方的做法,做出对等回报的姿态,仿佛在他们眼中洛阳就是北魏拓跋氏所固有的领土,且只有北魏的子孙后代才有资格占有,而我华夏之人却不能恢复中原之地。唉!梁朝丧失北伐之心与收复故土之志竟到了这个地步啊!

六镇乱,冀、并、雍皆为贼薮,胡后弑主,尔朱荣沉其幼君,分崩离析,可乘而取也,梁之时也。下广陵,克涡阳[①],郓、青、南荆南向而归己[②],元悦、元彧、羊侃相率而来奔[③],梁之势也。时可乘,势可振,即未能尽复中原,而雒阳为中国之故都,桓温、刘裕两经收复,曾莫之念,而委诸元颢,听其自王,授高欢以纳叛之词。忘晋室沦没之恨,恬然为之[④],漫不知耻。浸令颢之终有中原也[⑤],非梁假之羽翼以授之神州也哉?雒阳已拔,子攸已走,马佛念劝庆之杀颢以据雒[⑥],而庆之犹不能从,则其髡发以逃[⑦],固丧心失志者之所必致也。君忘其为中国之君,臣忘其为中国之臣,割弃山河,恬奉非类,又何怪乎士民之视衣冠之主如寇贼,而戴殊族为君父乎⑧？至于此，而江左之不足自立决矣。幸宇文、高氏之互相吞龁而不暇南图也，不然，岂待隋之横江以济而始亡邪？

【注释】

①涡阳：今安徽蒙城。

②郢、青、南荆：即郢州、青州、南荆州。郢州，南朝宋孝建元年（454）置，治所夏口城（今湖北武昌）。南荆州，北魏延昌元年（512）置，治所安昌城（今湖北枣阳南）。

③元悦（？—532）：鲜卑人。孝文帝元宏之子。喜好佛经，博览群书，初封为汝南王，官至太保。尔朱荣进犯洛阳之时，他投奔南梁，并得到梁武帝萧衍的厚待。孝庄帝元子攸被杀后，被萧衍立为魏主，年号为更兴，由将军王僧辩将其送还，以觊侵逼。孝武帝元脩即位后，忌惮其爵高位尊，故而将其杀害。传见《魏书·孝文五王列传》。元彧（？—531）：本名亮，字仕明，又字文若。北魏宗室。其袭封济南王，后改临淮王。六镇之乱时，其率军镇压，结果失败而还。尔朱荣发动河阴之变后，其逃奔南梁。后梁武帝以礼遣还，官至尚书令。尔朱兆攻入洛阳之时，其被殴杀。传见《魏书·太武五王列传》《北史·元彧列传》。羊侃（495—549）：字祖忻，泰山梁父（今山东泰安东南）人。南北朝将领。初仕北魏，为泰山太守，便有南归之意。尔朱荣掌权后，其率部南归梁朝，并多次随军北伐。官拜侍中、都官尚书，封高昌县侯。侯景之乱时，他奉命坚守建康，多次击退叛军进攻。后因病而卒。传见《梁书·羊侃列传》《南史·羊侃列传》。

④恬然：不在意的样子。

⑤浸令：假使。

⑥马佛念劝庆之杀颢以据雒：指元颢与陈庆之占据洛阳之时，洛阳兵力不足，两人相互猜忌而元颢意欲摆脱南梁控制，劝阻南梁增

兵洛阳。陈庆之军中副将马佛念以功高震主之事进言,劝陈庆之诛杀元颢,占据洛阳。但因陈庆之为人谨慎,没有听从。事见《梁书·陈庆之列传》《南史·陈庆之列传》。

⑦髡(kūn)发:剃发。

⑧殊族:异族。

【译文】

北魏六镇爆发叛乱,冀州、并州、雍州三地都成为盗贼的聚集之所,胡太后杀死了北魏孝明帝元诩,尔朱荣又将幼小的皇帝元钊沉毙于河中,以致北魏政权分崩离析、岌岌可危,此时正是梁朝乘机北伐、恢复中原的大好时机。梁朝攻下广陵,收复涡阳,郓州、青州、南荆州也都望风归附,北魏之臣元悦、元彧、羊侃也相率来降,可以说此时正是梁朝北伐中原的大好情势。时机可乘,情势可振,即便最终不能全部收复中原之地,而洛阳作为中原的故都,而且以前桓温、刘裕曾两度加以收复,梁朝竟不顾这一事实,将洛阳之地委托给元颢,让他自己称王于此,并给高欢以招降纳叛的口实。梁朝全然忘记了西晋丢失洛阳的仇恨,恬然做出这等事,可谓漫不知耻。假使元颢能够始终占有、统治中原之地,这不就是梁朝使之羽翼丰满且拱手将神州大地让于他手吗?洛阳被攻克,孝庄帝元子攸也已西逃,马佛念劝陈庆之杀元颢而占据洛阳,可是陈庆之却还不听从,则他最终惨败,被迫削发为僧以逃回江南,本就是这种丧心失志之人的必然结局。梁朝的君主忘记了自己其实是中原的君主,而梁朝的大臣也忘记了自己是中原之臣,他们舍弃华夏大地的大好河山,恬不知耻地将其奉送给夷狄,如此则哪会奇怪人们视华夏之主如寇贼,而推戴异族之主为君父呢?到了此时,偏安江左的南朝不足以自立,已经是很明显的事了。所幸此时北方的宇文氏、高氏正忙于相互攻击、吞并且无暇南顾,不然的话,身处江东的朝廷难道还能等到隋军渡江征伐时才最终灭亡吗?

二〇　元颢为天子于雒阳两月而死

宗国危而逡巡畏死以堕其忠孝，是懦夫也。而更有甚焉者，慴不惩而乘之以徼非望，如蛾之自赴于火，相逐而唯恐后也。夫人不知义矣，或知害矣；心不能知，目能见矣；目荧于黑白，耳能闻矣；目见之，耳闻之，然且不知害焉，贪夫之闵不畏死，其将如之何哉！

【译文】

祖国处于危亡之际，却畏惧死亡而徘徊不前，丧失了忠孝之心，这样的人实为懦夫。但还有比这更恶劣的，他们不仅不因为祖国这种惨痛的境况而有所鉴戒，反而乘着这种时机，想要实现自己的非分之想，犹如飞蛾自行扑向火焰，彼此相互竞逐而唯恐自己落后。人不知道大义，但他或许知晓危害；即便内心不能清楚地知晓危害，至少眼睛却还能够看到；即便自己的眼睛辨不清黑白，至少耳朵却还能够听到；眼睛可以看到，耳朵也能听闻，却尚且不知道危害，贪鄙之徒昏庸愚昧而不畏惧死亡，那么又能拿这种人怎么办呢！

尔朱荣之暴横，不择而狂噬，有目皆见，有耳皆闻也。立元子攸以为君，而挟之犯阙。以荣之势如彼，而子攸其能自许为荣之君乎？孑然一身，孤危无辅，而尔朱天光一往告①，子攸遽欣然潜渡。谓荣之且以己为君也，荣已目笑之矣。然犹曰荣恶未著而不察也。荣伏诛，而尔朱兆修怨于其主，兆之凶横又倍于荣矣，子攸废死。元晔以疏远之族②，又欣然附兆以立。立未数月，兆又废之，而元恭以阳喑幸免之身③，褰裳而就之恐后。高欢之狡，又倍于荣与兆者也。欢起兵，而元朗以一郡守急起而为欢之君④，立之数月，元脩已闻斛斯椿"变态百端，何可保也"之语⑤，曾不惧而又起而夺朗之位也。五年之中，子攸也、晔也、恭也、朗也、脩也，或死、或幽、或废，接迹相仍，而前者覆，后者急趋焉。元颢且倚梁七千之孤旅，相谋相猜之陈庆之，高拱雒阳，为两月之天子，卒以奔窜而死。元氏之欲为天子，自信其能为天子，信人之以己为天子者何其多也？

【注释】

①尔朱天光：梁郡北秀容（今山西忻州）人，契胡族。北魏名将，尔朱荣从叔。初随尔朱荣南讨北海王元颢，以功晋爵广宗郡公。后都督雍、岐二州诸军事，率贺拔岳等人平定关陇起义，俘虏万俟丑奴及萧宝夤。尔朱荣欲立元子攸为帝之时，秘密派遣其潜回洛阳，与元子攸商议废立之事。后因尔朱兆弑杀元子攸，他再度参与定策，立前废帝元恭。晋州刺史高欢起兵讨尔朱氏时，尔朱世隆屡促其发兵，结果不敌高欢，被大都督斛斯椿所俘，于洛阳被杀。传见《魏书·尔朱天光列传》《北史·尔朱天光列传》。

②元晔（？—532）：字华兴，小字盆子。北魏宗室。起家秘书郎，孝庄帝元子攸时被封为长广王，出为太原太守，行并州事。永安三年（530），尔朱荣为孝庄帝所杀，他依附于尔朱兆，被立为帝，改元建明。尔朱兆俘杀孝庄帝之后，被废，降为东海王。节闵帝即位后，改封其为东海王。孝武帝时被杀。传见《魏书·景穆十二王列传》《北史·元晔列传》。

③元恭（498—532）：即北魏前废帝元恭，字脩业，广陵惠王元羽之子。权臣元乂擅权之时，其托称喑病，居龙花佛寺以避害。孝庄

帝时，被怀疑心怀不轨，逃匿被执获后，因无实际证据而获免。尔朱世隆欲废元晔而拥其为帝之时，他开口倡言，欣然接受，改元普泰。最终为丞相高欢所废，并被元脩鸩杀。后西魏追谥为节闵帝。传见《魏书·废出三帝纪》《北史·魏本纪》。

④元朗（513—?）：即北魏后废帝元朗，字仲哲，章武王元融第三子。早年为渤海太守。丞相高欢起兵讨伐尔朱氏之时，拥立其为帝，改元中兴。后高欢因其为北魏宗室旁支，逼其逊位，另立元脩为帝，改封其为安定王。后被杀。传见《魏书·后废帝纪》《北史·废帝本纪》。

⑤元脩已闻斛斯椿"变态百端，何可保也"之语：元脩（510—535），即北魏孝武帝元脩，字孝则，广平王元怀第三子。喜好武事，沉稳厚重。初为平阳王，高欢大败尔朱氏之后，废节闵帝与废帝，拥立元脩登基为帝，改元太昌，而自己则遥控朝政。永熙三年（534），元脩诏令河南诸州兵，以伐梁为名，实则讨伐高欢。后无力面对高欢大军，入关投靠宇文泰。最终为宇文泰所鸩杀。谥孝武帝。高欢欲立元脩为帝时，斛斯椿奉高欢之命寻找元脩，通过王思政私下找到了元脩，元脩见了他们脸色大变，对王思政说道："你不是要出卖我吧？"王思政道："当然不是。"元脩又说："你敢保证么？"王思政答道："事情千变万化，怎么能保证呢！"事、传见《魏书·废出三帝纪》《北史·魏本纪》。说"变态百端，何可保也"语者为王思政而非斛斯春，此处或为王夫之笔误。斛斯椿（491—534），字法寿，广牧富昌（今内蒙古准格尔旗）人。六镇之乱时投奔尔朱荣，随尔朱荣平定葛荣、讨伐元颢。尔朱荣被孝庄帝诛杀后，依附萧衍所立汝南王元悦。尔朱兆攻入洛阳后，背叛元悦，重新投入尔朱氏门下。中兴二年（502），投靠高欢，诛杀尔朱世隆、尔朱彦伯兄弟，参与拥立元脩为帝。普泰二年（532），与孝武帝元脩一同逃往关中。永熙三年（534）逝世。传见《魏书·

斛斯椿列传》《北史·斛斯椿列传》。

【译文】

尔朱荣残暴骄横，不加选择地肆意杀人，这是有目共睹、有耳皆闻的事实。他拥立元子攸为君，挟持他的天子名义以举兵进犯京城。以他这咄咄逼人的气势，元子攸能够自许为尔朱荣的君主吗？元子攸茕茕孑立，力单势孤且无人辅佐，当尔朱天光前去请他为君时，他却欣然答应并秘密渡河而来。自以为尔朱荣真的要拥立自己为君，实际上尔朱荣看见他的举动就已经在嘲笑他了。但这仍旧可以说是因为尔朱荣的罪恶尚未显著，所以元子攸并不能觉察。尔朱荣被诛杀之后，其子尔朱兆与元子攸结下怨仇，而尔朱兆的凶残骄横又更甚于尔朱荣，元子攸最终惨遭杀害。此后，元晔以北魏宗室远亲旁支的身份，欣然依附于尔朱兆，并得以被立为皇帝。但没经过几个月，尔朱兆又将他废黜，而元恭以假装哑巴得以幸免活命之身，急忙前去归附尔朱兆，唯恐自己落于人后。高欢的狡诈，又远远超过尔朱荣、尔朱兆父子。高欢起兵，宗室元朗以一郡太守身份起而归附，并被拥立为君。而元朗即位仅数月，斛斯椿私下找到元脩，表示高欢要拥立他当皇帝，元脩分明已经听了王思政所谓"局势千变万化，怎么能保证呢"的话，却仍不曾惧怕，最终还是起来夺取了元朗的帝位。五年之中，元子攸、元晔、元恭、元朗、元脩五位皇帝，或被杀死，或被幽禁，或被废黜，接连相续。前面的人已经败亡，而后者却不知鉴戒，反而急于蹈前人故辙。而北魏室元颢投降梁朝后，甚至依靠梁朝的七千孤军，以及和他相互算计、相互猜忌的陈庆之，占据故都洛阳，仅做了两个月的天子，最终落了个溃败奔逃而死的下场。拓跋氏的宗室之中想做天子，且自信自己能做天子，同时相信别人会敬奉自己为天子的人，何其多啊！

呜呼！欲为天子者多，而民必死；欲为将相大臣者多，而君必危；欲为士大夫者多，而国必乱。其乱也，始于欲为士大夫者之多也。士大夫不厌其欲，而求为将相大臣矣；爵禄贱，廉耻隳，其苟可为天子者，皆欲为天子矣。是以先王慎之于士大夫之途，而定民之志，所以戢躐等猖狂之心而全其躯命①，义之尽，仁之至也。

【注释】

①躐等：超越等级，不循次序。

【译文】

唉！想做天子的人多，则百姓必定生灵涂炭；想做将相大臣的人多，则君主必定危险；想做士大夫的人多，则国家必定混乱。天下大乱，始于天下想做士大夫的人多。士大夫尚且不能满足这些人的欲望，他们就会想方设法地去当将相重臣；官爵禄位轻贱，礼义廉耻忠孝尽丧，则他们若是可以成为天子，便都想要去当天子。所以古圣先王对于士大夫的仕进之途非常慎重，并安定民众的志趣，就是为了打消民众僭越犯上、猖狂骄横之心，从而保全他们的身家性命，这可以说是仁至义尽了。

二一 元脩畏高欢就宇文泰

国无与立，则祸乱之至，无之焉而可，虽有智者，不能为之谋也。元脩畏高欢之逼，将奔长安就宇文泰以图存。裴侠曰①："虽欲投之，恐无异避汤入火。"王思政再问之②，而侠亦无术以处，虽知之，又何裨焉？高欢者，尔朱荣之部曲也；宇文泰，葛荣之部曲也③。拓拔氏有中原数世矣，而其挟持天下者，唯秀容之裔夷④，六镇之残胡⑤，此外更无一人焉，而其主舍此而更将何依？尔朱荣河阴之杀，魏之人殚矣。虽然,彼骈死于河阴者,皆依违于淫后女主之侧⑥,趋赴逆臣戎马之间,膻以迷心⑦,柔若无骨,上不知有君国,内不惜其身名者也。即令幸免而瓦全,亦恶有一人焉可倚为社稷之卫哉?

【注释】

①裴侠:原名协,字嵩和,河东解(今山西临猗)人。初为义阳郡守,元脩欲投奔宇文泰时,他认为宇文泰手持兵柄、势占一方,元脩投奔实为抱薪救火之举,但仍毅然弃家跟从元脩入关。后随王思政镇守玉壁,拒受高欢招降,宇文泰赞其忠勇。其为官清正,朝野敬服。传见《周书·裴侠列传》《北史·裴侠列传》。

②王思政:太原祁(今山西祁县)人。北朝将领。颇有武略,平阳王元脩闻其名,引为宾客。元脩即帝位时,使其总宿卫。因高欢欲废元脩,他曾与裴侠讨论元脩是否应该投奔宇文泰之事,并主张元脩应西逃关中以摆脱高欢的控制,为元脩所采纳。大统四年(538),他随宇文泰与高欢战于河桥,苦战有功,迁并州刺史,升骠骑大将军。后趁侯景叛东魏之机,入据颍川,攻取其七州十二镇。最终为高澄所败,投降东魏。传见《周书·王思政列传》《北史·王思政列传》。

③葛荣:本姓贺葛氏,怀朔镇(今内蒙古固阳西南)人。鲜卑族。北魏将领。初为怀朔镇将,于孝昌二年(526)从五原降户鲜于脩礼起兵。鲜于脩礼为所部元洪业杀害后,他杀元洪业,统领其众。孝昌二年(526)九月,葛荣诛杀章武王元融后,自称天子,国号齐,建元广安,并逐渐据有冀、定、沧、瀛、殷等州,众号百万。后败于尔朱荣,被执送洛阳处死。其事散见于《魏书》《北齐书》《周书》《北史》等。

④秀容之裔夷:即指尔朱荣。因尔朱荣曾为秀容酋长,故称。

⑤六镇之残胡：即指高欢。因高欢收编六镇残部，故称。

⑥依违：依从、违背。指徘徊犹豫。

⑦膻：类似羊臊气的恶臭。

【译文】

如果一个国家没有赖以立国的柱石之人，那么在遭遇祸乱之时，无论去往哪里都无济于事，即便是充满智慧之人也难以为国君做出妥善的谋划。北魏孝武帝元脩畏惧高欢的威逼胁迫，将要出奔到长安，投奔并倚靠宇文泰以图存。裴侠却说："虽然您打算前去投奔宇文泰，但这恐怕无异于避开滚烫的热水而奔赴火中，结果不会有差别。"当王思政进一步向他询问计策之时，裴侠也并无妥善之法来应对当时的局面，如此，则即便知道投奔宇文泰是同样危险的举动，可于事而言又有何裨益呢？高欢是尔朱荣的部曲，而宇文泰是葛荣的部曲。拓跋氏统治中原已历经数代，可到这时，挟制天下的却只有尔朱荣这样的边远夷狄之人，以及收编六镇残余势力的高欢，此外便再无可以依靠的势力了，因此，北魏皇帝不去依附高欢、宇文泰又能投奔谁呢？尔朱荣在河阴之变中杀死了一大批宗室及文武大臣，北魏朝臣几乎被一网打尽。尽管如此，死于河阴之变的人，也都是犹豫摇摆于荒淫残暴的胡太后之侧，或者趋炎附势于叛臣的戎马之间，功名利禄的世俗之气迷惑了他们的心性，故而使他们丧失气节犹如无骨而立，他们上不知有国有君，而自己又不知珍惜名节，实为怯懦昏鄙之人。即使这些人幸免于河阴之难，也不会有任何一个人值得倚凭，可以靠他们来拱卫北魏的江山吧？

夫拓拔氏之无人也，非但胡后之虐，郑俨、徐纥之奸①，耗士气于淫昏也，其繇来渐矣。自迁雒以来，涂饰虚伪，始于儒，滥于释，皆所谓沐猴而冠者也。靡天下于无实之文，自诧升平之象，强宗大族，以侈相尚，而上莫之惩，于是而精悍之气销矣,朴固之风斫矣②。内无可用之禁兵,外无可依之州镇,部落心离,浮华气长;一旦群雄揭竿而起,出入于无人之境,唯其所欲为,拓拔氏何复有尺土一民哉?此亦一寇雠也,彼亦一寇雠也,舍此而又奚之也!

【注释】

①郑俨、徐纥之奸:胡太后返政之时,宠信郑俨。郑俨借机勾结中书舍人徐纥,把持朝政,并在胡太后的授意下毒杀孝明帝。事见《魏书·郑俨列传》《魏书·徐纥列传》。

②朴固:质朴、坚定。

【译文】

北魏拓跋氏没有人才可用,不仅是因为胡太后的荒淫暴虐,郑俨和徐纥的奸佞,也是因为荒淫昏庸的风气耗损了士人的气势,此种情况由来已久。自从北魏迁都洛阳以来,虚托粉饰,开始时大兴矫伪儒学,后又使得佛教泛滥,这些都是沐猴而冠之举,不成体统。耗尽天下的资财而大兴这些虚伪无实的东西,自夸升平治世的气象,强宗大族却都竞相崇尚奢侈,而统治者却并未加以惩戒,故而先前的精悍骁勇之气丧失殆尽,朴素干练之风也就此断绝。内无可用的禁军,外无可倚的州镇,拓跋氏宗族内部之间也离心离德,浮华奢靡之风与日俱增;一旦天下群雄揭竿而起,叛贼席卷而来如入无人之境,朝廷只能眼看着他们为所欲为,拓跋氏哪里还再有一尺土地、一个百姓呢?这里也是寇仇,那里也是寇仇,除了避汤就火这一无可奈何的选择,他还能去往何处呢!

诗书礼乐之化,所以造士而养其忠孝,为国之桢干者也①。拓拔氏自以为能用此矣,乃不数十年之间,而君浮寄于无人之国,明堂辟雍,养老兴学,所为德成人、造小子者安在哉^②？沐猴之冠，冠敝而猴故猴矣，且并失其为猴矣，不亦可为大笑者乎！高欢、宇文泰适还其为猴，而跳梁莫制，冠者欲复入于猴群，而必为其所侮，不足哀而抑可为之哀也！

【注释】

①桢（zhēn）干：比喻可做支柱、骨干的重要人才。

②德成人、造小子：语本《诗经·大雅·文王之什》："肆成人有德，小子有造。"意谓因此成人有德行，而后生小子可以培养，有所成就。

【译文】

儒家诗书礼乐的教化，是为了培育人才并涵养其忠孝之道，以作为国家的栋梁与柱石。北魏拓跋氏自以为能够运用此种方法，然而不到数十年的时间，君主漂浮寄身于无人可依的国家，而明堂、辟雍以及养老、兴学，这些教化成人、培养后代的设施和制度还存在于何地呢？本为夷狄却窃据华夏之地的帝位与礼乐教化之制，犹如身为猕猴却戴人的帽子，帽子破败不在之后，猕猴还是猕猴，同时却又丧失了身为猕猴的本性，这不也是极为可笑的事情吗！高欢、宇文泰恰恰是令北魏的鲜卑统治者们露出了猕猴的本象，然而这些跳梁小丑因丧失本性而难以自制，想要再次带上帽子跻身于猴群之中，如此则必将为群猴所欺侮。虽然不值得为这些人感到悲哀，但他们确有可悲之处啊！

故鬻诗书礼乐于非类之廷者，其国之妖也。其迹似，其理逆，其文诡，其说淫，相帅以嬉，不亡也奚待？虞集、危素祇益蒙古之亡，而为儒者之耻，姚枢、许衡实先之矣。虽然，又恶足为儒者之耻哉？君子之道，"六经"《语》《孟》之所详，初不在文具之浮荣、谈说之琐辩也。

【译文】

因此，在异族朝廷上贩卖儒家诗书礼乐教化的人，实乃国家的奸邪妖祟。他们在行迹上虽与正道相似，然而在理念上却与儒家正道截然相反，他们的文辞诡辩，他们的说法淫邪，引导着夷狄走向嬉戏逸乐，则国家不灭亡还能如何呢？元朝的虞集、危素向蒙古人兜售诗书礼乐，只不过加速了蒙古的灭亡而已，他们自己成了儒生的耻辱，而姚枢、许衡实际上开了这一先河。尽管如此，他们又何足为儒生之耻呢？对于君子之道，"六经"《论语》《孟子》中都有详细的论述，君子之道最初本就不体现于文辞形式的浮华、谈论说教的烦琐诡辩。

二二　元脩元善见两俱为贼

元脩依宇文泰而居关中，元善见依高欢而居邺①，将以何者为正乎？曰：君子所辨为正不正者，其义大以精，而奚暇为脩与善见辨定分邪？拓拔氏以夷而据中原，等窃也，不足辨，一也。脩之在关中，宇文泰之赘疣也；善见之在邺，高欢之赘疣也；不足辨，二也。乃即置此而尤有大不足辨者焉，就拓拔氏之绪而言之，亦必其可为君者而后可嗣其世，非但其才之有为与否也。脩之淫乱②，不齿于人类，善见孱弱，而其父亶以躁薄为高欢所鄙③，等不可以为君。而尤非此之谓也，脩之立，岂其分之所当立者？即令当立，而岂如光武之起南阳，晋元帝、宋高宗之特为臣民所推戴者哉？魏有君矣，脩徼宠于高欢，乘时以窃位；晔也、恭也、朗也，皆脩所尝奉以为君者，而皆弑之，脩亦元氏之贼而已矣。脩入关

中,未死也,未废也,元亶固脩之臣,介高欢之怒而亟欲自立
其子,君存而自立,其为篡贼也无辞,是善见又脩之贼也。
两俱为贼,而君子屑为之辨哉?

【注释】

①元善见:即东魏孝静帝。北魏孝文帝曾孙,清河王元亶之子。其
仪表瑰丽,文武皆长,颇得朝望。元脩逃往关中之后,被权臣高
欢拥立,于邺城登基即位,改元天平,是为东魏之始。然而高欢
专权,权倾朝野,他无所作为,形同虚设。高欢死后,其子高澄嗣
位,权势更盛。武定五年(547),他与宗室亲信密谋诛杀高澄未
果,被幽禁。后高澄暴死,其被迫禅位于丞相高洋,受封中山王。
后被毒死,东魏宣告灭亡。传见《魏书·废出三帝纪》《北史·魏
本纪》。

②脩之淫乱:指元脩与自己的三个堂姊妹姘居,将她们都封为
公主。

③元亶(?—537):鲜卑人。孝文帝元宏之孙、孝静帝元善见之父。
中兴二年(532),魏孝武帝任命其为司徒。永熙三年(534),孝武
帝不堪高欢逼迫,西投宇文泰,元亶追随,在途中又退回洛阳。
高欢荐为大司马,居尚书省摄政。同年,高欢拥戴元亶长子元善
见即位,迁都邺城,建立东魏。其事见于《魏书·孝静纪》。

【译文】

魏孝武帝元脩依附宇文泰而居于关中,孝静帝元善见依附高欢而
居于邺城,他们之中到底谁为北魏王朝的正统呢?回答是:君子所辨定
正统与非正统的对象,其义都博大精深,谁又有空闲来辨定元脩和元善
见之间的正统和名分呢?拓跋氏本就以夷狄身份占据中原之地,都是一
样的窃据华夏,这是不值得辨定他们孰为正统的首要原因。元脩身居
关中,不过是宇文泰身上多余无用的肉瘤而已,而元善见身在邺城,也

是高欢身上多余无用的肉瘤，这是不值得辨定他们孰为正统的第二个原因。即便将上述两条原因置之不论，实际上还有更大的不足以辨定他们孰为正统的原因，即针对北魏拓跋氏的世系统绪而言，也必须是可以成为君主之人才能继承帝位，不仅是按照其是否具有才能而有所作为。元脩的淫乱为人类所不齿，而元善见软弱无能，其父元亶又轻浮鄙薄，为高欢所鄙夷，他们二人实际上都不足以做君王。尤其重要的还不仅于此，元脩被立为帝，难道是依据他的身份应当被立吗？即便当立，难道他也能像汉光武帝刘秀起于南阳，晋元帝司马睿、宋高宗赵构那般特别受到臣民的拥戴吗？更何况北魏当时还有皇帝，而元脩依附、邀宠于高欢，乘当时天下混乱之际窃取帝位；而元晔、元恭、元朗三人，都是元脩曾经尊奉为君主的人，可元脩都将他们杀害，故而元脩可谓是元氏的叛贼。元脩进入关中之后，并未死去，也未被废黜，而元亶本为元脩的大臣，凭借高欢对元脩逃往关中之事的愤怒，急于更立其子元善见为帝，原来的君主尚存却自立为帝，元亶着实难辞篡权夺位的逆贼之名，同样，元善见也是叛逆元脩之人。则此二人都为叛贼，那么君子难道还屑于为他们辨定孰为正统吗？

凡乱臣之欲攘夺人国也，其君以正而承大统，则抑不敢蔑天理以妄干之[①]。其蔑理以妄干者，则速以自灭，王莽、朱泚是已。刘彧乘君弑而受命于贼，萧鸾与萧衍比而弑其君，皆贼也，而后贼乘之以进。繇此言之，则汉献帝之所以终见胁于权臣者，董卓弑其君兄而己受之，则亦贼之徒也；故袁绍、韩馥欲不以为君，而曹操姑挟以为自篡之资。"其身不正，虽令不从"[②]，承平无事之日，天子不能行之于匹夫，而况权奸之在肘腋乎？己为贼，而欲弭人之弗贼也不能。贼者，互相利而互相害者也。脩之于泰，善见之于欢，且不足辨其弑君而弑臣，况脩与善见而屑为之轩轾哉？假脩以正而绌善见者，隋人得国于宇文，宇文得国于脩，因推以为统，而君子奚择焉？

【注释】

①妄干：妄然求取。干，求取，谋求。

②其身不正，虽令不从：语出《论语·子路》："子曰：'其身正，不令而行；其身不正，虽令不从。'"孔子说"自我品行端正，即使不发布命令，民众也会去实行；若自身不端正，即使发布命令，民众也不会服从"。

【译文】

凡是乱臣贼子想要篡夺他人帝位的，如果其君主是以正当身份承继的大统，那么他们也不敢蔑视天理而一心妄求皇帝之位。如果有人胆敢蔑视天理而狂妄行事，就会像汉末的王莽、唐朝的朱泚一样自取灭亡。刘彧趁着君主被杀的时机接受叛贼的拥立，萧鸾与萧衍相互勾结最终弑杀君主，他们都是国家的叛贼，而后面的逆贼又会趁机而起，篡夺他们的政权。由此而言，汉献帝之所以最终被权臣曹操所挟持，是因为董卓杀掉其兄长少帝之后，他却接受董卓的奉立而登上帝位，因此献帝也可以说是逆贼的同党；所以袁绍、韩馥不想以他为君，可曹操却想挟持他作为日后图谋篡位的凭借。孔子说"若自身品行不端，即使发布命令，民众也不会服从"，在天下太平无事之时，天子的诏令尚且不能遍行于民众之中，更何况是有权奸身居天子之侧的时候呢？自己本就身为逆贼，却想平息他人篡位的野心不使之成为逆贼，这是不可能的。而身为逆贼之人，他们之间也是互利互惠同时相互加害的。元脩之于宇文泰，元善见之于高欢，尚且不值得去辨别谁是君，谁是臣，更何况对于元脩和元善见，君子又怎会屑于对此二人分出高下呢？以元脩为正统而以元善见为非正统，是因为隋朝得国于北周宇文氏，宇文氏又得国于元脩,因而将其推为正统,可是身为君子之人谁会采纳这种说法呢?

二三　梁授何敬容朱异以国政

梁武之始立也,惩齐政之鄙固^①,而崇虚文以靡天下之士,尚宽弛以佚天下之民,垂四十年,而国政日以偷废^②。于时拓拔衰乱,高欢、宇文泰方争哄于其穴,梁多收其不守之土、不服之人,高欢西掣而请和^③,盖中原大有可图之机矣。帝知其可图,亟思起而有事^④,而吏治荒,军政圮,举目无可共理之人才,乃拣何敬容、朱异簿领之才而授之以国^⑤。敬容、异之不可大受,固也;然舍之而又将谁托也? 徐勉、周捨称贤矣,以实求之,一觞一咏,自谓无损于物,而不知其损之已深者也。敬容勤于吏事,而"持荷作柱、持荷作镜"之诮^⑥,已繁兴于下。自非贪权嗜利之小人如异者,谁甘犯当世之非笑而仆仆以为国效功? 大弛之余,一张而百害交生,则勉与捨养痈不治,而敬容、异亟用刀针以伤其腠理^⑦,交相杀人,而用刀针者徒尸其咎也。

【注释】

①鄙固:浅陋、不通达。

②偷废:苟且废弛。

③高欢西掣而请和:指梁武帝大同二年(536),梁军北伐东魏,东魏丞相高欢正准备发动对西魏的战争,为了避免两面作战,他派遣使者去梁朝求和,梁武帝答应了。事见《梁书·武帝本纪》。

④有事:指军事,用兵。

⑤何敬容:字国礼,庐江(今安徽舒城)人。官至尚书右仆射,勤政务

实,反对晋、宋以来宰臣所崇尚的玄虚空谈的风气,为政清廉,颇得赞誉。侯景围台城之时,卒于城中。传见《梁书·何敬容列传》《南史·何敬容列传》。朱异(482—549):字彦和,吴郡钱塘(今浙江杭州)人。少通经史,兼通弈棋书算等杂艺。因太学博士明山宾之荐,深得梁武帝赏识。后入掌枢机三十余年,以应对敏捷,善伺皇帝意旨而深受宠任。然而掌权其间,把持朝政,贪吝奢侈,而无善政。后侯景叛乱,以"诛朱异,清君侧"为辞,他遂惭愤病亡。传见《梁书·朱异列传》《南史·朱异列传》。簿领:本指官府记事的簿册或文书,这里掌管簿册文书的官吏。

⑥"持荷作柱、持荷作镜"之诮:指光禄大夫江革次子江从简曾作《采荷词》,诗云:"欲持荷作柱,荷弱不成梁;欲持荷作镜,荷暗本无光。"暗中讽刺何敬容少才无德,为时人所叹赏。事见《太平御览·百卉部六》。

⑦腠(còu)理:中医学名词。指人体肌肤之间的空隙和肌肉、皮肤纹理。

【译文】

梁武帝立国之初,有鉴于萧齐国政的浅陋,故而崇尚虚文以使天下士人文风畅然华丽,崇尚宽松简便之政而放纵天下之民安逸享乐,此种政策持续了四十年,以致国政也日益走向苟且废弛。当时北方的拓跋氏政权日益衰弱混乱,而高欢、宇文泰正在其内部争权夺利,梁朝此时收复了许多北魏无法坚守的土地和不服从其统治的人民,恰巧高欢此时因为有西面的宇文泰掣肘而不得不向梁武帝求和,可以说这正是恢复中原的大好时机。梁武帝本知道这是可以夺回中原的可乘之机,急于起兵北伐,奈何吏治荒废、军政凋敝,举目四望,朝野上下并无可以与其共谋大事的贤才,于是不得不选拔何敬容、朱异这些只具备掌管簿册文书才能的人来授以国政。何敬容、朱异二人,固然不可授以重任,然而除他们之外,梁武帝又能将政事托付于谁呢?徐勉、周捨号称贤明,但实事求是地说,他们长于文学并自以为无损与外界,却不知其行为深深地影响了政事。何敬容对于公务勤勤恳恳,但说他是"持荷作柱、持荷作镜"之类的嘲笑讥讽,已然在下面广为传播。自然,除非是像朱异那样贪权嗜利的小人,否则谁会甘愿遭受当世之人的非议和讥笑,勤勤恳恳地为国事奔走操劳呢?长时间的为政松弛,一旦为政严苛刚猛,必然会使得百般危害交相产生,而徐勉与周捨的做法,正好是不治疗毒疮而听其滋长发展,最终变得难以治疗,何敬容、朱异却急忙用刀与针石刺入皮肤的肌理之中来剜刮毒疮,实际上是前者与后者相互作用,共同杀死了患毒疮的人,而以针石与刀剜刮毒疮的人却唯独要白白地承担罪责。

　　史称晋、宋以来,宰相皆以文义自逸,岂其然哉?王导、谢安勿论已,王华、王昙首、谢弘微,夫岂无文义者?而政理清严,一时称治。虐矫苛细之小人,又何足以乘墉而攻之①?有解散纪纲以矜相度者,而后刻覈者以兴②,老、庄之弊,激为申、韩;庸沓之伤,反为躁竞;势也。一柔一刚,不适有恒,而小狐济矣③。思患而豫防之,岂患至而急反之哉?

【注释】

①乘墉:登上高墙。此指窃据高位。

②刻覈(hé):刻薄严苛。

③小狐济矣:语本《周易·未济卦》之《象辞》:"小狐汔(尽,终)济,未出中也。濡其尾,无攸利。"意谓小狐狸渡河接近成功,却沾湿了尾巴,没什么好处。

【译文】

史书上称晋、宋以来,宰相都是以文章义理来求得身心安适,难道真是如此吗？王导、谢安二位名臣自不必说，王华、王昙首、谢弘微难道就没有文章义理吗？可他们都为政清明严谨，一时被称为善政。假托圣人之道而做苛刻繁琐之事的小人，又何足以窃据高位而对此有所攻讦呢？有离散纲常法纪并彰显自身气象度量的人在前，随后刻薄严苛之人就得以兴起，老、庄清静无为之说的弊端，便会因矫枉过正而激变为申不害、韩非所代表的法家统治政策；平庸拖沓的为政风格带来的伤害，会转而变为因急于进取而争竞的政风世风，这都是事态发展的必然结果。一柔一刚，并不足以长期维持平衡，而是会像小狐狸快渡过河时却沾湿尾巴一样，不能获得最终的成功。考虑到祸患终会发生，就要防患于未然，岂能等到祸患发生之后再急于更改往日的为政策略呢？

二四　梁分诸州为五品

梁分诸州为五品，以大小为牧守高下之差，而定升降之等①，立此法者朱异也。然唐制：州县有畿、赤、望、紧、雄、上、中、下之别②，垂及于今，亦有腹、边、冲、疲、繁、简、调除之法③，皆祖此焉。夫异之为此，未可以其人而尽非之也。古者诸侯之国，以提封之大小，差五等之尊卑④；以疆域之远近，定五服之内外；固不名之为诸侯而一之矣。州郡亦犹是也，政有劳逸，民有淳浇，赋役有多寡，防御有缓急，而人才有长短，恶容不为之等邪？顾其为法，为治之求得其理也，非为人之求遂其欲而设也。大非以宠，小非以辱也。腹里之安，虽大而非安危之寄；边方之要，虽小而固非菲薄所堪。大而繁者以任才臣⑤，而非以裕清流而使富；小而简者以养贞士，而非以窭罫议者而使偷⑥。而不然者，人竞于饶，而疲者以居孤陋无援之土，则穷乡下邑，守令挟日暮途远之心，倒行逆施,民重困而盗以兴,职此繇矣。

【注释】

①"梁分诸州"三句:指梁武帝接受朱异的建议,将各州分为五个等级。全国范围内的州中,第一等级二十个,第二等级十个,第三等级八个,第四等级二十三个,第五等级二十一个。州长官地位俸禄的高低,参佐幕僚人数的多少,都根据各州的等级形成差别,并据此来确定官位升降的等级。事见《资治通鉴·梁纪十四》。

②畿、赤、望、紧、雄、上、中、下之别:指唐代所用以区别州县的规制。开元年间,唐朝确立天下州府的规制。自京都及都督、都护府之外,以近畿之州为四辅,其余为六雄、十望、十紧,以及依照人口多寡分上、中、下之差。而县则有赤、畿、望、紧、上、中、下七等之分。参见《通典·职官十五》。

③腹、边、冲、疲、繁、简、调除之法:指明代依据官员所任职地方的区位、重要程度、行政难易程度及行政水平来决定官员任用、升黜的制度。腹,指内地。边,指沿边州县。冲,指交通频繁的地方。疲,指税粮滞纳过多的地方。繁,指行政业务多的地方。简,指行政业务少的地方。调,选调或提拔职位。除,授予官职。参见《大明会典·选官》。

④差五等之尊卑:指天子制爵禄时,分公、侯、伯、子、男五等。而诸侯又依照上大夫卿、下大夫、上士、中士、下士五等来进行分授。参见《礼记·王制》。

⑤才臣:指干练之臣。

⑥罣(guà)议:因他人罪案受牵连而被议处。

【译文】

梁朝将天下各州分为五个品级,以州的大小来作为各州州牧或太守等级高低差别的依据,并据此来确定官位升降的等级,而确立这种方法的是大臣朱异。唐朝的制度规定：各州县有畿、赤、望、紧、雄、上、中、下的区别，即使沿袭到今日，仍然有腹、边、冲、疲、繁、简、调除之法，实际都是以梁朝朱异所立之法为渊源。朱异确立此法，不可因他个人品质的败坏而完全否定他所确立的制度。古时的诸侯国，往往依据其封地的大小，由天子分别授予五等爵位，从而区别等级尊卑；依据其封地距离王畿的远近，确定甸、侯、绥、要、荒五服的勷内勷外；这本就不是将他们一律命名为诸侯后便视之如一、毫无差别。州郡也同诸侯国一样，各自的行政有劳逸之分，民风有淳厚、浇薄之别，赋役有多也有少，军事防御上也分轻重缓急，而人才则各有优长和不足，难道能不依照差别将地方划分等级以便合理地任用官吏吗？作为一项制度，其设置的目的就是为了更好地按照规律来治理国家，并非是为了满足个人的私欲来进行设置。在大州任职并不意味着受到特别宠爱，而在小州任职也不代表就是饱受屈辱。居于腹里的平安富庶的州郡，虽然是大州，但也对于国家的安危没有那么至关重要的影响；边疆之地那些地势险要的州郡，即使是小州也很重要，所以不能忍受由德才鄙陋之人管理。因为是大州，故而政务繁杂，需要任命有才干的大臣管理，而不能任用清流之士为大州长官，给予其厚待而使之富足；因为州小，所以政务较少，因而可以培养忠贞之士，并不能将小州作为安置失宠有过之人而使之日益窘迫、苟且偷安的地方。然而事实上却并非完全如此，人人竞相争做富庶之地的官员，于是疲困乏弱之人身处孤陋无援之地，他们身居穷乡下邑，怀着身处边远之地提升无望的悲观失意之心，就会开始倒行逆施、鱼肉百姓，所以当地民众日益穷困，盗贼也自此兴起，就是因为如此啊。

朱异之法，以异国降人边陲之地为下州，则乱政也。以安富遂巧宦之欲，而使顽懦之夫困边民、开边衅，日蹙国而国因以危。后世北鄙南荒，寇乱不息，莫不自守吏召之，非分品之制不善，而所以分之者逆其理也。边之重于腹也，瘠之重于饶也,拔边瘠之任置之腹饶之上,以劝能吏,以贱贪风,是在善通其法而已矣。

【译文】

在朱异划分地方等级的制度中,以他国投降、归附的居民所居之地和边陲之地作为下等州郡,则是弊政。将安宁富足的大州授予那些善于奉迎、投机取巧的官吏,从而满足他们的欲望,而让那些顽劣懦弱之人任职于边境小州,他们令边民困扰,轻易挑起边境争端,因而使国土日益缩小,国家因此渐趋于危亡。后世的北部边疆和南方蛮荒之地,寇贼祸乱接连不断,都是因为当地的守令胡作非为而招致祸乱,这并非区分地方品级的制度不好,只是因为区分上下等级的方法违背了常理。边境之地实则比腹里更重要,贫瘠的地区比富庶的地区更重要,将任职于边疆与贫瘠之地的官吏的地位提高到任职于腹里与富庶之地的官员之上,从而勉励有才干的官吏,鄙夷贪墨之风,关键就在于善于变通原有的法令制度而已。

二五　陶弘景何敬容舍浮屠而恶玄谈

武帝以玄谈相尚,陶弘景作诗以致讥[1],何敬容对客而兴叹[2],论者皆谓其不能谏止而托之空言。非可以责二子也。弘景身处事外,可微言而不可切谏,固已。彼其沉溺已深,敬容虽在位,其能以口舌争乎? 至谓二子舍浮屠而攻老、庄,则尤非也。自晋以来,支、许、生、肇之徒[3],皆以庄生之说缘饰浮屠,则老、庄、浮屠说合于一久矣。尝览昭明太子《二谛义》[4],皆以王弼、何晏之风旨诠浮屠之说[5]。空玄之说息,则浮屠不足以兴,陶、何之论,拔本之言也。夫浮屠之祸人国,岂徒糜金钱、营塔庙、纵游惰、逃赋役已乎? 其坏人心、隳治理者,正在疑庄疑释、虚诞无实之淫辞也⑥。

【注释】

①陶弘景作诗以致讥:指陶弘景作《诏问山中何所有赋诗以答》来
回复梁武帝劝其出仕之问。参见卷十五"前废帝一"条注。

②何敬容对客而兴叹:指梁武帝末年,皇太子萧纲频繁地在玄圃讲
《老》《庄》二书。何敬容见此,对经常入听的学士吴孜发出感叹,
认为西晋丧乱实则起自玄虚之谈,如今皇太子这样做则并非好
事。事见《梁书·何敬容列传》。

③支、许、生、肇:即支遁、许询、竺道生、僧肇。此四人皆善于玄谈,
精研佛经与玄理,并颇好老、庄之说,将佛、道的学说加以融合。

④昭明太子:即萧统(501—531),字德施,小字维摩,南兰陵(今江
苏常州武进区)人。南朝梁武帝长子。天监元年(502)被立为太
子。萧统喜好山水,爱好文学,时东宫藏书近三万卷,名士并集,
文学之盛,为晋、宋以来所未有。他常与名士讨论篇籍、商榷古
今,同时进行编著。又颇好佛学,曾作《令旨解二谛义》,糅合玄、
佛之说,以何晏、王弼等人的老、庄观点来阐释佛教学说。后因
落水受伤而死。传见《梁书·昭明太子统列传》《南史·昭明太
子统列传》。《二谛义》:即《令旨解二谛义》。

⑤王弼:字辅嗣,山阳(今河南焦作)人。正始年间,官尚书郎。其辞
才逸辩,注《易》及《老子》。常与何晏、锺会切磋学问,何、锺敬其
才。年二十余卒。其事见《三国志·魏书·王弼传》及裴松注。

⑥疑(nǐ):通"拟",仿效,模拟。

【译文】

梁武帝崇尚玄学清谈,陶弘景作诗对他加以讥讽,何敬容也因太子
萧纲喜好谈论玄学而对学士吴孜感叹不已,对此有所评论之人都说他
们不能谏止梁武帝,故而只好依托空言来抒发心志。其实并不可因此

来责备他们二人。陶弘景身为道人，本就处身世事之外，他可以通过微言来劝说君主，却不可言辞恳切直接地进谏，这本就是理所当然的。梁武帝沉溺玄谈已深而不能自拔，何敬容虽身为朝廷之臣，他能以口舌相争而改变梁武帝的喜好吗？至于说他们二人不攻击佛教学说而只攻击老、庄之说，则更不正确。自晋朝以来，支遁、许逊、竺道生、僧肇之流都是以老、庄之说来缘饰佛教学说，因而老、庄之说与佛教学说合而为一实际上已然很久了。我曾经翻阅南梁昭明太子萧统的《令旨解二谛义》，都是以王弼、何晏的意旨来诠释佛教学说。若是空论玄谈的风气止息，则佛教也就不足以兴起，陶弘景、何敬容的议论，是釜底抽薪的治本之言。佛教学说对国家的祸害，难道仅仅体现于浪费金钱、营建塔庙、纵容游手好闲的懒惰之民、逃避国家赋役而已吗？佛教败坏人伦道德、破坏治国之道，其关键就在于它是既仿效老、庄之说，又运用佛教学说，将两者杂糅并具的虚妄荒诞而毫无实际之用的淫邪之说。

　　盖尝论之，古今之大害有三：老、庄也，浮屠也，申、韩也。三者之致祸异，而相沿以生者，其归必合于一。不相济则祸犹浅，而相沿则祸必烈。庄生之教，得其泛滥者，则荡而丧志，何晏、王衍之所以败也；节取其大略而不淫，以息苛烦之天下，则王道虽不足以兴，而犹足以小康，则文景是已。若张道陵、寇谦之、叶法善、林灵素、陶仲文之流①，则巫也。巫而托于老、庄，非老、庄也。浮屠之修塔庙以事胡鬼，设斋供以饲髡徒②，鸣钟吹螺③，焚香呗咒④，亦巫风尔；非其创以诬民，充塞仁义者也。浮屠之始入中国，用诳愚氓者，亦此而已矣。故浅尝其说而为害亦小，石虎之事图澄⑤，姚兴之奉摩什⑥，以及武帝之糜财力于同泰⑦，皆此而已。害未及于人心，而未大伤于国脉，亦奚足为深患乎？其大者求深于其说，而西夷之愚鄙，猥而不逮。自晋以后，清谈之士，始附会之以老、庄之微词，而陵蔑忠孝、解散廉隅之说，始熺然而与君子之道相抗⑧。唐、宋以还，李翱、张九成之徒⑨，更诬圣人性天之旨，使窜入以相乱。夫其为言，以父母之爱为贪痴之本障，则既全乎枭獍之逆，而小儒狂惑，不知恶也，乐举吾道以殉之。于是而以无善无恶、销人伦、灭天理者，谓之良知；于是而以事事无碍之邪行、恣其奔欲无度者为率性，而双空人法之圣证⑩；于是而以廉耻为桎梏，以君父为萍梗⑪，无所不为为游戏。可夷狄，可盗贼，随类现身为方便⑫，无一而不本于庄生之绪论，无一而不印以浮屠之宗旨。萧氏父子所以相戕相噬而亡其家国者，后世儒者，沿染千年，以芟夷人伦而召匪类。呜呼！烈矣！是正弘景、敬容之所长太息者，岂但饰金碧以营塔庙，恣坐食以侈罢民，为国民之蟊螣矣哉⑬？

【注释】

①张道陵(34—156)：原名陵，字辅汉，丰县(今江苏丰县)人。东汉天师道创始人。叶法善：括州括苍(今浙江丽水)人。唐代道教天师，擅长摄养占卜之术，精通符箓，尤能厌劾鬼神。林灵素：北宋末年道士。年少时曾学佛，后归于道，擅长妖幻之术。陶仲文(？—1560)：原名典真，黄冈(今湖北黄冈)人。明代道士。少时为县掾，喜好神仙方术。嘉靖中由邵元节推荐入朝，得到世宗信任，二十多年荣宠不衰。

②髡(kūn)徒：对僧人的蔑称。

③螺：法螺，佛教举行仪式时吹奏的一种唇振气鸣乐器，用同名软体动物"法螺"的贝壳制成。

④呗(bài)咒：诵经念咒。呗，指和尚念经之声。

⑤图澄(约232—348):即佛图澄。本姓帛,原籍西域龟兹。西晋、十六国后赵时僧人。西晋怀帝时来到洛阳,后深得后赵石勒、石虎信任,被尊称为"大和尚",参议军国大事。其学识渊博,能诵经数十万言,又善神咒医术。名僧佛调、须菩提、释道安、竺法雅等人皆从其学,门徒上万人。曾劝石氏要以德化苍生,"不为暴虐,不害无辜"。又重视戒学,平生"酒不逾齿,过中不食"。传见《晋书·佛图澄列传》。

⑥摩什(344—413):即鸠摩罗什。原籍天竺,十六国时后秦僧人。遍习大、小乘教义,前秦苻坚素闻其名,遣兵劫持其至凉州,滞留长达十八年。后秦弘始三年(401),姚兴遣军队将其迎抵长安,待以国师之礼,令其讲、译经论。传见《晋书·鸠摩罗什列传》。

⑦武帝之靡财力于同泰:指梁武帝大力兴建同泰寺,于此寺中礼忏以及设置法会,并多次舍身此寺,消耗大量人力资财。事见《梁书·武帝本纪》。

⑧熺(xī)然:同"熹然",炽盛貌。

⑨李翱(772—841):字习之,陇西成纪(今甘肃秦安西北)人。自幼习儒,博雅好古。历任校书郎、国子博士、史馆修撰、中书舍人、山南东道节度使等职。师从韩愈,以文章见称当时。他力主排佛,发展了韩愈的学说,但接受佛教"见性成佛"观点,提出人性皆善,因情所惑,故有凡、圣之分。主张"正思",使心达到至诚,灭绝情欲,以复其性。其说对后代理学深有影响。传见新、旧《唐书·李翱列传》。张九成(1092—1159):字子韶,钱塘(今浙江杭州)人。师事杨时,与禅师宗杲相契,受其影响较大。故其思想虽仍属程门理学,却多有援佛入儒之意。其说后被朱熹攻击为"阳儒阴释""洪水猛兽"。传见《宋史·张九成列传》。

⑩双空人法:佛教术语。即人法双空。无人我的执着,而称为"人空";无我法的执着,称为"法空"。

⑪萍梗：此处指伦理纲常不定。

⑫随类现身：佛教用语。指佛教菩萨将自己置于各种境地或身份中，适应不同人群的情志，引导他们信仰佛教、发现本心。

⑬蟊(máo)螣(téng)：比喻祸国殃民的人和事物。蟊，吃苗根的害虫。螣，传说中会飞的蛇。

【译文】

　　我曾论及古往今来中国有三大祸害：即以老、庄为代表的道家学说，佛家学说，以及以申不害、韩非为代表的法家学说。此三种学说虽然导致的祸患各异，然而它们相互沿袭并产生最终的后果，必然归合于一途。如果这三者不相互融合、彼此促进，则祸害尚且不深，一旦三者相互融合、相沿相承，其所造成的祸害就至为惨烈。庄子之说若是泛滥，就会使人放纵不羁而丧失心志，这就是何晏、王衍之所以败亡的原因；如果仅是节取其学说的大概而不至于过度沉溺，则可以无为而治，来使经过苛政密法烦扰侵夺的天下休养生息，那么古时圣王之道虽不足以大兴，仍足以使天下小康，汉朝"文景之治"就是如此。至于像后世的道教徒张道陵、寇谦之、叶法善、林灵素、陶仲文之流，简直可以视为巫师。他们施行巫术却假托老、庄之学，实际并非传习老、庄之说。佛教通过修建宝塔、寺庙来奉事死去的胡人鬼怪，设斋摆供来奉事剃发和尚，奏响鸣钟，吹响法螺，焚香诵念经咒，实则也是巫术之风；这种用来欺骗、愚弄民众的巫风虽然不是佛教所创造，但确实阻绝了人们对于仁义之道的恪守与追求。佛教最初传入中国之时，是用来诓骗愚昧之人的，也就仅此而已。因此若是对佛家学说浅尝辄止且陷入得不深，则其产生的祸害也不大，后赵的石虎敬奉图澄，后秦的姚兴敬奉鸠摩罗什，以及梁武帝笃信佛教而大耗钱财物力于同泰寺，都是此种情况。这些歪风邪说还未深入人心，并未对国家命脉造成致命的影响，又为何将其视为大患呢？佛教的大患在于以求沉溺到它的教义中去，而西方佛教徒愚钝鄙陋，无法达到这种高度。自晋以来，喜好玄学清谈的士大夫，开始附会于老、庄之说,进而凌侮蔑视忠孝仁义,败坏礼义廉耻和端方纯正之说,盛行并强烈地与儒家正道相抗衡。唐宋以后,李翱、张九成之徒,更诬伪圣人关于天性、人性的旨要,将佛家学说掺杂其间,从而扰乱圣人之学。依照他们的说法,将父母对于孩子的关爱作为自身贪痴恶业的业障本源,这样便成全了奸邪狠毒之人得以弑杀父母的大逆不道之行,然而浅薄至极的儒生却狂妄昏惑,不知此中恶果,乐于指摘儒家正统道义而使之殉没。因此,他们就将无善恶之分、无人伦道义、灭绝天理人性的大逆不道称为"良知";于是以事事无碍的佛家说法来随心所欲地为恶,肆意妄为、纵欲无度而视为"率性"之举,以人法双空来证入圣果;于是将礼义廉耻作为限制自身的桎梏与羁绊,将君臣父子的伦理纲常视如无物,因此他们可以无所不为、无所不与。可与蛮夷戎狄同流,可与盗贼寇仇为伍,犹如佛家随类现身之说,让自己与之同行同向,而这些无一不以庄子之说为基础,无一不以佛教教义为宗旨。萧梁的宗室子弟之所以同室操戈、自相残杀,最终导致国家灭亡,其根源正在于此,后世粗鄙无知的儒生,将此沿袭影响长达上千年,实则是灭绝人伦而招致匪祸之举。唉!这灾祸是何等的惨烈啊!这也正是陶弘景、何敬容之所痛心和长叹的,难道他们仅仅是叹息佛教寺庙装饰得金碧辉煌、放纵不劳无获的僧人以引导劳作的百姓走向奢侈,从而祸害国家与民众吗?

　　夫二氏固与申、韩为对垒矣,而人之有心,犹水之易波,激而岂有定哉?心一失其大中至正之则,则此倡而彼随,疾相报而以相济。佛、老之于申、韩,犹鼙鼓之相应也[①],应之以申、韩,而与治道弥相近矣。汉之所谓酷吏,后世之所谓贤臣也。至是而民之弱者死、强者寇,民乃以殄而国乃以亡。呜呼!其教佛、老者,其法必申、韩。故朱异以亡梁,王安石、张商英以乱宋②。何也？虚寂之甚，百为必无以应用，一委于一切之法，督责天下以自逸，而后心以不操而自遂。其上申、韩者，其下必佛、老。故张居正蘖天下于科条③，而王畿、李贽之流④，益横而无忌。何也？夫人重足以立，则退而托于虚玄以逃咎责，法急而下怨其上，则乐叛弃君亲之说以自便，而心亡罪灭，抑可谓叛逆汩没⑤，初不伤其本无一物之天真⑥。繇此言之，祸至于申、韩而发乃大，源起于佛、老而害必生，而浮屠之淫邪，附庄生而始滥。端本之法，自虚玄始，区区巫鬼侈靡之风，不足诛也。斯陶、何二子所为舍浮屠而恶玄谈，未为不知本也。

【注释】

①鼙(pí)鼓：小鼓和大鼓。鼙，古代军中的一种小鼓。

②王安石、张商英以乱宋：王安石推崇老学，张商英笃信佛学，但两人又都主张变法，运用法家学说治国。

③张居正蘖天下于科条：指张居正为宰辅之时，要求"尊主权、课吏职、信赏罚、一号令"，往往命令"朝下而夕奉行"，吏事严苛。事见《明史·张居正列传》。

④王畿(1498—1583)：字汝中，号龙溪，学者称龙溪先生，绍兴府山阴(今浙江绍兴)人。明代思想家。师事王守仁，为王门七派中"浙中派"创始人。王畿继承王守仁心学，又加以改造、发挥。其学以"四无"为核心，认为心、意、知、物四者只是一事，若悟得心是无善无恶之心，则意、知、物皆无善无恶。主张从先天心体上立根，不注重"致良知"功夫，谓任心之自然流行，即可脱离生死，将王守仁的良知之说引向禅学。传见《明史·王畿列传》。

⑤汩没：埋没。

⑥本无一物：指六祖慧能所做"本来无一物，何处惹尘埃"之偈。此偈意在说明一切有为法皆如梦幻泡影，教人不要妄想执着，才能明心见性，自证菩提。参见《六祖坛经·行由品》。

【译文】

老、庄之说和佛家学说固然是与以申、韩为代表的法家学说相敌对，但人的内心犹如平静的水面一般容易激起波澜，这些学说对于人心的激荡怎会使之平定无波呢？人的内心一旦失去极应公正、不偏不倚的标准原则，就会出现这边有所倡导而那边紧随其后的情况，且更相交替、相互借鉴。老、庄之说和佛家学说相较于申、韩的法家学说而言，就如同小鼓槌而大鼓应一般，此起彼伏，如果以申、韩的法家学说来回应佛、老之说，则与治国之道的关系就更为相近了。因此汉朝所谓的酷吏，于后世之人而言则是所谓的贤明之臣。这样便使得民众之中那些贫困孱弱的人无法生存，而势力较强的则沦为寇贼，最终导致生灵涂炭且国家衰亡。唉！他们虽信奉佛、道之说，却推行的是法家的治国理政的方法手段。故而朱异导致了梁朝的灭亡，王安石、张商英则扰乱了宋朝。为什么这样说呢？如果清静无为、孤寂因循至极，则各种作为与规定必然难以施行，如果将所有事物都委托于统一的法令，拼命督责天下人去实行，而自己却放纵安逸，然后就不必再操心兴革之事而能自遂心愿。上以法家学说治国，下以佛、道之教理民。所以张居正以严苛之法治理天下，而王畿、李贽之流却在民间横行无忌。为什么呢？人人都立身恐惧，就会退身托迹于玄虚之说来逃避罪责，然而法律严苛致使民怨沸腾，从而乐于叛弃君臣父子的人伦纲常向往佛、道之说，认为内心空寂而罪孽尽失，也可以说是叛逆之事都湮没消失了，并不伤及本来无一物的天真本性。由此而言，祸乱实是因为法家严苛的治理手段所造成的，且依此发展，祸患尤为惨烈，若来源于佛、道之说，也必然会产生危害，而佛教的淫邪说教，是因为附会于老、庄之说才最终开始泛滥。端正根本的办法，必须从杜绝玄虚之风开始，至于小小的巫术鬼怪、奢侈糜烂的风气，则不值得根除。陶弘景、何敬容二人舍弃佛家学说而憎恶玄谈之举，并非是他们不知道问题的根本所在啊！

二六　苏绰六条诏书首以清心次以敷化

苏绰之制治法，非道也，近乎道矣。宇文泰命绰作《大诰》，为文章之式，非载道之文也，近乎文矣。其近焉者，异于道方明而袭之以饰其邪伪也，谓夫道晦已极，将启其晦，不能深造①，而乍与相即也。天下将向于治，近道者开之先，此殆天乎！非其能近，故曰近道。天开之，使以渐而造之，故曰乍与相即也。

【注释】

①深造：指深入精微的境界。

【译文】

苏绰所制定的治国纲领，虽不符合正道，却也接近正道了。宇文泰命他作《大诰》，以作为公文体的通行范本，这并非是承载道义之文，但却近乎此了。之所以说苏绰的治国之法接近正道，是因为他的做法与那些在天下清明、大道显著之时袭取道的外表来粉饰自己奸邪伪诈的人不同，他是在正道隐晦不明到了极点的时候，想要去扭转这种隐晦，但不能立即深入精微的境界，故而最初暂且使自己的治国纲领与正道相接近。天下将趋于大治，而接近大道之人也将开风气之先，这大概就是天意使然吧！并不是因为苏绰能主动接近于正道，所以才说他是近乎道。而是上天指引、启发了苏绰，使之逐步接近于正道，所以说苏绰的治国之法只是开始和儒家正道相接近而已。

治道自汉之亡而晦极矣。非其政之无一当于利病也，谓夫言政而无一及于教也。绰以六条饬官常①，首之以清心，次之以敷化，非其果能也，自治道亡，无有以此为天下告者，而绰独举以为治之要领。自是而后，下有王仲淹②，上有唐太宗，皆沿之以起，揭尧、舜、周、孔之日月而与天下言之，绰实开之先矣。文章之体，自宋、齐以来，其滥极矣。人知其淫艳之可恶也，而不知相率为伪之尤可恶也。南人倡之，北人和之，故魏收、邢子才之徒③，与徐、庾而相仿佛④。悬一文章之影迹，役其心以求合，则弗论其为骈丽、为轻虚，而皆伪。人相习于相拟，无复有謰衷之言，以自鸣其心之所可相告者。其贞也，非贞也，其淫也，亦非淫也，而心丧久矣。故弗获已，裁之以"六经"之文以变其习。夫苟袭矣，则袭"六经"者，亦未有以大愈于彼也，而言有所止，则浮荡无实之情，抑亦为之小戢。故自隋而之唐，月露风云未能衰止，而言不謰衷、无实不祥者，盖亦鲜矣，则绰实开之先矣。宇文氏灭高齐而以行于山东，隋平陈而以行于江左，唐因之，而治术文章咸近于道，生民之祸为之一息。此天欲启晦，而泰与绰开先之功亦不可诬也。非其能为功也，天也。

【注释】

①绰以六条饬官常：指宇文泰欲革易时政之际，苏绰上六条诏书，奏请施行。其主张先治心、敦教化、尽地利、擢贤良、恤狱讼、均赋役，并以此作为行政准则。事见《周书·苏绰列传》《北史·苏绰列传》。

②王仲淹：即王通。参见卷十五"文帝一三"条注。

③邢子才（496—?）：本名邢邵，字子才，小字吉少，河间鄚县（今河

北任丘)人。聪敏强记,善属文。所做文章辞藻典丽,有"雕虫之
美",独步当时。故而其文一出,皆为当时京师之人所传诵,以致
名动一时。与温子昇并为当时文士之冠。传见《北齐书·邢子
才列传》《北史·邢子才列传》。

④徐、庾:指徐摛、徐陵父子和庾肩吾、庾信父子。南朝梁的徐摛和
庾肩吾并称"大徐庾",而二人之子徐陵和庾信并称"徐庾",皆以
诗文见长,为"宫体诗"代表。

【译文】

儒家的治国之道自汉朝灭亡以后就隐晦至极了。并非后世为政之
人从未切中利弊要害,而是说言及治国理政之事的人没有一句是涉及
儒家教化的。苏绰以六条法令整饬吏治,首先是澄清官员为官之心,其
次是施行教化,并非果真能做到这些,但自儒家的治国之道消亡之后,
便再也没有人以此来诏告天下,而唯独苏绰将此列为治国为政的纲领。
从此以后,在臣下之中则有王通,皇帝则有唐太宗,都是沿袭苏绰的这
一做法而兴起,将蒙在唐尧、虞舜、周公、孔子这些圣人治国之道上的灰
尘清除殆尽,使之昭然如日月一般照耀世间,从而得以与天下人共谈治
国之道,可以说,苏绰实在是具有开风气之先的功劳。行文书写的体
裁,自南朝刘宋、萧齐以来,便华而不实且散漫无制至极。人人都知道
文风华而不实、散漫冶艳的坏处,却不知这种文风导致人们竞相作伪尤
其使人厌恶。然而南朝士人倡导此种风气,就连北朝的士人也附和响
应,故而像魏收、邢子才之流,也与徐摛、徐陵父子和庾肩吾、庾信父子
的文风相近。将一篇文章树为典范,对它加以模仿乃至想让自己的心
神与之相合,如此则不论是骈丽之体还是轻虚之作,都是虚情假意的作
伪之文。人们惯于模仿,便再也没有发自内心衷情之言,也难以表达自
己的真情实感以使他人知晓。说他坚守贞节而并非如此,说他目的淫
邪也并非如此,因为他们丧失本心已然许久了。因此没有办法改变现
状,只有用"六经"之文来规范其文风,改变其陋习。如果必定要进行模

仿,那就模仿"六经"之文好了,尽管效仿"六经"也并不比效仿徐摛、徐陵父子和庾肩吾、庾信父子的文章好多少,但至少能从中学到言有所止的道理,则效仿者的浮荡不实之情也可能会稍微有所收敛。所以从隋朝到唐朝,虽然吟咏月露风云的虚浮文风未能彻底衰退消亡,但言不由衷、虚浮不实的骈体伪文也已然少见了,苏绰确实是开此先河。宇文氏的北周灭掉高氏的北齐之后,这一风气开始盛行于山东之地,隋文帝统一全国后,又使之流行于江南,到唐朝也有所沿袭,从而使治国之道、文章之体都近于正道,而百姓的灾祸也得以缓解。这是上天要想涤荡隐晦浮华之风、将正道昭然于世的表现,而宇文泰和苏绰开风气之先的功绩实则不可磨灭。并非他们能主动立此大功,实则是天意使然。

　　呜呼! 治道之裂,坏于无法;文章之敝,坏于有法。无法者,惟其私也;有法者,惟其伪也;私与伪横行,而乱恶乎讫! 胡元之末,乱极矣,而吴、越之俊士[①],先出其精神以荡涤宋末淫靡繁乱之文,文章之系亦大矣哉! 六代之敝,敝于淫曼[②];淫曼者,花鸟锦绮为政,而人无心。宋之敝,亦敝于淫曼;淫曼者,多其语助[③],繁其呼应,而人无气。无心而人寻于篡弑,无气而人屈于禽狄。徐、庾、邢、魏之流波,绰挽之矣,孰有能挽苏洵、曾巩之流波者乎[④]? 俟之来哲。

【注释】

①吴、越之俊士:指元末明初吴、越之地的文学人士中多为文采斐然、建功立业之人。如宋濂、王祎、方孝孺、刘基等人。

②淫曼:奢侈淫靡。

③语助:即助词,指行文之间没有实在意义的虚词。

④苏洵、曾巩之流波:王夫之认为苏洵、曾巩的诗文立法在先、刻意

为之,限制了情感的自然生发与流露,使情、文关系割裂,最终导致其诗文成为虚伪表达的载体,故而王夫之批评他们是"伪人逞其伪辩之才"。参见王夫之《诗广论·大雅》。

【译文】

唉!治国之道崩裂衰废,其实败坏于没有法度;传统文风的凋敝,则是败坏于有固定的行文格式。若没有法度,则掌权之人必定会营私舞弊;若拥有定式,则行文便会因一味模仿而流于生硬虚伪;营私舞弊与行文虚伪之事大行其道,如此则祸乱如何能够止息呢!元朝末年,天下混乱已至顶点,而吴、越之地的才俊首先振奋精神,对于宋末以来奢侈淫靡、繁华虚乱的文风大加涤荡,可见文章风气与社会政治之间的关系是多么紧密啊!西晋至南朝时的文风凋敝,根源在于奢侈淫靡之风大行其道;这种风气一味崇尚浮华奢靡,从而消堕了文人的心志。宋朝文风的衰敝,根源也在于此;此种文风的行文多是助语而无实意,呼应繁复,而使人缺乏气魄精神。因为没有心志,则人人想着篡位弑君,因为没有气节,则人人屈从于禽兽夷狄。徐陵、庾信、邢子才、魏收等人所造成此种文风士气的流毒余波最终由苏绰挽回,可是谁又能挽回苏洵、曾巩对文风所造成的不良影响呢?看来还是要等待后世的哲人俊杰啊。

二七　贺琛论听百司莫不奏事之患

贺琛上书论事①,其他亦平平耳,最要者,听百司莫不奏事,使斗筲诡进②,坏大体以窃威福,此亡国败家必然之券也③。妄言干进者,大端有二:一则毛举小务之兴革也,一则钩索臣下之纤过也。若此者,名为利国,而实以病国;名为利民,而实以病民;害莫烈焉。

【注释】

①贺琛(481—549)：字国宝，会稽山阴（今浙江绍兴）人。承袭其父贺玚儒学，尤为精通"三礼"。以经学入仕，官至散骑常侍，参礼仪事。其曾上书梁武帝，切陈时弊，奏罢征役，与民休息，并主张允许百官各进其言。后受梁武帝敕责，不复谏诤。侯景围困京师之时，他坚守东府，城破负伤被俘。传见《梁书·贺琛列传》《南史·贺琛列传》。

②斗筲(shāo)：斗与筲，皆是量小的容器，比喻人的才识短浅，气量狭窄。

③券：凭据，凭证。

【译文】

　　贺琛给梁武帝上书言事，所论其他事都平平无奇，而其中最重要的，就是听任各级官员直接向皇帝上书奏事，从而使得才疏智浅之人都可以趁机以诡诈之术进言，从而破坏国家大体、窃取作威作福的权力，这必然会导致国亡家败。假借进言而以求进用的情况，大体有以下两种：一是仔细列举琐碎的政务以兴变革之事，二是探究搜寻大臣们的微小过失，并借此大做文章。像此种情况，虽名为有利于国家，实则祸害国政；名为有益于人民，实则深害民众，没有比这更为严重的祸事了。

　　法虽善，久而必有罅漏矣①，就其罅漏而弥缝之，仍一备善之法也。即听其罅漏，而失者小，全者大，于国民未伤也。妄言者指其罅漏以讥成法，则必灭裂成法而大反之，歆之以斯须之小利②，亦洋洋乎其可听矣。不知百弊乘之，蠹国殃民而坏风俗，此流毒于天下而失民心之券也③。贤者之周旋视履而无过者亦鲜矣③，刚柔之偏倚，博大谨严之异志，皆有过也。贪廉之分，判于云泥，似必不相涉矣。而欲求介士之纤微,则非夷、惠之清和,必有可求之瑕璺^④。君天下者,因其材,养其耻,劝进于善,固有所覆盖而不章,以全国体、存士节,非不审也。乃小人日伺其隙,而纠之于细微,言之者亦凿凿矣,士且侧足求全而不逸于罪罟^⑤,则人且涂饰细行以免咎,曲徇宵小以求容,而锲刻之怨^⑥,独归于上,此流毒于荐绅而失士心之券也。民心离,士心不附,上有余怨,下有溢怒,国家必随之以倾。

【注释】

①罅(xià)漏:疏漏,漏洞。

②斯须:须臾,片刻。

③周旋视履:语本《周易·履卦》爻辞:"上九:视履,考祥;其旋,元吉。"意指反复审视自己所走过的道路,引申为反复审视自身过往言行。

④瑕璺(wèn):斑点和裂纹。指瑕疵。璺,裂纹。

⑤侧足:指因畏惧而不敢向前。罪罟(gǔ):罪网,法网。

⑥锲刻:用刀雕刻。这里喻指极力搜求他人的细微过失。

【译文】

　　法令政策即使再完善,施行时间长了则不免存在疏漏,针对这些疏漏加以弥补改正,则法令仍然不失为完备周详的好法令。即便放任这种疏漏存在而不加弥补,就全局而言,其疏失之处也是很小的,而周全覆盖之处还是很大的,于国于民而言都没有大的损害。那些狂妄进言的人指出法令的疏漏之处,进而攻击整个既有法令,这样必然会毁坏既成的法令而全盘反其道行事,只为从中获得片刻之利而欣喜,这样的言论也能洋洋洒洒,使人觉得可以听从。却不知道破坏成法之举会致使弊端丛生,乃至祸国殃民,败坏风俗,最终必然流毒于天下,导致失掉民心。即使是贤者,反复检视自己过往的言行,发现其中完全没有过错的,仍然是很罕见的,无论是为政刚直或宽柔的偏失,还是博大或谨严的风格差异,都是会有过错的。贪婪和廉洁之分,本就犹如天上的白云与地上泥土一般判然有别,似乎必然无所关涉。但整日寻求耿介之士的微小过失,若他们没有伯夷和柳下惠的清正之气,则必定是白璧微瑕而贻人口实。君临天下之人,往往是依据臣下的才干,培养他们的廉耻之心,劝诫、勉励他们背恶向善,自然要对其有所掩饰,不使他们一切的优缺点都暴露无遗,以此来保全国家的大体,保存士人的志节,并非不加分辨。可是这些奸邪小人却无时无刻地等待着机会,意图揭发君子们细微的缺失,并对此言之凿凿,如此,则官吏士大夫都被求全责备,无人能幸免于罪责刑罚,于是人们都致力于粉饰自己的言行以求免除罪责,曲意顺从于奸邪小人以求免于被追究责任,故而使得天下间对苛求细微之过的怨恨都归于君主一人身上,此种风气流行并毒害着士绅阶层,必然使国家失去官吏士大夫的心。百姓的心离散,而士大夫的心也不再归附朝廷,上有余怨,下有余怒,国家一定会随之覆灭。

　　故非舜之智,不能取善于耕徒钓侣也;非孔子之圣,不能择善于同行之三人也。是以垂纩塞耳,垂旒蔽目①,心持天下之大公,外杜辩言之邪径,然后润色先型②,甄别士品,民安于野,吏劝于廷。至治之臻,岂其察小辨微之琐琐者哉!周德长而秦祚短,非千秋之永鉴与?武帝不纳琛之格言,而为之辞曰:"专听生奸,独任成乱。乃二世之委赵高,元后之付王莽。"抑岂知秦法密而后赵高得志,王莽秉国,颂功德者皆疏贱之吏民邪?琛言未冷,梁社旋亡,图存保国者,尚以察察为戒哉!

【注释】

①垂旒(liú)：帝王头冠前遮眼的玉串。

②先型：先贤，楷模。

【译文】

因此，若非有舜的智慧，便不能从天下的农民、渔夫身上发现值得学习借鉴的善处；若不是像孔子那般圣明，便不能从同行的三人身上择取优点加以学习。所以作为君主，应该依照礼制以黄绵所制的耳塞塞住耳朵，用悬垂的玉串遮蔽双眼，内心秉持天下大公的原则，对外则杜绝辩驳议论的邪路，然后树立模范典型，甄别士大夫的流品，使百姓各安其业，令各级官吏勤于政事。要达到天下大治的目的，难道能依靠那些察小辨微的琐碎评议吗！周朝有德而国祚绵长，而秦朝施行严苛法治导致国祚短暂，这不是应该为天下间的后世之人所永远引以为鉴的吗？梁武帝没有采纳贺琛的建议，说道："偏听专信容易产生奸佞，专权独任容易导致祸乱。秦二世委国政于赵高，汉元帝的王太后将大权托付给王莽，皆为前车之鉴。"然而他哪里知道正因为秦朝法律严密，而后赵高才得以弄权丧国；而王莽执政之时，对他歌功颂德的都是些粗俗卑贱的官吏和百姓呢？贺琛进言后不久，梁朝便灭亡了，后世之人要想保住江山社稷，应当以苛察、烦细之政为戒啊！

二八　梁武耄荒纳侯景

神智乘血气以盛衰，则自少而壮，自壮而老，凡三变而易其恒。贞于性者正，裕于学者正，则藏之密，植之固，而血气自盛，智不为荡，血气自衰，智不为耗。卫武公之所以为睿圣也①。

【注释】

①卫武公之所以为睿圣也：指卫武公在九十五岁高龄之时，仍然可

以管理国政，并主动请求臣民对自己加以规谏。其死后，人们都称他为"睿圣武公"。事见《国语·楚语》。

【译文】

人的神智，随着个人血气的强弱而发生盛衰变化，因此从少年到壮年，从壮年到老年，神智会多次变化而难以保持恒定状态。禀性坚贞的人能守正道，勤于学习，广博求知的人也能坚守正道，这两类人将自身的才能与本领储藏得足够隐秘，将自身根本培植得足够牢固，从而使自己在血气强盛时，神智也不受干扰，当血气变得衰弱之时，神智也不受损耗。这也就是卫武公死后之所以会被人们称作"睿圣武公"的原因。

梁武帝之初，可谓智矣。裴叔业要之北奔[1]，则知群小之害不及远；萧颖胄欲请救于魏，则知示弱戎狄之非策；萧渊藻诬邓元起之反[2]，则料其为诬；敕曹景宗下韦叡，则知师和必克。任将有功，图功有成。虽非宋武之习兵而制胜，而其筹得丧也，坚定而无回惑，于事几亦孔晰矣[3]。至其受侯景之降，居之内地，萧介危言而不听[4]；未几，听高澄之绐[5]，许以执景，傅岐苦谏而不从[6]。旋以景为腹心，旋以景为寇仇，旋推诚而信非所信，旋背约而徒启其疑，茫乎如舟行雾中而不知所届。截然与昔之审势度情者，明暗杳不相及，盖帝于时年已八十有五矣，血气衰而智亦为之槁也。

【注释】

[1]裴叔业（约436—500）：河东闻喜（今山西闻喜）人。初仕豫州刺史萧赜，后被萧鸾引为豫州司马。萧鸾自立后，其官至豫州刺史，屯兵寿阳。陈显达起兵围攻建业之时，私下响应。因朝廷对其有所怀疑，深感不安，于是遣使前往北魏豫州刺史薛真度处询

问投降事宜,并劝说萧衍一同投降北魏,而萧衍未加采纳。裴叔
业投魏后,获封兰陵郡开国公,不久病死。传见《魏书·裴叔业
列传》《北史·裴叔业列传》。

②萧渊藻诬邓元起之反:指萧渊藻向邓元起索求良马,而邓元起以
"年少郎子,何用马为"为由回绝,结果招致萧渊藻的忌恨。萧渊
藻借着酒醉将邓元起杀死,导致邓元起麾下痛哭围城,萧渊藻撒
谎说杀死邓元起是奉了皇帝诏书。萧渊藻又向梁武帝萧衍诬告
邓元起谋反,梁武帝识破了萧渊藻的谎言,将萧渊藻贬为冠军将
军。事见《南史·邓元起列传》。

③孔晰:异常清楚。孔,很,非常。

④萧介:字茂镜,南兰陵(今江苏常州武进区)人。初为武陵王萧纪
府长史,以清廉除始兴太守。生性高简,富有文采。梁武帝曾令
其赋诗,染翰便成,文不加点。曾上表谏言,劝梁武帝不要容纳侯
景,认为侯景"实是境内一患",然而梁武帝只叹其忠而不纳其谏。
传见《梁书·萧介列传》《南史·萧介列传》。

⑤绐(dài):欺诈。

⑥傅岐(?—549):字景平,北地灵州(今宁夏灵武)人。容貌举止
皆美,善应对,官至中书通事舍人、太仆、司农卿。居禁中十余
年,参与机密,宠任仅次于朱异。侯景叛逃至南梁时,高澄欲用
反间计,遣使与南梁修好。傅岐向梁武帝进言劝阻与东魏交好,
认为这会动摇侯景,然而梁武帝并未采纳。后为中领军,于台城
同侯景结城下之盟。不久侯景背盟,台城陷落,他带病突围而
死。传见《梁书·傅岐列传》《南史·傅岐列传》。

【译文】

梁武帝萧衍最初可称得上是明智之人。裴叔业约他一起北逃,投奔
北魏,以免受到奸佞小人的侵害,他知道奸佞小人逞凶作恶不会长远;
萧颖胄想要向北魏请援,他却深知向戎狄示弱并非上策;萧渊藻诬陷邓

元起谋反，他则料定这必是诬告；他令曹景宗礼重韦叡，则是知晓行军打仗将领必须团结、同舟共济，方能旗开得胜。他任命将领出征，则定有捷报回传；图谋建立功勋，则必定如愿以偿。虽然他并非如宋武帝刘裕那般熟习军阵，出奇制胜，但他筹谋用兵得失，坚定果决而不犹豫困惑，对所有事情几乎都达到洞悉一切的地步。可到了他接受侯景的请降，让侯景率部居于内地的时候，萧介直言劝谏，他却不予理睬；不久，又听从高澄的欺诈之言，准许逮捕侯景交给高氏，此时，傅岐苦苦劝谏，他又不听。一会儿以侯景为心腹，一会儿又把侯景当寇仇，一会儿推心置腹相信不可信之言，一会儿又背弃旧约白白地使人猜疑，举棋不定，犹如航行的小船在迷雾漂摇的沧浪之海上，却不知前往何处停靠。此时的梁武帝，已与当初审时度势、胸有成竹的英明之态截然相反，圣明昏庸之间远不相及，这大概是因为此时的他已达八十五岁高龄，血气衰弱，以致英明的神智也因此枯萎了。

　　智者，非血气之有形者也。年愈迈，阅历愈深，情之顺逆，势之安危，尤轻车熟路之易为驰也，而帝奚以然也？其智资于巧以乘时变，而非德之慧，易为涸也。且其中岁以后，薰染于浮屠之习，荡其思虑。夫浮屠既已违于事理矣，而浮慧之流[1]，溢为机变，无执也，可无恒也；无碍也，可无不为也；恍惚而变迁，以浪掷其宗社人民而无所顾恤[2]，斯岂徒朱异、谢举之荧之哉？抑非老至耄及之神智衰损之为也。神不宅形，而熟虑却顾之心思，荡散而不为内主矣。夫君子立本于仁义，而充之以学，年虽迈，死则死矣，智岂与之俱亡哉？

【注释】

①浮慧：才智浮浅。

②浪掷：随意抛弃。

【译文】

人的神智，并非是像血气那般有形可依。人的年纪越大，个人阅历愈加丰富，情理的顺逆情况，形势的安危判断，应尤为轻车熟路且易于操控驾驭，可是梁武帝为何不是如此呢？那是他将智慧主要应用于凭借机巧以乘时观变，而并非道德层面上的智慧，因而容易干涸衰退。况且他自中年以后，深受佛教学说的影响与风气的熏染，致使思虑游荡。佛教学说本就已经违背了事理，而才智浮浅之流，又过分注重机变，以致无所把持，从而也就没有恒定的思想与道德遵守；无所违碍，则可以无所不为；故而梁武帝整日恍恍惚惚、随波逐流，轻易抛弃江山社稷、国家生民，置其安危于不顾，难道这仅仅是朱异、谢举之流蛊惑的结果吗？也并非是因为梁武帝年事已高，个人的神智衰退劳损所致。人的神智并不一定完全依附于形体，而深思熟虑、反复思考的心思，也就涤荡耗散而不由内心加以支配了。正人君子立身以仁义为本，而以学识充实自身，年龄虽老，死也就死了，个人的神智难道能与之一起消亡吗？

二九　梁武惑于浮屠致子孙无父子兄弟之恩

父子兄弟之恩，至于武帝之子孙而绝灭无余矣。唯萧综凶忍而疑于东昏之子①，其他皆非蜂目豺声如商臣②，帝亦未有蔡景之虑③，所以然者，岂非慈过而伤慈之致哉？正德之逆也④，见帝而泣；萧纶之悖也，语萧确而亦泣⑤。绎也、范也、誉也、詧也⑥，虽无致死以救君父之心，而皆援戈以起。然而迁延坐视，内自相图，骨肉相吞，置帝之困饿幽辱而不相顾也。且其人非无智可谋，无勇可鼓，而大器之笃孝以安死⑦，方等之忘身而自靖⑧，咸有古烈士之风焉。叙之以礼，诲之以道，约之以法，掖之以善，皆王室之辅也；抑岂若晋惠之愚、刘劭之凶,不可革易也乎? 慈而无节,宠而无等,尚妇寺之仁⑨,施禽犊之爱⑩,望恩无已,则挟怨益深,诸子之恶,非武帝陷之,而岂其不仁至此哉?

【注释】

①萧综凶忍而疑于东昏之子:指梁武帝宠幸东昏侯宠姬吴淑媛,后
　怀胎七个月就生下了豫章王萧综,当时宫中的人对此颇有怀疑,
　认为萧综是东昏侯萧宝卷的遗腹子。事见《梁书·豫章王综
　列传》。

②商臣:即楚穆王,名商臣,春秋时楚国国君,楚成王之子。《史记》
　说他:“蜂目而豺声,忍人也。”商臣为太子时,因惧怕被废,于是
　弑父自立。他在位期间长期与晋争霸,先后灭江、六、蓼等小国,
　又曾率师伐郑,继又攻陈,使得郑、陈均归附于楚。事见《史记·
　楚世家》。

③蔡景之慝(tè):指蔡景侯因与儿媳私通而被弑。事见《左传·襄
　公三十年》。

④正德:指萧正德。参见卷十五“文帝二一”条注。

⑤萧纶之悖也,语萧确而亦泣:侯景率军围困梁武帝萧衍于台城
　时,梁武帝任命孙子萧确为广州刺史,萧确屡次启奏梁武帝,坚
　决推辞,不肯进宫城。萧确自己想投奔南面的荆、江二镇,其父
　邵陵王萧纶流着眼泪对萧确说:“宫城已经被围困许久,皇上的
　处境危险,让人忧虑,作为臣下和儿子的心情,如同置身于汤火
　之中,所以想暂且与侯景订立盟约,打发他离开,以后再做其他
　打算。这一决定已经做出,怎么能够抗拒与违反?”事见《资治通
　鉴·梁纪十八·高祖武皇帝·太清三年》。萧纶(507?—551),
　字世调,小字六真,南兰陵(今江苏常州武进区)人。梁武帝第六
　子。侯景作乱时,以征讨大都督身份率众讨伐侯景。他轻财爱

士,府无储积,然而性格暴戾。大宝元年(550)遭侯景军袭击,逃至汝南,西魏又遣兵来攻,城陷被杀。传见《梁书·邵陵王纶列传》《南史·邵陵携王纶列传》。萧确,字仲正,南兰陵(今江苏常州武进区)人。萧纶之子。侯景之乱时奋力与叛军作战,在台城护卫梁武帝萧衍。后来假意随侍侯景,意欲趁机谋杀侯景,失败而死。传见《梁书·萧确列传》《南史·萧确列传》。

⑥绎也、范也、誉也、詧(chá)也:分别指梁武帝第七子湘东王萧绎、梁武帝之侄萧范、梁武帝之孙萧誉和萧詧。

⑦大器之笃孝以安死:指简文帝即位后,其嫡长子萧大器被立为皇太子。侯景西进时,携他同行,败逃之时部伍散乱,左右心腹一起劝萧大器趁机逃离。而萧大器痛哭流涕,不忍背君叛父,认为若是贼人要有所加害,即便“一日百拜而无益”,最终为侯景所害。萧大器(523—551),字仁宗,南兰陵(今江苏常州武进区)人。梁简文帝萧纲嫡长子。太清三年(549)简文帝即位后被立为皇太子。事、传见于《梁书·哀太子大器列传》《南史·哀太子大器列传》。

⑧方等之忘身而自靖:指梁元帝萧绎长子萧方等乘舟前去觐见梁武帝萧衍之时,恰逢侯景之乱爆发,萧绎便叫行至中途的萧方等回来。然而萧方等毫不畏惧,以申生不畏死之事表明自己心志。萧方等(528—549),字实相,南兰陵(今江苏常州武进区)人。南朝梁宗室,梁元帝萧绎长子,梁敬帝萧方智异母兄。聪慧有才,弓马娴熟,精于绘画,涉猎文史。太清三年(549),带兵出征河东王萧誉,兵败溺水而死,年仅二十二岁。梁元帝即位后,追封其为武烈太子。事、传见于《梁书·世祖二子列传》《南史·元帝诸子列传》。

⑨妇寺:指妇女和宦官。

⑩禽犊之爱:指鸟兽疼爱幼仔,比喻父母溺爱子女。

【译文】

父子兄弟之间的恩情，到了梁武帝的子孙时已然灭绝无余。他的诸多子孙中，唯有萧综凶暴残忍，多被怀疑是萧齐东昏侯萧宝卷的遗腹子，其他人并非如商臣那般是目似黄蜂、声如豺狼的恶人，梁武帝也非蔡景侯那般奸邪，之所以最终造成这样的结果，难道不是因为梁武帝对子孙过分慈爱而最终伤害了自己的慈爱之心吗？萧正德大逆不道，然而他见到梁武帝就泣不成声；萧纶也是狂悖无行，但与萧确谈到梁武帝被围时也哭泣不止。萧绎、萧范、萧誉、萧詧，他们在梁武帝落难之时，虽然没有赴汤蹈火营救君父的必死之心，但也都起兵救援。然而他们迁延时日，坐视危机蔓延，宗室内部也都各怀鬼胎，骨肉相残，将梁武帝抛弃于拘禁、饥饿、凌辱的困境之中而不管不顾。况且他们并非没有赖以筹谋的智慧与涤荡激扬的勇气，像萧大器坚守孝悌而视死如归，萧方等舍生忘死而践行其志，都有着古时忠烈之士的风骨。如果能用礼义对他们加以引导，以道德对他们加以教诲，并用法纪来加以约束，以善心来扶持鞭策，那么他们皆可成为萧梁王室的辅弼之臣；又哪里像晋惠帝那般愚蠢，像刘劭那般凶残，且本性难移呢？过分慈爱却不加节制，过分宠信而不加以区分，崇尚妇人近宦般的柔仁之心，对于子女过分溺爱，让自己的子孙期望得到恩典，以致无休无止，那么挟私报怨之心便也更深。诸子作恶，若非由梁武帝自身所致，难道是其子孙不讲仁义而竟然到了这个地步吗？

而不但此也，人主之废教于子者，类皆纵之于淫声美色狗马驰逐之中；而帝身既不然，教且不尔，是以诸子皆有文章名理之誉，而固多智数。然而所习而读者，宫体之淫词；所研诸虑者，浮屠之邪说。二者似无损于忠孝之大节，而固不然也。子不云"巧言鲜仁"①？则言巧而仁忘，仁忘而恩绝矣。若浮屠者,以缘生为种性②,自来自去于分段生死之中③,父母者,贪欲痴爱之障也④。以众生平等视之,见其危亡,悲愍而已,过此又奚容捐自有之生缘以殉其难乎? 二者中于人心,则虽禽呴鱼沫⑤,相合以相亲,而相离以相叛,不保之于势穷力蹙之日矣。然则谓帝慈之已过者,非果慈也,视其子无殊于虎,以大慈普摄投身饲之而已⑥。其学不仁,其教无父,虽得天下,不能一旦居,岂有爽与?

【注释】

①子不云"巧言鲜仁":语本《论语·学而》:"子曰:'巧言令色,鲜矣仁!'"意谓花言巧语并装出和颜悦色的样子以讨好他人,此种人少有仁义之心。

②缘生:佛教用语。指佛教认为一切有生有灭的事物皆由众缘和合而生。种性:先天的秉性、本性。

③分段生死:佛教用语。指六道众生随其业力所感果报,其身各有长短,其命各有寿夭,皆流转于生死之间。

④贪欲痴爱之障:指佛教将贪、嗔、痴视为三毒、三垢、三火。并认为此三毒残害身心,使人沉沦于生死轮回,实为妨碍修行的罪业障碍。

⑤禽呴(xǔ)鱼沫:禽鸟相互喘息而鱼相互吐沫滋润,比喻互相抚慰或救助。

⑥大慈普摄:指以佛陀菩萨对一切众生的慈悲心来进行普度。

【译文】

而且问题还不止于此,君主对其子孙管教不严,一般都是放纵他们沉浸于声色犬马的淫乐追逐之中;梁武帝本身也并非沉浸于这些淫乐之中,故而他对子孙的教育也并非如此,所以梁武帝诸子都有精于文章名理的赞誉，且多有才智谋略。但他们平日所读诗书，皆是些追逐风花雪月、虚华不实的宫体诗词；而所精研思考的问题与道理，也都是佛教的异端邪说。这两个方面表面看似乎无损于忠孝仁义的大节，然而就实质而言却并非如此。孔夫子不就曾说"巧言善辩之说很少符合仁义"的吗？因为人一旦注重言语的机巧便忘记了仁义，忘却仁义之后也就会丧失恩情道义。就以佛教而言，主张一切生灭皆由众缘和合而生，为先天秉性，因此自己得以来去自如于六道众生的轮回报应之中，而父母恩情实为贪欲痴爱诸恶业的阻碍。以众生平等之说来看待一切，即便见到父母身处危亡之际，也只是悲伤忧愁而已，此外，又怎能够舍弃自己的生命来为之赴难呢？虚华不实的宫体文风与佛教邪说若是深入人心，那么即便是鸟兽虫鱼，也可以相合相亲、互相抚慰救助，这又如何保证在势穷力衰之时不会背离相叛。如此则说梁武帝对皇室子弟过于慈爱，其实并非果真是慈爱，只是将子孙视为老虎，自己则是以大慈大悲、普度众生的菩萨心肠舍身饲喂他们罢了。梁武帝的子孙们所学的并非是仁义之教，而梁武帝对他们所教的固然也是无君无父之理，梁武帝的子孙们即使得到天下，也会在旦夕之间便拱手让于他人，这一点难道会有差错吗？

简文帝

【题解】

梁简文帝萧纲(503—551)字世缵,小字六通,是梁武帝萧衍的第三子,母为贵嫔丁令光。萧纲初封晋安王,累迁骠骑将军、扬州刺史。中大通三年(531),其同母兄昭明太子萧统去世后,被册立为皇太子。太清三年(549),侯景攻陷台城,梁武帝被囚饿死,侯景奉立萧纲为帝。简文帝在位期间,深受侯景挟制,形同傀偊。大宝二年(551),侯景兵败巴陵,返回建康后即废黜简文帝为晋安王,其时萧纲在位仅两年,同年即被害死。

府兵制的产生和消亡向来为历代学者所关注。王夫之在本篇中围绕着府兵制度,对于中国古代的兵制问题与兵农关系都做了相应的分析和评论。有学者认为,府兵制的变更加速了安史之乱的爆发,而王夫之对此并不认同。他认为府兵制至玄宗之时已经不再适用,无益于国且"徒以厉民"。究其根本,"兵农合一"的府兵制度使得军事和农业相捆绑,兵卒既不能安心农事,也无法全身心投入战事。王夫之明确反对"寓兵于农",认为这是夏、商、周三代分邦建国之时的规制,汉以后"分兵民为两途",说明兵制的历史条件已然发生改变。然而宇文泰之所以创立府兵制,也是有着特殊的历史背景。一方面,宇文泰自身的军事力量急需扩充;另一方面,关中之民"皆习战斗",本就有"耕战合一"的风俗传统,而宇文泰所创府兵制也只是一时的权宜之计。伴随着天下的统一,各地风俗情况不同,对于兵制来说自然需要变革。以适用于关中与北周之际的府兵制度来作为唐朝兵制,本就不合时宜且因循守旧了。有鉴于此,明代的卫所制度和屯田之法在王夫之看来,也是削弱兵力、损耗国力的无益之举。王夫之的这番议论,体现了他因时而变的制度观,也包含着对于明代灭亡原因的深刻反思。

一　齐命守宰设棓捶杀属请之使

至治之世无请托,至乱之世无请托,故嘱托之禁,虽设于律而不严,以其非本治也。汉灵帝立三互之法①,高洋赏房超棓杀赵道德请托之使,命守宰设棓以捶杀属请之使②,盖其时请托公行,狱讼大乱,有激而然也。

【注释】

①三互之法:参见卷八"灵帝四"条注。

②高洋赏房超棓(bàng)杀赵道德请托之使,命守宰设棓以捶杀属请之使:指高洋初即位之时,励精图治。赵道德因事拜托黎阳太守房超,而房超不予理睬,并以棒杀其使者。高洋对此大为赞赏,于是命各地官员皆各设棍棒以诛杀请托的使者。事见《隋书·刑法志》。棓,用杖击。守宰,指地方长官。属请,请托。

【译文】

政治极为清明的大治之世并无请托之弊,而最为污浊不堪的乱世也没有请托之弊,因此关于请托的禁令,虽记载于律法之中却无法严格执行,因为这并非治本之法。汉灵帝时设立婚姻之家及两州人士不得相互到对方所属州郡为官的"三互法",而北齐文宣帝高洋对于房超棒杀赵道德请托之使的事大为赞赏,并命令地方长官各自设置棍棒以击杀那些来请托的使者,这是因为当时请托之事大行其道,刑狱诉讼混乱不堪,致使他不得不如此行事。

至乱之世,守宰专利于己,恶民之行赂属请而不荐贿于己,则假秉公守法以总货贿于一门。上既为之严禁矣,虽致怨于人,而可弗惧,无有敢挢举其污者也①。刘季陵不与公府之事,而陈蕃诮之②,季陵正也,蕃非正也。然蕃且有辞于季陵矣,其时请托盛行,而季陵孤也。至治之世,在官有养廉之典③,退居有尸祝之尊④,贤士大夫亦何忍以身纳于垢浊?而乱世不能也,于是而擅利淫刑之守,宄厉以为能,请托绝而贿赂益滥,况乎绝其所绝而不能绝其所不绝者哉?任守宰而重其廉隅,教行而俗美,请托不足禁也。禁之而民之枉也益甚,灵帝之世是也。若高洋乐杀人以逞威,又无足论已。

【注释】

①挢(jiǎo)举:揭发检举。挢,同"矫"。

②刘季陵不与公府之事,而陈蕃诮之:指东汉的刘胜自蜀郡告归乡里之后,闭门不问世事。太守王昱与杜密谈及此事,杜密认为刘胜位为大夫却"知善不荐,闻恶无言,隐情惜己,自同寒蝉",实为罪人。此处"陈蕃"应为"杜密",应属王夫之误记。事见《后汉书·党锢列传》。

③养廉:指朝廷提高官员俸禄,或在官员正俸外加赐收入,以保证和鼓励官员保持廉洁。

④尸祝:古代祭祀时对神主掌祝的人,即主祭人。宋代以来,官员退休后,在家乡饮酒礼等场合中,会被选为身份最尊崇的主祭人。

【译文】

身处最为污浊不堪的乱世,地方长官都在追求一己私利,怨恨民众行贿请托却不将财物直接贿赂给自己,于是假借秉公执法的名义以使贿赂的财物全归于己。既然上级有严厉的禁令来惩治贿赂请托者,那么即使诛杀贿赂请托之人会招致他人怨恨,贪官们也无所畏惧,因为这样就没有人敢于揭发他们贪污受贿的行为了。东汉的刘胜不参与官府的政事,可是杜密因此讥讽他,刘胜正直无私,而杜密则有私心且不清正。但杜密却有借口来诘责刘胜,就是因为当时请托之风盛行,而刘胜清正廉洁,处境相当孤立。在政治极为清明的大治之世,官员在任时朝廷有养廉制度予以奖掖扶持,退职家居的则享有作为主祭人的尊荣,贤明的士大夫怎么能够忍心以自己的清白之身来藏污纳垢呢?但身处污浊不堪的乱世也难以做到这一点啊,因此想专擅利益、滥用刑罚的官吏,因为为政刻薄严苛而被认为贤能,请托之事虽然停息而贿赂之举愈加泛滥,更何况即使断绝其他人的受贿途径,也无法根绝这难以断绝的贿赂之举吧?任命地方长官应注重他们端正不苟的品行,就会使教化大行而地方风气淳美,不需要严禁请托,请托之举就能自行消失。禁绝了请托之举,却使民众的冤屈反而更加严重,汉灵帝之世便是如此。至于像北齐文宣帝高洋那般乐于杀人而逞其威势,就更不值得评论了。

二　宇文泰府兵非善制

唐之府兵,言军制者竞称其善,盖始于元魏大统十六年宇文泰创为之[1]。其后籍民之有才力者为兵,免其身租、庸、调,而关中之强,卒以东吞高氏,南并江陵。隋、唐因之,至天宝而始改。人胥曰府兵改而边将骄[2],故安、史乱,河北终不能平,而唐讫以亡,而不知其不然也。府兵不成乎其为兵,而徒以厉民,彍骑虽改[3],而莫能尽革其弊,唐乃无兵而倚于边将。安、史之乱，府兵致之也，岂府兵不改而安、史不乱，安、史乱而府兵能荡平之也哉？

【注释】

①大统：西魏文帝元宝炬的第一个年号，使用时间为 535—551 年。大统十六年，即 550 年。

②胥：全，都。

③彍（guō）骑：唐代宿卫兵名。唐玄宗时，因天下久不用兵，而府兵制废弛日坏。在宰相张说的建议下，以招募方式选京兆、蒲、同、岐、华等州的府兵和白丁，每年宿卫两个月，免除出征、镇守的负担。初称"长从宿卫"，后改称"彍骑"。

【译文】

对于唐代的府兵制度，讨论军制之人争相称赞它的好处，这种军制大概是宇文泰于西魏大统十六年所创制的。此后宇文氏便照此征发具有一定财力基础且奋勇有力的农民当兵，免除其所要承担的租、庸、调赋役，从而使占据关中之地的北周政权日益强大，最终向东吞并了高氏的北齐政权，向南兼并了南朝的江陵之地。隋朝与唐朝相继沿袭了这一军制，直到唐玄宗天宝年间才有所改变。人们都说是因为更改府兵制度致使边境将帅日益骄横跋扈，最终导致安禄山、史思明之乱的发生，且黄河以北地区的藩镇割据也因此长期无法平定，唐朝政权最终也因此灭亡，然而持有此观点的人并不知道事实的真相并非如此。府兵其实不能变成真正意义上的士兵，长期实行府兵制只会徒然地虐害人民，虽然后来将府兵改成了彍骑以承担宿卫职责，但终究不能尽数消除府兵制的弊端，于是唐朝没有了可以依赖的兵力，只好倚靠边将。安史之乱，正是由府兵制造成的，怎能说若是府兵制度不改便不会导致安史之乱呢？况且若是真的如此，那么发生安史之乱后，唐朝的府兵真能将其一举荡平吗？

　　三代寓兵于农，封建之天下相承然也。周之初，封建亦替矣，然其存者犹千八百国也，外无匈奴、突厥、契丹之侵逼，兄弟甥舅之国①，以贪愤相攻而各相防尔。然忿愤一逞，则各驱其负耒之愿民以蹀血于郊原②。悲夫！三代之季，民之瘅以死者③，非但今之比也。禹、汤、文、武之至仁，仅能约之以礼而禁其暴乱，而卒无如此斗农民以死之者，何也？上古相承之已久矣，幸而圣王善为之法，以车战而不以徒战，追奔斩馘，不过数人，故民之死也不积。然而农民方务耕桑、保妇子，乃辍其田庐之计，奔命于原野；斫其醇谨之良④，相习于竞悍；虔刘之，燀乱之，民之憔悴，亦大可伤矣！至于战国，一战而斩首者至数十万，岂乐为兵者哉？皆南亩之农夫，欲免而不得者也。汉一天下，分兵民为两途，而寓兵于农之害乃息。俗儒端居呫毕而谈军政者⑤，复欲踵而行之，其不仁亦惨矣哉！身幸为士，脱耒耜之劳，不耕而食农人之食，更欲驱之于白刃之下，有人心者，宜于此焉变矣。

【注释】

　①甥舅之国：指周天子于异姓诸侯的称呼。周天子对于同姓诸侯谓之伯父，而对于异姓诸侯谓之伯舅。参见《礼记·曲礼下》。

　②愿民：朴实善良的民众。

　③瘅（dàn）：因劳累而致病。此指因参加战争而死。

　④醇谨：醇厚谨慎。

　⑤呫（chān）毕：指经师不解经义，只会依照书简教授。

【译文】

　夏、商、周三代实行寓兵于农的制度，这是因为当时天下实行封邦建国,各诸侯国世代相承。西周建立之初,分封制度实则已然趋于衰弱,但仍旧封有千八百个大小不同的诸侯国,而其外部并无后世的匈奴、突厥、契丹等异族的侵逼,各诸侯之间都是兄弟甥舅的亲近关系,互相之间只是贪图土地、激于义愤而相互攻击,并设置军队互相加以防范。然而也有因愤恨嫉妒而求一逞之时,各自驱使自己国土上的朴实善良的民众,手拿着简易的农具相互攻击,以致最终喋血于原野沙场。真是可悲至极! 夏、商、周三代的末期,人们死于战事者的数量,并非今日所能比。即便是夏禹、商汤、周文王、周武王这些极为仁德的圣王明君,也只能用礼义来约束民众,从而禁止他们暴乱,却终究难以避免使农民相互争斗并死于战事的命运,这是为何呢? 因为这种寓兵于农的制度实则自上古以来便世代承袭,由来已久,所幸有这些圣王明君善于管控并合理运用军制,以车战发动战事,而非让步兵来徒手相搏,如此,则拼命追奔斩杀、割耳邀功,最终致死的不过数人而已,所以死于战事之人还算不多。然而农民原本忙于耕织劳作并保护自己的妻子儿女,却让他们中断正常营生,奔走效命于疆场间;此种做法,实则会斩断、湮没农民们淳厚安分的良好风气,使之争相习惯于争勇斗狠之风。而这种做法根本就是在屠戮农民,炫惑他们并扰乱他们的日常耕作,使之身陷水深火热之中,日益憔悴疲敝,着实令人深感悲伤! 到了战国之时,一次战役就断送着几十万百姓的性命,人们又怎能乐于当兵呢? 然而这些田野的农夫,要想免于兵役却又做不到。汉朝统一天下之后,将兵与民截然区分,于是寓兵于农的祸害才得以消除。后世那些浅陋庸俗的儒生不解经义,却端坐着妄谈军政,还想要恢复这种寓兵于农的制度,实在是缺乏仁义之心且用心狠毒! 他们侥幸成为士大夫,逃脱了耕耘劳作之苦,不事耕作而坐享农民辛劳的成果,反身便驱使农民暴露在敌人的屠刀之下,假若还有一点人心仁义,也应当改变此种制度了。

　　宇文泰之为此也,则有说也。据关中一隅之区,欲并天下，乃兴师以伐高洋。不战而退，岂畏洋哉？自顾寡弱而心早寒也。南自雒、陕①，西自平阳②，北极幽、蓟③，东渐青、兖，皆洋之有。众寡之形，相去远矣。且梁氏方乱，抑欲起而乘之以吞襄、郢，而北尚不支，势不足以南及。虽前乎此者，屡以寡而胜众，而内顾终以自危。故其所用者，仍恃其旧所习用之兵，而特欲多其数以张大其势。且关中北拥灵、夏④，西暨河、湟，南有武都、仇池、羌、氐之地，虽耕凿之甿⑤，皆习战，使充行伍，力足而情非不甘，泰可用权宜以规一时之利，未尽失也。若夫四海一，战争休，为固本保邦之永计，建威以销夷狄盗贼之萌，则用武用文，刚柔异质，农出粟以养兵，兵用命以卫农，固分途而各靖。乃欲举天下之民，且稼穑而夕戈矛。其始也，愚民贪免赋免役之利，蹶起而受命；迨其后一著于籍，欲脱而不能。故唐之府兵业更为彍骑矣，乃读杜甫《石壕》《三别》之诗，流离之老妇，宛转于缧绁⑥；垂死之病夫，负戈而道仆；民日蹙而兵日窳，徒死其民。而救如线之宗社者，朔方边卒、回纥援兵也。然则所谓府兵者，无益于国而徒以殃民，审矣。

【注释】

①陕：即陕州。北魏太和十一年（487）置，治所在陕县（今属河南）。

②平阳：地名。今山西临汾。

③蓟：即蓟州。治所在今天津蓟州区。

④灵、夏：即灵州和夏州。灵州，北魏孝昌年间置，治所在旧薄骨律镇（今宁夏吴忠北）。夏州，北魏太和十一年（487）置，治所在岩绿县（今陕西靖边东北）。

⑤耕凿：耕田凿井。代指耕种、务农。

⑥缧绁(léi xiè)：捆绑犯人所用的绳索。此指监狱。

【译文】

宇文泰之所以创立府兵制度，也是有其理由的。他占据区区关中一隅，却又想兼并统一天下，于是决定兴兵讨伐北齐文宣帝高洋。结果不战而退，难道是惧怕高洋吗？实则是宇文泰深感自己势单力孤而征伐之心早已冷却。北齐控制的势力范围，南至洛阳、陕州，西至平阳，北部直达幽州、蓟州，东部又延伸到青州、兖州，这一广大区域都为高洋所占有。北周与北齐之间的强弱相差甚远。而且南朝萧梁内部正处于混乱之中，宇文泰又想趁机向南吞并襄阳和郢地，则北边伐齐尚且力不从心，他也势必无力南进。虽然在此之前，宇文泰曾多次以弱胜强，但举目四顾之后，终究觉得自己势单力孤且身处险地。所以他赖以四处征讨的军队，仍然是以前就早已习惯指挥的那些士兵，只是想通过府兵制来大大增加士兵数量以张大其声势而已。且关中地区北拥灵州、夏州，西有河州及湟水两岸，南有武都、仇池以及羌人和氐人所居之地，这些地区的民众虽然都是农民，但却习于征战，让他们来充实军队，力量上不成问题，情感上他们也并不会觉得心有不甘，所以宇文泰可以采用这种权宜之计而得一时之利，这也是适应当时的情势需要，故而不能算作完全的失策之举。但等到天下统一、战事已然止息之时，出于巩固根本、保卫国家长远利益大计，要建立威势以消除夷狄与盗贼产生的萌芽，则国策到底用武用文，正如刚柔异质，需要加以区分调和。农民交纳税粮以养兵，军队效命疆场来保卫农民，自然也该使兵民分途，令其各安其职。可是统治者在这样的环境中，却想让天下的农民白天辛勤于农事，晚上手持戈矛为兵，保家卫国。起初，愚昧的农民为贪求免除赋役的小利，纷纷前来当兵，然而等到后来一旦被著于兵籍，要想再摆脱就不可能了。因此唐朝将府兵改为彍骑之后，再读杜甫所作的《石壕吏》《新婚别》《垂老别》《无家别》等诗，可以看到颠沛流离的老妇人，辗

转于官府的拘禁之中；垂死挣扎的病夫，扛着兵戈倒仆在道路旁；人们
日益困窘而军队日益羸弱，最终也只是白白地让百姓去送死。而能够
挽救命悬一线的大唐江山的，也只有朔方镇的边军和回纥的援兵了。
可见所谓的府兵，到唐朝时已然无益于国家而又徒然祸害民众的性命，
这是很清楚明了的。

　　不能反三代封建之制①，幸而脱三代交争之苦，农可安
农，兵可安兵，天别之以材，人别之以习，宰制天下者，因时
而利用，国本坚而民生遂，自有道矣。佔毕小儒，称说寓兵
于农而弗绝，其愚以祸天下，亦至此哉！农之不可兵也，厉
农而祇以弱其国也；兵之不可农也，弱兵而祇以芜其土也。
故卫所兴屯之法②，销天下之兵而中国弱，以坐授洪图于异
域③，所繇来久矣。且所谓屯田者，卤莽灭裂，化肥壤为硗
土④，天下皆是也，可弗为永鉴乎！

【注释】

①反：同"返"，返回，回复。

②卫所兴屯之法：指明代所实行的卫所制和屯田制。明太祖采纳
　刘基的建议，参照隋唐的府兵制，在全国的各军事要地设立卫
　所。约五千六百人为一卫，其长官为卫指挥使。卫所大部分军
　队在各地屯田耕种，称为"屯军"；而少部分驻守操练，称为"旗
　军"，并定期轮换。参见《明史·兵制》。

③洪图：版图，疆土。

④硗（qiāo）土：坚硬瘠薄的土地。

【译文】

如今已不可能再返回到夏、商、周三代的封邦建国之制上去，因此

幸而摆脱了夏、商、周三代之时交相攻伐的苦难,农民可以安于耕织,军队可以安于保卫国家,上天授予人不同的材质而加以区别,人又依据自己所习惯的生活方式来分属于不同职业,统治天下之人,依据时势的需要对他们加以合理的利用。如此,则使国家的根本牢固,人们的生活安康,而天下之人能各行其道。可是那些见识浅薄、纸上谈兵的儒生却交口称赞寓兵于农之策的好处,从不停息,他们愚昧无知、祸害天下,竟到了这种地步!不可将勤于耕作的农民作为兵士,这样做只会危害农民并使国力削弱;不可将行军打仗的兵士用于农耕,如此只会削弱兵力,且使其土地荒芜、农业不兴。所以明朝的卫所制度与屯田之法,只会削弱天下的兵力而终致国家疲弱衰败,从而坐着将大明王朝的万里疆域拱手授给异族,而造成此种结果的原因可谓由来已久。况且所谓的屯田之法草率粗疏,往往将肥沃的良田变为贫瘠之地,此种情况天下间比比皆是,能不把这当作永远的鉴戒吗?

三 大器张嵊死侯景之难

魏、晋以降,廉耻丧而忠孝泯。夫岂无慷慨之士,气堪一奋者哉?无以自持,而因无以自继,则虽奋而终馁也。持其廉耻以养其忠孝于不衰者,自归诸从容蹈义之君子,非慷慨之能也。于梁之亡而得二君子焉,太子大器及吴兴太守张嵊是已[1]。

【注释】

[1]张嵊(488—549):字四山,吴郡吴(今江苏苏州)人。初为宣城王、湘东王僚佐,后为吴兴太守。侯景叛乱围困京城时,他派遣其弟张伊率郡兵赴援。后台城陷落,张嵊据郡固守,遣兵迎战侯景部将刘神茂,并斩杀劝降来使。侯景又遣精兵二万来攻,张嵊

兵败被俘遇害。梁元帝追谥其为"忠贞子"。传见《梁书·张嵊列传》《南史·张嵊列传》。

【译文】

魏、晋以来，士人的廉耻之心丧失殆尽，忠孝之念泯灭无存。难道说就没有任何慷慨有为的士人，能以其忠孝奋勇的气概来一振人心吗？有此想法的人当然存在，但因他们难以把持自己、坚持操守，故而无法持续下去，即使一度奋发有为，最终仍不免失意气馁。能够坚持廉耻之心，从而牢固培养起自己的忠孝之节、不使其衰退的人，自然当属那些从容赴义的君子，这并非紧靠意气慷慨就能做到的。在萧梁亡国的过程中，曾出现两位君子，即简文帝的太子萧大器和吴兴太守张嵊。

吴兴兵力寡弱[1]，而嵊不闲于军旅，然矫举自奋，以弱抗强，岂不足以自暴其忠哉？既无畏死之心，自可与贼争一旦之命，而嵊不为也；虑夫为之而不继，则气挫而志以摇也。徼幸于倪胜倪败之间[2]，神无定守而不能保其必死之心。知死矣，知死之外无所容心矣，整服安坐，待执而捐生已矣，此嵊之所守也。

【注释】

①吴兴：郡名。三国吴宝鼎元年（266）置，治所在乌程县（今浙江湖州）。

②倪（guī）：时而。

【译文】

当时的吴兴郡兵力较少且势单力薄，而太守张嵊又不熟悉军旅之事，但他却毅然举兵奋战，以弱抗强，这难道不足以展现他的忠孝之心吗？既然没有贪生怕死之心，自然可以舍生取义而与敌人决一死战，但张嵊却没有这样做;因为他考虑到即便这样做也会后继乏力,反而容易使己方气势受挫,乃致心志动摇。如果在偶然的胜负间心存侥幸,必然造成心神不定,就难以保持自己必死的决心了。张嵊知道除了死以外再也没有能使自己安心的事情了,于是他整理冠服,安坐堂前,只是等着被抓并为国家献出生命而已,这就是张嵊从容不迫的君子操守。

侯景之不能容简文与太子明矣,太子可去而不去,不忍离其父也。于景之党未尝屈意,而曰:"若必见杀,虽百拜无益也。"神色怡然,及于难而不改其度。死生其命也,忠孝其性也,端凝尊重其道也。既知必死,则崛起于中,若献帝衣带之诏,高贵乡公援戈之举,夫岂不可? 而太子不为也。既不欲为,则养晦以冀免于凶逆①,以俟外援,亦一道也,而太子抑不为也。臣子之道,居身之节,若是焉止矣,过此则乱矣。不欲自乱以丧己,犹张嵊也,此太子之守也。

【注释】
①养晦:隐匿踪迹。
【译文】
侯景根本不可能容得下简文帝萧纲及其太子萧大器,这是显而易见的,萧大器可以逃离却不逃走,是因为他不忍心离开自己的父亲。他对于侯景的党羽始终不曾有屈服之意,并说:"如果一定会被杀,即便多次行礼、忍屈受辱也毫无用处。"他神色安然,直至遇难之时都未尝改变其气度。死生之事本是命中注定,而忠孝节义则是其本性,故而庄重端正是他处世的方式。既然知道自己必死无疑,于是孤注一掷,从内部发起行动,犹如汉献帝写下衣带之诏,魏高贵乡公曹髦请求援兵救驾,像这样有所行动又有何不可呢? 而萧大器却并没有这样做。既然不想这样做，那么韬光养晦，以期幸免于死难并等待外援，这也未尝不是一种可取之法，可是萧大器也不愿这样做。身为臣子所遵循的道，自己安身立命所依赖的节操，若是能做到为君父捐躯这一程度也就可以了，要是超过此种程度，就会造成混乱。萧大器不想首先乱了自己的心神从而无法坚守自己的节操与志向，犹如张嵊一般，这就是太子萧大器从容不迫的操守。

二子之守，君子之守也。乐天者也，安土者也，俟命者也，求诸己而不愿乎外者也。呜呼！使太子早正乎位，而得若嵊者以为之辅，朱异何能惑之？侯景何能欺之？高澄何能绐之？而武帝耄以荒，简文弱而忌，同姓诸侯叛君亲而戕骨肉，太子拥储贰之虚名^①，张嵊守贫弱之僻郡，居无可为之地，虽有可君可相之道而无能为也，天亡梁也！

【注释】

①储贰：储副，太子。

【译文】

太子萧大器和张嵊的操守，实为君子的操守。是乐天知命，安土重迁，不怨天尤人而顺应天命，求诸己身而不愿外求于他人。唉！若使萧大器早登帝位，并得到像张嵊那般的大臣加以辅佐，那么朱异如何能将其蛊惑，侯景怎能将其欺骗，高澄又怎能对其进行哄骗呢？然而梁武帝年迈且为政荒怠，简文帝优柔寡断且生性猜忌，同姓诸王背叛君亲、骨肉相残，萧大器只拥有储君的虚名，张嵊也只掌管一个贫穷孤弱的偏僻小郡，身处难以施展其才干之地，此二人虽然拥有可以作为君主和贤相的才干，却终究不得施展，可见是上天要灭亡梁朝啊！

无能为，则不丧己而永为君子焉已耳①。君子者，知之审而居之安也。生死也，成败也，居之安者所不为时势乱也。不乱，而后可以安死；可以安死，而后可以贵生；贵生，而后可以善其败；善其败，而后可以图其成。故晋明帝可以折王敦，谢安可以制桓温，气先定、神先凝也。太子未履晋明之位，张嵊不秉谢安之权，而梁亡必矣。下此则武陵、湘东、邵陵而已矣②，柳仲礼、韦粲而已矣③，虽矫举以兴，徒速其亡，而何裨焉？国无君子，则无以立，信夫！

【注释】

①丧己：指丧失自己的操守与气节。

②武陵、湘东、邵陵：分别指武陵王萧纪、湘东王萧绎、邵陵王萧纶。

③柳仲礼：字仲立，河东解（今山西临猗）人。其初随其父柳津从晋安王萧纲镇雍州，后为司州刺史。侯景之乱时，入援京师。羊侃死后，其为大都督，然而却拥兵不战。台城陷落后，投降侯景。后魏将杨忠围安陆，他率兵驰援，结果战败被俘。传见《南史·柳仲礼列传》。韦粲（495—548）：字长蒨，京兆杜陵（今陕西西安东南）人。历为晋安王、湘东王僚佐，常留值宿卫。后出为持节督衡州诸军事、安远将军、衡州刺史。侯景之乱时，他率师入援，以兵归柳仲礼节度，驻守青塘，垒栅未立，为侯景军所攻，兵败而亡。传见《梁书·韦粲列传》。

【译文】

如果不能有所作为，那就只应坚持不丧失自己的气节与操守，从而始终作为一个仁人君子而已。所谓君子，就是能够审时度势且安居其间的人。无论生与死、成与败，安居之人都不会因时势的变换而造成心志混乱。心志不为时势所乱，而后便可以安于死亡；能安于死亡，而后就能以生为贵;能以生为贵,而后就能善于面对失败;善于面对失败,而后才可以图谋成功。故而东晋明帝可以令王敦折服,谢安能够制服桓温,他们都是意气先定、神志先凝。太子萧大器没有像晋明帝一样登上皇位,张嵊也未曾像谢安那般操持朝政大权,所以说梁朝的灭亡是注定的。除了太子与张嵊之外,等而下之的则只有武陵王萧纪、湘东王萧绎、邵陵王萧纶而已,只有柳仲礼、韦粲而已,虽然他们也都曾举事起兵,但也只是加速梁朝的灭亡罢了,又有什么作用呢? 国中没有君子,则无以立国,确实如此啊!

元 帝

【题解】

梁元帝萧绎(508—554),字世诚,小字七符,是梁武帝萧衍的第七子,梁简文帝萧纲之弟,母为阮令嬴。萧绎初封湘东王,历任镇西将军、荆州刺史等职。侯景之乱时,他被梁武帝任命为都督中外诸军事,坐镇江陵。太清三年(549),与河东王萧誉相攻杀,战胜萧誉。承圣元年(552),萧绎派部将王僧辩等攻灭侯景,又派人至建康杀侯景所立的豫章王萧栋。同年,在江陵称帝,年号承圣。萧绎即位后,派兵前往益州消灭称帝自立的武陵王萧纪,同时请求西魏出兵,致使益州落入西魏手中。承圣三年(554),西魏及其附庸梁王萧詧围陷江陵,梁元帝被俘,备受萧詧诘辱后被杀,时年46岁。

梁元帝喜好读书,爱好文学。承圣三年(554),江陵被围之时,梁元帝入东阁竹殿,命舍人高善宝放火焚烧图书十四万卷,感叹读书万卷却落得当下的结局。王夫之对于梁元帝焚书之举进行了批评,认为梁元帝实则不懂读书,他最终的结局也是他错误的读书方法所造成的。梁元帝阅读撰著的皆是骈文宫体之辞、道听途说的逸闻奇迹之事,借此自夸博闻强识,而对于道德教化和经世之策都无所涉及。这不仅无用于江山社稷,最终也使自己深受其害。同时,王夫之批评汉以来的部分儒生沉浸于章句训诂,"得纤曲而忘大义"。程朱理学兴起之后,有人转而一心"格物致知",却不问为何而格,格来何用,空耗光阴,与梁元帝无异。然而自阳明心学兴起后,人们又转向"致良知"之说,不去追求文字训诂,但对于自己内心极力探求,于世无用。他反对僵化呆板地套用经史典故,强调读书之前需要明立志向,掌握方法,如果不能做到明辨己志、活学活用,则会深为其害。王夫之的这一认识,体现了他贯穿于全书的"经世致用"取向,值得读者认真思考和体味。

一　江陵失襄阳成都

元帝忌岳阳王詧而欲灭之①,遂失襄阳,襄阳失而江陵之亡可俟矣。及武陵王纪称帝于成都②,复请于宇文泰使袭纪,而成都又入于周③,则江陵未有不亡者?非宇文能取之,皆自亡也。蜀亡,江陵陷,襄阳北折而为宇文之先驱,江左之能延数十年者,幸也。高齐未灭,关中之势未固,宇文之篡未成,故犹幸而存也。夫地利非有为者之所恃,固已,曹操据兖州四战之地而制群雄,李势、谯纵据蜀而江东不为动摇。虽然,得地利而人不和,地未可恃;人不和以内溃,未有能保其地利者;失地之利,而后其亡也必也。故非英雄特起,视天下无不可为者,则地利亦其所必争。梁元残忍忿戾,捐地利以授人,而卒以自灭,其明验矣。

【注释】

①岳阳王詧:即萧詧。参见卷十六"武帝六"条注。
②武陵王纪:即萧纪(508—553),字世询,别字大智,南兰陵(今江苏常州武进区)人。南朝梁宗室,萧衍第八子。初封武陵郡王,在益州太守任内修耕桑盐铁之功,外通商贾远方之利,使得益州

财用丰饶,器甲殷积。侯景陷台城后,他派遣世子萧圆照领精兵三万,受荆州刺史湘东王萧绎节度,讨伐侯景,而萧绎令萧圆照屯兵于白帝。梁武帝死讯传至蜀地后,萧纪称帝于蜀,改元天正。天正二年(553),受到西魏韦孝宽和梁元帝的讨伐,为游击将军樊猛所杀。后被追谥为贞献王。传见《梁书·武陵王纪列传》《南史·武陵王纪列传》。

③成都又入于周:宇文泰攻克成都、夺取四川是在西魏废帝二年(553)八月,当时北周尚未建立,王夫之此处说法不够准确。

【译文】

　　梁元帝萧绎猜忌岳阳王萧詧而想将他诛灭,结果萧詧投靠西魏,梁朝因此失掉了襄阳,襄阳丢掉之后,江陵的沦陷也便指日而待了。等到武陵王萧纪在成都称帝,梁元帝又请求宇文泰袭击萧纪,结果使得成都也被并入了北周的版图,那么江陵怎么可能不沦陷于敌手呢?这些地方并非宇文泰本来所能攻取的,都是梁元帝自己丢弃的。蜀地丢失,江陵沦陷,襄阳的萧詧降于北周而成为宇文泰南下军队的先锋,在此种情况之下,南朝还能苟延残喘几十年,真可谓是侥幸至极。此时高氏的北齐政权尚未灭亡,关中的局势也尚未稳定,宇文泰还未能篡夺西魏拓跋氏的帝位,故而南朝得以侥幸残存。地理优势并非是有所作为之人可以依靠的唯一条件,本来就是如此,就如当年曹操占据兖州这一难守易攻之地却得以控制群雄,李势、谯纵割据成都而下游的东晋却不为其所动摇。尽管如此,即使占有地理优势,若政权内部人心不和,那么仅有的地利也不足为其所依凭;政权内部人心不和以致混乱崩溃,如此则地理优势也难以保全;失去地利优势,随后招致灭亡也是必然趋势。所以若非英雄豪杰突然出现,环视天下而没有不可作为之事,否则地利也是必须要争夺的优势。梁元帝残忍暴戾,断然葬送自己所拥有的地理优势而拱手让与他人,最终自取灭亡,这就是明证了。

　　梁之不和以内溃,非武陵、岳阳之罪也。元帝一起而即杀其弟慥矣[1],杀其兄之子誉矣,袭其兄纶矣,杀其从孙栋矣[2]。武陵遣子圆照入援[3],听其节度,而阻之于白帝;圆正合众以受署[4],而因之岳阳,起兵而尽力以攻之;舍侯景之大仇,而亟戕其骨肉,皆帝挟至不仁之情以激之使不相下也。呜呼!帝即不念一本之爱,而安忍无亲?抑思夫二王者,一处襄阳,一处成都,为江陵生死之所自操者乎?故不仁者,未有能保其地利者也。一念之乖,而上流失、咽吭夺[5],困孤城以自毙,举刘弘、陶侃以来经营百年之要地委之鲜卑,亦憯矣哉[6]!江东四易主而不亡,刘子业、萧宝卷之凶顽,犹知地之不可弃,而帝弃之如赘疣。至不仁之人,至于弃地利而极矣,不恤己之死亡,而奚有于兄弟邪?

【注释】

①慥(zào):即萧慥,字元贞,南兰陵(今江苏常州武进区)人。南梁宗室,桂阳王萧象之子、梁武帝之侄、萧绎的堂弟。位信州刺史,有威惠。太清二年(548),率军赴援台城,奉敕书还蕃。不久张缵诬陷他要袭击江陵。湘东王萧绎军至荆州,召萧慥前来,加以抚慰,又将其留在官内,萧慥知大祸将及,于是说出放肆的话,最终被萧绎杀害。传见《南史·萧慥列传》。

②栋:即萧栋(?—552),字元吉,南兰陵(今江苏常州武进区)人。梁武帝萧衍曾孙、昭明太子萧统之孙、豫章安王萧欢之子。其父萧欢死后袭封豫章王爵位,大宝二年(551),叛臣侯景废杀简文帝萧纲之后,拥立萧栋为皇帝,年号天正。侯景篡位后,萧栋被降封为淮阴王,囚于密室之中。侯景失败后,萧栋得以恢复自由,但受到梁元帝猜忌,派朱买臣将其杀害。传见《南史·萧栋

列传》。

③圆照:即萧圆照(? —553),字明周,南兰陵(今江苏常州武进区)人。南梁宗室,武陵王萧纪的长子。侯景之乱爆发后,萧纪响应萧绎的勤王号召,派萧圆照率兵东下,准备与萧绎一道进军。但萧绎畏惧萧纪趁机攻击自己,于是派人到白帝阻截萧圆照,并致书萧纪,提议各守一方,互不干涉。不久,萧圆照建议并策划了萧纪在益州称帝的行动。西魏占领益州后,萧纪被杀,萧圆照被俘虏到江陵,与弟弟萧圆正双双饿死在监狱里。传见《南史·萧圆照列传》。

④圆正:即萧圆正(? —553),字明允,南兰陵(今江苏常州武进区)人。南梁宗室,武陵王萧纪的次子。美风仪,善谈论,宽和好施,喜欢交结士人。被封为江安侯、西阳太守。侯景叛乱时,萧圆正收集近万军队,不遵从萧绎号令。侯景被杀后,萧圆正复谋入蜀。梁元帝萧绎将其署为平南将军,后来趁他觐见时将其囚禁。后来萧圆正与萧圆照双双饿死在监狱里。传见《南史·萧圆正列传》。

⑤咽吭:咽喉,指要害之处。

⑥憯(cǎn):惨烈,残酷。

【译文】

梁朝内部人心不和,以致政权自行崩溃,并非武陵王萧纪、岳阳王萧詧的罪过。梁元帝萧绎刚一起兵称帝,就杀掉其堂弟萧慥,诛杀其兄之子萧誉,袭击其兄萧纶,并杀其从孙萧栋。武陵王萧纪派遣其子萧圆照入京驰援,听从梁元帝节度指挥,却被阻截于白帝城;萧圆正纠合近万军队,又接受了梁元帝的任命,梁元帝却把他囚禁在岳阳,并起兵尽力攻击他们的部属;舍弃侯景那样深仇大恨的仇敌不去攻击,却迅速戕杀自己的宗室骨肉,都是梁元帝身怀至为不仁不义之心而造成诸王激愤,使之相互争斗、不相上下。哎! 梁元帝不念宗亲血脉之亲、兄弟子

侄之情,安然忍心于自己无亲无故的处境。难道他也不虑及岳阳、武陵
二王分别位于襄阳、成都两处重地,实则关系着梁朝门户之地江陵的生
死存亡吗? 所以说,不仁之人,并不能保有地利优势所带来的好处。一
念间的错谬,便使得长江上游的战略要地丧失沦陷、自己的咽喉要冲被
轻易夺去,自己则只能困守孤城乃至束手待毙,将刘弘、陶侃以来经营
上百年的战略要冲拱手赠予了身为夷狄的鲜卑人,这真是尤为惨烈啊!
江东之地历经东晋、宋、齐、梁四朝都没有丢失,宋废帝刘子业、齐东昏
侯萧宝卷何等残暴愚蠢,也都深知国土不可丢弃,而梁元帝却像割掉赘
瘤一般轻易将其舍弃。至为不仁之人,到了放弃自己所占有的地利优
势之时已然走到极端,他连自己的生死存亡都毫不怜惜,那么对于兄弟
骨肉还有什么事做不出来呢?

二　梁元帝读书万卷犹有今日

　　江陵陷,元帝焚古今图书十四万卷。或问之,答曰:"读
书万卷,犹有今日,故焚之。"未有不恶其不悔不仁而归咎于
读书者,曰书何负于帝哉? 此非知读书者之言也。帝之自
取灭亡,非读书之故,而抑未尝非读书之故也。取帝之所撰
著而观之,搜索骈丽、攒集影迹以夸博记者①,非破万卷而不
能。于其时也,君父悬命于逆贼,宗社垂丝于割裂,而晨览夕
披,疲役于此,义不能振,机不能乘,则与六博投琼、耽酒渔色
也②,又何以异哉? 夫人心一有所倚,则圣贤之训典,足以锢
志气于寻行数墨之中③;得纤曲而忘大义,迷影迹而失微言,
且为大惑之资也④。况百家小道、取青妃白之区区者乎⑤!

【注释】

　　①骈丽:即骈俪,指对偶藻饰的文辞。影迹:指道听途说的奇闻

逸事。

②六博:古代博戏的一种。共有十二棋子,六白六黑,投六箸行六棋。投琼:掷骰子。

③寻行数墨:专门在词句上下功夫,考据训诂,而不能理解义理。寻行,一行行地读。数墨,一个字一个字地读。

④迄:通"至"。

⑤取青妃白:以青色配白色,比喻东剽西窃,以卖弄文学技巧为能事。妃,匹配。

【译文】

江陵沦陷时,梁元帝焚烧了他所收藏的十四万卷古今图书。有人问其缘由,梁元帝回答道:"即便读了上万卷书,仍不免今日的结局,因此将它们付之一炬。"对此,没有人不憎恶梁元帝不忏悔自己的不仁不义行为、却将此罪过归咎于读书的,有人因此会加以反问:这些藏书又何愧于梁元帝的呢? 这句反问也并非是深知读书之理的人所做出的评论。梁元帝自取灭亡,并非因为他读书,但也未尝不是因为他读书。将梁元帝的著述拿来看看,都是些搜求华丽骈体辞藻、攒集道听途说的逸闻奇事以夸耀自己博闻强记的作品,这的确是不读万卷书就写不出来的。当时,他的父皇命悬于叛贼之手,江山社稷四分五裂,国运危如垂丝,而他却从早到晚地翻阅图书,殚精竭虑地从事文学创作,既不能振奋士气而有所作为,也不能趁机而动、挽救国家危亡,那么这与博戏掷骰、贪图游乐、沉湎酒色的行径,又有什么本质不同呢? 人心一旦有所偏倚,那么圣贤训诫教化的典章,也足以禁锢人的志气,使之沉浸于不解义理的考据训诂之中;得到些微歪曲的小智小识而忘却人伦大义,沉迷于奇闻逸事而错失精深微妙的道理,让自己昏惑之至。更何况是杂取百家旁门小道、东剽西窃,以卖弄文学技巧为能事呢?

呜呼! 岂徒元帝之不仁,而读书止以导淫哉? 宋末胡元之世,名为儒者,与闻格物之正训①,而不念格之也将以何为。数"五经"《语》《孟》文字之多少而总记之,辨章句合离呼应之形声而比拟之。饱食终日,以役役于无益之较订②,而发为文章,侈筋脉排偶以为工③,于身心何与邪?于伦物何与邪④?于政教何与邪?自以为密而傲人之疏,自以为专而傲人之散,自以为勤而傲人之惰,若此者,非色取不疑之不仁、好行小慧之不知哉?其穷也,以教而锢人之子弟;其达也,以执而误人之国家;则亦与元帝之兵临城下而讲《老子》、黄潜善之虏骑渡江而参圆悟者⑤,奚别哉?抑与萧宝卷、陈叔宝之酣歌恒舞、白刃垂头而不觉者,又奚别哉?故程子斥谢上蔡之玩物丧志⑥,有所玩者,未有不丧者也。梁元、隋炀、陈后主、宋徽宗,皆读书者也,宋末胡元之小儒,亦读书者也,其迷均也。

【注释】

①格物:指通过探究事物原理,来获得真理与智慧。

②较订:校对考订。

③筋脉:指文章的理路。

④伦物:人伦物理。

⑤元帝之兵临城下而讲《老子》:指承圣三年(554)九月,就在西魏即将发兵江陵之际,梁元帝萧绎还在龙光殿给百官讲述《老子》大义。十月,魏军兵发江陵,梁元帝萧绎才停讲,但是不到十天,又继续讲授,令百官穿着甲胄听讲《老子》。事见《梁书·元帝本纪》。黄潜善之虏骑渡江而参圆悟者:指宋高宗赵构南渡前,金人已经逼近宿州、泗州。右丞许景衡认为护卫力量不足,希望赵构尽早避撤。然而黄潜善以为此不足虑,率同列听僧人克勤宣

讲佛法。结果金人攻克泗州,赵构大惊,决策南渡。事见《宋
史·黄潜善列传》。

⑥程子斥谢上蔡之玩物丧志:指程颢曾见谢良佐所录的《五经语
作》一册,认为其"玩物丧志"。事见《宋元学案·明道学案下》。
谢上蔡,即谢良佐。因其为上蔡人,人称其为上蔡先生或谢
上蔡。

【译文】

唉!难道只有像梁元帝这样不仁的人,才会读书诱导他走向荒淫
残暴吗?宋末至元朝之时,那些名为儒生的人,只听闻所谓格物的正当
训导,却毫不考虑格物是为了什么。他们计算"五经"《论语》《孟子》的
文字总数有多少而对此牢记不忘,考辨经、传文字章句之间的离合转
承、音韵形声,并对此加以比拟与模仿。他们饱食终日,埋头于故纸堆
中,不辞劳苦却净做些毫无意义的校核考订工作,转而写成文章,专心
于夸大文辞和排比对偶精巧,而这对于人的身心修养而言有何用处呢?
对于人伦事理又有何益处呢?对于政治教化又有何裨益呢?自以为文
辞缜密而傲视他人的疏阔,自以为有所专精而傲视他人的博杂,自以为
勤奋而傲视他人的懒惰懈怠,像这种人,难道不是表面装作仁德、卖弄
小聪明的人吗?这种人在不得志时,通过教育来禁锢他人的子弟;在显
达之时,则通过掌控朝政来贻误江山社稷;这与梁元帝在西魏兵临城下
之时还在讲解《老子》大义、宋朝奸臣黄潜善在金人铁骑南下渡江之时
仍听克勤宣讲佛法相比,有什么区别呢?又或者与齐东昏侯萧宝卷、陈
后主陈叔宝沉迷于长歌曼舞之中,即使刀架于颈上仍不自知相比,又有
什么区别呢?所以程颢见谢良佐所录《五经语作》而训斥他玩物丧志,
只要有沉迷的事情,则未有不丧失其心志的。梁元帝、隋炀帝、陈后主、
宋徽宗,都是博览群书之人,宋末至元朝时见识短浅的儒生们,也都是
些爱读书之人,他们在沉迷其间而不知回返方面是一致的。

　　或曰:"读先圣先儒之书,非雕虫之比,固不失为君子也。"夫先圣先儒之书,岂浮屠氏之言书写读诵而有功德者乎? 读其书,察其迹,析其字句,遂自命为君子,无怪乎为良知之说者起而斥之也①。乃为良知之说,迷于其所谓良知,以刻画而仿佛者,其害尤烈也。

【注释】

　　①为良知之说者:指以王阳明为代表的心学学者。"致良知"是王守仁心学的主旨。

【译文】

　　有人说:"诵读先圣先儒的著作,并非那些舞文弄墨的雕虫小技所可比拟,故而本不影响其为君子。"先圣先儒的著作,难道如佛教所言,注重书写诵读就会产生功德吗? 诵读圣贤的著作,考察其形迹,分析其字句,然后自命为君子,这也难怪后来秉持"致良知"学说的心学兴起,指斥这些人是寻章摘句的俗儒了。然而倡导"致良知"之说的心学学者又沉迷于所谓的良知之说中,过分注重揣摩内心世界,近于佛家参禅悟道之说,其危害更是尤为惨烈。

　　夫读书将以何为哉? 辨其大义,以立修己治人之体也;察其微言,以善精义入神之用也。乃善读者,有得于心而正之以书者,鲜矣。下此而如太子弘之读《春秋》而不忍卒读者①,鲜矣。下此而如穆姜之于《易》②,能自反而知愧者,鲜矣。不规其大,不研其精,不审其时,且有如汉儒之以《公羊》废大伦③,王莽之以讥二名待匈奴④,王安石以国服赋青苗者⑤。经且为蠹,而史尤勿论已。读汉高之诛韩、彭而乱萌消，则杀亲贤者益其忮毒；读光武之易太子而国本定，则丧元良者启其偏私⑥；读张良之辟谷以全身，则炉火彼家之术进⑦；读丙吉之杀人而不问⑧，则怠荒废事之陋成。无高明之量以持其大体，无斟酌之权以审于独知，则读书万卷，止以导迷，顾不如不学无术者之尚全其朴也。故子曰："吾十有五而志于学⑨。"志定而学乃益，未闻无志而以学为志者也。以学而游移其志，异端邪说，流俗之传闻，淫曼之小慧，大以蚀其心思，而小以荒其日月，元帝所为至死而不悟者也，恶得不归咎于万卷之涉猎乎？儒者之徒而效其卑陋，可勿警哉！

【注释】

①太子弘之读《春秋》而不忍卒读：指唐高宗太子李弘在率更令郭瑜为其讲授《春秋左氏传》时，读到楚国太子商臣弑杀君父之事，不禁感叹《春秋》为何记载此等大逆不道之事。而郭瑜认为这正是孔子整理《春秋》之时，义在褒贬，善恶必书的表现。事见《旧唐书·孝敬皇帝弘传》。

②穆姜之于《易》：指春秋时鲁宣公夫人穆姜曾与叔孙侨如私通，欲图驱逐鲁国执政季文子、孟献子而占其家财，并想废掉成公而立其庶弟。以《周易》问卜之后，而深感羞愧。事见《左传·襄公九年》。

③汉儒之以《公羊》废大伦：指光武帝刘秀欲废太子刘彊而立东海王刘阳，因太子刘彊的生母皇后郭氏已废，郅恽以《公羊传》之中"子以母贵，母以子贵"之说为依据，劝刘彊不要"久处疑位"。刘彊听其建议"愿备藩国"，请废皇太子之名。后废太子诏书亦以此说为根据。事见《后汉书·郅恽列传》。

④王莽之以讥二名待匈奴：《春秋·定公六年》记载："季孙斯、仲孙

忌帅师围运。"《公羊传》认为,仲孙忌就是仲孙何忌,春秋为何称他为仲孙忌呢？是为了"讥二名",也就是说起名要用单字,两个字的名字是不合礼法的。到汉平帝时,掌权的王莽援引这一观点,认为匈奴单于上书之时的称谓不当,于是令使者将此告诉匈奴单于,而匈奴单于心领神会,上书说自己故名囊知牙斯,今后愿更名为"知"。事见《汉书·匈奴列传》。

⑤王安石以国服赋青苗:指王安石以《周礼》中的"国服说"为理论依据,推行青苗法。事见《宋史·孙觉列传》。国服,谓服事于国、向国家缴纳租税。依《周礼·泉府》所载,但凡民众借贷的,相关官员辨别详察之后进行借贷,"以国服为之息"。

⑥元良:大善,至德。

⑦炉火:指道教炼制丹药之术。彼家:指道教的房中术。

⑧丙吉之杀人而不问:西汉丞相丙吉有一次外出,碰上有人在打群架,死伤惨重。但丙吉经过时却不闻不问;后来又碰上有人赶牛,牛气喘吁吁,热得直往外吐舌头。丙吉见此情景,特地停车,派骑吏向赶牛人询问具体情况。有人因此指责丙吉。丙吉说:"百姓斗殴死人,有长安令、京兆尹处理。我作为丞相只负责考察他们的政绩功过,上奏皇上,或论功行赏,或惩罚失职。丞相不过问小事,但正值春天,天气尚未炎热到酷暑难耐、大汗淋漓的地步。我看农夫赶牛走得急促,牛热得气喘吁吁,舌头都伸出来了,显然是受了湿热,牛会因为生病而影响农事。农业是天下的根本,农事受到影响,秋天就会歉收,百姓就要饿肚子,这是危害天下百姓的大事啊。我作为三公之一,自当忧国忧民,因此才过问赶牛之事。"掾史听后,这才心悦诚服,认为丙吉颇识大体。事见《汉书·丙吉传》。

⑨吾十有五而志于学:语出《论语·为政》:"子曰:'吾十有五而志于学,三十而立,四十而不惑,五十而知天命,六十而耳顺,七十

而从心所欲，不逾矩。""孔子说："我十五岁立志于学，三十岁时能够自立，四十岁时不困于世事，五十岁时乐知天命，六十岁时能听得进各种不同的意见，七十岁方才收放自如并不超出规矩。"

【译文】

　　那么读书究竟是为了什么呢？分辨书中的大义，从而确立修身治世的大体；仔细探究书中的精妙言论，从而完善精研义理以致神妙的功用。可是那些善于读书的人，能有独到的心得见解，从而通过读书加以自修的，是很少见的。等而下之，像是唐高宗太子李弘那般，阅读《春秋》时见商臣弑杀君父之恶而不忍卒读的，也甚为少见。再等而下之，像穆姜那样问卜于《周易》，且能反躬自省而深感羞愧的，也很少见。不确立大体，不研求精妙，不审度时势，就会出现像汉儒以《公羊传》中"子以母贵，母以子贵"之说为光武帝废太子刘彊之事寻找依据，从而废弃伦理纲常，王莽认为单于上书应以一名统称，故而以此要求匈奴，王安石参照《周礼》之中的国服之法来推行青苗法那样的情况。经书尚且能成为危害社会的蛀虫，而史书就更不足论了。读史读到汉高祖刘邦诛杀功臣韩信、彭越，从而消除了叛乱的祸根，那么残杀宗亲、贤臣之人就会更加残忍狠毒；读到光武帝刘秀改立太子而稳定国本，则那些昏庸君主就会舍弃贤良的嫡长子而改立其偏私宠爱之子；读到汉留侯张良靠辟谷修道来保全自己的性命，那么人们就会对此有所模仿，佛、道之流便会大行其道；读到汉大臣丙吉不问杀人而问牛之事，就会使得政事懈怠荒废的陋习逐渐形成。没有高屋建瓴、清明远志的视域和涵养来持定大体，缺乏斟酌利弊的权变从而明审自己独到的真知灼见，如此，即便读书破万卷，也只会反而走入迷途，还不如不学无术之人尚能保全自己纯朴自然的本心。所以孔夫子说："十五才有志于学。"志向确定之后，学习才能有所裨益，还未曾听说过没有志向却能以学为志的。因为学习会使其志向游移不定，而异端邪说、传闻流俗、荒诞小智便会被其所吸取,那么大则会腐蚀心志,小则便荒废岁月,梁元帝的为学之法,他至死也未醒悟,哪里能不将罪过归咎于读书万卷呢? 儒门后学却仿效此卑鄙浅陋之识,不可不引以为戒!

敬　帝

【题解】

　　梁敬帝萧方智(542—557)字慧相,小字法真,是梁元帝萧绎的第九子,母为夏贤妃。萧方智初封兴梁侯,梁元帝即位后,被拜为平南将军、江州刺史,封晋安王。承圣三年(554),梁元帝遇害,王僧辩和陈霸先奉立萧方智为嗣君,入朝监国理政。承圣四年(555),在北齐强势干预下,太尉王僧辩拥立萧渊明为帝,以萧方智为太子,年号天成。同年九月,陈霸先袭杀王僧辩,废黜萧渊明,拥立萧方智为帝,改元绍泰。敬帝在位期间,军政大事皆决于陈霸先,不能有所作为,形同虚设。太平二年(557),陈霸先逼迫萧方智禅位,封萧方智为江阴王,南梁灭亡。随后,萧方智被陈霸先派人杀害。

　　梁敬帝时代,王僧辩和陈霸先才是政治舞台上的主角。在王夫之看来,王僧辩并非“不知义”,也没有罪大恶极的弑君之举,只是未能固守个人的节义操守。相较于王僧辩,他对于陈霸先拒绝奉立北齐支持的萧渊明则给予了肯定,认为陈霸先坚守了夷夏底线,不像王僧辩那般屈从于夷狄,变易志节,这也体现了王夫之在本书中始终强调的“夷夏之防”。

　　权臣相篡作为魏晋南北朝之际的突出问题,王夫之在本篇中花费了不少笔墨进行分析和评论。权臣相篡对于下层民众而言到底有多大的影响？王夫之认为，如果权臣只是在上层统治者内部间实现篡权更替，那么对于下层民众的惊扰也是有限的。令他担忧的，是上层统治阶层出现人才匮乏的情况，不再产生足以控制政局的大臣，那么就会上下皆乱，"权移于下"。一旦下层民众中出现图谋践祚的人物与风气，才会真正地破坏教化秩序，混乱国家。在他眼中，"一姓之兴亡"其实是帝王一系的私事，而"生民之生死"才是至公之理。王夫之的此番议论显示出其论史的宏大气魄和视野，值得读者仔细品读。

一　王僧辩屈节萧渊明

义以生勇，勇以成义。无勇者不可与立义，犹无义者不可与语勇也。

【译文】

奉行大义可以产生忠勇之气，忠勇之气一旦生发也可成就个人义举。无忠勇之心的人，不可与之一同确立大义，就犹如面对无义之人，不可与之谈论忠勇一样。

王僧辩非不知义者①，元帝使之攻湘州杀萧栋而不从②。身建平贼之大功，受大任而镇京邑，可以有为之资也。高洋遣邢子才帅一旅纳萧渊明使为梁主③。渊明非武帝之子孙，而挟异类以阑入，使其成也，则萧詧附庸于宇文，渊明述职于高氏，中分梁国，效臣妾于二虏，此王僧辩肝脑涂地以报宗社，而为中原留一线之日也。僧辩既遣裴之横御之于东关④，亦已知敬帝已正位为君，而渊明为贼矣。乃之横败死，遽屈节而迎渊明以入，何其馁也！

【注释】

① 王僧辩（？—555）：字君才，太原祁（今山西祁县）人。南朝梁名将。初为湘东王萧绎国左常侍，因其智勇兼备，屡获胜利，官至骠骑大将军、尚书令。侯景之乱时，他率军讨伐，与陈霸先会师之后，平定侯景之乱。在发兵前问萧绎若继位之君还在则应当如何，萧绎暗令其诛杀萧栋，而他不肯。梁元帝萧绎死后，他与陈霸先立萧方智为帝。后又在北齐的威逼利诱下，迎立北齐扶植的贞阳侯萧渊明为帝。结果遭到陈霸先反对，为陈霸先所杀。传见《梁书·王僧辩列传》《南史·王僧辩列传》。

② 湘州：州名。南朝梁置，治所在大活关城（今湖北大悟东北）。后北齐占领此地，改置北江州。

③ 萧渊明（？—556）：字靖通，南兰陵（今江苏常州武进区）人。梁武帝萧衍之侄。初封贞阳侯，拜豫州刺史。侯景奔梁，受命接应途中为东魏高澄所俘。承圣三年（554），梁元帝萧绎为西魏所杀。次年，萧渊明被高洋派人护送到建业，在高洋和太尉王僧辩支持下，即位为帝，年号天成。不久，司空陈霸先发动兵变，萧渊明被迫退位，降为太傅，封建安王。绍泰二年（556），毒疮发作而死，追谥闵皇帝。传见《梁书·萧渊明列传》《南史·萧渊明列传》。

④ 裴之横（517—557）：字如岳，河东闻喜（今山西闻喜）人。南朝梁将领。历位散骑常侍、平北将军、东徐州刺史等职，封豫宁侯。天保八年（557），为齐将、上党王高涣所袭，阵亡。传见《梁书·裴之横列传》《南史·裴之横列传》。东关：地名。在今安徽含山西南。

【译文】

王僧辩并非是一个不知义的人，梁元帝萧绎让他进攻湘州并杀死萧栋，他不肯从命。王僧辩立下了平定叛贼的大功，接受重任而镇守京都,可以将此当作有所作为的资本。北齐文宣帝高洋派遣邢子才率领一支军队护送萧渊明返回江南,想要他立为梁朝皇帝。萧渊明并非梁武帝的子孙,却借助外部势力来浑水摸鱼,假使他此举成功,则萧詧附庸于宇文泰,而萧渊明听命于高洋,二人将会把南梁一分为二,向两个异族政权纳命称臣,此时正是王僧辩应当不惜肝脑涂地以尽忠报国,从而为华夏王朝的保存留下一丝曙光的时机。王僧辩既然已派遣裴之横屯兵于东关以抵御北齐军队,则他显然知道梁敬帝萧方智是正当称帝,而受北齐支持的萧渊明则是逆贼。可等到裴之横被北齐军队击败并遭杀害后,王僧辩却迅速地屈节恭迎萧渊明入都,这是何其丧心失志啊!

夫高氏方与宇文争存亡之命,不能乘衅以窥梁,明矣。其以偏师奉渊明而入,直戏焉耳。邢子才雕虫之士,据长江而待其毙也有余。顾乃震掉失守,废君奉贼,唯虏志之是殉,卒以此受大恶之诛,授首于陈霸先,为千古笑,则何如仗节临江,以与高洋争一旦之生死乎? 无勇之夫,义不能固,而身名俱毁,不亦伤哉!

【译文】

当时,北齐高氏正在和西魏宇文氏存亡相争,因此他们无法趁着南梁内乱之机窥伺南梁,这是显而易见的。北齐仅以非主力的偏师奉送萧渊明入侵南梁,实际上只是抱着犹如戏耍一般的心态而已。北齐统帅邢子才是个擅长写诗作赋的文人,并非将才,南梁占据长江天险而等待其自毙实则绰绰有余。可是王僧辩却惊慌失措,丧失了操守,他废掉梁敬帝,转而奉立逆贼萧渊明为帝,唯北齐之命是从,最终他也为自己的罪大恶极遭受了惩罚,被陈霸先诛杀,成为千古笑柄,与其如此,哪里比得上当初坚守节操临江与北齐对峙,从而与高洋一决生死呢? 不怀忠勇之心的匹夫，无法牢固坚守道义，最终致使自己身败名裂，不也令人感到悲哀吗！

故未知义者，可使之知也。知有义而勇不足以决之，然后明君不能为之鼓厉，信友不能为之奖掖，陷于大恶以亡身。故曰：勇者天德也，与仁、智并峙而三也①。

【注释】

①勇者天德也，与仁、智并峙而三也：语出《礼记·中庸》："知、仁、勇三者，天下之达德也。"意谓智慧、仁义、勇敢这三方面，是天下间通达不变的美德。

【译文】

因此，不懂得遵守大义的人，可以使其逐渐懂得大义。然而若是知晓大义而个人忠勇不足，无法做出坚守大义的决断，那么即便是圣明的君主也无法对其进行鼓舞勉励，忠诚守信的朋友也无法对其劝勉鞭策，最终他也只能身陷于大逆大恶而白白丧命。所以说：勇敢实在是上天赋予的品德，与仁德、才智并列为天下的三大美德。

二　宇文泰依周礼更定六官

法先王者以道，法其法，有拂道者矣；法其名，并非其法矣。道者因天，法者因人，名者因物。道者生于心，法者生于事，名者生于言。言者，南北殊地，古今殊时，质文殊尚；各以其言言道、言法，道法苟同，言虽殊，其归一也。法先王而法其名，唯王莽、宇文泰为然。莽之愚，刘歆导之；泰之伪，苏绰导之。自以为周官，而周官矣，则将使天下后世讥周官之无当于道，而谓先王不足法者，非无辞也，名固道法之所不存者也。泰自以为周公，逆者丧心肆志之恒也；绰以泰为周公，谄者丧心失志之恒也。李弼、赵贵、独孤信、于谨、侯莫陈崇^①，何人斯而与天地四时同其化理？悲夫！先王之道，陵夷亦至此哉！

【注释】

①李弼、赵贵、独孤信、于谨、侯莫陈崇：据《周礼》记载，周有六官（即天官冢宰、地官司徒、春官宗伯、夏官司马、秋官司寇、冬官司空），亦称"六卿"。太平三年（558），西魏仿《周礼》初建六官，以宇文泰为太师、大冢宰，柱国李弼为太傅、大司徒，赵贵为太保、大宗伯，独孤信为大司马，于谨为大司寇，侯莫陈崇为大司空。事见《周书·文帝纪》。

【译文】

效法上古先王应该效法其道理，如果只效法他们的制度，就有可能违背于道了；如果只效法他们的名目，那就连制度都走形了。道理本就因天而变，而制度则因人而异，名目则因物而定。道理产生于行事之人的内心中，制度则产生于事务之中，而名目则产生于语言之中。语言在南北存在差异，在古今经历变更，因崇尚质朴或文华的不同也呈现出差别。因此不同的人分别以自己的语言来称述道理与制度，道理与制度假若相同，论述虽然不同，但其本质却是殊途同归。效法先王却只效法其名目，唯有王莽、宇文泰是如此。王莽的愚昧，实由刘歆诱导所致；宇文泰的虚伪，则是由苏绰引导而成。他们自以为自己制定的官制名目上与周代官制相同，就可以犹如周代官制一般合理了，然而他们的此种行径，实则使得天下间的后世之人都因此批评周代官制不符合先王大道，并进而认为上古先王是不足以效法的，其实并非没有言辞来反驳这种观点，因为名目中本来就并不存在道与制度。宇文泰自以为是周公，这是叛逆之人丧心病狂、肆意逞志的一贯表现；苏绰把宇文泰当作周公，也是谄媚阿谀之人丧心失志的常态表现。宇文泰所任命的地官大司徒李弼、春官大宗伯赵贵、夏官大司马独孤信、秋官大司寇于谨、冬官大司空侯莫陈崇，他们中的哪一个又真能如《周礼》中所载的天、地、春、夏、秋、冬六官一样，与天地四季同循一理，从而教化治理民众呢？真是可悲啊！上古先王之道，竟衰落破坏到了这种地步啊！

　　高洋之篡也，梁、陈之偷也，宇文氏乃得冠猴舞马于关中①，而饰其膻秽以欺世。非然，则王莽之首，刓于渐台②，泰其免乎？以道法先王而略其法，未足以治；以法法先王而无其道，适足以乱；以名法先王而并失其法，必足以亡。泰之不亡，时不能亡之也。至于隋，革泰之妄③，因时以命官，垂千余年。有损益而弗能改，循实之效可睹矣。《周礼》六官，有精意焉，知之者奚有于法，而况名乎？

【注释】

①冠猴：沐猴而冠，指猕猴戴上人的帽子。舞马：令马按节拍舞蹈。二者比喻徒有其表。

②刓（tuán）：割断，截断。

③革泰之妄：指隋朝建立后，隋文帝改革北周官制，革除宇文泰所立的复古官名，"其所制名，多依前代（即秦汉魏晋）之法"。事见《隋书·百官志》。

【译文】

　　高洋篡夺东魏政权，梁、陈二朝苟且偷安，于此情形之下，宇文泰得以在关中之地开展徒有其表的改革，如同让猕猴戴上帽子、令马按节拍舞蹈，以此来粉饰其膻腥污秽的夷狄本质，从而欺世盗名。不然的话，犹如王莽的首级被斩于渐台那样，宇文泰能躲避这样的下场吗？如果只效法先王的道理而忽略其方法法度,则不足以治世;如果只想着效法先王的制度,却不合乎其道理,则恰恰会招致祸乱;若仅仅是效法上古先王所立的名目,却连其制度都没学到,则最终必定会亡国。宇文泰之所以没有亡国,是因为当时的形势没能使其灭亡。等到隋朝建立之后,隋文帝便革除了宇文泰虚妄无益的做法,根据当时的实际情况和需要来改革官制、命名官职,从此沿袭千余年。后世只有在此基础上进行损益补充,而再无彻底性地颠覆和变革,隋朝从实际出发改革官制的效果实则有目共睹。《周礼》中有关六官的设置,当然自有其精意,对此有所深知之人会效法于其中的道理而不仅仅是制度,更何况是仅效法其形式与名称呢?

三　临川民周迪起兵据上塘

权臣,国之蠹也,而非天下之害也,小则擅而大则篡,圣人岂不虑焉?而“五经”之文无防制权臣之道。胡氏传《春秋》[1],始惴惴然制之如槛虎,宋人猜忌之习,卒以自弱,而授天下于异族。使孔子之意而然也,则为司寇摄相事之日[2],必以诛三桓为亟[3],而何恶乎陪臣执国命?何忧乎庶人之议也?故知胡氏之传《春秋》,宋人之私,非圣人之旨也。岳侯之死[4],其说先中于庸主之心矣。

【注释】

①胡氏传《春秋》:指胡安国作《春秋传》。胡安国(1074—1138),又名胡迪,字康侯,号青山,建宁崇安(今福建武夷山)人。北宋学者,开创了“湖湘学派”。著有《春秋传》,宣扬“尊王攘夷之大义”。谥文定。传见《宋史·胡安国列传》。

②为司寇摄相事之日:指孔子于鲁定公十一年(前499)升为鲁国大

司寇,摄相事。当时的鲁国实际为季孙氏、叔孙氏、孟孙氏三家世卿所掌控,然而孔子除了"隳三都"外再无其他针对三家的激烈措施,最终于鲁定公十三年(前497)离开鲁国。事见《史记·孔子世家》。

③三桓:指春秋时,鲁国季孙氏、叔孙氏、孟孙氏三家权臣。三族皆为鲁桓公后代,故称"三桓"。

④岳侯:指岳飞。

【译文】

权臣是国家的蛀虫,而非天下间的大害,他们小则擅权乱政,大则窃国篡位,圣人怎能对此不深感忧虑呢?然而"五经"之中却没有加载防范和制衡权臣之道的文字。胡安国为《春秋》作传,方才惴惴不安地提出制衡权臣之法,犹如用槛圈老虎一样,对他们进行钳制,宋朝人有猜忌的习气,终究只是自我削弱,而将天下拱手让与异族。假使孔子的意见也是如此,那么他身为鲁国司寇代行相权之时,必然会急于诛杀季孙、孟孙、叔孙三氏之人,而又怎会如此憎恶陪臣把持国政呢?又为何会担忧庶人妄议朝政呢?因此可以知道胡安国为《春秋》作传,实则夹带着宋人的私心,而非孔子的本意。岳飞之死,就是因为这种观点首先深入昏庸君主的内心深处的结果。

自晋东渡以来,王敦始逆,桓温继之,代有权臣,而司马、刘、萧之宗社以移。其逆未成,而称兵构乱者,王恭、殷仲堪、刘毅、沈攸之、萧颖胄,皆愤起以与京邑相竞。然而兵屡乱、国屡危,而百姓犹能相保,乱民无掠夺之恶,羸弱无流离之苦,则祸止于上,而下之生遂不惊也。非其世族与其大勋,不秉朝权;非秉朝权,不生觊觎;草野非无桀骜之雄,折伏下风而固不敢骋也。至于侯景之乱,羊侃卒,韦粲死,柳仲礼无能而败,萧氏子孙分典州郡,相寻自贼①,而梁无虎臣②,于是而陈霸先以吴下寒族③,岭表卑官,纠合粤峤之民④,起救国难,王僧辩资之成功;于是而建业、荆江、北府、三吴之牧守⑤,皆倒授其权于山溪峒壑之豪⑥。国无世族尊贵居中控外之大臣,而崛起寒微如霸先者,骎骎为天子矣⑦;其次则分州典郡,握符分闑,为重臣矣;然后权移于下,穷乡下邑之中,有魁磊枭雄之士⑧,皆翘然自命曰:丈夫何所为而不可成哉?故周迪、留异、熊昙朗、陈宝应奋臂以兴⑨;乃至十姓百家稍有心机膂力者,皆啸聚其闾井之人,弃农桑、操耰锄、以互相掠夺。于斯时也,强者自投于锋刃,弱者坐受其刀铁,而天下之乱极矣。弗待有建威销萌、卫社稷、安生民之大臣,如刘弘、陶侃、谢玄、檀道济、沈庆之之流也;即有王敦、桓温、刘裕、萧道成之权奸,执魁柄以临之,亦安至是哉!

【注释】

①相寻:相继,接连不断。

②虎臣:勇武之臣。

③吴下:即吴地,今江苏中南部、浙江北部、上海一带。

④粤峤:指五岭以南地区。

⑤荆江:指今湖南、湖北之地。北府:地名。东晋建都建康(今江苏南京),军府设在建康之北的广陵(今江苏扬州),故称。

⑥峒壑:深谷,洞穴。

⑦骎骎(qīn):渐渐,形容事物日趋进步、强大。

⑧魁磊:形容高超特出。

⑨周迪(? —565):临川南城(今江西南城)人。梁、陈之际将领。出身贫寒,有臂力,能挽强弩。大宝元年(550),周迪的同族周续以讨贼为名起兵,周迪招募乡众响应,跟随周续作战,勇冠三军。承圣元年(552)因参与平定侯景之乱,被梁元帝拜为壮武将军、高州刺史,封临汝县侯。陈武帝即位后恐其为变,对他厚加安抚。王琳东下时,遣将与余孝顷等合兵攻周迪,周迪大败王琳军,擒余孝顷等送于京师。文帝时征其出镇湓城,他拒不到任,阴与留异相结,文帝遣吴明彻等讨伐他,他兵败逃走,于天嘉六年(565)为临川太守骆牙所诱斩。传见《陈书·周迪列传》《南史·周迪列传》。留异(? —564):东阳长山(今浙江金华)人。梁、陈之际将领。世为乡里雄豪。仕梁,任晋安、安固县令。侯景之乱时还乡里,招募士卒。后投降侯景。侯景死后,纠合乡人,专擅一方。入陈后历官缙州刺史、东阳太守。外示臣节,心怀异端,与王琳暗通往来。后王琳失败,文帝派侯安都出讨留异,留异被俘处死。传见《陈书·留异列传》《南史·留异列传》。熊昙朗:豫章南昌(今江西南昌)人。梁、陈之际将领。世为郡内著姓,有膂力。侯景之乱时聚少年据丰城县为栅,依附梁元帝,为巴山太守。入陈后因抗御王琳有功,授平西将军、开府仪同三司。后与周文育合兵攻余孝劢于豫章,失利后反害周文育,以应王琳。陈文帝遣江州刺史周迪等率兵讨伐王琳,王琳败走,熊昙朗的党援因此离心,熊昙朗在城破后逃走,被村民击杀。传见《陈书·熊昙朗列传》《南史·熊昙朗列传》。陈宝应(? —564):晋安侯官(今福建福州)人。梁、陈之际将领。南朝梁时,为壮武将军、晋安太守,割据闽中。入陈后,为巩固对闽中的统治,与割据浙、赣的留异、周迪结成联盟。天嘉五年(564),陈朝水陆急攻陈宝应,陈宝应大败,率其子南逃,在途中被俘。陈宝应被斩首。传见《陈书·陈宝应列传》《南史·陈宝应列传》。

【译文】

自从晋朝东渡以来，王敦首开叛乱之端，桓温继之而起，历代皆有权臣出现，而司马氏、刘氏、萧氏的江山也几经易手。权臣谋逆不成，便会兴兵作乱，其中王恭、殷仲堪、刘毅、沈攸之、萧颖胄等人都是愤然起兵，而与京中其他的权臣相争斗。然而军队屡屡叛乱，国家次次危急，但百姓尚且可以保全性命，强悍的乱民没有掠夺的恶行，弱小的民众也没有颠沛流离的苦难，祸乱只发生于上层统治阶层，而下层的民众不受其惊扰。若非世家大族或世有功勋之人，则并不能把持朝政；若他们并未把持朝政，则不会产生觊觎帝位之心；下层草野之中并不是没有桀骜不驯的英雄豪杰，但面对此种形式犹如受疾风吹拂而倒下的草，自然也无法纵横驰骋、有所作为。到了侯景叛乱之时，羊侃、韦粲相继死去，而柳仲礼难以抵抗，于是遭致大败，萧氏宗室子孙分典州郡，接连自相残杀，梁朝也再无可以掌控朝政的勇武之臣，于是陈霸先以出身吴地寒族的躯体、岭南小官的职位，纠合五岭以南的民众，起兵以救国难，并在王僧辩的帮助下最终成功；于是京畿建业、荆江、北府、三吴要地的州牧郡守都纷纷将自己的权力拱手倒授给山野洞壑间的豪强。就是因为国家没有出身世家、身份尊贵且居于京中要地、能操控内外的权臣，使得出身寒微的陈霸先得以崛起，最终逐渐专权谋篡成为天子；次一等的出身寒微之士，则分典州郡，握有兵权，成为重臣；从此便使得权力转移至社会下层，而穷乡僻壤之中也有出众的枭雄，他们也都翘首以待、自命不凡，并说：大丈夫有什么是不能办成的呢？所以像周迪、留异、熊昙朗、陈宝应之流，都在侯景之乱时振臂而起；甚至于底层民众之中稍有些心机和实力的人，都会纠集其乡的民众，放弃耕织本业，拿起锄头等农具相互劫掠。等到这时，强悍的人毫不畏死，在刀刃之下自寻死路，羸弱的人则坐受刀斧之灾，天下可谓是混乱至极。不要说等有刘弘、陶侃、谢玄、檀道济、沈庆之那样建功立业、消除乱源、拱卫国家、安定生民的大臣，即便是有王敦、桓温、刘裕、萧道成这样的权奸，他们手握权柄而雄视天下,也不会使天下混乱到此种境地啊!

　　以在下之义而言之,则寇贼之扰为小,而篡弑之逆为大;以在上之仁而言之,则一姓之兴亡,私也,而生民之生死,公也。故明王之莅臣民也,定尊卑之秩,敦忠礼之教,不失君臣之义,而未尝斤斤然畏专擅以削将相之权。子孙贤,何畏于彼哉? 其不肖也,则宁丧天下于庙堂,而不忍使无知赤子窥窃弄兵以相吞啮也。鲁之末造①,三桓之子孙既弱,阳虎、公山不狃狂兴②,而鲁国多盗,孔子伤之矣! 徒以抑强臣为《春秋》之大法乎? 故以知胡氏之说,宋人之陋习也。

【注释】

①末造:末世,末代。

②阳虎、公山不狃狂兴:据《左传》记载,阳虎、公山不狃都是鲁国当政者季桓子的家臣。阳虎在季平子(季孙意如)时代就逐渐掌握了季氏家族中的实权。季平子死后,阳虎囚禁季孙斯,并执鲁政达三年之久。公山不狃受季桓子之命担任季孙氏私邑的邑宰,鲁定公八年(前502),公山不狃与季桓子产生矛盾,到了不可调和的地步,于是联合阳虎一同反对季氏,抓住了季桓子,季桓子用计逃脱,阳虎兵败逃亡齐国,公山不狃也出逃齐国、吴国。

【译文】

　　以臣下之义而言,则寇贼的侵扰事小,而篡位弑君的叛逆行径事大;以君上之仁而言,则一朝一姓的兴亡,其实只是君主的一己私事,而生民的生死存亡,才是事关天下生民的公事。所以圣明之主君临天下治理万民,严定上下尊卑的秩序,敦行忠孝礼义的教化,既不失君臣之义,又不曾过分担心大臣专权擅政,从而一心想着削夺将相的权力。如果自己的子孙贤明,那么还用担心权臣会有什么非分之想吗? 若是子孙不肖,则宁肯丧失天下于权臣之手,也不忍心使得愚昧无知的赤子小民窥视皇位,从而兴兵而起、相互攻伐。鲁国末年,季孙氏、孟孙氏、叔孙氏三家的子孙势力衰微,因此阳虎与公山不狃才能猖狂兴起,且鲁国国内也多有盗贼,故而孔子对此深感忧伤啊! 但他又怎会仅仅将抑制权臣专权来作为《春秋》的根本大法呢? 由此可知,胡安国的说法实为宋人猜忌大臣的陋习所致。

卷十八

陈高祖

【题解】

　　陈高祖陈霸先(503—559)字兴国,小字法生,吴兴长城(今浙江长兴东)人。陈霸先初为地方小吏,后为新喻侯萧映传令吏,渐受器重。大同十年(544),广州兵乱,萧映被围,陈霸先一战解围,由此受到梁武帝瞩目。此后又因参与平定交州土人李贲之乱,官至振远将军、西江督护。太清三年(549),陈霸先自广州起兵,抗击侯景,最终摧毁了侯景势力。陈霸先与征东将军王僧辩结盟,于承圣三年(554)共同奉立萧方智为梁王。王僧辩随后纳北齐所送萧渊明为帝。绍泰元年(555),陈霸先自京口秘密起兵,袭杀王僧辩,废黜萧渊明,奉立萧方智为帝,掌握了实际朝政大权。太平二年(557),陈霸先逼迫萧方智禅位,正式即位称帝,改元永定,建立陈朝。陈高祖在位期间,对内厉行节俭,笼络江左豪族,恢复江南经济,对外征伐北齐,收复淮南失地,稳固政权。永定三年(559),陈霸先驾崩,在位三年。

　　自曹魏以来,权臣篡位皆假托禅让之名。王夫之认为,陈霸先篡梁,功绩虽劣于曹操和刘裕,但对于天下生民而言也是有功的。南梁末年,政局混乱,萧氏子弟纷纷引北周和北齐为外援以争夺皇位,南梁权臣如王琳之流也暗藏篡位之心。陈霸先一方面拒绝借助北方夷狄政权的力量,"保中国之遗民",又为南朝的华夏统治延续了数十年的时间。

另一方面,他起兵入援以讨侯景之初并无篡权的野心,只是当时天下无主,他顺应形势即位称帝,罪过较轻。王夫之甚至认为陈霸先远强于杨坚这样的无功篡位之臣,然而后世君子之所以不对隋文帝过分追究,是因为他"以中国代夷狄",虽然得位不正,但也终未有篡位之名。显然,华夷大义依然是王夫之进行历史评判的首要标准。

一　陈氏篡梁功劣曹刘罪亦较轻

自曹魏以迄于宋,皆名为禅而篡者也。盖尝论之,本以征诛取天下,狃于习而假迹于篡者,唐高祖也。其名逆,其情未诈,君子恶其名而已。以雄桀之才起而图功,其图功也,以觊得天下为心,功既立而遂攘之,曹魏、刘宋也,而刘宋之功伟于曹魏矣。受推诚托孤之命,遂启逆心,非不立功,而功不在天下,以威福动人而因窃者,司马氏也。无固获之心①,天下乱而无纪,一旦起而攘之者,宋太祖也。无功于天下,天下已乱,见为可夺而夺之者,梁武帝也。既无功矣,蓄奸谋以从人于弑逆,因而夺之者,萧齐也。本贼也,而名为禅者,朱梁也。

【注释】

①固获:独占和争取食物,此指夺取天下。

【译文】

自曹魏直至刘宋,朝代更替一直都是名为禅让而实为篡夺。正如之前就已论述过的那样,有人本来是依靠征伐逆贼而夺取天下,却又拘泥于所谓禅让的风气,假托其名来篡夺权位,唐高祖李渊就是如此。李渊即帝位,虽名义不正,但实际上并无伪诈的情态,所以君子们也只是厌恶他假托禅让名义以行篡权夺位之实而已。有人靠着雄豪英杰的才气起兵以图建立功业,而图谋建立功业的目的就是得到统治天下的权力,那么一旦功成,就会夺取皇帝之位,曹魏、刘宋的建立就是如此,不过刘宋建立的功业比曹魏要更宏伟。有人被故主推心置腹地授予托孤重任,却生起谋篡叛逆之心,并非没有立过功,却并没有为天下人建立尺寸之功,利用恩威并施的手段去打动人心,从而乘机窃夺权位,建立晋朝的司马氏就是这样做的。有人本无夺取天下的野心,却乘着天下大乱且无纲常法纪之时,突然崛起并夺取天下,宋太祖赵匡胤就是如此。有人本无功于天下,却趁天下离乱之机,眼见有机可乘就篡权夺位,梁武帝萧衍就是如此。至于有人本身毫无功绩,内心深藏阴谋,跟随别人干下谋逆杀君的勾当,从而乘机篡权夺位的,南齐高帝萧道成便是如此。还有人本为奸贼,却假借禅让的虚名来篡夺帝位,后梁的朱温就是如此。

　　若夫陈氏之篡梁,功劣于曹、刘,而抑有功焉。天下之乱已极,可攘而攘之,亦无固获之心,如是,则不足以颉颃于刘宋,而优于赵宋,有讨平侯景之义;愈于曹、马者,无素蓄之奸;贤于梁武者,无犯顺之兵也。是故其为君也虽微,而其罪亦轻矣。却渊明而复辟于敬帝,非果念武帝之子孙而固立之,然当其时,江左之不能自立甚矣,萧詧称藩于宇文,以杀叔父而保一隅①,以号为君,渊明称藩于高氏,以蔑君之遗孙②,而拥虚号以为君,皆非君也,宇文、高氏守藩之臣也。使渊明得立,则举江东以属服于高洋,尤惨也。陈高非忠于萧氏,而保中国之遗民,延数十年以待隋之一统,则功亦伟矣哉!

【注释】
①叔父:指梁元帝萧绎。

②遗孙：指梁武帝之孙、梁元帝之子萧方智。

【译文】

　　至于陈霸先篡夺梁朝政权，他的功绩虽不如曹操和刘裕，但也是有功可言的。当时，天下间已然混乱至极，陈霸先见到当时的形势下可以夺取天下，便夺取了天下，他并不是一开始就有夺取天下的野心，如此，则不可将他与刘宋政权等同看待。而他也优于赵宋的赵匡胤，毕竟他立下了平定侯景之乱的功劳；至于陈霸先强于曹氏、司马氏的地方，就在于他并不是一贯怀有篡权夺位的奸邪之心；而他贤于梁武帝的地方，则是他并未举兵叛乱。所以陈霸先作为君主，虽不是什么突出的人物，却也罪过较轻。陈霸先废黜萧渊明而帮助梁敬帝复辟，并非真的是为梁武帝的子孙考虑，要保有萧梁王朝的帝位。而是在当时的情势下，自己身处江南之地而不可能立即自立为帝。萧詧宣称自己臣属于北周宇文氏之后，杀掉自己的叔父梁元帝萧绎，占据一隅之地而称帝。萧渊明宣称自己是北齐高氏的臣属，轻蔑梁武帝嫡系的遗孙萧方智，靠着有名无实的称号自立为君。然而无论是萧詧还是萧渊明都并非真正的君主，他们只不过是北周宇文氏和北齐高氏的藩属之臣罢了。假使萧渊明真的成为天下共主，那么他就会以整个江东之地臣属于北齐文宣帝高洋，如此则对于天下而言灾祸尤为惨烈。陈霸先虽对南梁萧氏不忠，但他却能保全华夏王朝的遗民，延续华夏王朝的正统达数十年之久，一直等到隋朝最终统一，那么他的功绩也是蔚为伟大啊！

　　夫陈高始起岭表之日①，逮乎入讨侯景之初，固知其未有妄干天位之志也。萧氏子孙自相戕贼，天下莫适为主，而后思攘之，其罪既轻，虽无赫赫之功，而功亦不可泯，视隋之居中狐媚以夺宇文氏者远矣。若夫君子之有恕于隋者，则以中国代夷狄，得之不以其道，而终不可名为篡也。此陈、隋之后,天下所以定也。惜乎唐之不正名为诛弑父虐民之独夫,而托之乎禅,以自居乎篡也。

【注释】

①岭表:五岭以外之地,即岭南,包括今广东、广西大部分地区。

【译文】

自陈霸先起兵于岭南之日起,到他入京讨伐侯景叛乱之初,可以明确地知道他并无妄夺帝位的野心。南梁萧氏子孙之间自相残杀,天下之人不知道谁才是他们的君主。在这种情况之下,陈霸先才开始考虑篡权夺位之事,所以说他篡权的罪过其实还是轻的。虽然没有赫赫战功,但他的功劳也不可泯灭,相较于隋文帝杨坚靠着谄媚手段夺得北周宇文氏帝位的情况,陈霸先要强得多。君子们之所以对隋文帝篡夺北周之事持有宽恕的态度,是因为隋朝以华夏正统取代夷狄所建立的王朝,即使有得位不正的事实,也终究不能说是篡夺。这也是经过南陈与隋朝之后,天下能够保持统一和稳定的原因。只可惜唐高祖不能树立起讨伐弑君杀父、残虐民众的独夫杨广的正当名分,却假托禅让的虚名,实则是自取篡夺帝位的骂名。

二　王琳虚拥讨贼之名

君子之善善也,豪毛必取,唯其豪毛之果善也。若夫赫然著一善之名而实无,非恶役于其名而取之,则受罔于非其道,为愚而已矣。

【译文】

君子尊重善人善事,善于吸取别人的长处,即使长处仅如毫毛般微薄,也要学习,只要这是真正值得学习之处。如果善名赫然在外却没有实迹，如果不是受其名声的奴役、过分贪图善名所致，就是被不正当的手段所蒙蔽，而这些都不过是愚昧的做法而已。

陈氏篡梁，王琳起兵至溢城以伐陈^①，赫然讨贼之义举也。自君子论之，子之篡燕，齐宣王兴师伐之^②，而孟子曰："以燕伐燕^③。"若琳者，岂但以陈伐陈哉？琳起兵以救元帝于江陵，正也。萧詧导宇文氏以戕元帝，而毁其宗社。詧者，琳之仇雠也。而詧不能独成其恶：元帝死于宇文氏之刃，则宇文氏尤琳之不共戴天者也。侯平不受琳之指麾^④，琳遂奉表于高洋，去华即夷，恶已大矣，犹曰高氏非吾雠也；以妻子陷入于关中，复奉表称臣而西向。身为盟主，二三其德，荏苒妻子之私爱，北面稽颡于杀吾君、亡吾国之索虏鲜卑^⑤；斯人也，陈主所蜂虿视之，不以为人类者也，而何能奉词以讨陈邪？萧詧，琳之雠也。敬帝非琳之雠也，元帝死亡，敬帝以武帝之孙、元帝之幼子立于建业，琳既两奉表于二虏，复称臣于敬帝，以縻系于梁，梁征之为司空而不至，何为者也？使琳果有匡复之心，则身既为上流之盟主，应司空之召，入奉敬帝，折陈氏之邪心，夫岂不能？既怀贰心，亲高齐而忘故国，及陈之篡，乃窃讨贼之名，以与陈氏争，倚高氏之援，求萧庄以借为主^⑥，一人之身，倏彼倏此，廉耻荡然，而尚可许为讨贼之师乎？幸与陈氏胜矣，陈而败也，高洋乘乱而取江东，琳不能禁，固琳之所不恤也。假令萧庄得入建业而君梁，琳因起而夺之，势所必然，抑琳志之固然者也。无恒之小人，且夕莫测，而许之以讨贼之义乎？即后事而观之，陈遣谢哲往说^⑦，而琳又还湘州^⑧，陈高祖殂，复背约而奉萧庄屯溢城以称帝,大败于侯瑱^⑨,而奔齐之志决矣,此琳始终变诈之情形也。故曰非但以陈伐陈也。

【注释】

①溢城:即溢口城。在今江西九江。

②子之篡燕,齐宣王兴师伐之:指燕王哙即位后,拜子之为相国。因燕王哙不问政事,故而国事皆决于子之。后燕王哙听信鹿毛寿建议,以禅让名义将政权完全托付给子之,导致燕国发生严重内乱。于是齐宣王乘机派兵攻打燕国,杀死了燕王哙和子之。事见《史记·燕召公世家》。

③以燕伐燕:语出《孟子·公孙丑下》:"今以燕伐燕,何为劝之哉?"意思是如今齐国以燕国的残暴去攻伐残暴的燕国,我为什么要去鼓动他们这样做呢?

④侯平:南朝梁将领。为王琳属下别将。西魏平江陵,立萧詧为帝,琳遣他率舟师攻之,频破詧军。指麾:指挥。

⑤稽颡:古代一种跪拜礼。屈膝下拜并以额触地,以表虔诚。

⑥萧庄:梁元帝萧绎长孙。初封永嘉王。梁敬帝即位后,被送至北齐作为质子。太平二年(557),陈霸先废梁敬帝,王琳迎其自北齐归梁,继承梁嗣。他在郢州即位称帝,年号天启,并由王琳兼摄朝政。陈武帝死后,王琳奉萧庄之名引兵东下,结果为陈朝所败。于是王琳携萧庄逃至北齐,北齐封萧庄为梁王。后北齐灭亡,萧庄忧惧而死。传见《南史·萧庄列传》。

⑦谢哲(509—567):字颖豫,陈郡阳夏(今河南太康)人。南朝梁、陈时官吏。初仕梁为秘书郎,累迁广陵太守。陈霸先为南徐州刺史时,任其为长史。梁敬帝即位后,任其为给事黄门侍郎,领步兵校尉。入陈后,历都官尚书、吏部尚书、晋陵太守、太子詹事、长沙太守、中书令等职。传见《陈书·谢哲列传》《南史·谢哲列传》。

⑧湘州：州名。南朝梁置，治所在大活关城（今湖北大悟）。后北齐
　占领此地，改置北江州。

⑨侯瑱（507—558）：字伯玉，巴西充国（今四川绵阳）人。南朝梁、
　陈之际将领。世为西蜀酋豪。初随梁益州刺史鄱阳王萧范。累
　功任轻车府中兵参军等职。萧范死后，代领其众，杀豫章太守庄
　铁，据有其地。后投降侯景。侯景败亡后投梁元帝，被封为郏县
　侯。豫章失后，其兵众溃败，于是归附陈霸先，历官司空、太尉。
　后奉命督军西讨，大败王琳及北齐军，又击败北周将贺若、独孤
　盛军。传见《陈书·侯瑱列传》《南史·侯瑱列传》。

【译文】

　　陈霸先篡夺南梁帝位之后，王琳起兵至溢城攻打陈霸先，显然这是讨伐谋权篡位逆贼的仁义之举。从君子的角度来说，燕国国相子之篡夺燕王哙的权力而导致燕国内乱，齐宣王兴兵讨伐燕国，而孟子却说："此举实为齐国以燕国的残暴去攻伐残暴的燕国。"像王琳这样，他起兵又何止是以陈霸先的手段来讨伐陈朝呢？王琳起兵营救困于江陵的梁元帝，可谓是符合道义之举。萧詧诱导北周宇文泰杀梁元帝，并毁灭其宗庙社稷，可以说萧詧实为王琳的仇敌。然而萧詧不能单独实现自己险恶的用心，梁元帝最后是死于宇文氏的屠刀之下，则宇文氏也是王琳不共戴天的敌人。侯平不接受王琳的指挥，于是王琳便奉表求救于北齐的高洋，他背离中原王朝，转而投靠夷狄之人，罪过着实不小，他却还说北齐的高洋并非他的仇敌。后来因他的妻儿身陷于关中，他又奉表向西面的北周称臣。他身为起兵的总盟主，心志并不纯一坚定，因为顾惜自己妻儿的私情，就转而向北周称臣，向着杀我国君、亡我国家的夷狄鲜卑俯首叩头。这种人，陈朝的君主早就将其视为暗藏毒针的蜜蜂毒虫，而不将他视为人，他还怎么能够自我标榜去讨伐陈朝呢？萧詧是王琳的仇敌，而梁敬帝则并非王琳的仇敌。梁元帝死后，敬帝作为武帝之孙、元帝的幼子而在建业被立为皇帝，而王琳却两次奉表称臣于北方的夷狄政权北周和北

齐,同时又向敬帝称臣,以此来维系与梁朝的关系。然而梁朝征召他为司空,他却辞不就职,这是为何呢？若王琳真的有匡复梁朝之心,那么其作为长江上流地区的盟主,就应该顺从征召他为司空的命令,前往朝廷事奉敬帝,以打击陈霸先篡权夺位的奸邪用心,难道这样做不可以吗？然而他已然身怀异心,亲近北齐而忘掉了自己的故国,等到陈霸先篡权夺位之时,又窃取了讨贼的名义,以便与陈霸先争夺天下。此外,他又依靠北齐的援助,拥立萧庄为帝以虚张声势。他以一己之身,一会儿臣服北齐,一会儿臣服南梁,廉耻之心早已荡然无存,故而他所率领的军队还能称得上是符合道义的讨贼之师吗？万幸的是陈朝最终取胜了。如果陈朝失败,高洋就会乘着南朝混乱之机攻取江东之地,而王琳难以制止他们,况且这本就不是王琳所顾惜的。假如萧庄能够进驻建业,从而成为南梁的君主。那么,王琳就会篡夺他的帝位,这既是必然的趋势,也是王琳内心本来的打算。变化无常的小人,本就难以预测,难道可以称许他秉持道义而兴兵讨逆吗？依照后来事情的发展情况来看,陈霸先派遣谢哲前往说和,王琳退回湘州。而陈高祖死后,他又违背约定,尊奉萧庄占据溢城称帝,最终大败于侯瑱,此时他投奔北齐的决心就已然下定了。这就是王琳诡诈善变的情形。所以说,他的起兵,不仅仅是以和陈霸先一样的方式来讨伐陈朝,而是更为卑劣。

　　呜呼！人至于无恒而极矣。无恒者,于善无恒也,于恶亦无恒也。于恶无恒,而有时乎善,其果善与,犹不可据也,况乎其徒以名邪？为君也忠而死,为父也孝而死,非为君父而忠孝也,吾臣吾子不忍自废者也,岂忍以忠臣孝子为可猎取之浮名乎？失身于异类,则已无身矣。无身而君谁之君,父谁之父,遑及忠孝哉！且若琳者,则又失身于异类而亦无据也,倏而禽,倏而人,妖魅而已矣。今有妖魅于此,衣冠粉泽①,而遂乐推之以为人,非至愚者不然。然则假琳以梁臣之名,而嘉予其伐陈之义,又何以异于是？人之别于禽兽,恒而已矣。君子之观人,絜其初终以定其贞邪②,持论之恒也;乍然见其袭义之虚声而矜异之③,待其恶已败露而又贬之,亦持论之无恒者也;无恒则其违琳也不远矣。善善而无一定之衡,可不鉴与!

【注释】

①粉泽:粉黛脂泽,指擦脂抹粉。

②絜(xié):衡量。

③矜异:指夸耀赞誉其与众不同。

【译文】

唉! 人心到了变化无常的地步就可谓恶劣到了极点。变化无常,则在良善的方面表现如此,在恶的方面也是如此。在恶的方面变化无常,而有时也会有良善之行,那么这就说明真的是有良善之心吗? 其实对此仍然不敢加以确定,何况他只是为了图取善名呢? 对于君主应当尽忠而死,对于父亲应当尽孝而死。不为君为父而讲忠孝,即使自己身为臣下和儿子也不忍心自我废弃,难道能够容忍以忠臣孝子来作为获得虚名的工具吗? 愿意将自己的身躯奉献给夷狄异族,那么他所拥有的自身也已然不复存在了。一旦失去了自我,自己又要以谁人为君、以谁人为父呢? 这还谈得上忠孝之义吗! 就像王琳那样,献身事奉夷狄异族,那么他自身便也无所依凭。故而他一会儿是禽兽,一会儿是人类,实则只是妖魔鬼怪罢了。如今有妖魔鬼怪在此,身着衣冠,擦脂抹粉,于是就乐于承认他为人,然而若非愚昧至极之人,则不会这样认为。那么,假使给王琳以南梁大臣的名义,又嘉奖给他伐陈的仁义之名,这与前面所说的行径又有何不同呢? 人有别于禽兽之处,就在于拥有恒定不变的良心。君子观察一个人，是根据这个人从开始到最终的整体表现来加以衡量，最终判定他是忠贞还是奸邪，这样对人所下的结论才是公正恒定的。另一种情况是，刚一看到某人拥有仁义的名声，就对他大力夸赞，而等到他丑恶的嘴脸彻底败露，便又对其大加挞伐，这也是对人的评价变化无常的一种表现。然而人一旦变化无常，距离王琳这种首鼠两端的行为就已然不远了。尊重善人善事而吸取其长处，却没有固定一致的衡量标准，世人难道不该以此为鉴吗！

三　韦叡十征不出与种放相肖

被征不屈，名为征士①，名均也，而实有辨。守君臣之义，远篡逆之党，非无当世之心，而洁己以自靖者，管宁、陶潜是也。矫厉亢爽②，耻为物下，道非可隐，而自旌其志，严光、周党是也。闲适自安，萧清自喜③，知不足以经世，而怡然委顺，林逋、魏野之类是也④。处有余之地，可以优游，全身保名而得其所便，则韦叡、种放是也⑤。考其行，论其世，察其志，辨其方，则其高下可得而睹矣。

【注释】

①征士：不接受朝廷征聘的隐士。

②矫厉：高昂激越。亢爽：开朗豁达。

③萧清：洒脱清静。

④林逋（bū，968—1028）：字君复，杭州钱塘（今浙江杭州）人。北宋隐士。少孤而好学，精通经史百家。早年放游于江淮之地，后归杭州，隐居西湖孤山二十年，以隐逸闲居为乐，终身不仕；种梅养鹤，终身不娶，有"梅妻鹤子"的美谈。传见《宋史·林逋列传》。魏野（961—1020）：字仲先，号草堂居士，陕州陕县（今河南陕州）

人。北宋诗人。一生清贫,结庐避世,不求仕进。大中祥符四年
(1011),宋真宗祀汾阴,他与表兄李渎同被举荐,但他上表以病
推辞,拒不入仕。传见《宋史·魏野列传》。

⑤ 韦夐(xiòng,502—578):字敬远,京兆杜陵(今陕西西安)人。北
朝名士。性格恬淡质朴,不看重功名利禄。初被征辟为雍州中
从事,旋即托疾去职。此后面对多达十次的征召,皆不应命。西
魏时,宇文泰想征辟其为官,亦不从命,时人号为"居士"。传见
《周书·韦夐列传》《北史·韦夐列传》。种放(956—1016):字明
逸,号云溪醉侯,河南洛阳(今河南洛阳)人。宋代士人。早年不
事举业,隐居终南山豹林谷,以讲习为业,自称"退士"。积累起
名声后,先是屡召不仕,后受官左司谏,常往返山林与朝廷之间。
晚年爱好舆服,广置良田,纵容自家子弟恣横不法,为时论所鄙
夷。传见《宋史·种放列传》。

【译文】

受朝廷征召而不屈身前去就任,这类隐士被称为征士。尽管都名
为征士,然而其中仍然有所区别。有的人恪守君臣之义,远离篡逆之
人,并非没有入仕之心,而是要洁身自爱从而坚持自己的操守,管宁、陶
潜便是这类人。有的人性情高昂激越、开朗豁达,他们耻为人下,即使
是在无须归隐的政治清明之世,依然要通过归隐来表明自己的志向,严
光、周党就是这类人。有的人过着闲适恬淡的生活,以洒脱清静为追
求,知道自己不足以为当世所用,就怡然自得、顺其自然,林逋、魏野之
流便是如此。还有的人身处进退有余的境地,自己优游其间,在保全自
己性命和名声的情况下随心所欲,韦夐、种放就是这类人。如果仔细考
察这些人的行迹,了解他们所处的时代背景,探究他们的志向,辨析他
们的处世之道,就可以明显地看出他们之间的高下差别。

夐者,孝宽之兄①,放者,世衡、师道之族也②,故二子者

尤相肖。其家赫然著显名、居厚实于天下,而已得以高卧,邀人主之尊奖,则亦何求于一命之荣哉③? 二子者尤相肖也,此为逍遥公、豹林处士而已矣④。

【注释】

①孝宽:即韦孝宽(509—580)。名叔裕,京兆杜陵(今陕西西安)人。北朝将领。涉猎文史,有经略之才。其仕西魏,屡有战功。后驻守玉璧城,高欢亲率大军攻击,韦孝宽苦战六旬,使敌人未能攻克玉璧。宇文护欲东讨北齐,韦孝宽认为不可,但宇文护并未采纳,结果北周军队出师不利。周武帝初,出任勋州刺史,以反间计使北齐杀斛律光,又为周武帝规划平齐战略。传见《周书·韦孝宽列传》《北史·韦孝宽列传》。

②世衡、师道:即种世衡、种师道。二人皆为北宋名将。种世衡为种放之侄,而种师道为种世衡之孙。

③一命之荣:指受任一官的荣耀。

④逍遥公:北周明帝宇文毓赐予韦敻之号。豹林处士:种放曾隐居于终南山豹林谷,故世人称其为"豹林处士"。

【译文】

韦敻是韦孝宽的哥哥,而种放和种世衡、种师道属于同一家族。所以,这二人的情况尤为相似。他们的家族在天下名声显赫,积聚了丰厚的财富,而他们自己因此得以高枕无忧,邀取人主的尊重和推赏,又何必去追求受任一官的荣耀呢? 他们二人的情况极为相似,因此才分别被称为"逍遥公"和"豹林处士"啊。

文　帝

【题解】

　　陈文帝陈蒨(qiàn,? —566)字子华,是陈高祖陈霸先之侄,始兴昭烈王陈道谭长子。陈蒨早年深受叔父陈霸先的赏识与栽培,起家梁朝吴兴太守。太平二年(557),陈霸先即位后,封其为临川郡王。永定三年(559),陈霸先驾崩,因此时太子陈昌还被扣在北周做人质,宣皇后与中书舍人蔡景历等定计,秘不发丧,召陈蒨还朝,立其为帝,改元天嘉。文帝在位期间,平定王琳、周迪等人的叛乱,励精图治,整顿吏治,注重农桑,兴修水利,使江南经济得到一定的恢复,史称"天嘉之治"。天康元年(566),陈文帝驾崩。

　　梁末陈初,南方大乱。土著豪强乘机起兵,割据州郡,不奉朝命,对于陈朝的统治构成了严重威胁。文帝在位期间,始终致力于平定地方州郡叛乱。身处叛乱之地的士人们当如何自处,再次引起了王夫之的探讨。闽州刺史陈宝应连同周迪等人作乱时,意欲收揽侨居的虞寄,并火烧东山寺加以逼迫,可是虞寄"危言不屈"。王夫之认为,面对乱世叛臣,仅仅归隐佯装并非正途,他也不赞成盲目轻生的举动,认为身为君子唯有"正己而已",必须坚守自己的意志和道义。王夫之的这一认识,相当程度上乃是源于他对于明清易代之机士人遭遇的观察与思考。

　　王夫之一直旗帜鲜明地批判汉儒所倡导的谶纬之说,而在本篇中他对于汉儒注重文辞章句的做法也进行了批评。王夫之认为汉儒注重缘饰文辞,反而使他们对儒家根本的经典与道义目眩神迷,以致教条式地模仿儒家古礼,而不关心生民苦痛、伦理道义。汉儒的做法看似弘道,但在王夫之的眼中,他们不过是鼓励人们追求虚荣利禄而已,实为自欺欺人。

一　文帝既立宇文氏遣高祖之子昌归陈

文帝既以从子继高祖而立①,宇文氏遣高祖之子昌归陈②,文帝与侯安都毙之于江,帝之贪位安忍,其恶无所逃矣。所可重伤者③,昌之愚而为狡夷投之死地以乱陈也。

【注释】

①从子:侄子。

②高祖之子昌:即陈昌(537—560)。字敬业,吴兴长城(今浙江长兴)人。南朝陈宗室,陈霸先第六子。侯景之乱平定后,梁元帝拜其为长城国世子、吴兴太守。后因西魏攻陷荆州,其被俘入关中。陈霸先即位,频频遣使请北周释还陈昌,而北周不遣。在陈文帝陈蒨即位后,北周立即将陈昌放还。陈文帝以其为衡阳郡王,并令侯安都将其杀害。侯安都在陈昌渡江之时,将其推入长江,最终溺毙。传见《陈书·衡阳献王昌列传》《南史·衡阳献王昌列传》。

③重(zhòng)伤:指特别令人感到悲哀。

【译文】

陈文帝以陈高祖陈霸先侄子的身份继承其叔父的皇位后,北周将陈高祖的儿子陈昌遣返陈朝,而文帝与侯安都合谋将陈昌淹死于长江之中。文帝贪恋帝位而不惜残忍杀害宗亲,他实在难以逃脱罪责。而这件事中特别使人感到悲哀的,是陈昌的愚不可及,他被狡猾的夷狄放回,实际上是被北周投置于死地,北周正是想通过他来扰乱陈朝。

　　昌在关中,高祖屡请之,而宇文氏不遣,持重质以胁陈。高祖殂,乃亟遣之归,知其兄弟必争,则己乘之以收其利。萧纪争而得巴蜀,萧詧争而得江陵,其术两雠①,复以试之建业,其情晓然易见,而何昌之不觉也!侯安都之戕贼行而昌死于道,丧一亡公子耳;宇文氏无一旅之援,一使之逆,于己无损也。昌不死,而陈有奉之者,则必求援于己,卷土而奉藩,昌不能违,不复有陈矣。昌何利于此,而徒为宇文氏伥乎②?昌不听而终老于关中,虽居异域,自以梁亡被虏,非投身幽谷如刘昶、萧宝寅之迷也。仲雍断发文身以全孝友而大周祚③,则委贽于宇文氏,其又何伤?晋文公谢秦伯得国于斯之命④,岂忘君晋哉?秦奉己以入,而己制于秦,惠公之所以见获于韩原⑤,文公不屑为也。父死之谓何,而忍利其国⑥,秦人之谋折矣,故晋以宁,而文公终以霸。天命在己,恶知其不为晋文?其不然也,以亡公子优游于南山、渭水之间,可以全身而不贻祸于宗国,又何怨乎?

【注释】

①雠:售,兜售。此指得逞。

②伥:传说中被老虎咬死的人所变成的鬼,这种鬼会引导老虎咬别的人。

③仲雍:周古公亶父次子。因古公亶父欲立幼子季历,其与兄太伯同避江南,并断发文身,以表示不复回的决心。其与太伯共建吴

国,以避让季历。太伯死后,其继位为吴君。其事见于《史记·吴太伯世家》。

④晋文公谢秦伯得国于斯之命:指晋献公死后,秦穆公派人向逃亡在翟国的公子重耳表示哀悼,并劝重耳借机回国继位,但狐偃认为时机不成熟,让重耳婉言谢绝了秦穆公。事见《礼记·檀弓下》。

⑤惠公之所以见获于韩原:指晋惠公曾以割地为条件,在秦穆公的帮助下成为晋国国君。然而其即位之后,又不愿遵守诺言,割地给秦。最终秦晋两国爆发韩原之战,晋国战败而晋惠公被俘。事见《左传·僖公十五年》。

⑥父死之谓何,而忍利其国:重耳拒绝秦穆公帮助其回国即位的提议时,对秦国使者说:"父死之谓何?或敢有他志,以辱君义。"意思是:"父亲死去这是何等重大的事情啊!我哪里还有其他的图谋来辜负您来慰问我的情义啊?"事见《礼记·檀弓下》。

【译文】

陈昌被拘留在关中之时,陈高祖曾多次向宇文氏请求遣还陈昌,但都被宇文氏拒绝,宇文氏是想用陈昌这样重要的人质来胁迫陈朝。陈高祖死后,北周之所以马上遣返陈昌,是因为知道陈朝宗室兄弟之间必定会为帝位展开争夺,那么北周便可从中渔利。过去因为萧纪争夺皇位,使得西魏得到了巴蜀之地。而萧詧争夺皇位之时,江陵之地也尽归北周,宇文氏的计谋两次得逞,如今又把这一伎俩拿来对付建业的陈朝,其意图显而易见,而陈昌为何就不能觉察到呢!侯安都杀害陈昌的计划一经实施,便使陈昌死于回京的水路之上,而这对陈朝而言也不过是丧失了一个流亡在外的公子而已。北周不曾派出一支军队援助陈昌,不曾派出一个使者去迎接他,所以此事对北周而言并无任何的损失。假使陈昌不死,陈朝中又有拥护他成为君主的势力,那么这些人便一定会求助于北周。如此,则整个江东之地就要向北周奉表称臣,成为其藩属,陈昌无法违背这些人的意志,那么陈朝也就不复存在了。试问陈昌能从中得到什么,而非要白白地去做北周宇文氏的伥鬼、协助他们吞并江东呢?如若陈昌不服从北周将他遣归南朝的安排,那么最后的结局不过是老死于关中。他虽然身处异域外族之地,但自己本来就是南梁灭亡后被俘至北方的俘虏,并非是像刘昶、萧宝寅那样主动投降、投身于幽谷而无法回返。仲雍曾不惜断发文身以保全自己的孝友之义,使周的国祚得以延续。那么陈昌如果一直置身于北周而表示不愿回陈,又有何不好呢?晋文公辞谢秦穆公劝他立即回国即位的建议,难道是他忘记了自己应该作为晋国国君的使命吗?是因为他考虑到若接受秦国帮助自己回国即位,自己就会因此而受制于秦,最终像晋惠公那样在韩原之战中为秦国所败并被俘虏。对晋文公而言,这种事是不屑去做的。父亲死亡是何等的大事啊,他如何忍心让秦国从中得利呢?所以秦国想通过奉立重耳回国而从中渔利的阴谋被打破,晋国因此也得以安宁,而晋文公最终也成为霸主。若是天命在己,陈昌怎么就知道自己以后不能成为像晋文公一样的人呢?即使不能成为晋文公这样的人,那么以流亡公子的身份悠游于终南山与渭水之间,也可以保全自己的性命,并不给陈朝留下后患,对这又该有什么怨言呢?

　　或曰:"此仁者之事,非昌之所及也。"道二:仁与不仁而已矣。出乎仁则入乎不仁,危其国,亡其身。不仁不可与言,而为人所颠倒,一间而已[①]。身死则为陈昌,国危则为萧詧,昌不仁而文帝、安都以不仁应之,昌先之矣。

【注释】

①一间:指距离极近。间,空隙,相接之处。

【译文】

有人说:"这是恪守仁义之人所做的事,并非陈昌所能做到的。"实际对于人们来说,道路无非两条:一是仁道,二是不仁之道。脱离了仁道,便会沦入不仁之道,就可能会使自己的国家面临险境,使自己遭遇亡身之祸。对于不仁之人,是不能与他们说话的,因为被不仁之人颠倒,危国亡身不过是转眼之间的事情。自己遭遇亡身之祸,就是像陈昌那样;而使自己的国家陷入险境,就是像萧誉那样。陈昌并未遵循仁义之道,而文帝、侯安都也以不仁义的手段来对付他,是陈昌不仁在先。

二　孙玚始入援江陵后坚拒宇文降陈

国破君危,志士奋兴以图匡复,此决起一朝,无暇豫计其始终者也,豫计则不果矣。虽然,亦有不容不豫计者。乱一起而不知所届,事会之变,未可测矣,所可豫计者,己有其初心,道有其大常也。或死乎? 或弗死乎? 死有所为死,生有所为生,变虽生于始谋之外,而心自依乎其初,此之谓豫计。志不定,义不明,以义始,以乱终,利害乱其中,从违失其则,则为王琳而已矣。

【译文】

　　国家即将破灭、君主面临危亡之际,仁人志士就会奋然兴起以图谋匡扶。这种决定是在旦夕之间就断然做出的,所以没有多余的时间来预先考虑事情的前后始终。如果预先对前后始终加以规划和考虑,就难以果断起事从而最终取得成功了。尽管如此,也有不容不预先考虑的事项。混乱一旦发生,就不知其要发展到何种地步,机遇与形势的变化也难以预测。其中能够预先规划和考虑的,便是自己必须秉持初心,遵循上天的常道。是为匡扶社稷而死,还是不为此献出生命? 死有死的原因和价值,不死也有不死的依据。即便形势变化超出意料,自己的心也依然遵循初心,不会动摇更改,这样就可以说是有了预先的规划与考虑。若是自己的志向摇摆不定，要遵循的大义不够明确，以忠义之心为开始，却以自己情志混乱而告终，内心受利害关系的影响，在遵从与违逆之间失去固守的准则，那么最终就只会成为像王琳那样的首鼠两端之人而已。

　　孙玚之始[①]，与琳俱起，本以萧詧引宇文攻元帝于江陵，急于入援，以拯元帝之危，而存梁之宗社；不及而江陵陷，元帝死。事虽不克，而为吾大雠者，宇文氏也。陈氏攀敬帝以立而又篡之，则其意计不及，忽然之变也，于是而琳志乱矣。外既偪而内复溃，琳乃首施两端，遍奉表于二夷，观望以拒陈，遂受高齐骠骑之命，终为异类矣。而玚异是，宇文氏授玚以刺史，玚誓死以拒，守孤城而不降，使城陷而死焉，玚得死所矣。乃陈兵至，周围解，兵力已疲，民情已释，旁徨四顾，故国已亡，而无可托足，乃集将佐而告之曰："吾与王公同奖梁室，勤亦至矣，时事如此，岂非天乎！"乃举州以降陈。非降也，不降而无所归也。救江陵拒宇文者，玚之初心也；陈之篡，梁之亡，非玚始计所及也。玚非敬帝之臣，陈高有篡弑之逆，而敌怨不在后嗣，文帝非躬篡之主，不辱其身于加刃吾君之狡夷，玚可以无死，而又为谁死邪？若此者，玚不能豫计于先，而抗宇文以全郢城，则其素所立之志，终始初无异致，玚何病哉？

【注释】

　　①孙玚（516—587）：字德琏，吴郡吴县（今江苏苏州）人。南朝将领。为人颇有智略，博通经史。侯景之乱爆发后，受王琳举荐，

参与平定侯景之乱，屡立战功。西魏攻打江陵之时，他欲驰援以救元帝，未果。后追随王琳拥立永嘉王萧庄为帝，担任太府卿。王琳领军攻陈时，他留守郢州，坚守以抗北周军队，拒绝北周的招降。王琳被陈将侯瑱击败后，奉表降陈。传见《陈书·孙玚列传》《南史·孙玚列传》。

【译文】

孙玚当初与王琳一同起兵，本来是因为萧詧勾结西魏，借兵攻打梁元帝所在的江陵的缘故。他们急于前去救援身处危难之中的元帝，以确保梁朝宗庙社稷不毁。但他们的军队还未赶到，江陵便已然陷落，元帝被萧詧杀死。这次的救援行动虽然没有成功，却可以明确知道，宇文泰是孙玚、王琳的仇敌。而陈霸先先拥立梁敬帝，最终又篡夺了敬帝的帝位，实为孙玚、王琳所始料未及的突变。正因为这种突变，王琳才变得志乱神迷。在外有夷狄威逼、内部国事崩溃的情况下，王琳犹豫不定、首鼠两端，多次奉表向北边的两个夷狄政权请求援助，并观望形势的变化，以抗拒陈朝。最终他接受了北齐授予的骠骑将军之职，终究成为了投靠夷狄的异类。然而，与他一同起兵的孙玚的选择则不同。他誓死不接受宇文氏授予的刺史职位，镇守郢州孤城，坚决不降。假使他守卫的孤城陷落，自己身死其中，孙玚也是死得其所。可是最终陈朝将领侯瑱的军队赶来，解除了北周对郢州的围困。此时孙玚军队中的士兵已经非常疲惫，民心已经涣散。孙玚彷徨犹豫、四下观望，看到自己的故国已不复存在，自己也失去了立足之地。于是他召集所有的将领佐吏，宣告说："我与王琳一同起兵匡扶梁室，忠于朝廷之心已然尽到，然而局势变化至此，这难道不是上天的安排吗？"于是率领全州军民投降陈朝。这并非孙玚非要投降不可，而是因为不投降已无路可走。援救身处江陵的梁元帝，抵抗北周的军队，这是孙玚最初的打算。而陈霸先谋权篡位，梁朝已然灭亡，这并非是孙玚所能事先料想到的。孙玚并非是梁敬帝的大臣，陈高祖自己固然有篡权弑君的悖逆之行，但孙玚对陈霸先的怨恨不应转移到其后嗣身上。陈文帝并非亲身参与篡权弑君的君主，孙玚归顺于他，也是没有使自己受辱于杀害自己君主的狡猾夷狄，则他完全可以不死，那么如今他又应该为谁而死呢？像这样的情况，并非孙玚所能预先加以规划与考虑的。然而他坚决抵抗北周的军队来保全郢州，且其起兵的本心始终没有发生变化。如此，人们对于孙玚还有什么可指责的呢？

无他，王琳虽名为义，而图功徼幸之心胜，则遇变而不知所择；玚义在心，而不仅以名，事虽不济，而义终不坠也。决死一旦，而挟功利以为心，物必败之，亦恶知变之所生而早计之哉？

【译文】

孙玚和王琳虽一同起兵而表现却各不相同，其实并没有什么其他的原因。王琳虽然以忠义之名起兵，但他贪图功劳的侥幸之心太强烈，结果遭遇形势突变后就不知道该如何抉择了。孙玚则心怀忠义，并不仅仅是假借忠义为虚名。他的起兵勤王之举虽未成功，但忠义之心却始终没有丧失。是否为国而死本就取决于一念之间，如果怀有功利之心，外界必然会将其挫败，又哪里能够知道变化会如何发生，从而提早加以规划和考虑呢？

三　王晞不贪翼戴之赏仍行弑逆

《诗》云："大风有隧，贪人败类①。"类之已败，则虽非贪人，相习于乱，大风之隧，当其隧者，无不靡也。贪人之所吹拂成乎风，而类无不败，且不自知其为大恶，捐名义以成乎乱贼，而后人道绝矣。

【注释】

①大风有隧，贪人败类：语出《诗经·大雅·桑柔》："大风有隧，贪人败类。"意思是大风呼啸自有其轨迹，贪婪之人会败坏整个族类。隧，风轨，指大风吹习所经过的路径。

【译文】

《诗经》中说："大风有隧，贪人败类。"既然整个族类都被败坏了，那么即使是不贪婪的人，也会相互沿袭贪婪的恶习。犹如大风呼啸而来，而身处此大风轨迹之中的一切，都会被大风吹卷压倒。如果贪婪之人所宣扬的贪婪蔚然成风，那么同类之人就没有不被沾染败坏的，而且他们还不知晓自己做了大恶之事，最终抛弃名义而成为乱贼，然后人伦道义就泯灭殆尽了。

　　华歆、贾充、刘穆之、谢晦、沈约、褚渊、崔季舒胥贪人也①，扶人为乱贼，居篡弒之功，而身受佐命之赏，弗足责也。王晞曰②："非不好作要官，但思之烂熟耳。"高演报其翼戴之功③，使为侍郎，苦辞不受，知贪人之不保令终，而静退以全身，非华歆辈之匹也。乃首倡逆谋，力为赞画，夜入帷幕，忘生蹈险，以夺高殷而弒之。晞不自为荣肤也④，徒焦肺困心，不恤族诛之祸，唯恐演之不成乎篡，何为者邪？功成而不受赏，安下位以终身，使移此心以尽诚于君父，而奖掖人于忠孝之途，则于诸葛公桑株八百、薄田十顷之节⑤，又奚让焉？然而晞懵不畏疚，以为乱贼之腹心者，何也？篡夺之风，已成乎隧，当其隧者靡焉，习以为安，而不知其动摇之失据也。

【注释】

①崔季舒（？—573）：字叔正，博陵安平（今河北安平）人。东魏、北

齐官吏。初为州主簿，受高欢赏识，被擢为大行台都官郎中。高澄辅政时备受宠信，升中书侍郎，参与高氏取代东魏的谋划，甚至曾奉高澄之命殴打孝敬帝元善见。因性爱声色，恣意行乐，为人弹劾，被北齐文宣帝高洋贬徙北境。回京后为将作大匠，累迁侍中、中兵尚书、开府仪同三司，权倾朝野。好医术及图籍，曾监撰《御览》。齐后主时，受韩长鸾等诬告，被斩。传见《北齐书·崔季舒列传》《北史·崔季舒列传》。

②王晞(511—581)：字叔朗，小名沙弥，北海剧县(今山东寿光)人。北朝大臣。少有才名，屡召不仕。后随高欢至晋阳，与常山公高演相往来。北齐天保初年，随高演行太原郡事。后高殷即位，他力劝高演废高殷自立，并为之筹谋。北齐亡后，仕周为仪同大将军、太子谏议大夫。隋初卒于洛阳。传见《北齐书·王晞列传》《北史·王晞列传》。

③高演(535—561)：字延安，渤海蓨县(今河北景县)人。北齐皇帝，高欢第六子。初为常山王，后历任尚书令、司空、大司马等要职。高洋死后，发动政变，废黜高殷，自立为帝，改元为皇建。次年坠马伤肋，又因其违背誓言弑杀废帝，神思恍惚，终卒于晋阳宫。传见《北齐书·孝昭帝纪》《北史·孝昭帝本纪》。

④荣肵(wǔ)：荣华富贵。肵，美厚，这里指高官厚禄。

⑤诸葛公桑株八百、薄田十顷之节：指诸葛亮虽贵为丞相，却廉洁自守，曾经上表指出自己没有多余财产，只有八百株桑树和十五顷土地。直至死时也是如此。事见《三国志·蜀书·诸葛亮传》。

【译文】

华歆、贾充、刘穆之、谢晦、沈约、褚渊、崔季舒之流都是贪婪的小人。他们扶植他人做弑君篡权的乱贼，而自己则作为辅助创业之臣获取荣华富贵，这样的人不值得责备。王晞曾说："不是我不爱任高官要职，只是我想得太透、看得太穿罢了！"北齐孝昭帝高演为回报王晞的辅佐拥戴之功，曾任命他为侍郎，但王晞却坚决推辞，因为他深知贪婪之人难以保全自身而得以善终。所以他安静退隐以保全自己的性命，实非华歆之流所能比拟。可是当初王晞首先劝高演行篡位谋逆之事，并大力为高演篡位做谋划，在夜晚出入高演的帷幕，舍生忘死，以身犯险，最终使高演夺取了高殷的帝位并将其弑杀。王晞不为自己追求荣华富贵，却处心积虑、费尽心机，不惜遭受灭族之祸，也唯恐高演不能篡夺权位，他为何要这样做呢？功成之后，自己却又不受封赏，安居下位而保全终生。假使王晞能用这样的心力去对君父恪尽忠诚，并鼓励、劝勉他人也尽忠尽孝，则他与诸葛亮仅有桑林八百、薄田十顷的高风亮节相比，又有何逊色呢？然而，王晞却用心险恶而无畏惧内疚之情，甘愿充当乱臣贼子的心腹，这又是为何呢？实在是因为当时篡权夺位之风盛行，已然如同风行其轨，而身处风轨之中的人自然会被其压倒，对篡逆之事习以为常，却并不知道自己早已进退失据了。

    民彝泯矣！天理绝矣！百年之内，江东、河北视弑君父如猎麑鹿，篡国如掇蜩蝉，无有名此为贼而惊心动魄者。晞固曰：吾为其所应为，而不受佐命之赏，则道在是矣。悲哉！华歆辈之败人类，而人类无能更存也！士不引千秋之公义以自择所趋，习染时风以为固然，从后而观之，恶岂有瘳？而一曲之操①，其能掩不赦之辜哉！

【注释】

①一曲：一隅。曲，片面，局部。

【译文】

    人伦已经泯灭殆尽了啊！天理已经断绝不存了啊！刘宋至南陈的百年间，江东与北朝的人们将谋弑君父视若猎杀獐鹿一般容易，窃夺国家犹如捉蝉一样轻松。没有谁将这些人称作逆贼,并对其行径感到惊心动魄。王晞固然会说:我做了我应该做的事,而不接受根据辅佐之功应得的奖赏,则道就存在于我的行动中了。真是可悲啊! 自华歆之流开始败坏人伦,而此后人类便不再能继续存在了。士大夫们不援引千年来的公义来选择自己所趋向的道路,而深受败坏世风的影响,将其视为理所当然。若是从后世的视角来看,则这种恶风犹如顽疾,哪里还有治愈之时啊? 仅凭自己所坚持的片面节操,能掩盖弑杀君主的不赦之罪吗!

四　虞寄居东山寺不屈陈宝应

　　以乱人为可畏者①,懦夫也;以乱人为不可畏者,妄人也。庄周氏自谓工于处乱人矣,一以为猛虎,一以为婴儿,一以为羿之彀中而不可避也②,一以为大浸稽天而可不溺也③。懦夫闻之,益丧其守;妄人闻之,益罹于凶④;则唯失己,而谓轻重之在物也。

【注释】

　　①乱人:违背正道或制造混乱的人。

　　②羿之彀中而不可避:语本《庄子·德充符》:"游于羿之彀中,中央者,中地也,然而不中者,命也。"王先谦集解云:"以羿彀喻刑网,言同居刑网之中,孰能自信无过,其不为刑网所加,亦命之偶值耳。"庄子本意是指刑网或人间的危机难以逃脱。王夫之这里化用庄子此语,是形容"以乱人为可畏"、视"乱人"为"猛虎"的"懦夫"。

　　③大浸稽天而可不溺:语本《庄子·逍遥游》:"之人也,物莫之伤:大浸稽天而不溺,大旱金石流,土山焦而不热。"意思是即使滔天

的大水也不能淹没他，比喻不为外物所动。庄子这句话本来是
说楚国狂士接舆所称的"神人"。王夫之这里化用此语，是用以
形容"以乱人为不可畏"、视"乱人"为"婴儿"的"妄人"。稽，至。
④罹：触犯。

【译文】

认为"乱人"非常值得畏惧的人，是懦夫；认为"乱人"丝毫不值得畏
惧的人，则是狂妄之人了。庄周声称自己擅长应对"乱人"，但他却将
"乱人"或视为猛虎，或视为婴儿，或认为面对"乱人"犹如处于后羿的射
程范围内而早已在劫难逃，或认为面对"乱人"犹如面对滔天洪水而自
觉不会被水淹没。懦夫听闻他的话之后，就会更加丧失个人的操守志
向；狂妄之人听闻之后，就会触犯更多的凶险。如此看来，则唯有忘却
自我之人，才会将自身的轻重全然寄托于身外的事物上。

虞寄侨处闽海^①，陈宝应连周迪、留异以作乱^②，寄著居
士服，屏居东山寺，危言不屈，宝应纵火焚寺以胁之，威亦燂
矣^③，而寄愈危，责宝应也愈厉。如寄者，岂不戒心于乱人之
锋刃，而任气以行邪？乃终岳立千仞而不以宝应之凶悖为
疑，非妄以轻生、狎暴人而姑试也，求诸己者正而已矣。浸
令不然，心非之，抑诡随之；私议之，而面诔之；亟于求去，而
多方以避之；放言毁度，佯狂闵默以顺之^④；皆庄周所谓缘督
之经也^⑤。而早为乱人之所测，祇以自辱而无补于祸难。妄
之兴，懦之变也。夫君子正己而已矣，可为者奚惮而不为？
可言者奚惮而不言？乱人虽逆，凋丧之天良未尽绝于梦寐，
天可恃也；即不可恃，而死生有命，何所用吾术哉？是以知
虞寄之可为君子矣。

【注释】

①虞寄(510—579)：字次安，会稽余姚（今浙江余姚）人。南朝大臣。侯景之乱时，随兄入台城。城陷后，试图隐居乡里，却被强劫于陈宝应所据的闽中。陈宝应与留异打算联合反陈，他屡加谏阻而不果。为避祸，他身穿居士服，居东山寺不出，即便陈宝应放火烧寺也不为所动。陈文帝消灭陈宝应后，以其为衡阳王傮佐，后官至戎昭将军，太中大夫。传见《陈书·虞寄列传》《南史·虞寄列传》。闽海：指福建和浙江南部沿海地带。

②陈宝应(？—564)：晋安侯官（今福建福州）人。侯景之乱时，其父陈羽乘乱据有晋安。陈羽死后，陈宝应继为晋安太守。南陈建立后，被任命为闽州刺史，领会稽太守。他娶缙州刺史留异之女，并与留异相互勾结，遣兵帮助留异叛乱，又以兵粮资助与留异共谋叛乱的江州刺史周迪。结果留异、周迪皆败，他自己也被陈将章昭达击败，后被杀。传见《陈书·陈宝应列传》《南史·陈宝应列传》。

③熯(hàn)：燥热，烘烤。

④闷默：忧郁不语。

⑤庄周所谓缘督之经：参见卷十六"郁林王二"条注。

【译文】

虞寄曾侨居于闽南沿海一带，陈宝应与周迪、留异结盟作乱。虞寄身着隐士的服饰，隐居于东山寺，即便深受陈宝应威胁也直言抗辩，拒不屈从。结果陈宝应火烧东山寺，以此相威胁，这也算是威逼甚重了。但虞寄越是处境危险，对陈宝应的责骂也越发厉害。像虞寄这样的人，难道就不对乱贼的屠刀存有戒备、警惕之心，而非要凭借自己的意气用事不可吗？他最终犹如山岳般巍然耸立、岿然不动，不为陈宝应的威逼所动摇，并非是妄自轻生、轻视暴虐的乱贼而姑且以身试险，只是要求自己端然持正、坚守不屈而已。假使他不这样做，就要违背自己的内心,在表面上不顾是非地妄随陈宝应;或者私下对陈宝应多有微词,而当面时却忌讳回避;或者急着想要引身而退,于是想方设法躲避他;又或是言行放纵、诋毁法度,乃至佯装狂暴抑或沉默不语而暂且顺从于他;这些都是庄周所谓的缘督之法。然而,以上诸多伎俩早已被乱人揣测到了,最终也只会白白羞辱了自己,却没办法避免祸患。狂妄行为的兴起,实际上是懦夫行径的一种变体。君子只要自己端正持守即可,若是有可为之事,则何以不为呢? 有可说之话,又有何畏惧而不敢直言呢? 为乱之人尽管谋逆作恶,但他们丧失未尽的良心还会在睡梦之际徘徊,这也说明还有上天可以依恃。如若上天也不可依,那么人的生死则各有命数,又何必要去运用自己的权术呢? 由此便可知道,虞寄可以成为君子啊。

　　欧阳纥反于广州①,流寓人士,惶骇失措,而萧引恬然曰②:"管幼安、袁曜卿亦安坐耳③,直己以行义,何忧惧乎?"寄近宝应而危,引远纥而安,寄直己之道行,引直己之志定,其归一也。反是,则韦思祖以畏蔥为赫连勃勃所恶而死④,赵崇以轻薄为朱温所怒而死⑤,崇呼橐驼为山驴王以诮温⑥。刚柔无据而可,惟其处己者未正也。

【注释】

①欧阳纥(537—569):字奉圣,长沙临湘(今湖南长沙)人。少有韬略,常随父征战。天嘉年间,任黄门侍郎、员外散骑常侍。后官至广州刺史,在州十余年,威著百越。陈宣帝对其颇为疑惧,征诏其为左卫将军。他不受命而叛乱,举兵攻衡州。后为章昭达所败,终被杀。传见《陈书·欧阳纥列传》《南史·欧阳纥列传》。

②萧引:字叔休,南兰陵(今江苏武进)人。南朝大臣。博学善文,曾为梁西昌侯府主簿。侯景之乱时,逃到岭南,依附衡州刺史欧阳頠。后欧阳纥谋反,当时京都籍的士人都惶恐害怕,而萧引安然如故。欧阳纥兵败后北归,后为宦官所构陷,免官归宅。传见《陈书·萧引列传》《南史·萧引列传》。

③管幼安:指管宁。袁曜卿:即袁涣。陈郡扶乐(今河南太康)人。东汉末年官员。早年曾任郡功曹,后被公府征辟,相继被举为高第、秀才。汉末战乱时,袁涣流寓江淮一带,初为袁术所用,后被吕布拘捕,但他拒绝顺从吕布的胁迫。建安三年(198),曹操率兵剿灭了吕布,袁涣归顺曹操,被拜为沛南部都尉,后又任谏议大夫、郎中令等职,在任上尽心尽责,以敢谏直言称名。传见《三国志·魏书·袁涣传》。

④韦思祖:应为"韦祖思"。

⑤赵崇以轻薄为朱温所怒而死:指唐昭宗时,宰相崔胤欲引朱温进军关中,昭宗欲拜中书舍人韩偓为相,加以牵制。韩偓推荐自己恩师赵崇及王赞为相,结果二人因崔胤反对,不久即被罢相。后朱温欲取代李唐政权,排斥昭宗身边朝臣,将裴枢、赵崇等人外贬,并将其杀害于贬官路上。事见《新唐书·韩偓列传》。

⑥崇呼橐驼为山驴王以诮温:指朱温曾说赵崇轻薄圆滑,理由是其在鄂州的宴席上假装不认识骆驼,而称呼之为"山驴王"。事见《谐噱录》。

【译文】

欧阳纥在广州起兵造反,侨居广州的京都籍的士人都惊慌失措,萧引却怡然自得地说:"管宁、袁涣都曾面对胁迫而安然端坐,只要自己端正持守、奉行道义,又何惧之有呢?"虞寄因为靠近陈宝应而身处险地,萧引因为远离欧阳纥而得以安全。虞寄坚持自己所遵循的道义,萧引端正持守而志向坚定,其实他们两人的态度都是一样的。与此截然相反的,则有韦祖思因过分谦卑胆怯,受到赫连勃勃的憎恶而被杀。还有赵崇因其过分张狂轻薄,佯装不识骆驼而称之为山驴王来戏弄朱温,为朱温所愤恨而被诛。他们处事的态度在刚柔之间虽过分偏倚,但这尚且可以原谅,只是他们不能端正持守,则不可原谅。

五 于谨助宇文护弑君而为其三老

儒为君子者也①,君子不可欺者也。儒而受欺于人,则不惟无补于世教,而其自立也,亦与欺为徒。因以欺人而自欺也。甚矣！养老之典,儒者重言之,不审于何以养也;则宇文邕胡孙而优俳②,遂谓其可登箫韶之缀兆也③！

【注释】

①儒为君子者也:语本《论语·雍也》:"子谓子夏曰:'汝为君子儒,毋为小人儒。'"意思是儒生应该做君子之儒而非小人之儒。

②宇文邕(543—578):字祢罗突,代郡武川(今内蒙古武川)人。北周武帝,宇文泰第四子。初为宇文护所拥立,登上帝位后,设计杀宇文护,独掌朝政。其在位期间厉行改革,修富民之政,务强兵之术,禁佛、道二教。后亲率大军攻灭北齐,重新统一北方。本欲乘势平突厥、定江南,统一全国,却突然病死,未能成功。死后谥武皇帝,庙号高祖。传见《周书·武帝纪》《北史·周本纪》。胡孙:猴的别名。优俳:表演杂戏的艺人。

③箫韶:舜所制的乐曲。亦泛指美妙的乐曲。缀兆:古时乐舞中舞者的行列位置。

【译文】

儒生是应当成为君子的,而君子是不能够被欺骗的。如若儒生受人欺骗,则不仅无益于礼仪教化,而当他自立后,也会逐渐地变成欺骗者的同党,欺骗别人的同时也欺骗自己。这真是过分啊!儒生们重视奉养老人的典制,很注重谈论这方面的问题,可他们却不能弄明白应该怎样去养老。宇文邕身为夷狄之人,却沐猴而冠、伪作虚礼,犹如杂耍艺人扮相演出,于是人们就认为他可登台演奏先王之时的乐舞,以继承先王礼教了,实际上不过是闹剧罢了。

汉儒饰文而迷其本,于是桓荣、李躬受割牲躬馈之荣施①。今且未知明帝之果可以养老,而荣、躬之果可为老更否邪②?虽然,当东汉之初,天下可无捐瘠离散之苦③,而荣与躬非从弑父与君之臣,犹可尸此而无大惭也。宇文氏日糜烂其民以与高齐、陈氏争,丁壮捐尸于中野,农人没命于挽运④,父老孤茕无告者不知几千万⑤,而于谨以机诈倾危之士⑥,左袒宇文护以弑其君,乃觍然东面登降,坐食于太学,掇拾陈言,如乐人之致语,遂施施然曰:此文王敦孝尊贤之道也。儒者荣之,称说于来今,为君子儒者其然乎?文王之养老,孟子言之备矣⑦,非饰衣冠、陈尊俎、赞拜兴于伯夷⑧、太公之前也。且其为伯夷、太公而后为国老,桓荣、李躬何足以称,而况于谨者,固伯夷所与言而视如涂炭者乎?

【注释】

①桓荣、李躬受割牲躬馈之荣施:指东汉明帝刘庄即位之初,临幸辟雍,行古代养老之礼,以贤臣李躬为三老,以其师傅桓荣为五更,亲自割牲肉并进奉给他们,以示尊老。事见《后汉书·显宗孝明帝纪》。躬馈,指天子亲自进奉食物。

②老更:即三老、五更。

③捐瘠:指因饥饿而死。

④挽运:指转运粮草。

⑤孤茕:无依无靠。

⑥于谨(493—568):字思敬,小名巨弥,河南洛阳(今河南洛阳)人,鲜卑族。北朝大臣。北魏末年,先后跟从大行台仆射元纂、太宰元天穆等镇压破六韩拔陵、鲜于修礼及葛荣、邢杲等叛军。后追随宇文泰,因累建军功而进位柱国大将军,赞同宇文护废杀西魏恭帝。保定三年(563)四月,周武帝任命于谨为三老,赐给他延年杖,并前往太学为他举行奉食典礼,武帝跪着摆设酱碟,亲自卷袖露臂切肉。于谨进食完后,周武帝又跪着递送漱口的酒。撤掉筵席后,周武帝面向北面站立着向于谨请教治国之道。传见《周书·于谨列传》《北史·于谨列传》。

⑦文王之养老,孟子言之备矣:指孟子说:"伯夷躲避纣王,隐居在北海之滨。姜太公躲避纣王,隐居在东海之滨。他们都说西伯(文王)善于奉养老人。天下有善于奉养老人的人,仁人便把他当作自己要投奔的人了。五亩的住宅地,墙下栽上桑树,妇女用它养蚕,老人就完全能穿上丝棉衣了。养五只母鸡、两只母猪,不错过它们的繁殖时期,老人就完全不会缺肉吃了。一百亩的耕地,由男子耕种,八口之家就完全不会饥饿了。所谓西伯善于奉养老人,就在于他规定了百姓的田亩宅地,教育他们栽桑养畜,引导他的妻子儿女奉养老人。五十岁的人,不穿丝棉就不暖,七十岁的人,没有肉吃就不饱。不暖不饱,就叫挨冻受饿。文王的百姓中没有挨冻受饿的人,说的就是这种情况。"参见《孟子·尽心上》。

⑧赞:主持礼仪。拜兴:跪拜和起立。

【译文】

汉代儒士注重缘饰礼节仪式,却迷失了根本,于是桓荣、李躬能够受到皇帝亲自割去牲肉进奉给他们食用这样的荣耀。时至今日,也不知道汉明帝是否真的善养老者,而桓荣、李躬真配得上三老、五更之称吗?尽管如此,在东汉之初时,天下人并没有遭受饥饿而死、亲人离散的苦难,而桓荣、李躬也不是参与弑君杀父的大臣,他们尚且可以在此占据三老、五更的荣耀位置而无所愧疚。北周的宇文氏每日残害自己的民众,驱使他们为自己打仗,从而与北齐、南陈争夺天下。于是年轻力壮的男子被抛尸于荒野中,农夫丧命于转运粮草的路途上,父老孤幼而无处诉冤之人成千上万。然而,于谨却以其诡诈奸邪,来偏袒宇文护以弑杀其君主。此后又厚颜无耻地在太学之中接受周武帝奉食,捡拾前人的陈词旧说,作为治国之道说给武帝听,犹如宫廷乐人开场时所言的陈旧颂词一般,并且还洋洋自得地说:"这是周文王劝孝尊贤的方式。"儒生都以此为荣耀,直至今日还在称道此事。然而对于作为君子的儒生来说,果真如此吗?关于周文王养老的情况,孟子论述的已然很完备了。并非是采用在伯夷、太公跟前修饰衣冠、陈奉酒肉供品、施行跪拜礼仪的这种方式,而且伯夷、太公正是因为他们的德行才足以称之为"老"的,那么相比之下,桓荣、李躬又何足以被称为"老"呢?更何况是于谨这样的人,伯夷若是与他交谈,本来就必定会将他视为污浊不堪的秽物吧!

　　先王之政,纪于《尚书》,歌于《雅》《颂》,论定于孔、孟,王者之所宜取法,儒者之所宜讲习,无得而或欺,亦无得而自欺者也。语虽略,而推之也,建天地、考三王、质鬼神、俟后圣①,无不在矣。汉儒之说,欲以崇道,而但侈其荣利,宾宾然②,夫我则不暇也③。

【注释】

　　①建天地、考三王、质鬼神、俟后圣:语出《礼记·中庸》"考诸三王

而不缪,建诸天地而不悖。质诸鬼神而无疑,百世以俟圣人而不惑。"意思是以夏、商、周三代君王的礼仪制度来考证而没有谬误,立于天地之间而没有悖理的地方,卜于鬼神而没有可怀疑的地方,等到百世以后的圣人出现也不会感到迷惑。

②宾宾:恭敬勤勉的样子。

③夫我则不暇:语本《论语·宪问》:"子贡方人。子曰:'赐也贤乎哉?夫我则不暇。'"意思是我没有闲暇。这里指顾不上做别的事。

【译文】

先王的善政,被记载于《尚书》之中,也作为《诗经》中的《雅》和《颂》被歌颂,被孔子和孟子论证、确定,这是后世君王所应取法、儒生们所应讲授传习的内容,这中间不容许一点欺骗他人的因素,也不能自欺欺人。记载先王善政的言辞虽然简略,但若仔细推敲,有关立于天地之间、考察三王礼仪制度、问卜于鬼神、等待后世圣人的内容,实则无不包含。汉代儒生的学说,虽然是想要崇尚道义,但由于他们夸大功名利禄,使得人们纷纷追求功名利禄,而无暇顾及真正的道义。

临海王

【题解】

临海王即陈废帝陈伯宗(554—570),字奉业,小字药王,是陈文帝陈蒨的嫡长子,母为安德皇后沈妙容,于永定三年(559)被册立为皇太子。天康元年(566),陈文帝驾崩,陈伯宗正式即位,次年改元光大。因陈伯宗年幼,其叔安成王陈顼和仆射到仲举、舍人刘师知等人受遗诏辅政。实际上朝政大权皆归安成王陈顼掌控。光大二年(568),陈顼假借宣太后之命废黜陈伯宗,将其贬为临海王。太建二年(570),陈伯宗去世。

王夫之在本篇中主要讨论了君主对于人才培养的重要性。王夫之认为,南陈人才极度匮乏。侯安都、周文育、程灵洗等人战败逃还,却心无愧疚,并继续被重用。安成王陈顼专政之时,同为奉诏辅政的刘师知、到仲举密谋削弱陈顼,却只是假借弱势皇帝的口诏令陈顼回至藩地,此等举措犹如儿戏,说明他们并不具备大臣的才能与谋略。究其根源,还是君主对于人才培养的缺失。他认为陈高祖一介武夫,并不重视文教的作用,不亲近文吏,以致养成不重视人才培养的风气。所以,南陈士人相习此风,安于苟且。王夫之总结认为,人才是否得以培养的关键,就在于人主的教化意识和当时的世风。

一　殷不佞矫敕出安成王顼

观于陈氏之代，抑不知当世之无才何以至此极也！侯安都、周文育、程灵洗战而获①，获而囚，囚而系以长锁，鼠窃而逃，仍为大将而不惭，其武人可知矣。刘师知、到仲举奉诏辅政②，忌安成王之逼上③，乃使殷不佞孤衔口敕入相府④，麾王使退，内不令太后幼主知，外不与群臣谋，而不虑其拒命，五尺之童所不为者，身为托孤大臣，谋君国之安危而漫同儿戏，其为执政者，又可知矣。夫当世岂遂无才，而至此极者，何也？

【注释】

①侯安都（520—563）：字成师，始兴曲江（今广东韶关）人。南朝陈将领。初为郡中豪强，侯景之乱时，招集兵甲三千人，跟从陈霸先入援京师。后徐嗣徽等引北齐兵入据石头城，他坚守台城，立有战功。南陈建立之初，西讨梁湘州刺史王琳，被擒后逃还。后随陈蒨还朝，拥立陈蒨为帝。最终因其功高骄横，为陈蒨所不满，被杀。传见《陈书·侯安都列传》《南史·侯安都列传》。周文育（509—559）：字景德，义兴阳羡（今江苏宜兴）人。南朝陈将领。曾跟从南江督护卢安兴征战，封南海县令。后率军攻打广州，兵败后归顺陈霸先。征讨王琳时，兵败被擒，后逃回城。永定三年（559），随安南将军周迪讨打余公飏，周迪兵败后，助战将领熊昙朗产生异心，周文育为其所害。传见《陈书·周文育列传》《南史·周文育列传》。程灵洗（514—568）：字玄涤，新安海宁（今安徽休宁）人。南朝陈将领。年少时以勇猛闻名，于侯景之乱时起兵保卫家乡，被授为谯州刺史，入司徒王僧辩麾下。王

僧辩被陈霸先袭杀后,他力竭方降,被陈霸先委以重任,助防京口。征讨王琳,军败被俘,后逃归。天嘉五年(564),击破叛将周迪。光大元年(567),征讨起兵的湘州刺史华皎,招降北周长胡公元定,并进军沔州,生擒北周沔州刺史裴宽。累官至安西将军、郢州刺史,封重安县公。其治军号令严明,能与士卒同甘苦,颇为军士所信服。传见《陈书·程灵洗列传》《南史·程灵洗列传》。

②刘师知(?—567):沛国相县(今安徽六安)人,南朝陈大臣。博涉书史,熟详仪礼典故。陈武帝时,为中书舍人,礼仪制度多出其手。陈文帝临终前,以其为顾命大臣。光大元年(567),他与到仲举等谋夺安成王陈顼大权,事发后被下狱而死。传见《陈书·刘师知列传》《南史·刘师知列传》。到仲举(517—567):字德言,彭城武原(今江苏邳州)人。南朝陈大臣。初为陈文帝幕僚。文帝即位后,为侍中,掌选事,后官至尚书右仆射。因文帝久病,尚书省事皆由其所裁决。文帝临终前,以其为顾命大臣。后因与刘师知等谋夺安成王大权,事发后被贬。后因与韩子高勾结,遭到举报,被陈宣帝赐死。传见《陈书·到仲举列传》《南史·到仲举列传》。

③安成王:即陈宣帝陈顼。

④殷不佞(518—573):字季卿,陈郡长平(今河南西华)人。南朝大臣。陈文帝时为东宫通事舍人。因废帝即位后,安成王陈顼总揽大政,他与仆射到仲举等共谋矫诏,以令陈顼归政,并自往相府,当面宣敕,命令陈顼回府第。事情败露后,陈顼以其忠直免其罪。传见《陈书·殷不佞列传》《南史·殷不佞列传》。

【译文】

纵观陈朝之世,真不知其缺乏可用的人才,为何竟会达到如此严重的程度!侯安都、周文育、程灵洗在战争中被俘虏,被俘后成为了囚徒,成为囚徒后被长锁系于狱中,最终他们像老鼠一样偷偷摸摸地逃回南陈。他们逃回陈朝之后仍担任大将之职,毫无羞愧之感,则南陈将领军士的普遍情况也就由此可知了。刘师知、到仲举奉诏辅佐朝政,因忌恨安成王陈顼威逼君主,就让殷不佞一个人带着君主的口敕进入相府,传达君王要安成王引退的旨意。然而他们对内不让太后和幼主知道此事,对外又不同群臣进行商议,同时也不考虑陈顼是否会听命。即使是五尺高的小孩也不会如此轻率行事,而身为担负国家重任的辅政之臣,却把关系到君主与国家安危的重要计划,当作儿戏一般轻慢对待。由此也就能对南陈执政大臣的情况有所了解了。南陈之世,难道真的没有可用之才吗? 国家何以缺乏人才到了如此严重的地步呢?

　　人主者,以臭味养贤①,以精神感众者也。道以导之,德以得之。道德者,即其臭味;导之得之者,其精神也。陈高祖一偏裨之才耳,任之为大将而固不胜者也,而使为天子,其仅足以致拳勇无廉之武夫,文墨不害之文史②,非是臭味莫相亲,精神不相摄矣。遍求其时而无其人,仅一虞寄,而出为藩王之记室③。天下之士,相帅以趋于偷,天生之,人主不成之,当世不尚之,何怪其不碌碌哉? 故江东王气之将尽也,为之主者气先疲也。所知、所志、所好、所恶,不出于颖④,则人胥奔走于颖中,夕阳之照,晨星之光,趋于尽而已矣。

【注释】

①臭味:气味,喻指志趣。

②不害:不能为害,指文笔不精。

③记室:掌管章表、书记、文檄的属官。

④不出于颖(jiǒng):语出《诗经·小雅·无将大车》:“无思百忧,不

出于颎。"《毛诗正义》曰："颎，光也。"郑玄笺曰："思众小事以为
忧，使人蔽暗，不得出于光明之道。"颎，同"炯"，光，明亮。

【译文】

身为君主，应以其志趣培养贤才，以其道德风采感染民众。用道加
以引导，以德进行培养。道与德合一，就是应有的志趣；引导、培养的成
果，便是精神。陈高祖不过是小将之才，让其担任大将本来就不能取得
战争的胜利。而让他作为天子，也仅仅能够招来有勇无德的武夫，以及
文墨不精的文吏，除了这些人，其他人在志趣上不与其亲近，精神上也
不被其吸引。他当时遍求天下，却没有可用之才，仅有虞寄一人，却还
被外任为藩王的记室。天下的士人，都纷纷趋向于苟且偷生。上天造
就人才，而人主却不去培养，世风也不崇尚，怎能怪人们都碌碌无为呢？
所以，江东之地的帝王之气即将耗尽，作为君主之人的气势首先就陷于
疲惫衰退。当时南陈君臣的知识、志向、好恶都不过被遮蔽在阴暗之中
无法见到光明，而人们却还都自以为奔走于光明之中。这就犹如夕阳
的光辉、晨星的光亮，不过是光亮耗尽前的最后挣扎罢了。

宣　帝

【题解】

　　陈宣帝陈顼（528—582）字绍世，小字师利，是陈武帝陈霸先之侄，陈文帝陈蒨之弟。永定元年（557）袭封始兴郡王，陈蒨继位后改封安成王。天康元年（566），其兄陈文帝去世，受命为辅政大臣。废帝时，进位太傅，领司徒，总揽朝政。光大二年（568），陈顼假借宣太后之命废黜陈伯宗，自立为帝，改元太建。宣帝即位后，对内勤于政事，兴修水利，开垦荒地，劝农耕桑；对外曾一度从北齐夺回淮南旧地，但后来与北周争徐、兖二州，败于吕梁，又尽失淮南之地。太建十四年（582），陈宣帝驾崩。

　　宣帝于太建五年（573）派大将吴明彻乘北齐大乱之机北伐，一度攻占了淮、泗之地，最终却于太建九年（577）被北周夺走，使得南陈国土日蹙，一蹶不振。王夫之认为，南陈最终败于北周，既有战术上的失策，也有战略上的失败。首先，面对强敌不可以轻易派遣军队应战，一旦溃败则情势转换，难逃必亡之势。吴明彻在彭城溃败，南陈便形势危急了。其次，北齐作为北周南侵的战略缓冲，与南陈互为犄角，具有极为重要的战略价值。一旦北齐覆灭，南陈就会直面北周的军事压力。所以，南陈不仅不救援北齐，反而乘其内乱派兵北伐，犯了战略性错误。王夫之指出，当时的南陈应该借鉴东晋孙绰、王羲之反对北伐的建议，采取“固本图安"的策略,稳固自身统治。

　　陈宣帝时代,北朝的北周与北齐相互攻杀,以致最终北周灭亡北齐,统一北方。王夫之在本篇中对于北周和北齐的争斗多有评论。在他看来,北周与北齐的争斗最初以利相争,此后互相凭借怨愤之气相互攻杀,双方不顾生民死活,缺乏仁义之心,深困其间,实为"小人之争"。此外,两方相争之时,都争相厚赂突厥,以免为对方所用,使突厥渔翁得利。王夫之认为,这会激起域外夷狄的觊觎中原之心,也是开"输岁币于夷"的恶习。此外,王夫之对于周武帝宇文邕之政也有所点评。他并不认同史书中对于宇文邕善政的褒奖,认为宇文邕若真的施行善政,自当留有余德,怎会在他死后不到三年便被杨坚篡位呢?他直斥宇文邕之政不过是效法"先王之糟粕",学习形制而不通其理。泥古不化,正是王夫之在本书中所一贯批评和反对的行为。

　　自太建十三年以前①,论高齐、宇文周事皆附陈下;自太建十三年隋文帝纪号开皇,凡论隋事皆附隋下,唯论陈事则列卷中;陈、隋皆中国之君,南北分疆,义无偏胜也。

【注释】

①太建十三年:公元581年。太建是南朝陈宣帝陈顼的第一个年号,使用时间为569—582年。

【译文】

　　陈宣帝太建十三年以前,所论及的北齐、北周之事皆附于南陈之下;自太建十三年至隋文帝运用开皇年号为止,凡论及隋朝杨氏之事皆附于隋朝之下;只有论及南陈之事时,则列于卷中。南陈的陈氏和隋朝的杨氏皆是华夏的君主,虽然立国之初南北分疆,但就名义而言并无哪一方显得更为正当。

一　周齐争宜阳韦孝宽请防汾晋

小人之争也，至于利而止矣；而更有甚焉者，始见为利而争之，非必利也，争之以不相下，气竞而不能止。有国家者，毒众连兵、暴骨如莽而不止；匹夫匹妇，讦讼操戈，两败交伤而不止；乃不知因此而害不弭，舍此而固有利也。明于计者，方争之顷，一念旁及而早知改图矣。

【译文】

小人间的争斗，所争夺的无非是利益罢了。更有甚者，刚见到得到利益的可能性便开始争夺，即使并非真的能获取利益，他们之间也会争得不相上下，这完全是因为其争强好胜之气发作而不能停止。参与争斗者若是国家统治者，则他们会祸害百姓、接连兴兵，到了尸横遍野的地步也不会停止；若参与争斗者是匹夫匹妇，则他们会互相攻讦诉讼，以致操戈相向，最终两败俱伤而仍不止息。然而他们却不知道，如果一直这样下去，祸害便无法平息。若是舍弃相互间的争斗，则固然有好处。懂得权衡计量的人，在相争之初的顷刻之间，便会有所顾忌，从而知道应及早收手、另作他计。

晋悼公与楚争郑，用兵十年，连十二国之诸侯，三分四军以疲于道路，仅服一郑①，而中国之力已惫。当其时，若舍郑而无可以制楚者，乃服郑而晋遂不竞，楚亦恶能制哉？幸楚之不觉而亦相竞于郑耳。使其舍郑而他图，三川危、天下裂矣②。夫晋与楚，非择利而趋也，气不相下，捐躯命以求赢，匹夫匹妇之情也。

【注释】

①"晋悼公与楚争郑"五句：晋悼公即位后，为恢复霸业，与楚国围绕郑国展开了长期的军事争夺。周简王十四年（前572）春，晋悼公率诸侯之师收复彭城，同年五月，晋再率诸侯之师进攻郑、楚、陈三国，拉开了争郑之战的序幕。其后，晋悼公与齐、鲁、卫、郑、宋、陈、邾等诸侯频频会盟，指挥联军屡次攻打在楚国支持下叛服无常的郑国，最多的一次纠集了十二诸侯的力量。为扩大成果，晋悼公采纳大夫魏绛"和戎"的建议，坚持晋景公时"联吴制楚"的战略，并依照卿士荀罃的建议，将晋上、中、下、新四军分作上、下、新三军，每军均配合一定的诸侯军队，轮番南下作战，以速进速退战略疲劳楚军。最终，周灵王十年（前562）九月，晋悼公亲率诸侯联军攻郑，楚国无力救援。郑国从此诚心归服晋国，此后二十余年间不再叛晋。事见《史记·晋世家》《左传》。

②三川：指以洛阳为中心的黄河、伊、洛水流域地区。

【译文】

晋悼公时，与楚国争夺郑国，前后用兵长达十年之久，并联合了宋、卫、曹等十二国诸侯的力量，将晋上、中、下、新四军分作上、下、新三军，轮番进军，疲于奔命，才仅仅使得区区一个郑国诚心归服，但整个华夏的力量已经疲惫不堪。在当时，看起来放弃对郑国的争夺便不能再钳制楚国了，可征服了郑国之后，晋国的力量也走向衰弱，则楚国又怎么能够真的被制服呢？所幸楚国没有觉察到这一点，而去参与了对郑国的争夺。假使楚国舍弃对郑国的争夺而别有他图，那么东周都城洛阳必定会陷入危险，天下便会分崩离析。晋国与楚国围绕郑国而展开的争斗，并非完全趋于各自的利益，而是出于争强好胜之气不愿居于下风，故而不惜以军士百姓的生命来争夺胜利，这与匹夫匹妇相争时的愚陋愤怒之情并没什么两样。

　　宇文氏与高齐相持于宜阳①，经年不解，韦孝宽以宜阳一城不足损益，彼若弃之来图汾北②，我必丧地，欲罢宜阳之兵以防汾、晋，力穷于所争之地，而流念以旁营③，孝宽可谓智矣。宇文护不能从④，斛律光果弃宜阳而筑十三城于汾北之西境⑤，拓地五百里，孝宽撤宜阳之兵以奔命，而大败于汾北，定阳失⑥，杨敷擒⑦，而其所争者亦败，惆惆忿戾之情，亦恶足以逞哉？孝宽之机甫动，斛律光之情已移，所争者俄顷之间耳，迷于一往者，固不觉也。

【注释】

①宜阳：地名，今河南宜阳。

②汾北：地名，今山西乡宁以北。

③流念：转念。旁营：另作他图。

④宇文护（515—572）：字萨保，代郡武川（今内蒙古武川）人。北朝大臣，宇文泰之侄。其跟随宇文泰征战四方，屡建战功，历任都督、征虏将军、骠骑大将军等职。恭帝元年（554），与柱国将军于谨破江陵。宇文泰死后，他拥立宇文觉为帝，建立北周。此后威权日盛，专擅朝权，数掌废立之事。都督中外诸军事，终为宇文邕所杀。传见《周书·宇文护列传》《北史·宇文护列传》。

⑤斛律光（515—572）：字明月，朔州（今内蒙古和林格尔北）人，敕勒族。北齐名将。为北齐镇守西境，屡立军功，多次击败北周军队，并在与北周将领韦孝宽的对战中大破敌军，于汾北筑十三城，拓地五百余里。官至太尉、左丞相，封清河郡公。斛律光位极贵盛，却节俭自守。后与尚书右仆射祖珽、高纬乳母之子穆提婆不和，而北周借此使反间计，使其最终被冤杀。传见《北齐书·斛律光列传》《北史·斛律光列传》。

⑥定阳:郡名。北魏延兴四年(474)置,治所即今山西吉县。

⑦杨敷(? —571):字文衍,弘农华阴(今陕西华阴)人。北朝大臣。少有大志,重信守诺。曾为廷尉少卿,断狱平允。天和六年(571),为汾州刺史,进爵为公。后北齐将领段孝先率军进攻,杨敷以少敌众,战至粮矢俱尽。最后因救援断绝,突围时被俘,卒于邺城。传见《周书·杨敷列传》《北史·杨敷列传》。

【译文】

北周与北齐的军队对峙于宜阳,北周军队对宜阳的围困经过一年也没有解除。当时韦孝宽认为宜阳一城之地无关乎全局利害,如果敌方放弃宜阳,转而进攻汾北,那么北周必定丧失国土。于是他要撤回围困宜阳的军队,用以防守汾、晋地。自己在所争之地已筋疲力尽,转念一想而能够另作他图,变为巩固后方薄弱之地。韦孝宽有此种见解,可谓是富有智谋之人。宇文护不能听从他的建议,结果北齐的斛律光果然放弃救援宜阳,率兵北进,在汾北之西修筑十三座城池,开拓土地达五百里之多。这时韦孝宽不得不撤回围困宜阳的兵力,奉命北上应战,结果大败于汾北,最终失掉了定阳,而北周将领杨敷也被俘虏。这样,北周连宜阳也没有争到手,宇文护等人心中怀着愤愤不平之情,非取宜阳不可,怎么能够得逞呢? 韦孝宽刚有放弃围困宜阳想法的时候,北齐斛律光的考虑也已然发生变化,两军相争,胜利往往取决于顷刻之间的判断与抉择,而执迷于一时意气之争的人,本就无法察觉胜机。

夫孝宽、光皆趋利之徒也,然于忿戾相乘之顷,返念以自谋成败,思以免无益之死伤,而不徒糜烂生灵于尺寸之土,则又岂徒工于计利哉? 利不可竞也,忿尤不可不戢也。固执必胜以快其忿,幸而败,不幸而亡;两俱迷,则徒为斯人之困以自困，将有旁起者坐而收之。匹夫之乘潮竞渡以身饱鱼腹而不惩，事有大于此者，为千古笑。不知不仁，君子之所深恶也。

【译文】

　　韦孝宽、斛律光二人都是趋利之人。然而他们在双方满持怒气、敌对抗衡之时，能够回过头来仔细思考自己的成败得失，想尽量避免毫无益处的伤亡，而不让百姓白白地在尺寸土地之上遭受残害，则又岂止是善于谋利呢？对于利益不可以去争夺，而怨愤之气尤其不可以不收敛。固执地坚持必胜的信念，从而肆意发泄自己的怨愤之气，幸运的话则只会招致失败，不幸的话则会招致灭亡。如果双方都被眼前的争斗所迷惑，那么不仅是让别人来围困自己，而自己也会处于自我围困的境地，如此则会有第三方势力兴起来坐收渔翁之利。逞一时之勇的匹夫，愿意趁着潮水争相强渡结果葬身鱼腹，其他人却不引以为戒，其实还有比这更愚蠢的举动，只会让人贻笑千古。缺乏智慧且不行仁义之人，着实是君子所深恶痛绝的。

二　韦孝宽谣言间斛律光

　　为五行之说者曰："荧惑之精，降为童谣①。"言虽非实，而固有指也。荧惑者，以荧荧之光、荧荧之智惑人者也。火之光，荧荧而已，炀之而兴，撤其膏薪而息矣。然当晦也，则暗行者依之以求明，故曰："月固不胜火②。"大明有耀③，不足以荧荧矣。故智者求明于日月，而不求明于火，恶其有炀之者也。童谣者，荧荧而惑人者也，是之谓荧惑之精，非必天之星降为童之谣也。善通其义者，可以垂鉴。

【注释】

①荧惑之精，降为童谣：语本《晋书·天文志》："凡五星盈缩失位，其精降于地为人。岁星降为贵臣；荧惑降为童儿，歌谣嬉戏。"意思是火星的精灵降落到地面上，化为童子，唱着歌谣嬉戏。荧惑，指火星。因其光荧荧似火，行踪捉摸不定而得名。

②月固不胜火：语出《庄子·杂篇·外物》："利害相摩，生火甚多，众人焚和，月固不胜火，于是乎有僓然而道尽。"意思是利害相摩擦，内心焦灼甚多，众人焚烧了心中的和气。心静不能战胜心火，于是精神败坏而丧失天性，不能享尽天年。月，比喻清纯的本性。火，比喻利欲之火。

③大明：指太阳、月亮。

【译文】

倡导阴阳五行之说的人说："荧惑的精灵会降落到地面上，化为童子，唱着歌谣嬉戏。"这种说法虽然不符合实际，但也固然有所指。所谓荧惑之星，本就是用它闪烁不定的光芒、变幻难测的智慧来迷惑他人的。火发出的光不过是微微闪烁而已，如果对它加以煽动，则火势变大，若是撤除它赖以燃烧的油脂薪柴，则火便会熄灭。然而到了昏暗之时，于昏暗不明中行走的人会借火光以求光明，所以说："月光不若火炙热明亮。"如果世道清明，如同日月高悬于天上放出夺目光芒，根本就不必借助微弱闪烁的一丝火光了。所以聪明的人，会向日月即纯洁的本性请求光明，而非求助于利欲的火光，他们厌恶那些试图煽动利欲之火的人。童谣本身也像荧荧微光一样迷惑人心，所以就称其为"荧惑之精"，并不必定指天上的星星降落至地上变成孩童而传唱歌谣。善于通晓其中大义的人，可以以此为鉴。

　　祖珽欲杀斛律光而无其隙①，韦孝宽密为童谣以间之，而光坐诛。夫天下之为童谣者，皆奸人之造也，岂果祸福之几，鬼神早泄其秘于童稚之口哉？鸜鹆之谣②，师己造之，为季氏解逐君之恶也。故童谣者，必有造之之人；即其果中于事理，若"河间姹女""千里草"之属③，亦时有志疾恶而蒠弱畏祸，师妇姑诅咒之智④，喋喋于烓瓮之间而已⑤。若灵帝之国必亡，董卓之身必戮，又岂待童谣而知邪？晋文公城濮之师，势不容于姑已者也，"原田每每"之诵⑥，恶知非楚人之反间哉？故曰："先民有言，询于刍荛⑦。"刍荛可询也，出其所不意而对以公也。民之讹言，不可听也，先为之成言，必其荧荧而惑人者也。祖珽之奸，高纬之愚，孝宽之诡，一童谣而光以死，高氏以亡，可畏也哉！

【注释】

①祖珽：字孝徵，范阳道县(今河北涞水)人。北齐大臣。起家秘书郎，受高欢器重。武成帝时，擢拜中书侍郎、秘书监，大受亲宠。北齐后主高纬即位，他受重任，专掌骑兵、外兵之事。因忌惮左丞相斛律光威望，便借韦孝宽所散布的谣言（"百升飞上天，明月照长安"，"高山不推自崩，槲树不扶自竖"）大做文章，诬陷斛律光意图谋反，以致后主诛杀斛律光全家。后受韩长鸾离间，出为北徐州刺史，卒于州。传见《北齐书·祖珽列传》《北史·祖珽列传》。

②"鸜鹆(qú yù)之谣"三句：指春秋时鲁昭公攻打季氏，结果反被驱逐出鲁国。鲁国大夫师己借助"鸜鹆来巢"的童谣（"鸜之鹆之，公出辱之。鸜鹆之羽，公在外野，往馈之马。鸜鹆跦跦，公在乾侯，征褰与襦。鸜鹆之巢，远哉遥遥，裯父丧劳，宋父以骄。鸜鹆鸜鹆，往歌来哭"）作为天降灾祸之兆，将鲁昭公被季氏所逐之事托于天意，从而为其开脱罪责。事见《左传·昭公二十五年》。

鸲鹆,鸟名,即八哥。

③河间姹女:指东汉恒帝时民间所传童谣:"城上乌,尾毕逋。公为
吏,子为徒。一徒死,百乘车。车班班,入河间。河间姹女工数
钱,以钱为室金为堂。石上慊慊舂黄粱。梁下有悬鼓,我欲击之
丞卿怒。"此童谣暗讽官府贪鄙,同时与日后东汉政局的走向若
合符节,被认为是准确的预言。千里草:指东汉献帝时民间所流
传的童谣:"千里草,何青青。十日卜,不得生。"千里草为"董",
十日卜为"卓",借此来讽刺董卓覆亡。事见《后汉书·五行志》。

④妇姑:婆媳。

⑤炷(wēi):古时一种可移动的火炉。

⑥"原田每每"之诵:指晋楚城濮之战时,晋文公听到有人唱"原田
每每,舍其旧而新是谋"之词,心中有所怀疑。因其流亡期间,曾
受楚成王礼遇,答应两军开战时退避三舍,而此歌谣意指立新功
而忘旧恩,故而引起晋文公怀疑。事见《左传·僖公二十八年》。

⑦先民有言,询于刍荛:语出《诗经·大雅·板》:"我言维服,勿以
为笑。先民有言,询于刍荛。"意思是我说的话切合实际,切莫将
其视为玩笑。古人曾经说过,请教草野之人大有裨益。

【译文】

　　祖埏想要杀掉斛律光,却苦于找不到可乘之机。当时北周韦孝宽
暗地里编造了一则暗喻斛律光造反的童谣,以此来进行离间,结果斛律
光因此被杀。天下间之所以有童谣传布,都是奸邪之人刻意编造出来
的,难道真的是鬼神把祸福将临的机密事先泄露到儿童的口中吗? 所
谓"鸲鹆来巢"的童谣,是师己自己捏造的,目的是要为季氏开脱驱逐君
主的罪责。所以说,凡是童谣,一定有刻意捏造之人。如果这些童谣果
真与事态的发展相符,比如汉恒帝时的"河间姹女"之谣、汉献帝时的
"千里草"之谣,也是当时的有志之士对时弊非常痛恨,但因胆小软弱、
畏惧突祸,便学着婆媳之间互相诅咒的小聪明,在锅台灶炕之间喋喋不

休而已。至于汉灵帝的统治必然覆灭、董卓必然被杀,这些难道还需要等待童谣来预见吗?晋文公派遣军队与楚国进行城濮之战,是迫于形势而不得不做之举,当时他听到"原田每每"的诵歌,如何知道这不是楚国人所刻意散布而欲图进行反间呢?所以说:"先民有言,询于刍荛。"草野之人之所以值得加以询问,是因为事情超出他们的料想,他们就会将实际情况告诉你。民间的谣言,是不可听信的。那些事先编造好的谣言,就如同荧荧微光一样必然会蛊惑人心。祖珽的奸邪、高纬的愚昧、韦孝宽的诡诈交织在一起,最终仅凭一则童谣便将斛律光置于死地,乃至北齐高氏也随之灭亡。可见,童谣着实令人恐惧啊!

上愈察,下愈谪,愬谮不行^①,而童谣兴,惑乃益不可解。王洽、李邦华以死审于小竖之口^②,可为痛哭者,岂徒高纬之愚乎?崇祯己巳^③,都城被围,兵部尚书王洽、戎政李邦华搜简军政^④。宦官忌之,为童谣曰:"杀了王洽,鞑子容易杀,杀了李邦华,走破鞑子靴。"播令上闻,洽被诛,邦华削夺,军政益紊,以底于亡。

【注释】

①愬谮:诬陷,诋毁。

②王洽(?—1630):字和仲,临邑(今山东临邑)人。明末大臣。万历三十二年(1604)进士,历任东光知县、右佥都御史、工部右侍郎等职。崇祯皇帝召见众臣,惊奇王洽仪表颀伟,相貌不凡,当即擢升其为兵部尚书,负责管理全国的军事和武备。崇祯二年(1629)十月,清军逼近北京,都城戒严。王洽急征四方兵入卫,仍不能拒,侍郎周延儒、检讨项煜趁机弹劾王洽,崇祯帝于是将王洽下狱。次年四月,王洽竟瘐死狱中。传见《明史·王洽列传》。李邦华(1574—1644):字孟暗,吉水(今江西吉水)人。明末大臣。万历年间进士,崇祯初年任兵部侍郎,协理戎政,后加

兵部尚书,崇祯二年(1629)十月,京城被围,李邦华简精卒三千守通州,二千援蓟州,自督诸军营城外,衣不解带,捐赀造炮车及诸火器,又以外城单薄,自请出守。但李守锜、张道泽等人却对其大加诋毁和弹劾,导致崇祯帝将李邦华罢官。崇祯十七年(1644),李自成攻入北京,李邦华自杀殉国。传见《明史·李邦华列传》。

③崇祯己巳:1629 年。

④戎政:即戎政尚书,明代职官名称。永乐初,由尚书或侍郎、右都御史为协理京营戎政,掌京营操练之事。嘉靖二十年(1541),始命尚书刘天和罢其部务,另给关防,名为戎政尚书,专理戎政,统辖五军、神枢和神机三大营。参见《明史·职官志》。搜简:检查,核查。

【译文】

上边越是明察,下边则越为欺诈。诬陷不成之时,童谣就会出现并大行其道,君主的迷惑就愈加难解。王洽、李邦华也是被宦官所编造的童谣诬陷致死的,值得为之痛哭的,难道仅仅只有高纬的愚昧吗? 明朝崇祯己巳年,都城被围,当时的兵部尚书王洽、戎政尚书李邦华核查整顿军政。宦官忌恨他们,就编造童谣说:"杀了王洽,满族之人便容易杀。杀了李邦华,会使敌人拼命溃逃,连靴子都被磨破。"皇上听到了这则童谣以后,就杀掉了王洽,削夺了李邦华的军权。如此,则军政更加混乱,最终导致明朝灭亡。

三　宇文岁给突厥缯絮锦彩十万毒延后世

中国输岁币于夷,自宇文氏始。突厥挟两端以与宇文、高氏市,宇文畏其为高氏用也,岁给缯絮锦彩十万以縻之,高氏亦畏其为宇文氏用而厚赂焉。夫宇文与高于突厥,何中外高卑之有哉? 弱役于强,屈者其常也,而突厥固曰:宇文、高氏,中国之君也,中国之奉我,常也。此骄夷狄之始祸也。宇文、高氏朘削中国以奉于其类,非其土,非其民,无不可也。而后世弩窳之君臣^①,且曰:宇文、高氏,中国之君也,不惜悉索之于民以奉突厥而国以安^②,吾亦奚不可邪? 此启惰君陋臣之祸始也。

【注释】

①弩窳(yǔ):愚钝懒惰。

②悉索:搜刮。

【译文】

中原王朝向夷狄贡输岁币,始于北周宇文氏。当时突厥要弄两面派手法,同时与北周和北齐做交易,北周担心突厥被北齐利用,就通过每年送给突厥十万布匹锦彩的方式,来维系与突厥之间的关系。而北齐也同样担心突厥被北周利用,于是每年也赠送给突厥丰厚的财物。北周宇文氏和北齐高氏对突厥来说,又有何内外高下之分呢? 弱者被强者所役使,屈居人下实为平常之事。而突厥固然会认为:宇文氏和高氏都是中原王朝的君主,中原王朝事奉我突厥,也就成了正常的事。这就助长了夷狄骄蛮之气并埋下了祸端。北周和北齐的统治者剥削中原王朝的人民,然后以此来供奉他们的夷狄同类,因为中原的土地不是他们的固有领土,华夏百姓不是他们的固有子民,所以对他们来说这也没什么不可以的。然而后世愚钝赢弱的君臣却会说:宇文氏和高氏作为中原王朝的君主,他们不惜搜刮人民的资财来供奉突厥,国家因此得以安定。那么,我们为什么不可以这样做呢? 这就开启了昏庸懒惰之君和鄙陋无能大臣为祸华夏的序幕。

地之力,民之劳,男耕女织之所有,殚力以营之,积日以成之,委输以将之,奉之异域,而民力尽、民怨深矣。无财无以养兵,无人无以守国,坐困而待其吞吸,日销月铄,而无如之何,自亡而已矣。而不但此也,方其未入中国之日,已习知中国之富而使朵颐久矣。中国既自亡,而挹之以入为主,其主臣上下皆固曰:此畇畇之原隰^①,信天地之沃壤也,肥甘之悦口,轻暖之适体,锦彩佳丽之炫目,繁声冶奏之娱耳,求焉而即得,取焉而即盈,昔之天子奉我而如不及,今为我之臣妾,而何求不克邪? 故淫虐婪取,川吸舟吞,而禹甸为荒郊,周黎为道殣^②,皆宇文氏之毒,延及千年而益烈。悠悠苍天,其如此皮骨空存之赤子何也! 所为推祸始而为之痛哭者也。

【注释】

①畇畇:田地整齐的样子。原隰(xí):原野。

②周黎:原指周朝之民,此指百姓。

【译文】

借助土地的生产力和民众的辛勤劳作,男女分工辛勤劳作所拥有的东西,是他们殚精竭力地经营、累积许久才能收获的成果,却被转运输送到朝廷府库中用以供奉,并将其拱手奉献给外域的夷狄,如此则耗尽民资民力,使得民众对此积怨日深。国内没有资财就不能养兵,没有人力便不能守卫国家,最终只有坐困愁城,等待别人的蚕食鲸吞。如此日削月侵,却也无可奈何,最后只能自取灭亡罢了。不仅如此,这还使得夷狄尚未侵入中原以前,就已习知中原王朝的富实,因而长期觊觎华夏的财富。中原王朝自取灭亡之后,只能拱手让夷狄之人入主中原。这时,夷狄君臣自上而下都会认为:这些平坦整齐的原野,实为天底下最为肥沃的土壤,肥美甘甜的食物鲜香可口,轻便保暖的衣物舒适得体,彩锦美女光彩夺目,多种乐器奏成美妙的音乐悦耳动人,如有需要则会立马得到,若是索取便会所获颇丰。过去中原王朝的天子供奉我时如有不及之处,此时的他们已然成为了我的臣下与姬妾,还有什么欲求不能得以满足呢? 所以他们荒淫暴虐,贪婪地掠夺搜刮财富,如同吮吸大河、吞噬舟船一般,而我华夏之地就变为夷狄放肆的荒野,平民百姓也变成饿死于道路的饥民。这都是北周宇文氏供奉夷狄的流毒所害,此后延续长达上千年且愈演愈烈。悠悠苍天在上,让这些空存皮骨的中原百姓何去何从呢! 所以,推究造成此种结局的祸源之后,着实令人痛心疾首,不禁痛哭啊!

四　陈助周灭齐适以自灭

度德量力相时以沮有为之气,君子弗取。而当积衰已久,立本未坚,求自保以徐图有为也,则度德量力相时之说伸矣。高纬不道,亡在旦夕,陈与接壤于淮右①,宣帝决策遣吴明彻帅师北伐②,庸讵非所宜为、非所可为者? 顾使陈深计而思其所竟③,纬虽必亡,吴明彻能以积弱之孤军捣邺、并而灭之④,如宋武之于姚泓否邪? 用兵三年而不能越吕梁一步,与高氏一彼一此,交敝于两淮⑤,徒为宇文氏掣高氏之肘而利其吞龁耳。

【注释】

①淮右:即淮西。概指今安徽中西部和湖北东北部等地区。

②吴明彻(512—578):字通昭,秦郡(今江苏六合)人。南朝陈名将。早年结交陈霸先于京口,随从周文育征讨杜龛、张彪。永定元年(557),陈霸先称帝后,拜安南将军,随从侯安都征讨王琳,平定华皎叛乱,大败周梁联军,夺取西梁三郡,拜开府仪同三司,加侍中。太建四年(572),陈宣帝计划讨伐北齐,众大臣对此意

见不一，吴明彻于朝中力排众议，坚决主张伐齐。其后统军十余万，连克秦郡、寿春，俘杀王琳，尽收淮南之地。后又大破齐军于吕梁，进位司空。北周灭北齐后，他奉诏讨伐北周以争徐、兖二州，最终为周将王轨所擒。北周宣帝对其礼遇有加，拜大将军，封怀德郡公。太建十年(578)，忧愤成疾，卒于长安。传见《陈书·吴明彻列传》《南史·吴明彻列传》。

③竟：完成，终了。

④邺、并：指今河北中南部和山西大部地区。

⑤两淮：淮东、淮西的合称，指今江苏、安徽两省长江与淮河之间的地方。

【译文】

测度自己的德行是否能够服人，衡量自己的能力是否能够胜任，观察时机是否合适，最终却阻碍、挫伤了自己有所作为的勇气，这是君子所不会做的事。然而在世道衰败日久，自己根基尚未牢固之时，便要保护自己，并缓缓加以筹谋以期有所作为。此时，测度德行、衡量能力、观察时机的说法就行得通了。北齐高纬不行仁道，使得国家危在旦夕。而南陈与北齐接壤于淮右之地，似乎有机可乘，陈宣帝于是决定派遣吴明彻带领军队北伐。这难道不是该做且可为之事吗？假使南陈对于北伐之事仔细考虑、详加谋划，思考北伐所要争取的最终结果，虽然高纬注定是要灭亡，但吴明彻真能率领积弱的孤军直捣邺城、并州，并最终消灭北齐，就像当年宋武帝消灭后秦的姚泓一样吗？陈朝用兵三年，却没能越过吕梁一步，同北齐你来我往地拉锯对抗，疲敝消耗于两淮之间。如此这般，只是徒然无功地为北周钳制着北齐，并为北周最终吞并北齐创造有利条件罢了。

　　宇文之决于灭纬也，韦孝宽固曰："齐自长淮之南①，悉为陈氏所取，与陈氏共为犄角，必当所向摧殄②。"则其用陈而陈为所用可知矣。巴蜀失，江陵陷，陈之大患在宇文而不在高氏。为高氏犄角而拒宇文，不可为而尚可为也。为宇文犄角而灭高氏，宇文无北顾之忧，而地益广，兵益众，气益张，昔者齐为陈蔽，而今则陈受周冲，去狐狸而邻豺虎，则他日者，既下巴、荆以乘上流③，临江介而捣建业④，旁无所挠而势无不便，是灭齐适以自灭，不待智者而知也。

【注释】

①长淮：淮河。

②摧殄：摧折消灭。

③巴：巴州，今重庆地区。荆：荆州，今湖北中西部。

④江介：指长江沿岸。

【译文】

宇文氏决策要消灭高纬之时，韦孝宽就曾明确指出："北齐在淮河以南的大片国土，都被南陈所攻占。我们若与南陈形成互为犄角之势，则必定能使敌军摧折消亡。"由此便能知道，北周是利用南陈之力来消灭北齐，而南陈也果真为其所用。在巴蜀之地丢失、江陵之地陷落后，南陈所面对的致命之敌，并非北齐，而是北周。如果南陈与北齐相互支持、互为犄角，从而齐心协力去对抗北周，尽管形势不允许，却也仍有可为之处。如果南陈成为北周消灭北齐的凭借，那么当北齐灭亡之后，北周就再也没有来自北部的后顾之忧了，而其所占有的土地则更为广阔，兵力更强盛，气势会更为嚣张。昔日有北齐为南陈牵制并遮挡北周的威胁，如今南陈就要直接面对来自北周的威胁，犹如远离了狡猾的狐狸却靠近吃人的豺狼虎豹。如此，则北周日后攻下长江上游的巴州、荆州之地，就此沿着长江顺流而下，最终直捣南陈都城建业，也便畅通无阻、势如破竹了。可见，南陈灭掉北齐，最终恰恰只会自取灭亡，即便是不聪明之人也能预见到这一点啊。

　　当斯时也,天下之势,在宇文而不在高氏明矣。陈所急者,在江、郢、庸、蜀而不在淮右明矣①。即无能奋兴以决图荆、襄,抑惟固境辑民、治兵积粟,听二虏之争,而我以暇豫图久远之计,悉三吴、湘、广之力,尚可为也。计不出此,乘人之危,收旷莽难守之地以自居功②,殆犹鼠也,潜出而掠人之余也。高氏为己之捍卫而急撤之,陈何恃以抗宇文哉?高氏亡而明彻败。金人告宋曰:"吾亡而蒙古之祸移于宋③。"其愚同,其祸同也。舍周无虑,贪得以逞,有可为而不可为,为其所不可为以自诧,祸已及,乃跼蹐而自缩④,晚矣。高氏不灭,陈氏不亡,叔宝虽不足以固存,尚可俟他姓之兴以延江左衣冠之统,刘子业、萧宝卷不灭,而叔宝灭乎?

【注释】

①江:江州,辖今湖北东部、江西、福建大部分地区。郢:郢州,今湖北武汉一带。庸:上庸,今湖北十堰一带。蜀:蜀地,今四川地区。

②旷莽:空旷而苍茫。指旷野。

③吾亡而蒙古之祸移于宋:指金哀宗天兴二年(1233),哀宗受蒙古军队侵逼逃亡蔡州,派使者前往南宋借粮食,并表达"我亡必及于宋"的唇亡齿寒之意,希望得到南宋的援助。结果南宋断然回绝,后派兵助蒙灭金,合围蔡州。事见《金史·哀宗本纪》。

④跼蹐:畏缩不安。

【译文】

当时天下的形势,很明显是对北周有利而非对北齐有利。南陈所应急速收复的地区，明显是在江州、郢州、上庸、蜀地这些战略要地，而非区区淮右之地。既然自己不能奋发图强以夺取荆州、襄阳之地，那就应该保境安民、练兵储粮。任凭北周与北齐肆意争夺，而自己乘此时机来做长远的打算，好好利用三吴、湘、广之地的人力和财力，则仍旧大有可为。若是不从这方面来考虑，而是乘人之危，将夺取空旷难守的土地作为自己的功劳，那么就会像老鼠一样，只是乘人不注意的时候，偷偷跑出并夺走别人留下的东西，毫无意义。北齐分明是南陈的战略屏障，南陈将其撤掉后，又将依赖谁来对抗北周呢？北齐灭亡后，曾经大败北齐的吴明彻最终也因兵败而被北周俘虏。后来的金人曾告诫宋人说："若是蒙古灭亡了金朝，那么紧接而来的亡国之祸就会降临到南宋的头上。"南宋人同样愚蠢，不相信这句话，也遭受了与南陈同样的亡国之祸。南陈不担忧北周的威胁，却认为得到北齐的领土才算是称心如意。它本来可以通过防备北周而有所作为但却终究没这么做，反而将本不该做的攻打北齐之事引以为豪。等到大祸临头之时，才畏首畏尾地想要退缩，其实为时已晚。北齐如果不灭亡，则南陈也不会灭亡。陈叔宝虽然不足以固守江山，但还可以等待其他族姓的崛起，即便是在江东之地改朝换代，也可以延续华夏的礼乐教化。更何况宋前废帝刘子业荒淫残暴，东昏侯萧宝卷暴虐嗜杀，他们都尚且没有亡国，难道陈叔宝就一定会亡国吗？

五 宇文邕行三年丧仍自听军国重务

谅暗不言，孔子曰："古之人皆然[①]。"古谓殷也。周公定礼，于此阙焉，意者其不然邪？故孔子但言古。夫周公推至孝以立极，岂三年之爱不逮古人哉？时有易而道有诎也。殷道立弟，国恒有长君，则冢宰虽非伊、傅，而不能擅命以乱天下；周道立子，而冲人践阼，冢宰持权，则苟非其人，固不可托也。即其人可托矣，而小子同未在位②，以周公之忠，二叔之流言且不可遏，非贪权罔恤之奸，未有不惩周公之难，而敢于自危以危天下者也。故殷道至周而易，道大易，则一端不得以独存，时诎之矣。

【注释】

①古之人皆然：语出《论语·宪问》："子张曰：'《书》云：高宗谅阴，三年不言。何谓也？'子曰：'何必高宗，古之人皆然。君薨，百官总己，以听于冢宰三年。'"意思是子张曾问孔子《尚书》中所说的武丁居丧期间，三年都不开口施政令是何意思。孔子认为并非只有武丁如此，古时的人们皆是如此。国君死去，所有官员都各司其职，新君守丧不施政，而百官听从冢宰的命令长达三年。

②小子同未在位：指周武王死后，因为成王年幼，由周公全权摄政，故而犹如称王不在其位。小子，即周成王。

【译文】

帝王居丧之时不施政令，孔子说："古时的人们都是这样做的。"这里的古时即指殷商之时。周公制定礼制时，没有谈及"谅暗不言"，或许说明周朝的制度并不这样要求？所以，这里孔子只说古人都这样做。周公推崇至孝以树立做人的准则，难道在守丧三年以追念父母的慈爱亲情方面还比不上古人吗？随着时间的变化，道义也要相应改变。殷代的继承制度是兄终弟及，册立自己的兄弟作为继承人，所以国家永远都有年长之人作为君主。官居冢宰之人即使不是像伊尹、傅说那般的贤士，也不能够擅权，从而祸乱天下；周代的继承制度是嫡长子继承制，册立嫡子为继承人，那么就有可能有年幼的君主即位，因此需要冢宰来主持朝政，给予辅佐。如果身居冢宰之位的人并不适当，就坚决不能托付给他冢宰要职。即使此人值得托付，但就像周成王年幼即位，国家如同没有君主，需要周公进行辅佐一样，即便周公忠心耿耿，也还有管叔和蔡叔借此肆意造谣。只要不是过分贪权而无所顾忌的奸邪之人,那么没有不鉴于周公所面临的艰险处境,而敢于将自己置于摄政地位以危害天下的。所以,殷商之道到周朝时有了变化。既然整个制度都发生了变化,则过去天子居丧三年不施政令的旧制度也就不能再单独存在,这实际上是随着时势变化而调整制度的结果。

　　若后世之天下,尤非三代之比也。三代有天下者,名而已矣,其实则亦一国也。王畿千里,政教号令所及,今之一大省会耳,诸侯固自为治也,则其事简。诸侯受制于天子,而无所诎于天子之大臣,天子之卿视侯①,视云者,仰而跻及之之谓也,则其任轻。诸侯入相,自有宗社,而不敢尝试,非诸侯而相,则夹辅之公侯可入正之②,而相臣不敢自恣,则其权分。郡县之天下,统四海于一人,总己则总天下矣,其事繁,其任重,其权壹。冢宰已总天下之职官,司农已总天下之田赋,司马已总天下之兵戎,司寇已总天下之刑罚,而又总而归之一人。此魏、晋以降,录尚书事辅政之所以篡夺相仍也③。州牧郡守待命而不能仰诘,四海无谁何者④,三年之内,以收人心而移宗社,后虽挽之,祸已发于肘腋矣。人子受先王之托,而委之他人,庸讵可以为孝,此后世之诎于时者,尤非仅如周而已也。

【注释】

①天子之卿视侯:语本《孟子·万章下》:"天子之卿受地视侯,大夫受地视伯,元士受地视子、男。"意思是天子朝中的卿所受的封地视同侯爵诸侯。

②夹辅:辅佐。

③录尚书事:初为职衔名,始于东汉。当时政令、政务总于尚书台,
　太傅、太尉、大将军等加此名义始得总知国事,综理政务,成为真
　宰相。魏晋南北朝时,多以公卿权重者居之,总领尚书省政务,
　位在三公之上。凡重号将军、刺史,皆由其授用,职权甚重。

④谁何:稽察诘问。

【译文】

　　至于后世的天下,更不能与夏、商、周三代之时相比。夏、商、周的
统治者统治天下,更多的是名义上的统治,直接管理区域其实也是一个
国家。那时的王畿方圆千里,政教号令能触及的地方,不过相当于今天
一个大省的首府而已。其他诸侯国都是各自为治,为政简便易行。各
地诸侯都受制于天子,但不会受制于天子的臣下。天子之卿的封地视
同侯爵,而这里所说的“视”,是指本需仰望而得以跻身于其间,可见卿
大夫的职权比诸侯轻。若诸侯入朝为宰相,仍自有宗庙社稷的牵绊、约
束,他们因此也不会尝试僭越秩序。若非身为诸侯之人担任宰相,则辅
佐天子的公与侯就可以来监督规范。宰相因此不敢肆意妄为,而他们
所拥有的权力也被分割。施行郡县制的天下,则是四海之内皆为天子
统管,权力总揽于一身,故而可以总管天下。所以,天子的事务繁多,责
任重大,且权力归一。天子之下有冢宰总管天下的职官,而冢宰之下有
司农总管天下的田赋,司马总管天下的军政,司寇总管天下的刑罚,他
们向上再由宰相一人统管,而职权实际掌握于宰相一人之手。这就是
自魏、晋以来,录尚书事之人辅政君主时连续不断地出现篡权之事的原
因。录尚书事之人操持大权而欲图篡权夺位之时,州牧郡守只能待命,
却不能向上诘问,四海之内没有谁能对其质疑诘问。如此则短短三年
的时间便可以收拢人心,使得江山易主。此后,国家即使被挽救,可祸
患已然发展到了极为幽深之处。新君继承了先王的江山社稷,却将权
力让给他人,这怎能称得上是尽孝呢? 这也是后世随着时间的推移而

调整制度的原因,不仅仅是周代有这种情况。

　　夫法有常而人无常。当周之季,皇甫、尹氏之流①,君亲政而犹为天下僇,讵可不言而唯其所为?容容自保者,且以误国而召疑叛,况其为窦宪、梁冀之跋扈者乎?又况其为司马懿、傅亮、徐羡之、杨坚也乎?乃先王既使之在大臣之位矣,欲别委而弗使之总己也不得,陶侃且怨②,不徒祖约也。茕茕在疚之孺子③,岂能求侧陋之忠贤,拔起而授之大任,其不畀宗社生民于奸邪也,鲜矣。故匹夫不能逮天子之养,天子不能尽庶民之哀,情无已而量有涯,虽圣人不能尽满人子之心,亦无如之何也。故孟子诏滕文公行三年之丧④,而未有命戒者五月尔,于此见《周礼》之既葬而亲政也。宇文邕之令曰:“衰麻之节⑤,苫庐之礼⑥,遵前典,申罔极;军国务重,须自听朝。”庶乎其情理之两得与!五服之内依礼,百僚既葬而除,亦称其情也。虽然,此唯天子而不得不诎尔,翟方进妄自尊以短丧⑦,李贤、张居正怙权而丧其心⑧,岂能托以为辞哉?

【注释】

①皇甫:又名“皇父”。周幽王时(一说厉王)卿士、宠臣。《诗经·小雅·十月之交》曾讽刺他擅权误国。尹氏:周幽王时期太师。《诗经·小雅·节南山》讽刺他执政不公,致使国政混乱。

②陶侃且怨:指晋明帝驾崩时,并未将陶侃列为辅政大臣,而陶侃对此“深以为恨”。事见《晋书·陶侃列传》。

③茕茕在疚:指孤独忧虑。

④孟子诏滕文公行三年之丧：指滕文公在其父滕定公死后，派人前往孟子处询问丧葬之礼，孟子仅仅强调了"三年之丧"的必要，但并未特别要求"谅暗不言"的时间。于是滕文公从滕定公薨到葬礼之间的五个月时间坚持"谅暗不言"之礼，未有戒命，而丧礼结束后方才亲政。人们都认为滕文公此举也可说是坚守了古时丧礼之制。事见《孟子·滕文公上》。

⑤衰麻：衰衣麻绖，皆为丧服。

⑥苫庐：古代居双亲之丧时所居之室。

⑦翟方进妄自尊以短丧：指西汉大臣翟方进尽心竭力供奉后母，而其后母死后，却仅服丧三十六日便除去孝服，以便入朝拜相。事见《汉书·翟方进传》。

⑧李贤、张居正怙权而丧其心：指明代内阁首辅李贤、张居正在任首辅时遭遇父丧，依照礼制应该回乡丁忧三年，但两人最终都被皇帝"夺情"留用，没有回乡守完三年之丧。事见《明史·李贤列传》《明史·张居正列传》。

【译文】

法制有常，而人心无常。西周末年，皇甫、尹氏之流，在君主亲政之后还敢擅权妄为、为祸天下，新君怎么可以不发一言而听任他们胡作非为呢？那些随众附和的大臣苟且偷安，尚且会贻误国事且招致疑虑、叛乱，何况是像窦宪、梁冀那样飞扬跋扈的权臣呢？更何况遇到的是司马懿、傅亮、徐羡之、杨坚这类阴险诡诈的野心家呢？有时先王已经让某些大臣身居要职，只因为想要另行委任他人辅政，使前述大臣无法独揽大权，如东晋明帝就曾这样做，结果不止祖约非常不满，连陶侃这样的贤臣都尚且心怀怨恨。势单力薄的年幼新君成日孤独忧虑，又如何能从职位低微者中寻找到忠臣贤才，加以提拔并授以重任呢？他们不将社稷和百姓交给奸邪之人的情况，就已然很罕见了。所以，普通的民众不能像天子那样奉养父母，而天子也不能像平民百姓那样对死去的双亲尽哀。其中的真情可以无限，然而却有着他们不能逾越的规范。即使是圣人也不能完全表达出人子对双亲的孝心，而这也是无可奈何的情况。因此，孟子令滕文公守三年的丧期，滕文公在父亲葬礼期间不发命令，达五个月之久。由此可见，《周礼》之中有先君葬礼完毕之后便可亲政的情况，而不需要顾命大臣摄政辅佐。宇文邕在诏令中说："对丧服的规定，居丧处所的礼仪，一律遵照以前的制度，以表明我对太后无穷的思念。但是国事军事很繁重，必须亲自上朝听政。"这也差不多是合情合理的两得之举啊！他还规定，在五服范围内的亲属去世，便依照规定的丧礼办事。对于百官而言，葬后即可除去丧服，这也与人情相一致。尽管如此，正因为是天子，所以才能够如此变通，大臣是不能这样做的。翟方进妄自尊大，私自缩短为后母服丧的时间；李贤和张居正专权而丧失本心，在父亲去世后未能行三年守丧之礼，他们作为臣子，怎么能以政事为重作为说辞呢？

六　宇文破齐邺城熊安生扫门待幸

　　贼圣人之道，以召异端之侮，而坚其邪辟者，小人儒也。异端则既与我异为端矣，不相淆也；然异端亦固有其端，非沉溺于流俗之利欲而忘其君父以殉其邪者也。若杨朱、墨翟、庄周、列御寇①，以及乎陆子静、王伯安②，苟自有其端，则卑污趋利、瞀不畏死、而尽捐其恻隐羞恶之行，固醉梦之余念所不屑及者也。君子小人之大辨，人禽之异，义、利而已矣。小人之趋利而无耻，君子恶之，异端亦从乎君子之后而恶之，不敢谓君子之恶非正也。唯小人而托于儒，因挟儒以利其小人，然后异端者乃挟以讥吾道之非，而曰为小人资者儒也。夫异端之始念，未至于无父无君，而君子穷其所归，斥为禽兽。乃小人冒儒者之迹，挟诗书礼乐为宠利之资，则顽鄙残忍，公然忘君父而不恤，以诧于天下曰：为道卫也。其可贱而可恶，又奚但异端之比哉？故曰："无为小人儒。"小人儒者，异端之所不屑为也。

【注释】

①列御寇：战国时思想家。亦称列子、圉寇、圄寇。郑国人。家道贫穷，但拒受郑相子阳馈赠。能见得思义，见利思害，时谓之能守节。其思想核心为"贵虚"，即无为，虚静，因而被道家尊为前辈。其思想见《列子》一书，共八篇，《汉书·艺文志》著录，已佚。今传《列子》，系伪书。

②陆子静：即陆九渊。王伯安（1472—1529）：即王守仁。初名云，字伯安，余姚（今浙江余姚）人。明代名臣、理学家。弘治十二年（1499）中进士，初任刑部主事，正德元年（1506）因触怒宦官刘瑾而被贬为贵州龙场驿丞。正德十一年（1516），受兵部尚书王琼推荐，出任南赣巡抚，荡平了为患多年的盗匪。后又率军平定朱宸濠之乱，封新建伯。晚年官至南京兵部尚书、都察院左都御史。在学术和思想方面，他以"心"为宗，提出"心即理"的命题，倡言"知行合一"说，提倡"致良知"，反对程朱理学的"格物致知"说。其思想集陆九渊以来心学之大成，世称其学为"王学"。传见《明史·王守仁列传》。

【译文】

变乱圣人所宣扬的道义，因而招致异端邪说的侮辱，却仍坚持其邪辟之说而不加以改正的，就是小人之儒。所谓异端，本就是与我等正统儒家相异而别为一端，两者之间不能混淆。然而，异端之说也固然有着作为一端之论的道理，并非沉溺于流俗的利欲之中而全然忘记君父纲常的存在、以君父作为其邪妄之说的殉葬品。只要是真正持一端之论的人，像杨朱、墨翟、庄周、列御寇之流，以及陆九渊和王守仁，则他们即使在酣睡醉梦之中,对于那些卑鄙污浊、一心趋利、愚蠢而不畏惧死亡、全然抛弃恻隐羞耻之心的人,也固然是非常不屑的。君子与小人的最大区别,人和禽兽的区别,无非就体现在义和利的取舍上。小人毫无羞耻之心而一心逐利,这是君子所厌恶的。异端之人也紧随君子之后,厌恶小人的此等行径,而不敢说君子所厌恶的态度不正确。只有小人将自己粉饰为儒生,挟持儒学来帮助自己实现奸邪用心时,异端之人才会以此来讥讽圣人之道的荒谬,并说儒学成了小人所依凭的资本。异端之说初生之时,并未发展到无视君父纲常的地步,而君子却极力攻讦这些人,使他们的主张无处归依,并将其贬斥为禽兽。可是用心险恶的小人却假借儒生之名,利用诗书礼乐之学来作为自己取宠获利的资本。他们顽劣卑鄙、狡猾残忍,公然抛弃君父纲常而毫不顾忌,并欺骗天下人道:"我们是儒学的卫道士。"他们的行径卑贱低下且极为可恶,难道能与异端之人相提并论吗?所以说:"不要做小人之儒。"就连异端之人也是不屑于做小人之儒的。

　　桓荣耀车服之荣以劝门人曰[①]:"稽古之力。"君子贱之,以其侈乎利而有禽心也。况如熊安生者[②],业以儒术,为高氏国子博士矣,于高氏固有君臣之义也;宇文灭齐,邺城方破,安生遽令埽门,语家人曰:"周帝重道尊儒,必将见我。"悲夫!其所事之君已走,其所从班行以奉祀之宗社且毁且屋,其同列之官僚且死且窜,其比闾连居之妇子且杀且俘,漠然无一念之悲闵,乞高氏之余不足,又顾而之宇文氏之墦间[③],以是为儒之道也。异端之徒,稍知自好者,鄙夷之如犬豕,况君子哉?不绝小人于儒,不正儒者之谊,以使小人不敢干,君子之责也。无他,义、利而已矣。议者苟求于吴康斋、陈公甫[④],而引姚枢、许衡于同类,不亦慎乎?

【注释】

①桓荣耀车服之荣以劝门人:建武二十八年(52),汉光武帝刘秀任命桓荣为少傅,赐给他辎车、乘马。桓荣大会诸生,陈列出车马、印绶说:"今日蒙陛下所赐,这是稽考古书的力量,可以不因此勉励吗?"事见《后汉书·桓荣列传》。

②熊安生(? —578):字植之,长乐阜城(今河北阜城东)人。北朝大臣。好学不倦,博通五经。北齐时为国子博士。北周灭北齐之时,他命家人打扫庭院,恭迎周武帝。武帝亲入其家,与其共论时政,后又拜其为露门学博士。传见《周书·熊安生列传》《北史·熊安生列传》。

③墦间:坟墓间。墦,坟墓。典出《孟子·离娄下》:"齐人有一妻一妾而处室者……卒之东郭墦闲,之祭者,乞其余。不足,又顾而之他,此其为餍足之道也。"后来以"墦间乞余"来讽刺那些追求富贵利禄的人,一面乞讨人家的残羹冷饭,一面还洋洋得意,虚伪骄傲,瞧不起比他地位低下的人的卑劣行径。

④吴康斋:即吴与弼(1391—1469)。字子传,号康斋,崇仁(今江西崇仁)人。明代理学家。十九岁时便罢举业,尽读四书五经及宋代理学著作,屡荐不出。其学多禀前人成说,但也有所创见。他强调"心湛然虚明",主张"静时存养,动时省察"。人们对其学术多端以及不入仕之举多有评论。传见《明史·吴与弼列传》。陈公甫:即陈献章(1428—1500)。字公甫,号石斋,广东新会(今广东新会)人。明代理学家。少时游学于吴与弼门下。回籍后,闭门苦读。后授翰林院检讨而放归,便居乡讲学,屡荐不起。他认为"为学须从静坐中养出个端倪来",注重心性修养。明初朱学盛行,陈献章始倡心学,独树一帜。传见《明史·陈献章列传》。

【译文】

桓荣曾向门下诸生炫耀汉光武帝刘秀赐予自己的辎车、乘马以劝勉他们,说:"这是靠稽考古书的力量得到的。"然而君子蔑视桓荣此举,因为他利用儒学来贪图私利,堪为禽兽。更何况还有像熊安生这样的人,他既然已经靠儒术成为了北齐高氏的国子博士,可以说他与北齐高氏间是有君臣之义的。北周宇文氏灭亡北齐,北齐国都邺城刚被攻破,熊安生马上令人打扫门庭,对家中人说:"北周的皇帝尊儒重道,一定会来拜见我。"这真是可悲啊!当时熊安生事奉的国君已经逃离,他所事奉政权的社稷宗庙将被毁堕,而同朝为官的臣僚将死的死,逃的逃。就连与其比邻而居的妇人、子弟,也将或被杀,或被俘。然而在此种情形下,他却无丝毫的悲伤怜悯之情。他乞食高氏的剩饭不成,转而又恬不知耻地转向宇文氏的坟墓间,以期讨得些许残羹剩饭,他把这样的行为当作奉行儒家正道的表现。如此则异端之人中,稍微有点自爱之心的,都会将他视为猪狗一般的禽兽而加以鄙夷,更何况是君子呢?杜绝小人混入儒生之列,端正儒生们所遵循的道义规范,以使小人不敢冒犯,这是君子们的责任。要做到这样,没有其他办法,只有区分义与利之间的界限。议论的人总是对像吴与弼、陈献章这样的君子之儒过于苛责,认为他们"喻于利",而将他们和姚枢、许衡这样的小人之儒归于一类,这不是颠倒是非黑白了吗?

七　陈遣吴明彻伐周彭城自取覆亡

强敌在前而以轻军试之,非徒败也,其国必亡。故吴明彻一溃于彭城,而江东有必亡之势,其幸而延之十年者,宇文邕殂[①],宇文赟无道[②],杨氏谋篡而不暇及也。不然,亡之亟矣。为兵家之言者曰:"知彼知己,百战百胜[③]。"未然也。诚知彼而知己,则有不战者矣。吴明彻可以当宇文宪、韦孝宽乎[④]?萧摩诃、任忠、周罗睺可以当梁士彦、王轨乎[⑤]?宣帝可以当宇文邕乎?宇文氏其如高纬、祖珽、穆提婆之君臣可以姑试而幸获乎⑥？己不自知，知之而又何以战邪？不可以战而何以胜邪？

【注释】

①殂：死。

②宇文赟（559—580）：字乾伯，代郡武川（今内蒙古武川）人。周宣帝，宇文邕长子。宣政元年（578），以皇太子身份嗣位。他在位期间沉湎酒色，暴虐荒淫，滥施刑罚，猜忌大臣。诛杀齐王宇文宪，导致宗室力量衰落。后传位于太子宇文衍，自称天元皇帝。他死后仅一年，杨坚即篡位称帝。《周书·宣帝纪》《北史·宣帝本纪》。

③知彼知己，百战百胜：语本《孙子·谋攻篇》："知彼知己，百战不殆；不知彼而知己，一胜一负；不知彼，不知己，每战必殆。"意思是知晓敌我双方的情况，则必然会取得胜利；不知道对方的虚实而只知道自己情况，则胜负的可能各占一半；如果对于敌我的情势都不清楚，那么必败无疑了。

④宇文宪（544—578）：字毗贺突，代郡武川（今内蒙古武川）人。北周宗室，宇文泰第五子。初封安城郡公，后为益州总管，掌益、宁、巴、泸等二十四州诸军事，镇守蜀地。他善于谋略，长于抚众，累建奇功，曾参与北周伐齐之战。宣帝即位后，深忌其权重望尊，以谋反罪将其诬杀。传见《周书·宁炀王宪列传》《北史·宁炀王宪列传》。

⑤萧摩诃（532—604）：字元胤，南兰陵（今江苏武进）人。南朝陈名将。侯景之乱后，他追随侯安都征战，屡立战功，被封为巴山太守。太建十年（578），跟从吴明彻进攻北周，结果陈军在清口大败，唯独其与任忠、周罗睺所率之军全师而还。隋军南征时，陈后主不顾其再三建议，拒不出兵，以致错过战机。陈朝灭亡

后，随陈后主降隋。传见《陈书·萧摩诃列传》《南史·萧摩诃列传》。任忠：字奉诚，小名蛮奴，汝阴（今安徽合肥）人。南朝陈将领。侯景之乱时，率乡党数百人随晋熙太守梅伯龙起兵讨伐侯景，后授荡寇将军。南陈伐北齐之时，他率军破东关，袭合肥，进克霍州。吴明彻伐周大败，他却无损而还。隋军南征时，他自吴兴入援建康，后降于隋将韩擒虎。传见《陈书·任忠列传》《南史·任忠列传》。周罗睺（hóu，542—605）：字公布，九江浔阳（今江西九江）人。南朝陈将领。善于骑射，谙熟军事，屡次挫败北齐、北周军队，以猛将著称。隋军南伐之时，他都督巴峡缘江诸军，以拒隋军。后降隋。传见《隋书·周罗睺列传》《北史·周罗睺列传》。梁士彦（515—586）：字相如，安定乌氏（今甘肃泾川东）人。北周将领。以军功入仕，任晋州刺史。南陈北伐时，他初战不利，后在王轨的驰援下大败陈军，并擒捉吴明彻，夺取淮南之地。传见《周书·梁士彦列传》《北史·梁士彦列传》。王轨（？—579）：小名沙门，太原祁县（今山西祁县）人。北周将领。南陈北伐时，他率军驰援梁士彦。后依靠地利，堰水倒灌陈军，使得陈军大败。并最终俘获陈将吴明彻，威震陈境。传见《周书·王轨列传》《北史·王轨列传》。

⑥穆提婆（？—578）：本姓骆，汉阳（今甘肃礼县）人。北齐宠臣。因其母曾为齐后主乳母，故与后主甚亲密，官至录尚书事，把持朝政。执政期间，卖官鬻爵，诬陷并害死斛律光。后投降北周。传见《北齐书·穆提婆列传》《北史·穆提婆列传》。

【译文】

如果强敌在前，而我方轻易派出军队应战，则不仅会招致大败，必定使国家覆灭。所以，吴明彻在彭城与北周的对战中一旦溃败，对处于江东之地的南陈而言，其必将覆灭的趋势就已经不可阻挡了。后来之所以侥幸拖延了十年之久，是因为恰逢北周的宇文邕病死，而新帝宇文赞不行仁道，且杨坚图谋篡权而无暇顾及南侵之事。若非如此的话，南陈很快就会灭亡了。兵家有言道："知彼知己，百战百胜。"实际上并非如此。如果真的做到充分地了解自己和敌方的军事实力，在考量情势之后，有可能会选择不再进行对抗。吴明彻真的能够与北周的宇文宪和韦孝宽相匹敌吗？萧摩诃、任忠、周罗睺又如何能够匹敌梁士彦与王轨呢？陈宣帝难道真的能与宇文邕相匹敌吗？北周宇文氏君臣难道是像北齐高纬、祖珽、穆提婆那样的昏君佞臣，能够轻易应战并侥幸取得胜利的吗？自己不能知道自己的军事实力到底几何，即便知道之后又该如何应战呢？如果知己知彼后发现不能应战，又如何取得胜利呢？

　　然则坐而待其相加与？曰：善为国者不师[①]，非不师而即善也，为国善，则可以不师也。江东至是而无可取中原之势矣。固本靖民，养兵择将，迟之数十年，而不轻挑之以益其势，则尚可为也。故孙绰、王羲之之论，在东晋之初则为自弃，在陈之末造则善矣。东晋虽草创，人咸愤激以图存，有死之心则有生之气也。至于陈，而江东之生气，齐洎之、梁萎之、侯景摧之、萧詧、王琳中起而灭裂之，陈氏偷存而销铄之；刘宋吞广固、捣长安之锋颖[②]，荡尽无余矣。然使固本图安而尚可为者，以高纬之淫昏，宇文邕迟之又久、再进再退而始决，陈能自立而不授以俘大将、覆全军之势，宇文君臣慎动者也，且以苻坚、拓拔佛狸为大戒，而遽轻试席卷之雄心乎？陈仅一蔡景历而不能用[③]，一溃而举国之人皆靡，引领以望北师之渡而已矣。

【注释】

①善为国者不师:语出《春秋穀梁传·庄公八年》:"善为国者不师,善师者不阵。"意思是善于为国家考虑的人不轻言军事,善于军事战斗的人不一定非用阵法。

②锋颖:比喻卓越的才干,凌厉的气势。

③蔡景历(514—573):字茂世,济阳考城(今河南民权)人。南朝陈大臣。侯景之乱时,曾参与谋划营救梁简文帝。后归附陈武帝,为其记室。武帝死后,他与宣太后共谋召陈文帝入朝继位,以功封新丰县子。又历事废帝、宣帝,皆预闻机要,官至御史中丞。传见《陈书·蔡景历列传》《南史·蔡景历列传》。

【译文】

既然这样,就真的要坐等敌人的军队前来侵踏凌虐自己吗?应该说,善于为国家考虑的人不轻言军事,并非不用军事就等于善于为国考虑。若是仔细筹谋利弊得失并使之符合本国利益,那么便可以不轻易动用军事手段。可以说,身处江东之地的南陈政权,此时已经不具备收复中原的气势与实力了。南陈若能巩固国本以安生民,养兵选将,并再坚持几十年时间,而不轻易向北方政权挑衅、助长其气势,或许还能有所作为。所以,孙绰、王羲之当初阻止桓温北伐并不同意迁都洛阳的主张,用在东晋之初,则等同于自己放弃良机。若是用于南陈之末,则实为于国有利的善策。东晋建立之初,虽然百废待兴,但人们都满怀斗志、振兴图存,有着必死也要收复失地的决心,因此也就有着虎虎的生气。然而到南陈之时,江东王朝的生气先经萧齐使之凋零,再经萧梁使之萎靡,此后又有侯景之乱的摧折,再由萧詧、王琳叛乱使之重创毁灭。以至南陈苟且偷生,再使之削弱乃至衰微,最终使得当年刘宋并吞广固、直捣长安的威武雄壮之气泯灭殆尽了。然而,如果南陈能够奉行巩固自身且安守休养的政策,尚且可以有所作为。即便北齐的高纬如此昏庸无道,而宇文邕征伐北齐的战斗也是迟迟不决,历经两进两退的对抗才最终分出胜负。北方王朝相争不下、乌合混乱，那么南陈也可以自立于江东之地，不至于出现大将被俘、全军覆没的情势。退一步讲，北周的君臣其实并不敢轻易对南陈用兵。因为苻坚淝水之战和拓跋焘盱眙之战惨败的教训近在眼前，难道他们会对此全然不顾，很快地生出轻率用兵、席卷江东的雄心吗？南陈仅有蔡景历这样一个人才也未能起用，历经一次溃败，便导致了举国上下的士气低迷。如此，则南陈之人就只能昂首等待来自北方的军队渡过长江、灭亡南陈了。

八　郑译导宇文赟杀其天性之亲

奚以辨大奸而必覆人之邦家者乎？则劝其主以杀人者是也。至于劝人以杀其兄弟子孙而甚矣。仁绝于心，心绝于天，而后劝人以杀其兄弟子孙；欺其人之终迷不复，而后敢劝人以杀其天性之亲。不然，虽怀忮忌而挟私怨，不忍也，抑不敢也。

【译文】

怎样才能辨别定会覆灭他人国家的大奸大恶之人呢？方法就是看谁会劝说自己的君主去杀人。至于劝说他人斩杀自己的兄弟、子孙者，则更为恶劣。只有在仁义之心荡然无存且丧尽天良之时，才能劝说他人屠戮自己的兄弟、子孙。这些人只有确信自己所欺骗之人被骗后会始终执迷不悟时，才会敢劝说他人残杀其宗亲骨肉。否则，即使是怀有狠毒猜忌之情且持有私怨的人，也不忍心做这样的事，他也不敢这样做。

郑译初用[1]，而导宇文赟杀其叔父，则于灭宇文以戴杨坚也，何靳而不为？而坚知之矣，摘其不孝之罪，不比数之于人类,而后译之恶穷。宇文赟之不肖也,宇文孝伯对其君曰②:"父子之际,人所难言,臣知陛下不能割爱,遂尔结舌。"孝伯之可托也,宇文邕之不可导以不慈也,于斯言验之矣。晁错忠于袁盎,而居心之厚薄,则不若盎也,不顺于父,而父亟去之③,其于父子可知矣。故求可托之臣,求之于根本之地,而思过半矣。

【注释】

①郑译(540—591):字正义,荥阳开封(今河南开封)人。北周、隋朝大臣。幼年交好宇文泰,辅佐周武帝宇文邕,迎娶梁朝安固公主,担任内史上大夫,封沛国公。宇文邕即位后,郑译转任太子宫尹,辅佐太子宇文赟。宇文邕死后,郑译与于智为宇文赟谋划,冤杀其叔父宇文宪。周宣帝病危之时,他与刘昉矫诏引杨坚入宫为丞相,总理朝政,自任相府长史,参预机密。但因其生性轻薄阴险,恃功放纵,渐为杨坚所疏远。后因其与母亲分居,遭有司弹劾,被削职为民。传见《隋书·郑译列传》。

②宇文孝伯(544—579):字胡三,代郡武川(今内蒙古武川)人。北周宗室大臣。周武帝在位时,以其为心腹,朝廷机务,皆得先闻。武帝曾与其讨论太子之事。后周武帝病重,对其托付后事。宣帝即位后,他曾进谏请求勿诛宇文宪,最终被赐死。传见《周书·宇文孝伯列传》《北史·宇文孝伯列传》。

③不顺于父,而父亟去之:指晁错上疏削藩之后,招致诸侯不满。其父听到此消息后,跑来埋怨劝阻晁错。然而晁错不听其父建议,其父认为晁错此举必然会使家族蒙受大难,遂饮药自尽。事见《史记·袁盎晁错列传》。

【译文】

郑译初被任用之时,就劝说北周宣帝宇文赟杀掉自己的叔父宇文宪,则对于倾覆宇文氏政权并拥戴杨坚一事,他又有什么顾忌而不去做呢?然而杨坚却知道他的奸邪用心,惩治了他的不孝之罪,不将其视为人类。如此,则郑译的奸邪就再也无处施展了。北周宣帝宇文赟不成器,宇文孝伯曾对武帝宇文邕说:"父子之间的关系,是很难讲清的。我知道陛下不能割舍对于自己儿子的父子亲情,所以也不敢有所进言。"宇文孝伯是值得托付的人,宇文邕也是个不能被引导向不仁慈的人,在此句话中都已然明验了。晁错比袁盎更忠诚于君王,然而若论居心的厚薄,则他不如袁盎。晁错进言削藩,忤逆其父之意,而他的父亲劝阻他未果后便急忙离去,饮药自尽。于此便可知道他在父子关系上的平素表现了。所以说,寻求可以托付的大臣,要从人的仁孝本心处着眼,如此就已经解决一大半的问题了。

九　宇文邕没甫二年其大臣李德林等遽奉杨氏

宇文邕之政,洋溢简册①,若驾汉文、景、明、章而上之,乃其没也甫二年,而杨氏取其国若掇。赟虽无道,然其修怨以滥杀,唯宇文孝伯、王轨而止,其他则固未尝人立于鼎镬之上也。淫昏虽汰,在位两浃岁而已。邕果有德在人心,讵一旦而遽忘之?乃其大臣如韦孝宽、杨惠、李德林、高颎、李穆皆能有以自立者②,翕然奉杨氏而愿为之效死。坚虽有后父之亲,未尝久执国柄,如王莽之小惠遍施也;抑未有大功于宇文,如刘裕之再造晋室、灭虏破贼也;且未尝如萧道成仅存于诛杀之余,人代为不平而思逞也;坚女虽尸位中宫,而失宠天元③,不能如元后之以国母久秉朝权也。然而人之去宇文也如恐不速,邕骨未冷而宗社已移,则其为君也可知矣。德无以及人，而徒假先王之令名以欺天下，天下其可欺乎？

【注释】

①洋溢：充满。简册：书籍。此处特指史书。

②杨惠（542—612）：即杨雄。隋朝宗王，隋文帝族子。北周时，以护卫杨坚功，封武阳县公、邗国公。隋朝建立后，任宗正卿、右卫大将军，封广平王。与高颎、虞庆则、苏威称为"四贵"。后改任司空，先后受封清漳王、安德王。炀帝时，改封观王。辽东之役，任检校左翊卫大将军。病卒于军中。传见《隋书·观德王雄列传》。李德林（532—591）：字公辅，博陵安平（今河北安平）人。年幼聪敏，十五岁能诵五经。北齐天保中举秀才，累官通直散骑侍郎，参修国史，典掌机密。历仕北周，为内史上士。后助杨坚篡周。入隋后，官至内史令，封安平县公，奉诏续修《齐史》，全书未成而卒。其子李百药续成《北齐书》。传见《隋书·李德林列传》。高颎（541—607）：字昭玄，渤海蓨县（今河北景县）人。隋朝大臣。初仕北周，参与讨伐北齐之事。杨坚当政后，委其为心腹。入隋后，拜尚书左仆射，进渤海郡公。开皇二年（582），陈宣帝去世，隋文帝趁机伐陈。因隋初立，准备不足，他建议以礼不伐丧为由撤退，为文帝所采纳。后辅佐晋王杨广平灭南陈。炀帝即位后，拜其为太常卿。因其屡次直言劝谏，被炀帝杀害。传见《隋书·高颎列传》。李穆（510—586）：字显庆，陇西成纪（今甘肃秦安）人。西魏至隋朝名臣。出身将门，战功卓著。西魏时期，追随宇文泰，因功受封。北周建立后，得罪宇文护，被罢官夺职。后恢复权位，累拜上柱国、太傅，封申国公。北周末年，支持杨坚代周，被杨坚拜为太师，赐予丹书铁券。支持迁都大兴城。传见《隋书·李穆列传》。

③天元：指北周宣帝宇文赟。大成元年(579)二月，宇文赟下诏传
　　位于长子宇文衍，并改年号为大象，自称天元皇帝，以皇后杨丽
　　华为天元皇后。

【译文】

　　北周武帝宇文邕的为政之举遍载于史册，好像他的善政甚至超过
了汉代的文帝、景帝、明帝和章帝。然而他死后刚刚两年，杨坚便轻松
地夺取了北周的政权。宣帝宇文赟虽不行仁道，但他因结怨而滥杀的，
只不过是宇文孝伯、王轨两人而已，其他人也未曾遭遇酷刑而被其虐
杀。宇文赟虽然荒淫无度，但他在位时间不过两年。宇文邕如果真的
在人们心中积有善德，那么人们又怎会于一朝一夕之间就将其抛诸脑
后呢？至于他曾经的大臣，如韦孝宽、杨惠、李德林、高颎、李穆之流，都
是拥有自立之才的人，却都一致事奉杨坚，并发誓愿为其效死力。杨坚
虽是宣帝皇后杨丽华的父亲，却也不曾长时间把持朝政，并未像汉代的
王莽那般遍施小惠、以图篡位。同时，杨坚也未给北周宇文氏立下过大
功，不像当年刘裕有再振晋室、灭虏破贼之功。同时，他也没有像萧道
成那样，侥幸存活于后废帝刘昱的屠刀之下，使人们都为他打抱不平且
真心归附。杨坚的女儿虽为后宫之主，但却失宠于宣帝宇文赟，不能像
汉元帝皇后王政君那样以国母的身份长期把持朝政。然而，人们背弃
宇文氏却唯恐赶不及。宇文邕的尸骨还未寒，而北周的江山社稷已然
易主。如此，宇文邕为政的情况便可想而知了。不能以良好的道德去
对待他人，只是假托先王的规制与名义来欺骗天下之人。然而天下人
真的可以欺骗吗？

　　史之侈谈之也，记其迹也。论史者之艳称之也，为小人
儒者，希冀荣宠，而相效以袭先王之糟粕，震矜之以藻悦其
门庭也①。故拓拔宏、宇文邕几于圣，而禹、汤、文、武之道愈
坠于阱而不能自拔。试思之，恶有盛德如斯，不三岁而为权

奸所夺,臣民崩角以恐后者乎②?

【注释】

①震矜:自得之意。

②崩角:叩头。

【译文】

史书中对于宇文邕为政的记载多是过分夸赞之辞。谈论历史的人之所以称美他,是那些小人之儒为了得到尊荣与宠信,都争相学习效法先王的糟粕,并得意洋洋地夸耀宇文邕的善政,从而以此粉饰自家的门庭。因此,拓跋宏、宇文邕仿佛都成了圣人,而夏禹、商汤、文王以及武王之道却日益坠落于陷阱中,无法自拔。如果对此加以思考,假如宇文邕真有高尚的品德,又怎会在仅仅不到三年的时间里,就让自己的政权被权奸所篡,而旧朝的臣民纷纷争先恐后地对着新君叩头称臣呢?

一〇　尉迟迥奉赵王招之少子非宇文氏忠臣

尉迟迥可以为宇文氏之忠臣乎①?宇文阐称帝已二年矣②,父死而正乎其位,杨氏虽逼,阐未有失德也,迥乃奉赵王招之少子以起兵。曹操所不敢奉刘虞以叛献帝者,而迥为之不忌,迥之志可知矣。迥可为忠臣,则刘裕之讨刘毅,萧道成之拒沈攸之,使其败而死也,亦晋、宋仗节死义之臣乎?杨坚无功而欲夺人之国,于是乎有兵可拥者,皆欲为坚之为,迥亦一坚也,司马消难亦一迥也③,王谦亦一消难也④。志相若,事相竞,则以势之强弱、谋之工拙、所与之多寡分胜败矣。胜者,幸也;败者,其常也;抑此而伸彼,君子而受奸雄之罔矣。

【注释】

①尉迟迥(? —580):字薄居罗,代郡(今山西大同)人。北朝大臣,宇文泰之甥。跟从宇文泰攻东魏,累迁尚书左仆射,拜大将军。后率军取蜀地,为益州刺史。大象二年(580),他指斥随国公杨坚有不臣之迹,兴师讨伐,自称大总管,拥戴赵王宇文招幼子为帝,以号令天下。后与韦孝宽、高颎大战于邺城,兵败自杀。传见《周书·尉迟迥列传》《北史·尉迟迥列传》。

②宇文阐(573—581):原名宇文衍。北周末帝,宣帝宇文赟长子。大成元年(579)继位为帝。太上皇宇文赟死后,随国公杨坚擅政。后杨坚逼迫其逊位,并降其为介国公。后为杨坚所害。谥号静皇帝。传见《周书·静帝纪》《北史·周本纪》。

③司马消难(? —589):字道融,河内温县(今河南温县)人。北朝大臣。初为北齐北豫州刺史,后举州降北周,官至大司寇。周静帝即位后,杨坚擅权专政。尉迟迥举兵反叛,他发兵响应,并将自己的儿子送到南陈为人质,以求南陈援兵。战败后率众归陈,封随公。陈亡,复归隋。传见《周书·司马消难列传》《北史·司马消难列传》。

④王谦(? —580):字勑万,太原(今山西太原)人,高丽族。北周大臣。曾跟从周武帝征讨北齐,因力战有功,进上柱国,后授益州总管。周静帝即位后,因其不满杨坚擅权专政,图谋匡复,起兵勤王。后为行军元帅梁睿所败,被杀。传见《周书·王谦列传》《北史·王谦列传》。

【译文】

　　尉迟迥能称得上是北周的忠臣吗?北周静帝宇文阐即位两年之后,作为太上皇执掌实权的宣帝才死去,静帝刚刚正位。杨坚虽然擅权威逼,但宇文阐本身并未有失德之处,然而尉迟迥却打着拥立赵王宇文招小儿子的旗号起兵。曾经的曹操也不敢打着刘虞的旗号来反叛汉献帝,然而尉迟迥却敢这样做而无所顾忌,由此便可知道他险恶的用心了。如果尉迟迥都算是北周的忠臣,那么若是刘裕和萧道成分别在讨伐和抵抗刘毅与沈攸之时战败而死,难道他们也可算是为东晋和刘宋仗节死义的忠臣吗?杨坚本无尺寸之功,却想要夺取别人的国家。于是拥有军队的人,都会想着依照杨坚的所作所为来如法炮制。如此看来,则尉迟迥不过是又一个杨坚罢了,而司马消难不过是又一个尉迟迥,那么王谦也就不过是另一个司马消难。他们既然心愿相似且目标相同,那就只能凭借着各自力量的强弱、谋略的高下以及各自党羽数量的多寡来一争高下了。取胜的一方,可以说是幸运的;而最终落败,也不过是正常的事。如果对他们中的成功者加以贬低,对失败而貌似忠心者则极力称赞,那么君子就深为奸雄们所蒙蔽了。

君子不逆诈,而未尝不先觉,以情度之,以理衡之而已矣。王凌、诸葛诞不保其不为司马懿,况迥辈之纭纭者乎?宇文氏之亡,虏运之衰已讫也。杨坚无德以堪,而迥、谦、消难愈不可以君天下,"民亦劳止,汔可小康①"。三方灭而杨氏兴,民之小康,岂迥之所能竞乎?自此以后,北朝事归隋论。

【注释】

①民亦劳止,汔可小康:语出《诗经·大雅·民劳》:"民亦劳止,汔可小康。惠此中国,以绥四方。"意思是民众实在太为辛苦,差不多可以稍作休憩了。爱护国中的百姓,这样国家才能长久安定。

【译文】

君子不事先怀疑别人的欺诈之举,但他们却并非不能事先察觉,他们只不过是依照常情加以测度、依照道理加以衡量罢了。曹魏末年,王凌和诸葛诞若是不死,难保不会成为像司马懿那样的人,何况是众多像尉迟迥这样的人呢？北周宇文氏灭亡，北方夷狄王朝运势的衰败已到达了极点。杨坚无功无德、难称君位，然而尉迟迥、王谦、司马消难更无德行和能力君临天下，此前在夷狄统治下的民众实在太过辛苦，此时差不多可以稍作休憩了。其他三方势力灭亡之后，杨坚最终兴起，并建立隋朝，而让人民得以在乱世的苦痛后稍作安歇。这难道是尉迟迥所能做到的吗？自此以后，北朝的史事，归至隋朝来讨论。

一一　高颎南侵陈愚而请和隋智而班师

高颎南侵①，而陈宣帝殂，陈请和于隋，高颎以不伐丧班师。陈之愚而必亡，隋之智而克陈，皆于此征之矣。

【注释】

①高颎南侵：指开皇二年(582)，陈宣帝去世，高颎奉隋文帝之命南伐陈朝，因隋国基初立，准备不足，且此时北边突厥军事压力很大，高颎于是奏称"礼不伐丧"，请求文帝停止伐陈，杨坚于是诏高颎等班师回朝。事见《隋书·高颎列传》。

【译文】

高颎向南侵伐陈朝，而恰逢陈宣帝驾崩，南陈于是向隋朝请和，而高颎就以不应乘对方丧期进行攻伐为由，请求班师回防。以南陈的愚昧，必然会灭亡，以隋朝的明智，必然可以灭陈，这些从这件事中都可以预见到。

陈、隋强弱不相敌明矣，宣帝殂，叔陵狂逞①，嗣子伤，内不靖而未遑外御，权下隋以纾难，何言愚也？弱者示人以弱，则受陵乘也无已。高颎之兵，固不足畏者也。隋主初篡而位未固，以司马消难之在陈，有戒心焉。颎之南侵，聊以御陈,非能有启疆之志也。既分兵以南侵,千金公主、高宝宁又挟沙钵略以入寇②,隋固急欲辍南军而防北塞。陈于此,正可晏坐以全力固封守,待其疲敝而空返;乃葸怯柔巽,暴其虚枵惶遽之情实,使隋得志以班师,而测其不自振之隐,使洋洋而盗名以去;故愚甚也。

【注释】

①叔陵:即陈叔陵(? —582)。字子嵩。陈宣帝陈顼次子。早年曾随父前往西魏作为人质,后与其兄陈叔宝一同回南陈。宣帝即位后,被封为始兴郡王。宣帝病危之时,他乘侍疾之机入刺陈叔宝,致使其受重伤,随即逃出皇宫聚兵谋反,结果兵败被杀。传见《陈书·始兴王叔陵列传》《南史·始兴王叔陵列传》。

②千金公主(? —593):北周赵王宇文招之女。大成元年(579),北周与突厥佗钵可汗和亲,将其出嫁突厥。后佗钵死,复为新可汗沙钵略之妻。隋灭北周后,她唆使沙钵略侵隋以为北周报仇。后沙钵略附隋,隋朝改封其为大义公主,赐姓杨。事见《隋书·北狄列传》。高宝宁:代郡(今山西大同)人。北齐高氏族属。北齐时久镇黄龙。曾连结契丹、靺鞨举兵反周。开皇元年(581),与突厥沙钵略可汗合兵攻隋。后围北平,被阴寿所败。他又引契丹、靺鞨兵来战,被阴寿以离间计诛杀。传见《北齐书·高保宁列传》《北史·高宝宁列传》。

【译文】

南陈和隋朝的实力悬殊,这是很明显的。陈宣帝死后,陈叔陵狂妄悖逆,宣帝的继承人陈叔宝被其刺伤,南陈政权内部不稳,自然也无暇外顾以抵御敌人,所以才权且屈身求和以使隋军撤退,从而纾解自身危难,为什么说陈朝愚昧呢?因为弱者向别人表现出自己的虚弱后,就会无止息地加倍受到侵凌迫害，而高颎的军队本就不值得畏惧。隋朝君主刚刚篡夺了皇位，政权尚未稳固。因为南陈有司马消难在，所以隋朝对此颇有戒备。高颎此次南侵，其目的只是为了防止南陈入侵隋朝，并没有开疆拓土的野心。隋朝分兵南侵以后，身在突厥的北周千金公主以及北齐旧将高宝宁，又利用突厥可汗沙钵略的力量从北部侵犯隋朝边境。所以，隋朝本就急于撤回南侵的军队，以加强北部边防的守卫。此时，正是南陈巩固自身统治，并全力加强防守的大好时机。南陈应该等待隋军疲敝之后，让他们毫无所获地撤退。然而，南陈却胆小怯懦，将自己内部空虚、众人慌乱的内情充分暴露给了隋朝。最终使得隋朝志得意满地撤回军队，也使隋朝知晓了南陈无法自救的内情，并窃取了不伐丧的虚名，从而洋洋自得地离去。所以说，南陈愚蠢至极。

　　颎不伐丧，义也，而何但言智也？夺人之国而无惭，欺人之孤而不恤，以女事人而因攘其宗社，不以为耻，隋之君臣岂能守规规之义^①，闵人之丧而不伐也哉？乘丧而急攻之，固败道也，非胜术也。陈虽弱，江东之立国久矣，非其可以必得，未易倾也。庸人之情，当危而惧，稍定而忘。君薨，嗣子初立，内难方作，而强敌压境，君臣皆惴惴焉，外虽请和，而内固不自宁也。知其且亡，而迫于不容已，则人有致死之心，以争存亡于一决。颎以偏师深入，撄必死之怨愤，而吾军欺其茕弱，挟骄以徼幸，猝与困兽相当于其内地，未有不败者也。幸而请和之使至矣，假不伐丧之美名以市陈，实收全师不败之功，以养威而俟时，故隋智甚也。

【注释】

　　①规规：指所知所见浅短拘泥。

【译文】

高颎不讨伐处在丧期的南陈，本是符合道义的行为，此处为何只说其富有智谋呢？隋朝的杨坚，窃取别人的国家而不深感惭愧，欺负人家孤儿寡母而毫不体恤怜惜，让自己的女儿去事奉人家却又倾覆人家的宗庙社稷，且不以此为耻。那么，隋朝的君臣又如何能够恪守道义，并顾忌敌国国君新丧而不加以攻伐呢？如果隋军乘南陈国君丧亡之机，发起猛烈进攻，其实是失败之法，并非取胜之道。南陈虽然虚弱，但南朝政权在江东之地统治经营已久，并非隋朝必定能够夺取的，且南陈也不会轻易被消灭。庸人的普遍情态是，面临危机之时深感恐惧，稍微安定之后又遗忘忧患。南陈国君死后，嗣君初立，国内动乱且政局不稳，而外有强敌不断进逼，所以君臣上下都惴惴不安。即使对外已然请和，但南陈君臣的内心仍然不得安宁。如果此时隋军悍然发动进攻，南陈的君臣知道自己即将要被侵灭，在不得已的情势之下，也会抱着必死的决心，同隋朝的军队一较高下。所以高颎以偏师攻入南陈，实则触犯了南陈民众抱着必死决心来抗战的怨愤。如果南陈乘着隋朝军队虚弱之际，利用其冒进骄傲的心气，全力组织应战，犹如将野兽困于一地来进行捕杀，那么隋军怎能不败呢？隋朝应该值得庆幸，因为恰好此时南陈派遣请和的使者来到。隋朝因此就假借南陈居丧而不予讨伐的美名，尽收南侵的不败之功，从而养精蓄锐以待时机。所以说，隋朝真是明智啊。

不伐丧矣，许之和矣，陈之廷，愚者曰："隋有仁义之心，不吾并也。"黠者曰："隋有隙而不能乘，无能为也。"于是而君骄臣怠，解散其忧惧，栖然以自即于安，信使往来，礼文相匹，縻其主于结绮临春赋诗行乐之中①，则席卷而收之也，易于拾芥。善胜敌者，不乘其忧危，而乘其已定之情、已衰之气,隋之智,非陈之所能测也。自弛于十年而国必亡,姑待之十年而必举其国,一智一愚,一兴一亡,于此决矣。

【注释】

①结绮临春:指陈后主所建的结绮阁和临春阁。

【译文】

隋朝不讨伐处在丧期的南陈,并答应了南陈请和的请求。因此,南陈朝廷内部的愚昧之臣会说:"隋朝的君主富有仁义之心,并不会吞并我们。"而狡黠的大臣则会说:"隋朝面对这样的大好时机却不能加以利用,所以他们根本没有能力吞并南陈。"于是,南陈的君臣骄傲懈怠,消除了对于隋朝进犯的忧惧之心,内心空虚并自以为身处安定的环境之中,任凭自己与隋朝间的通信使者往来,相互礼文交聘,并最终深陷于华美宫室、赋诗行乐之中。如此,日后隋朝席卷而来,侵占南陈的土地,就犹如在地上拾取草芥一般容易。善于战胜敌人的人,不是利用他们所处的危急情势,而是利用他们已然形成的偷安思想,以及已经衰弱的斗志与生气。隋朝的明智,并非是南陈所能预测的。南陈自己松懈治理长达十年之久,国家因此必然灭亡。而隋朝姑且等待十年,则必定会攻克南陈,统一天下。隋朝与南陈的明智和愚昧,兴起与衰亡,由此便已明确判定了。

故善谋国者,不忧其所忧,而忧其所不忧,不震掉失守于一朝,不席安自弛于弥日①,孰得而乘之哉?而庸人不能也。庸人之愚,智人之资。向令陈人请和之使不出,高颎且进退无据,而苶然以返,隋气挫而陈可以不亡。夫岂陋君具臣之所及哉!

【注释】

①弥日:终日。

【译文】

所以,善于为国家考虑的臣子,不是担忧已经出现的问题,而是担忧那些没有被考虑到的问题。只要自己不惊慌失措,不终日偷安而忘记忧患,那么谁还有可乘之机呢? 然而,庸人却做不到这样。庸人的愚昧,也正是明智之人赖以凭借的资本。假使南陈不遣使请和,高颎的军队便会进退失据,最终只能士气低沉地无功而返。因此就会重挫隋朝南侵的气焰,而南陈也可以不被灭亡。这难道是南陈昏庸无能的君主和备位充数之臣所能做到的吗!

后　主

【题解】

陈后主陈叔宝(553—604)字元秀,小字黄奴,是陈宣帝陈顼的长子,母为皇后柳敬言。他于太建元年(569)被册立为皇太子,太建十四年(582)正式即位。陈叔宝在位期间沉湎酒色,终日游宴后庭,荒废朝政;又令佞人施文庆、沈客卿执掌国政,致使政事日坏。祯明三年(589),隋军大举南下,攻破都城建康,灭亡陈朝。陈叔宝被掳至长安,受封长城县公。隋仁寿四年(604),陈叔宝病死于洛阳。

陈后主在位期间,傅縡在狱中痛斥后主荒淫,而章华上书极谏朝政得失,皆被后主所杀。王夫之认为,如果身处要职的大臣不及时谏言,而只是微末小臣操切进谏,并不能扭转国势,只会加速国家灭亡。一方面,小臣的进言因其官位低微,故而无足轻重,唯有大臣直言于上,小臣标榜相附,才可使进谏有效。另一方面,小臣的进谏激烈致使国君愤怒,大臣即便及时营救,也是破坏谏官制度,同时招致嫉妒,无益国事。纵观全书,王夫之始终较为关注谏官和进谏问题,值得读者注意。

对于身处王朝末世的士人臣子究竟要如何自处,王夫之在本篇中继续进行了讨论。首先,他认为作为身份低微的小臣,面对大臣擅权、君主昏庸的情况,引身退去即可,傅縡、章华舍身进谏之举犹如"舍身饲虎",实则无益于国事,只会让奸臣愈加嚣张。其次,王夫之理解和赞同那些没有立即为国殉难士人的选择,指出只要不是屈从于当权者苟且偷生,而是选择存活下来以延续礼仪教化,就是贤明的表现。他的此番议论,体现了王夫之身为明遗民群体的一分子,对于明清易代的切身感受和思考。

一　傅缚章华小臣危言见杀以速陈亡

大臣不言,而疏远之小臣谏,其国必亡。小臣者,权不足以相正,情不足以相接,骤而有言,言之婉,则置之若无,言之激,则必逢其怒,大臣虽营救而不能免,能免矣,且以免为幸,而言为徒设,况大臣之媢忌以相排也乎①?大臣者,苟非穷凶极悖之主,不能轻杀也,故言可激也;苟非菽麦不辨之主②,从容乘牖以入③,故言可婉也;大臣秉正于上,而小臣亦恃之以敢言,然后可切言之,以曲成大臣之婉论,交相须也④,而所恃者终大臣也。大臣不言,小臣乃起而有言,触昏昏者之怒,以益其恶,未有不亡矣。

【注释】

①媢忌:嫉妒。

②菽麦:指豆和麦。

③乘牖:乘机,趁机。

④相须:相互配合,相互依存。

【译文】

大臣不劝谏,而疏远的小臣有所进谏,那么国家必然灭亡。身为无足轻重的小臣,其所拥有的权力不足以导正问题,而其情感也不足以很好地为君主所接受和理解。他们突然进言,若是进言委婉以顺君耳,就会被置之不理。如果言辞激烈,则必定会导致君主震怒,即使是官居要职的大臣极力营救也不能使之免罪。如果能够免罪，小臣也就会为此感到庆幸，那么谏官之职就会因此变得形同虚设。更何况这些小臣还会受到大臣的嫉妒、排斥呢？至于身居要职的大臣，只要不是穷凶极恶的君主，就不会轻易杀害他们，所以他们进谏的言辞可以更为激烈。只要不是愚昧至极以至于分不清豆子与麦子的君主，那么臣子就可以从容乘机劝谏，所以其进谏的言辞也可以委婉顺耳些。有大臣在上秉持公正而为模范，则人微言轻的小臣也会以此为凭恃，从而敢于效仿他们进言。如此，他们才能直言时弊，助力于大臣的委婉规劝，大臣与小臣相互依存、配合，然而君主最终所倚靠的还是大臣。如果大臣不进言规劝，小臣却起来进言，那么小臣终究会因为揭露丑恶而触怒昏庸的君主，反而增强了君主的丑恶，则最后不可能不落得个身死的下场。

夫大臣既导君以必亡矣，则为小臣者将何如而可哉？去而已矣。陈后主国垂危而纵欲以败度，傅𬘩、章华危言而见杀①，陈之亡，迟之十年而犹晚，而二子者，亦舍身饲虎之仁，君子所弗尚也。《春秋》书陈杀其大夫泄冶②，说经者谓"泄冶失语默之节③，不如高哀之全身④"，非也。微者名姓不登于《春秋》，曰杀其大夫而著其名，泄冶贵大夫也，谏而死，允矣；高哀名姓登于史策，亦贵大夫也，而去之，失臣节矣。𬘩与华非泄冶比也，胡为其以身试醒人之暴怒邪⑤？其情忿，其言讦，唯恐刃之不加于项，而无救于陈之亡，何为也哉。

【注释】

①傅𬘩(531—585)：字宜事，北地灵州(今宁夏灵武西南)人。南朝陈大臣。好学能文，初为王琳府记室。后王琳败亡，陈文帝召

其为撰史学士。陈后主即位后，他被冤枉下狱，于狱中痛斥后主淫昏。后主欲令其改过，不从，遂被杀。传见《陈书·傅𬤇列传》《南史·傅𬤇列传》。章华：字仲宗。南朝陈人。博览经史，颇善作文。侯景之乱时，避难岭南。广州刺史欧阳𬱟署其为南海太守。后主即位后授其太市令，他以自己患病为由托辞不就。后上书极谏朝政得失，为后主所杀。传见《陈书·章华列传》《南史·章华列传》。

② 洩冶：春秋时陈国大夫。陈灵公十四年（前 600），灵公与大夫孔宁、仪行父皆和夏姬通奸，其以"公卿宣淫，民无效焉"之语劝谏灵公，被杀。事见《左传·宣公九年》。

③ 语默之节：语出《周易·系辞上》："子曰：'君子之道，或出或处，或默或语，二人同心，其利断金。'"意思是作为君子，可以出仕，可以隐居，可以沉默，可以评论。两个人心志相同，则可以像锋利的刀剑斩断金属。

④ 高哀：春秋时卿大夫。其出仕于宋国的附庸萧国，后被拔擢为宋卿。其认为宋公不义而离去，逃亡到鲁国。其事见于《左传·文公十四年》。

⑤ 醒（chéng）：指醉酒后神志不清的样子。

【译文】

如果大臣引导君主走向必定灭亡的绝路，那么身为人微言轻的小臣又该如何是好呢？其实只要尽早引退而去就好了。陈后主在位之时，国势垂危，而他奢华纵欲、败坏法度，傅𬤇、章华都因直言劝谏而最终被杀。可以说，南陈的灭亡，推迟了十年其实还有点晚。傅𬤇、章华二人直言劝谏犹如舍身喂虎，看似仁义之举，实为君子所不提倡。《春秋》中记载陈国君主诛杀大夫洩冶，解说经文的人说："洩冶没有坚守君子不妄言的节操，不像高哀一样，得以保全性命。"这句话并不正确。身份低微之人的姓名并不见载于《春秋》，这里说陈国国君杀其大夫并详著其姓名,说明洩冶其实是身份高贵的大夫。他因劝谏而死,可谓死得其所。高衷的名字也列入史册,也是因为他是身份高贵的大夫。然而他却不劝谏而离去,可以说是丧失了大臣应该坚守的节操。傅縡、章华的身份、地位不足以与洩冶相比,他们为何要以牺牲性命为代价去劝谏神志不清的暴怒之君呢?他们满怀愤慨,以激烈的言辞来斥责君主的过失,唯恐屠刀没有架在自己的脖颈之上,却又不能挽救南陈的覆灭,为何还要这样做呢?

诚不忍故国之沦没,而耻为隋屈,山之涯、水之涘,庸讵无洁身之所,而必于刑人之市以置此父母之遗体乎? 于是而江总之邪益成①;于是而施文庆、沈客卿之势益张②;于是而盈廷之口益钳;于是而隋人问罪之名益正。故陈必亡者也,杀二子而更速也。羸瘵者浮火方张③,投以栀芩而毙逾速④,二子之以自处而处人之宗社,无一可者也。

【注释】

①江总(519—594):字总持,济阳考城(今河南民权)人。南朝陈大臣。侯景之乱时,流寓岭南。陈后主时,官至尚书令。他为官不持政务,专与幸臣陈暄、孔范等十余人陪宴后庭,国政由此败坏。陈亡后,入隋为上开府。传见《陈书·江总列传》《南史·江总列传》。

②施文庆(? —589):吴兴乌程(今浙江湖州)人,南朝陈大臣。初事太子陈叔宝,被提拔为主书。后主即位后,迁中书舍人,与沈客卿共掌机要。隋军南侵时,四方州镇相继上表,他与沈客卿抑而不言。后群臣共议自京口至采石宜沿江布防,他却加以阻挠。隋军攻入建康时,他毫无办法,只能坐以待毙。传见《陈

书·施文庆列传》《南史·施文庆列传》。沈客卿（？—589）：吴兴武康（今浙江德清西）人，南朝陈大臣。博涉群书，陈后主即位后，以其为中书舍人。他与中书舍人施文庆俱掌机密，重赋厚敛，以供后主挥霍。陈亡后为隋军所杀。传见《陈书·沈客卿列传》《南史·沈客卿列传》。

③嬴瘵（zhài）：指深受疾病之困而身体虚弱。

④栀芩：即山栀和黄芩。皆为清热去火的中药，性寒。

【译文】

如果真的不忍于自己国家的沦丧，耻于对隋朝屈服称臣，那么在山巅水边，难道就没有洁身自好的去处了，而非要被人斩杀于闹市，舍弃父母所赋予的身躯吗？于是，江总祸乱国政的奸邪用心就会更加得逞，施文庆、沈客卿这种佞幸之臣的势力就会更加扩张。朝廷之中人人三缄其口，而隋朝讨伐南陈的不道之名就会更为正当。因此，南陈必然灭亡，而杀掉了傅𬘭、章华二人之后，南陈灭亡的速度会更快。久病嬴弱之人实际虚火强盛，若以山栀和黄芩这种性寒之药来为其去除内火，则病人会更快地死去。傅𬘭、章华二人愿以死进谏，其目的是让南陈江山社稷得以延续，然而最终却导致了自己与社稷双双覆灭的结局。

二　袁宪许善心诸子以名教自尽

名教之于人甚矣！国虽破，君虽降，而下犹以降为耻，不能死而不以死为忧①，行其志以免于惭，名教未亡于心也。

【注释】

①不能：不至于。

【译文】

纲常名教、伦理道德对人的影响可谓深远！国家虽然已灭亡，君主尽管已投降，但下层的臣民们仍然以投降为耻辱，即使道义上不至于非为国而死不可,但他们却都不担忧死亡,义无反顾地践行自己的报国志向以使自己免于惭愧。这说明纲常名教、伦理道德在人们心目中并没有消亡。

　　陈亡,袁宪侍后主而不忍去①;许善心奉使未返②,而衰服以临;周罗睺大临三日③,而后放兵散仗;陈叔慎置酒长叹,而谢基伏而流涕④;任瑰劝王勇求陈后立之,不听而弃官以隐⑤;于仗节死义未能决也,而皆有可劝者焉。慕容、姚、苻、高氏之灭,未有此也,其或拥兵而起,则皆挟雄心以徼利者尔。晋南渡而衣冠移于江左,贤不肖之不齐,而风范廉隅养其耻心者⑥,非暴君篡主之能销铄也。诸子之不死,隋不杀之耳,皆无自免于死之道也;无求免于死之道而不死,不死不足以为其节累。且陈氏之为君微矣,其得国也不以义,非有不可解君臣之分也;所不忍亡者,永嘉以来,中原士大夫之故国,先代仅存之文物,不忍沦没于一旦也。虽然,陈不能守,而隋得之,固愈于五胡之种多矣。诸子者,视家铉翁、谢枋得而尤可不死⑦,然而毅然以名教自尽也,不尤贤乎!

【注释】

①袁宪(529—598):字德章,陈郡阳夏(今河南太康)人。南朝大臣。自幼聪敏好学,少时便被召为国子生。陈后主即位后,以其为尚书仆射。隋军攻入建康时,唯有其一人守于陈后主身旁。他建议后主仿效梁武帝见侯景时的先例,向隋朝军队有尊严投降,但未被后主采纳。降隋后,为昌州刺史。传见《陈书·袁宪

列传》《南史·袁宪列传》。

②许善心（558—618）：字务本，高阳北新城（今河北徐水）人。南陈
大臣。隋朝灭南陈前，他出使北周，得知南陈被灭的消息后，穿
上丧服，一连三天大声号哭。隋文帝念其忠诚旧主，命他以通直
散骑常侍直门下省。义宁二年（618），为宇文化及所害。传见
《隋书·许善心列传》。

③大临：聚哭告哀。

④陈叔慎置酒长叹，而谢基伏而流涕：陈叔慎（571—589）：字子敬。
陈宣帝第十六子。其人颇有文采，后主常召其赋诗，屡受称赏。
后出为湘州刺史。隋军渡江至湘州时，众人皆无斗志，他借筵饮
之机申明君臣之义，以表誓死抗敌的决心，其长史谢基见此痛哭
流涕。后来他假借投降之名，杀隋将庞晖等数十人。城破被俘
后，坚决不降，被杀。传见《陈书·岳阳王叔慎列传》《南史·岳
阳王叔慎列传》。

⑤任瑰劝王勇求陈后立之，不听而弃官以隐：指南陈灭亡后，衡州
司马任瑰劝都督王勇兴兵据守岭南，寻找到陈氏子弟立以为帝，
以抗隋朝。然而王勇并未听从其建议，率部降隋，任瑰遂弃官逃
亡。事见《资治通鉴·隋纪一·高祖文皇帝·开皇九年》。王
勇：一名王猛，字世雄，琅邪临沂（今山东临沂）人。南朝陈官吏。
博涉经史，兼习孙吴兵法。为人慷慨，常慕功名，曾上疏陈安边
拓境之策，以军功封应阳县子。累官至镇南大将军，都督二十四
州诸军事。隋军至，沿江拒守。后知后主不死，于是率众归降，
不久病卒。传见《南史·王猛列传》。

⑥风范：教化，风气。

⑦家铉翁（1213—1297）：号则堂，眉州（今四川眉山）人。南宋末年
大臣。官至端明殿学士兼签书枢密院事。元兵逼近临安时，丞
相贾馀庆、吴坚下令南宋各地官员献城投降，唯独家铉翁拒不奉

命。后奉命出使元营,滞留在北方。宋亡后他守志不仕,在河间教授《春秋》。元成宗即位后被放还,数年后寿终。传见《宋史·家铉翁列传》。谢枋得(1226—1289):字君直,号叠山,别号依斋,信州弋阳(今江西弋阳)人。南宋末年著名爱国诗人。南宋末年带领义军在江东抗元,被俘后拒不屈服,绝食殉国。传见《宋史·谢枋得列传》。

【译文】

　　南陈灭亡时,袁宪依旧事奉陈后主而不忍离去;许善心奉命出使还没有返回,听到消息就换上丧服;周罗睺聚众哭泣告哀三天之后,才解散军队、放下武器;湘州刺史陈叔慎面对进逼湘州的隋军摆酒长叹,申明君臣之义,以表誓死抗敌之心,而长史谢基见此痛哭流涕;衡州司马任瓌劝说衡州都督王勇寻访陈氏后代,以求再立陈主,而王勇不听他的建议,任瓌就此弃官逃亡。这几位大臣在坚守节操、为国殉死方面虽然没能果断选择舍生取义,但其行为都仍有劝勉士人的意义。十六国中的前燕慕容氏、后秦姚氏、前秦苻氏、北燕高氏灭亡之时,则没有出现过此种情况,当时即使有拥兵而起之人,也都不过是怀着称雄野心以求侥幸得利罢了。晋朝南渡以后,尊奉华夏礼仪文化的士人都移居江南,贤才和庸才混杂其中、良莠不齐,但这些士人都深受道德教化的影响,懂得修养品行,从而自有廉耻之心,这不是暴虐篡逆的君主所能摧毁消解的。上述诸位陈朝大臣之所以没有死,不过是因为隋王朝并未杀害他们而已,他们并不曾设法逃避死亡。既然他们不曾设法逃避死亡,那么他们未死的结果就并不足以拖累他们所坚守的志向与节操。而且陈朝的君主在为君之道上并没有显眼表现,陈霸先当初夺得君主之位,也不是采用符合道义的方法,所以大臣们也没有非为陈氏殉死不可的君臣名分。他们之所以不忍心看到南陈的灭亡,是因为不忍心看到自西晋永嘉之乱以来,中原士大夫赖以立身的江东故国,以及先代仅存的礼乐典章,都丧没于旦夕之间。尽管如此,南陈虽没能守护住江东故国与礼乐典章。而最终隋朝得到了这些,终究比五胡的后裔得到它们好得多。上述几位大臣,和南宋末年的家铉翁、谢枋得相比,在道义上更加不必以身殉国,尽管如此,他们还是为了维护名教而毅然决然地竭尽自己的才力,不畏惧死亡,则他们难道不是更加贤良吗!